The Apostles' Creed

사도신경

전능하사 천지를 만드신 하나님 아버지를 내가 믿사오며,
그 외아들 우리 주 예수 그리스도를 믿사오니,
이는 성령으로 잉태하사 동정녀 마리아에게 나시고,
'본디오 빌라도'에게 고난을 받으사, 십자가에 못 박혀 죽으시고,
장사한 지 사흘 만에 죽은 자 가운데서 다시 살아나시며,
하늘에 오르사, 전능하신 하나님 우편에 앉아 계시다가,
저리로서 산 자와 죽은 자를 심판하러 오시리라.
성령을 믿사오며, 거룩한 공회와,
성도가 서로 교통하는 것과,
죄를 사하여 주시는 것과, 몸이 다시 사는 것과,
영원히 사는 것을 믿사옵나이다. 아멘.

[1] 사도신경 새번역

나는 전능하신 아버지 하나님, 천지의 창조주를 믿습니다.
나는 그의 유일하신 아들, 우리 주 예수 그리스도를 믿습니다.
그는 성령으로 잉태되어 동정녀 마리아에게서 나시고,
본디오 빌라도에게 고난을 받아 십자가에 못 박혀 죽으시고,
장사된 지[2] 사흘 만에 죽은 자 가운데서 다시 살아나셨으며,
하늘에 오르시어 전능하신 아버지 하나님 우편에 앉아 계시다가,
거기로부터 살아 있는 자와 죽은 자를 심판하러 오십니다.
나는 성령을 믿으며, 거룩한 공교회와 성도의 교제와
죄를 용서받는 것과 몸의 부활과 영생을 믿습니다. 아멘.

---

1) '사도신조'로도 번역할 수 있다.
2) '장사되시어 지옥에 내려가신 지'가 공인된 원문(Forma Recepta)에는 있으나, 대다수의 본문에는 없다.

말글씨 매일

쓰기성경®

Daily Writing Bible 구약 3

개역개정 잠언 – 말라기

| 필 사 자 |

| 시작한 날 | 년 월 일

| 마감한 날 | 년 월 일

아가페

밑글씨 매일 쓰기성경® 쓰기표

잠　　언	1	2	3	4	5	6	7	8	9	10	11	12	13	14	15	16	17	18	19	20	21	22	23	24	25	26	27	28
	29	30	31																									
전 도 서	1	2	3	4	5	6	7	8	9	10	11	12																
아　　가	1	2	3	4	5	6	7	8																				
이 사 야	1	2	3	4	5	6	7	8	9	10	11	12	13	14	15	16	17	18	19	20	21	22	23	24	25	26	27	28
	29	30	31	32	33	34	35	36	37	38	39	40	41	42	43	44	45	46	47	48	49	50	51	52	53	54	55	56
	57	58	59	60	61	62	63	64	65	66																		
예레미야	1	2	3	4	5	6	7	8	9	10	11	12	13	14	15	16	17	18	19	20	21	22	23	24	25	26	27	28
	29	30	31	32	33	34	35	36	37	38	39	40	41	42	43	44	45	46	47	48	49	50	51	52				
예레미야애가	1	2	3	4	5																							
에 스 겔	1	2	3	4	5	6	7	8	9	10	11	12	13	14	15	16	17	18	19	20	21	22	23	24	25	26	27	28
	29	30	31	32	33	34	35	36	37	38	39	40	41	42	43	44	45	46	47	48								
다 니 엘	1	2	3	4	5	6	7	8	9	10	11	12																
호 세 아	1	2	3	4	5	6	7	8	9	10	11	12	13	14														
요　　엘	1	2	3																									
아 모 스	1	2	3	4	5	6	7	8	9																			
오 바 댜	1																											
요　　나	1	2	3	4																								
미　　가	1	2	3	4	5	6	7																					
나　　훔	1	2	3																									
하 박 국	1	2	3																									
스 바 냐	1	2	3																									
학　　개	1	2																										
스 가 랴	1	2	3	4	5	6	7	8	9	10	11	12	13	14														
말 라 기	1	2	3	4																								

일러두기

- 필사를 마친 부분을 색펜이나 형광펜으로 표시하세요.
- 평일에 3장, 주일에 5장이면 성경 전체를 일년에 완필하실 수 있습니다.
- 하루의 십일조(2.4시간)를 드리면, 일년에 완필하실 수 있습니다.
- 한 가정에서 가족들이 함께 나누어 필사할 수도 있습니다.

1. 성경은 성령님의 감동으로 이루어진 하나님의 말씀입니다. (딤후 3:16)
   – 성령님을 의지하는 겸손한 믿음으로 시작하십시오.
2. 성경은 주야로 묵상하여야 할 우리 삶의 지침입니다. (시 1:2)
   – 삶이 변화되기를 바라는 간절한 마음이 필요합니다.
3. 성경은 우리를 하나님의 사람으로 온전케 하는 진리입니다. (딤후 3:17)
   – 회개의 기도는 신자들의 호흡입니다.
4. 성경은 일점일획도 변함없이 이루어질 하나님의 약속입니다. (마 5:18)
   – 굳건한 신뢰의 마음으로 써야 합니다.
5. 성경은 사람을 구원에 이르게 하는 지혜의 말씀입니다. (요 20:31; 딤후 3:15)
   – 구원의 기쁨을 노래하는 마음으로 기록합니다.
6. 성경말씀은 성령께서 쓰시는 검(劍)입니다. 영적전투의 공격용 무기입니다. (엡 6:17)
   – 그리스도의 좋은 군사로서, 진리를 위하여 싸우는 담대한 자세가 요청됩니다.
7. 성경말씀의 핵심은 하나님을 사랑하며, 이웃을 사랑하는 것입니다. (마 22:37–40)
   – 사랑을 배우고 행하는 사람으로서의 태도가 필수적입니다.
8. 매일 시간을 정해 놓고 하며, 기도로 시작하여 기도로 끝냅니다.
   – 하루 24시간의 십일조(2.4시간)를 성경 쓰기에 드리면, 일년에 성경 전체를 완필할 수 있습니다.

잠언 8장 35절~9장 18절

절 숫자 수록

밑글씨를 따라 정성껏 성경말씀을 쓰시면 됩니다.

장 숫자 수록

옆에서 기다리는 자는 복이 있
나니
35 대저 나를 얻는 자는 생명을
얻고 여호와께 은총을 얻을 것
임이니라
36 그러나 나를 잃는 자는 자기의
영혼을 해하는 자라 나를 미워
하는 자는 사망을 사랑하느니
라

지혜와 어리석음

9 지혜가 그의 집을 짓고 일곱
기둥을 다듬고
2 짐승을 잡으며 포도주를 혼합하
여 상을 갖추고
3 자기의 여종을 보내어 성중 높
은 곳에서 불러 이르기를
4 어리석은 자는 이리로 돌이키라 또 지혜
없는 자에게 이르기를
5 너는 와서 내 식물을 먹으며
내 혼합한 포도주를 마시고
6 어리석음을 버리고 생명을 얻으
라 명철의 길을 행하라 하느니
라
7 거만한 자를 징계하는 자는 도
리어 능욕을 받고 악인을 책망
하는 자는 도리어 흠이 잡히느
니라
8 거만한 자를 책망하지 말라
그가 너를 미워할까 두려우니
라 지혜 있는 자를 책망하라
그가 너를 사랑하리라
9 지혜 있는 자에게 교훈을 더하
라 그가 더욱 지혜로워질 것이
요 의로운 사람을 가르치라 그
의 학식이 더하리라
10 여호와를 경외하는 것이 지혜
의 근본이요 거룩하신 자를 아
는 것이 명철이니라
11 나 지혜로 말미암아 네 날이
많아질 것이요 네 생명의 해가
네게 더하리라
12 네가 만일 지혜로우면 그 지혜
가 네게 유익할 것이나 네가
만일 거만하면 너 홀로 해를
당하리라
13 미련한 여인이 떠들며 어리석
어서 아무것도 알지 못하고
14 자기 집 문에 앉으며 성읍 높
은 곳에 있는 자리에 앉아서
15 자기 길을 바로 가는 행인들을
불러 이르되
16 어리석은 자는 이리로 돌이키라
또 지혜 없는 자에게 이르기를
17 도둑질한 물이 달고 몰래 먹는
떡이 맛이 있다 하는도다
18 오직 그 어리석은 자는 죽은 자

여호와께서 이와 같이 말씀하시되
지혜로운 자는 그의 지혜를 자랑하지 말라
용사는 그의 용맹을 자랑하지 말라
부자는 그의 부함을 자랑하지 말라
자랑하는 자는 이것으로 자랑할지니
곧 명철하여 나를 아는 것과
나 여호와는 사랑과 정의와 공의를
땅에 행하는 자인 줄 깨닫는 것이라
나는 이 일을 기뻐하노라
여호와의 말씀이니라

(예레미야 9:23-24)

말글씨 매일

쓰기성경®

Daily Writing Bible 구약 3

개역개정 잠언 - 말라기

아가페

잠언

제목

이 책의 히브리어 명칭은 '미쉴레 쉐로모'이며 헬라어 명칭은 '파로이 미아이 살로몬토스'이다. 이것들은 '솔로몬의 잠언들'이란 뜻이다. 대부분의 잠언들은 솔로몬이 말한 것이기 때문에 그의 이름을 따서 책명을 정한 것 같다.

저자와 저작 연대

주로 솔로몬 왕 자신이 직접 기록했지만 아굴, 르무엘 왕, 그 밖의 몇몇 사람들도 잠언을 기록하는 데 큰 도움을 주었다. 저작 연대는 B.C. 1000년에서 700년 사이에 기록되었다. 하지만 B.C. 931년경 솔로몬에 의하여 대부분의 잠언이 기록되었다.

기록 장소와 대상

아마도 유다에서 기록되었을 것이다. 그리고 주로 젊은이들과 "장로들의 학생들"을 위해서 기록되었다.

핵심어 및 내용

잠언의 핵심어는 "지혜"와 "진리"이다. 잠언에서는 어떻게 하면 일상 생활에서 의로운 삶을 살 수 있을지에 관하여 자세히 설명하고 있다. 이 지혜는 우리로 하여금 선과 악, 진리와 거짓, 하나님의 뜻과 인간의 생각을 분별할 수 있게 해준다. 또한 진리는 우리에게 인생의 올바른 길 곧 하나님 말씀대로 사는 길을 제시해 준다.

내용 분해

1. 머리말 (1:1–7)
2. 솔로몬의 제1잠언집 (1:8–9:18)
3. 솔로몬의 제2잠언집 (10:1–22:16)
4. 지혜로운 사람들의 제1잠언집 (22:17–24:22)
5. 지혜로운 사람들의 제2잠언집 (24:23–34)
6. 솔로몬의 제3잠언집 (25:1–29:27)
7. 아굴의 잠언 (30:1–33)
8. 르무엘의 잠언 (31:1–9)
9. 현숙한 여인 (31:10–31)

주요 사건 연대

B.C.

솔로몬의 출생 (삼하 12:24–25) B.C. 990

솔로몬의 왕위 계승과 다윗 왕의 죽음 (왕상 1:32–53; 대상 29:20–30) B.C. 970

성전 건축 (왕상 6:1–38; 대하 3:1–7:10) B.C. 966–959

왕궁 건축 (왕상 7:1; 대하 7:11) B.C. 959–946

여로보암의 반역 (왕상 11:26–40) B.C. 935

솔로몬 왕의 죽음과 르호보암의 등극 (왕상 11:43–12:1; 대하 9:29–10:1) B.C. 931

여로보암의 즉위와 남북의 분열 (왕상 12:20–33; 대하 10:16–19) B.C. 931

남쪽 유다의 히스기야 왕 등극과 종교 개혁 (왕하 18:1–4; 대하 29:1–19) B.C. 728

바벨론에 의한 남쪽 유다의 멸망과 바벨론 유수 (대하 36:11–21) B.C. 586

솔로몬의 잠언

1 다윗의 아들 이스라엘 왕 솔
로몬의 잠언이라
2 이는 지혜와 훈계를 알게 하
며 명철의 말씀을 깨닫게 하
며
3 지혜롭게, 공의롭게, 정의롭게,
정직하게 행할 일에 대하여
훈계를 받게 하며
4 어리석은 자를 슬기롭게 하며
젊은 자에게 지식과 근신함을
주기 위한 것이니
5 지혜 있는 자는 듣고 학식이
더할 것이요 명철한 자는 지략
을 얻을 것이라
6 잠언과 비유와 지혜 있는 자의
말과 그 오묘한 말을 깨달으리
라

젊은이에게 주는 교훈

7 여호와를 경외하는 것이 지식
의 근본이거늘 미련한 자는 지
혜와 훈계를 멸시하느니라
8 내 아들아 네 아비의 훈계를
들으며 네 어미의 법을 떠나지
말라
9 이는 네 머리의 아름다운 관이
요 네 목의 금사슬이니라
10 내 아들아 악한 자가 너를 꾈
지라도 따르지 말라
11 그들이 네게 말하기를 우리와
함께 가자 우리가 가만히 엎
드렸다가 사람의 피를 흘리자
죄 없는 자를 까닭 없이 숨어
기다리다가
12 스올같이 그들을 산 채로 삼키
며 무덤에 내려가는 자들같이
통으로 삼키자
13 우리가 온갖 보화를 얻으며 빼
앗은 것으로 우리 집을 채우리
니
14 너는 우리와 함께 제비를 뽑고
우리가 함께 전대 하나만 두
자 할지라도
15 내 아들아 그들과 함께 길에
다니지 말라 네 발을 금하여
그 길을 밟지 말라
16 대저 그 발은 악으로 달려가며
피를 흘리는 데 빠름이니라
17 새가 보는 데서 그물을 치면
헛일이겠거늘
18 그들이 가만히 엎드림은 자기
의 피를 흘릴 뿐이요 숨어 기다
림은 자기의 생명을 해할 뿐이
니

19 이익을 탐하는 모든 자의 길은
다 이러하여 자기의 생명을 잃
게 하느니라

지혜가 부른다

20 지혜가 길거리에서 부르며 광
장에서 소리를 높이며
21 시끄러운 길목에서 소리를 지
르며 성문 어귀와 성중에서 그
소리를 발하여 이르되
22 너희 어리석은 자들은 어리석
음을 좋아하며 거만한 자들은
거만을 기뻐하며 미련한 자들
은 지식을 미워하니 어느 때까
지 하겠느냐
23 나의 책망을 듣고 돌이키라 보
라 내가 나의 영을 너희에게
부어 주며 내 말을 너희에게
보이리라
24 내가 불렀으나 너희가 듣기 싫
어하였고 내가 손을 폈으나 돌
아보는 자가 없었고
25 도리어 나의 모든 교훈을 멸시
하며 나의 책망을 받지 아니하
였은즉
26 너희가 재앙을 만날 때에 내
가 웃을 것이며 너희에게 두려
움이 임할 때에 내가 비웃으리
라
27 너희의 두려움이 광풍같이 임
하겠고 너희의 재앙이 폭풍같
이 이르겠고 너희에게 근심과
슬픔이 임하리니
28 그때에 너희가 나를 부르리라
그래도 내가 대답하지 아니하
겠고 부지런히 나를 찾으리라
그래도 나를 만나지 못하리니
29 대저 너희가 지식을 미워하며
여호와 경외하기를 즐거워하지
아니하며
30 나의 교훈을 받지 아니하고 나
의 모든 책망을 업신여겼음이
니라
31 그러므로 자기 행위의 열매를
먹으며 자기 꾀에 배부르리라
32 어리석은 자의 퇴보는 자기를
죽이며 미련한 자의 안일은 자
기를 멸망시키려니와
33 오직 내 말을 듣는 자는 평안
히 살며 재앙의 두려움이 없이
안전하리라

지혜가 주는 유익

2 내 아들아 네가 만일 나의
말을 받으며 나의 계명을 네
게 간직하며
2 네 귀를 지혜에 기울이며 네
마음을 명철에 두며

3 지식을 불러 구하며 명철을 얻
으려고 소리를 높이며
4 은을 구하는 것같이 그것을 구
하며 감추어진 보배를 찾는 것
같이 그것을 찾으면
5 여호와 경외하기를 깨달으며
하나님을 알게 되리니
6 대저 여호와는 지혜를 주시며
지식과 명철을 그 입에서 내심
이며
7 그는 정직한 자를 위하여 완전
한 지혜를 예비하시며 행실이
온전한 자에게 방패가 되시나
니
8 대저 그는 정의의 길을 보호하
시며 그의 성도들의 길을 보전
하려 하심이니라
9 그런즉 네가 공의와 정의와 정
직 곧 모든 선한 길을 깨달을
것이라
10 곧 지혜가 네 마음에 들어가며
지식이 네 영혼을 즐겁게 할
것이요
11 근신이 너를 지키며 명철이 너
를 보호하여
12 악한 자의 길과 패역을 말하
는 자에게서 건져내리라
13 이 무리는 정직한 길을 떠나
어두운 길로 행하며
14 행악하기를 기뻐하며 악인의
패역을 즐거워하나니
15 그 길은 구부러지고 그 행위는
패역하니라
16 지혜가 또 너를 음녀에게서, 말
로 호리는 이방 계집에게서 구
원하리니
17 그는 젊은 시절의 짝을 버리며
그의 하나님의 언약을 잊어버
린 자라
18 그의 집은 사망으로, 그의 길은
스올로 기울어졌나니
19 누구든지 그에게로 가는 자는
돌아오지 못하며 또 생명길을
얻지 못하느니라
20 지혜가 너를 선한 자의 길로
행하게 하며 또 의인의 길을
지키게 하리니
21 대저 정직한 자는 땅에 거하
며 완전한 자는 땅에 남아 있
으리라
22 그러나 악인은 땅에서 끊어지
겠고 간사한 자는 땅에서 뽑
히리라

젊은이에게 주는 교훈

3 내 아들아 나의 법을 잊어버
리지 말고 네 마음으로 나의

명령을 지키라
2 그리하면 그것이 네가 장수하
여 많은 해를 누리게 하며 평
강을 더하게 하리라
3 인자와 진리가 네게서 떠나지
말게 하고 그것을 네 목에 매
며 네 마음판에 새기라
4 그리하면 네가 하나님과 사람
앞에서 은총과 귀중히 여김을
받으리라
5 너는 마음을 다하여 여호와를
신뢰하고 네 명철을 의지하지
말라
6 너는 범사에 그를 인정하라 그
리하면 네 길을 지도하시리라
7 스스로 지혜롭게 여기지 말지어
다 여호와를 경외하며 악을 떠
날지어다
8 이것이 네 몸에 양약이 되어
네 골수를 윤택하게 하리라
9 네 재물과 네 소산물의 처음
익은 열매로 여호와를 공경하
라
10 그리하면 네 창고가 가득히 차
고 네 포도즙 틀에 새 포도즙이
넘치리라
11 내 아들아 여호와의 징계를 경
히 여기지 말라 그 꾸지람을
싫어하지 말라
12 대저 여호와께서 그 사랑하시
는 자를 징계하시기를 마치 아
비가 그 기뻐하는 아들을 징계
함같이 하시느니라
13 지혜를 얻은 자와 명철을 얻
은 자는 복이 있나니
14 이는 지혜를 얻는 것이 은을
얻는 것보다 낫고 그 이익이 정
금보다 나음이니라
15 지혜는 진주보다 귀하니 네가
사모하는 모든 것으로도 이에
비교할 수 없도다
16 그의 오른손에는 장수가 있고
그의 왼손에는 부귀가 있나니
17 그 길은 즐거운 길이요 그의 지
름길은 다 평강이니라
18 지혜는 그 얻은 자에게 생명나
무라 지혜를 가진 자는 복되도
다
19 여호와께서는 지혜로 땅에 터
를 놓으셨으며 명철로 하늘을
견고히 세우셨고
20 그의 지식으로 깊은 바다를 갈
라지게 하셨으며 공중에서 이
슬이 내리게 하셨느니라
21 내 아들아 완전한 지혜와 근
신을 지키고 이것들이 네 눈앞

에서 떠나지 말게 하라
22 그리하면 그것이 네 영혼의 생
명이 되며 네 목에 장식이 되
리니
23 네가 네 길을 평안히 행하겠
고 네 발이 거치지 아니하겠으
며
24 네가 누울 때에 두려워하지 아
니하겠고 네가 누운즉 네 잠이
달리로다
25 너는 갑작스러운 두려움도 악
인에게 닥치는 멸망도 두려워
하지 말라
26 대저 여호와는 네가 의지할 이
시니라 네 발을 지켜 걸리지
않게 하시리라
27 네 손이 선을 베풀 힘이 있거
든 마땅히 받을 자에게 베풀기
를 아끼지 말며
28 네게 있거든 이웃에게 이르기를
갔다가 다시 오라 내일 주겠노
라 하지 말며
29 네 이웃이 네 곁에서 평안히
살거든 그를 해하려고 꾀하지
말며
30 사람이 네게 악을 행하지 아니
하였거든 까닭 없이 더불어 다
투지 말며
31 포학한 자를 부러워하지 말며
그의 어떤 행위도 따르지 말라
32 대저 패역한 자는 여호와께서
미워하시나 정직한 자에게는
그의 교통하심이 있으며
33 악인의 집에는 여호와의 저주
가 있거니와 의인의 집에는 복
이 있느니라
34 진실로 그는 거만한 자를 비웃
으시며 겸손한 자에게 은혜를
베푸시나니
35 지혜로운 자는 영광을 기업으로
받거니와 미련한 자의 영달함
은 수치가 되느니라

지혜와 명철을 얻으라

4 아들들아 아비의 훈계를 들으
며 명철을 얻기에 주의하라
2 내가 선한 도리를 너희에게 전
하노니 내 법을 떠나지 말라
3 나도 내 아버지에게 아들이었
으며 내 어머니 보기에 유약한
외아들이었노라
4 아버지가 내게 가르쳐 이르기를
내 말을 네 마음에 두라 내 명
령을 지키라 그리하면 살리라
5 지혜를 얻으며 명철을 얻으라
내 입의 말을 잊지 말며 어기
지 말라

6 지혜를 버리지 말라 그가 너를
보호하리라 그를 사랑하라 그
가 너를 지키리라
7 지혜가 제일이니 지혜를 얻으
라 네가 얻은 모든 것을 가지
고 명철을 얻을지니라
8 그를 높이라 그리하면 그가 너
를 높이 들리라 만일 그를 품
으면 그가 너를 영화롭게 하리
라
9 그가 아름다운 관을 네 머리에
두겠고 영화로운 면류관을 네
게 주리라 하셨느니라
10 내 아들아 들으라 내 말을 받
으라 그리하면 네 생명의 해가
길리라
11 내가 지혜로운 길을 네게 가르
쳤으며 정직한 길로 너를 인도
하였은즉
12 다닐 때에 네 걸음이 곤고하지
아니하겠고 달려갈 때에 실족
하지 아니하리라
13 훈계를 굳게 잡아 놓치지 말고
지키라 이것이 네 생명이니라
14 사악한 자의 길에 들어가지 말
며 악인의 길로 다니지 말지어
다
15 그의 길을 피하고 지나가지 말
며 돌이켜 떠나갈지어다
16 그들은 악을 행하지 못하면 자
지 못하며 사람을 넘어뜨리지
못하면 잠이 오지 아니하며
17 불의의 떡을 먹으며 강포의 술
을 마심이니라
18 의인의 길은 돋는 햇살 같아서
크게 빛나 한낮의 광명에 이르
거니와
19 악인의 길은 어둠 같아서 그가
걸려 넘어져도 그것이 무엇인
지 깨닫지 못하느니라
20 내 아들아 내 말에 주의하며
내가 말하는 것에 네 귀를 기
울이라
21 그것을 네 눈에서 떠나게 하지
말며 네 마음속에 지키라
22 그것은 얻는 자에게 생명이 되
며 그의 온 육체의 건강이 됨
이니라
23 모든 지킬 만한 것 중에 더욱
네 마음을 지키라 생명의 근원
이 이에서 남이니라
24 구부러진 말을 네 입에서 버리
며 비뚤어진 말을 네 입술에서
멀리하라
25 네 눈은 바로 보며 네 눈꺼풀
은 네 앞을 곧게 살펴

26 네 발이 행할 길을 평탄하게
하며 네 모든 길을 든든히 하
라
27 좌로나 우로나 치우치지 말고
네 발을 악에서 떠나게 하라

사지와 스올로 가지 말라

5 내 아들아 내 지혜에 주의하
며 내 명철에 네 귀를 기울
여서
2 근신을 지키며 네 입술로 지식
을 지키도록 하라
3 대저 음녀의 입술은 꿀을 떨어
뜨리며 그의 입은 기름보다 미
끄러우나
4 나중은 쑥같이 쓰고 두 날 가
진 칼같이 날카로우며
5 그의 발은 사지로 내려가며 그
의 걸음은 스올로 나아가나니
6 그는 생명의 평탄한 길을 찾지
못하며 자기 길이 든든하지 못
하여도 그것을 깨닫지 못하느
니라
7 그런즉 아들들아 나에게 들으
며 내 입의 말을 버리지 말고
8 네 길을 그에게서 멀리하라 그
의 집 문에도 가까이 가지 말라
9 두렵건대 네 존영이 남에게 잃
어버리게 되며 네 수한이 잔인
한 자에게 빼앗기게 될까 하노
라
10 두렵건대 타인이 네 재물로 충
족하게 되며 네 수고한 것이
외인의 집에 있게 될까 하노라
11 두렵건대 마지막에 이르러 네
몸, 네 육체가 쇠약할 때에 네
가 한탄하여
12 말하기를 내가 어찌하여 훈계
를 싫어하며 내 마음이 꾸지람
을 가벼이 여기고
13 내 선생의 목소리를 청종하지
아니하며 나를 가르치는 이에
게 귀를 기울이지 아니하였던
고
14 많은 무리들이 모인 중에서 큰
악에 빠지게 되었노라 하게 될
까 염려하노라
15 너는 네 우물에서 물을 마시며
네 샘에서 흐르는 물을 마시라
16 어찌하여 네 샘물을 집 밖으로
넘치게 하며 네 도랑물을 거리
로 흘러가게 하겠느냐
17 그 물이 네게만 있게 하고 타
인과 더불어 그것을 나누지 말
라
18 네 샘으로 복되게 하라 네가
젊어서 취한 아내를 즐거워하

라
19 그는 사랑스러운 암사슴 같고
아름다운 암노루 같으니 너는
그의 품을 항상 족하게 여기며
그의 사랑을 항상 연모하라
20 내 아들아 어찌하여 음녀를 연
모하겠으며 어찌하여 이방 계
집의 가슴을 안겠느냐
21 대저 사람의 길은 여호와의 눈
앞에 있나니 그가 그 사람의
모든 길을 평탄하게 하시느니
라
22 악인은 자기의 악에 걸리며
그 죄의 줄에 매이나니
23 그는 훈계를 받지 아니함으로
말미암아 죽겠고 심히 미련함
으로 말미암아 혼미하게 되느니
라

실제적 교훈

6 내 아들아 네가 만일 이웃을
위하여 담보하며 타인을 위
하여 보증하였으면
2 네 입의 말로 네가 얽혔으며
네 입의 말로 인하여 잡히게
되었느니라
3 내 아들아 네가 네 이웃의 손
에 빠졌은즉 이같이 하라 너는
곧 가서 겸손히 네 이웃에게
간구하여 스스로 구원하되
4 네 눈을 잠들게 하지 말며 눈
꺼풀을 감기게 하지 말고
5 노루가 사냥꾼의 손에서 벗어
나는 것같이, 새가 그물 치는
자의 손에서 벗어나는 것같이
스스로 구원하라
6 게으른 자여 개미에게 가서 그
가 하는 것을 보고 지혜를 얻
으라
7 개미는 두령도 없고 감독자도
없고 통치자도 없으되
8 먹을 것을 여름 동안에 예비하
며 추수 때에 양식을 모으느니
라
9 게으른 자여 네가 어느 때까
지 누워 있겠느냐 네가 어느
때에 잠이 깨어 일어나겠느냐
10 좀 더 자자, 좀 더 졸자, 손을
모으고 좀 더 누워 있자 하면
11 네 빈궁이 강도같이 오며 네 곤
핍이 군사같이 이르리라
12 불량하고 악한 자는 구부러진
말을 하고 다니며
13 눈짓을 하며 발로 뜻을 보이며
손가락질을 하며
14 그의 마음에 패역을 품으며 항
상 악을 꾀하여 다툼을 일으키

는 자라
15 그러므로 그의 재앙이 갑자기
내려 당장에 멸망하여 살릴
길이 없으리라
16 여호와께서 미워하시는 것 곧
그의 마음에 싫어하시는 것이
예닐곱 가지이니
17 곧 교만한 눈과 거짓된 혀와
무죄한 자의 피를 흘리는 손과
18 악한 계교를 꾀하는 마음과 빨
리 악으로 달려가는 발과
19 거짓을 말하는 망령된 증인과
및 형제 사이를 이간하는 자이
니라

훈계와 명령

20 내 아들아 네 아비의 명령을
지키며 네 어미의 법을 떠나지
말고
21 그것을 항상 네 마음에 새기며
네 목에 매라
22 그것이 네가 다닐 때에 너를
인도하며 네가 잘 때에 너를
보호하며 네가 깰 때에 너와
더불어 말하리니
23 대저 명령은 등불이요 법은 빛
이요 훈계의 책망은 곧 생명의
길이라
24 이것이 너를 지켜 악한 여인
에게, 이방 여인의 혀로 호리는
말에 빠지지 않게 하리라
25 네 마음에 그의 아름다움을 탐
하지 말며 그 눈꺼풀에 홀리지
말라
26 음녀로 말미암아 사람이 한 조
각 떡만 남게 됨이며 음란한
여인은 귀한 생명을 사냥함이
니라
27 사람이 불을 품에 품고서야 어
찌 그의 옷이 타지 아니하겠으
며
28 사람이 숯불을 밟고서야 어찌
그의 발이 데지 아니하겠느냐
29 남의 아내와 통간하는 자도 이
와 같을 것이라 그를 만지는
자마다 벌을 면하지 못하리라
30 도둑이 만일 주릴 때에 배를
채우려고 도둑질하면 사람이
그를 멸시하지는 아니하려니와
31 들키면 칠 배를 갚아야 하리니
심지어 자기 집에 있는 것을
다 내주게 되리라
32 여인과 간음하는 자는 무지한
자라 이것을 행하는 자는 자기
의 영혼을 망하게 하며
33 상함과 능욕을 받고 부끄러움
을 씻을 수 없게 되나니

34 남편이 투기로 분노하여 원수
갚는 날에 용서하지 아니하고
35 어떤 보상도 받지 아니하며 많
은 선물을 줄지라도 듣지 아니
하리라

음녀의 길로 치우치지 말라

7 내 아들아 내 말을 지키며
내 계명을 간직하라
2 내 계명을 지켜 살며 내 법을
네 눈동자처럼 지키라
3 이것을 네 손가락에 매며 이것
을 네 마음판에 새기라
4 지혜에게 너는 내 누이라 하며
명철에게 너는 내 친족이라 하
라
5 그리하면 이것이 너를 지켜서
음녀에게, 말로 호리는 이방 여
인에게 빠지지 않게 하리라
6 내가 내 집 들창으로, 살창으로
내다보다가
7 어리석은 자 중에, 젊은이 가운
데에 한 지혜 없는 자를 보았
노라
8 그가 거리를 지나 음녀의 골목
모퉁이로 가까이하여 그의 집
쪽으로 가는데
9 저물 때, 황혼 때, 깊은 밤 흑
암 중에라
10 그때에 기생의 옷을 입은 간교
한 여인이 그를 맞으니
11 이 여인은 떠들며 완악하며 그
의 발이 집에 머물지 아니하여
12 어떤 때에는 거리, 어떤 때에
는 광장 또 모퉁이마다 서서
사람을 기다리는 자라
13 그 여인이 그를 붙잡고 그에게
입 맞추며 부끄러움을 모르는
얼굴로 그에게 말하되
14 내가 화목제를 드려 서원한 것
을 오늘 갚았노라
15 이러므로 내가 너를 맞으려고
나와 네 얼굴을 찾다가 너를
만났도다
16 내 침상에는 요와 애굽의 무늬
있는 이불을 폈고
17 몰약과 침향과 계피를 뿌렸노
라
18 오라 우리가 아침까지 흡족하
게 서로 사랑하며 사랑함으로
희락하자
19 남편은 집을 떠나 먼 길을 갔
는데
20 은 주머니를 가졌은즉 보름날에
나 집에 돌아오리라 하여
21 여러 가지 고운 말로 유혹하며
입술의 호리는 말로 꾀므로

22 젊은이가 곧 그를 따랐으니 소가 도수장으로 가는 것 같고 미련한 자가 벌을 받으려고 쇠사슬에 매이러 가는 것과 같도다

23 필경은 화살이 그 간을 뚫게 되리라 새가 빨리 그물로 들어가되 그의 생명을 잃어버릴 줄을 알지 못함과 같으니라

24 이제 아들들아 내 말을 듣고 내 입의 말에 주의하라

25 네 마음이 음녀의 길로 치우치지 말며 그 길에 미혹되지 말지어다

26 대저 그가 많은 사람을 상하여 엎드러지게 하였나니 그에게 죽은 자가 허다하니라

27 그의 집은 스올의 길이라 사망의 방으로 내려가느니라

지혜와 명철 찬양

8 지혜가 부르지 아니하느냐 명철이 소리를 높이지 아니하느냐

2 그가 길가의 높은 곳과 네거리에 서며

3 성문 곁과 문어귀와 여러 출입하는 문에서 불러 이르되

4 사람들아 내가 너희를 부르며 내가 인자들에게 소리를 높이노라

5 어리석은 자들아 너희는 명철할지니라 미련한 자들아 너희는 마음이 밝을지니라

6 너희는 들을지어다 내가 가장 선한 것을 말하리라 내 입술을 열어 정직을 내리라

7 내 입은 진리를 말하며 내 입술은 악을 미워하느니라

8 내 입의 말은 다 의로운즉 그 가운데에 굽은 것과 패역한 것이 없나니

9 이는 다 총명 있는 자가 밝히 아는 바요 지식 얻은 자가 정직하게 여기는 바니라

10 너희가 은을 받지 말고 나의 훈계를 받으며 정금보다 지식을 얻으라

11 대저 지혜는 진주보다 나으므로 원하는 모든 것을 이에 비교할 수 없음이니라

12 나 지혜는 명철로 주소를 삼으며 지식과 근신을 찾아 얻나니

13 여호와를 경외하는 것은 악을 미워하는 것이라 나는 교만과 거만과 악한 행실과 패역한 입을 미워하느니라

14 내게는 계략과 참 지식이 있으
며 나는 명철이라 내게 능력이
있으므로
15 나로 말미암아 왕들이 치리하
며 방백들이 공의를 세우며
16 나로 말미암아 재상과 존귀한
자 곧 모든 의로운 재판관들이
다스리느니라
17 나를 사랑하는 자들이 나의 사
랑을 입으며 나를 간절히 찾는
자가 나를 만날 것이니라
18 부귀가 내게 있고 장구한 재물
과 공의도 그러하니라
19 내 열매는 금이나 정금보다 나
으며 내 소득은 순은보다 나으
니라
20 나는 정의로운 길로 행하며 공
의로운 길 가운데로 다니나니
21 이는 나를 사랑하는 자가 재물
을 얻어서 그 곳간에 채우게
하려 함이니라
22 여호와께서 그 조화의 시작 곧
태초에 일하시기 전에 나를 가
지셨으며
23 만세 전부터, 태초부터, 땅이
생기기 전부터 내가 세움을 받
았나니
24 아직 바다가 생기지 아니하였
고 큰 샘들이 있기 전에 내가
이미 났으며
25 산이 세워지기 전에, 언덕이 생
기기 전에 내가 이미 났으니
26 하나님이 아직 땅도, 들도, 세
상 진토의 근원도 짓지 아니하
셨을 때에라
27 그가 하늘을 지으시며 궁창을
해면에 두르실 때에 내가 거
기 있었고
28 그가 위로 구름 하늘을 견고하
게 하시며 바다의 샘들을 힘
있게 하시며
29 바다의 한계를 정하여 물이 명
령을 거스르지 못하게 하시며
또 땅의 기초를 정하실 때에
30 내가 그 곁에 있어서 창조자가
되어 날마다 그의 기뻐하신 바
가 되었으며 항상 그 앞에서
즐거워하였으며
31 사람이 거처할 땅에서 즐거워
하며 인자들을 기뻐하였느니라
32 아들들아 이제 내게 들으라 내
도를 지키는 자가 복이 있느니라
33 훈계를 들어서 지혜를 얻으라
그것을 버리지 말라
34 누구든지 내게 들으며 날마다
내 문 곁에서 기다리며 문설주

곁에서 기다리는 자는 복이 있
나니
35 대저 나를 얻는 자는 생명을
얻고 여호와께 은총을 얻을 것
임이니라
36 그러나 나를 잃는 자는 자기의
영혼을 해하는 자라 나를 미워
하는 자는 사망을 사랑하느니
라

지혜와 어리석음

9 지혜가 그의 집을 짓고 일곱
기둥을 다듬고
2 짐승을 잡으며 포도주를 혼합하
여 상을 갖추고
3 자기의 여종을 보내어 성중 높
은 곳에서 불러 이르기를
4 어리석은 자는 이리로 돌이키라
또 지혜 없는 자에게 이르기를
5 너는 와서 내 식물을 먹으며
내 혼합한 포도주를 마시고
6 어리석음을 버리고 생명을 얻으
라 명철의 길을 행하라 하느니
라
7 거만한 자를 징계하는 자는 도
리어 능욕을 받고 악인을 책망
하는 자는 도리어 흠이 잡히느
니라
8 거만한 자를 책망하지 말라
그가 너를 미워할까 두려우니
라 지혜 있는 자를 책망하라
그가 너를 사랑하리라
9 지혜 있는 자에게 교훈을 더하
라 그가 더욱 지혜로워질 것이
요 의로운 사람을 가르치라 그
의 학식이 더하리라
10 여호와를 경외하는 것이 지혜
의 근본이요 거룩하신 자를 아
는 것이 명철이니라
11 나 지혜로 말미암아 네 날이
많아질 것이요 네 생명의 해가
네게 더하리라
12 네가 만일 지혜로우면 그 지혜
가 네게 유익할 것이나 네가
만일 거만하면 너 홀로 해를
당하리라
13 미련한 여인이 떠들며 어리석
어서 아무것도 알지 못하고
14 자기 집 문에 앉으며 성읍 높
은 곳에 있는 자리에 앉아서
15 자기 길을 바로 가는 행인들을
불러 이르되
16 어리석은 자는 이리로 돌이키라
또 지혜 없는 자에게 이르기를
17 도둑질한 물이 달고 몰래 먹는
떡이 맛이 있다 하는도다
18 오직 그 어리석은 자는 죽은 자

들이 거기 있는 것과 그의 객
들이 스올 깊은 곳에 있는 것
을 알지 못하느니라

솔로몬의 잠언

10 솔로몬의 잠언이라 지혜로운
아들은 아비를 기쁘게 하거니
와 미련한 아들은 어미의 근심
이니라
2 불의의 재물은 무익하여도 공의
는 죽음에서 건지느니라
3 여호와께서 의인의 영혼은 주
리지 않게 하시나 악인의 소욕
은 물리치시느니라
4 손을 게으르게 놀리는 자는 가
난하게 되고 손이 부지런한 자
는 부하게 되느니라
5 여름에 거두는 자는 지혜로운
아들이나 추수 때에 자는 자는
부끄러움을 끼치는 아들이니라
6 의인의 머리에는 복이 임하나
악인의 입은 독을 머금었느니라
7 의인을 기념할 때에는 칭찬하
거니와 악인의 이름은 썩게 되
느니라
8 마음이 지혜로운 자는 계명을
받거니와 입이 미련한 자는 멸
망하리라
9 바른길로 행하는 자는 걸음이
평안하려니와 굽은 길로 행하
는 자는 드러나리라
10 눈짓하는 자는 근심을 끼치고
입이 미련한 자는 멸망하느니
라
11 의인의 입은 생명의 샘이라도
악인의 입은 독을 머금었느니라
12 미움은 다툼을 일으켜도 사랑
은 모든 허물을 가리느니라
13 명철한 자의 입술에는 지혜가
있어도 지혜 없는 자의 등을
위하여는 채찍이 있느니라
14 지혜로운 자는 지식을 간직하
거니와 미련한 자의 입은 멸망
에 가까우니라
15 부자의 재물은 그의 견고한 성
이요 가난한 자의 궁핍은 그의
멸망이니라
16 의인의 수고는 생명에 이르고
악인의 소득은 죄에 이르느니라
17 훈계를 지키는 자는 생명길로
행하여도 징계를 버리는 자는
그릇 가느니라
18 미움을 감추는 자는 거짓된 입
술을 가진 자요 중상하는 자는
미련한 자이니라
19 말이 많으면 허물을 면하기 어
려우나 그 입술을 제어하는 자

는 지혜가 있느니라
20 의인의 혀는 순은과 같거니와
악인의 마음은 가치가 적으니
라
21 의인의 입술은 여러 사람을 교
육하나 미련한 자는 지식이 없
어 죽느니라
22 여호와께서 주시는 복은 사람
을 부하게 하고 근심을 겸하여
주지 아니하시느니라
23 미련한 자는 행악으로 낙을 삼
는 것같이 명철한 자는 지혜로
낙을 삼느니라
24 악인에게는 그의 두려워하는
것이 임하거니와 의인은 그 원
하는 것이 이루어지느니라
25 회오리바람이 지나가면 악인은
없어져도 의인은 영원한 기초
같으니라
26 게으른 자는 그 부리는 사람에
게 마치 이에 식초 같고 눈에
연기 같으니라
27 여호와를 경외하면 장수하느니
라 그러나 악인의 수명은 짧아
지느니라
28 의인의 소망은 즐거움을 이루어
도 악인의 소망은 끊어지느니라
29 여호와의 도가 정직한 자에게
는 산성이요 행악하는 자에게
는 멸망이니라
30 의인은 영영히 이동되지 아니
하여도 악인은 땅에 거하지 못
하게 되느니라
31 의인의 입은 지혜를 내어도 패
역한 혀는 베임을 당할 것이니
라
32 의인의 입술은 기쁘게 할 것을
알거늘 악인의 입은 패역을 말
하느니라

11 속이는 저울은 여호와께서
미워하시나 공평한 추는 그
가 기뻐하시느니라
2 교만이 오면 욕도 오거니와 겸
손한 자에게는 지혜가 있느니
라
3 정직한 자의 성실은 자기를 인
도하거니와 사악한 자의 패역
은 자기를 망하게 하느니라
4 재물은 진노하시는 날에 무익
하나 공의는 죽음에서 건지느니
라
5 완전한 자의 공의는 자기의 길
을 곧게 하려니와 악한 자는
자기의 악으로 말미암아 넘어지
리라
6 정직한 자의 공의는 자기를 건

지려니와 사악한 자는 자기의
악에 잡히리라
7 악인은 죽을 때에 그 소망이
끊어지나니 불의의 소망이 없어
지느니라
8 의인은 환난에서 구원을 얻으
나 악인은 자기의 길로 가느니
라
9 악인은 입으로 그의 이웃을 망
하게 하여도 의인은 그의 지식
으로 말미암아 구원을 얻느니라
10 의인이 형통하면 성읍이 즐거
워하고 악인이 패망하면 기뻐
외치느니라
11 성읍은 정직한 자의 축복으로
인하여 진흥하고 악한 자의 입
으로 말미암아 무너지느니라
12 지혜 없는 자는 그의 이웃을
멸시하나 명철한 자는 잠잠하
느니라
13 두루 다니며 한담하는 자는 남
의 비밀을 누설하나 마음이 신
실한 자는 그런 것을 숨기느니
라
14 지략이 없으면 백성이 망하여
도 지략이 많으면 평안을 누리
느니라
15 타인을 위하여 보증이 되는 자
는 손해를 당하여도 보증이 되
기를 싫어하는 자는 평안하니
라
16 유덕한 여자는 존영을 얻고 근
면한 남자는 재물을 얻느니라
17 인자한 자는 자기의 영혼을 이
롭게 하고 잔인한 자는 자기의
몸을 해롭게 하느니라
18 악인의 삯은 허무하되 공의를
뿌린 자의 상은 확실하니라
19 공의를 굳게 지키는 자는 생명
에 이르고 악을 따르는 자는
사망에 이르느니라
20 마음이 굽은 자는 여호와께 미
움을 받아도 행위가 온전한 자
는 그의 기뻐하심을 받느니라
21 악인은 피차 손을 잡을지라도
벌을 면하지 못할 것이나 의인
의 자손은 구원을 얻으리라
22 아름다운 여인이 삼가지 아니
하는 것은 마치 돼지 코에 금
고리 같으니라
23 의인의 소원은 오직 선하나 악
인의 소망은 진노를 이루느니라
24 흩어 구제하여도 더욱 부하게
되는 일이 있나니 과도히 아껴
도 가난하게 될 뿐이니라
25 구제를 좋아하는 자는 풍족하

여질 것이요 남을 윤택하게 하
는 자는 자기도 윤택하여지리
라
26 곡식을 내놓지 아니하는 자는
백성에게 저주를 받을 것이나
파는 자는 그의 머리에 복이 임
하리라
27 선을 간절히 구하는 자는 은총
을 얻으려니와 악을 더듬어 찾
는 자에게는 악이 임하리라
28 자기의 재물을 의지하는 자는
패망하려니와 의인은 푸른 잎
사귀 같아서 번성하리라
29 자기 집을 해롭게 하는 자의
소득은 바람이라 미련한 자는
마음이 지혜로운 자의 종이 되
리라
30 의인의 열매는 생명나무라 지
혜로운 자는 사람을 얻느니라
31 보라 의인이라도 이 세상에서
보응을 받겠거든 하물며 악인
과 죄인이리요
12 훈계를 좋아하는 자는 지식
을 좋아하거니와 징계를 싫
어하는 자는 짐승과 같으니라
2 선인은 여호와께 은총을 받으
려니와 악을 꾀하는 자는 정죄
하심을 받으리라
3 사람이 악으로서 굳게 서지 못
하거니와 의인의 뿌리는 움직이
지 아니하느니라
4 어진 여인은 그 지아비의 면류
관이나 욕을 끼치는 여인은 그
지아비의 뼈가 썩음 같게 하느
니라
5 의인의 생각은 정직하여도 악
인의 도모는 속임이니라
6 악인의 말은 사람을 엿보아 피
를 흘리자 하는 것이거니와 정
직한 자의 입은 사람을 구원하
느니라
7 악인은 엎드러져서 소멸되려니
와 의인의 집은 서있으리라
8 사람은 그 지혜대로 칭찬을 받
으려니와 마음이 굽은 자는 멸
시를 받으리라
9 비천히 여김을 받을지라도 종
을 부리는 자는 스스로 높은 체
하고도 음식이 핍절한 자보다
나으니라
10 의인은 자기의 가축의 생명을
돌보나 악인의 긍휼은 잔인이니
라
11 자기의 토지를 경작하는 자는
먹을 것이 많거니와 방탕한 것
을 따르는 자는 지혜가 없느니

라
12 악인은 불의의 이익을 탐하나
의인은 그 뿌리로 말미암아 결
실하느니라
13 악인은 입술의 허물로 말미암
아 그물에 걸려도 의인은 환난
에서 벗어나느니라
14 사람은 입의 열매로 말미암아
복록에 족하며 그 손이 행하는
대로 자기가 받느니라
15 미련한 자는 자기 행위를 바른
줄로 여기나 지혜로운 자는 권
고를 듣느니라
16 미련한 자는 당장 분노를 나타
내거니와 슬기로운 자는 수욕을
참느니라
17 진리를 말하는 자는 의를 나타
내어도 거짓 증인은 속이는 말
을 하느니라
18 칼로 찌름같이 함부로 말하는
자가 있거니와 지혜로운 자의
혀는 양약과 같으니라
19 진실한 입술은 영원히 보존되
거니와 거짓 혀는 잠시 동안만
있을 뿐이니라
20 악을 꾀하는 자의 마음에는 속
임이 있고 화평을 의논하는 자
에게는 희락이 있느니라
21 의인에게는 어떤 재앙도 임하
지 아니하려니와 악인에게는
앙화가 가득하리라
22 거짓 입술은 여호와께 미움을
받아도 진실하게 행하는 자는
그의 기뻐하심을 받느니라
23 슬기로운 자는 지식을 감추어도
미련한 자의 마음은 미련한 것
을 전파하느니라
24 부지런한 자의 손은 사람을 다
스리게 되어도 게으른 자는 부
림을 받느니라
25 근심이 사람의 마음에 있으면
그것으로 번뇌하게 되나 선한
말은 그것을 즐겁게 하느니라
26 의인은 그 이웃의 인도자가 되
나 악인의 소행은 자신을 미혹
하느니라
27 게으른 자는 그 잡을 것도 사
냥하지 아니하나니 사람의 부
귀는 부지런한 것이니라
28 공의로운 길에 생명이 있나니
그 길에는 사망이 없느니라

13 지혜로운 아들은 아비의 훈계
를 들으나 거만한 자는 꾸지
람을 즐겨 듣지 아니하느니라
2 사람은 입의 열매로 인하여 복
록을 누리거니와 마음이 궤사

한 자는 강포를 당하느니라
3 입을 지키는 자는 자기의 생명
을 보전하나 입술을 크게 벌리
는 자에게는 멸망이 오느니라
4 게으른 자는 마음으로 원하여도
얻지 못하나 부지런한 자의 마
음은 풍족함을 얻느니라
5 의인은 거짓말을 미워하나 악
인은 행위가 흉악하여 부끄러
운 데에 이르느니라
6 공의는 행실이 정직한 자를 보
호하고 악은 죄인을 패망하게
하느니라
7 스스로 부한 체하여도 아무것
도 없는 자가 있고 스스로 가
난한 체하여도 재물이 많은 자
가 있느니라
8 사람의 재물이 자기 생명의 속
전일 수 있으나 가난한 자는
협박을 받을 일이 없느니라
9 의인의 빛은 환하게 빛나고 악
인의 등불은 꺼지느니라
10 교만에서는 다툼만 일어날 뿐
이라 권면을 듣는 자는 지혜가
있느니라
11 망령되이 얻은 재물은 줄어가
고 손으로 모은 것은 늘어가느
니라
12 소망이 더디 이루어지면 그것이
마음을 상하게 하거니와 소원
이 이루어지는 것은 곧 생명나
무니라
13 말씀을 멸시하는 자는 자기에
게 패망을 이루고 계명을 두려
워하는 자는 상을 받느니라
14 지혜 있는 자의 교훈은 생명의
샘이니 사망의 그물에서 벗어
나게 하느니라
15 선한 지혜는 은혜를 베푸나 사
악한 자의 길은 험하니라
16 무릇 슬기로운 자는 지식으로
행하거니와 미련한 자는 자기
의 미련한 것을 나타내느니라
17 악한 사자는 재앙에 빠져도 충
성된 사신은 양약이 되느니라
18 훈계를 저버리는 자에게는 궁
핍과 수욕이 이르거니와 경계를
받는 자는 존영을 받느니라
19 소원을 성취하면 마음에 달아
도 미련한 자는 악에서 떠나기
를 싫어하느니라
20 지혜로운 자와 동행하면 지혜
를 얻고 미련한 자와 사귀면
해를 받느니라
21 재앙은 죄인을 따르고 선한 보
응은 의인에게 이르느니라

22 선인은 그 산업을 자자손손에
게 끼쳐도 죄인의 재물은 의인
을 위하여 쌓이느니라
23 가난한 자는 밭을 경작함으로
양식이 많아지거니와 불의로 말
미암아 가산을 탕진하는 자가
있느니라
24 매를 아끼는 자는 그의 자식을
미워함이라 자식을 사랑하는
자는 근실히 징계하느니라
25 의인은 포식하여도 악인의 배
는 주리느니라

14 지혜로운 여인은 자기 집을
세우되 미련한 여인은 자기
손으로 그것을 허느니라
2 정직하게 행하는 자는 여호와
를 경외하여도 패역하게 행하
는 자는 여호와를 경멸하느니
라
3 미련한 자는 교만하여 입으로
매를 자청하고 지혜로운 자의
입술은 자기를 보전하느니라
4 소가 없으면 구유는 깨끗하려
니와 소의 힘으로 얻는 것이 많
으니라
5 신실한 증인은 거짓말을 아니
하여도 거짓 증인은 거짓말을
뱉느니라
6 거만한 자는 지혜를 구하여도
얻지 못하거니와 명철한 자는
지식 얻기가 쉬우니라
7 너는 미련한 자의 앞을 떠나
라 그 입술에 지식 있음을 보
지 못함이니라
8 슬기로운 자의 지혜는 자기의
길을 아는 것이라도 미련한 자
의 어리석음은 속이는 것이니라
9 미련한 자는 죄를 심상히 여겨
도 정직한 자 중에는 은혜가
있느니라
10 마음의 고통은 자기가 알고 마
음의 즐거움은 타인이 참여하
지 못하느니라
11 악한 자의 집은 망하겠고 정
직한 자의 장막은 흥하리라
12 어떤 길은 사람이 보기에 바르
나 필경은 사망의 길이니라
13 웃을 때에도 마음에 슬픔이 있
고 즐거움의 끝에도 근심이 있
느니라
14 마음이 굽은 자는 자기 행위로
보응이 가득하겠고 선한 사람
도 자기의 행위로 그러하리라
15 어리석은 자는 온갖 말을 믿으
나 슬기로운 자는 자기의 행동
을 삼가느니라

16 지혜로운 자는 두려워하여 악
을 떠나나 어리석은 자는 방자
하여 스스로 믿느니라
17 노하기를 속히 하는 자는 어리
석은 일을 행하고 악한 계교를
꾀하는 자는 미움을 받느니라
18 어리석은 자는 어리석음으로 기
업을 삼아도 슬기로운 자는 지
식으로 면류관을 삼느니라
19 악인은 선인 앞에 엎드리고 불
의한 자는 의인의 문에 엎드리
느니라
20 가난한 자는 이웃에게도 미움
을 받게 되나 부요한 자는 친
구가 많으니라
21 이웃을 업신여기는 자는 죄를
범하는 자요 빈곤한 자를 불쌍
히 여기는 자는 복이 있는 자니
라
22 악을 도모하는 자는 잘못 가는
것이 아니냐 선을 도모하는 자
에게는 인자와 진리가 있으리
라
23 모든 수고에는 이익이 있어도
입술의 말은 궁핍을 이룰 뿐이
니라
24 지혜로운 자의 재물은 그의 면
류관이요 미련한 자의 소유는
다만 미련한 것이니라
25 진실한 증인은 사람의 생명을
구원하여도 거짓말을 뱉는 사
람은 속이느니라
26 여호와를 경외하는 자에게는
견고한 의뢰가 있나니 그 자녀
들에게 피난처가 있으리라
27 여호와를 경외하는 것은 생명
의 샘이니 사망의 그물에서 벗
어나게 하느니라
28 백성이 많은 것은 왕의 영광이
요 백성이 적은 것은 주권자의
패망이니라
29 노하기를 더디 하는 자는 크게
명철하여도 마음이 조급한 자
는 어리석음을 나타내느니라
30 평온한 마음은 육신의 생명이
나 시기는 뼈를 썩게 하느니라
31 가난한 사람을 학대하는 자는
그를 지으신 이를 멸시하는 자
요 궁핍한 사람을 불쌍히 여기
는 자는 주를 공경하는 자니라
32 악인은 그의 환난에 엎드러져
도 의인은 그의 죽음에도 소망
이 있느니라
33 지혜는 명철한 자의 마음에 머
물거니와 미련한 자의 속에 있
는 것은 나타나느니라

34 공의는 나라를 영화롭게 하고 죄는 백성을 욕되게 하느니라

35 슬기롭게 행하는 신하는 왕에게 은총을 입고 욕을 끼치는 신하는 그의 진노를 당하느니라

15 유순한 대답은 분노를 쉬게 하여도 과격한 말은 노를 격동하느니라

2 지혜 있는 자의 혀는 지식을 선히 베풀고 미련한 자의 입은 미련한 것을 쏟느니라

3 여호와의 눈은 어디서든지 악인과 선인을 감찰하시느니라

4 온순한 혀는 곧 생명나무이지만 패역한 혀는 마음을 상하게 하느니라

5 아비의 훈계를 업신여기는 자는 미련한 자요 경계를 받는 자는 슬기를 얻을 자니라

6 의인의 집에는 많은 보물이 있어도 악인의 소득은 고통이 되느니라

7 지혜로운 자의 입술은 지식을 전파하여도 미련한 자의 마음은 정함이 없느니라

8 악인의 제사는 여호와께서 미워하셔도 정직한 자의 기도는 그가 기뻐하시느니라

9 악인의 길은 여호와께서 미워하셔도 공의를 따라가는 자는 그가 사랑하시느니라

10 도를 배반하는 자는 엄한 징계를 받을 것이요 견책을 싫어하는 자는 죽을 것이니라

11 스올과 아바돈도 여호와의 앞에 드러나거든 하물며 사람의 마음이리요

12 거만한 자는 견책받기를 좋아하지 아니하며 지혜 있는 자에게로 가지도 아니하느니라

13 마음의 즐거움은 얼굴을 빛나게 하여도 마음의 근심은 심령을 상하게 하느니라

14 명철한 자의 마음은 지식을 요구하고 미련한 자의 입은 미련한 것을 즐기느니라

15 고난받는 자는 그날이 다 험악하나 마음이 즐거운 자는 항상 잔치하느니라

16 가산이 적어도 여호와를 경외하는 것이 크게 부하고 번뇌하는 것보다 나으니라

17 채소를 먹으며 서로 사랑하는 것이 살진 소를 먹으며 서로 미워하는 것보다 나으니라

18 분을 쉽게 내는 자는 다툼을

일으켜도 노하기를 더디 하는
자는 시비를 그치게 하느니라
19 게으른 자의 길은 가시 울타리
같으나 정직한 자의 길은 대로
니라
20 지혜로운 아들은 아비를 즐겁
게 하여도 미련한 자는 어미를
업신여기느니라
21 무지한 자는 미련한 것을 즐겨
하여도 명철한 자는 그 길을
바르게 하느니라
22 의논이 없으면 경영이 무너지고
지략이 많으면 경영이 성립하느
니라
23 사람은 그 입의 대답으로 말미
암아 기쁨을 얻나니 때에 맞는
말이 얼마나 아름다운고
24 지혜로운 자는 위로 향한 생명
길로 말미암음으로 그 아래에
있는 스올을 떠나게 되느니라
25 여호와는 교만한 자의 집을 허
시며 과부의 지계를 정하시느니
라
26 악한 꾀는 여호와께서 미워하
시나 선한 말은 정결하니라
27 이익을 탐하는 자는 자기 집을
해롭게 하나 뇌물을 싫어하는
자는 살게 되느니라
28 의인의 마음은 대답할 말을 깊
이 생각하여도 악인의 입은 악
을 쏟느니라
29 여호와는 악인을 멀리하시고 의
인의 기도를 들으시느니라
30 눈이 밝은 것은 마음을 기쁘게
하고 좋은 기별은 뼈를 윤택하
게 하느니라
31 생명의 경계를 듣는 귀는 지혜
로운 자 가운데에 있느니라
32 훈계받기를 싫어하는 자는 자
기의 영혼을 경히 여김이라 견
책을 달게 받는 자는 지식을
얻느니라
33 여호와를 경외하는 것은 지혜
의 훈계라 겸손은 존귀의 길잡
이니라
16 마음의 경영은 사람에게 있어
도 말의 응답은 여호와께로
부터 나오느니라
2 사람의 행위가 자기 보기에는
모두 깨끗하여도 여호와는 심
령을 감찰하시느니라
3 너의 행사를 여호와께 맡기라
그리하면 네가 경영하는 것이
이루어지리라
4 여호와께서 온갖 것을 그 쓰임
에 적당하게 지으셨나니 악인

도 악한 날에 적당하게 하셨
느니라
5 무릇 마음이 교만한 자를 여호
와께서 미워하시나니 피차 손
을 잡을지라도 벌을 면하지 못
하리라
6 인자와 진리로 인하여 죄악이
속하게 되고 여호와를 경외함
으로 말미암아 악에서 떠나게
되느니라
7 사람의 행위가 여호와를 기쁘
시게 하면 그 사람의 원수라
도 그와 더불어 화목하게 하시
느니라
8 적은 소득이 공의를 겸하면 많
은 소득이 불의를 겸한 것보다
나으니라
9 사람이 마음으로 자기의 길을
계획할지라도 그의 걸음을 인도
하시는 이는 여호와시니라
10 하나님의 말씀이 왕의 입술에
있은즉 재판할 때에 그의 입이
그르치지 아니하리라
11 공평한 저울과 접시저울은 여
호와의 것이요 주머니 속의 저
울추도 다 그가 지으신 것이니
라
12 악을 행하는 것은 왕들이 미워
할 바니 이는 그 보좌가 공의
로 말미암아 굳게 섬이니라
13 의로운 입술은 왕들이 기뻐하는
것이요 정직하게 말하는 자는
그들의 사랑을 입느니라
14 왕의 진노는 죽음의 사자들과
같아도 지혜로운 사람은 그것
을 쉬게 하리라
15 왕의 희색은 생명을 뜻하나니
그의 은택이 늦은 비를 내리는
구름과 같으니라
16 지혜를 얻는 것이 금을 얻는
것보다 얼마나 나은고 명철을
얻는 것이 은을 얻는 것보다
더욱 나으니라
17 악을 떠나는 것은 정직한 사람
의 대로이니 자기의 길을 지키
는 자는 자기의 영혼을 보전하
느니라
18 교만은 패망의 선봉이요 거만
한 마음은 넘어짐의 앞잡이니라
19 겸손한 자와 함께하여 마음을
낮추는 것이 교만한 자와 함께
하여 탈취물을 나누는 것보다
나으니라
20 삼가 말씀에 주의하는 자는 좋
은 것을 얻나니 여호와를 의지
하는 자는 복이 있느니라

21 마음이 지혜로운 자는 명철하
다 일컬음을 받고 입이 선한
자는 남의 학식을 더하게 하느
니라
22 명철한 자에게는 그 명철이
생명의 샘이 되거니와 미련한
자에게는 그 미련한 것이 징계
가 되느니라
23 지혜로운 자의 마음은 그의 입
을 슬기롭게 하고 또 그의 입술
에 지식을 더하느니라
24 선한 말은 꿀송이 같아서 마음
에 달고 뼈에 양약이 되느니라
25 어떤 길은 사람이 보기에 바르
나 필경은 사망의 길이니라
26 고되게 일하는 자는 식욕으로
말미암아 애쓰나니 이는 그의
입이 자기를 독촉함이니라
27 불량한 자는 악을 꾀하나니
그 입술에는 맹렬한 불 같은
것이 있느니라
28 패역한 자는 다툼을 일으키고
말쟁이는 친한 벗을 이간하느
니라
29 강포한 사람은 그 이웃을 꾀어
좋지 아니한 길로 인도하느니라
30 눈짓을 하는 자는 패역한 일을
도모하며 입술을 닫는 자는 악
한 일을 이루느니라
31 백발은 영화의 면류관이라 공
의로운 길에서 얻으리라
32 노하기를 더디 하는 자는 용사
보다 낫고 자기의 마음을 다스
리는 자는 성을 빼앗는 자보다
나으니라
33 제비는 사람이 뽑으나 모든 일
을 작정하기는 여호와께 있느
니라

17 마른 떡 한 조각만 있고도
화목하는 것이 제육이 집에
가득하고도 다투는 것보다 나으
니라
2 슬기로운 종은 부끄러운 짓을
하는 주인의 아들을 다스리겠
고 또 형제들 중에서 유업을
나누어 얻으리라
3 도가니는 은을, 풀무는 금을 연
단하거니와 여호와는 마음을
연단하시느니라
4 악을 행하는 자는 사악한 입술
이 하는 말을 잘 듣고 거짓말
을 하는 자는 악한 혀가 하는
말에 귀를 기울이느니라
5 가난한 자를 조롱하는 자는 그
를 지으신 주를 멸시하는 자요
사람의 재앙을 기뻐하는 자는

형벌을 면하지 못할 자니라
6 손자는 노인의 면류관이요 아비
는 자식의 영화니라
7 지나친 말을 하는 것도 미련
한 자에게 합당하지 아니하거
든 하물며 거짓말을 하는 것이
존귀한 자에게 합당하겠느냐
8 뇌물은 그 임자가 보기에 보석
같은즉 그가 어디로 향하든지
형통하게 하느니라
9 허물을 덮어 주는 자는 사랑을
구하는 자요 그것을 거듭 말하
는 자는 친한 벗을 이간하는
자니라
10 한마디 말로 총명한 자에게 충
고하는 것이 매 백 대로 미련
한 자를 때리는 것보다 더욱
깊이 박히느니라
11 악한 자는 반역만 힘쓰나니 그
러므로 그에게 잔인한 사자가
보냄을 받으리라
12 차라리 새끼 빼앗긴 암곰을
만날지언정 미련한 일을 행하
는 미련한 자를 만나지 말 것
이니라
13 누구든지 악으로 선을 갚으면
악이 그 집을 떠나지 아니하리
라
14 다투는 시작은 둑에서 물이 새
는 것 같은즉 싸움이 일어나기
전에 시비를 그칠 것이니라
15 악인을 의롭다 하고 의인을 악
하다 하는 이 두 사람은 다 여
호와께 미움을 받느니라
16 미련한 자는 무지하거늘 손에
값을 가지고 지혜를 사려 함은
어찌인고
17 친구는 사랑이 끊어지지 아니하
고 형제는 위급한 때를 위하
여 났느니라
18 지혜 없는 자는 남의 손을 잡
고 그의 이웃 앞에서 보증이 되
느니라
19 다툼을 좋아하는 자는 죄과를
좋아하는 자요 자기 문을 높이
는 자는 파괴를 구하는 자니라
20 마음이 굽은 자는 복을 얻지 못
하고 혀가 패역한 자는 재앙
에 빠지느니라
21 미련한 자를 낳는 자는 근심을
당하나니 미련한 자의 아비는
낙이 없느니라
22 마음의 즐거움은 양약이라도 심
령의 근심은 뼈를 마르게 하느
니라
23 악인은 사람의 품에서 뇌물을

받고 재판을 굽게 하느니라
24 지혜는 명철한 자 앞에 있거늘 미련한 자는 눈을 땅끝에 두느니라
25 미련한 아들은 그 아비의 근심이 되고 그 어미의 고통이 되느니라
26 의인을 벌하는 것과 귀인을 정직하다고 때리는 것은 선하지 못하니라
27 말을 아끼는 자는 지식이 있고 성품이 냉철한 자는 명철하니라
28 미련한 자라도 잠잠하면 지혜로운 자로 여겨지고 그의 입술을 닫으면 슬기로운 자로 여겨지느니라

18 무리에게서 스스로 갈라지는 자는 자기 소욕을 따르는 자라 온갖 참 지혜를 배척하느니라
2 미련한 자는 명철을 기뻐하지 아니하고 자기의 의사를 드러내기만 기뻐하느니라
3 악한 자가 이를 때에는 멸시도 따라오고 부끄러운 것이 이를 때에는 능욕도 함께 오느니라
4 명철한 사람의 입의 말은 깊은 물과 같고 지혜의 샘은 솟구쳐 흐르는 내와 같으니라
5 악인을 두둔하는 것과 재판할 때에 의인을 억울하게 하는 것이 선하지 아니하니라
6 미련한 자의 입술은 다툼을 일으키고 그의 입은 매를 자청하느니라
7 미련한 자의 입은 그의 멸망이 되고 그의 입술은 그의 영혼의 그물이 되느니라
8 남의 말 하기를 좋아하는 자의 말은 별식과 같아서 뱃속 깊은 데로 내려가느니라
9 자기의 일을 게을리하는 자는 패가하는 자의 형제니라
10 여호와의 이름은 견고한 망대라 의인은 그리로 달려가서 안전함을 얻느니라
11 부자의 재물은 그의 견고한 성이라 그가 높은 성벽같이 여기느니라
12 사람의 마음의 교만은 멸망의 선봉이요 겸손은 존귀의 길잡이니라
13 사연을 듣기 전에 대답하는 자는 미련하여 욕을 당하느니라

14 사람의 심령은 그의 병을 능히 이기려니와 심령이 상하면 그것을 누가 일으키겠느냐
15 명철한 자의 마음은 지식을 얻고 지혜로운 자의 귀는 지식을 구하느니라
16 사람의 선물은 그의 길을 넓게 하며 또 존귀한 자 앞으로 그를 인도하느니라
17 송사에서는 먼저 온 사람의 말이 바른 것 같으나 그의 상대자가 와서 밝히느니라
18 제비 뽑는 것은 다툼을 그치게 하여 강한 자 사이에 해결하게 하느니라
19 노엽게 한 형제와 화목하기가 견고한 성을 취하기보다 어려운즉 이러한 다툼은 산성 문빗장 같으니라
20 사람은 입에서 나오는 열매로 말미암아 배부르게 되나니 곧 그의 입술에서 나는 것으로 말미암아 만족하게 되느니라
21 죽고 사는 것이 혀의 힘에 달렸나니 혀를 쓰기 좋아하는 자는 혀의 열매를 먹으리라
22 아내를 얻는 자는 복을 얻고 여호와께 은총을 받는 자니라
23 가난한 자는 간절한 말로 구하여도 부자는 엄한 말로 대답하느니라
24 많은 친구를 얻는 자는 해를 당하게 되거니와 어떤 친구는 형제보다 친밀하니라

19 가난하여도 성실하게 행하는 자는 입술이 패역하고 미련한 자보다 나으니라
2 지식 없는 소원은 선하지 못하고 발이 급한 사람은 잘못 가느니라
3 사람이 미련하므로 자기 길을 굽게 하고 마음으로 여호와를 원망하느니라
4 재물은 많은 친구를 더하게 하나 가난한즉 친구가 끊어지느니라
5 거짓 증인은 벌을 면하지 못할 것이요 거짓말을 하는 자도 피하지 못하리라
6 너그러운 사람에게는 은혜를 구하는 자가 많고 선물 주기를 좋아하는 자에게는 사람마다 친구가 되느니라
7 가난한 자는 그의 형제들에게도 미움을 받거든 하물며 친구야 그를 멀리하지 아니하겠느

나 따라가며 말하려 할지라도
그들이 없어졌으리라
8 지혜를 얻는 자는 자기 영혼을
사랑하고 명철을 지키는 자는
복을 얻느니라
9 거짓 증인은 벌을 면하지 못
할 것이요 거짓말을 뱉는 자는
망할 것이니라
10 미련한 자가 사치하는 것이 적
당하지 못하거든 하물며 종이
방백을 다스림이랴
11 노하기를 더디 하는 것이 사람
의 슬기요 허물을 용서하는 것
이 자기의 영광이니라
12 왕의 노함은 사자의 부르짖음
같고 그의 은택은 풀 위의 이
슬 같으니라
13 미련한 아들은 그의 아비의 재
앙이요 다투는 아내는 이어 떨
어지는 물방울이니라
14 집과 재물은 조상에게서 상속
하거니와 슬기로운 아내는 여호
와께로서 말미암느니라
15 게으름이 사람으로 깊이 잠들
게 하나니 태만한 사람은 주
릴 것이니라
16 계명을 지키는 자는 자기의 영
혼을 지키거니와 자기의 행실
을 삼가지 아니하는 자는 죽으
리라
17 가난한 자를 불쌍히 여기는 것
은 여호와께 꾸어 드리는 것이
니 그의 선행을 그에게 갚아
주시리라
18 네가 네 아들에게 희망이 있은
즉 그를 징계하되 죽일 마음은
두지 말지니라
19 노하기를 맹렬히 하는 자는 벌
을 받을 것이라 네가 그를 건
져 주면 다시 그런 일이 생기
리라
20 너는 권고를 들으며 훈계를 받
으라 그리하면 네가 필경은 지
혜롭게 되리라
21 사람의 마음에는 많은 계획이
있어도 오직 여호와의 뜻만이
완전히 서리라
22 사람은 자기의 인자함으로 남
에게 사모함을 받느니라 가난
한 자는 거짓말하는 자보다 나
으니라
23 여호와를 경외하는 것은 사람
으로 생명에 이르게 하는 것이
라 경외하는 자는 족하게 지내
고 재앙을 당하지 아니하느니
라

24 게으른 자는 자기의 손을 그릇
에 넣고서도 입으로 올리기를
괴로워하느니라
25 거만한 자를 때리라 그리하면
어리석은 자도 지혜를 얻으리
라 명철한 자를 견책하라 그
리하면 그가 지식을 얻으리라
26 아비를 구박하고 어미를 쫓아
내는 자는 부끄러움을 끼치며
능욕을 부르는 자식이니라
27 내 아들아 지식의 말씀에서 떠
나게 하는 교훈을 듣지 말지니
라
28 망령된 증인은 정의를 업신여
기고 악인의 입은 죄악을 삼키
느니라
29 심판은 거만한 자를 위하여
예비된 것이요 채찍은 어리석
은 자의 등을 위하여 예비된
것이니라

20 포도주는 거만하게 하는 것이
요 독주는 떠들게 하는 것이
라 이에 미혹되는 자마다 지혜
가 없느니라
2 왕의 진노는 사자의 부르짖음
같으니 그를 노하게 하는 것은
자기의 생명을 해하는 것이니
라
3 다툼을 멀리하는 것이 사람에
게 영광이거늘 미련한 자마다
다툼을 일으키느니라
4 게으른 자는 가을에 밭 갈지
아니하나니 그러므로 거둘 때
에는 구걸할지라도 얻지 못하
리라
5 사람의 마음에 있는 모략은 깊
은 물 같으니라 그럴지라도 명
철한 사람은 그것을 길어 내느
니라
6 많은 사람이 각기 자기의 인자
함을 자랑하나니 충성된 자를
누가 만날 수 있으랴
7 온전하게 행하는 자가 의인이
라 그의 후손에게 복이 있느니라
8 심판 자리에 앉은 왕은 그의
눈으로 모든 악을 흩어지게 하
느니라
9 내가 내 마음을 정하게 하였
다 내 죄를 깨끗하게 하였다
할 자가 누구냐
10 한결같지 않은 저울추와 한결
같지 않은 되는 다 여호와께서
미워하시느니라
11 비록 아이라도 자기의 동작으로
자기 품행이 청결한 여부와 정
직한 여부를 나타내느니라

12 듣는 귀와 보는 눈은 다 여호
와께서 지으신 것이니라
13 너는 잠자기를 좋아하지 말라
네가 빈궁하게 될까 두려우니
라 네 눈을 뜨라 그리하면 양
식이 족하리라
14 물건을 사는 자가 좋지 못하
다 좋지 못하다 하다가 돌아
간 후에는 자랑하느니라
15 세상에 금도 있고 진주도 많거
니와 지혜로운 입술이 더욱 귀
한 보배니라
16 타인을 위하여 보증 선 자의
옷을 취하라 외인들을 위하여
보증 선 자는 그의 몸을 볼모
잡을지니라
17 속이고 취한 음식물은 사람에
게 맛이 좋은 듯하나 후에는
그의 입에 모래가 가득하게 되
리라
18 경영은 의논함으로 성취하나니
지략을 베풀고 전쟁할지니라
19 두루 다니며 한담하는 자는 남
의 비밀을 누설하나니 입술을
벌린 자를 사귀지 말지니라
20 자기의 아비나 어미를 저주하
는 자는 그의 등불이 흑암 중
에 꺼짐을 당하리라
21 처음에 속히 잡은 산업은 마침
내 복이 되지 아니하느니라
22 너는 악을 갚겠다 말하지 말
고 여호와를 기다리라 그가 너
를 구원하시리라
23 한결같지 않은 저울추는 여호
와께서 미워하시는 것이요 속이
는 저울은 좋지 못한 것이니라
24 사람의 걸음은 여호와로 말미
암나니 사람이 어찌 자기의 길
을 알 수 있으랴
25 함부로 이 물건은 거룩하다 하
여 서원하고 그 후에 살피면
그것이 그 사람에게 덫이 되느
니라
26 지혜로운 왕은 악인들을 키질
하며 타작하는 바퀴를 그들 위
에 굴리느니라
27 사람의 영혼은 여호와의 등불이
라 사람의 깊은 속을 살피느니
라
28 왕은 인자와 진리로 스스로 보
호하고 그의 왕위도 인자함으로
말미암아 견고하니라
29 젊은 자의 영화는 그의 힘이요
늙은 자의 아름다움은 백발이니
라
30 상하게 때리는 것이 악을 없이

하나니 매는 사람 속에 깊이
들어가느니라

21 왕의 마음이 여호와의 손에
있음이 마치 봇물과 같아서
그가 임의로 인도하시느니라

2 사람의 행위가 자기 보기에는
모두 정직하여도 여호와는 마음
을 감찰하시느니라

3 공의와 정의를 행하는 것은 제
사드리는 것보다 여호와께서
기쁘게 여기시느니라

4 눈이 높은 것과 마음이 교만한
것과 악인이 형통한 것은 다
죄니라

5 부지런한 자의 경영은 풍부함
에 이를 것이나 조급한 자는
궁핍함에 이를 따름이니라

6 속이는 말로 재물을 모으는 것
은 죽음을 구하는 것이라 곧
불려 다니는 안개니라

7 악인의 강포는 자기를 소멸하
나니 이는 정의를 행하기 싫어
함이니라

8 죄를 크게 범한 자의 길은 심
히 구부러지고 깨끗한 자의 길
은 곧으니라

9 다투는 여인과 함께 큰 집에서
사는 것보다 움막에서 사는 것
이 나으니라

10 악인의 마음은 남의 재앙을 원
하나니 그 이웃도 그 앞에서
은혜를 입지 못하느니라

11 거만한 자가 벌을 받으면 어리
석은 자도 지혜를 얻겠고 지혜
로운 자가 교훈을 받으면 지식
이 더하리라

12 의로우신 자는 악인의 집을 감
찰하시고 악인을 환난에 던지
시느니라

13 귀를 막고 가난한 자가 부르짖
는 소리를 듣지 아니하면 자기
가 부르짖을 때에도 들을 자가
없으리라

14 은밀한 선물은 노를 쉬게 하고
품 안의 뇌물은 맹렬한 분을
그치게 하느니라

15 정의를 행하는 것이 의인에게
는 즐거움이요 죄인에게는 패
망이니라

16 명철의 길을 떠난 사람은 사
망의 회중에 거하리라

17 연락을 좋아하는 자는 가난하
게 되고 술과 기름을 좋아하는
자는 부하게 되지 못하느니라

18 악인은 의인의 속전이 되고 사
악한 자는 정직한 자의 대신

이 되느니라
19 다투며 성내는 여인과 함께 사
는 것보다 광야에서 사는 것이
나으니라
20 지혜 있는 자의 집에는 귀한
보배와 기름이 있으나 미련한
자는 이것을 다 삼켜 버리느니
라
21 공의와 인자를 따라 구하는 자
는 생명과 공의와 영광을 얻느
니라
22 지혜로운 자는 용사의 성에 올
라가서 그 성이 의지하는 방벽
을 허느니라
23 입과 혀를 지키는 자는 자기의
영혼을 환난에서 보전하느니라
24 무례하고 교만한 자를 이름하
여 망령된 자라 하나니 이는
넘치는 교만으로 행함이니라
25 게으른 자의 욕망이 자기를 죽
이나니 이는 자기의 손으로 일
하기를 싫어함이니라
26 어떤 자는 종일토록 탐하기만
하나 의인은 아끼지 아니하고
베푸느니라
27 악인의 제물은 본래 가증하거
든 하물며 악한 뜻으로 드리는
것이랴
28 거짓 증인은 패망하려니와 확
실히 듣은 사람의 말은 힘이
있느니라
29 악인은 자기의 얼굴을 굳게 하
나 정직한 자는 자기의 행위를
삼가느니라
30 지혜로도 못하고, 명철로도 못하
고 모략으로도 여호와를 당하지
못하느니라
31 싸울 날을 위하여 마병을 예비
하거니와 이김은 여호와께 있
느니라

22 많은 재물보다 명예를 택할
것이요 은이나 금보다 은총을
더욱 택할 것이니라
2 가난한 자와 부한 자가 함께
살거니와 그 모두를 지으신 이
는 여호와시니라
3 슬기로운 자는 재앙을 보면 숨
어 피하여도 어리석은 자는 나
가다가 해를 받느니라
4 겸손과 여호와를 경외함의 보
상은 재물과 영광과 생명이니
라
5 패역한 자의 길에는 가시와 올
무가 있거니와 영혼을 지키는
자는 이를 멀리하느니라
6 마땅히 행할 길을 아이에게

가르치라 그리하면 늙어도 그것
을 떠나지 아니하리라
7 부자는 가난한 자를 주관하고
빚진 자는 채주의 종이 되느니
라
8 악을 뿌리는 자는 재앙을 거두
리니 그 분노의 기세가 쇠하리
라
9 선한 눈을 가진 자는 복을 받
으리니 이는 양식을 가난한 자
에게 줌이니라
10 거만한 자를 쫓아내면 다툼이
쉬고 싸움과 수욕이 그치느니라
11 마음의 정결을 사모하는 자의
입술에는 덕이 있으므로 임금이
그의 친구가 되느니라
12 여호와의 눈은 지식 있는 사람
을 지키시나 사악한 사람의 말
은 패하게 하시느니라
13 게으른 자는 말하기를 사자가
밖에 있은즉 내가 나가면 거리
에서 찢기겠다 하느니라
14 음녀의 입은 깊은 함정이라 여
호와의 노를 당한 자는 거기
빠지리라
15 아이의 마음에는 미련한 것이
얽혔으나 징계하는 채찍이 이
를 멀리 쫓아내리라
16 이익을 얻으려고 가난한 자를
학대하는 자와 부자에게 주는
자는 가난하여질 뿐이니라
17 너는 귀를 기울여 지혜 있는
자의 말씀을 들으며 내 지식에
마음을 둘지어다
18 이것을 네 속에 보존하며 네
입술 위에 함께 있게 함이 아
름다우니라
19 내가 네게 여호와를 의뢰하게
하려 하여 이것을 오늘 특별히
네게 알게 하였노니
20 내가 모략과 지식의 아름다운
것을 너를 위해 기록하여
21 네가 진리의 확실한 말씀을 깨
닫게 하며 또 너를 보내는 자
에게 진리의 말씀으로 회답하
게 하려 함이 아니냐
22 약한 자를 그가 약하다고 탈
취하지 말며 곤고한 자를 성문
에서 압제하지 말라
23 대저 여호와께서 신원하여 주
시고 또 그를 노략하는 자의
생명을 빼앗으시리라
24 노를 품는 자와 사귀지 말며
울분한 자와 동행하지 말지니
25 그의 행위를 본받아 네 영혼을
올무에 빠뜨릴까 두려움이니라

26 너는 사람과 더불어 손을 잡지
말며 남의 빚에 보증을 서지
말라
27 만일 갚을 것이 네게 없으면
네 누운 침상도 빼앗길 것이라
네가 어찌 그리하겠느냐
28 네 선조가 세운 옛 지계석을
옮기지 말지니라
29 네가 자기의 일에 능숙한 사람
을 보았느냐 이러한 사람은 왕
앞에 설 것이요 천한 자 앞에
서지 아니하리라

23 네가 관원과 함께 앉아 음식
을 먹게 되거든 삼가 네 앞
에 있는 자가 누구인지를 생각
하며
2 네가 만일 음식을 탐하는 자이
거든 네 목에 칼을 둘 것이니
라
3 그의 맛있는 음식을 탐하지 말
라 그것은 속이는 음식이니라
4 부자 되기에 애쓰지 말고 네
사사로운 지혜를 버릴지어다
5 네가 어찌 허무한 것에 주목하
겠느냐 정녕히 재물은 스스로
날개를 내어 하늘을 나는 독수
리처럼 날아가리라
6 악한 눈이 있는 자의 음식을
먹지 말며 그의 맛있는 음식을
탐하지 말지어다
7 대저 그 마음의 생각이 어떠하
면 그 위인도 그러한즉 그가
네게 먹고 마시라 할지라도 그
의 마음은 너와 함께하지 아니
함이라
8 네가 조금 먹은 것도 토하겠
고 네 아름다운 말도 헛된 데
로 돌아가리라
9 미련한 자의 귀에 말하지 말지
니 이는 그가 네 지혜로운 말
을 업신여길 것임이니라
10 옛 지계석을 옮기지 말며 고아
들의 밭을 침범하지 말지어다
11 대저 그들의 구속자는 강하시
니 그가 너를 대적하여 그들의
원한을 풀어주시리라
12 훈계에 착심하며 지식의 말씀
에 귀를 기울이라
13 아이를 훈계하지 아니하려고
하지 말라 채찍으로 그를 때릴
지라도 그가 죽지 아니하리라
14 네가 그를 채찍으로 때리면 그
의 영혼을 스올에서 구원하리
라
15 내 아들아 만일 네 마음이 지
혜로우면 나 곧 내 마음이 즐

겁겠고
16 만일 네 입술이 정직을 말하
면 내 속이 유쾌하리라
17 네 마음으로 죄인의 형통을 부
러워하지 말고 항상 여호와를
경외하라
18 정녕히 네 장래가 있겠고 네
소망이 끊어지지 아니하리라
19 내 아들아 너는 듣고 지혜를
얻어 네 마음을 바른길로 인도
할지니라
20 술을 즐겨 하는 자들과 고기를
탐하는 자들과도 더불어 사귀
지 말라
21 술 취하고 음식을 탐하는 자는
가난하여질 것이요 잠자기를
즐겨 하는 자는 해어진 옷을
입을 것임이니라
22 너를 낳은 아비에게 청종하고
네 늙은 어미를 경히 여기지
말지니라
23 진리를 사되 팔지는 말며 지혜
와 훈계와 명철도 그리할지니라
24 의인의 아비는 크게 즐거울 것
이요 지혜로운 자식을 낳은 자
는 그로 말미암아 즐거울 것이
니라
25 네 부모를 즐겁게 하며 너를 낳
은 어미를 기쁘게 하라
26 내 아들아 네 마음을 내게 주
며 네 눈으로 내 길을 즐거워
할지어다
27 대저 음녀는 깊은 구덩이요 이
방 여인은 좁은 함정이라
28 참으로 그는 강도같이 매복하
며 사람들 중에 사악한 자가
많아지게 하느니라
29 재앙이 뉘게 있느뇨 근심이 뉘
게 있느뇨 분쟁이 뉘게 있느뇨
원망이 뉘게 있느뇨 까닭 없는
상처가 뉘게 있느뇨 붉은 눈이
뉘게 있느뇨
30 술에 잠긴 자에게 있고 혼합
한 술을 구하러 다니는 자에게
있느니라
31 포도주는 붉고 잔에서 번쩍이
며 순하게 내려가나니 너는 그
것을 보지도 말지어다
32 그것이 마침내 뱀같이 물 것이
요 독사같이 쏠 것이며
33 또 네 눈에는 괴이한 것이 보
일 것이요 네 마음은 구부러진
말을 할 것이며
34 너는 바다 가운데에 누운 자
같을 것이요 돛대 위에 누운
자 같을 것이며

35 네가 스스로 말하기를 사람이
나를 때려도 나는 아프지 아니
하고 나를 상하게 하여도 내게
감각이 없도다 내가 언제나 깰
까 다시 술을 찾겠다 하리라

24

너는 악인의 형통함을 부러
워하지 말며 그와 함께 있으
려고 하지도 말지어다
2 그들의 마음은 강포를 품고 그
들의 입술은 재앙을 말함이니라
3 집은 지혜로 말미암아 건축되
고 명철로 말미암아 견고하게
되며
4 또 방들은 지식으로 말미암아
각종 귀하고 아름다운 보배로
채우게 되느니라
5 지혜 있는 자는 강하고 지식
있는 자는 힘을 더하나니
6 너는 전략으로 싸우라 승리는
지략이 많음에 있느니라
7 지혜는 너무 높아서 미련한 자
가 미치지 못할 것이므로 그는
성문에서 입을 열지 못하느니라
8 악행하기를 꾀하는 자를 일컬
어 사악한 자라 하느니라
9 미련한 자의 생각은 죄요 거만
한 자는 사람에게 미움을 받느
니라
10 네가 만일 환난날에 낙담하
면 네 힘이 미약함을 보임이니
라
11 너는 사망으로 끌려가는 자를
건져 주며 살육을 당하게 된
자를 구원하지 아니하려고 하
지 말라
12 네가 말하기를 나는 그것을 알
지 못하였노라 할지라도 마음
을 저울질하시는 이가 어찌 통
찰하지 못하시겠으며 네 영혼
을 지키시는 이가 어찌 알지
못하시겠느냐 그가 각 사람의
행위대로 보응하시리라
13 내 아들아 꿀을 먹으라 이것이
좋으니라 송이꿀을 먹으라 이것
이 네 입에 다니라
14 지혜가 네 영혼에게 이와 같
은 줄을 알라 이것을 얻으면
정녕히 네 장래가 있겠고 네
소망이 끊어지지 아니하리라
15 악한 자여 의인의 집을 엿보지
말며 그가 쉬는 처소를 헐지
말지니라
16 대저 의인은 일곱 번 넘어질지
라도 다시 일어나려니와 악인
은 재앙으로 말미암아 엎드러지
느니라

17 네 원수가 넘어질 때에 즐거워하지 말며 그가 엎드러질 때에 마음에 기뻐하지 말라
18 여호와께서 이것을 보시고 기뻐하지 아니하사 그의 진노를 그에게서 옮기실까 두려우니라
19 너는 행악자들로 말미암아 분을 품지 말며 악인의 형통함을 부러워하지 말라
20 대저 행악자는 장래가 없겠고 악인의 등불은 꺼지리라
21 내 아들아 여호와와 왕을 경외하고 반역자와 더불어 사귀지 말라
22 대저 그들의 재앙은 속히 임하리니 그 둘의 멸망을 누가 알랴
23 이것도 지혜로운 자들의 말씀이라 재판할 때에 낯을 보아주는 것이 옳지 못하니라
24 악인에게 네가 옳다 하는 자는 백성에게 저주를 받을 것이요 국민에게 미움을 받으려니와
25 오직 그를 견책하는 자는 기쁨을 얻을 것이요 또 좋은 복을 받으리라
26 적당한 말로 대답함은 입맞춤과 같으니라
27 네 일을 밖에서 다스리며 너를 위하여 밭에서 준비하고 그 후에 네 집을 세울지니라
28 너는 까닭 없이 네 이웃을 쳐서 증인이 되지 말며 네 입술로 속이지 말지니라
29 너는 그가 내게 행함같이 나도 그에게 행하여 그가 행한 대로 그 사람에게 갚겠다 말하지 말지니라
30 내가 게으른 자의 밭과 지혜 없는 자의 포도원을 지나며 본즉
31 가시덤불이 그 전부에 퍼졌으며 그 지면이 거친 풀로 덮였고 돌담이 무너져 있기로
32 내가 보고 생각이 깊었고 내가 보고 훈계를 받았노라
33 네가 좀 더 자자, 좀 더 졸자, 손을 모으고 좀 더 누워 있자 하니
34 네 빈궁이 강도같이 오며 네 곤핍이 군사같이 이르리라

솔로몬의 잠언

25 이것도 솔로몬의 잠언이요 유다 왕 히스기야의 신하들이 편집한 것이니라
2 일을 숨기는 것은 하나님의 영

화요 일을 살피는 것은 왕의
영화니라
3 하늘의 높음과 땅의 깊음같이
왕의 마음은 헤아릴 수 없느니
라
4 은에서 찌꺼기를 제하라 그리
하면 장색의 쓸 만한 그릇이
나올 것이요
5 왕 앞에서 악한 자를 제하라
그리하면 그의 왕위가 의로 말
미암아 견고히 서리라
6 왕 앞에서 스스로 높은 체하지
말며 대인들의 자리에 서지 말
라
7 이는 사람이 네게 이리로 올라
오라고 말하는 것이 네 눈에
보이는 귀인 앞에서 저리로 내
려가라고 말하는 것보다 나음
이니라
8 너는 서둘러 나가서 다투지 말
라 마침내 네가 이웃에게서 욕
을 보게 될 때에 네가 어찌할
줄을 알지 못할까 두려우니라
9 너는 이웃과 다투거든 변론만
하고 남의 은밀한 일은 누설하
지 말라
10 듣는 자가 너를 꾸짖을 터이요
또 네게 대한 악평이 네게서
떠나지 아니할까 두려우니라
11 경우에 합당한 말은 아로새긴
은 쟁반에 금 사과니라
12 슬기로운 자의 책망은 청종하
는 귀에 금 고리와 정금 장식
이니라
13 충성된 사자는 그를 보낸 이에
게 마치 추수하는 날에 얼음
냉수 같아서 능히 그 주인의
마음을 시원하게 하느니라
14 선물한다고 거짓 자랑하는 자
는 비 없는 구름과 바람 같으
니라
15 오래 참으면 관원도 설득할 수
있나니 부드러운 혀는 뼈를 꺾
느니라
16 너는 꿀을 보거든 족하리만큼
먹으라 과식함으로 토할까 두려
우니라
17 너는 이웃집에 자주 다니지 말
라 그가 너를 싫어하며 미워할
까 두려우니라
18 자기의 이웃을 쳐서 거짓 증거
하는 사람은 방망이요 칼이요
뾰족한 화살이니라
19 환난날에 진실하지 못한 자를
의뢰하는 것은 부러진 이와 위
골된 발 같으니라

20 마음이 상한 자에게 노래하는 것은 추운 날에 옷을 벗음 같고 소다 위에 식초를 부음 같으니라

21 네 원수가 배고파하거든 음식을 먹이고 목말라하거든 물을 마시게 하라

22 그리하는 것은 핀 숯을 그의 머리에 놓는 것과 일반이요 여호와께서 네게 갚아주시리라

23 북풍이 비를 일으킴같이 참소하는 혀는 사람의 얼굴에 분을 일으키느니라

24 다투는 여인과 함께 큰 집에서 사는 것보다 움막에서 혼자 사는 것이 나으니라

25 먼 땅에서 오는 좋은 기별은 목마른 사람에게 냉수와 같으니라

26 의인이 악인 앞에 굴복하는 것은 우물이 흐려짐과 샘이 더러워짐과 같으니라

27 꿀을 많이 먹는 것이 좋지 못하고 자기의 영예를 구하는 것이 헛되니라

28 자기의 마음을 제어하지 아니하는 자는 성읍이 무너지고 성벽이 없는 것과 같으니라

26 미련한 자에게는 영예가 적당하지 아니하니 마치 여름에 눈 오는 것과 추수 때에 비 오는 것 같으니라

2 까닭 없는 저주는 참새가 떠도는 것과 제비가 날아가는 것 같이 이루어지지 아니하느니라

3 말에게는 채찍이요 나귀에게는 재갈이요 미련한 자의 등에는 막대기니라

4 미련한 자의 어리석은 것을 따라 대답하지 말라 두렵건대 너도 그와 같을까 하노라

5 미련한 자에게는 그의 어리석음을 따라 대답하라 두렵건대 그가 스스로 지혜롭게 여길까 하노라

6 미련한 자 편에 기별하는 것은 자기의 발을 베어 버림과 해를 받음과 같으니라

7 저는 자의 다리는 힘없이 달렸나니 미련한 자의 입의 잠언도 그러하니라

8 미련한 자에게 영예를 주는 것은 돌을 물매에 매는 것과 같으니라

9 미련한 자의 입의 잠언은 술취한 자가 손에 든 가시나무

같으니라
10 장인이 온갖 것을 만들지라도
미련한 자를 고용하는 것은 지
나가는 행인을 고용함과 같으
니라
11 개가 그 토한 것을 도로 먹는
것같이 미련한 자는 그 미련
한 것을 거듭 행하느니라
12 네가 스스로 지혜롭게 여기는
자를 보느냐 그보다 미련한 자
에게 오히려 희망이 있느니라
13 게으른 자는 길에 사자가 있
다 거리에 사자가 있다 하느니
라
14 문짝이 돌쩌귀를 따라서 도는
것같이 게으른 자는 침상에서
도느니라
15 게으른 자는 그 손을 그릇에
넣고도 입으로 올리기를 괴로워
하느니라
16 게으른 자는 사리에 맞게 대답
하는 사람 일곱보다 자기를 지
혜롭게 여기느니라
17 길로 지나가다가 자기와 상관
없는 다툼을 간섭하는 자는 개
의 귀를 잡는 자와 같으니라
18 횃불을 던지며 화살을 쏘아서
사람을 죽이는 미친 사람이 있
나니
19 자기의 이웃을 속이고 말하기
를 내가 희롱하였노라 하는 자
도 그러하니라
20 나무가 다하면 불이 꺼지고 말
쟁이가 없어지면 다툼이 쉬느니
라
21 숯불 위에 숯을 더하는 것과
타는 불에 나무를 더하는 것같
이 다툼을 좋아하는 자는 시비
를 일으키느니라
22 남의 말 하기를 좋아하는 자의
말은 별식과 같아서 뱃속 깊은
데로 내려가느니라
23 온유한 입술에 악한 마음은 낮
은 은을 입힌 토기니라
24 원수는 입술로는 꾸미고 속으로
는 속임을 품나니
25 그 말이 좋을지라도 믿지 말
것은 그 마음에 일곱 가지 가
증한 것이 있음이니라
26 속임으로 그 미움을 감출지라도
그의 악이 회중 앞에 드러나리
라
27 함정을 파는 자는 그것에 빠
질 것이요 돌을 굴리는 자는 도
리어 그것에 치이리라
28 거짓말하는 자는 자기가 해한

자를 미워하고 아첨하는 입은
패망을 일으키느니라
27 너는 내일 일을 자랑하지 말
라 하루 동안에 무슨 일이
일어날는지 네가 알 수 없음이
니라
2 타인이 너를 칭찬하게 하고 네
입으로는 하지 말며 외인이 너
를 칭찬하게 하고 네 입술로는
하지 말지니라
3 돌은 무겁고 모래도 가볍지 아
니하거니와 미련한 자의 분노
는 이 둘보다 무거우니라
4 분은 잔인하고 노는 창수 같거
니와 투기 앞에야 누가 서리요
5 면책은 숨은 사랑보다 나으니라
6 친구의 아픈 책망은 충직으로
말미암는 것이나 원수의 잦은
입맞춤은 거짓에서 난 것이니
라
7 배부른 자는 꿀이라도 싫어하
고 주린 자에게는 쓴 것이라도
다니라
8 고향을 떠나 유리하는 사람은
보금자리를 떠나 떠도는 새와
같으니라
9 기름과 향이 사람의 마음을 즐
겁게 하나니 친구의 충성된 권
고가 이와 같이 아름다우니라
10 네 친구와 네 아비의 친구를
버리지 말며 네 환난날에 형제
의 집에 들어가지 말지어다 가
까운 이웃이 먼 형제보다 나으
니라
11 내 아들아 지혜를 얻고 내 마
음을 기쁘게 하라 그리하면 나
를 비방하는 자에게 내가 대답
할 수 있으리라
12 슬기로운 자는 재앙을 보면 숨
어 피하여도 어리석은 자들은
나가다가 해를 받느니라
13 타인을 위하여 보증 선 자의
옷을 취하라 외인들을 위하여
보증 선 자는 그의 몸을 볼모
잡을지니라
14 이른 아침에 큰 소리로 자기
이웃을 축복하면 도리어 저주같
이 여기게 되리라
15 다투는 여자는 비 오는 날에
이어 떨어지는 물방울이라
16 그를 제어하기가 바람을 제어
하는 것 같고 오른손으로 기름
을 움키는 것 같으니라
17 철이 철을 날카롭게 하는 것같
이 사람이 그의 친구의 얼굴을
빛나게 하느니라

18 무화과나무를 지키는 자는 그 과실을 먹고 자기 주인에게 시중드는 자는 영화를 얻느니라

19 물에 비치면 얼굴이 서로 같은 것같이 사람의 마음도 서로 비치느니라

20 스올과 아바돈은 만족함이 없고 사람의 눈도 만족함이 없느니라

21 도가니로 은을, 풀무로 금을, 칭찬으로 사람을 단련하느니라

22 미련한 자를 곡물과 함께 절구에 넣고 공이로 찧을지라도 그의 미련은 벗겨지지 아니하느니라

23 네 양 떼의 형편을 부지런히 살피며 네 소 떼에게 마음을 두라

24 대저 재물은 영원히 있지 못하나니 면류관이 어찌 대대에 있으랴

25 풀을 벤 후에는 새로 움이 돋나니 산에서 꼴을 거둘 것이니라

26 어린 양의 털은 네 옷이 되며 염소는 밭을 사는 값이 되며

27 염소의 젖은 넉넉하여 너와 네 집의 음식이 되며 네 여종의 먹을 것이 되느니라

28

악인은 쫓아오는 자가 없어도 도망하나 의인은 사자같이 담대하니라

2 나라는 죄가 있으면 주관자가 많아져도 명철과 지식 있는 사람으로 말미암아 장구하게 되느니라

3 가난한 자를 학대하는 가난한 자는 곡식을 남기지 아니하는 폭우 같으니라

4 율법을 버린 자는 악인을 칭찬하나 율법을 지키는 자는 악인을 대적하느니라

5 악인은 정의를 깨닫지 못하나 여호와를 찾는 자는 모든 것을 깨닫느니라

6 가난하여도 성실하게 행하는 자는 부유하면서 굽게 행하는 자보다 나으니라

7 율법을 지키는 자는 지혜로운 아들이요 음식을 탐하는 자와 사귀는 자는 아비를 욕되게 하는 자니라

8 중한 변리로 자기 재산을 늘리는 것은 가난한 사람을 불쌍히 여기는 자를 위해 그 재산을 저축하는 것이니라

9 사람이 귀를 돌려 율법을 듣지

아니하면 그의 기도도 가증하니
라
10 정직한 자를 악한 길로 유인
하는 자는 스스로 자기 함정에
빠져도 성실한 자는 복을 받느
니라
11 부자는 자기를 지혜롭게 여기
나 가난해도 명철한 자는 자기
를 살펴 아느니라
12 의인이 득의하면 큰 영화가 있
고 악인이 일어나면 사람이 숨
느니라
13 자기의 죄를 숨기는 자는 형통
하지 못하나 죄를 자복하고 버
리는 자는 불쌍히 여김을 받으
리라
14 항상 경외하는 자는 복되거니
와 마음을 완악하게 하는 자는
재앙에 빠지리라
15 가난한 백성을 압제하는 악한
관원은 부르짖는 사자와 주린
곰 같으니라
16 무지한 치리자는 포학을 크게
행하거니와 탐욕을 미워하는
자는 장수하리라
17 사람의 피를 흘린 자는 함정으
로 달려갈 것이니 그를 막지
말지니라
18 성실하게 행하는 자는 구원을
받을 것이나 굽은 길로 행하는
자는 곧 넘어지리라
19 자기의 토지를 경작하는 자는
먹을 것이 많으려니와 방탕을
따르는 자는 궁핍함이 많으리라
20 충성된 자는 복이 많아도 속히
부하고자 하는 자는 형벌을 면
하지 못하리라
21 사람의 낯을 보아주는 것이 좋
지 못하고 한 조각 떡으로 말
미암아 사람이 범법하는 것도
그러하니라
22 악한 눈이 있는 자는 재물을
얻기에만 급하고 빈궁이 자기
에게로 임할 줄은 알지 못하느
니라
23 사람을 경책하는 자는 혀로 아
첨하는 자보다 나중에 더욱 사
랑을 받느니라
24 부모의 물건을 도둑질하고서도
죄가 아니라 하는 자는 멸망받
게 하는 자의 동류니라
25 욕심이 많은 자는 다툼을 일으
키나 여호와를 의지하는 자는
풍족하게 되느니라
26 자기의 마음을 믿는 자는 미련
한 자요 지혜롭게 행하는 자는

구원을 얻을 자니라
27 가난한 자를 구제하는 자는 궁
핍하지 아니하려니와 못 본 체
하는 자에게는 저주가 크리라
28 악인이 일어나면 사람이 숨고
그가 멸망하면 의인이 많아지
느니라

29

자주 책망을 받으면서도 목
이 곧은 사람은 갑자기 패
망을 당하고 피하지 못하리라
2 의인이 많아지면 백성이 즐거
워하고 악인이 권세를 잡으면
백성이 탄식하느니라
3 지혜를 사모하는 자는 아비를
즐겁게 하여도 창기와 사귀는
자는 재물을 잃느니라
4 왕은 정의로 나라를 견고하게
하나 뇌물을 억지로 내게 하는
자는 나라를 멸망시키느니라
5 이웃에게 아첨하는 것은 그의
발 앞에 그물을 치는 것이니라
6 악인이 범죄하는 것은 스스로
올무가 되게 하는 것이나 의인
은 노래하고 기뻐하느니라
7 의인은 가난한 자의 사정을
알아주나 악인은 알아줄 지식
이 없느니라
8 거만한 자는 성읍을 요란하게
하여도 슬기로운 자는 노를 그
치게 하느니라
9 지혜로운 자와 미련한 자가 다
투면 지혜로운 자가 노하든지
웃든지 그 다툼은 그침이 없느
니라
10 피 흘리기를 좋아하는 자는 온
전한 자를 미워하고 정직한 자
의 생명을 찾느니라
11 어리석은 자는 자기의 노를 다
드러내어도 지혜로운 자는 그것
을 억제하느니라
12 관원이 거짓말을 들으면 그의
하인들은 다 악하게 되느니라
13 가난한 자와 포학한 자가 섞
여 살거니와 여호와께서는 그
모두의 눈에 빛을 주시느니라
14 왕이 가난한 자를 성실히 신원
하면 그의 왕위가 영원히 견고
하리라
15 채찍과 꾸지람이 지혜를 주거
늘 임의로 행하게 버려둔 자식
은 어미를 욕되게 하느니라
16 악인이 많아지면 죄도 많아지
나니 의인은 그들의 망함을 보
리라
17 네 자식을 징계하라 그리하면
그가 너를 평안하게 하겠고

또 네 마음에 기쁨을 주리라
18 묵시가 없으면 백성이 방자히
행하거니와 율법을 지키는 자
는 복이 있느니라
19 종은 말로만 하면 고치지 아니
하나니 이는 그가 알고도 따르
지 아니함이니라
20 네가 말이 조급한 사람을 보느
냐 그보다 미련한 자에게 오히
려 희망이 있느니라
21 종을 어렸을 때부터 곱게 양육
하면 그가 나중에는 자식인 체
하리라
22 노하는 자는 다툼을 일으키고
성내는 자는 범죄함이 많으니라
23 사람이 교만하면 낮아지게 되
겠고 마음이 겸손하면 영예를
얻으리라
24 도둑과 짝하는 자는 자기의 영
혼을 미워하는 자라 그는 저주
를 들어도 진술하지 아니하느니
라
25 사람을 두려워하면 올무에 걸
리게 되거니와 여호와를 의지하
는 자는 안전하리라
26 주권자에게 은혜를 구하는 자
가 많으나 사람의 일의 작정
은 여호와께로 말미암느니라
27 불의한 자는 의인에게 미움을
받고 바르게 행하는 자는 악인
에게 미움을 받느니라

아굴의 잠언

30 이 말씀은 야게의 아들 아굴
의 잠언이니 그가 이디엘 곧
이디엘과 우갈에게 이른 것이
니라
2 나는 다른 사람에게 비하면 짐
승이라 내게는 사람의 총명이
있지 아니하니라
3 나는 지혜를 배우지 못하였고
또 거룩하신 자를 아는 지식이
없거니와
4 하늘에 올라갔다가 내려온 자
가 누구인지, 바람을 그 장중에
모은 자가 누구인지, 물을 옷에
싼 자가 누구인지, 땅의 모든
끝을 정한 자가 누구인지, 그의
이름이 무엇인지, 그의 아들의
이름이 무엇인지 너는 아느냐
5 하나님의 말씀은 다 순전하며
하나님은 그를 의지하는 자의
방패시니라
6 너는 그의 말씀에 더하지 말라
그가 너를 책망하시겠고 너는
거짓말하는 자가 될까 두려우
니라

7 내가 두 가지 일을 주께 구하였사오니 내가 죽기 전에 내게 거절하지 마시옵소서

8 곧 헛된 것과 거짓말을 내게서 멀리하옵시며 나를 가난하게도 마옵시고 부하게도 마옵시고 오직 필요한 양식으로 나를 먹이시옵소서

9 혹 내가 배불러서 하나님을 모른다 여호와가 누구냐 할까 하오며 혹 내가 가난하여 도둑질하고 내 하나님의 이름을 욕되게 할까 두려워함이니이다

10 너는 종을 그의 상전에게 비방하지 말라 그가 너를 저주하겠고 너는 죄책을 당할까 두려우니라

11 아비를 저주하며 어미를 축복하지 아니하는 무리가 있느니라

12 스스로 깨끗한 자로 여기면서도 자기의 더러운 것을 씻지 아니하는 무리가 있느니라

13 눈이 심히 높으며 눈꺼풀이 높이 들린 무리가 있느니라

14 앞니는 장검 같고 어금니는 군도 같아서 가난한 자를 땅에서 삼키며 궁핍한 자를 사람 중에서 삼키는 무리가 있느니라

15 거머리에게는 두 딸이 있어 다오 다오 하느니라 족한 줄을 알지 못하여 족하다 하지 아니하는 것 서넛이 있나니

16 곧 스올과 아이 배지 못하는 태와 물로 채울 수 없는 땅과 족하다 하지 아니하는 불이니라

17 아비를 조롱하며 어미 순종하기를 싫어하는 자의 눈은 골짜기의 까마귀에게 쪼이고 독수리 새끼에게 먹히리라

18 내가 심히 기이히 여기고도 깨닫지 못하는 것 서넛이 있나니

19 곧 공중에 날아다니는 독수리의 자취와 반석 위로 기어 다니는 뱀의 자취와 바다로 지나다니는 배의 자취와 남자가 여자와 함께한 자취며

20 음녀의 자취도 그러하니라 그가 먹고 그의 입을 씻음같이 말하기를 내가 악을 행하지 아니하였다 하느니라

21 세상을 진동시키며 세상이 견딜 수 없게 하는 것 서넛이 있나니

22 곧 종이 임금 된 것과 미련한 자가 음식으로 배부른 것과

23 미움 받는 여자가 시집간 것
과 여종이 주모를 이은 것이니
라
24 땅에 작고도 가장 지혜로운 것
넷이 있나니
25 곧 힘이 없는 종류로되 먹을 것
을 여름에 준비하는 개미와
26 약한 종류로되 집을 바위 사이
에 짓는 사반과
27 임금이 없으되 다 떼를 지어
나아가는 메뚜기와
28 손에 잡힐 만하여도 왕궁에 있
는 도마뱀이니라
29 잘 걸으며 위풍 있게 다니는
것 서넛이 있나니
30 곧 짐승 중에 가장 강하여 아
무 짐승 앞에서도 물러가지 아
니하는 사자와
31 사냥개와 숫염소와 및 당할
수 없는 왕이니라
32 만일 네가 미련하여 스스로 높
은 체하였거나 혹 악한 일을
도모하였거든 네 손으로 입을
막으라
33 대저 젖을 저으면 엉긴 젖이
되고 코를 비틀면 피가 나는
것같이 노를 격동하면 다툼이
남이니라

르무엘 왕을 훈계한 잠언

31 르무엘 왕이 말씀한 바 곧
그의 어머니가 그를 훈계한
잠언이라
2 내 아들아 내가 무엇을 말하랴
내 태에서 난 아들아 내가 무
엇을 말하랴 서원대로 얻은 아
들아 내가 무엇을 말하랴
3 네 힘을 여자들에게 쓰지 말며
왕들을 멸망시키는 일을 행하
지 말지어다
4 르무엘아 포도주를 마시는 것
이 왕들에게 마땅하지 아니하
고 왕들에게 마땅하지 아니하
며 독주를 찾는 것이 주권자들
에게 마땅하지 않도다
5 술을 마시다가 법을 잊어버리
고 모든 곤고한 자들의 송사를
굽게 할까 두려우니라
6 독주는 죽게 된 자에게, 포도주
는 마음에 근심하는 자에게 줄
지어다
7 그는 마시고 자기의 빈궁한 것
을 잊어버리겠고 다시 자기의
고통을 기억하지 아니하리라
8 너는 말 못하는 자와 모든 고
독한 자의 송사를 위하여 입을
열지니라

9 너는 입을 열어 공의로 재판하
여 곤고한 자와 궁핍한 자를
신원할지니라

현숙한 아내

10 누가 현숙한 여인을 찾아 얻
겠느냐 그의 값은 진주보다 더
하니라
11 그런 자의 남편의 마음은 그를
믿나니 산업이 핍절하지 아니
하겠으며
12 그런 자는 살아있는 동안에 그
의 남편에게 선을 행하고 악
을 행하지 아니하느니라
13 그는 양털과 삼을 구하여 부지
런히 손으로 일하며
14 상인의 배와 같아서 먼 데서
양식을 가져오며
15 밤이 새기 전에 일어나서 자기
집안 사람들에게 음식을 나누
어 주며 여종들에게 일을 정하
여 맡기며
16 밭을 살펴보고 사며 자기의 손
으로 번 것을 가지고 포도원을
일구며
17 힘 있게 허리를 묶으며 자기의
팔을 강하게 하며
18 자기의 장사가 잘되는 줄을 깨
닫고 밤에 등불을 끄지 아니하
며
19 손으로 솜뭉치를 들고 손가락으
로 가락을 잡으며
20 그는 곤고한 자에게 손을 펴며
궁핍한 자를 위하여 손을 내밀
며
21 자기 집 사람들은 다 홍색 옷
을 입었으므로 눈이 와도 그는
자기 집 사람들을 위하여 염려
하지 아니하며
22 그는 자기를 위하여 아름다운
이불을 지으며 세마포와 자색
옷을 입으며
23 그의 남편은 그 땅의 장로들과
함께 성문에 앉으며 사람들의
인정을 받으며
24 그는 베로 옷을 지어 팔며 띠
를 만들어 상인들에게 맡기며
25 능력과 존귀로 옷을 삼고 후일
을 웃으며
26 입을 열어 지혜를 베풀며 그의
혀로 인애의 법을 말하며
27 자기의 집안일을 보살피고 게
을리 얻은 양식을 먹지 아니하
나니
28 그의 자식들은 일어나 감사하
며 그의 남편은 칭찬하기를
29 덕행 있는 여자가 많으나 그대

는 모든 여자보다 뛰어나다 하
느니라
30 고운 것도 거짓되고 아름다운
것도 헛되나 오직 여호와를 경
외하는 여자는 칭찬을 받을 것
이라
31 그 손의 열매가 그에게로 돌아
갈 것이요 그 행한 일로 말미
암아 성문에서 칭찬을 받으리
라

전도서

주요 사건 연대

B.C.

솔로몬의 출생 (삼하 12:24–25) B.C. 990

솔로몬의 왕위 계승과 다윗 왕의 죽음 (왕상 1:32–53; 대상 29:20–30) B.C. 990

성전 건축 (왕상 6:1–38; 대하 3:1–7:10) B.C. 966–959

왕궁 건축 (왕상 7:1; 대하 7:11) B.C. 959–946

전도서 기록 B.C. 935

솔로몬 왕의 죽음과 르호보암의 등극 (왕상 11:43–12:1; 대하 9:29–10:1) B.C. 931

여로보암의 즉위와 남북의 분열 (왕상 12:20–33; 대하 10:16–19) B.C. 931

앗수르에 의한 북쪽 이스라엘의 멸망 (왕하 18:9–12) B.C. 722

바벨론에 의한 남쪽 유다의 멸망과 바벨론 유수 (대하 36:11–21) B.C. 586

제목

이 책의 히브리어 명칭은 '코헬레트'이다. 이 단어는 '회중을 소집하다'란 뜻을 가진 단어에서 파생되었다. 그런데 회중을 소집하는 자는 '사람이란 어떤 존재인가'를 밝히려는 목적을 가졌기 때문에 '코헬레트'란 말은 '설교자'(전도자)로 번역될 수 있다.

저자와 저작 연대

저자는 자신을 "다윗의 아들"(1:1)이며, "이스라엘 왕"(1:12)이 된 사람이라고 소개한다. 또한 저자의 행적들이 1:12–2:26에 기록되어 있는데, 이러한 묘사에 어울리는 사람은 솔로몬 한 사람뿐이다. 이 때문에 많은 유대인 학자들과 신학자들은 일반적으로 솔로몬의 저작설을 이의(異意)없이 받아들이고 있다. 따라서 저작 연대는 B.C. 935년경이 될 것이다.

기록 장소와 대상

기록 장소는 예루살렘이며, 주로 젊은이들과 "장로들의 학생들"을 위하여 기록되었다.

핵심어 및 내용

전도서의 핵심어는 "헛되다"와 "야망"이다. 하나님이 함께하시지 않는다면, 우리들이 하는 모든 일들은 아무런 의미가 없다. 모든 것은 헛되고 공허하며 소망이 없다. 우리가 만약 이 세상에서 만족을 누리려는 것을 인생의 목표로 삼는다면 우리는 계속해서 좌절하고 낙망할 수밖에 없을 것이다.

내용 분해

1. 머리말 (1:1–11)
2. 인간 업적의 헛됨 (1:12–6:9)
3. 인간 지혜의 헛됨 (6:10–11:6)
4. 결론 (11:7–12:14)

모든 것이 헛되다

1 다윗의 아들 예루살렘 왕 전
도자의 말씀이라
2 전도자가 이르되 헛되고 헛되
며 헛되고 헛되니 모든 것이
헛되도다
3 해 아래에서 수고하는 모든 수
고가 사람에게 무엇이 유익한
가
4 한 세대는 가고 한 세대는 오
되 땅은 영원히 있도다
5 해는 뜨고 해는 지되 그 떴던
곳으로 빨리 돌아가고
6 바람은 남으로 불다가 북으로
돌아가며 이리 돌며 저리 돌아
바람은 그 불던 곳으로 돌아가
고
7 모든 강물은 다 바다로 흐르되
바다를 채우지 못하며 강물은
어느 곳으로 흐르든지 그리로
연하여 흐르느니라
8 모든 만물이 피곤하다는 것을
사람이 말로 다 말할 수는 없
나니 눈은 보아도 족함이 없고
귀는 들어도 가득 차지 아니하
도다
9 이미 있던 것이 후에 다시 있
겠고 이미 한 일을 후에 다시
할지라 해 아래에는 새것이 없
나니
10 무엇을 가리켜 이르기를 보라
이것이 새것이라 할 것이 있으
랴 우리가 있기 오래전 세대들
에도 이미 있었느니라
11 이전 세대들이 기억됨이 없으
니 장래 세대도 그 후 세대들
과 함께 기억됨이 없으리라

지혜가 많으면 번뇌도 많다

12 나 전도자는 예루살렘에서 이
스라엘 왕이 되어
13 마음을 다하며 지혜를 써서 하
늘 아래에서 행하는 모든 일을
연구하며 살핀즉 이는 괴로운
것이니 하나님이 인생들에게
주사 수고하게 하신 것이라
14 내가 해 아래에서 행하는 모
든 일을 보았노라 보라 모두
다 헛되어 바람을 잡으려는 것
이로다
15 구부러진 것도 곧게 할 수 없
고 모자란 것도 셀 수 없도다
16 내가 내 마음속으로 말하여 이
르기를 보라 내가 크게 되고 지
혜를 더 많이 얻었으므로 나보

다 먼저 예루살렘에 있던 모
든 사람들보다 낫다 하였나니
내 마음이 지혜와 지식을 많이
만나 보았음이로다
17 내가 다시 지혜를 알고자 하며
미친 것들과 미련한 것들을 알
고자 하여 마음을 썼으나 이것
도 바람을 잡으려는 것인 줄을
깨달았도다
18 지혜가 많으면 번뇌도 많으니
지식을 더하는 자는 근심을 더
하느니라

즐거움도 헛되다

2 나는 내 마음에 이르기를 자,
내가 시험삼아 너를 즐겁게
하리니 너는 낙을 누리라 하였
으나 보라 이것도 헛되도다
2 내가 웃음에 관하여 말하여 이
르기를 그것은 미친 것이라 하
였고 희락에 대하여 이르기를
이것이 무슨 소용이 있는가 하
였노라
3 내가 내 마음으로 깊이 생각하
기를 내가 어떻게 하여야 내
마음을 지혜로 다스리면서 술로
내 육신을 즐겁게 할까 또 내
가 어떻게 하여야 천하의 인
생들이 그들의 인생을 살아가
는 동안 어떤 것이 선한 일인
지를 알아볼 때까지 내 어리석
음을 꼭 붙잡아 둘까 하여
4 나의 사업을 크게 하였노라 내
가 나를 위하여 집들을 짓고
포도원을 일구며
5 여러 동산과 과원을 만들고
그 가운데에 각종 과목을 심었
으며
6 나를 위하여 수목을 기르는 삼
림에 물을 주기 위하여 못들을
팠으며
7 남녀 노비들을 사기도 하였고
나를 위하여 집에서 종들을 낳
기도 하였으며 나보다 먼저 예
루살렘에 있던 모든 자들보다
도 내가 소와 양 떼의 소유를
더 많이 가졌으며
8 은금과 왕들이 소유한 보배와
여러 지방의 보배를 나를 위하
여 쌓고 또 노래하는 남녀들과
인생들이 기뻐하는 처첩들을
많이 두었노라
9 내가 이같이 창성하여 나보다
먼저 예루살렘에 있던 모든 자
들보다 더 창성하니 내 지혜도
내게 여전하도다
10 무엇이든지 내 눈이 원하는 것

을 내가 금하지 아니하며 무엇
이든지 내 마음이 즐거워하는
것을 내가 막지 아니하였으니
이는 나의 모든 수고를 내 마음
이 기뻐하였음이라 이것이 나
의 모든 수고로 말미암아 얻은
몫이로다
11 그 후에 내가 생각해 본즉 내
손으로 한 모든 일과 내가 수고
한 모든 것이 다 헛되어 바람
을 잡는 것이며 해 아래에서
무익한 것이로다

지혜자나 우매자나

12 내가 돌이켜 지혜와 망령됨
과 어리석음을 보았나니 왕 뒤
에 오는 자는 무슨 일을 행할
까 이미 행한 지 오래전의 일
일 뿐이리라
13 내가 보니 지혜가 우매보다 뛰
어남이 빛이 어둠보다 뛰어남
같도다
14 지혜자는 그의 눈이 그의 머리
속에 있고 우매자는 어둠 속에
다니지만 그들 모두가 당하는
일이 모두 같으리라는 것을 나
도 깨달아 알았도다
15 내가 내 마음속으로 이르기를 우
매자가 당한 것을 나도 당하
리니 내게 지혜가 있었다 한
들 내게 무슨 유익이 있으리요
하였도다 이에 내가 내 마음속
으로 이르기를 이것도 헛되도다
하였도다
16 지혜자도 우매자와 함께 영원
하도록 기억함을 얻지 못하나
니 후일에는 모두 다 잊어버린
지 오랜 것임이라 오호라 지혜
자의 죽음이 우매자의 죽음과
일반이로다
17 이러므로 내가 사는 것을 미워
하였노니 이는 해 아래에서 하
는 일이 내게 괴로움이요 모두
다 헛되어 바람을 잡으려는 것
이기 때문이로다

수고도 헛되다

18 내가 해 아래에서 내가 한 모
든 수고를 미워하였노니 이는
내 뒤를 이을 이에게 남겨 주
게 됨이라
19 그 사람이 지혜자일지 우매자
일지야 누가 알랴마는 내가 해
아래에서 내 지혜를 다하여 수
고한 모든 결과를 그가 다 관
리하리니 이것도 헛되도다
20 이러므로 내가 해 아래에서 한
모든 수고에 대하여 내가 내

마음에 실망하였도다
21 어떤 사람은 그 지혜와 지식
과 재주를 다하여 수고하였어
도 그가 얻은 것을 수고하지
아니한 자에게 그의 몫으로 넘
겨주리니 이것도 헛된 것이며
큰 악이로다
22 사람이 해 아래에서 행하는 모
든 수고와 마음에 애쓰는 것이
무슨 소득이 있으랴
23 일평생에 근심하며 수고하는
것이 슬픔뿐이라 그의 마음이
밤에도 쉬지 못하나니 이것도
헛되도다
24 사람이 먹고 마시며 수고하는
것보다 그의 마음을 더 기쁘게
하는 것은 없나니 내가 이것도
본즉 하나님의 손에서 나오는
것이로다
25 아, 먹고 즐기는 일을 누가 나
보다 더 해 보았으랴
26 하나님은 그가 기뻐하시는 자
에게는 지혜와 지식과 희락을
주시나 죄인에게는 노고를 주시
고 그가 모아 쌓게 하사 하나
님을 기뻐하는 자에게 그가 주
게 하시지만 이것도 헛되어 바
람을 잡는 것이로다

모든 일에 때가 있다

3 범사에 기한이 있고 천하 만
사가 다 때가 있나니
2 날 때가 있고 죽을 때가 있으
며 심을 때가 있고 심은 것을
뽑을 때가 있으며
3 죽일 때가 있고 치료할 때가
있으며 헐 때가 있고 세울 때
가 있으며
4 울 때가 있고 웃을 때가 있으
며 슬퍼할 때가 있고 춤출 때
가 있으며
5 돌을 던져버릴 때가 있고 돌을
거둘 때가 있으며 안을 때가
있고 안는 일을 멀리할 때가
있으며
6 찾을 때가 있고 잃을 때가 있
으며 지킬 때가 있고 버릴 때
가 있으며
7 찢을 때가 있고 꿰맬 때가 있
으며 잠잠할 때가 있고 말할
때가 있으며
8 사랑할 때가 있고 미워할 때
가 있으며 전쟁할 때가 있고
평화할 때가 있느니라
9 일하는 자가 그의 수고로 말미
암아 무슨 이익이 있으랴
10 하나님이 인생들에게 노고를

주사 애쓰게 하신 것을 내가
보았노라
11 하나님이 모든 것을 지으시되
때를 따라 아름답게 하셨고
또 사람들에게는 영원을 사모
하는 마음을 주셨느니라 그러
나 하나님이 하시는 일의 시종
을 사람으로 측량할 수 없게
하셨도다
12 사람들이 사는 동안에 기뻐하
며 선을 행하는 것보다 더 나
은 것이 없는 줄을 내가 알았
고
13 사람마다 먹고 마시는 것과 수
고함으로 낙을 누리는 그것이
하나님의 선물인 줄도 또한 알
았도다
14 하나님께서 행하시는 모든 것
은 영원히 있을 것이라 그 위
에 더할 수도 없고 그것에서
덜할 수도 없나니 하나님이 이
같이 행하심은 사람들이 그의
앞에서 경외하게 하려 하심인
줄을 내가 알았도다
15 이제 있는 것이 옛적에 있었고
장래에 있을 것도 옛적에 있었
나니 하나님은 이미 지난 것을
다시 찾으시느니라
16 또 내가 해 아래에서 보건대
재판하는 곳 거기에도 악이 있
고 정의를 행하는 곳 거기에도
악이 있도다
17 내가 내 마음속으로 이르기를 의
인과 악인을 하나님이 심판하
시리니 이는 모든 소망하는 일
과 모든 행사에 때가 있음이라
하였으며
18 내가 내 마음속으로 이르기를
인생들의 일에 대하여 하나님
이 그들을 시험하시리니 그들이
자기가 짐승과 다름이 없는 줄
을 깨닫게 하려 하심이라 하였
노라
19 인생이 당하는 일을 짐승도 당
하나니 그들이 당하는 일이 일
반이라 다 동일한 호흡이 있어
서 짐승이 죽음같이 사람도 죽
으니 사람이 짐승보다 뛰어남
이 없음은 모든 것이 헛됨이로다
20 다 흙으로 말미암았으므로 다
흙으로 돌아가나니 다 한곳으로
가거니와
21 인생들의 혼은 위로 올라가고
짐승의 혼은 아래 곧 땅으로
내려가는 줄을 누가 알랴
22 그러므로 나는 사람이 자기 일

에 즐거워하는 것보다 더 나은
것이 없음을 보았나니 이는 그
것이 그의 몫이기 때문이라 아,
그의 뒤에 일어날 일이 무엇인
지를 보게 하려고 그를 도로 데
리고 올 자가 누구이랴

학대, 수고, 동무

4 내가 다시 해 아래에서 행하
는 모든 학대를 살펴보았도
다 보라 학대받는 자들의 눈물
이로다 그들에게 위로자가 없도
다 그들을 학대하는 자들의 손
에는 권세가 있으나 그들에게
는 위로자가 없도다
2 그러므로 나는 아직 살아있는
산 자들보다 죽은 지 오랜 죽
은 자들을 더 복되다 하였으며
3 이 둘보다도 아직 출생하지 아
니하여 해 아래에서 행하는 악
한 일을 보지 못한 자가 더 복
되다 하였노라
4 내가 또 본즉 사람이 모든 수
고와 모든 재주로 말미암아 이
웃에게 시기를 받으니 이것도
헛되어 바람을 잡는 것이로다
5 우매자는 팔짱을 끼고 있으면
서 자기의 몸만 축내는도다
6 두 손에 가득하고 수고하며 바
람을 잡는 것보다 한 손에만
가득하고 평온함이 더 나으니
라
7 내가 또다시 해 아래에서 헛
된 것을 보았도다
8 어떤 사람은 아들도 없고 형제
도 없이 홀로 있으나 그의 모든
수고에는 끝이 없도다 또 비록
그의 눈은 부요를 족하게 여기
지 아니하면서 이르기를 내가
누구를 위하여는 이같이 수고하
고 나를 위하여는 행복을 누리
지 못하게 하는가 하여도 이것
도 헛되어 불행한 노고로다
9 두 사람이 한 사람보다 나음은
그들이 수고함으로 좋은 상을
얻을 것임이라
10 혹시 그들이 넘어지면 하나가
그 동무를 붙들어 일으키려니와
홀로 있어 넘어지고 붙들어 일
으킬 자가 없는 자에게는 화
가 있으리라
11 또 두 사람이 함께 누우면 따
뜻하거니와 한 사람이면 어찌
따뜻하랴
12 한 사람이면 패하겠거니와 두
사람이면 맞설 수 있나니 세
겹 줄은 쉽게 끊어지지 아니하

느니라

가난하게 태어나서 왕이 되어도

13 가난하여도 지혜로운 젊은이가
늙고 둔하여 경고를 더 받을
줄 모르는 왕보다 나으니
14 그는 자기의 나라에서 가난하
게 태어났을지라도 감옥에서
나와 왕이 되었음이니라
15 내가 본즉 해 아래에서 다니는
인생들이 왕의 다음 자리에 있
다가 왕을 대신하여 일어난 젊
은이와 함께 있고
16 그의 치리를 받는 모든 백성들
이 무수하였을지라도 후에 오
는 자들은 그를 기뻐하지 아니
하리니 이것도 헛되어 바람을
잡는 것이로다

하나님을 경외하라

5 너는 하나님의 집에 들어갈
때에 네 발을 삼갈지어다 가
까이하여 말씀을 듣는 것이 우
매한 자들이 제물 드리는 것보
다 나으니 그들은 악을 행하면
서도 깨닫지 못함이니라
2 너는 하나님 앞에서 함부로 입
을 열지 말며 급한 마음으로
말을 내지 말라 하나님은 하늘
에 계시고 너는 땅에 있음이니
라 그런즉 마땅히 말을 적게
할 것이라
3 걱정이 많으면 꿈이 생기고 말
이 많으면 우매한 자의 소리가
나타나느니라
4 네가 하나님께 서원하였거든
갚기를 더디게 하지 말라 하나
님은 우매한 자들을 기뻐하지
아니하시나니 서원한 것을 갚
으라
5 서원하고 갚지 아니하는 것보
다 서원하지 아니하는 것이 더
나으니
6 네 입으로 네 육체가 범죄하게
하지 말라 사자 앞에서 내가
서원한 것이 실수라고 말하지
말라 어찌 하나님께서 네 목소
리로 말미암아 진노하사 네 손
으로 한 것을 멸하시게 하랴
7 꿈이 많으면 헛된 일들이 많아
지고 말이 많아도 그러하니 오
직 너는 하나님을 경외할지니
라
8 너는 어느 지방에서든지 빈민
을 학대하는 것과 정의와 공
의를 짓밟는 것을 볼지라도 그
것을 이상히 여기지 말라 높은
자는 더 높은 자가 감찰하고

또 그들보다 더 높은 자들도 있
음이니라
9 땅의 소산물은 모든 사람을 위
하여 있나니 왕도 밭의 소산을
받느니라

재물과 부요와 존귀도 헛되다

10 은을 사랑하는 자는 은으로 만
족하지 못하고 풍요를 사랑하
는 자는 소득으로 만족하지 아
니하나니 이것도 헛되도다
11 재산이 많아지면 먹는 자들도
많아지나니 그 소유주들은 눈으
로 보는 것 외에 무엇이 유익
하랴
12 노동자는 먹는 것이 많든지 적
든지 잠을 달게 자거니와 부자
는 그 부요함 때문에 자지 못
하느니라
13 내가 해 아래에서 큰 폐단 되
는 일이 있는 것을 보았나니
곧 소유주가 재물을 자기에게
해가 되도록 소유하는 것이라
14 그 재물이 재난을 당할 때 없
어지나니 비록 아들은 낳았으
나 그 손에 아무것도 없느니라
15 그가 모태에서 벌거벗고 나왔
은즉 그가 나온 대로 돌아가고
수고하여 얻은 것을 아무것도
자기 손에 가지고 가지 못하리
니
16 이것도 큰 불행이라 어떻게 왔
든지 그대로 가리니 바람을 잡
는 수고가 그에게 무엇이 유익
하랴
17 일평생을 어두운 데에서 먹으
며 많은 근심과 질병과 분노가
그에게 있느니라
18 사람이 하나님께서 그에게 주
신 바 그 일평생에 먹고 마시
며 해 아래에서 하는 모든 수
고 중에서 낙을 보는 것이 선
하고 아름다움을 내가 보았나
니 그것이 그의 몫이로다
19 또한 어떤 사람에게든지 하나
님이 재물과 부요를 그에게 주
사 능히 누리게 하시며 제 몫
을 받아 수고함으로 즐거워하
게 하신 것은 하나님의 선물이
라
20 그는 자기의 생명의 날을 깊이
생각하지 아니하리니 이는 하
나님이 그의 마음에 기뻐하는
것으로 응답하심이니라

6 내가 해 아래에서 한 가지
불행한 일이 있는 것을 보았
나니 이는 사람의 마음을 무겁

게 하는 것이라
2 어떤 사람은 그의 영혼이 바라
는 모든 소원에 부족함이 없어
재물과 부요와 존귀를 하나님
께 받았으나 하나님께서 그가
그것을 누리도록 허락하지 아니
하셨으므로 다른 사람이 누리나
니 이것도 헛되어 악한 병이로
다
3 사람이 비록 백 명의 자녀를
낳고 또 장수하여 사는 날이
많을지라도 그의 영혼은 그러
한 행복으로 만족하지 못하고
또 그가 안장되지 못하면 나
는 이르기를 낙태된 자가 그보
다는 낫다 하나니
4 낙태된 자는 헛되이 왔다가 어
두운 중에 가매 그의 이름이 어
둠에 덮이니
5 햇빛도 보지 못하고 또 그것을
알지도 못하나 이가 그보다 더
평안함이라
6 그가 비록 천 년의 갑절을 산
다 할지라도 행복을 보지 못하
면 마침내 다 한곳으로 돌아가
는 것뿐이 아니냐
7 사람의 수고는 다 자기의 입을
위함이나 그 식욕은 채울 수
없느니라
8 지혜자가 우매자보다 나은 것
이 무엇이냐 살아있는 자들 앞
에서 행할 줄을 아는 가난한
자에게는 무슨 유익이 있는가
9 눈으로 보는 것이 마음으로 공
상하는 것보다 나으나 이것도
헛되어 바람을 잡는 것이로다
10 이미 있는 것은 무엇이든지 오
래전부터 그의 이름이 이미 불
린 바 되었으며 사람이 무엇인
지도 이미 안 바 되었나니 자
기보다 강한 자와는 능히 다툴
수 없느니라
11 헛된 것을 더하게 하는 많은
일들이 있나니 그것들이 사람에
게 무슨 유익이 있으랴
12 헛된 생명의 모든 날을 그림자
같이 보내는 일평생에 사람에
게 무엇이 낙인지를 누가 알며
그 후에 해 아래에서 무슨 일
이 있을 것을 누가 능히 그에
게 고하리요

지혜자와 우매한 자

7 좋은 이름이 좋은 기름보다
낫고 죽는 날이 출생하는 날
보다 나으며
2 초상집에 가는 것이 잔칫집에

가는 것보다 나으니 모든 사람
의 끝이 이와 같이 됨이라 산
자는 이것을 그의 마음에 둘지
어다
3 슬픔이 웃음보다 나음은 얼굴에
근심하는 것이 마음에 유익하
기 때문이니라
4 지혜자의 마음은 초상집에 있
으되 우매한 자의 마음은 혼인
집에 있느니라
5 지혜로운 사람의 책망을 듣는
것이 우매한 자들의 노래를 듣
는 것보다 나으니라
6 우매한 자들의 웃음소리는 솥
밑에서 가시나무가 타는 소리
같으니 이것도 헛되니라
7 탐욕이 지혜자를 우매하게 하
고 뇌물이 사람의 명철을 망하
게 하느니라
8 일의 끝이 시작보다 낫고 참는
마음이 교만한 마음보다 나으니
9 급한 마음으로 노를 발하지 말
라 노는 우매한 자들의 품에
머무름이니라
10 옛날이 오늘보다 나은 것이 어
찌됨이냐 하지 말라 이렇게 묻는
것은 지혜가 아니니라
11 지혜는 유산같이 아름답고 햇
빛을 보는 자에게 유익이 되도
다
12 지혜의 그늘 아래에 있음은 돈
의 그늘 아래에 있음과 같으나
지혜에 관한 지식이 더 유익함
은 지혜가 그 지혜 있는 자를
살리기 때문이니라
13 하나님께서 행하시는 일을 보
라 하나님께서 굽게 하신 것
을 누가 능히 곧게 하겠느냐
14 형통한 날에는 기뻐하고 곤고
한 날에는 되돌아보아라 이 두
가지를 하나님이 병행하게 하
사 사람이 그의 장래 일을 능
히 헤아려 알지 못하게 하셨느
니라
15 내 허무한 날을 사는 동안 내
가 그 모든 일을 살펴보았더니
자기의 의로움에도 불구하고 멸
망하는 의인이 있고 자기의 악
행에도 불구하고 장수하는 악
인이 있으니
16 지나치게 의인이 되지도 말며
지나치게 지혜자도 되지 말라
어찌하여 스스로 패망하게 하
겠느냐
17 지나치게 악인이 되지도 말며
지나치게 우매한 자도 되지 말

라 어찌하여 기한 전에 죽으려
고 하느냐
18 너는 이것도 잡으며 저것에서
도 네 손을 놓지 아니하는 것
이 좋으니 하나님을 경외하는
자는 이 모든 일에서 벗어날
것임이니라
19 지혜가 지혜자를 성읍 가운데
에 있는 열 명의 권력자들보다
더 능력이 있게 하느니라
20 선을 행하고 전혀 죄를 범하
지 아니하는 의인은 세상에 없
기 때문이로다
21 또한 사람들이 하는 모든 말에
네 마음을 두지 말라 그리하면
네 종이 너를 저주하는 것을
듣지 아니하리라
22 너도 가끔 사람을 저주하였다
는 것을 네 마음도 알고 있느니
라
23 내가 이 모든 것을 지혜로 시
험하며 스스로 이르기를 내가
지혜자가 되리라 하였으나 지
혜가 나를 멀리하였도다
24 이미 있는 것은 멀고 또 깊고
깊도다 누가 능히 통달하랴
25 내가 돌이켜 전심으로 지혜와
명철을 살피고 연구하여 악한
것이 얼마나 어리석은 것이요
어리석은 것이 얼마나 미친 것
인 줄을 알고자 하였더니
26 마음은 올무와 그물 같고 손은
포승 같은 여인은 사망보다 더
쓰다는 사실을 내가 알아내었
도다 그러므로 하나님을 기쁘게
하는 자는 그 여인을 피하려니
와 죄인은 그 여인에게 붙잡히
리로다
27 전도자가 이르되 보라 내가 낱
낱이 살펴 그 이치를 연구하여
이것을 깨달았노라
28 내 마음이 계속 찾아보았으나
아직도 찾지 못한 것이 이것이
라 천 사람 가운데서 한 사람
을 내가 찾았으나 이 모든 사
람들 중에서 여자는 한 사람도
찾지 못하였느니라
29 내가 깨달은 것은 오직 이것이
라 곧 하나님은 사람을 정직
하게 지으셨으나 사람이 많은
꾀들을 낸 것이니라

8 누가 지혜자와 같으며 누가
사물의 이치를 아는 자이냐
사람의 지혜는 그의 얼굴에 광
채가 나게 하나니 그의 얼굴의
사나운 것이 변하느니라

2 내가 권하노라 왕의 명령을 지
키라 이미 하나님을 가리켜 맹
세하였음이니라
3 왕 앞에서 물러가기를 급하게
하지 말며 악한 것을 일삼지
말라 왕은 자기가 하고자 하는
것을 다 행함이니라
4 왕의 말은 권능이 있나니 누가
그에게 이르기를 왕께서 무엇
을 하시나이까 할 수 있으랴
5 명령을 지키는 자는 불행을 알
지 못하리라 지혜자의 마음은
때와 판단을 분변하나니
6 무슨 일에든지 때와 판단이 있
으므로 사람에게 임하는 화가
심함이니라
7 사람이 장래 일을 알지 못하나
니 장래 일을 가르칠 자가 누
구이랴
8 바람을 주장하여 바람을 움직
이게 할 사람도 없고 죽는 날
을 주장할 사람도 없으며 전쟁
할 때를 모면할 사람도 없으니
악이 그의 주민들을 건져낼 수
는 없느니라

악인들과 의인들

9 내가 이 모든 것들을 보고 해
아래에서 행하는 모든 일을 마
음에 두고 살핀즉 사람이 사람
을 주장하여 해롭게 하는 때
가 있도다
10 그런 후에 내가 본즉 악인들은
장사지낸 바 되어 거룩한 곳을
떠나 그들이 그렇게 행한 성읍
안에서 잊어버린 바 되었으니
이것도 헛되도다
11 악한 일에 관한 징벌이 속히
실행되지 아니하므로 인생들이
악을 행하는 데에 마음이 담대
하도다
12 죄인은 백 번이나 악을 행하고
도 장수하거니와 또한 내가 아
노니 하나님을 경외하여 그를
경외하는 자들은 잘될 것이요
13 악인은 잘되지 못하며 장수하
지 못하고 그날이 그림자와 같
으리니 이는 하나님을 경외하
지 아니함이니라
14 세상에서 행해지는 헛된 일이
있나니 곧 악인들의 행위에 따
라 벌을 받는 의인들도 있고
의인들의 행위에 따라 상을 받
는 악인들도 있다는 것이라 내
가 이르노니 이것도 헛되도다
15 이에 내가 희락을 찬양하노니
이는 사람이 먹고 마시고 즐거

위하는 것보다 더 나은 것이
해 아래에는 없음이라 하나님
이 사람을 해 아래에서 살게
하신 날 동안 수고하는 일 중
에 그러한 일이 그와 함께 있
을 것이니라
16 내가 마음을 다하여 지혜를 알
고자 하며 세상에서 행해지는
일을 보았는데 밤낮으로 자지
못하는 자도 있도다
17 또 내가 하나님의 모든 행사를
살펴보니 해 아래에서 행해지
는 일을 사람이 능히 알아낼
수 없도다 사람이 아무리 애써
알아보려고 할지라도 능히 알
지 못하나니 비록 지혜자가 아
노라 할지라도 능히 알아내지
못하리로다

모두 다 하나님의 손안에 있다

9 이 모든 것을 내가 마음에 두
고 이 모든 것을 살펴본즉
의인들이나 지혜자들이나 그들
의 행위나 모두 다 하나님의
손안에 있으니 사랑을 받을는
지 미움을 받을는지 사람이 알
지 못하는 것은 모두 그들의 미
래의 일들임이니라
2 모든 사람에게 임하는 그 모든
것이 일반이라 의인과 악인, 선
한 자와 깨끗한 자와 깨끗하
지 아니한 자, 제사를 드리는
자와 제사를 드리지 아니하는
자에게 일어나는 일들이 모두
일반이니 선인과 죄인, 맹세하
는 자와 맹세하기를 무서워하
는 자가 일반이로다
3 모든 사람의 결국은 일반이라
이것은 해 아래에서 행해지는
모든 일 중의 악한 것이니 곧
인생의 마음에는 악이 가득하
여 그들의 평생에 미친 마음을
품고 있다가 후에는 죽은 자들
에게로 돌아가는 것이라
4 모든 산 자들 중에 들어 있는
자에게는 누구나 소망이 있음
은 산 개가 죽은 사자보다 낫
기 때문이니라
5 산 자들은 죽을 줄을 알되 죽
은 자들은 아무것도 모르며 그
들이 다시는 상을 받지 못하는
것은 그들의 이름이 잊어버린
바 됨이니라
6 그들의 사랑과 미움과 시기도
없어진 지 오래이니 해 아래에
서 행하는 모든 일 중에서 그
들에게 돌아갈 몫은 영원히 없

느니라
7 너는 가서 기쁨으로 네 음식물
을 먹고 즐거운 마음으로 네 포
도주를 마실지어다 이는 하나님
이 네가 하는 일들을 벌써 기
쁘게 받으셨음이니라
8 네 의복을 항상 희게 하며 네
머리에 향기름을 그치지 아니하
도록 할지니라
9 네 헛된 평생의 모든 날 곧 하
나님이 해 아래에서 네게 주신
모든 헛된 날에 네가 사랑하는
아내와 함께 즐겁게 살지어다
그것이 네가 평생에 해 아래에
서 수고하고 얻은 네 몫이니라
10 네 손이 일을 얻는 대로 힘을
다하여 할지어다 네가 장차 들
어갈 스올에는 일도 없고 계획
도 없고 지식도 없고 지혜도 없
음이니라
11 내가 다시 해 아래에서 보니
빠른 경주자들이라고 선착하는
것이 아니며 용사들이라고 전
쟁에 승리하는 것이 아니며 지
혜자들이라고 음식물을 얻는 것
도 아니며 명철자들이라고 재
물을 얻는 것도 아니며 지식인
들이라고 은총을 입는 것이 아
니니 이는 시기와 기회는 그들
모두에게 임함이니라
12 분명히 사람은 자기의 시기도
알지 못하나니 물고기들이 재
난의 그물에 걸리고 새들이 올
무에 걸림 같이 인생들도 재앙
의 날이 그들에게 홀연히 임하
면 거기에 걸리느니라

지혜를 보고 크게 여긴 것

13 내가 또 해 아래에서 지혜를
보고 내가 크게 여긴 것이 이
러하니
14 곧 작고 인구가 많지 아니한
어떤 성읍에 큰 왕이 와서 그
것을 에워싸고 큰 흉벽을 쌓고
치고자 할 때에
15 그 성읍 가운데에 가난한 지
혜자가 있어서 그의 지혜로 그
성읍을 건진 것이라 그러나
그 가난한 자를 기억하는 사람
이 없었도다
16 그러므로 내가 이르기를 지혜가
힘보다 나으나 가난한 자의 지
혜가 멸시를 받고 그의 말들을
사람들이 듣지 아니한다 하였
노라
17 조용히 들리는 지혜자들의 말
들이 우매한 자들을 다스리는

자의 호령보다 나으니라
18 지혜가 무기보다 나으니라 그러
나 죄인 한 사람이 많은 선을
무너지게 하느니라
10 죽은 파리들이 향기름을 악취
가 나게 만드는 것같이 적은
우매가 지혜와 존귀를 난처하
게 만드느니라
2 지혜자의 마음은 오른쪽에 있
고 우매자의 마음은 왼쪽에 있
느니라
3 우매한 자는 길을 갈 때에도
지혜가 부족하여 각 사람에게
자기가 우매함을 말하느니라
4 주권자가 네게 분을 일으키거
든 너는 네 자리를 떠나지 말
라 공손함이 큰 허물을 용서받
게 하느니라
5 내가 해 아래에서 한 가지 재
난을 보았노니 곧 주권자에게
서 나오는 허물이라
6 우매한 자가 크게 높은 지위들
을 얻고 부자들이 낮은 지위에
앉는도다
7 또 내가 보았노니 종들은 말을
타고 고관들은 종들처럼 땅에
걸어 다니는도다
8 함정을 파는 자는 거기에 빠
질 것이요 담을 허는 자는 뱀
에게 물리리라
9 돌들을 떠내는 자는 그로 말미
암아 상할 것이요 나무들을 쪼
개는 자는 그로 말미암아 위험
을 당하리라
10 철 연장이 무디어졌는데도 날
을 갈지 아니하면 힘이 더 드
느니라 오직 지혜는 성공하기
에 유익하니라
11 주술을 베풀기 전에 뱀에게 물
렸으면 술객은 소용이 없느니
라
12 지혜자의 입의 말들은 은혜로
우나 우매자의 입술들은 자기
를 삼키나니
13 그의 입의 말들의 시작은 우매
요 그의 입의 결말들은 심히 미
친 것이니라
14 우매한 자는 말을 많이 하거니
와 사람은 장래 일을 알지 못
하나니 나중에 일어날 일을 누
가 그에게 알리리요
15 우매한 자들의 수고는 자신을
피곤하게 할 뿐이라 그들은 성
읍에 들어갈 줄도 알지 못함이
니라
16 왕은 어리고 대신들은 아침부

터 잔치하는 나라여 네게 화
가 있도다
17 왕은 귀족들의 아들이요 대신들
은 취하지 아니하고 기력을 보
하려고 정한 때에 먹는 나라
여 네게 복이 있도다
18 게으른즉 서까래가 내려앉고
손을 놓은즉 집이 새느니라
19 잔치는 희락을 위하여 베푸는
것이요 포도주는 생명을 기쁘게
하는 것이나 돈은 범사에 이용
되느니라
20 심중에라도 왕을 저주하지 말
며 침실에서라도 부자를 저주
하지 말라 공중의 새가 그 소
리를 전하고 날짐승이 그 일을
전파할 것임이니라

지혜로운 삶

11 너는 네 떡을 물 위에 던져
라 여러 날 후에 도로 찾으리
라
2 일곱에게나 여덟에게 나눠 줄
지어다 무슨 재앙이 땅에 임할
는지 네가 알지 못함이니라
3 구름에 비가 가득하면 땅에 쏟
아지며 나무가 남으로나 북으로
나 쓰러지면 그 쓰러진 곳에
그냥 있으리라
4 풍세를 살펴보는 자는 파종하
지 못할 것이요 구름만 바라보
는 자는 거두지 못하리라
5 바람의 길이 어떠함과 아이
밴 자의 태에서 뼈가 어떻게
자라는지를 네가 알지 못함같
이 만사를 성취하시는 하나님
의 일을 네가 알지 못하느니라
6 너는 아침에 씨를 뿌리고 저녁
에도 손을 놓지 말라 이것이
잘될는지, 저것이 잘될는지, 혹
둘이 다 잘될는지 알지 못함이
니라
7 빛은 실로 아름다운 것이라 눈
으로 해를 보는 것이 즐거운 일
이로다
8 사람이 여러 해를 살면 항상
즐거워할지로다 그러나 캄캄한
날들이 많으리니 그날들을 생각
할지로다 다가올 일은 다 헛되
도다

젊은이에게 주는 교훈

9 청년이여 네 어릴 때를 즐거워
하며 네 청년의 날들을 마음에
기뻐하여 마음에 원하는 길들
과 네 눈이 보는 대로 행하라
그러나 하나님이 이 모든 일로
말미암아 너를 심판하실 줄 알

라
10 그런즉 근심이 네 마음에서 떠
나게 하며 악이 네 몸에서 물
러가게 하라 어릴 때와 검은
머리의 시절이 다 헛되니라
12 너는 청년의 때에 너의 창조
주를 기억하라 곧 곤고한 날
이 이르기 전에, 나는 아무 낙
이 없다고 할 해들이 가깝기
전에
2 해와 빛과 달과 별들이 어둡기
전에, 비 뒤에 구름이 다시 일
어나기 전에 그리하라
3 그런 날에는 집을 지키는 자
들이 떨 것이며 힘 있는 자들
이 구부러질 것이며 맷돌질하
는 자들이 적으므로 그칠 것이
며 창들로 내다보는 자가 어두
워질 것이며
4 길거리 문들이 닫혀질 것이며
맷돌 소리가 적어질 것이며 새
의 소리로 말미암아 일어날 것
이며 음악하는 여자들은 다 쇠
하여질 것이며
5 또한 그런 자들은 높은 곳을
두려워할 것이며 길에서는 놀
랄 것이며 살구나무가 꽃이 필
것이며 메뚜기도 짐이 될 것이
며 정욕이 그치리니 이는 사람
이 자기의 영원한 집으로 돌아
가고 조문객들이 거리로 왕래
하게 됨이니라
6 은줄이 풀리고 금그릇이 깨지고
항아리가 샘 곁에서 깨지고 바
퀴가 우물 위에서 깨지고
7 흙은 여전히 땅으로 돌아가고
영은 그것을 주신 하나님께로
돌아가기 전에 기억하라
8 전도자가 이르되 헛되고 헛되도
다 모든 것이 헛되도다

사람의 본분

9 전도자는 지혜자이어서 여전히
백성에게 지식을 가르쳤고 또
깊이 생각하고 연구하여 잠언
을 많이 지었으며
10 전도자는 힘써 아름다운 말들
을 구하였나니 진리의 말씀들
을 정직하게 기록하였느니라
11 지혜자들의 말씀들은 찌르는
채찍들 같고 회중의 스승들의
말씀들은 잘 박힌 못 같으니
다 한 목자가 주신 바이니라
12 내 아들아 또 이것들로부터 경
계를 받으라 많은 책들을 짓는
것은 끝이 없고 많이 공부하는
것은 몸을 피곤하게 하느니라

13 일의 결국을 다 들었으니 하나
님을 경외하고 그의 명령들을
지킬지어다 이것이 모든 사람
의 본분이니라

14 하나님은 모든 행위와 모든 은
밀한 일을 선악 간에 심판하시
리라

아가

제목

히브리어 성경 첫머리 글자 '쉬르 하쉬림'(1:1), 즉 '노래들 중의 노래'라는 반복된 명사를 제목으로 삼았다. 고대 칠십인역이나 라틴어 성경인 벌게잇 역의 명칭도 모두 이것을 따랐다. 흠정역 성경은 '솔로몬의 아가'(Song of Solomon)라고 하여 저자의 이름을 밝혀서 책명으로 삼았다. 우리 한글 성경의 제목은 '아름다운 노래의 책'이란 뜻이다.

저자와 저작 연대

본서 1:1은 이 책의 저자가 솔로몬이라는 사실을 밝혀 주고 있다(1:1,5; 3:7,9,11;8:11,12). 저작 연대도 솔로몬의 통치 기간 중인 B.C. 10세기경이다. 이 책에는 여러 지명들, 즉 예루살렘, 갈멜, 사론, 레바논, 엔게디, 헤르몬, 디르사 등이 나오는데 이 지방 이름들이 모두 하나의 통일 왕국 속에 포함되어 있음을 암시한다. 따라서 이스라엘에서 이러한 통일 시대는 솔로몬 시대로 불리운다. 또 언어의 통일성과 문체, 반복되는 후렴구(2:7;3:5; 8:4), 주제(2:16;6:4;7:10) 등은 아가서가 단일 저자의 작품임을 나타내 준다.

기록 장소와 대상

기록 장소는 예루살렘이며, 솔로몬의 신부를 위해 썼다.

핵심어 및 내용

아가서의 핵심어는 "사랑"과 "결혼"이다. 아가서는 순수한 사랑의 특성들은 어떤 것이며 행복한 결혼생활에 필요한 요소들은 무엇인지를 아름답게 묘사하고 있다. 이런 종류의 깊은 관계를 더욱 발전시켜 나가기 위해서는 서로를 온전히 신뢰하고 상대방을 먼저 생각하며 무조건 섬겨야 한다.

내용 분해

1. 제목
   (1:1)
2. 사랑을 구함
   (1:2–2:7)
3. 만남과 헤어짐–다시 만남
   (2:8–3:5)
4. 결혼 예식과 첫날밤
   (3:6–5:1)
5. 잃었다가 다시 찾음
   (5:2–8:4)
6. 사랑의 성숙과 확인
   (8:5–14)

주요 사건 연대

B.C.

솔로몬의 출생
(삼하 12:24–25)
B.C. 990

솔로몬의 왕위 계승과 다윗 왕의 죽음
(왕상 1:32–53; 대상 29:20–30)
B.C. 970

성전 건축
(왕상 6:1–38; 대하 3:1–7:10)
B.C. 966–959

아가서 기록
B.C. 965

왕궁 건축
(왕상 7:1; 대하 7:11)
B.C. 959–946

솔로몬 왕의 죽음과 르호보암의 등극
(왕상 11:43–12:1; 대하 9:29–10:1)
B.C. 931

여로보암의 즉위와 남북의 분열
(왕상 12:20–33; 대하 10:16–19)
B.C. 931

앗수르에 의한 북쪽 이스라엘의 멸망
(왕하 18:9–12)
B.C. 722

요시야 왕의 성전 수리와 율법책 발견
(대하 34:1–28)
B.C. 622

바벨론에 의한 남쪽 유다의 멸망과 바벨론 유수
(대하 36:11–21)
B.C. 586

1

솔로몬의 아가라
2 내게 입 맞추기를 원하니
네 사랑이 포도주보다 나음이로
구나
3 네 기름이 향기로워 아름답고
네 이름이 쏟은 향기름 같으므
로 처녀들이 너를 사랑하는구
나
4 왕이 나를 그의 방으로 이끌어
들이시니 너는 나를 인도하라
우리가 너를 따라 달려가리라
우리가 너로 말미암아 기뻐하
며 즐거워하니 네 사랑이 포도
주보다 더 진함이라 처녀들이
너를 사랑함이 마땅하니라
5 예루살렘 딸들아 내가 비록 검
으나 아름다우니 게달의 장막
같을지라도 솔로몬의 휘장과도
같구나
6 내가 햇볕에 쬐어서 거무스름
할지라도 흘겨보지 말 것은 내
어머니의 아들들이 나에게 노하
여 포도원지기로 삼았음이라 나
의 포도원을 내가 지키지 못하
였구나
7 내 마음으로 사랑하는 자야 네
가 양 치는 곳과 정오에 쉬게
하는 곳을 내게 말하라 내가
네 친구의 양 떼 곁에서 어찌
얼굴을 가린 자같이 되랴
8 여인 중에 어여쁜 자야 네가
알지 못하겠거든 양 떼의 발
자취를 따라 목자들의 장막
곁에서 너의 염소 새끼를 먹일
지니라
9 내 사랑아 내가 너를 바로의
병거의 준마에 비하였구나
10 네 두 뺨은 땋은 머리털로, 네
목은 구슬 꿰미로 아름답구나
11 우리가 너를 위하여 금사슬에
은을 박아 만들리라
12 왕이 침상에 앉았을 때에 나의
나도 기름이 향기를 뿜어냈구나
13 나의 사랑하는 자는 내 품 가
운데 몰약 향주머니요
14 나의 사랑하는 자는 내게 엔게
디 포도원의 고벨화 송이로구나
15 내 사랑아 너는 어여쁘고 어여
쁘다 네 눈이 비둘기 같구나
16 나의 사랑하는 자야 너는 어여
쁘고 화창하다 우리의 침상은
푸르고
17 우리 집은 백향목 들보, 잣나무
서까래로구나

2 나는 사론의 수선화요 골짜
기의 백합화로다
2 여자들 중에 내 사랑은 가시나
무 가운데 백합화 같도다
3 남자들 중에 나의 사랑하는 자
는 수풀 가운데 사과나무 같구
나 내가 그 그늘에 앉아서 심
히 기뻐하였고 그 열매는 내
입에 달았도다
4 그가 나를 인도하여 잔칫집에
들어갔으니 그 사랑은 내 위에
깃발이로구나
5 너희는 건포도로 내 힘을 돕고
사과로 나를 시원하게 하라 내
가 사랑하므로 병이 생겼음이라
6 그가 왼팔로 내 머리를 고이고
오른팔로 나를 안는구나
7 예루살렘 딸들아 내가 노루와
들사슴을 두고 너희에게 부탁
한다 내 사랑이 원하기 전에
는 흔들지 말고 깨우지 말지니
라
8 내 사랑하는 자의 목소리로구나
보라 그가 산에서 달리고 작은
산을 빨리 넘어오는구나
9 내 사랑하는 자는 노루와도 같
고 어린 사슴과도 같아서 우리
벽 뒤에 서서 창으로 들여다보
며 창살 틈으로 엿보는구나
10 나의 사랑하는 자가 내게 말하
여 이르기를 나의 사랑, 내 어여
쁜 자야 일어나서 함께 가자
11 겨울도 지나고 비도 그쳤고
12 지면에는 꽃이 피고 새가 노래
할 때가 이르렀는데 비둘기의
소리가 우리 땅에 들리는구나
13 무화과나무에는 푸른 열매가
익었고 포도나무는 꽃을 피워
향기를 토하는구나 나의 사랑,
나의 어여쁜 자야 일어나서 함
께 가자
14 바위틈 낭떠러지 은밀한 곳에
있는 나의 비둘기야 내가 네
얼굴을 보게 하라 네 소리를
듣게 하라 네 소리는 부드럽고
네 얼굴은 아름답구나
15 우리를 위하여 여우 곧 포도원
을 허는 작은 여우를 잡으라
우리의 포도원에 꽃이 피었음이
라
16 내 사랑하는 자는 내게 속하였
고 나는 그에게 속하였도다 그
가 백합화 가운데에서 양 떼
를 먹이는구나
17 내 사랑하는 자야 날이 저물고
그림자가 사라지기 전에 돌아

와서 베데르 산의 노루와 어린
사슴 같을지라

3

내가 밤에 침상에서 마음으
로 사랑하는 자를 찾았노라
찾아도 찾아내지 못하였노라
2 이에 내가 일어나서 성안을 돌
아다니며 마음에 사랑하는 자
를 거리에서나 큰길에서나 찾
으리라 하고 찾으나 만나지 못
하였노라
3 성안을 순찰하는 자들을 만나
서 묻기를 내 마음으로 사랑하
는 자를 너희가 보았느냐 하고
4 그들을 지나치자마자 마음에
사랑하는 자를 만나서 그를 붙
잡고 내 어머니 집으로, 나를 잉
태한 이의 방으로 가기까지 놓
지 아니하였노라
5 예루살렘 딸들아 내가 노루와
들사슴을 두고 너희에게 부탁
한다 사랑하는 자가 원하기
전에는 흔들지 말고 깨우지 말
지니라
6 몰약과 유향과 상인의 여러
가지 향품으로 향내 풍기며 연
기 기둥처럼 거친 들에서 오는
자가 누구인가
7 볼지어다 솔로몬의 가마라 이스
라엘 용사 중 육십 명이 둘러
쌌는데
8 다 칼을 잡고 싸움에 익숙한
사람들이라 밤의 두려움으로 말
미암아 각기 허리에 칼을 찼느
니라
9 솔로몬 왕이 레바논 나무로 자
기의 가마를 만들었는데
10 그 기둥은 은이요 바닥은 금이
요 자리는 자색 깔개라 그 안
에는 예루살렘 딸들의 사랑이
엮어져 있구나
11 시온의 딸들아 나와서 솔로몬
왕을 보라 혼인날 마음이 기쁠
때에 그의 어머니가 씌운 왕관
이 그 머리에 있구나

4

내 사랑 너는 어여쁘고도 어
여쁘다 너울 속에 있는 네 눈
이 비둘기 같고 네 머리털은
길르앗 산기슭에 누운 염소 떼
같구나
2 네 이는 목욕장에서 나오는 털
깎인 암양 곧 새끼 없는 것은
하나도 없이 각각 쌍태를 낳은
양 같구나
3 네 입술은 홍색 실 같고 네 입
은 어여쁘고 너울 속의 네 뺨
은 석류 한 쪽 같구나

4 네 목은 무기를 두려고 건축한
다윗의 망대 곧 방패 천 개,
용사의 모든 방패가 달린 망
대 같고
5 네 두 유방은 백합화 가운데서
꼴을 먹는 쌍태 어린 사슴 같
구나
6 날이 저물고 그림자가 사라지
기 전에 내가 몰약 산과 유향
의 작은 산으로 가리라
7 나의 사랑 너는 어여쁘고 아무
흠이 없구나
8 내 신부야 너는 레바논에서부
터 나와 함께하고 레바논에서
부터 나와 함께 가자 아마나
와 스닐과 헤르몬 꼭대기에서
사자 굴과 표범 산에서 내려오
너라
9 내 누이, 내 신부야 네가 내 마
음을 빼앗았구나 네 눈으로 한
번 보는 것과 네 목의 구슬 한
꿰미로 내 마음을 빼앗았구나
10 내 누이, 내 신부야 네 사랑이
어찌 그리 아름다운지 네 사랑
은 포도주보다 진하고 네 기름
의 향기는 각양 향품보다 향기
롭구나
11 내 신부야 네 입술에서는 꿀방
울이 떨어지고 네 혀 밑에는
꿀과 젖이 있고 네 의복의 향
기는 레바논의 향기 같구나
12 내 누이, 내 신부는 잠근 동산
이요 덮은 우물이요 봉한 샘이
로구나
13 네게서 나는 것은 석류나무와
각종 아름다운 과수와 고벨화
와 나도풀과
14 나도와 번홍화와 창포와 계수
와 각종 유향목과 몰약과 침
향과 모든 귀한 향품이요
15 너는 동산의 샘이요 생수의 우
물이요 레바논에서부터 흐르는
시내로구나
16 북풍아 일어나라 남풍아 오라
나의 동산에 불어서 향기를 날
리라 나의 사랑하는 자가 그
동산에 들어가서 그 아름다운
열매 먹기를 원하노라

5

내 누이, 내 신부야 내가 내
동산에 들어와서 나의 몰약
과 향 재료를 거두고 나의 꿀
송이와 꿀을 먹고 내 포도주와
내 우유를 마셨으니 나의 친구
들아 먹으라 나의 사랑하는 사
람들아 많이 마시라
2 내가 잘지라도 마음은 깨었는

데 나의 사랑하는 자의 소리가
들리는구나 문을 두드려 이르기
를 나의 누이, 나의 사랑, 나의
비둘기, 나의 완전한 자야 문을
열어 다오 내 머리에는 이슬이,
내 머리털에는 밤이슬이 가득
하였다 하는구나
3 내가 옷을 벗었으니 어찌 다시
입겠으며 내가 발을 씻었으니
어찌 다시 더럽히랴마는
4 내 사랑하는 자가 문틈으로 손
을 들이밀매 내 마음이 움직여
서
5 일어나 내 사랑하는 자를 위하
여 문을 열 때 몰약이 내 손에
서, 몰약의 즙이 내 손가락에서
문빗장에 떨어지는구나
6 내가 내 사랑하는 자를 위하여
문을 열었으나 그는 벌써 물러
갔네 그가 말할 때에 내 혼이
나갔구나 내가 그를 찾아도 못
만났고 불러도 응답이 없었노
라
7 성안을 순찰하는 자들이 나를
만나매 나를 쳐서 상하게 하였
고 성벽을 파수하는 자들이 나
의 겉옷을 벗겨 가졌도다
8 예루살렘 딸들아 너희에게 내
가 부탁한다 너희가 내 사랑하
는 자를 만나거든 내가 사랑하
므로 병이 났다고 하려무나
9 여자들 가운데에 어여쁜 자야
너의 사랑하는 자가 남의 사랑
하는 자보다 나은 것이 무엇인
가 너의 사랑하는 자가 남의
사랑하는 자보다 나은 것이 무
엇이기에 이같이 우리에게 부
탁하는가
10 내 사랑하는 자는 희고도 붉어
많은 사람 가운데에 뛰어나구
나
11 머리는 순금 같고 머리털은 고
불고불하고 까마귀같이 검구나
12 눈은 시냇가의 비둘기 같은데
우유로 씻은 듯하고 아름답게
도 박혔구나
13 뺨은 향기로운 꽃밭 같고 향기
로운 풀 언덕과도 같고 입술은
백합화 같고 몰약의 즙이 뚝뚝
떨어지는구나
14 손은 황옥을 물린 황금 노리개
같고 몸은 아로새긴 상아에 청
옥을 입힌 듯하구나
15 다리는 순금 받침에 세운 화반
석 기둥 같고 생김새는 레바논
같으며 백향목처럼 보기 좋고

16 입은 심히 달콤하니 그 전체가 사랑스럽구나 예루살렘 딸들아 이는 내 사랑하는 자요 나의 친구로다

6

여자들 가운데에서 어여쁜 자야 네 사랑하는 자가 어디로 갔는가 네 사랑하는 자가 어디로 돌아갔는가 우리가 너와 함께 찾으리라

2 내 사랑하는 자가 자기 동산으로 내려가 향기로운 꽃밭에 이르러서 동산 가운데에서 양 떼를 먹이며 백합화를 꺾는구나

3 나는 내 사랑하는 자에게 속하였고 내 사랑하는 자는 내게 속하였으며 그가 백합화 가운데에서 그 양 떼를 먹이는도다

4 내 사랑아 너는 디르사같이 어여쁘고, 예루살렘같이 곱고, 깃발을 세운 군대같이 당당하구나

5 네 눈이 나를 놀라게 하니 돌이켜 나를 보지 말라 네 머리털은 길르앗 산기슭에 누운 염소 떼 같고

6 네 이는 목욕하고 나오는 암양 떼 같으니 쌍태를 가졌으며 새끼 없는 것은 하나도 없구나

7 너울 속의 네 뺨은 석류 한 쪽 같구나

8 왕비가 육십 명이요 후궁이 팔십 명이요 시녀가 무수하되

9 내 비둘기, 내 완전한 자는 하나뿐이로구나 그는 그의 어머니의 외딸이요 그 낳은 자가 귀중하게 여기는 자로구나 여자들이 그를 보고 복된 자라 하고 왕비와 후궁들도 그를 칭찬하는구나

10 아침 빛같이 뚜렷하고 달같이 아름답고 해같이 맑고 깃발을 세운 군대같이 당당한 여자가 누구인가

11 골짜기의 푸른 초목을 보려고 포도나무가 순이 났는가 석류나무가 꽃이 피었는가 알려고 내가 호도 동산으로 내려갔을 때에

12 부지중에 내 마음이 나를 내 귀한 백성의 수레 가운데에 이르게 하였구나

13 돌아오고 돌아오라 술람미 여자야 돌아오고 돌아오라 우리가 너를 보게 하라 너희가 어찌하여 마하나임에서 춤추는 것을 보는 것처럼 술람미 여자를 보

려느냐
7 귀한 자의 딸아 신을 신은
네 발이 어찌 그리 아름다운
가 네 넓적다리는 둥글어서 숙
련공의 손이 만든 구슬꿰미 같
구나
2 배꼽은 섞은 포도주를 가득히
부은 둥근 잔 같고 허리는 백
합화로 두른 밀단 같구나
3 두 유방은 암사슴의 쌍태 새끼
같고
4 목은 상아 망대 같구나 눈은
헤스본 바드랍빔 문 곁에 있는
연못 같고 코는 다메섹을 향
한 레바논 망대 같구나
5 머리는 갈멜 산 같고 드리운
머리털은 자주빛이 있으니 왕이
그 머리카락에 매이었구나
6 사랑아 네가 어찌 그리 아름다
운지, 어찌 그리 화창한지 즐겁
게 하는구나
7 네 키는 종려나무 같고 네 유
방은 그 열매송이 같구나
8 내가 말하기를 종려나무에 올
라가서 그 가지를 잡으리라 하
였나니 네 유방은 포도송이 같
고 네 콧김은 사과 냄새 같고
9 네 입은 좋은 포도주 같을 것이
니라 이 포도주는 내 사랑하는
자를 위하여 미끄럽게 흘러내
려서 자는 자의 입을 움직이게
하느니라
10 나는 내 사랑하는 자에게 속하
였도다 그가 나를 사모하는구나
11 내 사랑하는 자야 우리가 함
께 들로 가서 동네에서 유숙하
자
12 우리가 일찍이 일어나서 포도원
으로 가서 포도 움이 돋았는지,
꽃술이 퍼졌는지, 석류꽃이 피
었는지 보자 거기에서 내가 내
사랑을 네게 주리라
13 합환채가 향기를 뿜어내고 우
리의 문 앞에는 여러 가지 귀
한 열매가 새것, 묵은 것으로
마련되었구나 내가 내 사랑하
는 자 너를 위하여 쌓아 둔 것
이로다
8 네가 내 어머니의 젖을 먹은
오라비 같았더라면 내가 밖
에서 너를 만날 때에 입을 맞
추어도 나를 업신여길 자가 없
었을 것이라
2 내가 너를 이끌어 내 어머니
집에 들이고 네게서 교훈을 받
았으리라 나는 향기로운 술 곧

석류즙으로 네게 마시게 하겠
고
3 너는 왼팔로는 내 머리를 고이
고 오른손으로는 나를 안았으리
라
4 예루살렘 딸들아 내가 너희에
게 부탁한다 내 사랑하는 자
가 원하기 전에는 흔들지 말
며 깨우지 말지니라
5 그의 사랑하는 자를 의지하고
거친 들에서 올라오는 여자가
누구인가 너로 말미암아 네 어
머니가 고생한 곳 너를 낳은
자가 애쓴 그곳 사과나무 아
래에서 내가 너를 깨웠노라
6 너는 나를 도장같이 마음에 품
고 도장같이 팔에 두라 사랑은
죽음같이 강하고 질투는 스올
같이 잔인하며 불길같이 일어
나니 그 기세가 여호와의 불과
같으니라
7 많은 물도 이 사랑을 끄지 못
하겠고 홍수라도 삼키지 못하
나니 사람이 그의 온 가산을
다 주고 사랑과 바꾸려 할지라
도 오히려 멸시를 받으리라
8 우리에게 있는 작은 누이는 아
직도 유방이 없구나 그가 청혼
을 받는 날에는 우리가 그를
위하여 무엇을 할까
9 그가 성벽이라면 우리는 은 망
대를 그 위에 세울 것이요 그
가 문이라면 우리는 백향목 판
자로 두르리라
10 나는 성벽이요 내 유방은 망대
같으니 그러므로 나는 그가 보
기에 화평을 얻은 자 같구나
11 솔로몬이 바알하몬에 포도원이
있어 지키는 자들에게 맡겨 두
고 그들로 각기 그 열매로 말
미암아 은 천을 바치게 하였구
나
12 솔로몬 너는 천을 얻겠고 열매
를 지키는 자도 이백을 얻으려
니와 내게 속한 내 포도원은
내 앞에 있구나
13 너 동산에 거주하는 자야 친구
들이 네 소리에 귀를 기울이니
내가 듣게 하려무나
14 내 사랑하는 자야 너는 빨리
달리라 향기로운 산 위에 있는
노루와도 같고 어린 사슴과도
같아라

이사야

주요 사건 연대

B.C.

유다 웃시야 왕의 사망과 이사야의 소명 (6:1–13)
B.C. 740

유다 왕 아하스의 등극 (7:1)
B.C. 735

유다와 이스라엘에 대한 이사야의 예언 (7:1–10:4)
B.C. 734

인접 국가들에 대한 이사야의 예언 (13:1–23:18)
B.C. 732

남쪽 유다의 히스기야 왕 등극과 종교 개혁 (왕하 18:1–4)
B.C. 728

앗수르에 의한 북쪽 이스라엘의 멸망 (7:18–10:4)
B.C. 722

히스기야 왕의 질병과 기도 (38:1–22)
B.C. 701

히스기야 왕의 죽음과 유다 왕 므낫세의 즉위 (왕하 20:21; 대하 32:33)
B.C. 686

앗수르의 멸망
B.C. 605

바벨론에 의한 남쪽 유다의 멸망 (왕하 25:1–26)
B.C. 586

제목

본서는 저자의 이름을 따라 '이사야'라 이름하였다. 이 뜻은 '여호와는 구원하신다'란 뜻이다. 칠십인역에는 '헤사이아스'(Hesaias)라 표기되었고, 벌게잇 역에는 '에사이아스'(Esaias) 또는 '이사이아스'(Isaias)라고 표기되었다.

저자와 저작 연대

본서에서 이사야 선지자를 본서의 저자라고 밝히고 있으며(1:1;2:1), 신약에서도 이 사실을 증거하고 있다(마 13:14–15;막 1:2). 저작 연대는 B.C. 745–680년 사이이다.

기록 장소와 대상

기록 장소는 예루살렘이라고 추정되며, 주로 유다 민족을 기록 대상으로 하고 있고 그 밖의 주변 민족들을 위해서도 기록하였다.

핵심어 및 내용

이사야서의 핵심어는 "심판"과 "구원"이다. 이사야서의 66장 전체는 성경을 축소해 놓은 것과 같다. 앞부분의 39장은 회개하고 하나님께 다시 돌아오기를 거부한 이스라엘 민족에 대한 하나님의 심판을 강조하는 구약의 39권의 내용과 서로 유사하다. 그리고 뒷부분의 27장은 우리를 구원하실 메시아에 초점이 모아진 신약과 비슷한 내용을 다루고 있다.

내용 분해

1. 유다 민족에 대한 책망과 약속 (1:1–6:13)
2. 임마누엘과 메시아 왕국에 대한 예언 (7:1–12:6)
3. 이방 나라에 대한 예언 (13:1–23:18)
4. 하나님의 심판과 약속 (24:1–27:13)
5. 이스라엘의 불신자에 대한 경고 (28:1–35:10)
6. 히스기야에 대한 역사적 기록 (36:1–39:8)
7. 바벨론 포로에서의 구원과 회복에 대한 예언 (40:1–66:24)

1 유다 왕 웃시야와 요담과 아
하스와 히스기야 시대에 아
모스의 아들 이사야가 유다와
예루살렘에 관하여 본 계시라

여호와의 말씀

2 하늘이여 들으라 땅이여 귀를
기울이라 여호와께서 말씀하시
기를 내가 자식을 양육하였거
늘 그들이 나를 거역하였도다
3 소는 그 임자를 알고 나귀는
그 주인의 구유를 알건마는 이
스라엘은 알지 못하고 나의 백
성은 깨닫지 못하는도다 하셨도
다
4 슬프다 범죄한 나라요 허물 진
백성이요 행악의 종자요 행위
가 부패한 자식이로다 그들이
여호와를 버리며 이스라엘의 거
룩하신 이를 만홀히 여겨 멀리
하고 물러갔도다
5 너희가 어찌하여 매를 더 맞으
려고 패역을 거듭하느냐 온 머
리는 병들었고 온 마음은 피곤
하였으며
6 발바닥에서 머리까지 성한 곳
이 없이 상한 것과 터진 것과
새로 맞은 흔적뿐이거늘 그것을
짜며 싸매며 기름으로 부드럽
게 함을 받지 못하였도다
7 너희의 땅은 황폐하였고 너희
의 성읍들은 불에 탔고 너희의
토지는 너희 목전에서 이방인
에게 삼켜졌으며 이방인에게
파괴됨같이 황폐하였고
8 딸 시온은 포도원의 망대같이,
참외밭의 원두막같이, 에워싸
인 성읍같이 겨우 남았도다
9 만군의 여호와께서 우리를 위
하여 생존자를 조금 남겨두지
아니하셨더면 우리가 소돔 같
고 고모라 같았으리로다
10 너희 소돔의 관원들아 여호와
의 말씀을 들을지어다 너희 고
모라의 백성아 우리 하나님의
법에 귀를 기울일지어다
11 여호와께서 말씀하시되 너희의
무수한 제물이 내게 무엇이 유
익하뇨 나는 숫양의 번제와 살
진 짐승의 기름에 배불렀고 나
는 수송아지나 어린 양이나 숫
염소의 피를 기뻐하지 아니하
노라
12 너희가 내 앞에 보이러 오니 이
것을 누가 너희에게 요구하였

느냐 내 마당만 밟을 뿐이니라
13 헛된 제물을 다시 가져오지 말
라 분향은 내가 가증히 여기는
바요 월삭과 안식일과 대회로
모이는 것도 그러하니 성회와
아울러 악을 행하는 것을 내가
견디지 못하겠노라
14 내 마음이 너희의 월삭과 정한
절기를 싫어하나니 그것이 내
게 무거운 짐이라 내가 지기에
곤비하였느니라
15 너희가 손을 펼 때에 내가 내
눈을 너희에게서 가리고 너희
가 많이 기도할지라도 내가 듣
지 아니하리니 이는 너희의 손
에 피가 가득함이라
16 너희는 스스로 씻으며 스스로
깨끗하게 하여 내 목전에서 너
희 악한 행실을 버리며 행악을
그치고
17 선행을 배우며 정의를 구하며
학대받는 자를 도와주며 고아
를 위하여 신원하며 과부를 위
하여 변호하라 하셨느니라
18 여호와께서 말씀하시되 오라
우리가 서로 변론하자 너희의
죄가 주홍 같을지라도 눈과 같
이 희어질 것이요 진홍같이 붉
을지라도 양털같이 희게 되리
라
19 너희가 즐겨 순종하면 땅의 아
름다운 소산을 먹을 것이요
20 너희가 거절하여 배반하면 칼
에 삼켜지리라 여호와의 입의
말씀이니라

죄로 가득 찬 성읍

21 신실하던 성읍이 어찌하여 창
기가 되었는고 정의가 거기에
충만하였고 공의가 그 가운데
에 거하였더니 이제는 살인자
들뿐이로다
22 네 은은 찌꺼기가 되었고 네
포도주에는 물이 섞였도다
23 네 고관들은 패역하여 도둑과
짝하며 다 뇌물을 사랑하며
예물을 구하며 고아를 위하여
신원하지 아니하며 과부의 송
사를 수리하지 아니하는도다
24 그러므로 주 만군의 여호와 이
스라엘의 전능자가 말씀하시되
슬프다 내가 장차 내 대적에
게 보응하여 내 마음을 편하게
하겠고 내 원수에게 보복하리
라
25 내가 또 내 손을 네게 돌려 네
찌꺼기를 잿물로 씻듯이 녹여

청결하게 하며 네 혼잡물을
다 제하여 버리고
26 내가 네 재판관들을 처음과 같
이, 네 모사들을 본래와 같이
회복할 것이라 그리한 후에야
네가 의의 성읍이라, 신실한 고
을이라 불리리라 하셨나니
27 시온은 정의로 구속함을 받고
그 돌아온 자들은 공의로 구속
함을 받으리라
28 그러나 패역한 자와 죄인은
함께 패망하고 여호와를 버린
자도 멸망할 것이라
29 너희가 기뻐하던 상수리나무로
말미암아 너희가 부끄러움을
당할 것이요 너희가 택한 동산
으로 말미암아 수치를 당할 것
이며
30 너희는 잎사귀 마른 상수리나무
같을 것이요 물 없는 동산 같
으리니
31 강한 자는 삼오라기 같고 그의
행위는 불티 같아서 함께 탈
것이나 끌 사람이 없으리라

칼을 쳐서 보습을 만들고

2

아모스의 아들 이사야가 받
은 바 유다와 예루살렘에 관
한 말씀이라
2 말일에 여호와의 전의 산이 모
든 산꼭대기에 굳게 설 것이요
모든 작은 산 위에 뛰어나리니
만방이 그리로 모여들 것이라
3 많은 백성이 가며 이르기를 오
라 우리가 여호와의 산에 오르
며 야곱의 하나님의 전에 이
르자 그가 그의 길을 우리에게
가르치실 것이라 우리가 그 길
로 행하리라 하리니 이는 율법
이 시온에서부터 나올 것이요
여호와의 말씀이 예루살렘에서
부터 나올 것임이니라
4 그가 열방 사이에 판단하시며
많은 백성을 판결하시리니 무
리가 그들의 칼을 쳐서 보습을
만들고 그들의 창을 쳐서 낫을
만들 것이며 이 나라와 저 나
라가 다시는 칼을 들고 서로
치지 아니하며 다시는 전쟁을
연습하지 아니하리라

여호와의 날

5 야곱 족속아 오라 우리가 여호
와의 빛에 행하자
6 주께서 주의 백성 야곱 족속을
버리셨음은 그들에게 동방 풍속
이 가득하며 그들이 블레셋 사
람들같이 점을 치며 이방인과

더불어 손을 잡아 언약하였음
이라
7 그 땅에는 은금이 가득하고 보
화가 무한하며 그 땅에는 마
필이 가득하고 병거가 무수하
며
8 그 땅에는 우상도 가득하므로
그들이 자기 손으로 짓고 자기
손가락으로 만든 것을 경배하
여
9 천한 자도 절하며 귀한 자도
굴복하오니 그들을 용서하지 마
옵소서
10 너희는 바위틈에 들어가며 진
토에 숨어 여호와의 위엄과 그
광대하심의 영광을 피하라
11 그날에 눈이 높은 자가 낮아지
며 교만한 자가 굴복되고 여호
와께서 홀로 높임을 받으시리
라
12 대저 만군의 여호와의 날이 모
든 교만한 자와 거만한 자와
자고한 자에게 임하리니 그들
이 낮아지리라
13 또 레바논의 높고 높은 모든
백향목과 바산의 모든 상수리
나무와
14 모든 높은 산과 모든 솟아오른
작은 언덕과
15 모든 높은 망대와 모든 견고한
성벽과
16 다시스의 모든 배와 모든 아름
다운 조각물에 임하리니
17 그날에 자고한 자는 굴복되며
교만한 자는 낮아지고 여호와
께서 홀로 높임을 받으실 것이
요
18 우상들은 온전히 없어질 것이
며
19 사람들이 암혈과 토굴로 들어
가서 여호와께서 땅을 진동시
키려고 일어나실 때에 그의 위
엄과 그 광대하심의 영광을
피할 것이라
20 사람이 자기를 위하여 경배하
려고 만들었던 은 우상과 금
우상을 그날에 두더지와 박쥐
에게 던지고
21 암혈과 험악한 바위틈에 들어
가서 여호와께서 땅을 진동시
키려고 일어나실 때에 그의 위
엄과 그 광대하심의 영광을
피하리라
22 너희는 인생을 의지하지 말라
그의 호흡은 코에 있나니 셈할
가치가 어디 있느냐

예루살렘의 멸망

3 보라 주 만군의 여호와께서
예루살렘과 유다가 의뢰하
며 의지하는 것을 제하여 버리
시되 곧 그가 의지하는 모든
양식과 그가 의지하는 모든 물
과
2 용사와 전사와 재판관과 선지
자와 복술자와 장로와
3 오십부장과 귀인과 모사와 정
교한 장인과 능란한 요술자를
그리하실 것이며
4 그가 또 소년들을 그들의 고관
으로 삼으시며 아이들이 그들을
다스리게 하시리니
5 백성이 서로 학대하며 각기 이
웃을 잔해하며 아이가 노인에
게, 비천한 자가 존귀한 자에
게 교만할 것이며
6 혹시 사람이 자기 아버지 집에
서 자기의 형제를 붙잡고 말하
기를 네게는 겉옷이 있으니 너
는 우리의 통치자가 되어 이
폐허를 네 손 아래에 두라 할
것이며
7 그날에 그가 소리를 높여 이르
기를 나는 고치는 자가 되지
아니하겠노라 내 집에는 양식
도 없고 의복도 없으니 너희는
나를 백성의 통치자로 삼지 말
라 하리라
8 예루살렘이 멸망하였고 유다
가 엎드러졌음은 그들의 언어와
행위가 여호와를 거역하여 그
의 영광의 눈을 범하였음이라
9 그들의 안색이 불리하게 증거
하며 그들의 죄를 말해 주고
숨기지 못함이 소돔과 같으니
그들의 영혼에 화가 있을진저
그들이 재앙을 자취하였도다
10 너희는 의인에게 복이 있으리
라 말하라 그들은 그들의 행위
의 열매를 먹을 것임이요
11 악인에게는 화가 있으리니 이
는 그의 손으로 행한 대로 그가
보응을 받을 것임이니라
12 내 백성을 학대하는 자는 아이
요 다스리는 자는 여자들이라
내 백성이여 네 인도자들이 너
를 유혹하여 네가 다닐 길을
어지럽히느니라

여호와께서 백성을 심판하시다

13 여호와께서 변론하러 일어나시
며 백성들을 심판하려고 서시도
다
14 여호와께서 자기 백성의 장로

들과 고관들을 심문하러 오시리니 포도원을 삼킨 자는 너희이며 가난한 자에게서 탈취한 물건이 너희의 집에 있도다

15 어찌하여 너희가 내 백성을 짓밟으며 가난한 자의 얼굴에 맷돌질하느냐 주 만군의 여호와 내가 말하였느니라 하시도다

시온의 딸들에게 말씀하시다

16 여호와께서 또 말씀하시되 시온의 딸들이 교만하여 늘인 목, 정을 통하는 눈으로 다니며 아기작거려 걸으며 발로는 쟁쟁한 소리를 낸다 하시도다

17 그러므로 주께서 시온의 딸들의 정수리에 딱지가 생기게 하시며 여호와께서 그들의 하체가 드러나게 하시리라

18 주께서 그날에 그들이 장식한 발목 고리와 머리의 망사와 반달 장식과

19 귀고리와 팔목 고리와 얼굴 가리개와

20 화관과 발목 사슬과 띠와 향합과 호신부와

21 반지와 코고리와

22 예복과 겉옷과 목도리와 손 주머니와

23 손거울과 세마포 옷과 머리 수건과 너울을 제하시리니

24 그때에 썩은 냄새가 향기를 대신하고 노끈이 띠를 대신하고 대머리가 숱한 머리털을 대신하고 굵은 베옷이 화려한 옷을 대신하고 수치스러운 흔적이 아름다움을 대신할 것이며

25 너희의 장정은 칼에, 너희의 용사는 전란에 망할 것이며

26 그 성문은 슬퍼하며 곡할 것이요 시온은 황폐하여 땅에 앉으리라

4 그날에 일곱 여자가 한 남자를 붙잡고 말하기를 우리가 우리 떡을 먹으며 우리 옷을 입으리니 다만 당신의 이름으로 우리를 부르게 하여 우리가 수치를 면하게 하라 하리라

예루살렘을 청결하게 하실 때

2 그날에 여호와의 싹이 아름답고 영화로울 것이요 그 땅의 소산은 이스라엘의 피난한 자를 위하여 영화롭고 아름다울 것이며

3 시온에 남아 있는 자, 예루살렘에 머물러 있는 자 곧 예루살렘 안에 생존한 자 중 기록

된 모든 사람은 거룩하다 칭함
을 얻으리니
4 이는 주께서 심판하는 영과 소
멸하는 영으로 시온의 딸들의
더러움을 씻기시며 예루살렘의
피를 그중에서 청결하게 하실
때가 됨이라
5 여호와께서 거하시는 온 시온
산과 모든 집회 위에 낮이면
구름과 연기, 밤이면 화염의 빛
을 만드시고 그 모든 영광 위
에 덮개를 두시며
6 또 초막이 있어서 낮에는 더위
를 피하는 그늘을 지으며 또
풍우를 피하여 숨는 곳이 되리
라

포도원 노래

5 나는 내가 사랑하는 자를 위
하여 노래하되 내가 사랑하
는 자의 포도원을 노래하리라
내가 사랑하는 자에게 포도원
이 있음이여 심히 기름진 산에
로다
2 땅을 파서 돌을 제하고 극상품
포도나무를 심었도다 그중에 망
대를 세웠고 또 그 안에 술틀
을 팠도다 좋은 포도 맺기를 바
랐더니 들포도를 맺었도다
3 예루살렘 주민과 유다 사람들
아 구하노니 이제 나와 내 포도
원 사이에서 사리를 판단하라
4 내가 내 포도원을 위하여 행한
것 외에 무엇을 더할 것이 있
으랴 내가 좋은 포도 맺기를 기
다렸거늘 들포도를 맺음은 어찌
됨인고
5 이제 내가 내 포도원에 어떻게
행할지를 너희에게 이르리라 내
가 그 울타리를 걷어 먹힘을
당하게 하며 그 담을 헐어 짓
밟히게 할 것이요
6 내가 그것을 황폐하게 하리
니 다시는 가지를 자름이나 북
을 돋우지 못하여 찔레와 가시
가 날 것이며 내가 또 구름에
게 명하여 그 위에 비를 내리
지 못하게 하리라 하셨으니
7 무릇 만군의 여호와의 포도원
은 이스라엘 족속이요 그가 기
뻐하시는 나무는 유다 사람이
라 그들에게 정의를 바라셨더
니 도리어 포학이요 그들에게
공의를 바라셨더니 도리어 부르
짖음이었도다

사람이 저지르는 악한 일

8 가옥에 가옥을 이으며 전토에

전토를 더하여 빈틈이 없도록
하고 이 땅 가운데에서 홀로
거주하려 하는 자들은 화 있을
진저
9 만군의 여호와께서 내 귀에 말
씀하시되 정녕히 허다한 가옥
이 황폐하리니 크고 아름다울
지라도 거주할 자가 없을 것이
며
10 열흘 갈이 포도원에 겨우 포도
주 한 바트가 나겠고 한 호멜
의 종자를 뿌려도 간신히 한
에바가 나리라 하시도다
11 아침에 일찍이 일어나 독주를
마시며 밤이 깊도록 포도주에
취하는 자들은 화 있을진저
12 그들이 연회에는 수금과 비파
와 소고와 피리와 포도주를 갖
추었어도 여호와께서 행하시는
일에 관심을 두지 아니하며 그
의 손으로 하신 일을 보지 아니
하는도다
13 그러므로 내 백성이 무지함으로
말미암아 사로잡힐 것이요 그
들의 귀한 자는 굶주릴 것이요
무리는 목마를 것이라
14 그러므로 스올이 욕심을 크게
내어 한량없이 그 입을 벌린즉
그들의 호화로움과 그들의 많은
무리와 그들의 떠드는 것과 그
중에서 즐거워하는 자가 거기
에 빠질 것이라
15 여느 사람은 구푸리고 존귀한
자는 낮아지고 오만한 자의 눈
도 낮아질 것이로되
16 오직 만군의 여호와는 정의로우
시므로 높임을 받으시며 거룩하
신 하나님은 공의로우시므로 거
룩하다 일컬음을 받으시리니
17 그때에는 어린 양들이 자기 초
장에 있는 것같이 풀을 먹을
것이요 유리하는 자들이 부자
의 버려진 밭에서 먹으리라
18 거짓으로 끈을 삼아 죄악을 끌
며 수레 줄로 함같이 죄악을
끄는 자는 화 있을진저
19 그들이 이르기를 그는 자기의
일을 속속히 이루어 우리에게
보게 할 것이며 이스라엘의 거
룩한 이는 자기의 계획을 속히
이루어 우리가 알게 할 것이라
하는도다
20 악을 선하다 하며 선을 악하
다 하며 흑암으로 광명을 삼으
며 광명으로 흑암을 삼으며 쓴
것으로 단 것을 삼으며 단 것

으로 쓴 것을 삼는 자들은 화
있을진저
21 스스로 지혜롭다 하며 스스로
명철하다 하는 자들은 화 있을
진저
22 포도주를 마시기에 용감하며 독
주를 잘 빚는 자들은 화 있을
진저
23 그들은 뇌물로 말미암아 악인
을 의롭다 하고 의인에게서 그
공의를 빼앗는도다
24 이로 말미암아 불꽃이 그루터기
를 삼킴같이, 마른 풀이 불 속
에 떨어짐같이 그들의 뿌리가
썩겠고 꽃이 티끌처럼 날리리
니 그들이 만군의 여호와의 율
법을 버리며 이스라엘의 거룩
하신 이의 말씀을 멸시하였음
이라
25 그러므로 여호와께서 자기 백
성에게 노를 발하시고 그들 위
에 손을 들어 그들을 치신지라
산들은 진동하며 그들의 시체
는 거리 가운데에 분토같이 되
었도다 그럴지라도 그의 노가
돌아서지 아니하였고 그의 손
이 여전히 펼쳐져 있느니라
26 또 그가 기치를 세우시고 먼
나라들을 불러 땅끝에서부터
자기에게로 오게 하실 것이라
보라 그들이 빨리 달려올 것이
로되
27 그중에 곤핍하여 넘어지는 자
도 없을 것이며 조는 자나 자
는 자도 없을 것이며 그들의
허리띠는 풀리지 아니하며 그
들의 들메끈은 끊어지지 아니
하며
28 그들의 화살은 날카롭고 모든
활은 당겨졌으며 그들의 말굽
은 부싯돌 같고 병거 바퀴는
회오리바람 같을 것이며
29 그들의 부르짖음은 암사자 같
을 것이요 그들의 소리 지름은
어린 사자들과 같을 것이라 그
들이 부르짖으며 먹이를 움켜
가져가 버려도 건질 자가 없으
리로다
30 그날에 그들이 바다 물결 소리
같이 백성을 향하여 부르짖으리
니 사람이 그 땅을 바라보면
흑암과 고난이 있고 빛은 구름
에 가려서 어두우리라

이사야를 선지자로 부르시다

6 웃시야 왕이 죽던 해에 내가
본즉 주께서 높이 들린 보좌

에 앉으셨는데 그의 옷자락은
성전에 가득하였고
2 스랍들이 모시고 섰는데 각기
여섯 날개가 있어 그 둘로는
자기의 얼굴을 가리었고 그 둘
로는 자기의 발을 가리었고 그
둘로는 날며
3 서로 불러 이르되 거룩하다 거
룩하다 거룩하다 만군의 여호
와여 그의 영광이 온 땅에 충
만하도다 하더라
4 이같이 화답하는 자의 소리로
말미암아 문지방의 터가 요동
하며 성전에 연기가 충만한지
라
5 그때에 내가 말하되 화로다 나
여 망하게 되었도다 나는 입술
이 부정한 사람이요 나는 입술
이 부정한 백성 중에 거주하면
서 만군의 여호와이신 왕을 뵈
었음이로다 하였더라
6 그때에 그 스랍 중의 하나가
부젓가락으로 제단에서 집은
바 핀 숯을 손에 가지고 내게
로 날아와서
7 그것을 내 입술에 대며 이르되
보라 이것이 네 입에 닿았으니
네 악이 제하여졌고 네 죄가
사하여졌느니라 하더라
8 내가 또 주의 목소리를 들으니
주께서 이르시되 내가 누구를
보내며 누가 우리를 위하여 갈
꼬 하시니 그때에 내가 이르되
내가 여기 있나이다 나를 보내
소서 하였더니
9 여호와께서 이르시되 가서 이
백성에게 이르기를 너희가 듣기
는 들어도 깨닫지 못할 것이요
보기는 보아도 알지 못하리라
하여
10 이 백성의 마음을 둔하게 하
며 그들의 귀가 막히고 그들의
눈이 감기게 하라 염려하건대
그들이 눈으로 보고 귀로 듣고
마음으로 깨닫고 다시 돌아와
고침을 받을까 하노라 하시기로
11 내가 이르되 주여 어느 때까지
니이까 하였더니 주께서 대답
하시되 성읍들은 황폐하여 주
민이 없으며 가옥들에는 사람
이 없고 이 토지는 황폐하게
되며
12 여호와께서 사람들을 멀리 옮
기셔서 이 땅 가운데에 황폐
한 곳이 많을 때까지니라
13 그중에 십분의 일이 아직 남아

있을지라도 이것도 황폐하게
될 것이나 밤나무와 상수리나무
가 베임을 당하여도 그 그루터
기는 남아 있는 것같이 거룩한
씨가 이 땅의 그루터기니라 하
시더라

아하스 왕에게 삼가며 조용하라 하시다

7 웃시야의 손자요 요담의 아들
인 유다의 아하스 왕 때에
아람의 르신 왕과 르말리야의
아들 이스라엘의 베가 왕이 올
라와서 예루살렘을 쳤으나 능
히 이기지 못하니라
2 어떤 사람이 다윗의 집에 알려
이르되 아람이 에브라임과 동
맹하였다 하였으므로 왕의 마
음과 그의 백성의 마음이 숲이
바람에 흔들림같이 흔들렸더라
3 그때에 여호와께서 이사야에
게 이르시되 너와 네 아들 스
알야숩은 윗못 수도 끝 세탁자
의 밭 큰길에 나가서 아하스를
만나
4 그에게 이르기를 너는 삼가며
조용하라 르신과 아람과 르말
리야의 아들이 심히 노할지라
도 이들은 연기 나는 두 부지
깽이 그루터기에 불과하니 두
려워하지 말며 낙심하지 말라
5 아람과 에브라임과 르말리야의
아들이 악한 꾀로 너를 대적하
여 이르기를
6 우리가 올라가 유다를 쳐서 그
것을 쓰러뜨리고 우리를 위하
여 그것을 무너뜨리고 다브엘
의 아들을 그중에 세워 왕으로
삼자 하였으나
7 주 여호와의 말씀이 그 일은
서지 못하며 이루어지지 못하
리라
8 대저 아람의 머리는 다메섹이
요 다메섹의 머리는 르신이며
육십오 년 내에 에브라임이 패
망하여 다시는 나라를 이루지
못할 것이며
9 에브라임의 머리는 사마리아요
사마리아의 머리는 르말리야의
아들이니라 만일 너희가 굳게
믿지 아니하면 너희는 굳게 서
지 못하리라 하시니라

임마누엘의 징조

10 여호와께서 또 아하스에게 말
씀하여 이르시되
11 너는 네 하나님 여호와께 한
징조를 구하되 깊은 데에서든
지 높은 데에서든지 구하라 하

시니

12 아하스가 이르되 나는 구하지
아니하겠나이다 나는 여호와를
시험하지 아니하겠나이다 한지
라

13 이사야가 이르되 다윗의 집이
여 원하건대 들을지어다 너희
가 사람을 괴롭히고서 그것을
작은 일로 여겨 또 나의 하나
님을 괴롭히려 하느냐

14 그러므로 주께서 친히 징조를
너희에게 주실 것이라 보라 처
녀가 잉태하여 아들을 낳을 것
이요 그의 이름을 임마누엘이라
하리라

15 그가 악을 버리며 선을 택할
줄 알 때가 되면 엉긴 젖과
꿀을 먹을 것이라

16 대저 이 아이가 악을 버리며
선을 택할 줄 알기 전에 네가
미워하는 두 왕의 땅이 황폐하
게 되리라

17 여호와께서 에브라임이 유다를
떠날 때부터 당하여 보지 못
한 날을 너와 네 백성과 네 아
버지 집에 임하게 하시리니 곧
앗수르 왕이 오는 날이니라

18 그날에는 여호와께서 애굽 하
수에서 먼 곳의 파리와 앗수르
땅의 벌을 부르시리니

19 다 와서 거친 골짜기와 바위틈
과 가시나무 울타리와 모든 초
장에 앉으리라

20 그날에는 주께서 하수 저쪽에
서 세내어 온 삭도 곧 앗수르
왕으로 네 백성의 머리털과 발
털을 미실 것이요 수염도 깎으
시리라

21 그날에는 사람이 한 어린 암소
와 두 양을 기르리니

22 그것들이 내는 젖이 많으므로
엉긴 젖을 먹을 것이라 그 땅
가운데에 남아 있는 자는 엉긴
젖과 꿀을 먹으리라

23 그날에는 천 그루에 은 천 개
의 가치가 있는 포도나무가 있
던 곳마다 찔레와 가시가 날
것이라

24 온 땅에 찔레와 가시가 있으므
로 화살과 활을 가지고 그리로
갈 것이요

25 보습으로 갈던 모든 산에도 찔
레와 가시 때문에 두려워서 그
리로 가지 못할 것이요 그 땅
은 소를 풀어놓으며 양이 밟는
곳이 되리라

이사야의 아들

8 여호와께서 내게 이르시되 너
는 큰 서판을 가지고 그 위
에 통용 문자로 마헬살랄하스
바스라 쓰라
2 내가 진실한 증인 제사장 우
리야와 여베레기야의 아들 스
가랴를 불러 증언하게 하리라
하시더니
3 내가 내 아내를 가까이하매 그
가 임신하여 아들을 낳은지라
여호와께서 내게 이르시되 그
의 이름을 마헬살랄하스바스라
하라
4 이는 이 아이가 내 아빠, 내 엄
마라 부를 줄 알기 전에 다메
섹의 재물과 사마리아의 노략
물이 앗수르 왕 앞에 옮겨질
것임이라 하시니라

앗수르 왕의 침략

5 여호와께서 다시 내게 말씀하
여 이르시되
6 이 백성이 천천히 흐르는 실로
아 물을 버리고 르신과 르말리
야의 아들을 기뻐하느니라
7 그러므로 주 내가 흉용하고 창
일한 큰 하수 곧 앗수르 왕과
그의 모든 위력으로 그들을 뒤
덮을 것이라 그 모든 곬짜기에
차고 모든 언덕에 넘쳐
8 흘러 유다에 들어와서 가득하
여 목에까지 미치리라 임마누
엘이여 그가 펴는 날개가 네
땅에 가득하리라 하셨느니라

여호와께서 깨우치시다

9 너희 민족들아 함성을 질러 보
아라 그러나 끝내 패망하리라
너희 먼 나라 백성들아 들을지
니라 너희 허리를 동이라 그러
나 끝내 패망하리라 너희 허리
에 띠를 띠라 그러나 끝내 패
망하리라
10 너희는 함께 계획하라 그러나
끝내 이루지 못하리라 말을 해
보아라 끝내 시행되지 못하리
라 이는 하나님이 우리와 함께
계심이니라
11 여호와께서 강한 손으로 내게
알려 주시며 이 백성의 길로
가지 말 것을 내게 깨우쳐 이
르시되
12 이 백성이 반역자가 있다고 말
하여도 너희는 그 모든 말을
따라 반역자가 있다고 하지
말며 그들이 두려워하는 것을
너희는 두려워하지 말며 놀라

지 말고
13 만군의 여호와 그를 너희가 거
룩하다 하고 그를 너희가 두려
워하며 무서워할 자로 삼으라
14 그가 성소가 되시리라 그러나
이스라엘의 두 집에는 걸림돌
과 걸려 넘어지는 반석이 되실
것이며 예루살렘 주민에게는
함정과 올무가 되시리니
15 많은 사람들이 그로 말미암아
걸려 넘어질 것이며 부러질 것
이며 덫에 걸려 잡힐 것이니라

율법과 증거의 말씀을 따르라

16 너는 증거의 말씀을 싸매며 율
법을 내 제자들 가운데에서 봉
함하라
17 이제 야곱의 집에 대하여 얼굴
을 가리시는 여호와를 나는 기
다리며 그를 바라보리라
18 보라 나와 및 여호와께서 내게
주신 자녀들이 이스라엘 중에
징조와 예표가 되었나니 이는
시온 산에 계신 만군의 여호와
께로 말미암은 것이니라
19 어떤 사람이 너희에게 말하기
를 주절거리며 속살거리는 신
접한 자와 마술사에게 물으라
하거든 백성이 자기 하나님께
구할 것이 아니냐 산 자를 위
하여 죽은 자에게 구하겠느냐
하라
20 마땅히 율법과 증거의 말씀을
따를지니 그들이 말하는 바가
이 말씀에 맞지 아니하면 그들
이 정녕 아침 빛을 보지 못하고
21 이 땅으로 헤매며 곤고하며 굶
주릴 것이라 그가 굶주릴 때
에 격분하여 자기의 왕과 자기
의 하나님을 저주할 것이며 위
를 쳐다보거나
22 땅을 굽어보아도 환난과 흑암
과 고통의 흑암뿐이리니 그들이
심한 흑암 가운데로 쫓겨 들어
가리라

평강의 왕

9 전에 고통받던 자들에게는
흑암이 없으리로다 옛적에는
여호와께서 스불론 땅과 납달
리 땅이 멸시를 당하게 하셨더
니 후에는 해변 길과 요단 저
쪽 이방의 갈릴리를 영화롭게
하셨느니라
2 흑암에 행하던 백성이 큰 빛을
보고 사망의 그늘진 땅에 거주
하던 자에게 빛이 비치도다
3 주께서 이 나라를 창성하게 하

시며 그 즐거움을 더하게 하셨
으므로 추수하는 즐거움과 탈취
물을 나눌 때의 즐거움같이 그
들이 주 앞에서 즐거워하오니
4 이는 그들이 무겁게 멘 멍에와
그들의 어깨의 채찍과 그 압제
자의 막대기를 주께서 꺾으시
되 미디안의 날과 같이 하셨음
이니이다
5 어지러이 싸우는 군인들의 신
과 피 묻은 겉옷이 불에 섶같
이 살라지리니
6 이는 한 아기가 우리에게 났고
한 아들을 우리에게 주신 바
되었는데 그의 어깨에는 정사
를 메었고 그의 이름은 기묘자
라, 모사라, 전능하신 하나님이
라, 영존하시는 아버지라, 평강
의 왕이라 할 것임이라
7 그 정사와 평강의 더함이 무궁
하며 또 다윗의 왕좌와 그의
나라에 군림하여 그 나라를 굳
게 세우고 지금 이후로 영원히
정의와 공의로 그것을 보존하
실 것이라 만군의 여호와의 열
심이 이를 이루시리라

주께서 이스라엘을 벌하시리라

8 주께서 야곱에게 말씀을 보내
시며 그것을 이스라엘에게 임
하게 하셨은즉
9 모든 백성 곧 에브라임과 사마
리아 주민이 알 것이어늘 그들
이 교만하고 완악한 마음으로
말하기를
10 벽돌이 무너졌으나 우리는 다듬
은 돌로 쌓고 뽕나무들이 찍혔
으나 우리는 백향목으로 그것을
대신하리라 하는도다
11 그러므로 여호와께서 르신의
대적들을 일으켜 그를 치게 하
시며 그의 원수들을 격동시키시
리니
12 앞에는 아람 사람이요 뒤에는
블레셋 사람이라 그들이 모두
입을 벌려 이스라엘을 삼키리
라 그럴지라도 여호와의 진노
가 돌아서지 아니하며 그의 손
이 여전히 펴져 있으리라
13 그리하여도 그 백성이 자기들
을 치시는 이에게로 돌아오지
아니하며 만군의 여호와를 찾
지 아니하도다
14 그러므로 여호와께서 하루 사이
에 이스라엘 중에서 머리와 꼬
리와 종려나무 가지와 갈대를
끊으시리니

15 그 머리는 곧 장로와 존귀한
자요 그 꼬리는 곧 거짓말을
가르치는 선지자라
16 백성을 인도하는 자가 그들을
미혹하니 인도를 받는 자들이
멸망을 당하는도다
17 이 백성이 모두 경건하지 아니
하며 악을 행하며 모든 입으로
망령되이 말하니 그러므로 주
께서 그들의 장정들을 기뻐하
지 아니하시며 그들의 고아와
과부를 긍휼히 여기지 아니하시
리라 그럴지라도 여호와의 진노
가 돌아서지 아니하며 그의 손
이 여전히 펴져 있으리라
18 대저 악행은 불타오르는 것 같
으니 곧 찔레와 가시를 삼키며
빽빽한 수풀을 살라 연기가 위
로 올라가게 함과 같은 것이
라
19 만군의 여호와의 진노로 말미
암아 이 땅이 불타리니 백성은
불에 섶과 같을 것이라 사람
이 자기의 형제를 아끼지 아니
하며
20 오른쪽으로 움킬지라도 주리고
왼쪽으로 먹을지라도 배부르지
못하여 각각 자기 팔의 고기를
먹을 것이며
21 므낫세는 에브라임을, 에브라임
은 므낫세를 먹을 것이요 또 그
들이 합하여 유다를 치리라 그
럴지라도 여호와의 진노가 돌아
서지 아니하며 그의 손이 여전
히 펴져 있으리라

10 불의한 법령을 만들며 불의
한 말을 기록하며
2 가난한 자를 불공평하게 판결
하여 가난한 내 백성의 권리를
박탈하며 과부에게 토색하고
고아의 것을 약탈하는 자는 화
있을진저
3 벌하시는 날과 멀리서 오는 환
난 때에 너희가 어떻게 하려느
냐 누구에게로 도망하여 도움을
구하겠으며 너희의 영화를 어
느 곳에 두려느냐
4 포로된 자 아래에 구푸리며 죽
임을 당한 자 아래에 엎드러
질 따름이니라 그럴지라도 여호
와의 진노가 돌아서지 아니하
며 그의 손이 여전히 펴져 있
으리라

하나님의 도구인 앗수르

5 앗수르 사람은 화 있을진저 그
는 내 진노의 막대기요 그 손

의 몽둥이는 내 분노라
6 내가 그를 보내어 경건하지 아
니한 나라를 치게 하며 내가
그에게 명령하여 나를 노하게
한 백성을 쳐서 탈취하며 노략
하게 하며 또 그들을 길거리의
진흙같이 짓밟게 하려 하거니
와
7 그의 뜻은 이같지 아니하며 그
의 마음의 생각도 이같지 아니
하고 다만 그의 마음은 허다한
나라를 파괴하며 멸절하려 하
는도다
8 그가 이르기를 내 고관들은 다
왕들이 아니냐
9 갈로는 갈그미스와 같지 아니
하며 하맛은 아르밧과 같지 아
니하며 사마리아는 다메섹과
같지 아니하냐
10 내 손이 이미 우상을 섬기는
나라들에 미쳤나니 그들이 조
각한 신상들이 예루살렘과 사
마리아의 신상들보다 뛰어났느
니라
11 내가 사마리아와 그의 우상들
에게 행함같이 예루살렘과 그
의 우상들에게 행하지 못하겠
느냐 하는도다
12 그러므로 주께서 주의 일을 시
온 산과 예루살렘에 다 행하
신 후에 앗수르 왕의 완악한
마음의 열매와 높은 눈의 자랑
을 벌하시리라
13 그의 말에 나는 내 손의 힘과
내 지혜로 이 일을 행하였나니
나는 총명한 자라 열국의 경
계선을 걷어치웠고 그들의 재
물을 약탈하였으며 또 용감한
자처럼 위에 거주한 자들을 낮
추었으며
14 내 손으로 열국의 재물을 얻은
것은 새의 보금자리를 얻음 같
고 온 세계를 얻은 것은 내버
린 알을 주움 같았으나 날개를
치거나 입을 벌리거나 지저귀
는 것이 하나도 없었다 하는도
다
15 도끼가 어찌 찍는 자에게 스스
로 자랑하겠으며 톱이 어찌 켜
는 자에게 스스로 큰 체하겠느
냐 이는 막대기가 자기를 드는
자를 움직이려 하며 몽둥이가
나무 아닌 사람을 들려 함과
같음이로다
16 그러므로 주 만군의 여호와께
서 살진 자를 파리하게 하시

며 그의 영화 아래에 불이 붙
는 것같이 맹렬히 타게 하실
것이라
17 이스라엘의 빛은 불이 되고 그
의 거룩하신 이는 불꽃이 되실
것이니라 하루 사이에 그의 가
시와 찔레가 소멸되며
18 그의 숲과 기름진 밭의 영광이
전부 소멸되리니 병자가 점점
쇠약하여 감 같을 것이라
19 그의 숲에 남은 나무의 수가 희
소하여 아이라도 능히 계수할
수 있으리라

남은 자만 돌아오리라

20 그날에 이스라엘의 남은 자와
야곱 족속의 피난한 자들이 다
시는 자기를 친 자를 의지하지
아니하고 이스라엘의 거룩하신
이 여호와를 진실하게 의지하
리니
21 남은 자 곧 야곱의 남은 자가
능하신 하나님께로 돌아올 것
이라
22 이스라엘이여 네 백성이 바다
의 모래 같을지라도 남은 자만
돌아오리니 넘치는 공의로 파멸
이 작정되었음이라
23 이미 작정된 파멸을 주 만군
의 여호와께서 온 세계 중에
끝까지 행하시리라

주께서 앗수르를 멸하시리라

24 그러므로 주 만군의 여호와께
서 이르시되 시온에 거주하는
내 백성들아 앗수르가 애굽이
한 것처럼 막대기로 너를 때리
며 몽둥이를 들어 너를 칠지라
도 그를 두려워하지 말라
25 내가 오래지 아니하여 네게는
분을 그치고 그들은 내 진노로
멸하리라 하시도다
26 만군의 여호와께서 채찍을 들
어 그를 치시되 오렙 바위에서
미디안을 쳐 죽이신 것같이 하
실 것이며 막대기를 드시되 바
다를 향하여 애굽에서 하신 것
같이 하실 것이라
27 그날에 그의 무거운 짐이 네
어깨에서 떠나고 그의 멍에가
네 목에서 벗어지되 기름진 까
닭에 멍에가 부러지리라

침략자들의 공격

28 그가 아얏에 이르러 미그론을
지나 믹마스에 그의 장비를 두
고
29 산을 넘어 게바에서 유숙하매
라마는 떨고 사울의 기브아는

도망하도다
30 딸 갈림아 큰 소리로 외칠지어
다 라이사야 자세히 들을지어
다 가련하다 너 아나돗이여
31 맛메나는 피난하며 게빔 주민
은 도망하도다
32 아직 이날에 그가 놉에서 쉬고
딸 시온 산 곧 예루살렘 산을
향하여 그 손을 흔들리로다
33 보라 주 만군의 여호와께서 혁
혁한 위력으로 그 가지를 꺾으
시리니 그 장대한 자가 찍힐
것이요 그 높은 자가 낮아질
것이며
34 쇠로 그 빽빽한 숲을 베시리니
레바논이 권능 있는 자에게 베
임을 당하리라

평화의 나라

11 이새의 줄기에서 한 싹이 나
며 그 뿌리에서 한 가지가
나서 결실할 것이요
2 그의 위에 여호와의 영 곧 지
혜와 총명의 영이요 모략과 재
능의 영이요 지식과 여호와를
경외하는 영이 강림하시리니
3 그가 여호와를 경외함으로 즐거
움을 삼을 것이며 그의 눈에 보
이는 대로 심판하지 아니하며
그의 귀에 들리는 대로 판단하
지 아니하며
4 공의로 가난한 자를 심판하며
정직으로 세상의 겸손한 자를
판단할 것이며 그의 입의 막대
기로 세상을 치며 그의 입술의
기운으로 악인을 죽일 것이며
5 공의로 그의 허리띠를 삼으며
성실로 그의 몸의 띠를 삼으리라
6 그때에 이리가 어린 양과 함
께 살며 표범이 어린 염소와
함께 누우며 송아지와 어린 사
자와 살진 짐승이 함께 있어
어린아이에게 끌리며
7 암소와 곰이 함께 먹으며 그것
들의 새끼가 함께 엎드리며 사
자가 소처럼 풀을 먹을 것이며
8 젖 먹는 아이가 독사의 구멍에
서 장난하며 젖 뗀 어린아이
가 독사의 굴에 손을 넣을 것
이라
9 내 거룩한 산 모든 곳에서 해
됨도 없고 상함도 없을 것이니
이는 물이 바다를 덮음같이 여
호와를 아는 지식이 세상에 충
만할 것임이니라

남은 백성이 돌아오리라

10 그날에 이새의 뿌리에서 한 싹

이 나서 만민의 기치로 설 것이
요 열방이 그에게로 돌아오리니
그가 거한 곳이 영화로우리라
11 그날에 주께서 다시 그의 손
을 펴사 그의 남은 백성을 앗
수르와 애굽과 바드로스와 구스
와 엘람과 시날과 하맛과 바
다 섬들에서 돌아오게 하실 것
이라
12 여호와께서 열방을 향하여 기
치를 세우시고 이스라엘의 쫓
긴 자들을 모으시며 땅 사방에
서 유다의 흩어진 자들을 모으
시리니
13 에브라임의 질투는 없어지고
유다를 괴롭게 하던 자들은 끊
어지며 에브라임은 유다를 질
투하지 아니하며 유다는 에브
라임을 괴롭게 하지 아니할 것
이요
14 그들이 서쪽으로 블레셋 사람들
의 어깨에 날아 앉고 함께 동
방 백성을 노략하며 에돔과 모
압에 손을 대며 암몬 자손을
자기에게 복종시키리라
15 여호와께서 애굽 해만을 말리
시고 그의 손을 유브라데 하수
위에 흔들어 뜨거운 바람을 일
으켜 그 하수를 쳐 일곱 갈래
로 나누어 신을 신고 건너가게
하실 것이라
16 그의 남아 있는 백성 곧 앗수르
에서 남은 자들을 위하여 큰길
이 있게 하시되 이스라엘이 애
굽 땅에서 나오던 날과 같게
하시리라

감사 찬송

12 그날에 네가 말하기를 여호
와여 주께서 전에는 내게 노
하셨사오나 이제는 주의 진노
가 돌아섰고 또 주께서 나를
안위하시오니 내가 주께 감사
하겠나이다 할 것이니라
2 보라 하나님은 나의 구원이시
라 내가 신뢰하고 두려움이 없
으리니 주 여호와는 나의 힘이
시며 나의 노래시며 나의 구원
이심이라
3 그러므로 너희가 기쁨으로 구원
의 우물들에서 물을 길으리로
다
4 그날에 너희가 또 말하기를 여
호와께 감사하라 그의 이름을
부르며 그의 행하심을 만국 중
에 선포하며 그의 이름이 높다
하라

5 여호와를 찬송할 것은 극히 아름다운 일을 하셨음이니 이를 온 땅에 알게 할지어다

6 시온의 주민아 소리 높여 부르라 이스라엘의 거룩하신 이가 너희 중에서 크심이니라 할 것이니라

바벨론에 대한 경고

13 아모스의 아들 이사야가 바벨론에 대하여 받은 경고라

2 너희는 민둥산 위에 기치를 세우고 소리를 높여 그들을 부르며 손을 흔들어 그들을 존귀한 자의 문에 들어가게 하라

3 내가 거룩하게 구별한 자들에게 명령하고 나의 위엄을 기뻐하는 용사들을 불러 나의 노여움을 전하게 하였느니라

4 산에서 무리의 소리가 남이여 많은 백성의 소리 같으니 곧 열국 민족이 함께 모여 떠드는 소리라 만군의 여호와께서 싸움을 위하여 군대를 검열하심이로다

5 무리가 먼 나라에서, 하늘 끝에서 왔음이여 곧 여호와와 그의 진노의 병기라 온 땅을 멸하려 함이로다

6 너희는 애곡할지어다 여호와의 날이 가까웠으니 전능자에게서 멸망이 임할 것임이로다

7 그러므로 모든 손의 힘이 풀리고 각 사람의 마음이 녹을 것이라

8 그들이 놀라며 괴로움과 슬픔에 사로잡혀 해산이 임박한 여자같이 고통하며 서로 보고 놀라며 얼굴이 불꽃 같으리로다

9 보라 여호와의 날 곧 잔혹히 분냄과 맹렬히 노하는 날이 이르러 땅을 황폐하게 하며 그중에서 죄인들을 멸하리니

10 하늘의 별들과 별 무리가 그 빛을 내지 아니하며 해가 돋아도 어두우며 달이 그 빛을 비추지 아니할 것이로다

11 내가 세상의 악과 악인의 죄를 벌하며 교만한 자의 오만을 끊으며 강포한 자의 거만을 낮출 것이며

12 내가 사람을 순금보다 희소하게 하며 인생을 오빌의 금보다 희귀하게 하리로다

13 그러므로 나 만군의 여호와가 분하여 맹렬히 노하는 날에 하늘을 진동시키며 땅을 흔들어

그 자리에서 떠나게 하리니
14 그들이 쫓긴 노루나 모으는 자
없는 양같이 각기 자기 동족에
게로 돌아가며 각기 본향으로
도망할 것이나
15 만나는 자마다 창에 찔리겠고
잡히는 자마다 칼에 엎드러지
겠고
16 그들의 어린아이들은 그들의 목
전에서 메어침을 당하겠고 그
들의 집은 노략을 당하겠고 그
들의 아내는 욕을 당하리라
17 보라 은을 돌아보지 아니하며
금을 기뻐하지 아니하는 메대
사람을 내가 충동하여 그들을
치게 하리니
18 메대 사람이 활로 청년을 쏘아
죽이며 태의 열매를 긍휼히 여
기지 아니하며 아이를 애석하
게 보지 아니하리라
19 열국의 영광이요 갈대아 사람
의 자랑하는 노리개가 된 바벨
론이 하나님께 멸망당한 소돔
과 고모라같이 되리니
20 그곳에 거주할 자가 없겠고
거처할 사람이 대대에 없을
것이며 아라비아 사람도 거기
에 장막을 치지 아니하며 목
자들도 그곳에 그들의 양 떼를
쉬게 하지 아니할 것이요
21 오직 들짐승들이 거기에 엎드리
고 부르짖는 짐승이 그들의 가
옥에 가득하며 타조가 거기에
깃들이며 들양이 거기에서 뛸
것이요
22 그의 궁성에는 승냥이가 부르짖
을 것이요 화려하던 궁전에는
들개가 울 것이라 그의 때가
가까우며 그의 날이 오래지 아
니하리라

포로에서 돌아오다

14 여호와께서 야곱을 긍휼히
여기시며 이스라엘을 다시
택하여 그들의 땅에 두시리니
나그네 된 자가 야곱 족속과
연합하여 그들에게 예속될 것
이며
2 민족들이 그들을 데리고 그들의
본토에 돌아오리니 이스라엘 족
속이 여호와의 땅에서 그들을
얻어 노비로 삼겠고 전에 자기
를 사로잡던 자들을 사로잡고
자기를 압제하던 자들을 주관
하리라

스올로 내려간 바벨론 왕

3 여호와께서 너를 슬픔과 곤고

와 및 네가 수고하는 고역에서
놓으시고 안식을 주시는 날에
4 너는 바벨론 왕에 대하여 이
노래를 지어 이르기를 압제하
던 자가 어찌 그리 그쳤으며
강포한 성이 어찌 그리 폐하였
는고
5 여호와께서 악인의 몽둥이와
통치자의 규를 꺾으셨도다
6 그들이 분내어 여러 민족을 치
되 치기를 마지아니하였고 노
하여 열방을 억압하여도 그 억
압을 막을 자 없었더니
7 이제는 온 땅이 조용하고 평온
하니 무리가 소리 높여 노래하
는도다
8 향나무와 레바논의 백향목도 너
로 말미암아 기뻐하여 이르기
를 네가 넘어져 있은즉 올라와
서 우리를 베어 버릴 자 없다
하는도다
9 아래의 스올이 너로 말미암아
소동하여 네가 오는 것을 영접
하되 그것이 세상의 모든 영웅
을 너로 말미암아 움직이게 하
며 열방의 모든 왕을 그들의
왕좌에서 일어서게 하므로
10 그들은 다 네게 말하여 이르기
를 너도 우리같이 연약하게 되
었느냐 너도 우리같이 되었느
냐 하리로다
11 네 영화가 스올에 떨어졌음이
여 네 비파 소리까지로다 구더
기가 네 아래에 깔림이여 지렁
이가 너를 덮었도다
12 너 아침의 아들 계명성이여 어
찌 그리 하늘에서 떨어졌으며
너 열국을 엎은 자여 어찌 그
리 땅에 찍혔는고
13 네가 네 마음에 이르기를 내가
하늘에 올라 하나님의 뭇별 위
에 내 자리를 높이리라 내가
북극 집회의 산 위에 앉으리라
14 가장 높은 구름에 올라가 지극
히 높은 이와 같아지리라 하는
도다
15 그러나 이제 네가 스올 곧 구
덩이 맨 밑에 떨어짐을 당하리
로다
16 너를 보는 이가 주목하여 너를
자세히 살펴보며 말하기를 이
사람이 땅을 진동시키며 열국
을 놀라게 하며
17 세계를 황무하게 하며 성읍을
파괴하며 그에게 사로잡힌 자
들을 집으로 놓아 보내지 아니

하던 자가 아니냐 하리로다
18 열방의 모든 왕들은 모두 각각
자기 집에서 영광 중에 자건마
는
19 오직 너는 자기 무덤에서 내쫓
겼으니 가증한 나무 가지 같고
칼에 찔려 돌구덩이에 떨어진
주검들에 둘러싸였으니 밟힌
시체와 같도다
20 네가 네 땅을 망하게 하였고
네 백성을 죽였으므로 그들과
함께 안장되지 못하나니 악을
행하는 자들의 후손은 영원히
이름이 불려지지 아니하리로다
할지니라

여호와께서 바벨론을 멸하시리라

21 너희는 그들의 조상들의 죄악으
로 말미암아 그의 자손 도륙하
기를 준비하여 그들이 일어나
땅을 차지하여 성읍들로 세상
을 가득하게 하지 못하게 하
라
22 만군의 여호와께서 말씀하시되
내가 일어나 그들을 쳐서 이름
과 남은 자와 아들과 후손을
바벨론에서 끊으리라 나 여호
와의 말이니라
23 내가 또 그것이 고슴도치의 굴
혈과 물웅덩이가 되게 하고 또
멸망의 빗자루로 청소하리라
나 만군의 여호와의 말이니라
하시니라

여호와께서 앗수르를 파하시리라

24 만군의 여호와께서 맹세하여
이르시되 내가 생각한 것이 반
드시 되며 내가 경영한 것은
반드시 이루리라
25 내가 앗수르를 나의 땅에서 파
하며 나의 산에서 그것을 짓밟
으리니 그때에 그의 멍에가 이
스라엘에게서 떠나고 그의 짐
이 그들의 어깨에서 벗어질 것
이라
26 이것이 온 세계를 향하여 정
한 경영이며 이것이 열방을 향
하여 편 손이라 하셨나니
27 만군의 여호와께서 경영하셨은
즉 누가 능히 그것을 폐하며
그의 손을 펴셨은즉 누가 능히
그것을 돌이키랴

여호와께서 블레셋을 소멸시키시리라

28 아하스 왕이 죽던 해에 이 경
고가 임하니라
29 블레셋 온 땅이여 너를 치던
막대기가 부러졌다고 기뻐하
지 말라 뱀의 뿌리에서는 독사

가 나겠고 그의 열매는 날아다
니는 불뱀이 되리라
30 가난한 자의 장자는 먹겠고
궁핍한 자는 평안히 누우려니
와 내가 네 뿌리를 기근으로 죽
일 것이요 네게 남은 자는 살육
을 당하리라
31 성문이여 슬피 울지어다 성읍이
여 부르짖을지어다 너 블레셋이
여 다 소멸되리로다 대저 연기
가 북방에서 오는데 그 대열에
서 벗어난 자가 없느니라
32 그 나라 사신들에게 어떻게 대
답하겠느냐 여호와께서 시온
을 세우셨으니 그의 백성의 곤
고한 자들이 그 안에서 피난하
리라 할 것이니라

여호와께서 모압을 황폐하게 하시리라

15 모압에 관한 경고라 하룻밤
에 모압 알이 망하여 황폐
할 것이며 하룻밤에 모압 기르
가 망하여 황폐할 것이라
2 그들은 바잇과 디본 산당에 올
라가서 울며 모압은 느보와 메
드바를 위하여 통곡하는도다 그
들이 각각 머리카락을 밀고 각
각 수염을 깎았으며
3 거리에서는 굵은 베로 몸을 동
였으며 지붕과 넓은 곳에서는
각기 애통하여 심히 울며
4 헤스본과 엘르알레는 부르짖으
며 그들의 소리는 야하스까지
들리니 그러므로 모압의 군사들
이 크게 부르짖으며 그들의 혼
이 속에서 떠는도다
5 내 마음이 모압을 위하여 부르
짖는도다 그 피난민들은 소알
과 에글랏 슬리시야까지 이르
고 울며 루힛 비탈길로 올라가
며 호로나임 길에서 패망을 울
부짖으니
6 니므림 물이 마르고 풀이 시들었
으며 연한 풀이 말라 청청한
것이 없음이로다
7 그러므로 그들이 얻은 재물과
쌓았던 것을 가지고 버드나무
시내를 건너리니
8 이는 곡성이 모압 사방에 둘렸
고 슬피 부르짖음이 에글라임
에 이르며 부르짖음이 브엘엘림
에 미치며
9 디몬 물에는 피가 가득함이로
다 그럴지라도 내가 디몬에 재
앙을 더 내리되 모압에 도피한
자와 그 땅에 남은 자에게 사
자를 보내리라

모압이 통곡하고 근심하리라

16 너희는 이 땅 통치자에게 어
린 양들을 드리되 셀라에서부
터 광야를 지나 딸 시온 산으
로 보낼지니라
2 모압의 딸들은 아르논 나루에
서 떠다니는 새 같고 보금자리
에서 흩어진 새 새끼 같을 것
이라
3 너는 방도를 베풀며 공의로 판
결하며 대낮에 밤같이 그늘을
지으며 쫓겨난 자들을 숨기며
도망한 자들을 발각되게 하지
말며
4 나의 쫓겨난 자들이 너와 함께
있게 하되 너 모압은 멸절하는
자 앞에서 그들에게 피할 곳이
되라 대저 토색하는 자가 망
하였고 멸절하는 자가 그쳤고
압제하는 자가 이 땅에서 멸
절하였으며
5 다윗의 장막에 인자함으로 왕
위가 굳게 설 것이요 그 위에
앉을 자는 충실함으로 판결하
며 정의를 구하며 공의를 신속
히 행하리라
6 우리가 모압의 교만을 들었나
니 심히 교만하도다 그가 거만
하며 교만하며 분노함도 들었
거니와 그의 자랑이 헛되도다
7 그러므로 모압이 모압을 위하여
통곡하되 다 통곡하며 길하레
셋 건포도 떡을 위하여 그들이
슬퍼하며 심히 근심하리니
8 이는 헤스본의 밭과 십마의 포
도나무가 말랐음이라 전에는
그 가지가 야셀에 미쳐 광야
에 이르고 그 싹이 자라서 바
다를 건넜더니 이제 열국의 주
권자들이 그 좋은 가지를 꺾었
도다
9 그러므로 내가 야셀의 울음처
럼 십마의 포도나무를 위하여
울리라 헤스본이여, 엘르알레
여, 내 눈물로 너를 적시리니 너
의 여름 실과, 네 농작물에 즐
거운 소리가 그쳤음이라
10 즐거움과 기쁨이 기름진 밭에
서 떠났고 포도원에는 노래와
즐거운 소리가 없어지겠고 틀
에는 포도를 밟을 사람이 없으
리니 이는 내가 즐거운 소리를
그치게 하였음이라
11 이러므로 내 마음이 모압을 위
하여 수금같이 소리를 발하며
내 창자가 길하레셋을 위하여

그러하도다
12 모압이 그 산당에서 피곤하도
록 봉사하며 자기 성소에 나아
가서 기도할지라도 소용없으리
로다
13 이는 여호와께서 오래전부터
모압을 들어 하신 말씀이거니
와
14 이제 여호와께서 말씀하여 이
르시되 품꾼의 정한 해와 같이
삼 년 내에 모압의 영화와 그
큰 무리가 능욕을 당할지라 그
남은 수가 심히 적어 보잘것없
이 되리라 하시도다

여호와께서 에브라임과 다메섹을 멸하시리라

17 다메섹에 관한 경고라 보라
다메섹이 장차 성읍을 이루
지 못하고 무너진 무더기가 될
것이라
2 아로엘의 성읍들이 버림을 당하
리니 양 무리를 치는 곳이 되
어 양이 눕되 놀라게 할 자가
없을 것이며
3 에브라임의 요새와 다메섹 나
라와 아람의 남은 자가 멸절
하여 이스라엘 자손의 영광같
이 되리라 만군의 여호와의 말
씀이니라
4 그날에 야곱의 영광이 쇠하고
그의 살진 몸이 파리하리니
5 마치 추수하는 자가 곡식을 거
두어 가지고 그의 손으로 이삭
을 벤 것 같고 르바임 골짜기
에서 이삭을 주운 것 같으리라
6 그러나 그 안에 주울 것이 남
으리니 감람나무를 흔들 때에
가장 높은 가지 꼭대기에 과
일 두세 개가 남음 같겠고 무
성한 나무의 가장 먼 가지에
네다섯 개가 남음 같으리라 이
스라엘의 하나님 여호와의 말
씀이니라
7 그날에 사람이 자기를 지으신
이를 바라보겠으며 그의 눈이
이스라엘의 거룩하신 이를 뵙
겠고
8 자기 손으로 만든 제단을 바라
보지 아니하며 자기 손가락으
로 지은 아세라나 태양상을 보
지 아니할 것이며
9 그날에 그 견고한 성읍들이 옛
적에 이스라엘 자손 앞에서 버
린 바 된 수풀 속의 처소와 작
은 산꼭대기의 처소 같아서 황
폐하리니

10 이는 네가 네 구원의 하나님을
잊어버리며 네 능력의 반석을
마음에 두지 아니한 까닭이라
그러므로 네가 기뻐하는 나무를
심으며 이방의 나무 가지도 이
종하는도다
11 네가 심는 날에 울타리를 두르
고 아침에 네 씨가 잘 발육하
도록 하였으나 근심과 심한 슬
픔의 날에 농작물이 없어지리
라

주께서 열방을 꾸짖어 흩으시리라

12 슬프다 많은 민족이 소동하였
으되 바다 파도가 치는 소리같
이 그들이 소동하였고 열방이
충돌하였으되 큰물이 몰려옴같
이 그들도 충돌하였도다
13 열방이 충돌하기를 많은 물이
몰려옴과 같이 하나 주께서 그
들을 꾸짖으시리니 그들이 멀리
도망함이 산에서 겨가 바람 앞
에 흩어짐 같겠고 폭풍 앞에
떠도는 티끌 같을 것이라
14 보라 저녁에 두려움을 당하고
아침이 오기 전에 그들이 없어
졌나니 이는 우리를 노략한 자
들의 몫이요 우리를 강탈한 자
들의 보응이니라

여호와께서 구스를 두고 하신 말씀

18 슬프다 구스의 강 건너편 날
개 치는 소리 나는 땅이여
2 갈대배를 물에 띄우고 그 사자
를 수로로 보내며 이르기를 민
첩한 사절들아 너희는 강들이
흘러 나누인 나라로 가되 장대
하고 준수한 백성 곧 시초부터
두려움이 되며 강성하여 대적
을 밟는 백성에게로 가라 하는
도다
3 세상의 모든 거민, 지상에 사는
너희여 산들 위에 기치를 세우
거든 너희는 보고 나팔을 불거
든 너희는 들을지니라
4 여호와께서 내게 이르시되 내
가 나의 처소에서 조용히 감찰
함이 쬐이는 일광 같고 가을
더위에 운무 같도다
5 추수하기 전에 꽃이 떨어지고
포도가 맺혀 익어갈 때에 내가
낫으로 그 연한 가지를 베며
퍼진 가지를 찍어 버려서
6 산의 독수리들과 땅의 들짐승
들에게 던져 주리니 산의 독수
리들이 그것으로 여름을 지내며
땅의 들짐승들이 다 그것으로
겨울을 지내리라 하셨음이라

7 그때에 강들이 흘러 나누인 나
라의 장대하고 준수한 백성
곧 시초부터 두려움이 되며 강
성하여 대적을 밟는 백성이 만
군의 여호와께 드릴 예물을 가
지고 만군의 여호와의 이름을
두신 곳 시온 산에 이르리라

여호와께서 애굽에 임하시리라

19 애굽에 관한 경고라 보라 여
호와께서 빠른 구름을 타고
애굽에 임하시리니 애굽의 우상
들이 그 앞에서 떨겠고 애굽인
의 마음이 그 속에서 녹으리로
다
2 내가 애굽인을 격동하여 애굽
인을 치리니 그들이 각기 형제
를 치며 각기 이웃을 칠 것이
요 성읍이 성읍을 치며 나라가
나라를 칠 것이며
3 애굽인의 정신이 그 속에서 쇠
약할 것이요 그의 계획을 내가
깨뜨리리니 그들이 우상과 마술
사와 신접한 자와 요술객에게
물으리로다
4 내가 애굽인을 잔인한 주인의
손에 붙이리니 포학한 왕이 그
들을 다스리리라 주 만군의 여
호와의 말씀이니라

5 바닷물이 없어지겠고 강이 잦
아서 마르겠고
6 강들에서는 악취가 나겠고 애
굽의 강물은 줄어들고 마르므로
갈대와 부들이 시들겠으며
7 나일 가까운 곳 나일 언덕의
초장과 나일 강 가까운 곡식
밭이 다 말라서 날려가 없어질
것이며
8 어부들은 탄식하며 나일 강에
낚시를 던지는 자마다 슬퍼하
며 물 위에 그물을 치는 자는
피곤할 것이며
9 세마포를 만드는 자와 베 짜는
자들이 수치를 당할 것이며
10 그의 기둥이 부서지고 품꾼들이
다 마음에 근심하리라
11 소안의 방백은 어리석었고 바로
의 가장 지혜로운 모사의 책략
은 우둔하여졌으니 너희가 어
떻게 바로에게 이르기를 나는
지혜로운 자들의 자손이라 나
는 옛 왕들의 후예라 할 수 있
으랴
12 너의 지혜로운 자가 어디 있느
냐 그들이 만군의 여호와께서
애굽에 대하여 정하신 뜻을
알 것이요 곧 네게 말할 것이

니라
13 소안의 방백들은 어리석었고 놉
의 방백들은 미혹되었도다 그들
은 애굽 종족들의 모퉁잇돌이거
늘 애굽을 그릇 가게 하였도다
14 여호와께서 그 가운데 어지러
운 마음을 섞으셨으므로 그들이
애굽을 매사에 잘못 가게 함이
취한 자가 토하면서 비틀거림
같게 하였으니
15 애굽에서 머리나 꼬리며 종려
나무 가지나 갈대가 아무 할
일이 없으리라

애굽 사람이 여호와께 경배하리라

16 그날에 애굽이 부녀와 같을 것
이라 그들이 만군의 여호와께
서 흔드시는 손이 그들 위에
흔들림으로 말미암아 떨며 두
려워할 것이며
17 유다의 땅은 애굽의 두려움이
되리니 이는 만군의 여호와께
서 애굽에 대하여 정하신 계
획으로 말미암음이라 그 소문을
듣는 자마다 떨리라
18 그날에 애굽 땅에 가나안 방
언을 말하며 만군의 여호와를
가리켜 맹세하는 다섯 성읍이
있을 것이며 그중 하나를 멸망
의 성읍이라 칭하리라
19 그날에 애굽 땅 중앙에는 여
호와를 위하여 제단이 있겠고
그 변경에는 여호와를 위하여
기둥이 있을 것이요
20 이것이 애굽 땅에서 만군의 여
호와를 위하여 징조와 증거가
되리니 이는 그들이 그 압박하
는 자들로 말미암아 여호와께
부르짖겠고 여호와께서는 그들
에게 한 구원자이자 보호자를
보내사 그들을 건지실 것임이라
21 여호와께서 자기를 애굽에 알
게 하시리니 그날에 애굽이 여
호와를 알고 제물과 예물을 그
에게 드리고 경배할 것이요 여
호와께 서원하고 그대로 행하
리라
22 여호와께서 애굽을 치실지라도
치시고는 고치실 것이므로 그들
이 여호와께로 돌아올 것이라
여호와께서 그들의 간구함을
들으시고 그들을 고쳐 주시리라
23 그날에 애굽에서 앗수르로 통하
는 대로가 있어 앗수르 사람은
애굽으로 가겠고 애굽 사람은
앗수르로 갈 것이며 애굽 사람
이 앗수르 사람과 함께 경배하

리라
24 그날에 이스라엘이 애굽 및 앗
수르와 더불어 셋이 세계 중에
복이 되리니
25 이는 만군의 여호와께서 복 주
시며 이르시되 내 백성 애굽이
여, 내 손으로 지은 앗수르여, 나
의 기업 이스라엘이여, 복이 있
을지어다 하실 것임이라

벗은 선지자의 예표

20 앗수르의 사르곤 왕이 다르단
을 아스돗으로 보내매 그가
와서 아스돗을 쳐서 취하던 해
니라
2 그때에 여호와께서 아모스의
아들 이사야에게 말씀하여 이
르시되 갈지어다 네 허리에서
베를 끄르고 네 발에서 신을
벗을지니라 하시매 그가 그대로
하여 벗은 몸과 벗은 발로 다니
니라
3 여호와께서 이르시되 나의 종
이사야가 삼 년 동안 벗은 몸
과 벗은 발로 다니며 애굽과 구
스에 대하여 징조와 예표가 되
었느니라
4 이와 같이 애굽의 포로와 구스
의 사로잡힌 자가 앗수르 왕에
게 끌려갈 때에 젊은 자나 늙
은 자가 다 벗은 몸과 벗은 발
로 볼기까지 드러내어 애굽의
수치를 보이리니
5 그들이 바라던 구스와 자랑하
던 애굽으로 말미암아 그들이
놀라고 부끄러워할 것이라
6 그날에 이 해변 주민이 말하기
를 우리가 믿던 나라 곧 우리
가 앗수르 왕에게서 벗어나기
를 바라고 달려가서 도움을 구
하던 나라가 이같이 되었은즉
우리가 어찌 능히 피하리요 하
리라

바벨론 멸망에 관한 묵시

21 해변 광야에 관한 경고라
적병이 광야에서, 두려운 땅
에서 네겝 회오리바람같이 몰
려왔도다
2 혹독한 묵시가 내게 보였도다
속이는 자는 속이고 약탈하는
자는 약탈하도다 엘람이여 올
라가고 메대여 에워싸라 그의
모든 탄식을 내가 그치게 하였
노라 하시도다
3 이러므로 나의 요통이 심하여
해산이 임박한 여인의 고통 같
은 고통이 나를 엄습하였으므로

내가 괴로워서 듣지 못하며 놀
라서 보지 못하도다
4 내 마음이 어지럽고 두려움이
나를 놀라게 하며 희망의 서광
이 변하여 내게 떨림이 되도다
5 그들이 식탁을 베풀고 파수꾼
을 세우고 먹고 마시도다 너희
고관들아 일어나 방패에 기름
을 바를지어다
6 주께서 내게 이르시되 가서 파
수꾼을 세우고 그가 보는 것을
보고하게 하되
7 마병대가 쌍쌍이 오는 것과
나귀 떼와 낙타 떼를 보거든
귀기울여 자세히 들으라 하셨
더니
8 파수꾼이 사자같이 부르짖기를
주여 내가 낮에 늘 망대에 서
있었고 밤이 새도록 파수하는
곳에 있었더니
9 보소서 마병대가 쌍쌍이 오나
이다 하니 그가 대답하여 이르
시되 함락되었도다 함락되었도
다 바벨론이여 그들이 조각한
신상들이 다 부서져 땅에 떨어
졌도다 하시도다
10 내가 짓밟은 너여. 내가 타작
한 너여. 내가 이스라엘의 하나
님 만군의 여호와께 들은 대로
너희에게 전하였노라

두마에 관한 경고

11 두마에 관한 경고라 사람이 세
일에서 나를 부르되 파수꾼이여
밤이 어떻게 되었느냐 파수꾼
이여 밤이 어떻게 되었느냐
12 파수꾼이 이르되 아침이 오나니
밤도 오리라 네가 물으려거든
물으라 너희는 돌아올지니라 하
더라

아라비아에 관한 경고

13 아라비아에 관한 경고라 드단
대상들이여 너희가 아라비아
수풀에서 유숙하리라
14 데마 땅의 주민들아 물을 가
져다가 목마른 자에게 주고 떡
을 가지고 도피하는 자를 영접
하라
15 그들이 칼날을 피하며 뺀 칼
과 당긴 활과 전쟁의 어려움
에서 도망하였음이니라
16 주께서 이같이 내게 이르시되
품꾼의 정한 기한같이 일 년
내에 게달의 영광이 다 쇠멸하
리니
17 게달 자손 중 활 가진 용사의
남은 수가 적으리라 하시니라

이스라엘의 하나님 여호와의
말씀이니라

환상의 골짜기에 관한 경고

22 환상의 골짜기에 관한 경고
라 네가 지붕에 올라감은 어
찌함인고
2 소란하며 떠들던 성, 즐거워하
던 고을이여 너의 죽임을 당한
자들은 칼에 죽은 것도 아니요
전쟁에 사망한 것도 아니라
3 너의 관원들도 다 함께 도망하
였다가 활을 버리고 결박을 당
하였고 너의 멀리 도망한 자들
도 발견되어 다 함께 결박을
당하였도다
4 그러므로 내가 말하노니 돌이켜
나를 보지 말지어다 나는 슬피
통곡하겠노라 내 딸 백성이 패
망하였음으로 말미암아 나를 위
로하려고 힘쓰지 말지니라
5 환상의 골짜기에 주 만군의 여
호와께로부터 이르는 소란과
밟힘과 혼란의 날이여 성벽의
무너뜨림과 산악에 사무쳐 부
르짖는 소리로다
6 엘람 사람은 화살통을 메었고
병거 탄 자와 마병이 함께하
였고 기르 사람은 방패를 드러
냈으니
7 병거는 네 아름다운 골짜기에
가득하였고 마병은 성문에 정
렬되었도다
8 그가 유다에게 덮였던 것을 벗
기매 그날에야 네가 수풀 곳간
의 병기를 바라보았고
9 너희가 다윗 성의 무너진 곳이
많은 것도 보며 너희가 아랫못
의 물도 모으며
10 또 예루살렘의 가옥을 계수하
며 그 가옥을 헐어 성벽을 견
고하게도 하며
11 너희가 또 옛 못의 물을 위하
여 두 성벽 사이에 저수지를
만들었느니라 그러나 너희가 이
를 행하신 이를 앙망하지 아니
하였고 이 일을 옛적부터 경영
하신 이를 공경하지 아니하였
느니라
12 그날에 주 만군의 여호와께서
명령하사 통곡하며 애곡하며
머리털을 뜯으며 굵은 베를 띠
라 하셨거늘
13 너희가 기뻐하며 즐거워하여
소를 죽이고 양을 잡아 고기를
먹고 포도주를 마시면서 내일
죽으리니 먹고 마시자 하는도다

14 만군의 여호와께서 친히 내 귀
에 들려 이르시되 진실로 이 죄
악은 너희가 죽기까지 용서하
지 못하리라 하셨느니라 주 만
군의 여호와의 말씀이니라

셉나에게 경고하시다

15 주 만군의 여호와께서 이르시
되 너는 가서 그 국고를 맡고
왕궁 맡은 자 셉나를 보고 이르
기를
16 네가 여기와 무슨 관계가 있느
냐 여기에 누가 있기에 여기서
너를 위하여 묘실을 팠느냐 높
은 곳에 자기를 위하여 묘실을
팠고 반석에 자기를 위하여 처
소를 쪼아내었도다
17 나 여호와가 너를 단단히 결박
하고 장사같이 세게 던지되
18 반드시 너를 모질게 감싸서 공
같이 광막한 곳에 던질 것이
라 주인의 집에 수치를 끼치는
너여 네가 그곳에서 죽겠고 네
영광의 수레도 거기에 있으리라
19 내가 너를 네 관직에서 쫓아내
며 네 지위에서 낮추리니
20 그날에 내가 힐기야의 아들 내
종 엘리아김을 불러
21 네 옷을 그에게 입히며 네 띠
를 그에게 띠워 힘 있게 하고
네 정권을 그의 손에 맡기리니
그가 예루살렘 주민과 유다의
집의 아버지가 될 것이며
22 내가 또 다윗의 집의 열쇠를
그의 어깨에 두리니 그가 열면
닫을 자가 없겠고 닫으면 열
자가 없으리라
23 못이 단단한 곳에 박힘같이 그
를 견고하게 하리니 그가 그의
아버지 집에 영광의 보좌가 될
것이요
24 그의 아버지 집의 모든 영광이
그 위에 걸리리니 그 후손과
족속 되는 각 작은 그릇 곧 종
지로부터 모든 항아리까지니라
25 만군의 여호와께서 이르시되 그
날에는 단단한 곳에 박혔던
못이 삭으리니 그 못이 부러져
떨어지므로 그 위에 걸린 물건
이 부서지리라 하셨다 하라 나
여호와의 말이니라

두로와 시돈에 대한 경고

23 두로에 관한 경고라 다시스
의 배들아 너희는 슬피 부르
짖을지어다 두로가 황무하여 집
이 없고 들어갈 곳도 없음이요
이 소식이 깃딤 땅에서부터 그

들에게 전파되었음이라
2 바다에 왕래하는 시돈 상인들
로 말미암아 부요하게 된 너희
해변 주민들아 잠잠하라
3 시홀의 곡식 곧 나일의 추수를
큰물로 수송하여 들였으니 열국
의 시장이 되었도다
4 시돈이여 너는 부끄러워할지어
다 대저 바다 곧 바다의 요새
가 말하기를 나는 산고를 겪지
못하였으며 출산하지 못하였
으며 청년들을 양육하지도 못
하였으며 처녀들을 생육하지도
못하였다 하였음이라
5 그 소식이 애굽에 이르면 그들
이 두로의 소식으로 말미암아
고통받으리로다
6 너희는 다시스로 건너갈지어다
해변 주민아 너희는 슬피 부르
짖을지어다
7 이것이 옛날에 건설된 너희 희
락의 성 곧 그 백성이 자기 발
로 먼 지방까지 가서 머물던
성읍이냐
8 면류관을 씌우던 자요 그 상인
들은 고관들이요 그 무역상들
은 세상에 존귀한 자들이었던
두로에 대하여 누가 이 일을
정하였느냐
9 만군의 여호와께서 그것을 정
하신 것이라 모든 누리던 영화
를 욕되게 하시며 세상의 모든
교만하던 자가 멸시를 받게
하려 하심이라
10 딸 다시스여 나일같이 너희 땅
에 넘칠지어다 너를 속박함이
다시는 없으리라
11 여호와께서 바다 위에 그의 손
을 펴사 열방을 흔드시며 여호
와께서 가나안에 대하여 명령
을 내려 그 견고한 성들을 무
너뜨리게 하시고
12 이르시되 너 학대받은 처녀 딸
시돈아 네게 다시는 희락이 없
으리니 일어나 깃딤으로 건너가
라 거기에서도 네가 평안을 얻
지 못하리라 하셨느니라
13 갈대아 사람의 땅을 보라 그
백성이 없어졌나니 곧 앗수르
사람이 그곳을 들짐승이 사는
곳이 되게 하였으되 그들이 망
대를 세우고 궁전을 헐어 황무
하게 하였느니라
14 다시스의 배들아 너희는 슬피
부르짖으라 너희의 견고한 성이
파괴되었느니라

15 그날부터 두로가 한 왕의 연한
같이 칠십 년 동안 잊어버린
바 되었다가 칠십 년이 찬 후
에 두로는 기생의 노래같이 될
것이라
16 잊어버린 바 되었던 너 음녀여
수금을 가지고 성읍에 두루 다
니며 기묘한 곡조로 많은 노래
를 불러서 너를 다시 기억하게
하라 하였느니라
17 칠십 년이 찬 후에 여호와께
서 두로를 돌보시리니 그가 다
시 값을 받고 지면에 있는 열
방과 음란을 행할 것이며
18 그 무역한 것과 이익을 거룩히
여호와께 돌리고 간직하거나
쌓아 두지 아니하리니 그 무역
한 것이 여호와 앞에 사는 자
가 배불리 먹을 양식, 잘 입을
옷감이 되리라

여호와께서 땅을 벌하시리라

24 보라 여호와께서 땅을 공허
하게 하시며 황폐하게 하시
며 지면을 뒤집어엎으시고 그
주민을 흩으시리니
2 백성과 제사장이 같을 것이며
종과 상전이 같을 것이며 여
종과 여주인이 같을 것이며 사
는 자와 파는 자가 같을 것이
며 빌려주는 자와 빌리는 자가
같을 것이며 이자를 받는 자와
이자를 내는 자가 같을 것이라
3 땅이 온전히 공허하게 되고 온
전히 황무하게 되리라 여호와
께서 이 말씀을 하셨느니라
4 땅이 슬퍼하고 쇠잔하며 세계
가 쇠약하고 쇠잔하며 세상
백성 중에 높은 자가 쇠약하며
5 땅이 또한 그 주민 아래서 더
럽게 되었으니 이는 그들이 율
법을 범하며 율례를 어기며 영
원한 언약을 깨뜨렸음이라
6 그러므로 저주가 땅을 삼켰고
그중에 사는 자들이 정죄함을
당하였고 땅의 주민이 불타서
남은 자가 적도다
7 새 포도즙이 슬퍼하고 포도나무
가 쇠잔하며 마음이 즐겁던 자
가 다 탄식하며
8 소고 치는 기쁨이 그치고 즐거
워하는 자의 소리가 끊어지고
수금 타는 기쁨이 그쳤으며
9 노래하면서 포도주를 마시지 못
하고 독주는 그 마시는 자에게
쓰게 될 것이라
10 약탈을 당한 성읍이 허물어지

고 집마다 닫혀서 들어가는 자
가 없으며
11 포도주가 없으므로 거리에서 부
르짖으며 모든 즐거움이 사라
졌으며 땅의 기쁨이 소멸되었도
다
12 성읍이 황무하고 성문이 파괴되
었느니라
13 세계 민족 중에 이러한 일이
있으리니 곧 감람나무를 흔듦
같고 포도를 거둔 후에 그 남
은 것을 주움 같을 것이니라
14 무리가 소리를 높여 부를 것이
며 여호와의 위엄으로 말미암아
바다에서부터 크게 외치리니
15 그러므로 너희가 동방에서 여호
와를 영화롭게 하며 바다 모든
섬에서 이스라엘의 하나님 여
호와의 이름을 영화롭게 할 것
이라
16 땅끝에서부터 노래하는 소리가
우리에게 들리기를 의로우신 이
에게 영광을 돌리세 하도다 그
러나 나는 이르기를 나는 쇠잔
하였고 나는 쇠잔하였으니 내
게 화가 있도다 배신자들은 배
신하고 배신자들이 크게 배신
하였도다
17 땅의 주민아 두려움과 함정과
올무가 네게 이르렀나니
18 두려운 소리로 말미암아 도망하
는 자는 함정에 빠지겠고 함
정 속에서 올라오는 자는 올무
에 걸리리니 이는 위에 있는 문
이 열리고 땅의 기초가 진동함
이라
19 땅이 깨지고 깨지며 땅이 갈라
지고 갈라지며 땅이 흔들리고
흔들리며
20 땅이 취한 자같이 비틀비틀하
며 원두막같이 흔들리며 그 위
의 죄악이 중하므로 떨어져서
다시는 일어나지 못하리라
21 그날에 여호와께서 높은 데에
서 높은 군대를 벌하시며 땅에
서 땅의 왕들을 벌하시리니
22 그들이 죄수가 깊은 옥에 모임
같이 모이게 되고 옥에 갇혔다
가 여러 날 후에 형벌을 받을
것이라
23 그때에 달이 수치를 당하고 해
가 부끄러워하리니 이는 만군
의 여호와께서 시온 산과 예루
살렘에서 왕이 되시고 그 장로
들 앞에서 영광을 나타내실 것
임이라

찬송

25 여호와여 주는 나의 하나님이
시라 내가 주를 높이고 주의
이름을 찬송하오리니 주는 기사
를 옛적에 정하신 뜻대로 성실
함과 진실함으로 행하셨음이라
2 주께서 성읍을 돌무더기로 만드
시며 견고한 성읍을 황폐하게
하시며 외인의 궁성을 성읍이
되지 못하게 하사 영원히 건
설되지 못하게 하셨으므로
3 강한 민족이 주를 영화롭게 하
며 포학한 나라들의 성읍이 주
를 경외하리이다
4 주는 포학자의 기세가 성벽을
치는 폭풍과 같을 때에 빈궁한
자의 요새이시며 환난당한 가
난한 자의 요새이시며 폭풍 중
의 피난처시며 폭양을 피하는
그늘이 되셨사오니
5 마른땅에 폭양을 제함같이 주
께서 이방인의 소란을 그치게
하시며 폭양을 구름으로 가림같
이 포학한 자의 노래를 낮추시
리이다

여호와께서 연회를 베푸시리라

6 만군의 여호와께서 이 산에서
만민을 위하여 기름진 것과
오래 저장하였던 포도주로 연
회를 베푸시리니 곧 골수가 가
득한 기름진 것과 오래 저장
하였던 맑은 포도주로 하실 것
이며
7 또 이 산에서 모든 민족의 얼
굴을 가린 가리개와 열방 위
에 덮인 덮개를 제하시며
8 사망을 영원히 멸하실 것이라
주 여호와께서 모든 얼굴에서
눈물을 씻기시며 자기 백성의
수치를 온 천하에서 제하시리
라 여호와께서 이같이 말씀하
셨느니라

여호와께서 모압을 벌하시리라

9 그날에 말하기를 이는 우리의
하나님이시라 우리가 그를 기
다렸으니 그가 우리를 구원하
시리로다 이는 여호와시라 우리
가 그를 기다렸으니 우리는 그
의 구원을 기뻐하며 즐거워하
리라 할 것이며
10 여호와의 손이 이 산에 나타나
시리니 모압이 거름물 속에서
초개가 밟힘같이 자기 처소에
서 밟힐 것인즉
11 그가 헤엄치는 자가 헤엄치려
고 손을 폄같이 그 속에서 그

의 손을 펼 것이나 여호와께서
그의 교만으로 인하여 그 손이
능숙함에도 불구하고 그를 누르
실 것이라
12 네 성벽의 높은 요새를 헐어
땅에 내리시되 진토에 미치게
하시리라

여호와께서 백성에게 승리를 주시리라

26 그날에 유다 땅에서 이 노래
를 부르리라 우리에게 견고한
성읍이 있음이여 여호와께서 구
원을 성벽과 외벽으로 삼으시리
로다
2 너희는 문들을 열고 신의를 지
키는 의로운 나라가 들어오게
할지어다
3 주께서 심지가 견고한 자를 평
강하고 평강하도록 지키시리니
이는 그가 주를 신뢰함이니이다
4 너희는 여호와를 영원히 신뢰
하라 주 여호와는 영원한 반석
이심이로다
5 높은 데에 거주하는 자를 낮추
시며 솟은 성을 헐어 땅에 엎
으시되 진토에 미치게 하셨도
다
6 발이 그것을 밟으리니 곧 빈궁
한 자의 발과 곤핍한 자의 걸
음이리로다
7 의인의 길은 정직함이여 정직
하신 주께서 의인의 첩경을 평
탄하게 하시도다
8 여호와여 주께서 심판하시는
길에서 우리가 주를 기다렸사
오며 주의 이름을 위하여 또 주
를 기억하려고 우리 영혼이 사
모하나이다
9 밤에 내 영혼이 주를 사모하였
사온즉 내 중심이 주를 간절히
구하오리니 이는 주께서 땅에
서 심판하시는 때에 세계의 거
민이 의를 배움이니이다
10 악인은 은총을 입을지라도 의
를 배우지 아니하며 정직한 자
의 땅에서 불의를 행하고 여호
와의 위엄을 돌아보지 아니하는
도다
11 여호와여 주의 손이 높이 들릴
지라도 그들이 보지 아니하오나
백성을 위하시는 주의 열성을
보면 부끄러워할 것이라 불이
주의 대적들을 사르리이다
12 여호와여 주께서 우리를 위하
여 평강을 베푸시오리니 주께
서 우리의 모든 일도 우리를 위
하여 이루심이니이다

13 여호와 우리 하나님이시여 주
외에 다른 주들이 우리를 관할
하였사오나 우리는 주만 의지
하고 주의 이름을 부르리이다
14 그들은 죽었은즉 다시 살지 못
하겠고 사망하였은즉 일어나
지 못할 것이니 이는 주께서
벌하여 그들을 멸하사 그들의
모든 기억을 없이하셨음이니이
다
15 여호와여 주께서 이 나라를 더
크게 하셨고 이 나라를 더 크
게 하셨나이다 스스로 영광을
얻으시고 이 땅의 모든 경계를
확장하셨나이다
16 여호와여 그들이 환난 중에 주
를 앙모하였사오며 주의 징벌
이 그들에게 임할 때에 그들이
간절히 주께 기도하였나이다
17 여호와여 잉태한 여인이 산기
가 임박하여 산고를 겪으며 부
르짖음같이 우리가 주 앞에서
그와 같으니이다
18 우리가 잉태하고 산고를 당하
였을지라도 바람을 낳은 것 같
아서 땅에 구원을 베풀지 못하
였고 세계의 거민을 출산하지
못하였나이다
19 주의 죽은 자들은 살아나고 그
들의 시체들은 일어나리이다 티
끌에 누운 자들아 너희는 깨어
노래하라 주의 이슬은 빛난 이
슬이니 땅이 죽은 자들을 내놓
으리로다

심판과 회복

20 내 백성아 갈지어다 네 밀실에
들어가서 네 문을 닫고 분노가
지나기까지 잠깐 숨을지어다
21 보라 여호와께서 그의 처소에
서 나오사 땅의 거민의 죄악을
벌하실 것이라 땅이 그 위에
잦았던 피를 드러내고 그 살해
당한 자를 다시는 덮지 아니하
리라

27 그날에 여호와께서 그의 견
고하고 크고 강한 칼로 날랜
뱀 리워야단 곧 꼬불꼬불한
뱀 리워야단을 벌하시며 바다
에 있는 용을 죽이시리라
2 그날에 너희는 아름다운 포도원
을 두고 노래를 부를지어다
3 나 여호와는 포도원지기가 됨이
여 때때로 물을 주며 밤낮으로
간수하여 아무든지 이를 해치
지 못하게 하리로다
4 나는 포도원에 대하여 노함이

없나니 찔레와 가시가 나를 대
적하여 싸운다 하자 내가 그것
을 밟고 모아 불사르리라
5 그리하지 아니하면 내 힘을 의
지하고 나와 화친하며 나와
화친할 것이니라
6 후일에는 야곱의 뿌리가 박히
며 이스라엘의 움이 돋고 꽃이
필 것이라 그들이 그 결실로
지면을 채우리로다
7 주께서 그 백성을 치셨던들 그
백성을 친 자들을 치심과 같았
겠으며 백성이 죽임을 당하였
던들 백성을 죽인 자가 죽임을
당함과 같았겠느냐
8 주께서 백성을 적당하게 견책
하사 쫓아내실 때에 동풍 부는
날에 폭풍으로 그들을 옮기셨느
니라
9 야곱의 불의가 속함을 얻으며
그의 죄 없이함을 받을 결과는
이로 말미암나니 곧 그가 제단
의 모든 돌을 부서진 횟돌 같
게 하며 아세라와 태양상이 다
시 서지 못하게 함에 있는 것
이라
10 대저 견고한 성읍은 적막하고
거처가 황무하며 버림받아 광
야와 같은즉 송아지가 거기에
서 먹고 거기에 누우며 그 나
무 가지를 먹어 없이하리라
11 가지가 마르면 꺾이나니 여인
들이 와서 그것을 불사를 것이
라 백성이 지각이 없으므로 그
들을 지으신 이가 불쌍히 여기
지 아니하시며 그들을 조성하
신 이가 은혜를 베풀지 아니하
시리라
12 너희 이스라엘 자손들아 그날
에 여호와께서 창일하는 하수
에서부터 애굽 시내에까지 과
실을 떠는 것같이 너희를 하나
하나 모으시리라
13 그날에 큰 나팔을 불리니 앗수
르 땅에서 멸망하는 자들과 애
굽 땅으로 쫓겨난 자들이 돌아
와서 예루살렘 성산에서 여호
와께 예배하리라

에브라임의 면류관이 밟히리라

28 에브라임의 술 취한 자들의
교만한 면류관은 화 있을진
저 술에 빠진 자의 성 곧 영화
로운 관같이 기름진 골짜기 꼭
대기에 세운 성이여 쇠잔해 가
는 꽃 같으니 화 있을진저
2 보라 주께 있는 강하고 힘 있

는 자가 쏟아지는 우박같이, 파
괴하는 광풍같이, 큰물이 넘침
같이 손으로 그 면류관을 땅에
던지리니
3 에브라임의 술 취한 자들의 교
만한 면류관이 발에 밟힐 것이
라
4 그 기름진 골짜기 꼭대기에 있
는 그의 영화가 쇠잔해 가는
꽃이 여름 전에 처음 익은 무
화과와 같으리니 보는 자가 그
것을 보고 얼른 따서 먹으리로
다
5 그날에 만군의 여호와께서 자
기 백성의 남은 자에게 영화로
운 면류관이 되시며 아름다운
화관이 되실 것이라
6 재판석에 앉은 자에게는 판결
하는 영이 되시며 성문에서 싸
움을 물리치는 자에게는 힘이
되시리로다
7 그리하여도 이들은 포도주로 말
미암아 옆 걸음 치며 독주로
말미암아 비틀거리며 제사장
과 선지자도 독주로 말미암아
옆 걸음 치며 포도주에 빠지며
독주로 말미암아 비틀거리며
환상을 잘못 풀며 재판할 때
에 실수하나니
8 모든 상에는 토한 것, 더러운
것이 가득하고 깨끗한 곳이 없
도다

여호와께서 그들이 붙잡히게 하시리라

9 그들이 이르기를 그가 누구에게
지식을 가르치며 누구에게 도를
전하여 깨닫게 하려는가 젖
떨어져 품을 떠난 자들에게 하
려는가
10 대저 경계에 경계를 더하며
경계에 경계를 더하며 교훈에
교훈을 더하며 교훈에 교훈을
더하되 여기서도 조금, 저기서
도 조금 하는구나 하는도다
11 그러므로 더듬는 입술과 다른
방언으로 그가 이 백성에게 말
씀하시리라
12 전에 그들에게 이르시기를 이것
이 너희 안식이요 이것이 너희
상쾌함이니 너희는 곤비한 자
에게 안식을 주라 하셨으나 그
들이 듣지 아니하였으므로
13 여호와께서 그들에게 말씀하시
되 경계에 경계를 더하며 경
계에 경계를 더하며 교훈에 교
훈을 더하며 교훈에 교훈을 더
하고 여기서도 조금, 저기서도

조금 하사 그들이 가다가 뒤로
넘어져 부러지며 걸리며 붙잡
히게 하시리라

시온의 기초 돌

14 이러므로 예루살렘에서 이 백성
을 다스리는 너희 오만한 자여
여호와의 말씀을 들을지어다
15 너희가 말하기를 우리는 사망
과 언약하였고 스올과 맹약하
였은즉 넘치는 재앙이 밀려올
지라도 우리에게 미치지 못하
리니 우리는 거짓을 우리의 피
난처로 삼았고 허위 아래에 우
리를 숨겼음이라 하는도다
16 그러므로 주 여호와께서 이같
이 이르시되 보라 내가 한 돌
을 시온에 두어 기초를 삼았노
니 곧 시험한 돌이요 귀하고
견고한 기촛돌이라 그것을 믿
는 이는 다급하게 되지 아니하
리로다
17 나는 정의를 측량줄로 삼고 공
의를 저울추로 삼으니 우박이
거짓의 피난처를 소탕하며 물
이 그 숨는 곳에 넘칠 것인즉
18 너희가 사망과 더불어 세운 언
약이 폐하며 스올과 더불어 맺
은 맹약이 서지 못하여 넘치는
재앙이 밀려올 때에 너희가 그
것에게 밟힘을 당할 것이라
19 그것이 지나갈 때마다 너희를
잡을 것이니 아침마다 지나가
며 주야로 지나가리니 소식을
깨닫는 것이 오직 두려움이라
20 침상이 짧아서 능히 몸을 펴지
못하며 이불이 좁아서 능히 몸
을 싸지 못함 같으리라 하셨느
니라
21 대저 여호와께서 브라심 산에
서와 같이 일어나시며 기브온
골짜기에서와 같이 진노하사
자기의 일을 행하시리니 그의
일이 비상할 것이며 자기의 사
역을 이루시리니 그의 사역이
기이할 것임이라
22 그러므로 너희는 오만한 자가
되지 말라 너희 결박이 단단
해질까 하노라 대저 온 땅을
멸망시키기로 작정하신 것을
내가 만군의 주 여호와께로부
터 들었느니라

여호와의 모략과 지혜

23 너희는 귀를 기울여 내 목소리
를 들으라 자세히 내 말을 들
으라
24 파종하려고 가는 자가 어찌 쉬

지 않고 갈기만 하겠느냐 자
기 땅을 개간하며 고르게만
하겠느냐
25 지면을 이미 평평히 하였으면
소회향을 뿌리며 대회향을 뿌
리며 소맥을 줄줄이 심으며 대
맥을 정한 곳에 심으며 귀리를
그 가에 심지 아니하겠느냐
26 이는 그의 하나님이 그에게 적
당한 방법을 보이사 가르치셨음
이며
27 소회향은 도리깨로 떨지 아니
하며 대회향에는 수레바퀴를
굴리지 아니하고 소회향은 작
대기로 떨고 대회향은 막대기
로 떨며
28 곡식은 부수는가, 아니라 늘 떨
기만 하지 아니하고 그것에 수
레바퀴를 굴리고 그것을 말굽으
로 밟게 할지라도 부수지는 아
니하나니
29 이도 만군의 여호와께로부터
난 것이라 그의 경영은 기묘하
며 지혜는 광대하니라

아리엘을 괴롭게 하리라

29 슬프다 아리엘이여 아리엘
이여 다윗이 진친 성읍이여
해마다 절기가 돌아오려니와
2 내가 아리엘을 괴롭게 하리니
그가 슬퍼하고 애곡하며 내게
아리엘과 같이 되리라
3 내가 너를 사면으로 둘러 진을
치며 너를 에워 대를 쌓아 너
를 치리니
4 네가 낮아져서 땅에서 말하며
네 말소리가 나직이 티끌에서
날 것이라 네 목소리가 신접한
자의 목소리같이 땅에서 나며
네 말소리가 티끌에서 지껄이
리라
5 그럴지라도 네 대적의 무리는
세미한 티끌 같겠고 강포한
자의 무리는 날려 가는 겨 같
으리니 그 일이 순식간에 갑자
기 일어날 것이라
6 만군의 여호와께서 우레와 지
진과 큰 소리와 회오리바람과
폭풍과 맹렬한 불꽃으로 그들을
징벌하실 것인즉
7 아리엘을 치는 열방의 무리 곧
아리엘과 그 요새를 쳐서 그를
곤고하게 하는 모든 자는 꿈같
이, 밤의 환상같이 되리니
8 주린 자가 꿈에 먹었을지라도
깨면 그 속은 여전히 비고 목
마른 자가 꿈에 마셨을지라도

깨면 곤비하며 그 속에 갈증
이 있는 것같이 시온 산을 치
는 열방의 무리가 그와 같으리
라

입술로는 공경하나 마음은 떠났다

9 너희는 놀라고 놀라라 너희는
맹인이 되고 맹인이 되라 그들
의 취함이 포도주로 말미암음이
아니며 그들의 비틀거림이 독주
로 말미암음이 아니니라
10 대저 여호와께서 깊이 잠들게
하는 영을 너희에게 부어 주사
너희의 눈을 감기셨음이니 그가
선지자들과 너희의 지도자인 선
견자들을 덮으셨음이라
11 그러므로 모든 계시가 너희에게
는 봉한 책의 말처럼 되었으니
그것을 글 아는 자에게 주며
이르기를 그대에게 청하노니 이
를 읽으라 하면 그가 대답하기
를 그것이 봉해졌으니 나는 못
읽겠노라 할 것이요
12 또 그 책을 글 모르는 자에게
주며 이르기를 그대에게 청하노
니 이를 읽으라 하면 그가 대
답하기를 나는 글을 모른다 할
것이니라
13 주께서 이르시되 이 백성이 입
으로는 나를 가까이하며 입술로
는 나를 공경하나 그들의 마음
은 내게서 멀리 떠났나니 그들
이 나를 경외함은 사람의 계명
으로 가르침을 받았을 뿐이라
14 그러므로 내가 이 백성 중에 기
이한 일 곧 기이하고 가장 기
이한 일을 다시 행하리니 그들
중에서 지혜자의 지혜가 없어
지고 명철자의 총명이 가려지
리라

이제부터는 교훈을 받으리라

15 자기의 계획을 여호와께 깊이
숨기려 하는 자들은 화 있을진
저 그들의 일을 어두운 데에서
행하며 이르기를 누가 우리를
보랴 누가 우리를 알랴 하니
16 너희의 패역함이 심하도다 토기
장이를 어찌 진흙같이 여기겠
느냐 지음을 받은 물건이 어찌
자기를 지은 이에게 대하여 이
르기를 그가 나를 짓지 아니하
였다 하겠으며 빚음을 받은 물
건이 자기를 빚은 이에게 대하
여 이르기를 그가 총명이 없다
하겠느냐
17 오래지 아니하여 레바논이 기
름진 밭으로 변하지 아니하겠

으며 기름진 밭이 숲으로 여겨
지지 아니하겠느냐
18 그날에 못 듣는 사람이 책의
말을 들을 것이며 어둡고 캄캄
한 데에서 맹인의 눈이 볼 것
이며
19 겸손한 자에게 여호와로 말미
암아 기쁨이 더하겠고 사람
중 가난한 자가 이스라엘의 거
룩하신 이로 말미암아 즐거워
하리니
20 이는 강포한 자가 소멸되었으
며 오만한 자가 그쳤으며 죄악
의 기회를 엿보던 자가 다 끊
어졌음이라
21 그들은 송사로 사람에게 죄를
씌우며 성문에서 판단하는 자
를 올무로 잡듯 하며 헛된 일
로 의인을 억울하게 하느니라
22 그러므로 아브라함을 구속하신
여호와께서 야곱 족속에 대하
여 이같이 말씀하시되 야곱이
이제는 부끄러워하지 아니하겠
고 그의 얼굴이 이제는 창백해
지지 아니할 것이며
23 그의 자손은 내 손이 그 가운
데에서 행한 것을 볼 때에 내
이름을 거룩하다 하며 야곱의
거룩한 이를 거룩하다 하며 이
스라엘의 하나님을 경외할 것
이며
24 마음이 혼미하던 자들도 총명
하게 되며 원망하던 자들도 교
훈을 받으리라 하셨느니라

애굽과 맺은 맹약이 헛되다

30 여호와께서 이르시되 패역한
자식들은 화 있을진저 그들
이 계교를 베푸나 나로 말미암
지 아니하며 맹약을 맺으나 나
의 영으로 말미암지 아니하고
죄에 죄를 더하도다
2 그들이 바로의 세력 안에서 스
스로 강하려 하며 애굽의 그늘
에 피하려 하여 애굽으로 내려
갔으되 나의 입에 묻지 아니하
였도다
3 그러므로 바로의 세력이 너희의
수치가 되며 애굽의 그늘에 피
함이 너희의 수욕이 될 것이라
4 그 고관들이 소안에 있고 그
사신들이 하네스에 이르렀으나
5 그들이 다 자기를 유익하게 하
지 못하는 민족으로 말미암아
수치를 당하리니 그 민족이 돕
지도 못하며 유익하게도 못하
고 수치가 되게 하며 수욕이

되게 할 뿐임이니라
6 네겝 짐승들에 관한 경고라 사
신들이 그들의 재물을 어린 나
귀 등에 싣고 그들의 보물을 낙
타 안장에 얹고 암사자와 수
사자와 독사와 및 날아다니는
불뱀이 나오는 위험하고 곤고
한 땅을 지나 자기에게 무익
한 민족에게로 갔으나
7 애굽의 도움은 헛되고 무익하니
라 그러므로 내가 애굽을 가만
히 앉은 라합이라 일컬었느니라

패역한 백성

8 이제 가서 백성 앞에서 서판에
기록하며 책에 써서 후세에 영
원히 있게 하라
9 대저 이는 패역한 백성이요 거
짓말하는 자식들이요 여호와의
법을 듣기 싫어하는 자식들이라
10 그들이 선견자들에게 이르기를
선견하지 말라 선지자들에게
이르기를 우리에게 바른 것을
보이지 말라 우리에게 부드러
운 말을 하라 거짓된 것을 보
이라
11 너희는 바른길을 버리며 첩경
에서 돌이키라 이스라엘의 거룩
하신 이를 우리 앞에서 떠나시
게 하라 하는도다
12 이러므로 이스라엘의 거룩하신
이가 이같이 말씀하시되 너희
가 이 말을 업신여기고 압박과
허망을 믿어 그것을 의지하니
13 이 죄악이 너희에게 마치 무너
지려고 터진 담이 불쑥 나와
순식간에 무너짐 같게 되리라
하셨은즉
14 그가 이 나라를 무너뜨리시되
토기장이가 그릇을 깨뜨림같이
아낌이 없이 부수시리니 그 조
각 중에서, 아궁이에서 불을 붙
이거나 물웅덩이에서 물을 뜰
것도 얻지 못하리라
15 주 여호와 이스라엘의 거룩하
신 이가 이같이 말씀하시되 너
희가 돌이켜 조용히 있어야 구
원을 얻을 것이요 잠잠하고 신
뢰하여야 힘을 얻을 것이거늘
너희가 원하지 아니하고
16 이르기를 아니라 우리가 말 타
고 도망하리라 하였으므로 너
희가 도망할 것이요 또 이르기
를 우리가 빠른 짐승을 타리라
하였으므로 너희를 쫓는 자들이
빠르리니
17 한 사람이 꾸짖은즉 천 사람이

도망하겠고 다섯이 꾸짖은즉
너희가 다 도망하고 너희 남은
자는 겨우 산꼭대기의 깃대 같
겠고 산마루 위의 기치 같으리
라 하셨느니라

하나님을 기다리는 자는 복이 있도다

18 그러나 여호와께서 기다리시나
니 이는 너희에게 은혜를 베풀
려 하심이요 일어나시리니 이
는 너희를 긍휼히 여기려 하심
이라 대저 여호와는 정의의 하
나님이심이라 그를 기다리는 자
마다 복이 있도다
19 시온에 거주하며 예루살렘에
거주하는 백성아 너는 다시 통
곡하지 아니할 것이라 그가 네
부르짖는 소리로 말미암아 네게
은혜를 베푸시되 그가 들으실
때에 네게 응답하시리라
20 주께서 너희에게 환난의 떡과
고생의 물을 주시나 네 스승은
다시 숨기지 아니하시리니 네
눈이 네 스승을 볼 것이며
21 너희가 오른쪽으로 치우치든지
왼쪽으로 치우치든지 네 뒤에
서 말소리가 네 귀에 들려 이르
기를 이것이 바른길이니 너희는
이리로 가라 할 것이며
22 또 너희가 너희 조각한 우상에
입힌 은과 부어 만든 우상에
올린 금을 더럽게 하여 불결
한 물건을 던짐같이 던지며 이
르기를 나가라 하리라
23 네가 땅에 뿌린 종자에 주께
서 비를 주사 땅이 먹을 것을
내며 곡식이 풍성하고 기름지
게 하실 것이며 그날에 네 가
축이 광활한 목장에서 먹을 것
이요
24 밭 가는 소와 어린 나귀도 키
와 쇠스랑으로 까부르고 맛있게
한 먹이를 먹을 것이며
25 크게 살륙하는 날 망대가 무너
질 때에 고산마다 준령마다
그 위에 개울과 시냇물이 흐를
것이며
26 여호와께서 자기 백성의 상처
를 싸매시며 그들의 맞은 자리
를 고치시는 날에는 달빛은 햇
빛 같겠고 햇빛은 일곱 배가
되어 일곱 날의 빛과 같으리라

여호와께서 앗수르를 치시리라

27 보라 여호와의 이름이 원방에서
부터 오되 그의 진노가 불붙듯
하며 빽빽한 연기가 일어나듯
하며 그의 입술에는 분노가 찼

으며 그의 혀는 맹렬한 불 같
으며
28 그의 호흡은 마치 창일하여 목
에까지 미치는 하수 같은즉 그
가 멸하는 키로 열방을 까부르
며 여러 민족의 입에 미혹하는
재갈을 물리시리니
29 너희가 거룩한 절기를 지키는
밤에 하듯이 노래할 것이며 피
리를 불며 여호와의 산으로 가
서 이스라엘의 반석에게로 나
아가는 자같이 마음에 즐거워
할 것이라
30 여호와께서 그의 장엄한 목소리
를 듣게 하시며 혁혁한 진노로
그의 팔의 치심을 보이시되 맹
렬한 화염과 폭풍과 폭우와 우
박으로 하시리니
31 여호와의 목소리에 앗수르가 낙
담할 것이며 주께서는 막대기
로 치실 것이라
32 여호와께서 예정하신 몽둥이를
앗수르 위에 더하실 때마다 소
고를 치며 수금을 탈 것이며
그는 전쟁 때에 팔을 들어 그
들을 치시리라
33 대저 도벳은 이미 세워졌고 또
왕을 위하여 예비된 것이라 깊
고 넓게 하였고 거기에 불과
많은 나무가 있은즉 여호와의
호흡이 유황 개천 같아서 이를
사르시리라

31

도움을 구하러 애굽으로 내려
가는 자들은 화 있을진저 그
들은 말을 의지하며 병거의 많
음과 마병의 심히 강함을 의지
하고 이스라엘의 거룩하신 이
를 앙모하지 아니하며 여호와
를 구하지 아니하나니
2 여호와께서도 지혜로우신즉 재
앙을 내리실 것이라 그의 말씀
들을 변하게 하지 아니하시고
일어나사 악행하는 자들의 집
을 치시며 행악을 돕는 자들을
치시리니
3 애굽은 사람이요 신이 아니며
그들의 말들은 육체요 영이 아
니라 여호와께서 그의 손을 펴
시면 돕는 자도 넘어지며 도움
을 받는 자도 엎드러져서 다
함께 멸망하리라
4 여호와께서 이같이 내게 이르시
되 큰 사자나 젊은 사자가 자
기의 먹이를 움키고 으르렁거릴
때에 그것을 치려고 여러 목자
를 불러왔다 할지라도 그것이

그들의 소리로 말미암아 놀라
지 아니할 것이요 그들의 떠듦
으로 말미암아 굴복하지 아니
할 것이라 이와 같이 나 만군
의 여호와가 강림하여 시온 산
과 그 언덕에서 싸울 것이라
5 새가 날개 치며 그 새끼를 보
호함같이 나 만군의 여호와가
예루살렘을 보호할 것이라 그
것을 호위하며 건지며 뛰어넘
어 구원하리라 하셨느니라
6 이스라엘 자손들아 너희는 심
히 거역하던 자에게로 돌아오
라
7 너희가 자기 손으로 만들어 범
죄한 은 우상, 금 우상을 그날
에는 각 사람이 던져버릴 것이
며
8 앗수르는 칼에 엎드러질 것이
나 사람의 칼로 말미암음이 아
니겠고 칼에 삼켜질 것이나 사
람의 칼로 말미암음이 아닐 것
이며 그는 칼 앞에서 도망할
것이요 그의 장정들은 복역하
는 자가 될 것이라
9 그의 반석은 두려움으로 말미암
아 물러가겠고 그의 고관들은
기치로 말미암아 놀라리라 이
는 여호와의 말씀이라 여호와
의 불은 시온에 있고 여호와의
풀무는 예루살렘에 있느니라

의로 통치할 왕

32 보라 장차 한 왕이 공의로 통
치할 것이요 방백들이 정의로
다스릴 것이며
2 또 그 사람은 광풍을 피하는
곳, 폭우를 가리는 곳 같을 것
이며 마른땅에 냇물 같을 것이
며 곤비한 땅에 큰 바위 그늘
같으리니
3 보는 자의 눈이 감기지 아니할
것이요 듣는 자가 귀를 기울일
것이며
4 조급한 자의 마음이 지식을 깨
닫고 어눌한 자의 혀가 민첩하
여 말을 분명히 할 것이라
5 어리석은 자를 다시 존귀하다
부르지 아니하겠고 우둔한 자
를 다시 존귀한 자라 말하지
아니하리니
6 이는 어리석은 자는 어리석은
것을 말하며 그 마음에 불의를
품어 간사를 행하며 패역한 말
로 여호와를 거스르며 주린 자
의 속을 비게 하며 목마른 자
에게서 마실 것을 없어지게 함

이며
7 악한 자는 그 그릇이 악하여
악한 계획을 세워 거짓말로 가
련한 자를 멸하며 가난한 자
가 말을 바르게 할지라도 그리
함이거니와
8 존귀한 자는 존귀한 일을 계획
하나니 그는 항상 존귀한 일에
서리라

심판과 회복

9 너희 안일한 여인들아 일어나
내 목소리를 들을지어다 너희
염려 없는 딸들아 내 말에 귀
를 기울일지어다
10 너희 염려 없는 여자들아 일 년
남짓 지나면 너희가 당황하리
니 포도 수확이 없으며 열매 거
두는 일이 이르지 않을 것임이라
11 너희 안일한 여자들아 떨지어
다 너희 염려 없는 자들아 당
황할지어다 옷을 벗어 몸을 드
러내고 베로 허리를 동일지어
다
12 그들은 좋은 밭으로 인하여 열
매 많은 포도나무로 인하여 가
슴을 치게 될 것이니라
13 내 백성의 땅에 가시와 찔레
가 나며 희락의 성읍, 기뻐하는
모든 집에 나리니
14 대저 궁전이 폐한 바 되며 인
구 많던 성읍이 적막하며 오
벨과 망대가 영원히 굴혈이
되며 들나귀가 즐기는 곳과 양
떼의 초장이 되려니와
15 마침내 위에서부터 영을 우리
에게 부어 주시리니 광야가 아
름다운 밭이 되며 아름다운 밭
을 숲으로 여기게 되리라
16 그때에 정의가 광야에 거하며
공의가 아름다운 밭에 거하리니
17 공의의 열매는 화평이요 공의
의 결과는 영원한 평안과 안
전이라
18 내 백성이 화평한 집과 안전
한 거처와 조용히 쉬는 곳에
있으려니와
19 그 숲은 우박에 상하고 성읍은
파괴되리라
20 모든 물가에 씨를 뿌리고 소와
나귀를 그리로 모는 너희는 복
이 있느니라

은혜를 구하는 기도

33 너 학대를 당하지 아니하고
도 학대하며 속이고도 속임
을 당하지 아니하는 자여 화
있을진저 네가 학대하기를 그

치면 네가 학대를 당할 것이
며 네가 속이기를 그치면 사람
이 너를 속이리라
2 여호와여 우리에게 은혜를 베
푸소서 우리가 주를 앙망하오
니 주는 아침마다 우리의 팔이
되시며 환난 때에 우리의 구원
이 되소서
3 요란한 소리로 말미암아 민족
들이 도망하며 주께서 일어나
심으로 말미암아 나라들이 흩어
졌나이다
4 황충의 떼같이 사람이 너희의
노략물을 모을 것이며 메뚜기
가 뛰어오름같이 그들이 그 위
로 뛰어오르리라
5 여호와께서는 지극히 존귀하시
니 그는 높은 곳에 거하심이요
정의와 공의를 시온에 충만하
게 하심이라
6 네 시대에 평안함이 있으며 구
원과 지혜와 지식이 풍성할 것
이니 여호와를 경외함이 네 보
배니라

높은 곳에 거할 자

7 보라 그들의 용사가 밖에서 부
르짖으며 평화의 사신들이 슬
피 곡하며
8 대로가 황폐하여 행인이 끊어
지며 대적이 조약을 파하고 성
읍들을 멸시하며 사람을 생각
하지 아니하며
9 땅이 슬퍼하고 쇠잔하며 레바
논은 부끄러워하고 마르며 사론
은 사막과 같고 바산과 갈멜
은 나뭇잎을 떨어뜨리는도다
10 여호와께서 이르시되 내가 이
제 일어나며 내가 이제 나를
높이며 내가 이제 지극히 높아
지리니
11 너희가 겨를 잉태하고 짚을 해
산할 것이며 너희의 호흡은 불
이 되어 너희를 삼킬 것이며
12 민족들은 불에 굽는 횟돌 같겠
고 잘라서 불에 사르는 가시나
무 같으리로다
13 너희 먼 데에 있는 자들아 내
가 행한 것을 들으라 너희 가
까이에 있는 자들아 나의 권능
을 알라
14 시온의 죄인들이 두려워하며
경건하지 아니한 자들이 떨며
이르기를 우리 중에 누가 삼키
는 불과 함께 거하겠으며 우
리 중에 누가 영영히 타는 것
과 함께 거하리요 하도다

15 오직 공의롭게 행하는 자, 정직
히 말하는 자, 토색한 재물을
가증히 여기는 자, 손을 흔들어
뇌물을 받지 아니하는 자, 귀를
막아 피 흘리려는 꾀를 듣지
아니하는 자, 눈을 감아 악을
보지 아니하는 자,
16 그는 높은 곳에 거하리니 견고
한 바위가 그의 요새가 되며
그의 양식은 공급되고 그의 물
은 끊어지지 아니하리라

시온 성을 보라

17 네 눈은 왕을 그의 아름다운
가운데에서 보며 광활한 땅을
눈으로 보겠고
18 네 마음은 두려워하던 것을 생
각해 내리라 계산하던 자가
어디 있느냐 공세를 계량하던
자가 어디 있느냐 망대를 계수
하던 자가 어디 있느냐
19 네가 강포한 백성을 보지 아니
하리라 그 백성은 방언이 어려
워 네가 알아듣지 못하며 말이
이상하여 네가 깨닫지 못하는
자니라
20 우리 절기의 시온 성을 보라
네 눈이 안정된 처소인 예루살
렘을 보리니 그것은 옮겨지지
아니할 장막이라 그 말뚝이 영
영히 뽑히지 아니할 것이요 그
줄이 하나도 끊어지지 아니할
것이며
21 여호와는 거기에 위엄 중에 우
리와 함께 계시리니 그곳에는
여러 강과 큰 호수가 있으나
노 젓는 배나 큰 배가 통행하
지 못하리라
22 대저 여호와는 우리 재판장이
시요 여호와는 우리에게 율법
을 세우신 이요 여호와는 우리
의 왕이시니 그가 우리를 구원
하실 것임이라
23 네 돛대 줄이 풀렸으니 돛대의
밑을 튼튼히 하지 못하였고 돛
을 달지 못하였느니라 때가 되
면 많은 재물을 탈취하여 나누
리니 저는 자도 그 재물을 취
할 것이며
24 그 거주민은 내가 병들었노라
하지 아니할 것이라 거기에 사
는 백성이 사죄함을 받으리라

여호와께서 원수들을 벌하시리라

34 열국이여 너희는 나아와 들을
지어다 민족들이여 귀를 기울
일지어다 땅과 땅에 충만한
것, 세계와 세계에서 나는 모

든 것이여 들을지어다
2 대저 여호와께서 열방을 향하
여 진노하시며 그들의 만군을
향하여 분내사 그들을 진멸하
시며 살륙당하게 하셨은즉
3 그 살륙당한 자는 내던진 바
되며 그 사체의 악취가 솟아오
르고 그 피에 산들이 녹을 것
이며
4 하늘의 만상이 사라지고 하늘
들이 두루마리같이 말리되 그
만상의 쇠잔함이 포도나무 잎
이 마름 같고 무화과나무 잎이
마름 같으리라
5 여호와의 칼이 하늘에서 족하
게 마셨은즉 보라 이것이 에돔
위에 내리며 진멸하시기로 한
백성 위에 내려 그를 심판할
것이라
6 여호와의 칼이 피 곧 어린 양
과 염소의 피에 만족하고 기
름 곧 숫양의 콩팥 기름으로 윤
택하니 이는 여호와를 위한 희
생이 보스라에 있고 큰 살륙이
에돔 땅에 있음이라
7 들소와 송아지와 수소가 함께
도살장에 내려가니 그들의 땅
이 피에 취하며 흙이 기름으로
윤택하리라
8 이것은 여호와께서 보복하시는
날이요 시온의 송사를 위하여
신원하시는 해라
9 에돔의 시내들은 변하여 역청
이 되고 그 티끌은 유황이 되고
그 땅은 붙붙는 역청이 되며
10 낮에나 밤에나 꺼지지 아니하
고 그 연기가 끊임없이 떠오를
것이며 세세에 황무하여 그리
로 지날 자가 영영히 없겠고
11 당아새와 고슴도치가 그 땅을
차지하며 부엉이와 까마귀가
거기에 살 것이라 여호와께서
그 위에 혼란의 줄과 공허의
추를 드리우실 것인즉
12 그들이 국가를 이으려 하여 귀
인들을 부르되 아무도 없겠고
그 모든 방백도 없게 될 것이요
13 그 궁궐에는 가시나무가 나며
그 견고한 성에는 엉겅퀴와 새
품이 자라서 승냥이의 굴과 타
조의 처소가 될 것이니
14 들짐승이 이리와 만나며 숫염소
가 그 동류를 부르며 올빼미가
거기에 살면서 쉬는 처소로 삼
으며
15 부엉이가 거기에 깃들이고 알

을 낳아 까서 그 그늘에 모으
며 솔개들도 각각 제 짝과 함
께 거기에 모이리라
16 너희는 여호와의 책에서 찾아
읽어 보라 이것들 가운데서 빠
진 것이 하나도 없고 제 짝이
없는 것이 없으리니 이는 여호
와의 입이 이를 명령하셨고 그
의 영이 이것들을 모으셨음이라
17 여호와께서 그것들을 위하여
제비를 뽑으시며 그의 손으로
줄을 띠어 그 땅을 그것들에게
나누어 주셨으니 그들이 영원
히 차지하며 대대로 거기에 살
리라

거룩한 길

35 광야와 메마른 땅이 기뻐하
며 사막이 백합화같이 피어
즐거워하며
2 무성하게 피어 기쁜 노래로 즐
거워하며 레바논의 영광과 갈
멜과 사론의 아름다움을 얻을
것이라 그것들이 여호와의 영
광 곧 우리 하나님의 아름다움
을 보리로다
3 너희는 약한 손을 강하게 하
며 떨리는 무릎을 굳게 하며
4 겁내는 자들에게 이르기를 굳세
어라, 두려워하지 말라, 보라 너
희 하나님이 오사 보복하시며
갚아주실 것이라 하나님이 오
사 너희를 구하시리라 하라
5 그때에 맹인의 눈이 밝을 것이
며 못 듣는 사람의 귀가 열릴
것이며
6 그때에 저는 자는 사슴같이
뛸 것이며 말 못하는 자의 혀
는 노래하리니 이는 광야에서
물이 솟겠고 사막에서 시내가
흐를 것임이라
7 뜨거운 사막이 변하여 못이 될
것이며 메마른 땅이 변하여 원
천이 될 것이며 승냥이의 눕던
곳에 풀과 갈대와 부들이 날
것이며
8 거기에 대로가 있어 그 길을
거룩한 길이라 일컫는 바 되리
니 깨끗하지 못한 자는 지나
가지 못하겠고 오직 구속함을
입은 자들을 위하여 있게 될
것이라 우매한 행인은 그 길로
다니지 못할 것이며
9 거기에는 사자가 없고 사나운
짐승이 그리로 올라가지 아니하
므로 그것을 만나지 못하겠고
오직 구속함을 받은 자만 그리

로 행할 것이며
10 여호와의 속량함을 받은 자들
이 돌아오되 노래하며 시온에
이르러 그들의 머리 위에 영영
한 희락을 띠고 기쁨과 즐거움
을 얻으리니 슬픔과 탄식이 사
라지리로다

앗수르가 예루살렘을 협박하다

(왕하 18:13-27; 대하 32:1-19)

36 히스기야 왕 십사 년에 앗수
르 왕 산헤립이 올라와서 유
다의 모든 견고한 성을 쳐서
취하니라
2 앗수르 왕이 라기스에서부터
랍사게를 예루살렘으로 보내되
대군을 거느리고 히스기야 왕
에게로 가게 하매 그가 윗못
수도 곁 세탁자의 밭 큰길에
서매
3 힐기야의 아들 왕궁 맡은 자
엘리아김과 서기관 셉나와 아
삽의 아들 사관 요아가 그에게
나아가니라
4 랍사게가 그들에게 이르되 이
제 히스기야에게 말하라 대왕
앗수르 왕이 이같이 말씀하시기
를 네가 믿는 바 그 믿는 것이
무엇이냐
5 내가 말하노니 네가 족히 싸울
계략과 용맹이 있노라 함은 입
술에 붙은 말뿐이니라 네가 이
제 누구를 믿고 나를 반역하느
냐
6 보라 네가 애굽을 믿는도다 그
것은 상한 갈대 지팡이와 같
은 것이라 사람이 그것을 의지
하면 손이 찔리리니 애굽 왕
바로는 그를 믿는 모든 자에게
이와 같으니라
7 혹시 네가 내게 이르기를 우리
는 우리 하나님 여호와를 신뢰
하노라 하리라마는 그는 그의
산당과 제단을 히스기야가 제
하여 버리고 유다와 예루살렘
에 명령하기를 너희는 이 제단
앞에서만 예배하라 하던 그
신이 아니냐 하셨느니라
8 그러므로 이제 청하노니 내 주
앗수르 왕과 내기하라 내가 네
게 말 이천 필을 주어도 너는
그 탈 자를 능히 내지 못하리
라
9 그런즉 네가 어찌 내 주의 종
가운데 극히 작은 총독 한 사
람인들 물리칠 수 있으랴 어찌
애굽을 믿고 병거와 기병을 얻

으려 하느냐
10 내가 이제 올라와서 이 땅을
멸하는 것이 여호와의 뜻이 없
음이겠느냐 여호와께서 내게
이르시기를 올라가 그 땅을 쳐
서 멸하라 하셨느니라 하니라
11 이에 엘리아김과 셉나와 요아
가 랍사게에게 이르되 우리가
아람 방언을 아오니 청하건대
그 방언으로 당신의 종들에게
말하고 성 위에 있는 백성이
듣는 데에서 우리에게 유다 방
언으로 말하지 마소서 하니
12 랍사게가 이르되 내 주께서
이 일을 네 주와 네게만 말하
라고 나를 보내신 것이냐 너희
와 함께 자기의 대변을 먹으
며 자기의 소변을 마실 성 위
에 앉은 사람들에게도 하라고
보내신 것이 아니냐 하더라
13 이에 랍사게가 일어서서 유다
방언으로 크게 외쳐 이르되 너
희는 대왕 앗수르 왕의 말씀을
들으라
14 왕의 말씀에 너희는 히스기야
에게 미혹되지 말라 그가 능히
너희를 건지지 못할 것이니라
15 히스기야가 너희에게 여호와를
신뢰하게 하려는 것을 따르지
말라 그가 말하기를 여호와께
서 반드시 우리를 건지시리니
이 성이 앗수르 왕의 손에 넘
어가지 아니하리라 할지라도
16 히스기야의 말을 듣지 말라 앗
수르 왕이 또 이같이 말씀하시
기를 너희는 내게 항복하고 내
게로 나아오라 그리하면 너희
가 각각 자기의 포도와 자기의
무화과를 먹을 것이며 각각 자
기의 우물물을 마실 것이요
17 내가 와서 너희를 너희 본토와
같이 곡식과 포도주와 떡과 포
도원이 있는 땅에 옮기기까지
하리라
18 혹시 히스기야가 너희에게 이르
기를 여호와께서 우리를 건지시
리라 할지라도 속지 말라 열국
의 신들 중에 자기의 땅을 앗
수르 왕의 손에서 건진 자가
있느냐
19 하맛과 아르밧의 신들이 어디
있느냐 스발와임의 신들이 어
디 있느냐 그들이 사마리아를
내 손에서 건졌느냐
20 이 열방의 신들 중에 어떤 신
이 자기의 나라를 내 손에서

건져냈기에 여호와가 능히 예
루살렘을 내 손에서 건지겠느
냐 하셨느니라 하니라
21 그러나 그들이 잠잠하여 한 말
도 대답하지 아니하였으니 이
는 왕이 그들에게 명령하여 대
답하지 말라 하였음이었더라
22 그때에 힐기야의 아들 왕궁 맡
은 자 엘리아김과 서기관 셉나
와 아삽의 아들 사관 요아가
자기의 옷을 찢고 히스기야에
게 나아가서 랍사게의 말을 그
에게 전하니라

왕이 이사야의 말을 듣고자 하다

(왕하 19:1-7)

37 히스기야 왕이 듣고 자기의
옷을 찢고 굵은 베옷을 입고
여호와의 전으로 갔고
2 왕궁 맡은 자 엘리아김과 서기
관 셉나와 제사장 중 어른들도
굵은 베옷을 입으니라 왕이 그
들을 아모스의 아들 선지자 이
사야에게로 보내매
3 그들이 이사야에게 이르되 히스
기야의 말씀에 오늘은 환난과
책벌과 능욕의 날이라 아이를
낳으려 하나 해산할 힘이 없음
같도다
4 당신의 하나님 여호와께서 랍
사게의 말을 들으셨을 것이라
그가 그의 상전 앗수르 왕의 보
냄을 받고 살아계시는 하나님
을 훼방하였은즉 당신의 하나
님 여호와께서 혹시 그 말로
말미암아 견책하실까 하노라
그런즉 바라건대 당신은 이
남아 있는 자를 위하여 기도하
라 하시더이다 하니라
5 그리하여 히스기야 왕의 신하들
이 이사야에게 나아가매
6 이사야가 그들에게 이르되 너희
는 너희 주에게 이렇게 말하라
여호와께서 이같이 말씀하시되
너희가 들은 바 앗수르 왕의 종
들이 나를 능욕한 말로 말미암
아 두려워하지 말라
7 보라 내가 영을 그의 속에 두
리니 그가 소문을 듣고 그의 고
국으로 돌아갈 것이며 또 내가
그를 그의 고국에서 칼에 죽게
하리라 하셨느니라 하니라

앗수르가 또 다른 협박을 하다

(왕하 19:8-19)

8 앗수르 왕이 라기스를 떠났다
함을 듣고 랍사게가 돌아가다
가 그 왕을 만나니 립나를 치

고 있더라
9 그때에 앗수르 왕이 구스 왕
디르하가의 일에 관하여 들은
즉 사람들이 이르기를 그가 나
와서 왕과 싸우려 한다 하는지
라 이 말을 듣고 사자들을 히
스기야에게 보내며 이르되
10 너희는 유다의 히스기야 왕에
게 이같이 말하여 이르기를 너
는 네가 신뢰하는 하나님이 예
루살렘이 앗수르 왕의 손에 넘
어가지 아니하리라 하는 말에
속지 말라
11 앗수르 왕들이 모든 나라에 어
떤 일을 행하였으며 그것을 어
떻게 멸절시켰는지 네가 들었
으리니 네가 구원을 받겠느냐
12 나의 조상들이 멸하신 열방 고
산과 하란과 레셉과 및 들라
살에 있는 에덴 자손을 그 나
라들의 신들이 건졌더냐
13 하맛 왕과 아르밧 왕과 스발와
임 성의 왕과 헤나 왕과 이와
왕이 어디 있느냐 하라 하였더
라
14 히스기야가 그 사자들의 손에
서 글을 받아 보고 여호와의
전에 올라가서 그 글을 여호와
앞에 펴놓고
15 여호와께 기도하여 이르되
16 그룹 사이에 계신 이스라엘 하
나님 만군의 여호와여 주는 천
하만국에 유일하신 하나님이시
라 주께서 천지를 만드셨나이
다
17 여호와여 귀를 기울여 들으시옵
소서 여호와여 눈을 뜨고 보시
옵소서 산헤립이 사람을 보내
어 살아계시는 하나님을 훼방
한 모든 말을 들으시옵소서
18 여호와여 앗수르 왕들이 과연
열국과 그들의 땅을 황폐하게
하였고
19 그들의 신들을 불에 던졌사오
나 그들은 신이 아니라 사람의
손으로 만든 것일 뿐이요 나무
와 돌이라 그러므로 멸망을 당
하였나이다
20 우리 하나님 여호와여 이제 우
리를 그의 손에서 구원하사 천
하만국이 주만이 여호와이신
줄을 알게 하옵소서 하니라

이사야가 왕에게 전한 말

(왕하 19:20-37)

21 아모스의 아들 이사야가 사람
을 보내어 히스기야에게 이르되

이스라엘의 하나님 여호와께서
말씀하시되 네가 앗수르의 산
헤립 왕의 일로 내게 기도하였
도다 하시고
22 여호와께서 그에 대하여 이같
이 이르시되 처녀 딸 시온이 너
를 멸시하며 조소하였고 딸 예
루살렘이 너를 향하여 머리를
흔들었느니라
23 네가 훼방하며 능욕한 것은 누
구에게냐 네가 소리를 높이며
눈을 높이 들어 향한 것은 누
구에게냐 곧 이스라엘의 거룩
하신 이에게니라
24 네가 네 종을 통해서 주를 훼
방하여 이르기를 내가 나의 허
다한 병거를 거느리고 산들의
꼭대기에 올라가며 레바논의
깊은 곳에 이르렀으니 높은 백
향목과 아름다운 향나무를 베
고 또 그 제일 높은 곳에 들어
가 살진 땅의 수풀에 이를 것
이며
25 내가 우물을 파서 물을 마셨으
니 내 발바닥으로 애굽의 모든
하수를 말리리라 하였도다
26 네가 어찌하여 듣지 못하였느
냐 이 일들은 내가 태초부터
행한 바요 상고부터 정한 바로
서 이제 내가 이루어 네가 견
고한 성읍들을 헐어 돌무더기
가 되게 하였노라
27 그러므로 그 주민들이 힘이 약
하여 놀라며 수치를 당하여 들
의 풀같이, 푸른 나물같이, 지붕
의 풀같이, 자라지 못한 곡초같
이 되었느니라
28 네 거처와 네 출입과 네가 나
를 거슬러 분노함을 내가 아노
라
29 네가 나를 거슬러 분노함과 네
오만함이 내 귀에 들렸으므로
내가 갈고리로 네 코를 꿰며
재갈을 네 입에 물려 너를 오
던 길로 돌아가게 하리라 하셨
나이다
30 왕이여 이것이 왕에게 징조가
되리니 올해는 스스로 난 것을
먹을 것이요 둘째 해에는 또
거기에서 난 것을 먹을 것이요
셋째 해에는 심고 거두며 포
도나무를 심고 그 열매를 먹을
것이니이다
31 유다 족속 중에 피하여 남은
자는 다시 아래로 뿌리를 박고
위로 열매를 맺으리니

32 이는 남은 자가 예루살렘에서
나오며 피하는 자가 시온 산에
서 나올 것임이라 만군의 여호
와의 열심이 이를 이루시리이다
33 그러므로 여호와께서 앗수르 왕
에 대하여 이같이 이르시되 그
가 이 성에 이르지 못하며 화
살 하나도 이리로 쏘지 못하며
방패를 가지고 성에 가까이 오
지도 못하며 흉벽을 쌓고 치지
도 못할 것이요
34 그가 오던 길 곧 그 길로 돌아
가고 이 성에 이르지 못하리라
나 여호와의 말이니라
35 대저 내가 나를 위하며 내 종
다윗을 위하여 이 성을 보호하
며 구원하리라 하셨나이다 하
니라
36 여호와의 사자가 나가서 앗수
르 진중에서 십팔만 오천인을
쳤으므로 아침에 일찍이 일어
나 본즉 시체뿐이라
37 이에 앗수르의 산헤립 왕이 떠
나 돌아가서 니느웨에 거주하
더니
38 자기 신 니스록의 신전에서 경
배할 때에 그의 아들 아드람멜
렉과 사레셀이 그를 칼로 죽이
고 아라랏 땅으로 도망하였으
므로 그의 아들 에살핫돈이 이
어 왕이 되니라

히스기야 왕의 발병과 회복
(왕하 20:1-11; 대하 32:24-26)

38 그때에 히스기야가 병들어
죽게 되니 아모스의 아들 선
지자 이사야가 나아가 그에게
이르되 여호와께서 이같이 말
씀하시기를 너는 네 집에 유언
하라 네가 죽고 살지 못하리라
하셨나이다 하니
2 히스기야가 얼굴을 벽으로 향하
고 여호와께 기도하여
3 이르되 여호와여 구하오니 내
가 주 앞에서 진실과 전심으로
행하며 주의 목전에서 선하게
행한 것을 기억하옵소서 하고
히스기야가 심히 통곡하니
4 이에 여호와의 말씀이 이사야
에게 임하여 이르시되
5 너는 가서 히스기야에게 이르기
를 네 조상 다윗의 하나님 여
호와께서 이같이 말씀하시기를
내가 네 기도를 들었고 네 눈
물을 보았노라 내가 네 수한에
십오 년을 더하고
6 너와 이 성을 앗수르 왕의 손

에서 건져내겠고 내가 또 이
성을 보호하리라
7 이는 여호와께로 말미암는 너
를 위한 징조이니 곧 여호와께
서 하신 말씀을 그가 이루신다
는 증거이니라
8 보라 아하스의 해시계에 나아
갔던 해 그림자를 뒤로 십 도
를 물러가게 하리라 하셨다
하라 하시더니 이에 해시계에
나아갔던 해의 그림자가 십 도
를 물러가니라
9 유다 왕 히스기야가 병들었다
가 그의 병이 나은 때에 기록
한 글이 이러하니라
10 내가 말하기를 나의 중년에
스올의 문에 들어가고 나의
여생을 빼앗기게 되리라 하
였도다
11 내가 또 말하기를 내가 다시
는 여호와를 뵈옵지 못하리
니 산 자의 땅에서 다시는
여호와를 뵈옵지 못하겠고
내가 세상의 거민 중에서 한
사람도 다시는 보지 못하리
라 하였도다
12 나의 거처는 목자의 장막을
걷음같이 나를 떠나 옮겨졌
고 직공이 베를 걷어 말음같
이 내가 내 생명을 말았도다
주께서 나를 틀에서 끊으시
리니 조석간에 나를 끝내시
리라
13 내가 아침까지 견디었사오나
주께서 사자같이 나의 모든
뼈를 꺾으시오니 조석간에
나를 끝내시리라
14 나는 제비같이, 학같이 지저
귀며 비둘기같이 슬피 울며
내 눈이 쇠하도록 앙망하나
이다 여호와여 내가 압제를
받사오니 나의 중보가 되옵소
서
15 주께서 내게 말씀하시고 또
친히 이루셨사오니 내가 무
슨 말씀을 하오리이까 내 영
혼의 고통으로 말미암아 내
가 종신토록 방황하리이다
16 주여 사람이 사는 것이 이에
있고 내 심령의 생명도 온전
히 거기에 있사오니 원하건
대 나를 치료하시며 나를 살
려 주옵소서
17 보옵소서 내게 큰 고통을 더
하신 것은 내게 평안을 주
려 하심이라 주께서 내 영혼

을 사랑하사 멸망의 구덩이
에서 건지셨고 내 모든 죄를
주의 등 뒤에 던지셨나이다
18 스올이 주께 감사하지 못하
며 사망이 주를 찬양하지 못
하며 구덩이에 들어간 자가
주의 신실을 바라지 못하되
19 오직 산 자 곧 산 자는 오늘
내가 하는 것과 같이 주께
감사하며 주의 신실을 아버
지가 그의 자녀에게 알게 하
리이다
20 여호와께서 나를 구원하시리
니 우리가 종신토록 여호와
의 전에서 수금으로 나의 노
래를 노래하리로다
21 이사야가 이르기를 한 뭉치 무
화과를 가져다가 종처에 붙이
면 왕이 나으리라 하였고
22 히스기야도 말하기를 내가 여
호와의 전에 올라갈 징조가 무
엇이냐 하였더라

바벨론에서 온 사자들 (왕하 20:12-19)

39 그때에 발라단의 아들 바벨
론 왕 므로닥발라단이 히스
기야가 병들었다가 나았다 함
을 듣고 히스기야에게 글과 예
물을 보낸지라
2 히스기야가 사자들로 말미암아
기뻐하여 그들에게 보물 창고
곧 은금과 향료와 보배로운 기
름과 모든 무기고에 있는 것을
다 보여주었으니 히스기야가
궁중의 소유와 전 국내의 소유
를 보이지 아니한 것이 없는지
라
3 이에 선지자 이사야가 히스기
야 왕에게 나아와 묻되 그 사
람들이 무슨 말을 하였으며 어
디서 왕에게 왔나이까 하니 히
스기야가 이르되 그들이 원방
곧 바벨론에서 내게 왔나이다
하니라
4 이사야가 이르되 그들이 왕의
궁전에서 무엇을 보았나이까
하니 히스기야가 대답하되 그
들이 내 궁전에 있는 것을 다
보았나이다 내 창고에 있는 것
으로 보이지 아니한 보물이 하
나도 없나이다 하니라
5 이사야가 히스기야에게 이르되
왕은 만군의 여호와의 말씀을
들으소서
6 보라 날이 이르리니 네 집에 있
는 모든 소유와 네 조상들이
오늘까지 쌓아 둔 것이 모두

바벨론으로 옮긴 바 되고 남을
것이 없으리라 여호와의 말이니
라
7 또 네게서 태어날 자손 중에서
몇이 사로잡혀 바벨론 왕궁의
환관이 되리라 하셨나이다 하
니
8 히스기야가 이사야에게 이르되
당신이 이른바 여호와의 말씀
이 좋소이다 하고 또 이르되 내
생전에는 평안과 견고함이 있
으리로다 하니라

희망의 말씀

40 너희의 하나님이 이르시되 너
희는 위로하라 내 백성을 위
로하라
2 너희는 예루살렘의 마음에 닿
도록 말하며 그것에게 외치라
그 노역의 때가 끝났고 그 죄
악이 사함을 받았느니라 그의
모든 죄로 말미암아 여호와의
손에서 벌을 배나 받았느니라
할지니라 하시니라
3 외치는 자의 소리여 이르되 너
희는 광야에서 여호와의 길을
예비하라 사막에서 우리 하나
님의 대로를 평탄하게 하라
4 골짜기마다 돋우어지며 산마
다, 언덕마다 낮아지며 고르지
아니한 곳이 평탄하게 되며 험
한 곳이 평지가 될 것이요
5 여호와의 영광이 나타나고 모
든 육체가 그것을 함께 보리라
이는 여호와의 입이 말씀하셨느
니라
6 말하는 자의 소리여 이르되 외
치라 대답하되 내가 무엇이라
외치리이까 하니 이르되 모든
육체는 풀이요 그의 모든 아름
다움은 들의 꽃과 같으니
7 풀은 마르고 꽃이 시듦은 여호
와의 기운이 그 위에 붊이라
이 백성은 실로 풀이로다
8 풀은 마르고 꽃은 시드나 우리
하나님의 말씀은 영원히 서리
라 하라
9 아름다운 소식을 시온에 전하
는 자여 너는 높은 산에 오르
라 아름다운 소식을 예루살렘
에 전하는 자여 너는 힘써 소
리를 높이라 두려워하지 말고
소리를 높여 유다의 성읍들에
게 이르기를 너희의 하나님을
보라 하라
10 보라 주 여호와께서 장차 강
한 자로 임하실 것이요 친히 그

의 팔로 다스리실 것이라 보라
상급이 그에게 있고 보응이 그
의 앞에 있으며
11 그는 목자같이 양 떼를 먹이시
며 어린 양을 그 팔로 모아 품
에 안으시며 젖 먹이는 암컷들
을 온순히 인도하시리로다

비교할 수 없는 하나님

12 누가 손바닥으로 바닷물을 헤
아렸으며 뼘으로 하늘을 쟀으
며 땅의 티끌을 되에 담아 보
았으며 접시 저울로 산들을, 막
대 저울로 언덕들을 달아 보았
으랴
13 누가 여호와의 영을 지도하였으
며 그의 모사가 되어 그를 가
르쳤으랴
14 그가 누구와 더불어 의논하셨으
며 누가 그를 교훈하였으며 그
에게 정의의 길로 가르쳤으며
지식을 가르쳤으며 통달의 도
를 보여주었느냐
15 보라 그에게는 열방이 통의 한
방울 물과 같고 저울의 작은
티끌 같으며 섬들은 떠오르는
먼지 같으리니
16 레바논은 땔감에도 부족하겠
고 그 짐승들은 번제에도 부족
할 것이라
17 그의 앞에는 모든 열방이 아무
것도 아니라 그는 그들을 없는
것같이, 빈 것같이 여기시느니
라
18 그런즉 너희가 하나님을 누구
와 같다 하겠으며 무슨 형상
을 그에게 비기겠느냐
19 우상은 장인이 부어 만들었고
장색이 금으로 입혔고 또 은사
슬을 만든 것이니라
20 궁핍한 자는 거제를 드릴 때
에 썩지 아니하는 나무를 택하
고 지혜로운 장인을 구하여 우
상을 만들어 흔들리지 아니하도
록 세우느니라
21 너희가 알지 못하였느냐 너희
가 듣지 못하였느냐 태초부터
너희에게 전하지 아니하였느냐
땅의 기초가 창조될 때부터 너
희가 깨닫지 못하였느냐
22 그는 땅 위 궁창에 앉으시나니
땅에 사는 사람들은 메뚜기 같
으니라 그가 하늘을 차일같이
펴셨으며 거주할 천막같이 치
셨고
23 귀인들을 폐하시며 세상의 사
사들을 헛되게 하시나니

24 그들은 겨우 심기고 겨우 뿌려
졌으며 그 줄기가 겨우 땅에
뿌리를 박자 곧 하나님이 입김
을 부시니 그들은 말라 회오리
바람에 불려 가는 초개 같도다
25 거룩하신 이가 이르시되 그런
즉 너희가 나를 누구에게 비교
하여 나를 그와 동등하게 하겠
느냐 하시니라
26 너희는 눈을 높이 들어 누가
이 모든 것을 창조하였나 보라
주께서는 수효대로 만상을 이
끌어내시고 그들의 모든 이름을
부르시나니 그의 권세가 크고
그의 능력이 강하므로 하나도
빠짐이 없느니라
27 야곱아 어찌하여 네가 말하며
이스라엘아 네가 이르기를 내
길은 여호와께 숨겨졌으며 내
송사는 내 하나님에게서 벗어
난다 하느냐
28 너는 알지 못하였느냐 듣지 못
하였느냐 영원하신 하나님 여
호와, 땅끝까지 창조하신 이는
피곤하지 않으시며 곤비하지
않으시며 명철이 한이 없으시
며
29 피곤한 자에게는 능력을 주시
며 무능한 자에게는 힘을 더하
시나니
30 소년이라도 피곤하며 곤비하며
장정이라도 넘어지며 쓰러지되
31 오직 여호와를 앙망하는 자는
새 힘을 얻으리니 독수리가 날
개 치며 올라감 같을 것이요
달음박질하여도 곤비하지 아니
하겠고 걸어가도 피곤하지 아
니하리로다

나 여호와가 응답하리라

41 섬들아 내 앞에 잠잠하라 민
족들아 힘을 새롭게 하라 가
까이 나아오라 그리고 말하라
우리가 서로 재판 자리에 가까
이 나아가자
2 누가 동방에서 사람을 일깨워
서 공의로 그를 불러 자기 발
앞에 이르게 하였느냐 열국을
그의 앞에 넘겨주며 그가 왕들
을 다스리게 하되 그들이 그의
칼에 티끌 같게, 그의 활에 불
리는 초개 같게 하매
3 그가 그들을 쫓아가서 그의 발
로 가 보지 못한 길을 안전히
지났나니
4 이 일을 누가 행하였느냐 누
가 이루었느냐 누가 처음부터

만대를 불러내었느냐 나 여호
와라 처음에도 나요 나중 있을
자에게도 내가 곧 그니라
5 섬들이 보고 두려워하며 땅끝
이 무서워 떨며 함께 모여 와
서
6 각기 이웃을 도우며 그 형제에
게 이르기를 너는 힘을 내라 하
고
7 목공은 금장색을 격려하며 망
치로 고르게 하는 자는 메질꾼
을 격려하며 이르되 땜질이 잘
된다 하니 그가 못을 단단히
박아 우상을 흔들리지 아니하
게 하는도다
8 그러나 나의 종 너 이스라엘아
내가 택한 야곱아 나의 벗 아
브라함의 자손아
9 내가 땅끝에서부터 너를 붙들
며 땅 모퉁이에서부터 너를 부
르고 네게 이르기를 너는 나의
종이라 내가 너를 택하고 싫어
하여 버리지 아니하였다 하였
노라
10 두려워하지 말라 내가 너와 함
께함이라 놀라지 말라 나는 네
하나님이 됨이라 내가 너를 굳
세게 하리라 참으로 너를 도와
주리라 참으로 나의 의로운 오
른손으로 너를 붙들리라
11 보라 네게 노하던 자들이 수치
와 욕을 당할 것이요 너와 다
투는 자들이 아무것도 아닌 것
같이 될 것이며 멸망할 것이라
12 네가 찾아도 너와 싸우던 자
들을 만나지 못할 것이요 너를
치는 자들은 아무것도 아닌 것
같고 허무한 것같이 되리니
13 이는 나 여호와 너의 하나님이
네 오른손을 붙들고 네게 이르
기를 두려워하지 말라 내가 너
를 도우리라 할 것임이니라
14 버러지 같은 너 야곱아 너희
이스라엘 사람들아 두려워하지
말라 나 여호와가 말하노니 내
가 너를 도울 것이라 네 구속
자는 이스라엘의 거룩한 이이니
라
15 보라 내가 너를 이가 날카로운
새 타작기로 삼으리니 네가 산
들을 쳐서 부스러기를 만들 것
이며 작은 산들을 겨같이 만들
것이라
16 네가 그들을 까부른즉 바람이
그들을 날리겠고 회오리바람이
그들을 흩어 버릴 것이로되 너

는 여호와로 말미암아 즐거워
하겠고 이스라엘의 거룩한 이
로 말미암아 자랑하리라
17 가련하고 가난한 자가 물을
구하되 물이 없어서 갈증으로
그들의 혀가 마를 때에 나 여
호와가 그들에게 응답하겠고
나 이스라엘의 하나님이 그들
을 버리지 아니할 것이라
18 내가 헐벗은 산에 강을 내며
골짜기 가운데에 샘이 나게
하며 광야가 못이 되게 하며
마른땅이 샘 근원이 되게 할
것이며
19 내가 광야에는 백향목과 싯딤
나무와 화석류와 들감람나무를
심고 사막에는 잣나무와 소나
무와 황양목을 함께 두리니
20 무리가 보고 여호와의 손이 지
으신 바요 이스라엘의 거룩한
이가 이것을 창조하신 바인 줄
알며 함께 헤아리며 깨달으리
라

여호와께서 거짓 신들에게 말씀하시다

21 나 여호와가 말하노니 너희 우
상들은 소송하라 야곱의 왕이
말하노니 너희는 확실한 증거
를 보이라
22 장차 당할 일을 우리에게 진
술하라 또 이전 일이 어떠한
것도 알게 하라 우리가 마음에
두고 그 결말을 알아보리라 혹
앞으로 올 일을 듣게 하며
23 뒤에 올 일을 알게 하라 그리
하면 너희가 신들인 줄 우리가
알리라 또 복을 내리든지 재난
을 내리든지 하라 우리가 함께
보고 놀라리라
24 보라 너희는 아무것도 아니며
너희 일은 허망하며 너희를 택
한 자는 가증하니라
25 내가 한 사람을 일으켜 북방에
서 오게 하며 내 이름을 부르
는 자를 해 돋는 곳에서 오게
하였나니 그가 이르러 고관들
을 석회같이, 토기장이가 진흙
을 밟음같이 하리니
26 누가 처음부터 이 일을 알게
하여 우리가 알았느냐 누가 이
전부터 알게 하여 우리가 옳다
고 말하게 하였느냐 알게 하
는 자도 없고 들려주는 자도
없고 너희 말을 듣는 자도 없도
다
27 내가 비로소 시온에게 너희는
이제 그들을 보라 하였노라 내

가 기쁜 소식을 전할 자를 예
루살렘에 주리라
28 내가 본즉 한 사람도 없으며
내가 물어도 그들 가운데에 한
말도 대답할 조언자가 없도다
29 보라 그들은 다 헛되며 그들의
행사는 허무하며 그들이 부어
만든 우상들은 바람이요 공허
한 것뿐이니라

주의 종

42 내가 붙드는 나의 종, 내 마
음에 기뻐하는 자 곧 내가
택한 사람을 보라 내가 나의
영을 그에게 주었은즉 그가 이
방에 정의를 베풀리라
2 그는 외치지 아니하며 목소리
를 높이지 아니하며 그 소리를
거리에 들리게 하지 아니하며
3 상한 갈대를 꺾지 아니하며
꺼져가는 등불을 끄지 아니하
고 진실로 정의를 시행할 것이
며
4 그는 쇠하지 아니하며 낙담하
지 아니하고 세상에 정의를 세
우기에 이르리니 섬들이 그 교
훈을 앙망하리라
5 하늘을 창조하여 펴시고 땅과
그 소산을 내시며 땅 위의 백
성에게 호흡을 주시며 땅에 행
하는 자에게 영을 주시는 하나
님 여호와께서 이같이 말씀하
시되
6 나 여호와가 의로 너를 불렀은
즉 내가 네 손을 잡아 너를 보
호하며 너를 세워 백성의 언약
과 이방의 빛이 되게 하리니
7 네가 눈먼 자들의 눈을 밝히며
갇힌 자를 감옥에서 이끌어내
며 흑암에 앉은 자를 감방에
서 나오게 하리라
8 나는 여호와이니 이는 내 이름
이라 나는 내 영광을 다른 자
에게, 내 찬송을 우상에게 주
지 아니하리라
9 보라 전에 예언한 일이 이미
이루어졌느니라 이제 내가 새
일을 알리노라 그 일이 시작되
기 전에라도 너희에게 이르노
라

새 노래로 찬송하라

10 항해하는 자들과 바다 가운데
의 만물과 섬들과 거기에 사는
사람들아 여호와께 새 노래로
노래하며 땅끝에서부터 찬송하
라
11 광야와 거기에 있는 성읍들과

게달 사람이 사는 마을들은 소
리를 높이라 셀라의 주민들은
노래하며 산꼭대기에서 즐거이
부르라
12 여호와께 영광을 돌리며 섬들
중에서 그의 찬송을 전할지어
다
13 여호와께서 용사같이 나가시며
전사같이 분발하여 외쳐 크게
부르시며 그 대적을 크게 치시
리로다

구원의 약속

14 내가 오랫동안 조용하며 잠잠
하고 참았으나 내가 해산하는
여인같이 부르짖으리니 숨이 차
서 심히 헐떡일 것이라
15 내가 산들과 언덕들을 황폐하
게 하며 그 모든 초목들을 마르
게 하며 강들이 섬이 되게 하
며 못들을 마르게 할 것이며
16 내가 맹인들을 그들이 알지 못
하는 길로 이끌며 그들이 알지
못하는 지름길로 인도하며 암흑
이 그 앞에서 광명이 되게 하
며 굽은 데를 곧게 할 것이라
내가 이 일을 행하여 그들을
버리지 아니하리니
17 조각한 우상을 의지하며 부어
만든 우상을 향하여 너희는 우
리의 신이라 하는 자는 물리침
을 받아 크게 수치를 당하리라

백성들이 깨닫지 못하다

18 너희 못 듣는 자들아 들으라 너
희 맹인들아 밝히 보라
19 맹인이 누구냐 내 종이 아니냐
누가 내가 보내는 내 사자같
이 못 듣는 자겠느냐 누가 내
게 충성된 자같이 맹인이겠느
냐 누가 여호와의 종같이 맹인
이겠느냐
20 네가 많은 것을 볼지라도 유의
하지 아니하며 귀가 열려 있을
지라도 듣지 아니하는도다
21 여호와께서 그의 의로 말미암
아 기쁨으로 교훈을 크게 하며
존귀하게 하려 하셨으나
22 이 백성이 도둑맞으며 탈취를
당하며 다 굴속에 잡히며 옥
에 갇히도다 노략을 당하되 구
할 자가 없고 탈취를 당하되
되돌려 주라 말할 자가 없도다
23 너희 중에 누가 이 일에 귀를
기울이겠느냐 누가 뒤에 올 일
을 삼가 듣겠느냐
24 야곱이 탈취를 당하게 하신
자가 누구냐 이스라엘을 약탈

자들에게 넘기신 자가 누구냐
여호와가 아니시냐 우리가 그
에게 범죄하였도다 그들이 그
의 길로 다니기를 원하지 아니
하며 그의 교훈을 순종하지 아
니하였도다
25 그러므로 여호와께서 맹렬한
진노와 전쟁의 위력을 이스라
엘에게 쏟아부으시매 그 사방
에서 불타오르나 깨닫지 못하
며 몸이 타나 마음에 두지 아
니하는도다

구원의 약속

43 야곱아 너를 창조하신 여호
와께서 지금 말씀하시느니라
이스라엘아 너를 지으신 이가
말씀하시느니라 너는 두려워하
지 말라 내가 너를 구속하였고
내가 너를 지명하여 불렀나니
너는 내 것이라
2 네가 물 가운데로 지날 때에
내가 너와 함께할 것이라 강
을 건널 때에 물이 너를 침몰
하지 못할 것이며 네가 불 가
운데로 지날 때에 타지도 아니
할 것이요 불꽃이 너를 사르지
도 못하리니
3 대저 나는 여호와 네 하나님이
요 이스라엘의 거룩한 이요 네
구원자임이라 내가 애굽을 너
의 속량물로, 구스와 스바를 너
를 대신하여 주었노라
4 네가 내 눈에 보배롭고 존귀하
며 내가 너를 사랑하였은즉 내
가 네 대신 사람들을 내어 주
며 백성들이 네 생명을 대신하
리니
5 두려워하지 말라 내가 너와 함
께하여 네 자손을 동쪽에서부
터 오게 하며 서쪽에서부터 너
를 모을 것이며
6 내가 북쪽에게 이르기를 내놓으
라 남쪽에게 이르기를 가두어
두지 말라 내 아들들을 먼 곳
에서 이끌며 내 딸들을 땅끝에
서 오게 하며
7 내 이름으로 불려지는 모든 자
곧 내가 내 영광을 위하여 창
조한 자를 오게 하라 그를 내
가 지었고 그를 내가 만들었느
니라

이스라엘은 여호와의 증인

8 눈이 있어도 보지 못하고 귀가
있어도 듣지 못하는 백성을 이
끌어내라
9 열방은 모였으며 민족들이 회

집하였는데 그들 중에 누가 이
일을 알려 주며 이전 일들을
우리에게 들려주겠느냐 그들이
그들의 증인을 세워서 자기들
의 옳음을 나타내고 듣는 자들
이 옳다고 말하게 하여 보라
10 나 여호와가 말하노라 너희는
나의 증인, 나의 종으로 택함을
입었나니 이는 너희가 나를 알
고 믿으며 내가 그인 줄 깨달
게 하려 함이라 나의 전에 지
음을 받은 신이 없었느니라 나
의 후에도 없으리라
11 나 곧 나는 여호와라 나 외에
구원자가 없느니라
12 내가 알려 주었으며 구원하였
으며 보였고 너희 중에 다른
신이 없었나니 그러므로 너희는
나의 증인이요 나는 하나님이니
라 여호와의 말씀이니라
13 과연 태초로부터 나는 그이니
내 손에서 건질 자가 없도다
내가 행하리니 누가 막으리요

바벨론으로부터 빠져나오다

14 너희의 구속자요 이스라엘의 거
룩한 이 여호와가 말하노라 너
희를 위하여 내가 바벨론에 사
람을 보내어 모든 갈대아 사람
에게 자기들이 연락하던 배를
타고 도망하여 내려가게 하리
라
15 나는 여호와 너희의 거룩한 이
요 이스라엘의 창조자요 너희
의 왕이니라
16 나 여호와가 이같이 말하노라
바다 가운데에 길을, 큰물 가운
데에 지름길을 내고
17 병거와 말과 군대의 용사를 이
끌어내어 그들이 일시에 엎드러
져 일어나지 못하고 소멸하기
를 꺼져가는 등불 같게 하였느
니라
18 너희는 이전 일을 기억하지 말
며 옛날 일을 생각하지 말라
19 보라 내가 새 일을 행하리니
이제 나타낼 것이라 너희가 그
것을 알지 못하겠느냐 반드시
내가 광야에 길을 사막에 강
을 내리니
20 장차 들짐승 곧 승냥이와 타조
도 나를 존경할 것은 내가 광
야에 물을, 사막에 강들을 내
어 내 백성, 내가 택한 자에게
마시게 할 것임이라
21 이 백성은 내가 나를 위하여
지었나니 나를 찬송하게 하려

함이니라

이스라엘의 죄

22 그러나 야곱아 너는 나를 부르
지 아니하였고 이스라엘아 너
는 나를 괴롭게 여겼으며
23 네 번제의 양을 내게로 가져오
지 아니하였고 네 제물로 나를
공경하지 아니하였느니라 나는
제물로 말미암아 너를 수고롭
게 하지 아니하였고 유향으로
말미암아 너를 괴롭게 하지 아
니하였거늘
24 너는 나를 위하여 돈으로 향품
을 사지 아니하며 희생의 기름
으로 나를 흡족하게 하지 아니
하고 네 죄짐으로 나를 수고롭
게 하며 네 죄악으로 나를 괴롭
게 하였느니라
25 나 곧 나는 나를 위하여 네 허
물을 도말하는 자니 네 죄를
기억하지 아니하리라
26 너는 나에게 기억이 나게 하라
우리가 함께 변론하자 너는 말
하여 네가 의로움을 나타내라
27 네 시조가 범죄하였고 너의 교
사들이 나를 배반하였나니
28 그러므로 내가 성소의 어른들을
욕되게 하며 야곱이 진멸당하
도록 내어 주며 이스라엘이 비
방거리가 되게 하리라

나 외에 다른 신이 없다

44 나의 종 야곱, 내가 택한 이
스라엘아 이제 들으라
2 너를 만들고 너를 모태에서부
터 지어낸 너를 도와줄 여호와
가 이같이 말하노라 나의 종
야곱, 내가 택한 여수룬아 두려
워하지 말라
3 나는 목마른 자에게 물을 주며
마른땅에 시내가 흐르게 하며
나의 영을 네 자손에게, 나의
복을 네 후손에게 부어 주리니
4 그들이 풀 가운데에서 솟아나
기를 시냇가의 버들같이 할 것
이라
5 한 사람은 이르기를 나는 여호
와께 속하였다 할 것이며 또
한 사람은 야곱의 이름으로 자
기를 부를 것이며 또 다른 사
람은 자기가 여호와께 속하였
음을 그의 손으로 기록하고 이
스라엘의 이름으로 존귀히 여김
을 받으리라
6 이스라엘의 왕인 여호와, 이스
라엘의 구원자인 만군의 여호
와가 이같이 말하노라 나는 처

음이요 나는 마지막이라 나 외
에 다른 신이 없느니라
7 내가 영원한 백성을 세운 이후
로 나처럼 외치며 알리며 나에
게 설명할 자가 누구냐 있거든
될 일과 장차 올 일을 그들에
게 알릴지어다
8 너희는 두려워하지 말며 겁내
지 말라 내가 예로부터 너희에
게 듣게 하지 아니하였느냐 알
리지 아니하였느냐 너희는 나
의 증인이라 나 외에 신이 있
겠느냐 과연 반석은 없나니 다
른 신이 있음을 내가 알지 못
하노라

우상은 무익한 것

9 우상을 만드는 자는 다 허망하
도다 그들이 원하는 것들은 무
익한 것이거늘 그것들의 증인들
은 보지도 못하며 알지도 못하
니 그러므로 수치를 당하리라
10 신상을 만들며 무익한 우상을
부어 만든 자가 누구냐
11 보라 그와 같은 무리들이 다
수치를 당할 것이라 그 대장
장이들은 사람일 뿐이라 그들
이 다 모여 서서 두려워하며
함께 수치를 당할 것이니라
12 철공은 철로 연장을 만들고 숯
불로 일하며 망치를 가지고 그
것을 만들며 그의 힘센 팔로
그 일을 하나 배가 고프면 기
운이 없고 물을 마시지 아니하
면 피로하니라
13 목공은 줄을 늘여 재고 붓으로
긋고 대패로 밀고 곡선자로 그
어 사람의 아름다움을 따라 사
람의 모양을 만들어 집에 두게
하며
14 그는 자기를 위하여 백향목을
베며 디르사 나무와 상수리나무
를 취하며 숲의 나무들 가운데
에서 자기를 위하여 한 나무를
정하며 나무를 심고 비를 맞고
자라게도 하느니라
15 이 나무는 사람이 땔감을 삼는
것이거늘 그가 그것을 가지고
자기 몸을 덥게도 하고 불을
피워 떡을 굽기도 하고 신상을
만들어 경배하며 우상을 만들
고 그 앞에 엎드리기도 하는구
나
16 그중의 절반은 불에 사르고 그
절반으로는 고기를 구워 먹고
배불리며 또 몸을 덥게 하여
이르기를 아하 따뜻하다 내가

불을 보았구나 하면서
17 그 나머지로 신상 곧 자기의
우상을 만들고 그 앞에 엎드려
경배하며 그것에게 기도하여
이르기를 너는 나의 신이니 나
를 구원하라 하는도다
18 그들이 알지도 못하고 깨닫지
도 못함은 그들의 눈이 가려서
보지 못하며 그들의 마음이 어
두워져서 깨닫지 못함이니라
19 마음에 생각도 없고 지식도 없
고 총명도 없으므로 내가 그것
의 절반을 불사르고 또한 그
숯불 위에서 떡도 굽고 고기도
구워 먹었거늘 내가 어찌 그
나머지로 가증한 물건을 만들
겠으며 내가 어찌 그 나무 토
막 앞에 굴복하리요 말하지 아
니하니
20 그는 재를 먹고 허탄한 마음에
미혹되어 자기의 영혼을 구원
하지 못하며 나의 오른손에 거
짓 것이 있지 아니하냐 하지도
못하느니라

창조자요 구속자이신 여호와

21 야곱아 이스라엘아 이 일을 기
억하라 너는 내 종이니라 내가
너를 지었으니 너는 내 종이니
라 이스라엘아 너는 나에게 잊
혀지지 아니하리라
22 내가 네 허물을 빽빽한 구름같
이, 네 죄를 안개같이 없이하였
으니 너는 내게로 돌아오라 내
가 너를 구속하였음이니라
23 여호와께서 이 일을 행하셨으
니 하늘아 노래할지어다 땅의
깊은 곳들아 높이 부를지어다
산들아 숲과 그 가운데의 모든
나무들아 소리 내어 노래할지어
다 여호와께서 야곱을 구속하
셨으니 이스라엘 중에 자기의
영광을 나타내실 것임이로다
24 네 구속자요 모태에서 너를 지
은 나 여호와가 이같이 말하노
라 나는 만물을 지은 여호와라
홀로 하늘을 폈으며 나와 함께
한 자 없이 땅을 펼쳤고
25 헛된 말을 하는 자들의 징표를
폐하며 점치는 자들을 미치게
하며 지혜로운 자들을 물리쳐
그들의 지식을 어리석게 하며
26 그의 종의 말을 세워 주며 그
의 사자들의 계획을 성취하게
하며 예루살렘에 대하여는 이
르기를 거기에 사람이 살리라
하며 유다 성읍들에 대하여는

중건될 것이라 내가 그 황폐
한 곳들을 복구시키리라 하며
27 깊음에 대하여는 이르기를 마
르라 내가 네 강물들을 마르게
하리라 하며
28 고레스에 대하여는 이르기를
내 목자라 그가 나의 모든 기
쁨을 성취하리라 하며 예루살
렘에 대하여는 이르기를 중건
되리라 하며 성전에 대하여는
네 기초가 놓여지리라 하는 자
니라

여호와께서 고레스를 세우시다

45 여호와께서 그의 기름부음을
받은 고레스에게 이같이 말
씀하시되 내가 그의 오른손을
붙들고 그 앞에 열국을 항복하
게 하며 내가 왕들의 허리를
풀어 그 앞에 문들을 열고 성
문들이 닫히지 못하게 하리라
2 내가 너보다 앞서가서 험한 곳
을 평탄하게 하며 놋문을 쳐서
부수며 쇠빗장을 꺾고
3 네게 흑암 중의 보화와 은밀
한 곳에 숨은 재물을 주어 네
이름을 부르는 자가 나 여호와
이스라엘의 하나님인 줄을 네
가 알게 하리라
4 내가 나의 종 야곱, 내가 택한
자 이스라엘을 위하여 네 이름
을 불러 너는 나를 알지 못하
였을지라도 네게 칭호를 주었노
라
5 나는 여호와라 나 외에 다른
이가 없나니 나밖에 신이 없느
니라 너는 나를 알지 못하였을
지라도 나는 네 띠를 동일 것이
요
6 해 뜨는 곳에서든지 지는 곳에
서든지 나밖에 다른 이가 없는
줄을 알게 하리라 나는 여호와
라 다른 이가 없느니라
7 나는 빛도 짓고 어둠도 창조하
며 나는 평안도 짓고 환난도
창조하나니 나는 여호와라 이
모든 일들을 행하는 자니라 하
였노라
8 하늘이여 위로부터 공의를 뿌리
며 구름이여 의를 부을지어다
땅이여 열려서 구원을 싹트게
하고 공의도 함께 움돋게 할지
어다 나 여호와가 이 일을 창
조하였느니라

창조의 주, 역사의 주

9 질그릇 조각 중 한 조각 같은
자가 자기를 지으신 이와 더불

어 다툴진대 화 있을진저 진흙
이 토기장이에게 너는 무엇을
만드느냐 또는 네가 만든 것이
그는 손이 없다 말할 수 있겠
느냐
10 아버지에게는 무엇을 낳았소
하고 묻고 어머니에게는 무엇
을 낳으려고 해산의 수고를 하
였소 하고 묻는 자는 화 있을
진저
11 이스라엘의 거룩하신 이 곧 이
스라엘을 지으신 여호와께서
이같이 이르시되 너희가 장래
일을 내게 물으며 또 내 아들
들과 내 손으로 한 일에 관하
여 내게 명령하려느냐
12 내가 땅을 만들고 그 위에 사
람을 창조하였으며 내가 내 손
으로 하늘을 펴고 하늘의 모든
군대에게 명령하였노라
13 내가 공의로 그를 일으킨지라
그의 모든 길을 곧게 하리니 그
가 나의 성읍을 건축할 것이며
사로잡힌 내 백성을 값이나 갚
음이 없이 놓으리라 만군의 여
호와의 말이니라 하셨느니라
14 여호와께서 이같이 말씀하시
되 애굽의 소득과 구스가 무역
한 것과 스바의 장대한 남자들
이 네게로 건너와서 네게 속할
것이요 그들이 너를 따를 것이
라 사슬에 매여 건너와서 네게
굴복하고 간구하기를 하나님이
과연 네게 계시고 그 외에는
다른 하나님이 없다 하리라 하
시니라
15 구원자 이스라엘의 하나님이여
진실로 주는 스스로 숨어 계시
는 하나님이시니이다
16 우상을 만드는 자는 부끄러움
을 당하며 욕을 받아 다 함께
수욕 중에 들어갈 것이로되
17 이스라엘은 여호와께 구원을
받아 영원한 구원을 얻으리니
너희가 영원히 부끄러움을 당
하거나 욕을 받지 아니하리로
다
18 대저 여호와께서 이같이 말씀
하시되 하늘을 창조하신 이 그
는 하나님이시니 그가 땅을 지
으시고 그것을 만드셨으며 그
것을 견고하게 하시되 혼돈하
게 창조하지 아니하시고 사람
이 거주하게 그것을 지으셨으
니 나는 여호와라 나 외에 다
른 이가 없느니라

19 나는 감추어진 곳과 캄캄한
땅에서 말하지 아니하였으며
야곱 자손에게 너희가 나를 혼
돈 중에서 찾으라고 이르지 아
니하였노라 나 여호와는 의를
말하고 정직한 것을 알리느니
라

구원을 베푸시는 분은 하나님

20 열방 중에서 피난한 자들아 너
희는 모여 오라 함께 가까이
나아오라 나무 우상을 가지고
다니며 구원하지 못하는 신에
게 기도하는 자들은 무지한 자
들이니라
21 너희는 알리며 진술하고 또 함
께 의논하여 보라 이 일을 옛
부터 듣게 한 자가 누구냐 이
전부터 그것을 알게 한 자가
누구냐 나 여호와가 아니냐 나
외에 다른 신이 없나니 나는
공의를 행하며 구원을 베푸는
하나님이라 나 외에 다른 이가
없느니라
22 땅의 모든 끝이여 내게로 돌이
켜 구원을 받으라 나는 하나님
이라 다른 이가 없느니라
23 내가 나를 두고 맹세하기를 내
입에서 공의로운 말이 나갔은
즉 돌아오지 아니하나니 내게
모든 무릎이 꿇겠고 모든 혀가
맹세하리라 하였노라
24 내게 대한 어떤 자의 말에 공
의와 힘은 여호와께만 있나니
사람들이 그에게로 나아갈 것
이라 무릇 그에게 노하는 자는
부끄러움을 당하리라 그러나
25 이스라엘 자손은 다 여호와로
말미암아 의롭다 함을 얻고 자
랑하리라 하느니라

46 벨은 엎드러졌고 느보는 구
부러졌도다 그들의 우상들은
짐승과 가축에게 실렸으니 너
희가 떠메고 다니던 그것들이
피곤한 짐승의 무거운 짐이 되
었도다
2 그들은 구부러졌고 그들은 일
제히 엎드러졌으므로 그 짐을
구하여 내지 못하고 자기들도
잡혀갔느니라
3 야곱의 집이여 이스라엘 집에
남은 모든 자여 내게 들을지어
다 배에서 태어남으로부터 내
게 안겼고 태에서 남으로부터
내게 업힌 너희여
4 너희가 노년에 이르기까지 내
가 그리하겠고 백발이 되기까

지 내가 너희를 품을 것이라
내가 지었은즉 내가 업을 것이
요 내가 품고 구하여 내리라
5 너희가 나를 누구에게 비기며
누구와 짝하며 누구와 비교하
여 서로 같다 하겠느냐
6 사람들이 주머니에서 금을 쏟
아 내며 은을 저울에 달아 도
금장이에게 주고 그것으로 신
을 만들게 하고 그것에게 엎드
려 경배하며
7 그것을 들어 어깨에 메어다가
그의 처소에 두면 그것이 서
있고 거기에서 능히 움직이지
못하며 그에게 부르짖어도 능
히 응답하지 못하며 고난에서
구하여 내지도 못하느니라
8 너희 패역한 자들아 이 일을
기억하고 장부가 되라 이 일을
마음에 두라
9 너희는 옛적 일을 기억하라 나
는 하나님이라 나 외에 다른
이가 없느니라 나는 하나님이라
나 같은 이가 없느니라
10 내가 시초부터 종말을 알리며
아직 이루지 아니한 일을 옛적
부터 보이고 이르기를 나의 뜻
이 설 것이니 내가 나의 모든
기뻐하는 것을 이루리라 하였
노라
11 내가 동쪽에서 사나운 날짐승
을 부르며 먼 나라에서 나의
뜻을 이룰 사람을 부를 것이라
내가 말하였은즉 반드시 이룰
것이요 계획하였은즉 반드시 시
행하리라
12 마음이 완악하여 공의에서 멀
리 떠난 너희여 내게 들으라
13 내가 나의 공의를 가깝게 할
것인즉 그것이 멀지 아니하나
니 나의 구원이 지체하지 아니
할 것이라 내가 나의 영광인
이스라엘을 위하여 구원을 시
온에 베풀리라

바벨론 심판

47 처녀 딸 바벨론이여 내려와
서 티끌에 앉으라 딸 갈대
아여 보좌가 없어졌으니 땅에
앉으라 네가 다시는 곱고 아리
땁다 일컬음을 받지 못할 것임
이라
2 맷돌을 가지고 가루를 갈고 너
울을 벗으며 치마를 걷어 다리
를 드러내고 강을 건너라
3 네 속살이 드러나고 네 부끄러
운 것이 보일 것이라 내가 보복

하되 사람을 아끼지 아니하리
라
4 우리의 구원자는 그의 이름이
만군의 여호와 이스라엘의 거
룩한 이시니라
5 딸 갈대아여 잠잠히 앉으라
흑암으로 들어가라 네가 다시
는 여러 왕국의 여주인이라 일
컬음을 받지 못하리라
6 전에 내가 내 백성에게 노하여
내 기업을 욕되게 하여 그들을
네 손에 넘겨주었거늘 네가 그
들을 긍휼히 여기지 아니하고
늙은이에게 네 멍에를 심히 무
겁게 메우며
7 말하기를 내가 영영히 여주인
이 되리라 하고 이 일을 네 마
음에 두지도 아니하며 그들의
종말도 생각하지 아니하였도다
8 그러므로 사치하고 평안히 지
내며 마음에 이르기를 나뿐이라
나 외에 다른 이가 없도다 나
는 과부로 지내지도 아니하며
자녀를 잃어버리는 일도 모르리
라 하는 자여 너는 이제 들을
지어다
9 한 날에 갑자기 자녀를 잃으
며 과부가 되는 이 두 가지 일
이 네게 임할 것이라 네가 무
수한 주술과 많은 주문을 빌릴
지라도 이 일이 온전히 네게
임하리라
10 네가 네 악을 의지하고 스스로
이르기를 나를 보는 자가 없다
하나니 네 지혜와 네 지식이
너를 유혹하였음이라 네 마음
에 이르기를 나뿐이라 나 외에
다른 이가 없다 하였으므로
11 재앙이 네게 임하리라 그러나
네가 그 근원을 알지 못할 것
이며 손해가 네게 이르리라 그
러나 이를 물리칠 능력이 없을
것이며 파멸이 홀연히 네게 임
하리라 그러나 네가 알지 못할
것이니라
12 이제 너는 젊어서부터 힘쓰던
주문과 많은 주술을 가지고 맞
서 보라 혹시 유익을 얻을 수
있을는지, 혹시 놀라게 할 수
있을는지,
13 네가 많은 계략으로 말미암아
피곤하게 되었도다 하늘을 살
피는 자와 별을 보는 자와 초
하룻날에 예고하는 자들에게
일어나 네게 임할 그 일에서
너를 구원하게 하여 보라

14 보라 그들은 초개 같아서 불에
타리니 그 불꽃의 세력에서 스
스로 구원하지 못할 것이라 이
불은 덥게 할 숯불이 아니요
그 앞에 앉을 만한 불도 아니
니라
15 네가 같이 힘쓰던 자들이 네게
이같이 되리니 어려서부터 너
와 함께 장사하던 자들이 각
기 제 길로 흩어지고 너를 구원
할 자가 없으리라

하나님께서 새 일을 약속하시다

48 야곱의 집이여 이를 들을지어
다 너희는 이스라엘의 이름
으로 일컬음을 받으며 유다의
허리에서 나왔으며 여호와의 이
름으로 맹세하며 이스라엘의
하나님을 기념하면서도 진실이
없고 공의가 없도다
2 그들은 거룩한 성 출신이라고
스스로 부르며 이스라엘의 하나
님을 의지한다 하며 그의 이름
이 만군의 여호와라고 하나
3 내가 예로부터 처음 일들을 알
게 하였고 내 입에서 그것들이
나갔으며 또 내가 그것들을 듣
게 하였고 내가 홀연히 행하
여 그 일들이 이루어졌느니라
4 내가 알거니와 너는 완고하며
네 목은 쇠의 힘줄이요 네 이마
는 놋이라
5 그러므로 내가 이 일을 예로부
터 네게 알게 하였고 일이 이
루어지기 전에 그것을 네게 듣
게 하였느니라 그것을 네가 듣
게 하여 네가 이것을 내 신이
행한 바요 내가 새긴 신상과
부어 만든 신상이 명령한 바
라 말하지 못하게 하였느니라
6 네가 들었으니 이 모든 것을 보
라 너희가 선전하지 아니하겠
느냐 이제부터 내가 새 일 곧
네가 알지 못하던 은비한 일을
네게 듣게 하노니
7 이 일들은 지금 창조된 것이요
옛것이 아니라 오늘 이전에는
네가 듣지 못하였으니 이는 네
가 말하기를 내가 이미 알았노
라 하지 못하게 하려 함이라
8 네가 과연 듣지도 못하였고 알
지도 못하였으며 네 귀가 옛적
부터 열리지 못하였나니 이는
네가 정녕 배신하여 모태에서
부터 네가 배역한 자라 불린
줄을 내가 알았음이라
9 내 이름을 위하여 내가 노하기

를 더디 할 것이며 내 영광을
위하여 내가 참고 너를 멸절하
지 아니하리라
10 보라 내가 너를 연단하였으나
은처럼 하지 아니하고 너를 고
난의 풀무불에서 택하였노라
11 나는 나를 위하며 나를 위하여
이를 이룰 것이라 어찌 내 이
름을 욕되게 하리요 내 영광을
다른 자에게 주지 아니하리라

처음이요 마지막이신 분

12 야곱아 내가 부른 이스라엘아
내게 들으라 나는 그니 나는 처
음이요 또 나는 마지막이라
13 과연 내 손이 땅의 기초를 정
하였고 내 오른손이 하늘을 폈
나니 내가 그들을 부르면 그것
들이 일제히 서느니라
14 너희는 다 모여 들으라 나 여호
와가 사랑하는 자는 나의 기뻐
하는 뜻을 바벨론에 행하리니
그의 팔이 갈대아인에게 임할
것이라 그들 중에 누가 이 일
들을 알게 하였느냐
15 나 곧 내가 말하였고 또 내가
그를 부르며 그를 인도하였나니
그 길이 형통하리라
16 너희는 내게 가까이 나아와 이
것을 들으라 내가 처음부터 비
밀히 말하지 아니하였나니 그
것이 있을 때부터 내가 거기에
있었노라 하셨느니라 이제는
주 여호와께서 나와 그의 영을
보내셨느니라

백성을 인도하시는 하나님

17 너희의 구속자시요 이스라엘의
거룩하신 이이신 여호와께서
이르시되 나는 네게 유익하도록
가르치고 너를 마땅히 행할 길
로 인도하는 네 하나님 여호와
라
18 네가 나의 명령에 주의하였더
라면 네 평강이 강과 같았겠
고 네 공의가 바다 물결 같았
을 것이며
19 네 자손이 모래 같았겠고 네
몸의 소생이 모래알 같아서 그
의 이름이 내 앞에서 끊어지지
아니하였겠고 없어지지 아니하
였으리라 하셨느니라
20 너희는 바벨론에서 나와서 갈
대아인을 피하고 즐거운 소리
로 이를 알게 하여 들려주며
땅끝까지 반포하여 이르기를
여호와께서 그의 종 야곱을 구
속하셨다 하라

21 여호와께서 그들을 사막으로 통
과하게 하시던 때에 그들이 목
마르지 아니하게 하시되 그들
을 위하여 바위에서 물이 흘러
나게 하시며 바위를 쪼개사 물
이 솟아나게 하셨느니라
22 여호와께서 말씀하시되 악인에
게는 평강이 없다 하셨느니라

이방의 빛 이스라엘

49 섬들아 내게 들으라 먼 곳
백성들아 귀를 기울이라 여호
와께서 태에서부터 나를 부르
셨고 내 어머니의 복중에서부
터 내 이름을 기억하셨으며
2 내 입을 날카로운 칼같이 만드
시고 나를 그의 손 그늘에 숨
기시며 나를 갈고 닦은 화살로
만드사 그의 화살통에 감추시
고
3 내게 이르시되 너는 나의 종이
요 내 영광을 네 속에 나타낼
이스라엘이라 하셨느니라
4 그러나 나는 말하기를 내가 헛
되이 수고하였으며 무익하게
공연히 내 힘을 다하였다 하였
도다 참으로 나에 대한 판단이
여호와께 있고 나의 보응이 나
의 하나님께 있느니라
5 이제 여호와께서 말씀하시나니
그는 태에서부터 나를 그의 종
으로 지으신 이시요 야곱을 그
에게로 돌아오게 하시는 이시니
이스라엘이 그에게로 모이는도
다 그러므로 내가 여호와 보시
기에 영화롭게 되었으며 나의
하나님은 나의 힘이 되셨도다
6 그가 이르시되 네가 나의 종이
되어 야곱의 지파들을 일으키
며 이스라엘 중에 보전된 자를
돌아오게 할 것은 매우 쉬운
일이라 내가 또 너를 이방의 빛
으로 삼아 나의 구원을 베풀어
서 땅끝까지 이르게 하리라
7 이스라엘의 구속자 이스라엘의
거룩한 이이신 여호와께서 사
람에게 멸시를 당하는 자, 백
성에게 미움을 받는 자, 관원
들에게 종이 된 자에게 이같이
이르시되 왕들이 보고 일어서며
고관들이 경배하리니 이는 이스
라엘의 거룩하신 이 신실하신
여호와 그가 너를 택하였음이니
라

예루살렘의 회복

8 여호와께서 이같이 이르시되 은
혜의 때에 내가 네게 응답하

였고 구원의 날에 내가 너를
도왔도다 내가 장차 너를 보호
하여 너를 백성의 언약으로 삼
으며 나라를 일으켜 그들에게
그 황무하였던 땅을 기업으로
상속하게 하리라
9 내가 잡혀 있는 자에게 이르기
를 나오라 하며 흑암에 있는
자에게 나타나라 하리라 그들
이 길에서 먹겠고 모든 헐벗은
산에도 그들의 풀밭이 있을 것
인즉
10 그들이 주리거나 목마르지 아니
할 것이며 더위와 볕이 그들을
상하지 아니하리니 이는 그들
을 긍휼히 여기는 이가 그들을
이끌되 샘물 근원으로 인도할
것임이라
11 내가 나의 모든 산을 길로 삼
고 나의 대로를 돋우리니
12 어떤 사람은 먼 곳에서, 어떤
사람은 북쪽과 서쪽에서, 어떤
사람은 시님 땅에서 오리라
13 하늘이여 노래하라 땅이여 기
뻐하라 산들이여 즐거이 노래
하라 여호와께서 그의 백성을
위로하셨은즉 그의 고난당한
자를 긍휼히 여기실 것임이라
14 오직 시온이 이르기를 여호와께
서 나를 버리시며 주께서 나를
잊으셨다 하였거니와
15 여인이 어찌 그 젖 먹는 자식
을 잊겠으며 자기 태에서 난
아들을 긍휼히 여기지 않겠느
냐 그들은 혹시 잊을지라도 나
는 너를 잊지 아니할 것이라
16 내가 너를 내 손바닥에 새겼고
너의 성벽이 항상 내 앞에 있
나니
17 네 자녀들은 빨리 걸으며 너를
헐며 너를 황폐하게 하던 자
들은 너를 떠나가리라
18 네 눈을 들어 사방을 보라 그
들이 다 모여 네게로 오느니라
나 여호와가 이르노라 내가 나
의 삶으로 맹세하노니 네가 반
드시 그 모든 무리를 장식처럼
몸에 차며 그것을 띠기를 신부
처럼 할 것이라
19 이는 네 황폐하고 적막한 곳들
과 네 파멸을 당하였던 땅이
이제는 주민이 많아 좁게 될
것이며 너를 삼켰던 자들이 멀
리 떠날 것이니라
20 자식을 잃었을 때에 낳은 자녀
가 후일에 네 귀에 말하기를

이곳이 내게 좁으니 넓혀서 내
가 거주하게 하라 하리니
21 그때에 네가 네 마음에 이르기
를 누가 나를 위하여 이들을
낳았는고 나는 자녀를 잃고 외
로워졌으며 사로잡혀 유리하였
거늘 이들을 누가 양육하였는
고 나는 홀로 남았거늘 이들은
어디서 생겼는고 하리라
22 주 여호와가 이같이 이르노라
내가 뭇 나라를 향하여 나의
손을 들고 민족들을 향하여 나
의 기치를 세울 것이라 그들이
네 아들들을 품에 안고 네 딸
들을 어깨에 메고 올 것이며
23 왕들은 네 양부가 되며 왕비들
은 네 유모가 될 것이며 그들
이 얼굴을 땅에 대고 네게 절
하고 네 발의 티끌을 핥을 것
이니 네가 나를 여호와인 줄을
알리라 나를 바라는 자는 수치
를 당하지 아니하리라
24 용사가 빼앗은 것을 어떻게 도
로 빼앗으며 승리자에게 사로
잡힌 자를 어떻게 건져낼 수
있으랴
25 여호와가 이같이 말하노라 용
사의 포로도 빼앗을 것이요 두
려운 자의 빼앗은 것도 건져
낼 것이니 이는 내가 너를 대
적하는 자를 대적하고 네 자녀
를 내가 구원할 것임이라
26 내가 너를 억압하는 자들에게
자기의 살을 먹게 하며 새 술
에 취함같이 자기의 피에 취
하게 하리니 모든 육체가 나
여호와는 네 구원자요 네 구속
자요 야곱의 전능자인 줄 알리
라

50 나 여호와가 이같이 말하노
라 내가 너희의 어미를 내보
낸 이혼 증서가 어디 있느냐
내가 어느 채주에게 너희를 팔
았느냐 보라 너희는 너희의 죄
악으로 말미암아 팔렸고 너희
의 어미는 너희의 배역함으로
말미암아 내보냄을 받았느니라
2 내가 왔어도 사람이 없었으며
내가 불러도 대답하는 자가 없
었음은 어찌 됨이냐 내 손이
어찌 짧아 구속하지 못하겠느
냐 내게 어찌 건질 능력이 없
겠느냐 보라 내가 꾸짖어 바다
를 마르게 하며 강들을 사막이
되게 하며 물이 없어졌으므로
그 물고기들이 악취를 내며 갈

하여 죽으리라
3 내가 흑암으로 하늘을 입히며
굵은 베로 덮느니라

주를 거역하지 아니하다

4 주 여호와께서 학자들의 혀를
내게 주사 나로 곤고한 자를
말로 어떻게 도와줄 줄을 알게
하시고 아침마다 깨우치시되
나의 귀를 깨우치사 학자들같
이 알아듣게 하시도다
5 주 여호와께서 나의 귀를 여셨
으므로 내가 거역하지도 아니하
며 뒤로 물러가지도 아니하며
6 나를 때리는 자들에게 내 등을
맡기며 나의 수염을 뽑는 자들
에게 나의 뺨을 맡기며 모욕과
침 뱉음을 당하여도 내 얼굴을
가리지 아니하였느니라
7 주 여호와께서 나를 도우시므로
내가 부끄러워하지 아니하고
내 얼굴을 부싯돌같이 굳게 하
였으므로 내가 수치를 당하지
아니할 줄 아노라
8 나를 의롭다 하시는 이가 가까
이 계시니 나와 다툴 자가 누
구냐 나와 함께 설지어다 나의
대적이 누구냐 내게 가까이 나
아올지어다
9 보라 주 여호와께서 나를 도우
시리니 나를 정죄할 자 누구냐
보라 그들은 다 옷과 같이 해
어지며 좀이 그들을 먹으리라
10 너희 중에 여호와를 경외하며
그의 종의 목소리를 청종하는
자가 누구냐 흑암 중에 행하여
빛이 없는 자라도 여호와의 이
름을 의뢰하며 자기 하나님께
의지할지어다
11 보라 불을 피우고 횃불을 둘러
띤 자여 너희가 다 너희의 불
꽃 가운데로 걸어가며 너희가
피운 횃불 가운데로 걸어갈지
어다 너희가 내 손에서 얻을
것이 이것이라 너희가 고통이
있는 곳에 누우리라

위로의 말씀

51 의를 따르며 여호와를 찾아
구하는 너희는 내게 들을지
어다 너희를 떠낸 반석과 너희
를 파낸 우묵한 구덩이를 생각
하여 보라
2 너희의 조상 아브라함과 너희
를 낳은 사라를 생각하여 보
라 아브라함이 혼자 있을 때에
내가 그를 부르고 그에게 복을
주어 창성하게 하였느니라

3 나 여호와가 시온의 모든 황폐
한 곳들을 위로하여 그 사막을
에덴 같게, 그 광야를 여호와
의 동산 같게 하였나니 그 가
운데에 기뻐함과 즐거워함과
감사함과 창화하는 소리가 있
으리라
4 내 백성이여 내게 주의하라 내
나라여 내게 귀를 기울이라 이
는 율법이 내게서부터 나갈 것
임이라 내가 내 공의를 만민의
빛으로 세우리라
5 내 공의가 가깝고 내 구원이
나갔은즉 내 팔이 만민을 심판
하리니 섬들이 나를 앙망하여
내 팔에 의지하리라
6 너희는 하늘로 눈을 들며 그 아
래의 땅을 살피라 하늘이 연기
같이 사라지고 땅이 옷같이 해
어지며 거기에 사는 자들이 하
루살이같이 죽으려니와 나의 구
원은 영원히 있고 나의 공의는
폐하여지지 아니하리라
7 의를 아는 자들아, 마음에 내
율법이 있는 백성들아, 너희는
내게 듣고 그들의 비방을 두려
워하지 말라 그들의 비방에 놀
라지 말라
8 옷같이 좀이 그들을 먹을 것이
며 양털같이 좀벌레가 그들을
먹을 것이나 나의 공의는 영원
히 있겠고 나의 구원은 세세
에 미치리라
9 여호와의 팔이여 깨소서 깨소
서 능력을 베푸소서 옛날 옛시
대에 깨신 것같이 하소서 라합
을 저미시고 용을 찌르신 이가
어찌 주가 아니시며
10 바다를, 넓고 깊은 물을 말리시
고 바다 깊은 곳에 길을 내어
구속받은 자들을 건너게 하신
이가 어찌 주가 아니시니이까
11 여호와께 구속받은 자들이 돌아
와 노래하며 시온으로 돌아오니
영원한 기쁨이 그들의 머리 위
에 있고 즐거움과 기쁨을 얻으
리니 슬픔과 탄식이 달아나리
이다
12 이르시되 너희를 위로하는 자는
나 곧 나이니라 너는 어떠한
자이기에 죽을 사람을 두려워
하며 풀같이 될 사람의 아들을
두려워하느냐
13 하늘을 펴고 땅의 기초를 정하
고 너를 지은 자 여호와를 어
찌하여 잊어버렸느냐 너를 멸

하려고 준비하는 저 학대자의
분노를 어찌하여 항상 종일 두
려워하느냐 학대자의 분노가
어디 있느냐
14 결박된 포로가 속히 놓일 것이
니 죽지도 아니할 것이요 구덩
이로 내려가지도 아니할 것이
며 그의 양식이 부족하지도 아
니하리라
15 나는 네 하나님 여호와라 바다
를 휘저어서 그 물결을 뒤흔들
게 하는 자이니 그의 이름은 만
군의 여호와니라
16 내가 내 말을 네 입에 두고 내
손 그늘로 너를 덮었나니 이는
내가 하늘을 펴며 땅의 기초를
정하며 시온에게 이르기를 너
는 내 백성이라 말하기 위함이
니라

비틀걸음 치게 하는 잔을 거두리라

17 여호와의 손에서 그의 분노의
잔을 마신 예루살렘이여 깰지
어다 깰지어다 일어설지어다
네가 이미 비틀걸음 치게 하는
큰 잔을 마셔 다 비웠도다
18 네가 낳은 모든 아들 중에 너
를 인도할 자가 없고 네가 양
육한 모든 아들 중에 그 손으
로 너를 이끌 자도 없도다
19 이 두 가지 일이 네게 닥쳤으
니 누가 너를 위하여 슬퍼하랴
곧 황폐와 멸망이요 기근과 칼
이라 누가 너를 위로하랴
20 네 아들들이 곤비하여 그물에
걸린 영양같이 온 거리 모퉁이
에 누웠으니 그들에게 여호와
의 분노와 네 하나님의 견책이
가득하도다
21 그러므로 너 곤고하며 포도주가
아니라도 취한 자여 이 말을
들으라
22 네 주 여호와, 그의 백성의 억
울함을 풀어주시는 네 하나님
이 이같이 말씀하시되 보라 내
가 비틀걸음 치게 하는 잔 곧
나의 분노의 큰 잔을 네 손에
서 거두어서 네가 다시는 마시
지 못하게 하고
23 그 잔을 너를 괴롭게 하던 자
들의 손에 두리라 그들은 일찍
이 네게 이르기를 엎드리라 우
리가 넘어가리라 하던 자들이
라 너를 넘어가려는 그들에게
네가 네 허리를 땅과 같게, 길
거리와 같게 하였느니라 하시
니라

여호와께서 예루살렘을 구속하시다

52 시온이여 깰지어다 깰지어다
네 힘을 낼지어다 거룩한 성
예루살렘이여 네 아름다운 옷
을 입을지어다 이제부터 할례
받지 아니한 자와 부정한 자
가 다시는 네게로 들어옴이 없
을 것임이라
2 너는 티끌을 털어 버릴지어다
예루살렘이여 일어나 앉을지어
다 사로잡힌 딸 시온이여 네
목의 줄을 스스로 풀지어다
3 여호와께서 이와 같이 말씀하
시되 너희가 값없이 팔렸으니
돈 없이 속량되리라
4 주 여호와께서 이와 같이 말씀
하시되 내 백성이 전에 애굽에
내려가서 거기에 거류하였고
앗수르인은 공연히 그들을 압
박하였도다
5 그러므로 이제 여호와께서 말
씀하시되 내 백성이 까닭 없이
잡혀갔으니 내가 여기서 어떻
게 하랴 여호와께서 말씀하시
되 그들을 관할하는 자들이 떠
들며 내 이름을 항상 종일토록
더럽히도다
6 그러므로 내 백성은 내 이름을
알리라 그러므로 그날에는 그들
이 이 말을 하는 자가 나인 줄
을 알리라 내가 여기 있느니라
7 좋은 소식을 전하며 평화를 공
포하며 복된 좋은 소식을 가져
오며 구원을 공포하며 시온을
향하여 이르기를 네 하나님이
통치하신다 하는 자의 산을 넘
는 발이 어찌 그리 아름다운가
8 네 파수꾼들의 소리로다 그들이
소리를 높여 일제히 노래하니
이는 여호와께서 시온으로 돌
아오실 때에 그들의 눈이 마주
보리로다
9 너 예루살렘의 황폐한 곳들아
기쁜 소리를 내어 함께 노래할
지어다 이는 여호와께서 그의
백성을 위로하셨고 예루살렘을
구속하셨음이라
10 여호와께서 열방의 목전에서
그의 거룩한 팔을 나타내셨으므
로 땅끝까지도 모두 우리 하나
님의 구원을 보았도다
11 너희는 떠날지어다 떠날지어다
거기서 나오고 부정한 것을 만
지지 말지어다 그 가운데에서
나올지어다 여호와의 기구를 메
는 자들이여 스스로 정결하게

할지어다
12 여호와께서 너희 앞에서 행하
시며 이스라엘의 하나님이 너
희 뒤에서 호위하시리니 너희가
황급히 나오지 아니하며 도망하
듯 다니지 아니하리라

고난받는 종

13 보라 내 종이 형통하리니 받들
어 높이 들려서 지극히 존귀하
게 되리라
14 전에는 그의 모양이 타인보다
상하였고 그의 모습이 사람들보
다 상하였으므로 많은 사람이
그에 대하여 놀랐거니와
15 그가 나라들을 놀라게 할 것이
며 왕들은 그로 말미암아 그들
의 입을 봉하리니 이는 그들이
아직 그들에게 전파되지 아니
한 것을 볼 것이요 아직 듣지
못한 것을 깨달을 것임이라
53 우리가 전한 것을 누가 믿었
느냐 여호와의 팔이 누구에
게 나타났느냐
2 그는 주 앞에서 자라나기를 연
한 순 같고 마른땅에서 나온
뿌리 같아서 고운 모양도 없고
풍채도 없은즉 우리가 보기에
흠모할 만한 아름다운 것이 없
도다
3 그는 멸시를 받아 사람들에게
버림받았으며 간고를 많이 겪
었으며 질고를 아는 자라 마치
사람들이 그에게서 얼굴을 가
리는 것같이 멸시를 당하였고
우리도 그를 귀히 여기지 아니
하였도다
4 그는 실로 우리의 질고를 지고
우리의 슬픔을 당하였거늘 우
리는 생각하기를 그는 징벌을
받아 하나님께 맞으며 고난을
당한다 하였노라
5 그가 찔림은 우리의 허물 때문
이요 그가 상함은 우리의 죄악
때문이라 그가 징계를 받으므로
우리는 평화를 누리고 그가 채
찍에 맞으므로 우리는 나음을
받았도다
6 우리는 다 양 같아서 그릇 행
하여 각기 제 길로 갔거늘 여
호와께서는 우리 모두의 죄악
을 그에게 담당시키셨도다
7 그가 곤욕을 당하여 괴로울 때
에도 그의 입을 열지 아니하였
음이여 마치 도수장으로 끌려가
는 어린 양과 털 깎는 자 앞
에서 잠잠한 양같이 그의 입을

열지 아니하였도다

8 그는 곤욕과 심문을 당하고 끌려갔으나 그 세대 중에 누가 생각하기를 그가 살아있는 자들의 땅에서 끊어짐은 마땅히 형벌 받을 내 백성의 허물 때문이라 하였으리요

9 그는 강포를 행하지 아니하였고 그의 입에 거짓이 없었으나 그의 무덤이 악인들과 함께 있었으며 그가 죽은 후에 부자와 함께 있었도다

10 여호와께서 그에게 상함을 받게 하시기를 원하사 질고를 당하게 하셨은즉 그의 영혼을 속건제물로 드리기에 이르면 그가 씨를 보게 되며 그의 날은 길 것이요 또 그의 손으로 여호와께서 기뻐하시는 뜻을 성취하리로다

11 그가 자기 영혼의 수고한 것을 보고 만족하게 여길 것이라 나의 의로운 종이 자기 지식으로 많은 사람을 의롭게 하며 또 그들의 죄악을 친히 담당하리로다

12 그러므로 내가 그에게 존귀한 자와 함께 몫을 받게 하며 강한 자와 함께 탈취한 것을 나누게 하리니 이는 그가 자기 영혼을 버려 사망에 이르게 하며 범죄자 중 하나로 헤아림을 받았음이니라 그러나 그가 많은 사람의 죄를 담당하며 범죄자를 위하여 기도하였느니라

하나님의 영원한 자비

54 잉태하지 못하며 출산하지 못한 너는 노래할지어다 산고를 겪지 못한 너는 외쳐 노래할지어다 이는 홀로 된 여인의 자식이 남편 있는 자의 자식보다 많음이라 여호와께서 말씀하셨느니라

2 네 장막터를 넓히며 네 처소의 휘장을 아끼지 말고 널리 펴되 너의 줄을 길게 하며 너의 말뚝을 견고히 할지어다

3 이는 네가 좌우로 퍼지며 네 자손은 열방을 얻으며 황폐한 성읍들을 사람 살 곳이 되게 할 것임이라

4 두려워하지 말라 네가 수치를 당하지 아니하리라 놀라지 말라 네가 부끄러움을 보지 아니하리라 네가 네 젊었을 때의 수치를 잊겠고 과부 때의 치욕

을 다시 기억함이 없으리니
5 이는 너를 지으신 이가 네 남
편이시라 그의 이름은 만군의
여호와이시며 네 구속자는 이스
라엘의 거룩한 이시라 그는 온
땅의 하나님이라 일컬음을 받
으실 것이라
6 여호와께서 너를 부르시되 마
치 버림을 받아 마음에 근심하
는 아내 곧 어릴 때에 아내가
되었다가 버림을 받은 자에게
함과 같이 하실 것임이라 네
하나님께서 말씀하셨느니라
7 내가 잠시 너를 버렸으나 큰
긍휼로 너를 모을 것이요
8 내가 넘치는 진노로 내 얼굴을
네게서 잠시 가렸으나 영원한
자비로 너를 긍휼히 여기리라
네 구속자 여호와께서 말씀하
셨느니라
9 이는 내게 노아의 홍수와 같도
다 내가 다시는 노아의 홍수로
땅 위에 범람하지 못하게 하
리라 맹세한 것같이 내가 네
게 노하지 아니하며 너를 책망
하지 아니하기로 맹세하였노니
10 산들이 떠나며 언덕들은 옮겨
질지라도 나의 자비는 네게서
떠나지 아니하며 나의 화평의
언약은 흔들리지 아니하리라
너를 긍휼히 여기시는 여호와께
서 말씀하셨느니라

미래의 예루살렘

11 너 곤고하며 광풍에 요동하여
안위를 받지 못한 자여 보라
내가 화려한 채색으로 네 돌
사이에 더하며 청옥으로 네 기
초를 쌓으며
12 홍보석으로 네 성벽을 지으며 석
류석으로 네 성문을 만들고 네
지경을 다 보석으로 꾸밀 것이
며
13 네 모든 자녀는 여호와의 교훈
을 받을 것이니 네 자녀에게는
큰 평안이 있을 것이며
14 너는 공의로 설 것이며 학대가
네게서 멀어질 것인즉 네가 두
려워하지 아니할 것이며 공포
도 네게 가까이하지 못할 것이
라
15 보라 그들이 분쟁을 일으킬지라
도 나로 말미암지 아니한 것이
니 누구든지 너와 분쟁을 일으
키는 자는 너로 말미암아 패망
하리라
16 보라 숯불을 불어서 자기가 쓸

만한 연장을 제조하는 장인도
내가 창조하였고 파괴하며 진
멸하는 자도 내가 창조하였은
즉
17 너를 치려고 제조된 모든 연
장이 쓸모가 없을 것이라 일어
나 너를 대적하여 송사하는 모
든 혀는 네게 정죄를 당하리니
이는 여호와의 종들의 기업이요
이는 그들이 내게서 얻은 공의
니라 여호와의 말씀이니라

하나님의 긍휼

55 오호라 너희 모든 목마른 자
들아 물로 나아오라 돈 없는
자도 오라 너희는 와서 사 먹
되 돈 없이, 값없이 와서 포도
주와 젖을 사라
2 너희가 어찌하여 양식이 아닌
것을 위하여 은을 달아 주며
배부르게 하지 못할 것을 위하
여 수고하느냐 내게 듣고 들을
지어다 그리하면 너희가 좋은
것을 먹을 것이며 너희 자신들
이 기름진 것으로 즐거움을 얻
으리라
3 너희는 귀를 기울이고 내게로
나아와 들으라 그리하면 너희
의 영혼이 살리라 내가 너희를
위하여 영원한 언약을 맺으리
니 곧 다윗에게 허락한 확실
한 은혜이니라
4 보라 내가 그를 만민에게 증인
으로 세웠고 만민의 인도자와
명령자로 삼았나니
5 보라 네가 알지 못하는 나라
를 네가 부를 것이며 너를 알
지 못하는 나라가 네게로 달려
올 것은 여호와 네 하나님 곧
이스라엘의 거룩하신 이로 말미
암음이니라 이는 그가 너를 영
화롭게 하였느니라
6 너희는 여호와를 만날 만한 때
에 찾으라 가까이 계실 때에
그를 부르라
7 악인은 그의 길을, 불의한 자는
그의 생각을 버리고 여호와께
로 돌아오라 그리하면 그가 긍
휼히 여기시리라 우리 하나님
께로 돌아오라 그가 너그럽게
용서하시리라
8 이는 내 생각이 너희의 생각과
다르며 내 길은 너희의 길과
다름이니라 여호와의 말씀이니
라
9 이는 하늘이 땅보다 높음같이
내 길은 너희의 길보다 높으며

내 생각은 너희의 생각보다 높
음이니라
10 이는 비와 눈이 하늘로부터 내
려서 그리로 되돌아가지 아니
하고 땅을 적셔서 소출이 나
게 하며 싹이 나게 하여 파종
하는 자에게는 종자를 주며 먹
는 자에게는 양식을 줌과 같이
11 내 입에서 나가는 말도 이와
같이 헛되이 내게로 되돌아오지
아니하고 나의 기뻐하는 뜻을
이루며 내가 보낸 일에 형통함
이니라
12 너희는 기쁨으로 나아가며 평
안히 인도함을 받을 것이요 산
들과 언덕들이 너희 앞에서 노
래를 발하고 들의 모든 나무가
손뼉을 칠 것이며
13 잣나무는 가시나무를 대신하여
나며 화석류는 찔레를 대신하
여 날 것이라 이것이 여호와의
기념이 되며 영영한 표징이 되
어 끊어지지 아니하리라

여호와께 연합한 사람

56 여호와께서 이와 같이 말씀
하시기를 너희는 정의를 지키
며 의를 행하라 이는 나의 구
원이 가까이 왔고 나의 공의가
나타날 것임이라 하셨도다
2 안식일을 지켜 더럽히지 아니
하며 그의 손을 금하여 모든
악을 행하지 아니하여야 하나
니 이와 같이 하는 사람, 이와
같이 굳게 잡는 사람은 복이
있느니라
3 여호와께 연합한 이방인은 말
하기를 여호와께서 나를 그의
백성 중에서 반드시 갈라내시
리라 하지 말며 고자도 말하기
를 나는 마른 나무라 하지 말라
4 여호와께서 이와 같이 말씀하
시기를 나의 안식일을 지키며
내가 기뻐하는 일을 선택하며
나의 언약을 굳게 잡는 고자들
에게는
5 내가 내 집에서, 내 성안에서
아들이나 딸보다 나은 기념물
과 이름을 그들에게 주며 영원
한 이름을 주어 끊어지지 아니
하게 할 것이며
6 또 여호와와 연합하여 그를 섬
기며 여호와의 이름을 사랑하
며 그의 종이 되며 안식일을
지켜 더럽히지 아니하며 나의
언약을 굳게 지키는 이방인마
다

7 내가 곧 그들을 나의 성산으로
인도하여 기도하는 내 집에서
그들을 기쁘게 할 것이며 그들
의 번제와 희생을 나의 제단
에서 기꺼이 받게 되리니 이는
내 집은 만민이 기도하는 집이
라 일컬음이 될 것임이라
8 이스라엘의 쫓겨난 자를 모으
시는 주 여호와가 말하노니 내
가 이미 모은 백성 외에 또 모
아 그에게 속하게 하리라 하
셨느니라

몰지각한 목자들

9 들의 모든 짐승들아 숲 가운데
의 모든 짐승들아 와서 먹으라
10 이스라엘의 파수꾼들은 맹인이
요 다 무지하며 벙어리 개들이
라 짖지 못하며 다 꿈꾸는 자
들이요 누워 있는 자들이요 잠
자기를 좋아하는 자들이니
11 이 개들은 탐욕이 심하여 족한
줄을 알지 못하는 자들이요 그
들은 몰지각한 목자들이라 다
제 길로 돌아가며 사람마다
자기 이익만 추구하며
12 오라 내가 포도주를 가져오리라
우리가 독주를 잔뜩 마시자 내
일도 오늘같이 크게 넘치리라
하느니라

우상 숭배를 규탄하시다

57 의인이 죽을지라도 마음에 두
는 자가 없고 진실한 이들이
거두어 감을 당할지라도 깨닫
는 자가 없도다 의인들은 악한
자들 앞에서 불리어 가도다
2 그들은 평안에 들어갔나니 바
른길로 가는 자들은 그들의 침
상에서 편히 쉬리라
3 무당의 자식, 간음자와 음녀의
자식들아 너희는 가까이 오라
4 너희가 누구를 희롱하느냐 누구
를 향하여 입을 크게 벌리며
혀를 내미느냐 너희는 패역의
자식, 거짓의 후손이 아니냐
5 너희가 상수리나무 사이, 모든
푸른 나무 아래에서 음욕을 피
우며 골짜기 가운데 바위틈에
서 자녀를 도살하는도다
6 골짜기 가운데 매끄러운 돌들
중에 네 몫이 있으니 그것들이
곧 네가 제비 뽑아 얻은 것이
라 또한 네가 전제와 예물을
그것들에게 드리니 내가 어찌
위로를 받겠느냐
7 네가 높고 높은 산 위에 네 침
상을 베풀었고 네가 또 거기에

올라가서 제사를 드렸으며
8 네가 또 네 기념표를 문과 문
설주 뒤에 두었으며 네가 나
를 떠나 벗고 올라가서 네 침
상을 넓히고 그들과 언약하며
또 네가 그들의 침상을 사랑하
여 그 벌거벗은 것을 보았으며
9 네가 기름을 가지고 몰렉에게
나아가되 향품을 더하였으며
네가 또 사신을 먼 곳에 보내
고 스올에까지 내려가게 하였
으며
10 네가 길이 멀어서 피곤할지라
도 헛되다 말하지 아니함은 네
힘이 살아났으므로 쇠약하여지
지 아니함이라
11 네가 누구를 두려워하며 누구
로 말미암아 놀랐기에 거짓을
말하며 나를 생각하지 아니하
며 이를 마음에 두지 아니하였
느냐 네가 나를 경외하지 아니
함은 내가 오랫동안 잠잠했기
때문이 아니냐
12 네 공의를 내가 보이리라 네가
행한 일이 네게 무익하니라
13 네가 부르짖을 때에 네가 모은
우상들에게 너를 구원하게 하
라 그것들은 다 바람에 날려
가겠고 기운에 불려 갈 것이
로되 나를 의뢰하는 자는 땅을
차지하겠고 나의 거룩한 산을
기업으로 얻으리라

인도하고 고치겠다고 하신 약속

14 그가 말하기를 돋우고 돋우어
길을 수축하여 내 백성의 길에
서 거치는 것을 제하여 버리라
하리라
15 지극히 존귀하며 영원히 거하
시며 거룩하다 이름하는 이가
이와 같이 말씀하시되 내가 높
고 거룩한 곳에 있으며 또한
통회하고 마음이 겸손한 자와
함께 있나니 이는 겸손한 자의
영을 소생시키며 통회하는 자
의 마음을 소생시키려 함이라
16 내가 영원히 다투지 아니하며
내가 끊임없이 노하지 아니할
것은 내가 지은 그의 영과 혼
이 내 앞에서 피곤할까 함이라
17 그의 탐심의 죄악으로 말미암
아 내가 노하여 그를 쳤으며
또 내 얼굴을 가리고 노하였으
나 그가 아직도 패역하여 자
기 마음의 길로 걸어가도다
18 내가 그의 길을 보았은즉 그를
고쳐 줄 것이라 그를 인도하며

그와 그를 슬퍼하는 자들에게
위로를 다시 얻게 하리라
19 입술의 열매를 창조하는 자 여
호와가 말하노라 먼 데 있는
자에게든지 가까운 데 있는 자
에게든지 평강이 있을지어다
평강이 있을지어다 내가 그를
고치리라 하셨느니라
20 그러나 악인은 평온함을 얻지
못하고 그 물이 진흙과 더러운
것을 늘 솟구쳐 내는 요동하는
바다와 같으니라
21 내 하나님의 말씀에 악인에게
는 평강이 없다 하셨느니라

여호와께서 기뻐하시는 금식

58 크게 외치라 목소리를 아끼
지 말라 네 목소리를 나팔같
이 높여 내 백성에게 그들의
허물을, 야곱의 집에 그들의 죄
를 알리라
2 그들이 날마다 나를 찾아 나의
길 알기를 즐거워함이 마치 공
의를 행하여 그의 하나님의 규
례를 저버리지 아니하는 나라
같아서 의로운 판단을 내게 구
하며 하나님과 가까이하기를
즐거워하는도다
3 우리가 금식하되 어찌하여 주
께서 보지 아니하시오며 우리가
마음을 괴롭게 하되 어찌하여
주께서 알아주지 아니하시나이
까 보라 너희가 금식하는 날에
오락을 구하며 온갖 일을 시키
는도다
4 보라 너희가 금식하면서 논쟁
하며 다투며 악한 주먹으로 치
는도다 너희가 오늘 금식하는
것은 너희의 목소리를 상달하
게 하려는 것이 아니니라
5 이것이 어찌 내가 기뻐하는 금
식이 되겠으며 이것이 어찌 사
람이 자기의 마음을 괴롭게 하
는 날이 되겠느냐 그의 머리를
갈대같이 숙이고 굵은 베와 재
를 펴는 것을 어찌 금식이라
하겠으며 여호와께 열납될 날
이라 하겠느냐
6 내가 기뻐하는 금식은 흉악의
결박을 풀어주며 멍에의 줄을
끌러 주며 압제당하는 자를 자
유하게 하며 모든 멍에를 꺾
는 것이 아니겠느냐
7 또 주린 자에게 네 양식을 나
누어 주며 유리하는 빈민을 집
에 들이며 헐벗은 자를 보면
입히며 또 네 골육을 피하여

스스로 숨지 아니하는 것이 아
니겠느냐
8 그리하면 네 빛이 새벽같이 비
칠 것이며 네 치유가 급속할
것이며 네 공의가 네 앞에 행
하고 여호와의 영광이 네 뒤에
호위하리니
9 네가 부를 때에는 나 여호와가
응답하겠고 네가 부르짖을 때
에는 내가 여기 있다 하리라
만일 네가 너희 중에서 멍에와
손가락질과 허망한 말을 제하
여 버리고
10 주린 자에게 네 심정이 동하
며 괴로워하는 자의 심정을 만
족하게 하면 네 빛이 흑암 중
에서 떠올라 네 어둠이 낮과
같이 될 것이며
11 여호와가 너를 항상 인도하여
메마른 곳에서도 네 영혼을 만
족하게 하며 네 뼈를 견고하
게 하리니 너는 물 댄 동산 같
겠고 물이 끊어지지 아니하는
샘 같을 것이라
12 네게서 날 자들이 오래 황폐된
곳들을 다시 세울 것이며 너는
역대의 파괴된 기초를 쌓으리
니 너를 일컬어 무너진 데를 보
수하는 자라 할 것이며 길을
수축하여 거할 곳이 되게 하는
자라 하리라

안식일을 지키면

13 만일 안식일에 네 발을 금하
여 내 성일에 오락을 행하지
아니하고 안식일을 일컬어 즐
거운 날이라, 여호와의 성일을
존귀한 날이라 하여 이를 존귀
하게 여기고 네 길로 행하지
아니하며 네 오락을 구하지 아
니하며 사사로운 말을 하지 아
니하면
14 네가 여호와 안에서 즐거움을
얻을 것이라 내가 너를 땅의
높은 곳에 올리고 네 조상 야
곱의 기업으로 기르리라 여호와
의 입의 말씀이니라

선지자가 백성의 죄악을 규탄하다

59 여호와의 손이 짧아 구원하
지 못하심도 아니요 귀가 둔
하여 듣지 못하심도 아니라
2 오직 너희 죄악이 너희와 너희
하나님 사이를 갈라놓았고 너
희 죄가 그의 얼굴을 가리어서
너희에게서 듣지 않으시게 함이
니라
3 이는 너희 손이 피에, 너희 손

가락이 죄악에 더러워졌으며
너희 입술은 거짓을 말하며 너
희 혀는 악독을 냄이라
4 공의대로 소송하는 자도 없고
진실하게 판결하는 자도 없으
며 허망한 것을 의뢰하며 거
짓을 말하며 악행을 잉태하여
죄악을 낳으며
5 독사의 알을 품으며 거미줄을
짜나니 그 알을 먹는 자는 죽
을 것이요 그 알이 밟힌즉 터
져서 독사가 나올 것이니라
6 그 짠 것으로는 옷을 이룰 수
없을 것이요 그 행위로는 자기
를 가릴 수 없을 것이며 그 행
위는 죄악의 행위라 그 손에는
포악한 행동이 있으며
7 그 발은 행악하기에 빠르고 무
죄한 피를 흘리기에 신속하며
그 생각은 악한 생각이라 황폐
와 파멸이 그 길에 있으며
8 그들은 평강의 길을 알지 못하
며 그들이 행하는 곳에는 정의
가 없으며 굽은 길을 스스로 만
드나니 무릇 이 길을 밟는 자
는 평강을 알지 못하느니라

백성이 죄악을 자백하다

9 그러므로 정의가 우리에게서
멀고 공의가 우리에게 미치지
못한즉 우리가 빛을 바라나 어
둠뿐이요 밝은 것을 바라나 캄
캄한 가운데에 행하므로
10 우리가 맹인같이 담을 더듬으
며 눈 없는 자같이 두루 더듬
으며 낮에도 황혼 때같이 넘어
지니 우리는 강장한 자 중에서
도 죽은 자 같은지라
11 우리가 곰같이 부르짖으며 비둘
기같이 슬피 울며 정의를 바라
나 없고 구원을 바라나 우리에
게서 멀도다
12 이는 우리의 허물이 주의 앞에
심히 많으며 우리의 죄가 우리
를 쳐서 증언하오니 이는 우리
의 허물이 우리와 함께 있음이
니라 우리의 죄악을 우리가 아
나이다
13 우리가 여호와를 배반하고 속
였으며 우리 하나님을 따르는
데에서 돌이켜 포학과 패역을
말하며 거짓말을 마음에 잉태
하여 낳으니
14 정의가 뒤로 물리침이 되고 공
의가 멀리 섰으며 성실이 거리
에 엎드러지고 정직이 나타나
지 못하는도다

15 성실이 없어지므로 악을 떠나는
자가 탈취를 당하는도다

여호와께서 백성을 구원하려고 하시다

여호와께서 이를 살피시고 그
정의가 없는 것을 기뻐하지 아
니하시고
16 사람이 없음을 보시며 중재자
가 없음을 이상히 여기셨으므로
자기 팔로 스스로 구원을 베푸
시며 자기의 공의를 스스로 의
지하사
17 공의를 갑옷으로 삼으시며 구원
을 자기의 머리에 써서 투구로
삼으시며 보복을 속옷으로 삼으
시며 열심을 입어 겉옷으로 삼
으시고
18 그들의 행위대로 갚으시되 그
원수에게 분노하시며 그 원수
에게 보응하시며 섬들에게 보복
하실 것이라
19 서쪽에서 여호와의 이름을 두려
워하겠고 해 돋는 쪽에서 그의
영광을 두려워할 것은 여호와
께서 그 기운에 몰려 급히 흐르
는 강물같이 오실 것임이로다
20 여호와의 말씀이니라 구속자가
시온에 임하며 야곱의 자손 가
운데에서 죄과를 떠나는 자에
게 임하리라
21 여호와께서 이르시되 내가 그들
과 세운 나의 언약이 이러하니
곧 네 위에 있는 나의 영과 네
입에 둔 나의 말이 이제부터
영원하도록 네 입에서와 네 후
손의 입에서와 네 후손의 후손
의 입에서 떠나지 아니하리라
하시니라 여호와의 말씀이니라

예루살렘이 받을 영광

60 일어나라 빛을 발하라 이는
네 빛이 이르렀고 여호와의
영광이 네 위에 임하였음이니
라
2 보라 어둠이 땅을 덮을 것이며
캄캄함이 만민을 가리려니와
오직 여호와께서 네 위에 임하
실 것이며 그의 영광이 네 위
에 나타나리니
3 나라들은 네 빛으로, 왕들은 비
치는 네 광명으로 나아오리라
4 네 눈을 들어 사방을 보라 무
리가 다 모여 네게로 오느니라
네 아들들은 먼 곳에서 오겠고
네 딸들은 안기어 올 것이라
5 그때에 네가 보고 기쁜 빛을
내며 네 마음이 놀라고 또 화
창하리니 이는 바다의 부가 네

게로 돌아오며 이방 나라들의
재물이 네게로 옴이라
6 허다한 낙타, 미디안과 에바의
어린 낙타가 네 가운데에 가
득할 것이며 스바 사람들은 다
금과 유향을 가지고 와서 여호
와의 찬송을 전파할 것이며
7 게달의 양 무리는 다 네게로
모일 것이요 느바욧의 숫양은
네게 공급되고 내 제단에 올
라 기꺼이 받음이 되리니 내가
내 영광의 집을 영화롭게 하리
라
8 저 구름같이, 비둘기들이 그 보
금자리로 날아가는 것같이 날
아오는 자들이 누구냐
9 곧 섬들이 나를 앙망하고 다시
스의 배들이 먼저 이르되 먼 곳
에서 네 자손과 그들의 은금을
아울러 싣고 와서 네 하나님
여호와의 이름에 드리려 하며
이스라엘의 거룩한 이에게 드
리려 하는 자들이라 이는 내가
너를 영화롭게 하였음이라
10 내가 노하여 너를 쳤으나 이제
는 나의 은혜로 너를 불쌍히
여겼은즉 이방인들이 네 성벽
을 쌓을 것이요 그들의 왕들이
너를 섬길 것이며
11 네 성문이 항상 열려 주야로
닫히지 아니하리니 이는 사람
들이 네게로 이방 나라들의 재
물을 가져오며 그들의 왕들을
포로로 이끌어 옴이라
12 너를 섬기지 아니하는 백성과
나라는 파멸하리니 그 백성들
은 반드시 진멸되리라
13 레바논의 영광 곧 잣나무와 소
나무와 황양목이 함께 네게 이
르러 내 거룩한 곳을 아름답게
할 것이며 내가 나의 발 둘 곳
을 영화롭게 할 것이라
14 너를 괴롭히던 자의 자손이 몸
을 굽혀 네게 나아오며 너를
멸시하던 모든 자가 네 발아
래에 엎드려 너를 일컬어 여호
와의 성읍이라, 이스라엘의 거
룩한 이의 시온이라 하리라
15 전에는 네가 버림을 당하며 미
움을 당하였으므로 네게로 가
는 자가 없었으나 이제는 내가
너를 영원한 아름다움과 대대
의 기쁨이 되게 하리니
16 네가 이방 나라들의 젖을 빨며
뭇 왕의 젖을 빨고 나 여호와
는 네 구원자, 네 구속자, 야곱

의 전능자인 줄 알리라
17 내가 금을 가지고 놋을 대신하
며 은을 가지고 철을 대신하
며 놋으로 나무를 대신하며 철
로 돌을 대신하며 화평을 세
워 관원으로 삼으며 공의를 세
워 감독으로 삼으리니
18 다시는 강포한 일이 네 땅에
들리지 않을 것이요 황폐와 파
멸이 네 국경 안에 다시 없을
것이며 네가 네 성벽을 구원
이라, 네 성문을 찬송이라 부를
것이라
19 다시는 낮에 해가 네 빛이 되
지 아니하며 달도 네게 빛을
비추지 않을 것이요 오직 여호
와가 네게 영원한 빛이 되며
네 하나님이 네 영광이 되리니
20 다시는 네 해가 지지 아니하며
네 달이 물러가지 아니할 것은
여호와가 네 영원한 빛이 되고
네 슬픔의 날이 끝날 것임이라
21 네 백성이 다 의롭게 되어 영
원히 땅을 차지하리니 그들은
내가 심은 가지요 내가 손으로
만든 것으로서 나의 영광을 나
타낼 것인즉
22 그 작은 자가 천 명을 이루겠
고 그 약한 자가 강국을 이룰
것이라 때가 되면 나 여호와
가 속히 이루리라

구원의 아름다운 소식

61 주 여호와의 영이 내게 내리
셨으니 이는 여호와께서 내
게 기름을 부으사 가난한 자에
게 아름다운 소식을 전하게 하
려 하심이라 나를 보내사 마음
이 상한 자를 고치며 포로된
자에게 자유를, 갇힌 자에게
놓임을 선포하며
2 여호와의 은혜의 해와 우리 하
나님의 보복의 날을 선포하여
모든 슬픈 자를 위로하되
3 무릇 시온에서 슬퍼하는 자에
게 화관을 주어 그 재를 대신
하며 기쁨의 기름으로 그 슬픔
을 대신하며 찬송의 옷으로 그
근심을 대신하시고 그들이 의
의 나무 곧 여호와께서 심으신
그 영광을 나타낼 자라 일컬
음을 받게 하려 하심이라
4 그들은 오래 황폐하였던 곳을
다시 쌓을 것이며 옛부터 무너
진 곳을 다시 일으킬 것이며
황폐한 성읍 곧 대대로 무너져
있던 것들을 중수할 것이며

5 외인은 서서 너희 양 떼를 칠
것이요 이방 사람은 너희 농부
와 포도원지기가 될 것이나
6 오직 너희는 여호와의 제사장이
라 일컬음을 받을 것이라 사람
들이 너희를 우리 하나님의 봉
사자라 할 것이며 너희가 이방
나라들의 재물을 먹으며 그들
의 영광을 얻어 자랑할 것이니
라
7 너희가 수치 대신에 보상을 배
나 얻으며 능욕 대신에 몫으로
말미암아 즐거워할 것이라 그
러하여 그들의 땅에서 갑절이
나 얻고 영원한 기쁨이 있으리
라
8 무릇 나 여호와는 정의를 사랑
하며 불의의 강탈을 미워하여
성실히 그들에게 갚아주고 그
들과 영원한 언약을 맺을 것이
라
9 그들의 자손을 뭇 나라 가운데
에, 그들의 후손을 만민 가운데
에 알리리니 무릇 이를 보는 자
가 그들은 여호와께 복 받은
자손이라 인정하리라
10 내가 여호와로 말미암아 크게
기뻐하며 내 영혼이 나의 하
나님으로 말미암아 즐거워하리
니 이는 그가 구원의 옷을 내
게 입히시며 공의의 겉옷을 내
게 더하심이 신랑이 사모를 쓰
며 신부가 자기 보석으로 단장
함 같게 하셨음이라
11 땅이 싹을 내며 동산이 거기
뿌린 것을 움돋게 함같이 주
여호와께서 공의와 찬송을 모
든 나라 앞에 솟아나게 하시리
라

62 나는 시온의 의가 빛같이, 예
루살렘의 구원이 횃불같이
나타나도록 시온을 위하여 잠
잠하지 아니하며 예루살렘을
위하여 쉬지 아니할 것인즉
2 이방 나라들이 네 공의를, 뭇 왕
이 다 네 영광을 볼 것이요 너
는 여호와의 입으로 정하실 새
이름으로 일컬음이 될 것이며
3 너는 또 여호와의 손의 아름다
운 관, 네 하나님의 손의 왕관
이 될 것이라
4 다시는 너를 버림받은 자라 부
르지 아니하며 다시는 네 땅을
황무지라 부르지 아니하고 오
직 너를 헵시바라 하며 네 땅
을 쁄라라 하리니 이는 여호와

께서 너를 기뻐하실 것이며 네
땅이 결혼한 것처럼 될 것임이
라

5 마치 청년이 처녀와 결혼함같
이 네 아들들이 너를 취하겠고
신랑이 신부를 기뻐함같이 네
하나님이 너를 기뻐하시리라

6 예루살렘이여 내가 너의 성벽
위에 파수꾼을 세우고 그들로
하여금 주야로 계속 잠잠하지
않게 하였느니라 너희 여호와
로 기억하시게 하는 자들아 너
희는 쉬지 말며

7 또 여호와께서 예루살렘을 세
워 세상에서 찬송을 받게 하시
기까지 그로 쉬지 못하시게 하
라

8 여호와께서 그 오른손, 그 능력
의 팔로 맹세하시되 내가 다시
는 네 곡식을 네 원수들에게
양식으로 주지 아니하겠고 네
가 수고하여 얻은 포도주를 이
방인이 마시지 못하게 할 것인
즉

9 오직 추수한 자가 그것을 먹고
나 여호와를 찬송할 것이요 거
둔 자가 그것을 나의 성소 뜰
에서 마시리라 하셨느니라

10 성문으로 나아가라 나아가라
백성이 올 길을 닦으라 큰길을
수축하고 수축하라 돌을 제하
라 만민을 위하여 기치를 들
라

11 여호와께서 땅끝까지 선포하시
되 너희는 딸 시온에게 이르라
보라 네 구원이 이르렀느니라
보라 상급이 그에게 있고 보응
이 그 앞에 있느니라 하셨느니
라

12 사람들이 너를 일컬어 거룩한
백성이라 여호와께서 구속하신
자라 하겠고 또 너를 일컬어
찾은 바 된 자요 버림받지 아
니한 성읍이라 하리라

여호와의 승리

63 에돔에서 오는 이 누구며 붉
은 옷을 입고 보스라에서 오
는 이 누구냐 그의 화려한 의
복 큰 능력으로 걷는 이가 누구
냐 그는 나이니 공의를 말하는
이요 구원하는 능력을 가진 이
니라

2 어찌하여 네 의복이 붉으며 네
옷이 포도즙 틀을 밟는 자 같으
냐

3 만민 가운데 나와 함께한 자

가 없이 내가 홀로 포도즙 틀을
밟았는데 내가 노함으로 말미암
아 무리를 밟았고 분함으로 말
미암아 짓밟았으므로 그들의 선
혈이 내 옷에 튀어 내 의복을
다 더럽혔음이니
4 이는 내 원수 갚는 날이 내 마
음에 있고 내가 구속할 해가
왔으나
5 내가 본즉 도와주는 자도 없고
붙들어 주는 자도 없으므로 이
상하게 여겨 내 팔이 나를 구
원하며 내 분이 나를 붙들었음
이라
6 내가 노함으로 말미암아 만민
을 밟았으며 내가 분함으로 말
미암아 그들을 취하게 하고 그
들의 선혈이 땅에 쏟아지게 하
였느니라

이스라엘에게 베푸신 은총

7 내가 여호와께서 우리에게 베
푸신 모든 자비와 그의 찬송을
말하며 그의 사랑을 따라, 그
의 많은 자비를 따라 이스라엘
집에 베푸신 큰 은총을 말하리
라
8 그가 말씀하시되 그들은 실로
나의 백성이요 거짓을 행하지
아니하는 자녀라 하시고 그들
의 구원자가 되사
9 그들의 모든 환난에 동참하사
자기 앞의 사자로 하여금 그들
을 구원하시며 그의 사랑과 그
의 자비로 그들을 구원하시고
옛적 모든 날에 그들을 드시며
안으셨으나
10 그들이 반역하여 주의 성령을
근심하게 하였으므로 그가 돌
이켜 그들의 대적이 되사 친히
그들을 치셨더니
11 백성이 옛적 모세의 때를 기억
하여 이르되 백성과 양 떼의
목자를 바다에서 올라오게 하
신 이가 이제 어디 계시냐 그
들 가운데에 성령을 두신 이가
이제 어디 계시냐
12 그의 영광의 팔이 모세의 오른
손을 이끄시며 그의 이름을 영
원하게 하려 하사 그들 앞에
서 물을 갈라지게 하시고
13 그들을 깊음으로 인도하시되 광
야에 있는 말같이 넘어지지 않
게 하신 이가 이제 어디 계시
냐
14 여호와의 영이 그들을 골짜기
로 내려가는 가축같이 편히 쉬

게 하셨도다 주께서 이와 같이
주의 백성을 인도하사 이름을
영화롭게 하셨나이다 하였느니
라

자비와 사랑을 구하는 기도

15 주여 하늘에서 굽어살피시며
주의 거룩하고 영화로운 처소에
서 보옵소서 주의 열성과 주의
능하신 행동이 이제 어디 있나
이까 주께서 베푸시던 간곡한
자비와 사랑이 내게 그쳤나이
다
16 주는 우리 아버지시라 아브라
함은 우리를 모르고 이스라엘
은 우리를 인정하지 아니할지
라도 여호와여, 주는 우리의 아
버지시라 옛날부터 주의 이름
을 우리의 구속자라 하셨거늘
17 여호와여 어찌하여 우리로 주
의 길에서 떠나게 하시며 우리
의 마음을 완고하게 하사 주를
경외하지 않게 하시나이까 원
하건대 주의 종들 곧 주의 기
업인 지파들을 위하사 돌아오시
옵소서
18 주의 거룩한 백성이 땅을 차지
한 지 오래지 아니하여서 우리
의 원수가 주의 성소를 유린하
였사오니
19 우리는 주의 다스림을 받지 못
하는 자 같으며 주의 이름으로
일컬음을 받지 못하는 자같이
되었나이다

64 원하건대 주는 하늘을 가르
고 강림하시고 주 앞에서 산
들이 진동하기를
2 불이 섶을 사르며 불이 물을
끓임 같게 하사 주의 원수들이
주의 이름을 알게 하시며 이방
나라들로 주 앞에서 떨게 하옵
소서
3 주께서 강림하사 우리가 생각
하지 못한 두려운 일을 행하시
던 그때에 산들이 주 앞에서
진동하였사오니
4 주 외에는 자기를 앙망하는 자
를 위하여 이런 일을 행한 신
을 옛부터 들은 자도 없고 귀
로 들은 자도 없고 눈으로 본
자도 없었나이다
5 주께서 기쁘게 공의를 행하는
자와 주의 길에서 주를 기억하
는 자를 선대하시거늘 우리가
범죄하므로 주께서 진노하셨사
오며 이 현상이 이미 오래되었
사오니 우리가 어찌 구원을 얻

을 수 있으리이까
6 무릇 우리는 다 부정한 자 같
아서 우리의 의는 다 더러운
옷 같으며 우리는 다 잎사귀같
이 시들므로 우리의 죄악이 바
람같이 우리를 몰아가나이다
7 주의 이름을 부르는 자가 없으
며 스스로 분발하여 주를 붙잡
는 자가 없사오니 이는 주께서
우리에게 얼굴을 숨기시며 우리
의 죄악으로 말미암아 우리가
소멸되게 하셨음이니이다
8 그러나 여호와여, 이제 주는 우
리 아버지시니이다 우리는 진흙
이요 주는 토기장이시니 우리는
다 주의 손으로 지으신 것이니
이다
9 여호와여, 너무 분노하지 마시오
며 죄악을 영원히 기억하지 마
시옵소서 구하오니 보시옵소서
보시옵소서 우리는 다 주의 백
성이니이다
10 주의 거룩한 성읍들이 광야가
되었으며 시온이 광야가 되었
으며 예루살렘이 황폐하였나이
다
11 우리 조상들이 주를 찬송하던
우리의 거룩하고 아름다운 성
전이 불에 탔으며 우리가 즐거
워하던 곳이 다 황폐하였나이
다
12 여호와여 일이 이러하거늘 주
께서 아직도 가만히 계시려 하
시나이까 주께서 아직도 잠잠
하시고 우리에게 심한 괴로움을
받게 하시려나이까

하나님께서 패역한 백성을 벌하시다

65 나는 나를 구하지 아니하던
자에게 물음을 받았으며 나
를 찾지 아니하던 자에게 찾
아냄이 되었으며 내 이름을 부
르지 아니하던 나라에 내가 여
기 있노라 내가 여기 있노라
하였노라
2 내가 종일 손을 펴서 자기 생
각을 따라 옳지 않은 길을 걸
어가는 패역한 백성들을 불렀
나니
3 곧 동산에서 제사하며 벽돌 위
에서 분향하여 내 앞에서 항상
내 노를 일으키는 백성이라
4 그들이 무덤 사이에 앉으며 은
밀한 처소에서 밤을 지내며 돼
지고기를 먹으며 가증한 것들
의 국을 그릇에 담으면서
5 사람에게 이르기를 너는 네 자

리에 서있고 내게 가까이하지
말라 나는 너보다 거룩함이라
하나니 이런 자들은 내 코의
연기요 종일 타는 불이로다
6 보라 이것이 내 앞에 기록되었
으니 내가 잠잠하지 아니하고
반드시 보응하되 그들의 품에
보응하리라
7 너희의 죄악과 너희 조상들의
죄악은 한 가지니 그들이 산
위에서 분향하며 작은 산 위에
서 나를 능욕하였음이라 그러
므로 내가 먼저 그들의 행위를
헤아리고 그들의 품에 보응하
리라 여호와가 말하였느니라
8 여호와께서 이와 같이 말씀하
시되 포도송이에는 즙이 있으므
로 사람들이 말하기를 그것을
상하지 말라 거기 복이 있느니
라 하나니 나도 내 종들을 위
하여 그와 같이 행하여 다 멸
하지 아니하고
9 내가 야곱에게서 씨를 내며 유
다에게서 나의 산들을 기업으로
얻을 자를 내리니 내가 택한
자가 이를 기업으로 얻을 것이
요 나의 종들이 거기에 살 것이
라
10 사론은 양 떼의 우리가 되겠고
아골 골짜기는 소 떼가 눕는
곳이 되어 나를 찾은 내 백성
의 소유가 되려니와
11 오직 나 여호와를 버리며 나의
성산을 잊고 갓에게 상을 베풀
며 므니에게 섞은 술을 가득히
붓는 너희여
12 내가 너희를 칼에 붙일 것인즉
다 구푸리고 죽임을 당하리니
이는 내가 불러도 너희가 대답
하지 아니하며 내가 말하여도
듣지 아니하고 나의 눈에 악을
행하였으며 내가 즐겨 하지 아
니하는 일을 택하였음이니라
13 이러므로 주 여호와께서 이와
같이 말씀하시니라 보라 나의
종들은 먹을 것이로되 너희는
주릴 것이니라 보라 나의 종들
은 마실 것이로되 너희는 갈할
것이니라 보라 나의 종들은 기
뻐할 것이로되 너희는 수치를
당할 것이니라
14 보라 나의 종들은 마음이 즐거
우므로 노래할 것이로되 너희는
마음이 슬프므로 울며 심령이
상하므로 통곡할 것이며
15 또 너희가 남겨 놓은 이름은 내

가 택한 자의 저줏거리가 될
것이니라 주 여호와 내가 너를
죽이고 내 종들은 다른 이름으
로 부르리라
16 이러므로 땅에서 자기를 위하
여 복을 구하는 자는 진리의
하나님을 향하여 복을 구할 것
이요 땅에서 맹세하는 자는 진
리의 하나님으로 맹세하리니 이
는 이전 환난이 잊어졌고 내
눈앞에 숨겨졌음이라

새 하늘과 새 땅 창조

17 보라 내가 새 하늘과 새 땅을
창조하나니 이전 것은 기억되
거나 마음에 생각나지 아니할
것이라
18 너희는 내가 창조하는 것으로
말미암아 영원히 기뻐하며 즐
거워할지니라 보라 내가 예루
살렘을 즐거운 성으로 창조하
며 그 백성을 기쁨으로 삼고
19 내가 예루살렘을 즐거워하며
나의 백성을 기뻐하리니 우는
소리와 부르짖는 소리가 그 가
운데에서 다시는 들리지 아니
할 것이며
20 거기는 날수가 많지 못하여 죽
는 어린이와 수한이 차지 못
한 노인이 다시는 없을 것이라
곧 백 세에 죽는 자를 젊은이
라 하겠고 백 세가 못되어 죽
는 자는 저주받은 자이리라
21 그들이 가옥을 건축하고 그 안
에 살겠고 포도나무를 심고 열
매를 먹을 것이며
22 그들이 건축한 데에 타인이 살
지 아니할 것이며 그들이 심은
것을 타인이 먹지 아니하리니
이는 내 백성의 수한이 나무의
수한과 같겠고 내가 택한 자
가 그 손으로 일한 것을 길이
누릴 것이며
23 그들의 수고가 헛되지 않겠고
그들이 생산한 것이 재난을 당
하지 아니하리니 그들은 여호와
의 복된 자의 자손이요 그들의
후손도 그들과 같을 것임이라
24 그들이 부르기 전에 내가 응답
하겠고 그들이 말을 마치기 전
에 내가 들을 것이며
25 이리와 어린 양이 함께 먹을
것이며 사자가 소처럼 짚을 먹
을 것이며 뱀은 흙을 양식으로
삼을 것이니 나의 성산에서는
해함도 없겠고 상함도 없으리
라 여호와께서 말씀하시니라

여호와께서 민족들을 심판하시다

66 여호와께서 이와 같이 말씀
하시되 하늘은 나의 보좌요
땅은 나의 발판이니 너희가 나
를 위하여 무슨 집을 지으랴
내가 안식할 처소가 어디랴
2 나 여호와가 말하노라 내 손이
이 모든 것을 지었으므로 그들
이 생겼느니라 무릇 마음이 가
난하고 심령에 통회하며 내 말
을 듣고 떠는 자 그 사람은 내
가 돌보려니와
3 소를 잡아 드리는 것은 살인함
과 다름이 없이 하고 어린 양으
로 제사드리는 것은 개의 목을
꺾음과 다름이 없이 하며 드리
는 예물은 돼지의 피와 다름이
없이 하고 분향하는 것은 우상
을 찬송함과 다름이 없이 행하
는 그들은 자기의 길을 택하며
그들의 마음은 가증한 것을 기
뻐한즉
4 나 또한 유혹을 그들에게 택하
여 주며 그들이 무서워하는 것
을 그들에게 임하게 하리니 이
는 내가 불러도 대답하는 자
가 없으며 내가 말하여도 그들
이 듣지 않고 오직 나의 목전
에서 악을 행하며 내가 기뻐
하지 아니하는 것을 택하였음
이라 하시니라
5 여호와의 말씀으로 말미암아 떠
는 자들아 그의 말씀을 들을지
어다 이르시되 너희 형제가 너
희를 미워하며 내 이름으로 말
미암아 너희를 쫓아내며 이르
기를 여호와께서는 영광을 나
타내사 너희 기쁨을 우리에게
보이시기를 원하노라 하였으나
그들은 수치를 당하리라 하셨
느니라
6 떠드는 소리가 성읍에서부터 들
려오며 목소리가 성전에서부터
들리니 이는 여호와께서 그의
원수에게 보응하시는 목소리로
다
7 시온은 진통을 하기 전에 해산
하며 고통을 당하기 전에 남아
를 낳았으니
8 이러한 일을 들은 자가 누구이
며 이러한 일을 본 자가 누구
이냐 나라가 어찌 하루에 생기
겠으며 민족이 어찌 한순간에
태어나겠느냐 그러나 시온은
진통하는 즉시 그 아들을 순산
하였도다

9 여호와께서 이르시되 내가 아이
를 갖도록 하였은즉 해산하게
하지 아니하겠느냐 네 하나님
이 이르시되 나는 해산하게 하
는 이인즉 어찌 태를 닫겠느
냐 하시니라
10 예루살렘을 사랑하는 자들이
여 다 그 성읍과 함께 기뻐하
라 다 그 성읍과 함께 즐거워
하라 그 성을 위하여 슬퍼하
는 자들이여 다 그 성의 기쁨으
로 말미암아 그 성과 함께 기
뻐하라
11 너희가 젖을 빠는 것같이 그
위로하는 품에서 만족하겠고
젖을 넉넉히 빤 것같이 그 영
광의 풍성함으로 말미암아 즐거
워하리라
12 여호와께서 이와 같이 말씀하
시되 보라 내가 그에게 평강을
강같이, 그에게 뭇 나라의 영광
을 넘치는 시내같이 주리니 너
희가 그 성읍의 젖을 빨 것이
며 너희가 옆에 안기며 그 무
릎에서 놀 것이라
13 어머니가 자식을 위로함같이 내
가 너희를 위로할 것인즉 너희
가 예루살렘에서 위로를 받으
리니
14 너희가 이를 보고 마음이 기뻐서
너희 뼈가 연한 풀의 무성함
같으리라 여호와의 손은 그의
종들에게 나타나겠고 그의 진
노는 그의 원수에게 더하리라
15 보라 여호와께서 불에 둘러싸
여 강림하시리니 그의 수레들
은 회오리바람 같으리로다 그가
혁혁한 위세로 노여움을 나타
내시며 맹렬한 화염으로 책망
하실 것이라
16 여호와께서 불과 칼로 모든 혈
육에게 심판을 베푸신즉 여호
와께 죽임당할 자가 많으리니
17 스스로 거룩하게 구별하며 스
스로 정결하게 하고 동산에 들
어가서 그 가운데에 있는 자
를 따라 돼지고기와 가증한 물
건과 쥐를 먹는 자가 다 함께
망하리라 여호와의 말씀이니라
18 내가 그들의 행위와 사상을 아
노라 때가 이르면 뭇 나라와
언어가 다른 민족들을 모으리
니 그들이 와서 나의 영광을
볼 것이며
19 내가 그들 가운데에서 징조를
세워서 그들 가운데에서 도피

한 자를 여러 나라 곧 다시스
와 뿔과 활을 당기는 룻과 및
두발과 야완과 또 나의 명성을
듣지도 못하고 나의 영광을 보
지도 못한 먼 섬들로 보내리니
그들이 나의 영광을 뭇 나라에
전파하리라
20 나 여호와가 말하노라 이스라
엘 자손이 예물을 깨끗한 그
릇에 담아 여호와의 집에 드림
같이 그들이 너희 모든 형제를
뭇 나라에서 나의 성산 예루살
렘으로 말과 수레와 교자와 노
새와 낙타에 태워다가 여호와
께 예물로 드릴 것이요

21 나는 그 가운데에서 택하여 제
사장과 레위인을 삼으리라 여
호와의 말이니라
22 내가 지을 새 하늘과 새 땅이
내 앞에 항상 있는 것같이 너
희 자손과 너희 이름이 항상
있으리라 여호와의 말이니라
23 여호와가 말하노라 매월 초하
루와 매 안식일에 모든 혈육이
내 앞에 나아와 예배하리라
24 그들이 나가서 내게 패역한 자
들의 시체들을 볼 것이라 그
벌레가 죽지 아니하며 그 불이
꺼지지 아니하여 모든 혈육에
게 가증함이 되리라

예레미야

제목

히브리어 성경은 본서의 주 사역자인 예레미야 선지자의 이름을 인용하여 그 제목을 '이르메야후'(여호와께서 높이신다)라 하였으며, 헬라어 역본인 칠십인역도 '히예레미아스'란 명칭을 사용하였다. 한글 성경도 이와 같은 맥락에서 본서를 '예레미야'로 칭하고 있다.

저자와 저작 연대

예레미야가 그의 비서 바룩의 대필로 기록했으며, 저작 연대는 B.C. 627-580년 사이이다.

기록 장소와 대상

기록 장소는 예루살렘으로 추정되며, 주로 유다 민족을 대상으로 기록되었으며 그 밖의 주변 민족들을 위해서도 기록하고 있다.

핵심어 및 내용

예레미야서의 핵심어는 "죄"와 "비탄"이다. 유다 민족은 계속해서 죄를 범할 뿐만 아니라 그 사악함이 극에 달했기 때문에, 하나님은 그들을 심판하기로 작정하셨다. 예레미야는 이 임박한 심판을 그들에게 선포하도록 부름을 받았다. 예레미야는 자신이 핍박을 받을 뿐만 아니라 자기 민족이 당하는 쓰라린 괴로움으로 인해서 비통해한다.

내용 분해

1. 서두
   (1:1-3)
2. 예레미야의 소명과
   두 가지 환상
   (1:4-19)
3. 유다와 예루살렘에 대한
   하나님의 심판
   (2:1-25:38)
4. 예레미야와
   거짓 선지자들의 논쟁
   (26:1-29:32)
5. 위로의 책
   (30:1-33:26)
6. 여호야김과 시드기야 당시에
   주어진 예언
   (34:1-39:18)
7. 예루살렘 함락 후의
   예레미야의 생애
   (40:1-45:5)
8. 열방들에 대한
   하나님의 경고
   (46:1-51:64)
9. 예루살렘의 멸망과
   바벨론 유수
   (52:1-34)

주요 사건 연대

B.C.

- 예레미야의 소명 (1:1-19) B.C. 627
- 바벨론의 1차 포로 (단 1:1-2) B.C. 605
- 여호야김의 사망과 여호야긴의 등극 및 2차 포로 소환, 시드기야의 계승 (22:22-30; 비교. 왕하 24:8-18) B.C. 597
- 예루살렘의 포위와 예레미야의 예언 및 투옥 (37:1-38:28) B.C. 588
- 남쪽 유다의 멸망과 바벨론 유수 (39:1-18; 비교. 왕하 25:1-26; 대하 36:11-21) B.C. 586
- 바사 왕 고레스의 포로 석방에 대한 포고령 (대하 36:22-23; 스 1:1-4) B.C. 538

1 베냐민 땅 아나돗의 제사장
들 중 힐기야의 아들 예레미
야의 말이라
2 아몬의 아들 유다 왕 요시야가
다스린 지 십삼 년에 여호와의
말씀이 예레미야에게 임하였
고
3 요시야의 아들 유다의 왕 여호
야김 시대부터 요시야의 아들
유다의 왕 시드기야의 십일 년
말까지 곧 오월에 예루살렘이
사로잡혀 가기까지 임하니라

여호와의 말씀이 예레미야에게 임하다

4 여호와의 말씀이 내게 임하니
라 이르시되
5 내가 너를 모태에 짓기 전에
너를 알았고 네가 배에서 나오
기 전에 너를 성별하였고 너를
여러 나라의 선지자로 세웠노
라 하시기로
6 내가 이르되 슬프도소이다 주
여호와여 보소서 나는 아이라
말할 줄을 알지 못하나이다 하
니
7 여호와께서 내게 이르시되 너
는 아이라 말하지 말고 내가
너를 누구에게 보내든지 너는
가며 내가 네게 무엇을 명령하
든지 너는 말할지니라
8 너는 그들 때문에 두려워하지
말라 내가 너와 함께하여 너
를 구원하리라 나 여호와의 말
이니라 하시고
9 여호와께서 그의 손을 내밀어
내 입에 대시며 여호와께서 내
게 이르시되 보라 내가 내 말
을 네 입에 두었노라
10 보라 내가 오늘 너를 여러 나
라와 여러 왕국 위에 세워 네
가 그것들을 뽑고 파괴하며 파
멸하고 넘어뜨리며 건설하고
심게 하였느니라 하시니라

살구나무 가지와 끓는 가마 환상

11 여호와의 말씀이 또 내게 임하
니라 이르시되 예레미야야 네
가 무엇을 보느냐 하시매 내가
대답하되 내가 살구나무 가지
를 보나이다
12 여호와께서 내게 이르시되 네
가 잘 보았도다 이는 내가 내
말을 지켜 그대로 이루려 함이
라 하시니라
13 여호와의 말씀이 다시 내게 임
하니라 이르시되 네가 무엇을

보느냐 대답하되 끓는 가마를
보나이다 그 윗면이 북에서부
터 기울어졌나이다 하니
14 여호와께서 내게 이르시되 재
앙이 북방에서 일어나 이 땅의
모든 주민들에게 부어지리라
15 내가 북방 왕국들의 모든 족속
들을 부를 것인즉 그들이 와서
예루살렘 성문 어귀에 각기 자
리를 정하고 그 사방 모든 성
벽과 유다 모든 성읍들을 치리
라 여호와의 말이니라
16 무리가 나를 버리고 다른 신들
에게 분향하며 자기 손으로 만
든 것들에 절하였은즉 내가 나
의 심판을 그들에게 선고하여
그들의 모든 죄악을 징계하리
라
17 그러므로 너는 네 허리를 동이
고 일어나 내가 네게 명령한
바를 다 그들에게 말하라 그들
때문에 두려워하지 말라 네가
그들 앞에서 두려움을 당하지
않게 하리라
18 보라 내가 오늘 너를 그 온 땅
과 유다 왕들과 그 지도자들과
그 제사장들과 그 땅 백성 앞
에 견고한 성읍, 쇠기둥, 놋성벽
이 되게 하였은즉
19 그들이 너를 치나 너를 이기지
못하리니 이는 내가 너와 함께
하여 너를 구원할 것임이니라
여호와의 말이니라

여호와께서 기억하시다

2 여호와의 말씀이 내게 임하니
라 이르시되
2 가서 예루살렘의 귀에 외칠지
니라 여호와께서 이와 같이 말
씀하시기를 내가 너를 위하여
네 청년 때의 인애와 네 신혼
때의 사랑을 기억하노니 곧 씨
뿌리지 못하는 땅, 그 광야에
서 나를 따랐음이니라
3 이스라엘은 여호와를 위한 성
물 곧 그의 소산 중 첫 열매이
니 그를 삼키는 자면 모두 벌
을 받아 재앙이 그들에게 닥치
리라 여호와의 말씀이니라

조상들이 여호와를 멀리하였다

4 야곱의 집과 이스라엘의 집 모
든 족속들아 여호와의 말씀을
들으라
5 나 여호와가 이와 같이 말하노
라 너희 조상들이 내게서 무슨
불의함을 보았기에 나를 멀리하
고 가서 헛된 것을 따라 헛되

이 행하였느냐
6 그들이 우리를 애굽 땅에서 인
도하여내시고 광야 곧 사막과
구덩이 땅, 건조하고 사망의 그
늘진 땅, 사람이 그곳으로 다니
지 아니하고 그곳에 사람이 거
주하지 아니하는 땅을 우리가
통과하게 하시던 여호와께서
어디 계시냐 하고 말하지 아니
하였도다
7 내가 너희를 기름진 땅에 인도
하여 그것의 열매와 그것의 아
름다운 것을 먹게 하였거늘 너
희가 이리로 들어와서는 내 땅
을 더럽히고 내 기업을 역겨운
것으로 만들었으며
8 제사장들은 여호와께서 어디
계시냐 말하지 아니하였으며
율법을 다루는 자들은 나를 알
지 못하며 관리들도 나에게 반
역하며 선지자들은 바알의 이
름으로 예언하고 무익한 것들
을 따랐느니라

백성이 행한 악

9 그러므로 내가 다시 싸우고 너
희 자손들과도 싸우리라 여호
와의 말씀이니라
10 너희는 깃딤 섬들에 건너가 보
며 게달에도 사람을 보내 이
같은 일이 있었는지를 자세히
살펴보라
11 어느 나라가 그들의 신들을 신
아닌 것과 바꾼 일이 있느냐
그러나 나의 백성은 그의 영광
을 무익한 것과 바꾸었도다
12 너 하늘아 이 일로 말미암아
놀랄지어다 심히 떨지어다 두
려워할지어다 여호와의 말씀이
니라
13 내 백성이 두 가지 악을 행하
였나니 곧 그들이 생수의 근원
되는 나를 버린 것과 스스로
웅덩이를 판 것인데 그것은 그
물을 가두지 못할 터진 웅덩이
들이니라

이스라엘의 악과 반역

14 이스라엘이 종이냐 씨종이냐 어
찌하여 포로가 되었느냐
15 어린 사자들이 그를 향하여 부
르짖으며 소리를 질러 그의 땅
을 황폐하게 하였으며 그의 성
읍들은 불타서 주민이 없게 되
었으며
16 놉과 다바네스의 자손도 네 정
수리를 상하였으니
17 네 하나님 여호와가 너를 길로

인도할 때에 네가 그를 떠남으
로 이를 자취함이 아니냐
18 네가 시홀의 물을 마시려고 애
굽으로 가는 길에 있음은 어찌
됨이며 또 네가 그 강물을 마
시려고 앗수르로 가는 길에 있
음은 어찌 됨이냐
19 네 악이 너를 징계하겠고 네
반역이 너를 책망할 것이라 그
런즉 네 하나님 여호와를 버림
과 네 속에 나를 경외함이 없
는 것이 악이요 고통인 줄 알
라 주 만군의 여호와의 말씀이
니라

이방 신을 따라가는 이스라엘

20 네가 옛적부터 네 멍에를 꺾
고 네 결박을 끊으며 말하기를
나는 순종하지 아니하리라 하
고 모든 높은 산 위에서와 모
든 푸른 나무 아래에서 너는
몸을 굽혀 행음하도다
21 내가 너를 순전한 참 종자 곧
귀한 포도나무로 심었거늘 네게
대하여 이방 포도나무의 악한
가지가 됨은 어찌 됨이냐
22 주 여호와의 말씀이니라 네가
잿물로 스스로 씻으며 네가 많
은 비누를 쓸지라도 네 죄악이
내 앞에 그대로 있으리니
23 네가 어찌 말하기를 나는 더럽
혀지지 아니하였다 바알들의
뒤를 따르지 아니하였다 하겠
느냐 골짜기 속에 있는 네 길
을 보라 네 행한 바를 알 것이
니라 발이 빠른 암낙타가 그의
길을 어지러이 달리는 것과 같
았으며
24 너는 광야에 익숙한 들암나귀
들이 그들의 성욕이 일어나므로
헐떡거림 같았도다 그 발정기
에 누가 그것을 막으리요 그것
을 찾는 것들이 수고하지 아니
하고 그 발정기에 만나리라
25 내가 또 말하기를 네 발을 제
어하여 벗은 발이 되게 하지
말며 목을 갈하게 하지 말라
하였으나 오직 너는 말하기를
아니라 이는 헛된 말이라 내가
이방 신들을 사랑하였은즉 그
를 따라가겠노라 하도다

유다를 심판하리라

26 도둑이 붙들리면 수치를 당함
같이 이스라엘 집 곧 그들의
왕들과 지도자들과 제사장들과
선지자들이 수치를 당하였느니
라

27 그들이 나무를 향하여 너는 나의 아버지라 하며 돌을 향하여 너는 나를 낳았다 하고 그들의 등을 내게로 돌리고 그들의 얼굴은 내게로 향하지 아니하다가 그들이 환난을 당할 때에는 이르기를 일어나 우리를 구원하소서 하리라

28 너를 위하여 네가 만든 네 신들이 어디 있느냐 그들이 네가 환난을 당할 때에 구원할 수 있으면 일어날 것이니라 유다여 너의 신들이 너의 성읍 수와 같도다

29 너희가 나에게 대항함은 어찌 됨이냐 너희가 다 내게 잘못하였느니라 여호와의 말씀이니라

30 내가 너희 자녀들을 때린 것이 무익함은 그들이 징계를 받아들이지 아니함이라 너희 칼이 사나운 사자같이 너희 선지자들을 삼켰느니라

31 너희 이 세대여 여호와의 말을 들어 보라 내가 이스라엘에게 광야가 되었었느냐 캄캄한 땅이 되었었느냐 무슨 이유로 내 백성이 말하기를 우리는 놓였으니 다시 주께로 가지 아니하겠다 하느냐

32 처녀가 어찌 그의 패물을 잊겠느냐 신부가 어찌 그의 예복을 잊겠느냐 오직 내 백성은 나를 잊었나니 그 날수는 셀 수 없거늘

33 네가 어찌 사랑을 얻으려고 네 행위를 아름답게 꾸미느냐 그러므로 네 행위를 악한 여자들에게까지 가르쳤으며

34 또 네 옷단에는 죄 없는 가난한 자를 죽인 피가 묻었나니 그들이 담 구멍을 뚫었기 때문이 아니라 오직 이 모든 일 때문이니라

35 그러나 너는 말하기를 나는 무죄하니 그의 진노가 참으로 내게서 떠났다 하거니와 보라 네 말이 나는 죄를 범하지 아니하였다 하였으므로 내가 너를 심판하리라

36 네가 어찌하여 네 길을 바꾸어 부지런히 돌아다니느냐 네가 앗수르로 말미암아 수치를 당함같이 또한 애굽으로 말미암아 수치를 당할 것이라

37 네가 두 손으로 네 머리를 싸고 거기서도 나가리니 이는 네

가 의지하는 자들을 나 여호와
가 버렸으므로 네가 그들로 말
미암아 형통하지 못할 것임이
라

유다의 음란과 행악

3 그들이 말하기를 가령 사람
이 그의 아내를 버리므로 그
가 그에게서 떠나 타인의 아내
가 된다 하자 남편이 그를 다
시 받겠느냐 그리하면 그 땅
이 크게 더러워지지 아니하겠
느냐 하느니라 네가 많은 무리
와 행음하고서도 내게로 돌아오
려느냐 여호와의 말씀이니라
2 네 눈을 들어 헐벗은 산을 보
라 네가 행음하지 아니한 곳이
어디 있느냐 네가 길가에 앉아
사람들을 기다린 것이 광야에
있는 아라바 사람 같아서 음
란과 행악으로 이 땅을 더럽혔
도다
3 그러므로 단비가 그쳤고 늦은
비가 없어졌느니라 그럴지라도
네가 창녀의 낯을 가졌으므로
수치를 알지 못하느니라
4 네가 이제부터는 내게 부르짖기
를 나의 아버지여 아버지는 나
의 청년 시절의 보호자이시오니
5 노여움을 한없이 계속하시겠으
며 끝까지 품으시겠나이까 하
지 아니하겠느냐 보라 네가 이
같이 말하여도 악을 행하여 네
욕심을 이루었느니라 하시니라

배역한 이스라엘과 반역한 유다

6 요시야 왕 때에 여호와께서
또 내게 이르시되 너는 배역한
이스라엘이 행한 바를 보았느
냐 그가 모든 높은 산에 오르
며 모든 푸른 나무 아래로 가
서 거기서 행음하였도다
7 그가 이 모든 일들을 행한 후
에 내가 말하기를 그가 내게로
돌아오리라 하였으나 아직도
내게로 돌아오지 아니하였고 그
의 반역한 자매 유다는 그것을
보았느니라
8 내게 배역한 이스라엘이 간음
을 행하였으므로 내가 그를 내
쫓고 그에게 이혼서까지 주었
으되 그의 반역한 자매 유다가
두려워하지 아니하고 자기도
가서 행음함을 내가 보았노라
9 그가 돌과 나무와 더불어 행음
함을 가볍게 여기고 행음하여
이 땅을 더럽혔거늘
10 이 모든 일이 있어도 그의 반역

한 자매 유다가 진심으로 내게
돌아오지 아니하고 거짓으로 할
뿐이니라 여호와의 말씀이니라
11 여호와께서 내게 이르시되 배
역한 이스라엘은 반역한 유다
보다 자신이 더 의로움이 나타
났나니
12 너는 가서 북을 향하여 이 말
을 선포하여 이르라 여호와께
서 이르시되 배역한 이스라엘
아 돌아오라 나의 노한 얼굴을
너희에게로 향하지 아니하리라
나는 긍휼이 있는 자라 노를
한없이 품지 아니하느니라 여호
와의 말씀이니라
13 너는 오직 네 죄를 자복하라
이는 네 하나님 여호와를 배반
하고 네 길로 달려 이방인들에
게로 나아가 모든 푸른 나무
아래로 가서 내 목소리를 듣지
아니하였음이라 여호와의 말씀
이니라
14 여호와의 말씀이니라 배역한
자식들아 돌아오라 나는 너희
남편임이라 내가 너희를 성읍
에서 하나와 족속 중에서 둘을
택하여 너희를 시온으로 데려오
겠고
15 내가 또 내 마음에 합한 목자
들을 너희에게 주리니 그들이
지식과 명철로 너희를 양육하
리라
16 여호와의 말씀이니라 너희가 이
땅에서 번성하여 많아질 때에
는 사람들이 여호와의 언약궤
를 다시는 말하지 아니할 것이
요 생각하지 아니할 것이요 기
억하지 아니할 것이요 찾지 아
니할 것이요 다시는 만들지 아
니할 것이며
17 그때에 예루살렘이 그들에게
여호와의 보좌라 일컬음이 되
며 모든 백성이 그리로 모이리
니 곧 여호와의 이름으로 말미
암아 예루살렘에 모이고 다시
는 그들의 악한 마음의 완악한
대로 그들이 행하지 아니할 것
이며
18 그때에 유다 족속이 이스라엘
족속과 동행하여 북에서부터
나와서 내가 너희 조상들에게
기업으로 준 땅에 그들이 함께
이르리라

이스라엘의 배역

19 내가 말하기를 내가 어떻게 하
든지 너를 자녀들 중에 두며

허다한 나라들 중에 아름다운
기업인 이 귀한 땅을 네게 주
리라 하였고 내가 다시 말하기
를 너희가 나를 나의 아버지라
하고 나를 떠나지 말 것이니라
하였노라
20 그런데 이스라엘 족속아 마치
아내가 그의 남편을 속이고 떠
나감같이 너희가 확실히 나를
속였느니라 여호와의 말씀이니
라
21 소리가 헐벗은 산 위에서 들리
니 곧 이스라엘 자손이 애곡하
며 간구하는 것이라 그들이 그
들의 길을 굽게 하며 자기 하
나님 여호와를 잊어버렸음이로
다
22 배역한 자식들아 돌아오라 내
가 너희의 배역함을 고치리라
하시니라

진실한 회개

보소서 우리가 주께 왔사오니
주는 우리 하나님 여호와이심이
니이다
23 작은 산들과 큰 산 위에서 떠
드는 것은 참으로 헛된 일이라
이스라엘의 구원은 진실로 우
리 하나님 여호와께 있나이다
24 부끄러운 그것이 우리가 청년
의 때로부터 우리 조상들의 산
업인 양 떼와 소 떼와 아들들
과 딸들을 삼켰사온즉
25 우리는 수치 중에 눕겠고 우리
의 치욕이 우리를 덮을 것이니
이는 우리와 우리 조상들이 청
년의 때로부터 오늘까지 우리
하나님 여호와께 범죄하여 우
리 하나님 여호와의 목소리에
순종하지 아니하였음이니이다

돌아오라고 하시다

4 여호와께서 이르시되 이스라
엘아 네가 돌아오려거든 내
게로 돌아오라 네가 만일 나의
목전에서 가증한 것을 버리고
네가 흔들리지 아니하며
2 진실과 정의와 공의로 여호와
의 삶을 두고 맹세하면 나라들
이 나로 말미암아 스스로 복을
빌며 나로 말미암아 자랑하리
라
3 여호와께서 유다와 예루살렘
사람에게 이와 같이 이르노라
너희 묵은 땅을 갈고 가시덤불
에 파종하지 말라
4 유다인과 예루살렘 주민들아
너희는 스스로 할례를 행하여

너희 마음 가죽을 베고 나 여호
와께 속하라 그리하지 아니하
면 너희 악행으로 말미암아 나
의 분노가 불같이 일어나 사르
리니 그것을 끌 자가 없으리라

나라들을 멸하는 자가 나아오다

5 너희는 유다에 선포하며 예루
살렘에 공포하여 이르기를 이
땅에서 나팔을 불라 하며 또
크게 외쳐 이르기를 너희는 모
이라 우리가 견고한 성으로 들
어가자 하고
6 시온을 향하여 깃발을 세우라,
도피하라, 지체하지 말라, 내가
북방에서 재난과 큰 멸망을 가
져오리라
7 사자가 그 수풀에서 올라왔으
며 나라들을 멸하는 자가 나아
왔으되 네 땅을 황폐하게 하려
고 이미 그의 처소를 떠났은즉
네 성읍들이 황폐하여 주민이
없게 되리니
8 이로 말미암아 너희는 굵은 베
를 두르고 애곡하라 이는 여호
와의 맹렬한 노가 아직 너희에
게서 돌이키지 아니하였음이라
9 여호와의 말씀이니라 그날에 왕
과 지도자들은 낙심할 것이며
제사장들은 놀랄 것이며 선지
자들은 깜짝 놀라리라
10 내가 이르되 슬프도소이다 주
여호와여 주께서 진실로 이 백
성과 예루살렘을 크게 속이셨
나이다 이르시기를 너희에게 평
강이 있으리라 하시더니 칼이
생명에 이르렀나이다

백성에게 심판을 행하리라

11 그때에 이 백성과 예루살렘에
전할 자가 있어서 뜨거운 바람
이 광야에 있는 헐벗은 산에서
내 딸 백성에게 불어온다 하리
라 이는 키질하기 위함도 아니
요 정결하게 하려 함도 아니며
12 이보다 더 강한 바람이 나를
위하여 오리니 이제 내가 그들
에게 심판을 행할 것이라
13 보라 그가 구름같이 올라오나니
그의 병거는 회오리바람 같고
그의 말들은 독수리보다 빠르도
다 우리에게 화 있도다 우리는
멸망하도다 하리라
14 예루살렘아 네 마음의 악을 씻
어 버리라 그리하면 구원을 얻
으리라 네 악한 생각이 네 속
에 얼마나 오래 머물겠느냐
15 단에서 소리를 선포하며 에브

라임 산에서 재앙을 공포하는
도다
16 너희는 여러 나라에 전하며
또 예루살렘에 알리기를 에워
싸고 치는 자들이 먼 땅에서부
터 와서 유다 성읍들을 향하여
소리를 지른다 하라
17 그들이 밭을 지키는 자같이 예
루살렘을 에워싸나니 이는 그
가 나를 거역했기 때문이니라
여호와의 말씀이니라
18 네 길과 행위가 이 일들을 부
르게 하였나니 이는 네가 악함
이라 그 고통이 네 마음에까지
미치느니라

선지자의 탄식

19 슬프고 아프다 내 마음속이 아
프고 내 마음이 답답하여 잠잠
할 수 없으니 이는 나의 심령
이 나팔 소리와 전쟁의 경보를
들음이로다
20 패망에 패망이 연속하여 온
땅이 탈취를 당하니 나의 장
막과 휘장은 갑자기 파멸되도
다
21 내가 저 깃발을 보며 나팔 소
리 듣기를 어느 때까지 할꼬
22 내 백성은 나를 알지 못하는
어리석은 자요 지각이 없는 미
련한 자식이라 악을 행하기에
는 지각이 있으나 선을 행하기
에는 무지하도다

혼돈의 환상

23 보라 내가 땅을 본즉 혼돈하고
공허하며 하늘에는 빛이 없으
며
24 내가 산들을 본즉 다 진동하며
작은 산들도 요동하며
25 내가 본즉 사람이 없으며 공중
의 새가 다 날아갔으며
26 보라 내가 본즉 좋은 땅이 황
무지가 되었으며 그 모든 성읍
이 여호와의 앞 그의 맹렬한
진노 앞에 무너졌으니
27 여호와께서 이와 같이 말씀하
시길 이 온 땅이 황폐할 것이
나 내가 진멸하지는 아니할 것
이며
28 이로 말미암아 땅이 슬퍼할 것
이며 위의 하늘이 어두울 것이
라 내가 이미 말하였으며 작정
하였고 후회하지 아니하였은즉
또한 거기서 돌이키지 아니하리
라 하셨음이로다
29 기병과 활 쏘는 자의 함성으로
말미암아 모든 성읍 사람들이

도망하여 수풀에 들어가고 바
위에 기어오르며 각 성읍이 버
림을 당하여 거기 사는 사람이
없나니
30 멸망을 당한 자여 네가 어떻
게 하려느냐 네가 붉은 옷을
입고 금장식으로 단장하고 눈
을 그려 꾸밀지라도 네가 화장
한 것이 헛된 일이라 연인들이
너를 멸시하여 네 생명을 찾느
니라
31 내가 소리를 들은즉 여인의 해
산하는 소리 같고 초산하는 자
의 고통하는 소리 같으니 이는
시온의 딸의 소리라 그가 헐떡
이며 그의 손을 펴고 이르기를
내게 화가 있도다 죽이는 자로
말미암아 나의 심령이 피곤하
도다 하는도다

예루살렘의 허물과 반역

5 너희는 예루살렘 거리로 빨
리 다니며 그 넓은 거리에서
찾아보고 알라 너희가 만일 정
의를 행하며 진리를 구하는 자
를 한 사람이라도 찾으면 내가
이 성읍을 용서하리라
2 그들이 여호와께서 살아계심을
두고 맹세할지라도 실상은 거
짓 맹세니라
3 여호와여 주의 눈이 진리를 찾
지 아니하시나이까 주께서 그
들을 치셨을지라도 그들이 아
픈 줄을 알지 못하며 그들을
멸하셨을지라도 그들이 징계를
받지 아니하고 그들의 얼굴을
바위보다 굳게 하여 돌아오기를
싫어하므로
4 내가 말하기를 이 무리는 비천
하고 어리석은 것뿐이라 여호와
의 길, 자기 하나님의 법을 알
지 못하니
5 내가 지도자들에게 가서 그들에
게 말하리라 그들은 여호와의
길, 자기 하나님의 법을 안다
하였더니 그들도 일제히 멍에
를 꺾고 결박을 끊은지라
6 그러므로 수풀에서 나오는 사자
가 그들을 죽이며 사막의 이리
가 그들을 멸하며 표범이 성읍
들을 엿본즉 그리로 나오는 자
마다 찢기리니 이는 그들의 허
물이 많고 반역이 심함이니이다
7 내가 어찌 너를 용서하겠느냐
네 자녀가 나를 버리고 신이
아닌 것들로 맹세하였으며 내
가 그들을 배불리 먹인즉 그들

이 간음하며 창기의 집에 허다
히 모이며
8 그들은 두루 다니는 살진 수말
같이 각기 이웃의 아내를 따르
며 소리 지르는도다
9 여호와의 말씀이니라 내가 어
찌 이 일들에 대하여 벌하지
아니하겠으며 내 마음이 이런
나라에 보복하지 않겠느냐

여호와께서 백성을 버리시다

10 너희는 그 성벽에 올라가 무너
뜨리되 다 무너뜨리지 말고 그
가지만 꺾어 버리라 여호와의
것이 아님이니라
11 여호와의 말씀이니라 이스라엘
의 집과 유다의 집이 내게 심
히 반역하였느니라
12 그들이 여호와를 인정하지 아
니하며 말하기를 여호와께서는
계시지 아니하니 재앙이 우리
에게 임하지 아니할 것이요 우
리가 칼과 기근을 보지 아니할
것이며
13 선지자들은 바람이라 말씀이
그들의 속에 있지 아니한즉 그
같이 그들이 당하리라 하느니
라
14 그러므로 만군의 하나님 여호와
께서 이와 같이 말씀하시니라
너희가 이 말을 하였은즉 볼지
어다 내가 네 입에 있는 나의
말을 불이 되게 하고 이 백성
을 나무가 되게 하여 불사르리
라
15 여호와의 말씀이니라 이스라엘
집이여 보라 내가 한 나라를
먼 곳에서 너희에게로 오게 하
리니 곧 강하고 오랜 민족이라
그 나라 말을 네가 알지 못하
며 그 말을 네가 깨닫지 못하
느니라
16 그 화살통은 열린 무덤이요 그
사람들은 다 용사라
17 그들이 네 자녀들이 먹을 추수
곡물과 양식을 먹으며 네 양
떼와 소 떼를 먹으며 네 포도
나무와 무화과나무 열매를 먹
으며 네가 믿는 견고한 성들을
칼로 파멸하리라
18 여호와의 말씀이니라 그때에도
내가 너희를 진멸하지는 아니
하리라
19 그들이 만일 이르기를 우리 하
나님 여호와께서 어찌하여 이
모든 일을 우리에게 행하셨느
냐 하거든 너는 그들에게 이르

기를 너희가 여호와를 버리고
너희 땅에서 이방 신들을 섬겼
은즉 이와 같이 너희 것이 아
닌 땅에서 이방인들을 섬기리
라 하라

여호와께서 백성에게 이르시다

20 너는 이를 야곱 집에 선포하며
유다에 공포하여 이르기를
21 어리석고 지각이 없으며 눈이
있어도 보지 못하며 귀가 있어
도 듣지 못하는 백성이여 이를
들을지어다
22 여호와의 말씀이니라 너희가 나
를 두려워하지 아니하느냐 내
앞에서 떨지 아니하겠느냐 내
가 모래를 두어 바다의 한계를
삼되 그것으로 영원한 한계를
삼고 지나치지 못하게 하였으
므로 파도가 거세게 이나 그것
을 이기지 못하며 뛰노나 그것
을 넘지 못하느니라
23 그러나 너희 백성은 배반하며
반역하는 마음이 있어서 이미
배반하고 갔으며
24 또 너희 마음으로 우리에게 이
른 비와 늦은 비를 때를 따라
주시며 우리를 위하여 추수 기
한을 정하시는 우리 하나님 여
호와를 경외하자 말하지도 아
니하니
25 너희 허물이 이러한 일들을 물
리쳤고 너희 죄가 너희로부터
좋은 것을 막았느니라
26 내 백성 가운데 악인이 있어서
새 사냥꾼이 매복함같이 지키
며 덫을 놓아 사람을 잡으며
27 새장에 새들이 가득함같이 너
희 집들에 속임이 가득하도다
그러므로 너희가 번창하고 거부
가 되어
28 살지고 윤택하며 또 행위가 심
히 악하여 자기 이익을 얻으려
고 송사 곧 고아의 송사를 공
정하게 하지 아니하며 빈민의
재판을 공정하게 판결하지 아
니하니
29 내가 이 일들에 대하여 벌하지
아니하겠으며 내 마음이 이 같
은 나라에 보복하지 아니하겠
느냐 여호와의 말씀이니라
30 이 땅에 무섭고 놀라운 일이
있도다
31 선지자들은 거짓을 예언하며
제사장들은 자기 권력으로 다
스리며 내 백성은 그것을 좋게
여기니 마지막에는 너희가 어

찌하려느냐

벌받을 성 예루살렘

6 베냐민 자손들아 예루살렘
가운데로부터 피난하라 드고
아에서 나팔을 불고 벧학게렘
에서 깃발을 들라 재앙과 큰
파멸이 북방에서 엿보아 옴이니
라
2 아름답고 우아한 시온의 딸을
내가 멸절하리니
3 목자들이 그 양 떼를 몰고 와
서 주위에 자기 장막을 치고
각기 그 처소에서 먹이리로다
4 너희는 그를 칠 준비를 하라
일어나라 우리가 정오에 올라
가자 아하 아깝다 날이 기울
어 저녁 그늘이 길었구나
5 일어나라 우리가 밤에 올라가
서 그 요새들을 헐자 하도다
6 만군의 여호와께서 이와 같이
말하노라 너희는 나무를 베어
서 예루살렘을 향하여 목책을
만들라 이는 벌받을 성이라 그
중에는 오직 포학한 것뿐이니
라
7 샘이 그 물을 솟구쳐 냄같이
그가 그 악을 드러내니 폭력과
탈취가 거기에서 들리며 질병
과 살상이 내 앞에 계속하느니
라
8 예루살렘아 너는 훈계를 받으
라 그리하지 아니하면 내 마
음이 너를 싫어하고 너를 황폐
하게 하여 주민이 없는 땅으로
만들리라

벌받을 백성

9 만군의 여호와께서 이와 같이
말씀하시되 포도를 따듯이 그
들이 이스라엘의 남은 자를 말
갛게 주우리라 너는 포도 따는
자처럼 네 손을 광주리에 자주
자주 놀리라 하시나니
10 내가 누구에게 말하며 누구에
게 경책하여 듣게 할꼬 보라
그 귀가 할례를 받지 못하였으
므로 듣지 못하는도다 보라 여
호와의 말씀을 그들이 자신들
에게 욕으로 여기고 이를 즐겨
하지 아니하니
11 그러므로 여호와의 분노가 내게
가득하여 참기 어렵도다 그것
을 거리에 있는 아이들과 모인
청년들에게 부으리니 남편과
아내와 나이 든 사람과 늙은이
가 다 잡히리로다
12 내가 그 땅 주민에게 내 손을

펼 것인즉 그들의 집과 밭과
아내가 타인의 소유로 이전되
리라 여호와의 말씀이니라
13 이는 그들이 가장 작은 자로부
터 큰 자까지 다 탐욕을 부리
며 선지자로부터 제사장까지
다 거짓을 행함이라
14 그들이 내 백성의 상처를 가볍
게 여기면서 말하기를 평강하
다 평강하다 하나 평강이 없도
다
15 그들이 가증한 일을 행할 때
에 부끄러워하였느냐 아니라
조금도 부끄러워하지 않을 뿐
아니라 얼굴도 붉어지지 않았
느니라 그러므로 그들이 엎드러
지는 자와 함께 엎드러질 것이
라 내가 그들을 벌하리니 그때
에 그들이 거꾸러지리라 여호와
의 말씀이니라

선한 길로 가지 아니하다

16 여호와께서 이와 같이 말씀하
시되 너희는 길에 서서 보며
옛적 길 곧 선한 길이 어디인
지 알아보고 그리로 가라 너희
심령이 평강을 얻으리라 하나
그들의 대답이 우리는 그리로
가지 않겠노라 하였으며
17 내가 또 너희 위에 파수꾼을
세웠으니 나팔 소리를 들으라
하나 그들의 대답이 우리는 듣
지 않겠노라 하였도다
18 그러므로 너희 나라들아 들으라
무리들아 그들이 당할 일을 알
라
19 땅이여 들으라 내가 이 백성에
게 재앙을 내리리니 이것이 그
들의 생각의 결과라 그들이 내
말을 듣지 아니하며 내 율법을
거절하였음이니라
20 시바에서 유향과 먼 곳에서 향
품을 내게로 가져옴은 어찌함
이냐 나는 그들의 번제를 받지
아니하며 그들의 희생제물을
달게 여기지 않노라
21 그러므로 여호와께서 이와 같
이 말씀하시니라 보라 내가 이
백성 앞에 장애물을 두리니 아
버지와 아들들이 함께 거기에
걸려 넘어지며 이웃과 그의 친
구가 함께 멸망하리라

북방에서 쳐들어오는 민족

22 여호와께서 이와 같이 말씀하
시되 보라 한 민족이 북방에서
오며 큰 나라가 땅끝에서부터
떨쳐 일어나나니

23 그들은 활과 창을 잡았고 잔인
하여 사랑이 없으며 그 목소리
는 바다처럼 포효하는 소리라
그들이 말을 타고 전사같이 다
대열을 벌이고 시온의 딸인 너
를 치려 하느니라 하시도다
24 우리가 그 소문을 들었으므로
손이 약하여졌고 고통이 우리
를 잡았으므로 그 아픔이 해산
하는 여인 같도다
25 너희는 밭에도 나가지 말라 길
로도 다니지 말라 원수의 칼이
있고 사방에 두려움이 있음이라
26 딸 내 백성이 굵은 베를 두르
고 재에서 구르며 독자를 잃음
같이 슬퍼하며 통곡할지어다
멸망시킬 자가 갑자기 우리에
게 올 것임이라
27 내가 이미 너를 내 백성 중에
망대와 요새로 삼아 그들의 길
을 알고 살피게 하였노라
28 그들은 다 심히 반역한 자며
비방하며 돌아다니는 자며 그
들은 놋과 철이며 다 사악한
자라
29 풀무불을 맹렬히 불면 그 불에
납이 살라져서 단련하는 자의
일이 헛되게 되느니라 이와 같
이 악한 자가 제거되지 아니하
나니
30 사람들이 그들을 내버린 은이
라 부르게 될 것은 여호와께서
그들을 버렸음이라

여호와의 말씀을 들으라

7 여호와께로부터 예레미야에
게 말씀이 임하니라 이르시되
2 너는 여호와의 집 문에 서서
이 말을 선포하여 이르기를 여
호와께 예배하러 이 문으로 들
어가는 유다 사람들아 여호와
의 말씀을 들으라
3 만군의 여호와 이스라엘의 하
나님께서 이와 같이 말씀하시
되 너희 길과 행위를 바르게
하라 그리하면 내가 너희로 이
곳에 살게 하리라
4 너희는 이것이 여호와의 성전이
라, 여호와의 성전이라, 여호와
의 성전이라 하는 거짓말을 믿
지 말라
5 너희가 만일 길과 행위를 참으
로 바르게 하여 이웃들 사이에
정의를 행하며
6 이방인과 고아와 과부를 압제
하지 아니하며 무죄한 자의 피
를 이곳에서 흘리지 아니하며

다른 신들 뒤를 따라 화를 자초하지 아니하면
7 내가 너희를 이곳에 살게 하리니 곧 너희 조상에게 영원무궁토록 준 땅에니라
8 보라 너희가 무익한 거짓말을 의존하는도다
9 너희가 도둑질하며 살인하며 간음하며 거짓 맹세하며 바알에게 분향하며 너희가 알지 못하는 다른 신들을 따르면서
10 내 이름으로 일컬음을 받는 이 집에 들어와서 내 앞에 서서 말하기를 우리가 구원을 얻었나이다 하느냐 이는 이 모든 가증한 일을 행하려 함이로다
11 내 이름으로 일컬음을 받는 이 집이 너희 눈에는 도둑의 소굴로 보이느냐 보라 나 곧 내가 그것을 보았노라 여호와의 말씀이니라
12 너희는 내가 처음으로 내 이름을 둔 처소 실로에 가서 내 백성 이스라엘의 악에 대하여 내가 어떻게 행하였는지를 보라
13 여호와의 말씀이니라 이제 너희가 그 모든 일을 행하였으며 내가 너희에게 말하되 새벽부터 부지런히 말하여도 듣지 아니하였고 너희를 불러도 대답하지 아니하였느니라
14 그러므로 내가 실로에 행함같이 너희가 신뢰하는 바 내 이름으로 일컬음을 받는 이 집 곧 너희와 너희 조상들에게 준 이곳에 행하겠고
15 내가 너희 모든 형제 곧 에브라임 온 자손을 쫓아낸 것같이 내 앞에서 너희를 쫓아내리라 하셨다 할지니라

여호와를 순종하지 아니하는 백성

16 그런즉 너는 이 백성을 위하여 기도하지 말라 그들을 위하여 부르짖어 구하지 말라 내게 간구하지 말라 내가 네게서 듣지 아니하리라
17 너는 그들이 유다 성읍들과 예루살렘 거리에서 행하는 일을 보지 못하느냐
18 자식들은 나무를 줍고 아버지들은 불을 피우며 부녀들은 가루를 반죽하여 하늘의 여왕을 위하여 과자를 만들며 그들이 또 다른 신들에게 전제를 부음으로 나의 노를 일으키느니라
19 여호와의 말씀이니라 그들이 나

를 격노하게 함이냐 자기 얼굴
에 부끄러움을 자취함이 아니
냐
20 그러므로 주 여호와께서 이와
같이 말씀하시니라 보라 나의
진노와 분노를 이곳과 사람과
짐승과 들나무와 땅의 소산에
부으리니 불같이 살라지고 꺼지
지 아니하리라 하시니라
21 만군의 여호와 이스라엘의 하
나님께서 이와 같이 말씀하시
되 너희 희생제물과 번제물의
고기를 아울러 먹으라
22 사실은 내가 너희 조상들을 애
굽 땅에서 인도하여낸 날에 번
제나 희생에 대하여 말하지
아니하며 명령하지 아니하고
23 오직 내가 이것을 그들에게 명
령하여 이르기를 너희는 내 목
소리를 들으라 그리하면 나는
너희 하나님이 되겠고 너희는
내 백성이 되리라 너희는 내가
명령한 모든 길로 걸어가라 그
리하면 복을 받으리라 하였으
나
24 그들이 순종하지 아니하며 귀
를 기울이지도 아니하고 자신들
의 악한 마음의 꾀와 완악한
대로 행하여 그 등을 내게로
돌리고 그 얼굴을 향하지 아니
하였으며
25 너희 조상들이 애굽 땅에서 나
온 날부터 오늘까지 내가 내
종 선지자들을 너희에게 보내
되 끊임없이 보내었으나
26 너희가 나에게 순종하지 아니
하며 귀를 기울이지 아니하고
목을 굳게 하여 너희 조상들보
다 악을 더 행하였느니라
27 네가 그들에게 이 모든 말을
할지라도 그들이 너에게 순종
하지 아니할 것이요 네가 그들
을 불러도 그들이 네게 대답하
지 아니하리니
28 너는 그들에게 말하기를 너희
는 너희 하나님 여호와의 목소
리를 순종하지 아니하며 교훈
을 받지 아니하는 민족이라 진
실이 없어져 너희 입에서 끊어
졌다 할지니라

도벳 사당을 건축

29 너의 머리털을 베어 버리고 벗
은 산 위에서 통곡할지어다 여
호와께서 그 노하신 바 이 세
대를 끊어 버리셨음이라
30 여호와께서 말씀하시되 유다

자손이 나의 눈앞에 악을 행하
여 내 이름으로 일컬음을 받는
집에 그들의 가증한 것을 두어
집을 더럽혔으며
31 힌놈의 아들 골짜기에 도벳 사
당을 건축하고 그들의 자녀들
을 불에 살랐나니 내가 명령하
지 아니하였고 내 마음에 생각
하지도 아니한 일이니라
32 그러므로 여호와께서 말씀하시
니라 날이 이르면 이곳을 도벳
이라 하거나 힌놈의 아들의 골
짜기라 말하지 아니하고 죽임
의 골짜기라 말하리니 이는 도
벳에 자리가 없을 만큼 매장
했기 때문이니라
33 이 백성의 시체가 공중의 새와
땅의 짐승의 밥이 될 것이나
그것을 쫓을 자가 없을 것이라
34 그때에 내가 유다 성읍들과 예
루살렘 거리에 기뻐하는 소리,
즐거워하는 소리, 신랑의 소리,
신부의 소리가 끊어지게 하리
니 땅이 황폐하리라

8 여호와의 말씀이니라 그때에
사람들이 유다 왕들의 뼈와
그의 지도자들의 뼈와 제사장
들의 뼈와 선지자들의 뼈와 예
루살렘 주민의 뼈를 그 무덤에
서 끌어내어
2 그들이 사랑하며 섬기며 뒤따
르며 구하며 경배하던 해와
달과 하늘의 뭇별 아래에서
펼쳐지게 하리니 그 뼈가 거두
이거나 묻히지 못하여 지면에
서 분토 같을 것이며
3 이 악한 민족의 남아 있는 자,
무릇 내게 쫓겨나서 각처에 남
아 있는 자들이 사는 것보다 죽
는 것을 원하리라 만군의 여호
와의 말씀이니라

죄와 벌

4 너는 또 그들에게 말하기를 여
호와의 말씀에 사람이 엎드러
지면 어찌 일어나지 아니하겠
으며 사람이 떠나갔으면 어찌
돌아오지 아니하겠느냐
5 이 예루살렘 백성이 항상 나를
떠나 물러감은 어찌함이냐 그
들이 거짓을 고집하고 돌아오기
를 거절하도다
6 내가 귀를 기울여 들은즉 그들
이 정직을 말하지 아니하며 그
들의 악을 뉘우쳐서 내가 행한
것이 무엇인고 말하는 자가 없
고 전쟁터로 향하여 달리는 말

같이 각각 그 길로 행하도다
7 공중의 학은 그 정한 시기를
알고 산비둘기와 제비와 두루
미는 그들이 올 때를 지키거늘
내 백성은 여호와의 규례를 알
지 못하도다
8 너희가 어찌 우리는 지혜가 있
고 우리에게는 여호와의 율법
이 있다 말하겠느냐 참으로 서
기관의 거짓의 붓이 거짓되게
하였나니
9 지혜롭다 하는 자들은 부끄러
움을 당하며 두려워 떨다가
잡히리라 보라 그들이 여호와의
말을 버렸으니 그들에게 무슨
지혜가 있으랴
10 그러므로 내가 그들의 아내를
타인에게 주겠고 그들의 밭
을 그 차지할 자들에게 주리
니 그들은 가장 작은 자로부터
큰 자까지 다 욕심내며 선지자
로부터 제사장까지 다 거짓을
행함이라
11 그들이 딸 내 백성의 상처를
가볍게 여기면서 말하기를 평
강하다. 평강하다 하나 평강이
없도다
12 그들이 가증한 일을 행할 때
에 부끄러워하였느냐 아니라
조금도 부끄러워하지 않을 뿐
아니라 얼굴도 붉어지지 아니하
였느니라 그러므로 그들이 엎드
러질 자와 함께 엎드러질 것이
라 내가 그들을 벌할 때에 그
들이 거꾸러지리라 여호와의 말
씀이니라
13 여호와의 말씀이니라 내가 그들
을 진멸하리니 포도나무에 포도
가 없을 것이며 무화과나무에
무화과가 없을 것이며 그 잎사
귀가 마를 것이라 내가 그들에
게 준 것이 없어지리라 하셨나
니
14 우리가 어찌 가만히 앉았으랴
모일지어다 우리가 견고한 성
읍들로 들어가서 거기에서 멸망
하자 우리가 여호와께 범죄하
였으므로 우리 하나님 여호와께
서 우리를 멸하시며 우리에게
독한 물을 마시게 하심이니라
15 우리가 평강을 바라나 좋은 것
이 없으며 고침을 입을 때를
바라나 놀라움뿐이로다
16 그 말의 부르짖음이 단에서부
터 들리고 그 준마들이 우는 소
리에 온 땅이 진동하며 그들이

이르러 이 땅과 그 소유와 성
읍과 그중의 주민을 삼켰도다
17 여호와의 말씀이니라 내가 술
법으로도 제어할 수 없는 뱀과
독사를 너희 가운데 보내리니
그것들이 너희를 물리라 하시도
다

선지자의 번뇌

18 슬프다 나의 근심이여 어떻게
위로를 받을 수 있을까 내 마음
이 병들었도다
19 딸 내 백성의 심히 먼 땅에서
부르짖는 소리로다 여호와께서
시온에 계시지 아니한가. 그의
왕이 그 가운데 계시지 아니한
가 그들이 어찌하여 그 조각한
신상과 이방의 헛된 것들로 나
를 격노하게 하였는고 하시니
20 추수할 때가 지나고 여름이 다
하였으나 우리는 구원을 얻지
못한다 하는도다
21 딸 내 백성이 상하였으므로 나
도 상하여 슬퍼하며 놀라움에
잡혔도다
22 길르앗에는 유향이 있지 아니
한가 그곳에는 의사가 있지 아
니한가 딸 내 백성이 치료를
받지 못함은 어찌 됨인고

9 어찌하면 내 머리는 물이 되
고 내 눈은 눈물 근원이 될
꼬 죽임을 당한 딸 내 백성을
위하여 주야로 울리로다
2 내가 광야에서 나그네가 머무
를 곳을 얻는다면 내 백성을
떠나가리니 그들은 다 간음하
는 자요 반역한 자의 무리가
됨이로다
3 여호와의 말씀이니라 그들이 활
을 당김같이 그들의 혀를 놀려
거짓을 말하며 그들이 이 땅에
서 강성하나 진실하지 아니하
고 악에서 악으로 진행하며 또
나를 알지 못하느니라
4 너희는 각기 이웃을 조심하며
어떤 형제든지 믿지 말라 형
제마다 완전히 속이며 이웃마
다 다니며 비방함이라
5 그들은 각기 이웃을 속이며 진
실을 말하지 아니하며 그들의
혀로 거짓말하기를 가르치며
악을 행하기에 지치거늘
6 네가 사는 곳이 속이는 일 가운
데 있도다 그들은 속이는 일로
말미암아 나를 알기를 싫어하
느니라 여호와의 말씀이니라
7 그러므로 만군의 여호와께서 이

와 같이 말씀하시되 보라 내가
내 딸 백성을 어떻게 처치할꼬
그들을 녹이고 연단하리라
8 그들의 혀는 죽이는 화살이라
거짓을 말하며 입으로는 그 이
웃에게 평화를 말하나 마음으
로는 해를 꾸미는도다
9 내가 이 일들로 말미암아 그들
에게 벌하지 아니하겠으며 내
마음이 이런 나라에 보복하지
않겠느냐 여호와의 말씀이니라
10 내가 산들을 위하여 울며 부르
짖으며 광야 목장을 위하여 슬
퍼하나니 이는 그것들이 불에
탔으므로 지나는 자가 없으며
거기서 가축의 소리가 들리지
아니하며 공중의 새도 짐승도
다 도망하여 없어졌음이라
11 내가 예루살렘을 무더기로 만
들며 승냥이 굴이 되게 하겠고
유다의 성읍들을 황폐하게 하
여 주민이 없게 하리라
12 지혜가 있어서 이 일을 깨달을
만한 자가 누구며 여호와의 입
의 말씀을 받아서 선포할 자가
누구인고 이 땅이 어찌하여 멸
망하여 광야같이 불타서 지나
가는 자가 없게 되었느냐
13 여호와께서 말씀하시되 이는
그들이 내가 그들의 앞에 세운
나의 율법을 버리고 내 목소리
를 순종하지 아니하며 그대로
행하지 아니하고
14 그 마음의 완악함을 따라 그
조상들이 자기에게 가르친 바
알들을 따랐음이라
15 그러므로 만군의 여호와 이스라
엘의 하나님께서 이와 같이 말
씀하시니라 보라 내가 그들 곧
이 백성에게 쑥을 먹이며 독한
물을 마시게 하고
16 그들과 그들의 조상이 알지 못
하던 여러 나라 가운데에 그들
을 흩어 버리고 진멸되기까지
그 뒤로 칼을 보내리라 하셨느
니라

사랑과 정의와 공의를 행하시는 여호와

17 만군의 여호와께서 이와 같이
말씀하시되 너희는 잘 생각해
보고 곡하는 부녀를 불러오며
또 사람을 보내 지혜로운 부녀
를 불러오되
18 그들로 빨리 와서 우리를 위하
여 애곡하여 우리의 눈에서 눈
물이 떨어지게 하며 우리 눈꺼
풀에서 물이 쏟아지게 하라

19 이는 시온에서 통곡하는 소리
가 들리기를 우리가 아주 망하
였구나 우리가 크게 부끄러움
을 당하였구나 우리가 그 땅
을 떠난 것은 그들이 우리 거
처를 헐었음이로다 함이로다
20 부녀들이여 여호와의 말씀을 들
으라 너희 귀에 그 입의 말씀
을 받으라 너희 딸들에게 애곡
하게 하고 각기 이웃에게 슬픈
노래를 가르치라
21 무릇 사망이 우리 창문을 통하
여 넘어 들어오며 우리 궁실에
들어오며 밖에서는 자녀들을 거
리에서는 청년들을 멸절하려
하느니라
22 너는 이같이 말하라 여호와의
말씀에 사람의 시체가 분토같
이 들에 떨어질 것이며 추수
하는 자의 뒤에 버려져 거두지
못한 곡식단같이 되리라 하셨
느니라
23 여호와께서 이와 같이 말씀하
시되 지혜로운 자는 그의 지혜
를 자랑하지 말라 용사는 그의
용맹을 자랑하지 말라 부자는
그의 부함을 자랑하지 말라
24 자랑하는 자는 이것으로 자랑
할지니 곧 명철하여 나를 아는
것과 나 여호와는 사랑과 정의
와 공의를 땅에 행하는 자인
줄 깨닫는 것이라 나는 이 일
을 기뻐하노라 여호와의 말씀
이니라
25 여호와의 말씀이니라 보라 날이
이르면 할례받은 자와 할례받
지 못한 자를 내가 다 벌하리니
26 곧 애굽과 유다와 에돔과 암
몬 자손과 모압과 및 광야에
살면서 살쩍을 깎은 자들에게
라 무릇 모든 민족은 할례를
받지 못하였고 이스라엘은 마
음에 할례를 받지 못하였느니
라 하셨느니라

우상의 가르침과 참 하나님 여호와

10 이스라엘 집이여 여호와께서
너희에게 이르시는 말씀을 들
을지어다
2 여호와께서 이와 같이 말씀하
시되 여러 나라의 길을 배우지
말라 이방 사람들은 하늘의 징
조를 두려워하거니와 너희는 그
것을 두려워하지 말라
3 여러 나라의 풍습은 헛된 것이
니 삼림에서 벤 나무요 기술공
의 두 손이 도끼로 만든 것이라

4 그들이 은과 금으로 그것에 꾸미고 못과 장도리로 그것을 든든히 하여 흔들리지 않게 하나니

5 그것이 둥근 기둥 같아서 말도 못하며 걸어 다니지도 못하므로 사람이 메어야 하느니라 그것이 그들에게 화를 주거나 복을 주지 못하나니 너희는 두려워하지 말라 하셨느니라

6 여호와여 주와 같은 이 없나이다 주는 크시니 주의 이름이 그 권능으로 말미암아 크시니이다

7 이방 사람들의 왕이시여 주를 경외하지 아니할 자가 누구리이까 이는 주께 당연한 일이라 여러 나라와 여러 왕국들의 지혜로운 자들 가운데 주와 같은 이가 없음이니이다

8 그들은 다 무지하고 어리석은 것이니 우상의 가르침은 나무뿐이라

9 다시스에서 가져온 은박과 우바스에서 가져온 금으로 꾸미되 기술공과 은장색의 손으로 만들었고 청색 자색 옷을 입었나니 이는 정교한 솜씨로 만든 것이거니와

10 오직 여호와는 참 하나님이시요 살아계신 하나님이시요 영원한 왕이시라 그 진노하심에 땅이 진동하며 그 분노하심을 이방이 능히 당하지 못하느니라

11 너희는 이같이 그들에게 이르기를 천지를 짓지 아니한 신들은 땅 위에서, 이 하늘 아래에서 망하리라 하라

만물의 조성자 만군의 여호와

12 여호와께서 그의 권능으로 땅을 지으셨고 그의 지혜로 세계를 세우셨고 그의 명철로 하늘을 펴셨으며

13 그가 목소리를 내신즉 하늘에 많은 물이 생기나니 그는 땅끝에서 구름이 오르게 하시며 비를 위하여 번개치게 하시며 그 곳간에서 바람을 내시거늘

14 사람마다 어리석고 무식하도다 은장이마다 자기의 조각한 신상으로 말미암아 수치를 당하나니 이는 그가 부어 만든 우상은 거짓 것이요 그 속에 생기가 없음이라

15 그것들은 헛것이요 망령되이 만든 것인즉 징벌하실 때에 멸망할 것이나

16 야곱의 분깃은 이같지 아니하시니 그는 만물의 조성자요 이스라엘은 그의 기업의 지파라 그 이름은 만군의 여호와시니라

백성의 탄식

17 에워싸인 가운데에 앉은 자여 네 짐 꾸러미를 이 땅에서 꾸리라

18 여호와께서 이와 같이 말씀하시되 보라 내가 이 땅에 사는 자를 이번에는 내던질 것이라 그들을 괴롭게 하여 깨닫게 하리라 하셨느니라

19 슬프다 내 상처여 내가 중상을 당하였도다 그러나 내가 말하노라 이는 참으로 고난이라 내가 참아야 하리로다

20 내 장막이 무너지고 나의 모든 줄이 끊어졌으며 내 자녀가 나를 떠나가고 있지 아니하니 내 장막을 세울 자와 내 휘장을 칠 자가 다시 없도다

21 목자들은 어리석어 여호와를 찾지 아니하므로 형통하지 못하며 그 모든 양 떼는 흩어졌도다

22 들을지어다 북방에서부터 크게 떠드는 소리가 들리니 유다 성읍들을 황폐하게 하여 승냥이의 거처가 되게 하리로다

23 여호와여 내가 알거니와 사람의 길이 자신에게 있지 아니하니 걸음을 지도함이 걷는 자에게 있지 아니하니이다

24 여호와여 나를 징계하옵시되 너그러이 하시고 진노로 하지 마옵소서 주께서 내가 없어지게 하실까 두려워하나이다

25 주를 알지 못하는 이방 사람들과 주의 이름으로 기도하지 아니하는 족속들에게 주의 분노를 부으소서 그들은 야곱을 씹어 삼켜 멸하고 그의 거처를 황폐하게 하였나이다 하니라

여호와께서 이르신 언약의 말

11 여호와께로부터 예레미야에게 임한 말씀이라 이르시되

2 너희는 이 언약의 말을 듣고 유다인과 예루살렘 주민에게 말하라

3 그들에게 이르기를 이스라엘의 하나님 여호와께서 이와 같이 말씀하시되 이 언약의 말을 따르지 않는 자는 저주를 받을 것이니라

4 이 언약은 내가 너희 조상들을

쇠풀무 애굽 땅에서 이끌어내던 날에 그들에게 명령한 것이라 곧 내가 이르기를 너희는 내 목소리를 순종하고 나의 모든 명령을 따라 행하라 그리하면 너희는 내 백성이 되겠고 나는 너희의 하나님이 되리라

5 내가 또 너희 조상들에게 한 맹세는 그들에게 젖과 꿀이 흐르는 땅을 주리라 한 언약을 이루리라 한 것인데 오늘이 그것을 증언하느니라 하라 하시기로 내가 대답하여 이르되 아멘 여호와여 하였노라

6 여호와께서 내게 이르시되 너는 이 모든 말로 유다 성읍들과 예루살렘 거리에서 선포하여 이르기를 너희는 이 언약의 말을 듣고 지키라

7 내가 너희 조상들을 애굽 땅에서 인도하여낸 날부터 오늘까지 간절히 경계하며 끊임없이 경계하기를 너희는 내 목소리를 순종하라 하였으나

8 그들이 순종하지 아니하며 귀를 기울이지도 아니하고 각각 그 악한 마음의 완악한 대로 행하였으므로 내가 그들에게 행하라 명령하였어도 그들이 행하지 아니한 이 언약의 모든 규정대로 그들에게 이루게 하였느니라 하라

9 여호와께서 또 내게 이르시되 유다인과 예루살렘 주민 중에 반역이 있도다

10 그들이 내 말 듣기를 거절한 자기들의 선조의 죄악으로 돌아가서 다른 신들을 따라 섬겼은즉 이스라엘 집과 유다 집이 내가 그들의 조상들과 맺은 언약을 깨뜨렸도다

11 그러므로 나 여호와가 이와 같이 말하노라 보라 내가 재앙을 그들에게 내리리니 그들이 피할 수 없을 것이라 그들이 내게 부르짖을지라도 내가 듣지 아니할 것인즉

12 유다 성읍들과 예루살렘 주민이 그 분향하는 신들에게 가서 부르짖을지라도 그 신들이 그 고난 가운데에서 절대로 그들을 구원하지 못하리라

13 유다야 네 신들이 네 성읍의 수와 같도다 너희가 예루살렘 거리의 수대로 그 수치스러운 물건의 제단 곧 바알에게 분

향하는 제단을 쌓았도다
14 그러므로 너는 이 백성을 위하
여 기도하지 말라 그들을 위하
여 부르짖거나 구하지 말라 그
들이 그 고난으로 말미암아 내
게 부르짖을 때에 내가 그들에
게서 듣지 아니하리라
15 나의 사랑하는 자가 많은 악
한 음모를 꾸미더니 나의 집에
서 무엇을 하려느냐 거룩한 제
물 고기로 네 재난을 피할 수
있겠느냐 그때에 네가 기뻐하
겠느냐
16 여호와께서는 그의 이름을 일
컬어 좋은 열매 맺는 아름다운
푸른 감람나무라 하였었으나
큰 소동 중에 그 위에 불을 피
웠고 그 가지는 꺾였도다
17 바알에게 분향함으로 나의 노
여움을 일으킨 이스라엘 집과
유다 집의 악으로 말미암아 그
를 심은 만군의 여호와께서 그
에게 재앙을 선언하셨느니라

아나돗 사람들이 예레미야를 죽이려고 꾀하다

18 여호와께서 내게 알게 하셨으
므로 내가 그것을 알았나이다
그때에 주께서 그들의 행위를
내게 보이셨나이다
19 나는 끌려서 도살당하러 가는
순한 어린 양과 같으므로 그들
이 나를 해하려고 꾀하기를 우
리가 그 나무와 열매를 함께
박멸하자 그를 살아있는 자의
땅에서 끊어서 그의 이름이 다
시 기억되지 못하게 하자 함을
내가 알지 못하였나이다
20 공의로 판단하시며 사람의 마
음을 감찰하시는 만군의 여호
와여 나의 원통함을 주께 아뢰
었사오니 그들에게 대한 주의
보복을 내가 보리이다 하였더니
21 여호와께서 아나돗 사람들에
대하여 이와 같이 말씀하시되
그들이 네 생명을 빼앗으려고
찾아 이르기를 너는 여호와의
이름으로 예언하지 말라 두렵
건대 우리 손에 죽을까 하노라
하도다
22 그러므로 만군의 여호와께서 이
와 같이 말씀하시니라 보라 내
가 그들을 벌하리니 청년들은
칼에 죽으며 자녀들은 기근에
죽고
23 남는 자가 없으리라 내가 아나
돗 사람에게 재앙을 내리리니

곧 그들을 벌할 해에니라

예레미야의 질문

12 여호와여 내가 주와 변론할
때에는 주께서 의로우시니이
다 그러나 내가 주께 질문하옵
나니 악한 자의 길이 형통하며
반역한 자가 다 평안함은 무
슨 까닭이니이까
2 주께서 그들을 심으시므로 그들
이 뿌리가 박히고 장성하여 열
매를 맺었거늘 그들의 입은 주
께 가까우나 그들의 마음은 머
니이다
3 여호와여 주께서 나를 아시고
나를 보시며 내 마음이 주를 향
하여 어떠함을 감찰하시오니
양을 잡으려고 끌어냄과 같이
그들을 끌어내시되 죽일 날을
위하여 그들을 구별하옵소서
4 언제까지 이 땅이 슬퍼하며
온 지방의 채소가 마르리이까
짐승과 새들도 멸절하게 되었
사오니 이는 이 땅 주민이 악
하여 스스로 말하기를 그가 우
리의 나중 일을 보지 못하리라
함이니이다
5 만일 네가 보행자와 함께 달려
도 피곤하면 어찌 능히 말과
경주하겠느냐 네가 평안한 땅
에서는 무사하려니와 요단 강
물이 넘칠 때에는 어찌하겠느
냐
6 네 형제와 아버지의 집이라도
너를 속이며 네 뒤에서 크게 외
치나니 그들이 네게 좋은 말을
할지라도 너는 믿지 말지니라

황무지의 슬픔과 여호와의 분노

7 내가 내 집을 버리며 내 소유
를 내던져 내 마음으로 사랑하
는 것을 그 원수의 손에 넘겼
나니
8 내 소유가 숲속의 사자같이 되
어서 나를 향하여 그 소리를
내므로 내가 그를 미워하였음이
로라
9 내 소유가 내게 대하여는 무늬
있는 매가 아니냐 매들이 그것
을 에워싸지 아니하느냐 너희
는 가서 들짐승들을 모아다가
그것을 삼키게 하라
10 많은 목자가 내 포도원을 헐며
내 몫을 짓밟아서 내가 기뻐하
는 땅을 황무지로 만들었도다
11 그들이 이를 황폐하게 하였으
므로 그 황무지가 나를 향하여
슬퍼하는도다 온 땅이 황폐함

은 이를 마음에 두는 자가 없음
이로다
12 파괴하는 자들이 광야의 모든
벗은 산 위에 이르렀고 여호와
의 칼이 땅 이 끝에서 저 끝까
지 삼키니 모든 육체가 평안하
지 못하도다
13 무리가 밀을 심어도 가시를 거
두며 수고하여도 소득이 없은즉
그 소산으로 말미암아 스스로
수치를 당하리니 이는 여호와
의 분노로 말미암음이니라

여호와의 악한 이웃에 대하여

14 내가 내 백성 이스라엘에게 기
업으로 준 소유에 손을 대는 나
의 모든 악한 이웃에 대하여
여호와께서 이와 같이 말씀하
시니라 보라 내가 그들을 그
땅에서 뽑아 버리겠고 유다 집
을 그들 가운데서 뽑아내리라
15 내가 그들을 뽑아낸 후에 내가
돌이켜 그들을 불쌍히 여겨서
각 사람을 그들의 기업으로, 각
사람을 그 땅으로 다시 인도하
리니
16 그들이 내 백성의 도를 부지런
히 배우며 살아있는 여호와라
는 내 이름으로 맹세하기를 자
기들이 내 백성을 가르쳐 바알
로 맹세하게 한 것같이 하면
그들이 내 백성 가운데에 세움
을 입으려니와
17 그들이 순종하지 아니하면 내
가 반드시 그 나라를 뽑으리라
뽑아 멸하리라 여호와의 말씀
이니라

허리띠

13 여호와께서 이와 같이 내게
이르시되 너는 가서 베띠를
사서 네 허리에 띠고 물에 적
시지 말라 하시기로
2 내가 여호와의 말씀대로 띠를
사서 내 허리에 띠니라
3 여호와의 말씀이 다시 내게 임
하여 이르시되
4 너는 사서 네 허리에 띤 띠를
가지고 일어나 유브라데로 가
서 거기서 그것을 바위틈에 감
추라 하시기로
5 내가 여호와께서 내게 명령하
신 대로 가서 그것을 유브라데
물가에 감추니라
6 여러 날 후에 여호와께서 내게
이르시되 일어나 유브라데로 가
서 내가 네게 명령하여 거기
감추게 한 띠를 가져오라 하시

기로
7 내가 유브라데로 가서 그 감추
었던 곳을 파고 띠를 가져오니
띠가 썩어서 쓸 수 없게 되었
더라
8 여호와의 말씀이 내게 임하니
라 이르시되
9 여호와께서 이와 같이 말씀하
시니라 내가 유다의 교만과 예
루살렘의 큰 교만을 이같이 썩
게 하리라
10 이 악한 백성이 내 말 듣기를
거절하고 그 마음의 완악한 대
로 행하며 다른 신들을 따라
그를 섬기며 그에게 절하니 그
들이 이 띠가 쓸 수 없음같이
되리라
11 여호와의 말씀이니라 띠가 사
람의 허리에 속함같이 내가 이
스라엘 온 집과 유다 온 집으
로 내게 속하게 하여 그들로
내 백성이 되게 하며 내 이름
과 명예와 영광이 되게 하려
하였으나 그들이 듣지 아니하
였느니라

포도주 가죽 부대

12 그러므로 너는 이 말로 그들에
게 이르기를 이스라엘의 하나
님 여호와의 말씀에 모든 가
죽 부대가 포도주로 차리라 하
셨다 하라 그리하면 그들이 네
게 이르기를 모든 가죽 부대가
포도주로 찰 줄을 우리가 어찌
알지 못하리요 하리니
13 너는 다시 그들에게 이르기를
여호와의 말씀에 보라 내가 이
땅의 모든 주민과 다윗의 왕위
에 앉은 왕들과 제사장들과 선
지자들과 예루살렘 모든 주민
으로 잔뜩 취하게 하고
14 또 그들로 피차 충돌하여 상하
게 하되 부자 사이에도 그러하
게 할 것이라 내가 그들을 불
쌍히 여기지 아니하며 사랑하
지 아니하며 아끼지 아니하고
멸하리라 하셨다 하라 여호와
의 말씀이니라

교만에 대한 경고

15 너희는 들을지어다, 귀를 기울일
지어다, 교만하지 말지어다, 여
호와께서 말씀하셨음이라
16 그가 어둠을 일으키시기 전, 너
희 발이 어두운 산에 거치기
전, 너희 바라는 빛이 사망의
그늘로 변하여 침침한 어둠이
되게 하시기 전에 너희 하나님

여호와께 영광을 돌리라
17 너희가 이를 듣지 아니하면 나
의 심령이 너희 교만으로 말미
암아 은밀한 곳에서 울 것이며
여호와의 양 떼가 사로잡힘으
로 말미암아 눈물을 흘려 통곡
하리라
18 너는 왕과 왕후에게 전하기를
스스로 낮추어 앉으라 관 곧 영
광의 면류관이 내려졌다 하라
19 네겝의 성읍들이 봉쇄되어 열
자가 없고 유다가 다 잡혀가
되 온전히 잡혀가도다
20 너는 눈을 들어 북방에서 오는
자들을 보라 네게 맡겼던 양
떼, 네 아름다운 양 떼는 어디
있느냐
21 너의 친구 삼았던 자를 그가
네 위에 우두머리로 세우실 때
에 네가 무슨 말을 하겠느냐
네가 고통에 사로잡힘이 산고
를 겪는 여인 같지 않겠느냐
22 네가 마음으로 이르기를 어찌하
여 이런 일이 내게 닥쳤는고
하겠으나 네 죄악이 크므로 네
치마가 들리고 네 발뒤꿈치가
상함이니라
23 구스인이 그의 피부를, 표범이
그의 반점을 변하게 할 수 있
느냐 할 수 있을진대 악에 익
숙한 너희도 선을 행할 수 있
으리라
24 그러므로 내가 그들을 사막 바
람에 불려 가는 검불같이 흩으
리로다
25 여호와의 말씀이니라 이는 네
몫이요 내가 헤아려 정하여 네
게 준 분깃이니 네가 나를 잊어
버리고 거짓을 신뢰하는 까닭
이라
26 그러므로 내가 네 치마를 네 얼
굴에까지 들춰서 네 수치를 드
러내리라
27 내가 너의 간음과 사악한 소리
와 들의 작은 산 위에서 네가
행한 음란과 음행과 가증한
것을 보았노라 화 있을진저 예
루살렘이여 네가 얼마나 오랜
후에야 정결하게 되겠느냐 하
시니라

칼과 기근

14 가뭄에 대하여 예레미야에
게 임한 여호와의 말씀이라
2 유다가 슬퍼하며 성문의 무리
가 피곤하여 땅 위에서 애통하
니 예루살렘의 부르짖음이 위로

오르도다
3 귀인들은 자기 사환들을 보내
어 물을 얻으려 하였으나 그
들이 우물에 갔어도 물을 얻지
못하여 빈 그릇으로 돌아오니
부끄럽고 근심하여 그들의 머리
를 가리며
4 땅에 비가 없어 지면이 갈라
지니 밭 가는 자가 부끄러워서
그의 머리를 가리는도다
5 들의 암사슴은 새끼를 낳아도
풀이 없으므로 내버리며
6 들나귀들은 벗은 산 위에 서서
승냥이같이 헐떡이며 풀이 없으
므로 눈이 흐려지는도다
7 여호와여 우리의 죄악이 우리
에게 대하여 증언할지라도 주
는 주의 이름을 위하여 일하소
서 우리의 타락함이 많으니이다
우리가 주께 범죄하였나이다
8 이스라엘의 소망이시요 고난당
한 때의 구원자시여 어찌하여
이 땅에서 거류하는 자같이, 하
룻밤을 유숙하는 나그네같이 하
시나이까
9 어찌하여 놀란 자 같으시며 구
원하지 못하는 용사 같으시니
이까 여호와여 주는 그래도 우
리 가운데 계시고 우리는 주의
이름으로 일컬음을 받는 자이오
니 우리를 버리지 마옵소서
10 여호와께서 이 백성에 대하여
이와 같이 말씀하시되 그들이
어그러진 길을 사랑하여 그들
의 발을 멈추지 아니하므로 여
호와께서 그들을 받지 아니하
고 이제 그들의 죄를 기억하시
고 그 죄를 벌하시리라 하시고
11 여호와께서 또 내게 이르시되
너는 이 백성을 위하여 복을
구하지 말라
12 그들이 금식할지라도 내가 그
부르짖음을 듣지 아니하겠고
번제와 소제를 드릴지라도 내
가 그것을 받지 아니할 뿐 아
니라 칼과 기근과 전염병으로
내가 그들을 멸하리라
13 이에 내가 말하되 슬프도소이
다 주 여호와여 보시옵소서 선
지자들이 그들에게 이르기를 너
희가 칼을 보지 아니하겠고 기
근은 너희에게 이르지 아니할
것이라 내가 이곳에서 너희에
게 확실한 평강을 주리라 하나
이다
14 여호와께서 내게 이르시되 선

지자들이 내 이름으로 거짓 예
언을 하도다 나는 그들을 보내
지 아니하였고 그들에게 명령
하거나 이르지 아니하였거늘
그들이 거짓 계시와 점술과 헛
된 것과 자기 마음의 거짓으로
너희에게 예언하는도다
15 그러므로 내가 보내지 아니하였
어도 내 이름으로 예언하여 이
르기를 칼과 기근이 이 땅에
이르지 아니하리라 하는 선지자
들에 대하여 여호와께서 이와
같이 말씀하셨노라 그 선지자
들은 칼과 기근에 멸망할 것이
요
16 그들의 예언을 받은 백성은 기
근과 칼로 말미암아 예루살렘
거리에 던짐을 당할 것인즉 그
들을 장사할 자가 없을 것이요
그들의 아내와 아들과 딸이 그
렇게 되리니 이는 내가 그들의
악을 그 위에 부음이니라
17 너는 이 말로 그들에게 이르라
내 눈이 밤낮으로 그치지 아니
하고 눈물을 흘리리니 이는 처
녀 딸 내 백성이 큰 파멸, 중
한 상처로 말미암아 망함이라
18 내가 들에 나간즉 칼에 죽은
자요 내가 성읍에 들어간즉 기
근으로 병든 자며 선지자나 제
사장이나 알지 못하는 땅으로
두루 다니도다

백성이 주께 간구하다

19 주께서 유다를 온전히 버리시
나이까 주의 심령이 시온을 싫
어하시나이까 어찌하여 우리를
치시고 치료하지 아니하시나이
까 우리가 평강을 바라도 좋은
것이 없고 치료받기를 기다리
나 두려움만 보나이다
20 여호와여 우리의 악과 우리 조
상의 죄악을 인정하나이다 우
리가 주께 범죄하였나이다
21 주의 이름을 위하여 우리를 미
워하지 마옵소서 주의 영광의
보좌를 욕되게 마옵소서 주께
서 우리와 세우신 언약을 기억
하시고 폐하지 마옵소서
22 이방인의 우상 가운데 능히 비
를 내리게 할 자가 있나이까
하늘이 능히 소나기를 내릴 수
있으리이까 우리 하나님 여호
와여 그리하는 자는 주가 아니
시나이까 그러므로 우리가 주를
앙망하옵는 것은 주께서 이 모
든 것을 만드셨음이니이다 하니

라

네 가지로 백성을 벌하리라

15 여호와께서 내게 이르시되 모
세와 사무엘이 내 앞에 섰다
할지라도 내 마음은 이 백성을
향할 수 없나니 그들을 내 앞
에서 쫓아 내보내라
2 그들이 만일 네게 말하기를 우
리가 어디로 나아가리요 하거
든 너는 그들에게 이르기를 여
호와께서 이와 같이 말씀하시
니라 죽을 자는 죽음으로 나아
가고 칼을 받을 자는 칼로 나
아가고 기근을 당할 자는 기근
으로 나아가고 포로될 자는 포
로됨으로 나아갈지니라 하셨다
하라
3 여호와의 말씀이니라 내가 그들
을 네 가지로 벌하리니 곧 죽이
는 칼과 찢는 개와 삼켜 멸하
는 공중의 새와 땅의 짐승으로
할 것이며
4 유다 왕 히스기야의 아들 므낫
세가 예루살렘에 행한 것으로
말미암아 내가 그들을 세계 여
러 민족 가운데에 흩으리라
5 예루살렘아 너를 불쌍히 여길
자 누구며 너를 위해 울 자 누
구며 돌이켜 네 평안을 물을
자 누구냐
6 여호와께서 이르시되 네가 나
를 버렸고 내게서 물러갔으므
로 네게로 내 손을 펴서 너를
멸하였노니 이는 내가 뜻을 돌
이키기에 지쳤음이로다
7 내가 그들을 그 땅의 여러 성
문에서 키로 까불러 그 자식을
끊어서 내 백성을 멸하였나니
이는 그들이 자기들의 길에서
돌이키지 아니하였음이라
8 그들의 과부가 내 앞에 바다
모래보다 더 많아졌느니라 내
가 대낮에 파멸시킬 자를 그들
에게로 데려다가 그들과 청년
들의 어미를 쳐서 놀람과 두려
움을 그들에게 갑자기 닥치게
하였으며
9 일곱을 낳은 여인에게는 쇠약
하여 기절하게 하며 아직도
대낮에 그의 해가 떨어져서 그
에게 수치와 근심을 당하게
하였느니라 그 남은 자는 그들
의 대적의 칼에 붙이리라 여호
와의 말씀이니라

예레미야의 기도와 여호와의 말씀

10 내게 재앙이로다 나의 어머니여

어머니께서 나를 온 세계에 다
투는 자와 싸우는 자를 만날
자로 낳으셨도다 내가 꾸어 주
지도 아니하였고 사람이 내게
꾸이지도 아니하였건마는 다
나를 저주하는도다
11 여호와께서 이르시되 내가 진실
로 너를 강하게 할 것이요 너
에게 복을 받게 할 것이며 내
가 진실로 네 원수로 재앙과
환난의 때에 네게 간구하게
하리라
12 누가 능히 철 곧 북방의 철과
놋을 꺾으리요
13 그러나 네 모든 죄로 말미암아
네 국경 안의 모든 재산과 보
물로 값없이 탈취를 당하게 할
것이며
14 네 원수와 함께 네가 알지 못
하는 땅에 이르게 하리니 이는
나의 진노의 맹렬한 불이 너희
를 사르려 함이라
15 여호와여 주께서 아시오니 원
하건대 주는 나를 기억하시며
돌보시사 나를 박해하는 자에
게 보복하시고 주의 오래 참으
심으로 말미암아 나로 멸망하
지 아니하게 하옵시며 주를 위
하여 내가 부끄러움 당하는 줄
을 아시옵소서
16 만군의 하나님 여호와시여 나
는 주의 이름으로 일컬음을 받
는 자라 내가 주의 말씀을 얻
어먹었사오니 주의 말씀은 내
게 기쁨과 내 마음의 즐거움이
오나
17 내가 기뻐하는 자의 모임 가운
데 앉지 아니하며 즐거워하지
도 아니하고 주의 손에 붙들려
홀로 앉았사오니 이는 주께서
분노로 내게 채우셨음이니이다
18 나의 고통이 계속하며 상처가
중하여 낫지 아니함은 어찌 됨
이니이까 주께서는 내게 대하
여 물이 말라서 속이는 시내
같으시리이까
19 여호와께서 이와 같이 말씀하
시되 네가 만일 돌아오면 내가
너를 다시 이끌어 내 앞에 세
울 것이며 네가 만일 헛된 것
을 버리고 귀한 것을 말한다
면 너는 나의 입이 될 것이라
그들은 네게로 돌아오려니와 너
는 그들에게로 돌아가지 말지
니라
20 내가 너로 이 백성 앞에 견고

한 놋성벽이 되게 하리니 그들
이 너를 칠지라도 이기지 못할
것은 내가 너와 함께하여 너
를 구하여 건짐이라 여호와의
말씀이니라
21 내가 너를 악한 자의 손에서
건지며 무서운 자의 손에서 구
원하리라

백성에게 할 말

16 여호와의 말씀이 또 내게 임
하여 이르시되
2 너는 이 땅에서 아내를 맞이하
지 말며 자녀를 두지 말지니라
3 이곳에서 낳은 자녀와 이 땅에
서 그들을 해산한 어머니와 그
들을 낳은 아버지에 대하여 여
호와께서 이와 같이 말씀하시
오니
4 그들은 독한 병으로 죽어도 아
무도 슬퍼하지 않을 것이며 묻
어 주지 않아 지면의 분토와
같을 것이며 칼과 기근에 망하
고 그 시체는 공중의 새와 땅
의 짐승의 밥이 되리라
5 여호와께서 이와 같이 말씀하
시되 초상집에 들어가지 말라
가서 통곡하지 말며 그들을 위
하여 애곡하지 말라 내가 이
백성에게서 나의 평강을 빼앗
으며 인자와 사랑을 제함이라
여호와의 말씀이니라
6 큰 자든지 작은 자든지 이 땅
에서 죽으리니 그들이 매장되지
못할 것이며 그들을 위하여 애
곡하는 자도 없겠고 자기 몸을
베거나 머리털을 미는 자도 없
을 것이며
7 그 죽은 자로 말미암아 슬퍼하
는 자와 떡을 떼며 위로하는
자가 없을 것이며 그들의 아버
지나 어머니의 상사를 위하여
위로의 잔을 그들에게 마시게
할 자가 없으리라
8 너는 잔칫집에 들어가서 그들
과 함께 앉아 먹거나 마시지
말라
9 만군의 여호와 이스라엘의 하
나님께서 이와 같이 말씀하시
니라 보라 기뻐하는 소리와 즐
거워하는 소리와 신랑의 소리
와 신부의 소리를 내가 네 목
전, 네 시대에 이곳에서 끊어지
게 하리라
10 네가 이 모든 말로 백성에게
말할 때에 그들이 네게 묻기를
여호와께서 우리에게 이 모든

큰 재앙을 선포하심은 어찌 됨
이며 우리의 죄악은 무엇이며
우리가 우리 하나님 여호와께
범한 죄는 무엇이냐 하거든
11 너는 그들에게 대답하기를 여
호와께서 말씀하시되 너희 조
상들이 나를 버리고 다른 신들
을 따라서 그들을 섬기며 그들
에게 절하고 나를 버려 내 율
법을 지키지 아니하였음이라
12 너희가 너희 조상들보다 더욱
악을 행하였도다 보라 너희가
각기 악한 마음의 완악함을 따
라 행하고 나에게 순종하지 아
니하였으므로
13 내가 너희를 이 땅에서 쫓아내
어 너희와 너희 조상들이 알지
못하던 땅에 이르게 할 것이라
너희가 거기서 주야로 다른 신
들을 섬기리니 이는 내가 너희
에게 은혜를 베풀지 아니함이
라 하셨다 하라

포로의 귀환

14 여호와의 말씀이니라 그러나 보
라 날이 이르리니 다시는 이스
라엘 자손을 애굽 땅에서 인도
하여내신 여호와께서 살아계심
을 두고 맹세하지 아니하고
15 이스라엘 자손을 북방 땅과
그 쫓겨났던 모든 나라에서
인도하여내신 여호와께서 살아
계심을 두고 맹세하리라 내가
그들을 그들의 조상들에게 준
그들의 땅으로 인도하여 들이리
라

악과 죄를 배나 갚을 것이라

16 여호와의 말씀이니라 보라 내
가 많은 어부를 불러다가 그들
을 낚게 하며 그 후에 많은 포
수를 불러다가 그들을 모든 산
과 모든 언덕과 바위틈에서 사
냥하게 하리니
17 이는 내 눈이 그들의 행위를 살
펴보므로 그들이 내 얼굴 앞에
서 숨기지 못하며 그들의 죄악
이 내 목전에서 숨겨지지 못함
이라
18 내가 우선 그들의 악과 죄를
배나 갚을 것은 그들이 그 미운
물건의 시체로 내 땅을 더럽
히며 그들의 가증한 것으로 내
기업에 가득하게 하였음이라

예레미야의 기도

19 여호와 나의 힘, 나의 요새, 환
난날의 피난처시여 민족들이
땅끝에서 주께 이르러 말하기

를 우리 조상들의 계승한 바는
허망하고 거짓되고 무익한 것
뿐이라
20 사람이 어찌 신 아닌 것을 자
기의 신으로 삼겠나이까 하리이
다
21 여호와께서 이르시되 보라 이번
에 그들에게 내 손과 내 능력
을 알려서 그들로 내 이름이 여
호와인 줄 알게 하리라

유다의 죄와 벌

17 유다의 죄는 금강석 끝 철필
로 기록되되 그들의 마음판과
그들의 제단 뿔에 새겨졌거늘
2 그들의 자녀가 높은 언덕 위
푸른 나무 곁에 있는 그 제단
들과 아세라들을 생각하도다
3 들에 있는 나의 산아 네 온 영
토의 죄로 말미암아 내가 네
재산과 네 모든 보물과 산당들
로 노략을 당하게 하리니
4 내가 네게 준 네 기업에서 네
손을 뗄 것이며 또 내가 너로
하여금 너의 알지 못하는 땅
에서 네 원수를 섬기게 하리니
이는 너희가 내 노를 맹렬하게
하여 영원히 타는 불을 일으켰
음이라
5 여호와께서 이와 같이 말씀하
시니라 무릇 사람을 믿으며 육
신으로 그의 힘을 삼고 마음이
여호와에게서 떠난 그 사람은
저주를 받을 것이라
6 그는 사막의 떨기나무 같아서
좋은 일이 오는 것을 보지 못
하고 광야 간조한 곳, 건건한
땅, 사람이 살지 않는 땅에 살
리라
7 그러나 무릇 여호와를 의지하
며 여호와를 의뢰하는 그 사람
은 복을 받을 것이라
8 그는 물가에 심어진 나무가 그
뿌리를 강변에 뻗치고 더위가
올지라도 두려워하지 아니하며
그 잎이 청청하며 가무는 해에
도 걱정이 없고 결실이 그치지
아니함 같으리라
9 만물보다 거짓되고 심히 부패
한 것은 마음이라 누가 능히
이를 알리요마는
10 나 여호와는 심장을 살피며 폐
부를 시험하고 각각 그의 행위
와 그의 행실대로 보응하나니
11 불의로 치부하는 자는 자고새
가 낳지 아니한 알을 품음 같
아서 그의 중년에 그것이 떠나

겠고 마침내 어리석은 자가 되
리라

예레미야의 간구

12 영화로우신 보좌여 시작부터 높
이 계시며 우리의 성소이시며
13 이스라엘의 소망이신 여호와여
무릇 주를 버리는 자는 다 수치
를 당할 것이라 무릇 여호와를
떠나는 자는 흙에 기록이 되오
리니 이는 생수의 근원이신 여
호와를 버림이니이다
14 여호와여 주는 나의 찬송이시오
니 나를 고치소서 그리하시면
내가 낫겠나이다 나를 구원하
소서 그리하시면 내가 구원을
얻으리이다
15 보라 그들이 내게 이르기를 여
호와의 말씀이 어디 있느냐 이
제 임하게 할지어다 하나이다
16 나는 목자의 직분에서 물러가
지 아니하고 주를 따랐사오며
재앙의 날도 내가 원하지 아니
하였음을 주께서 아시는 바라
내 입술에서 나온 것이 주의
목전에 있나이다
17 주는 내게 두려움이 되지 마옵
소서 재앙의 날에 주는 나의
피난처시니이다
18 나를 박해하는 자로 치욕을 당
하게 하시고 나로 치욕을 당하
게 마옵소서 그들은 놀라게 하
시고 나는 놀라게 하지 마시옵
소서 재앙의 날을 그들에게 임
하게 하시며 배나 되는 멸망으
로 그들을 멸하소서

안식일을 거룩하게 하라

19 여호와께서 내게 이와 같이 말
씀하시되 너는 가서 유다 왕들
이 출입하는 평민의 문과 예루
살렘 모든 문에 서서
20 우리에게 이르기를 이 문으로
들어오는 유다 왕들과 유다 모
든 백성과 예루살렘 모든 주민
인 너희는 여호와의 말씀을 들
을지어다
21 여호와께서 이와 같이 말씀하
시되 너희는 스스로 삼가서 안
식일에 짐을 지고 예루살렘 문
으로 들어오지 말며
22 안식일에 너희 집에서 짐을 내
지 말며 어떤 일이라도 하지
말고 내가 너희 조상들에게 명
령함같이 안식일을 거룩히 할
지어다
23 그들은 순종하지 아니하며 귀
를 기울이지 아니하며 그 목을

곧게 하여 듣지 아니하며 교훈
을 받지 아니하였느니라
24 여호와의 말씀이니라 너희가 만
일 삼가 나를 순종하여 안식일
에 짐을 지고 이 성문으로 들어
오지 아니하며 안식일을 거룩
히 하여 어떤 일이라도 하지
아니하면
25 다윗의 왕위에 앉아 있는 왕들
과 고관들이 병거와 말을 타고
이 성문으로 들어오되 그들과
유다 모든 백성과 예루살렘 주
민들이 함께 그리할 것이요 이
성은 영원히 있을 것이며
26 사람들이 유다 성읍들과 예루
살렘에 둘린 곳들과 베냐민
땅과 평지와 산지와 네겝으로
부터 와서 번제와 희생과 소제
와 유향과 감사제물을 여호와
의 성전에 가져오려니와
27 그러나 만일 너희가 나를 순종
하지 아니하고 안식일을 거룩
되게 아니하여 안식일에 짐을
지고 예루살렘 문으로 들어오
면 내가 성문에 불을 놓아 예
루살렘 궁전을 삼키게 하리니
그 불이 꺼지지 아니하리라 하
셨다 할지니라 하시니라

토기장이의 비유

18 여호와께로부터 예레미야에
게 임한 말씀에 이르시되
2 너는 일어나 토기장이의 집으로
내려가라 내가 거기에서 내 말
을 네게 들려주리라 하시기로
3 내가 토기장이의 집으로 내려가
서 본즉 그가 녹로로 일을 하는
데
4 진흙으로 만든 그릇이 토기장이
의 손에서 터지매 그가 그것으
로 자기 의견에 좋은 대로 다
른 그릇을 만들더라
5 그때에 여호와의 말씀이 내게
임하니라 이르시되
6 여호와의 말씀이니라 이스라엘
족속아 이 토기장이가 하는 것
같이 내가 능히 너희에게 행하
지 못하겠느냐 이스라엘 족속
아 진흙이 토기장이의 손에 있
음같이 너희가 내 손에 있느니
라
7 내가 어느 민족이나 국가를 뽑
거나 부수거나 멸하려 할 때
에
8 만일 내가 말한 그 민족이 그
의 악에서 돌이키면 내가 그에
게 내리기로 생각하였던 재앙

에 대하여 뜻을 돌이키겠고
9 내가 어느 민족이나 국가를 건
설하거나 심으려 할 때에
10 만일 그들이 나 보기에 악한
것을 행하여 내 목소리를 청종
하지 아니하면 내가 그에게 유
익하게 하리라고 한 복에 대하
여 뜻을 돌이키리라
11 그러므로 이제 너는 유다 사람
들과 예루살렘 주민들에게 말
하여 이르기를 여호와의 말씀에
보라 내가 너희에게 재앙을 내
리며 계책을 세워 너희를 치려
하노니 너희는 각기 악한 길에
서 돌이키며 너희의 길과 행위
를 아름답게 하라 하셨다 하
라
12 그러나 그들이 말하기를 이는
헛되니 우리는 우리의 계획대
로 행하며 우리는 각기 악한
마음이 완악한 대로 행하리라
하느니라

이스라엘이 가증한 일을 행하다

13 그러므로 여호와께서 이와 같
이 말씀하시니라 너희는 누가
이러한 일을 들었는지 여러 나
라 가운데 물어보라 처녀 이스
라엘이 심히 가증한 일을 행하
였도다
14 레바논의 눈이 어찌 들의 바위
를 떠나겠으며 먼 곳에서 흘러
내리는 찬물이 어찌 마르겠느
냐
15 무릇 내 백성은 나를 잊고 허
무한 것에게 분향하거니와 이
러한 것들은 그들로 그들의 길
곧 그 옛길에서 넘어지게 하
며 곁길 곧 닦지 아니한 길로
행하게 하여
16 그들의 땅으로 두려움과 영원
한 웃음거리가 되게 하리니 그
리로 지나는 자마다 놀라서 그
의 머리를 흔들리라
17 내가 그들을 그들의 원수 앞에
서 흩어 버리기를 동풍으로 함
같이 할 것이며 그들의 재난의
날에는 내가 그들에게 등을 보
이고 얼굴을 보이지 아니하리라

예레미야를 죽이려 하다

18 그들이 말하기를 오라 우리가
꾀를 내어 예레미야를 치자
제사장에게서 율법이, 지혜로운
자에게서 책략이, 선지자에게
서 말씀이 끊어지지 아니할 것
이니 오라 우리가 혀로 그를 치
고 그의 어떤 말에도 주의하지

말자 하나이다
19 여호와여 나를 돌아보사 나와
더불어 다투는 그들의 목소리를
들어 보옵소서
20 어찌 악으로 선을 갚으리이까마
는 그들이 나의 생명을 해하려
고 구덩이를 팠나이다 내가 주
의 분노를 그들에게서 돌이키
려 하고 주의 앞에 서서 그들
을 위하여 유익한 말을 한 것
을 기억하옵소서
21 그러하온즉 그들의 자녀를 기
근에 내어 주시며 그들을 칼의
세력에 넘기시며 그들의 아내
들은 자녀를 잃고 과부가 되며
그 장정은 죽음을 당하며 그
청년은 전장에서 칼을 맞게 하
시며
22 주께서 군대로 갑자기 그들에
게 이르게 하사 그들의 집에서
부르짖음이 들리게 하옵소서 이
는 그들이 나를 잡으려고 구덩
이를 팠고 내 발을 빠뜨리려고
올무를 놓았음이니이다
23 여호와여 그들이 나를 죽이려
하는 계략을 주께서 다 아시오
니 그 악을 사하지 마옵시며
그들의 죄를 주의 목전에서 지
우지 마시고 그들을 주 앞에
넘어지게 하시되 주께서 노하시
는 때에 이같이 그들에게 행하
옵소서 하니라

깨진 옹기

19 여호와께서 이와 같이 말씀
하시되 가서 토기장이의 옹기
를 사고 백성의 어른들과 제사
장의 어른 몇 사람과
2 하시드 문 어귀 곁에 있는 힌
놈의 아들의 골짜기로 가서 거
기에서 내가 네게 이른 말을
선포하여
3 말하기를 너희 유다 왕들과 예
루살렘 주민아 여호와의 말씀
을 들으라 만군의 여호와 이스
라엘의 하나님이 이같이 말씀
하시되 보라 내가 이곳에 재앙
을 내릴 것이라 그것을 듣는
모든 자의 귀가 떨리니
4 이는 그들이 나를 버리고 이곳
을 불결하게 하며 이곳에서 자
기와 자기 조상들과 유다 왕
들이 알지 못하던 다른 신들에
게 분향하며 무죄한 자의 피로
이곳에 채웠음이며
5 또 그들이 바알을 위하여 산당
을 건축하고 자기 아들들을 바

알에게 번제로 불살라 드렸나
니 이는 내가 명령하거나 말하
거나 뜻한 바가 아니니라
6 그러므로 보라 다시는 이곳을
도벳이나 힌놈의 아들의 골짜
기라 부르지 아니하고 오직 죽
임의 골짜기라 부르는 날이 이
를 것이라 여호와의 말이니라
7 내가 이곳에서 유다와 예루살
렘의 계획을 무너뜨려 그들로
그 대적 앞과 생명을 찾는 자
의 손의 칼에 엎드러지게 하고
그 시체를 공중의 새와 땅의
짐승의 밥이 되게 하며
8 이 성읍으로 놀람과 조롱거리가
되게 하리니 그 모든 재앙으로
말미암아 지나는 자마다 놀라
며 조롱할 것이며
9 그들이 그들의 원수와 그들의
생명을 찾는 자에게 둘러싸여
곤경에 빠질 때에 내가 그들
이 그들의 아들의 살, 딸의 살
을 먹게 하고 또 각기 친구의
살을 먹게 하리라 하셨다 하고
10 너는 함께 가는 자의 목전에서
그 옹기를 깨뜨리고
11 그들에게 이르기를 만군의 여
호와께서 이와 같이 말씀하시
되 사람이 토기장이의 그릇을
한번 깨뜨리면 다시 완전하게
할 수 없나니 이와 같이 내가
이 백성과 이 성읍을 무너뜨리
리니 도벳에 매장할 자리가 없
을 만큼 매장하리라
12 여호와의 말씀이니라 내가 이곳
과 그 가운데 주민에게 이같이
행하여 이 성읍으로 도벳 같게
할 것이라
13 예루살렘 집들과 유다 왕들의
집들이 그 집 위에서 하늘의
만상에 분향하고 다른 신들에
게 전제를 부음으로 더러워졌
은즉 도벳 땅처럼 되리라 하셨
다 하라 하시니
14 예레미야가 여호와께서 자기
를 보내사 예언하게 하신 도벳
에서 돌아와 여호와의 집 뜰에
서서 모든 백성에게 말하되
15 만군의 여호와 이스라엘의 하
나님께서 이와 같이 말씀하시
되 보라 내가 이 성읍에 대하
여 선언한 모든 재앙을 이 성
읍과 그 모든 촌락에 내리리니
이는 그들의 목을 곧게 하여
내 말을 듣지 아니함이라 하시
니라

예레미야와 바스훌

20 임멜의 아들 제사장 바스훌
은 여호와의 성전의 총감독
이라 그가 예레미야의 이 일 예
언함을 들은지라
2 이에 바스훌이 선지자 예레미
야를 때리고 여호와의 성전에
있는 베냐민 문 위층에 목에
씌우는 나무 고랑으로 채워 두
었더니
3 다음 날 바스훌이 예레미야를
목에 씌우는 나무 고랑에서 풀
어주매 예레미야가 그에게 이
르되 여호와께서 네 이름을 바
스훌이라 아니하시고 마골밋사
빕이라 하시느니라
4 여호와께서 이와 같이 말씀하
시되 보라 내가 너로 너와 네
모든 친구에게 두려움이 되게
하리니 그들이 그들의 원수들의
칼에 엎드러질 것이요 네 눈은
그것을 볼 것이며 내가 온 유
다를 바벨론 왕의 손에 넘기리
니 그가 그들을 사로잡아 바벨
론으로 옮겨 칼로 죽이리라
5 내가 또 이 성읍의 모든 부와
그 모든 소득과 그 모든 귀중
품과 유다 왕들의 모든 보물을
그 원수의 손에 넘기리니 그들
이 그것을 탈취하여 바벨론으
로 가져가리라
6 바스훌아 너와 네 집에 사는
모든 사람이 포로되어 옮겨지리
니 네가 바벨론에 이르러 거기
서 죽어 거기 묻힐 것이라 너
와 너의 거짓 예언을 들은 네
모든 친구도 그와 같으리라 하
셨느니라

예레미야가 여호와께 사정을 아뢰다

7 여호와여 주께서 나를 권유하
시므로 내가 그 권유를 받았사
오며 주께서 나보다 강하사 이
기셨으므로 내가 조롱거리가 되
니 사람마다 종일토록 나를 조
롱하나이다
8 내가 말할 때마다 외치며 파
멸과 멸망을 선포하므로 여호
와의 말씀으로 말미암아 내가
종일토록 치욕과 모욕거리가 됨
이니이다
9 내가 다시는 여호와를 선포하
지 아니하며 그의 이름으로 말
하지 아니하리라 하면 나의 마
음이 불붙는 것 같아서 골수에
사무치니 답답하여 견딜 수 없
나이다

10 나는 무리의 비방과 사방이 두려워함을 들었나이다 그들이 이르기를 고소하라 우리도 고소하리라 하오며 내 친한 벗도 다 내가 실족하기를 기다리며 그가 혹시 유혹을 받게 되면 우리가 그를 이기어 우리 원수를 갚자 하나이다

11 그러하오나 여호와는 두려운 용사 같으시며 나와 함께하시므로 나를 박해하는 자들이 넘어지고 이기지 못할 것이오며 그들은 지혜롭게 행하지 못하므로 큰 치욕을 당하오리니 그 치욕은 길이 잊지 못할 것이니이다

12 의인을 시험하사 그 폐부와 심장을 보시는 만군의 여호와여 나의 사정을 주께 아뢰었사온즉 주께서 그들에게 보복하심을 나에게 보게 하옵소서

13 여호와께 노래하라 너희는 여호와를 찬양하라 가난한 자의 생명을 행악자의 손에서 구원하셨음이니라

14 내 생일이 저주를 받았더면, 나의 어머니가 나를 낳던 날이 복이 없었더면,

15 나의 아버지에게 소식을 전하여 이르기를 당신이 득남하였다 하여 아버지를 즐겁게 하던 자가 저주를 받았더면,

16 그 사람은 여호와께서 무너뜨리시고 후회하지 아니하신 성읍같이 되었더면, 그가 아침에는 부르짖는 소리, 낮에는 떠드는 소리를 듣게 하였더면, 좋을 뻔하였나니

17 이는 그가 나를 태에서 죽이지 아니하셨으며 나의 어머니를 내 무덤이 되지 않게 하셨으며 그의 배가 부른 채로 항상 있지 않게 하신 까닭이로다

18 어찌하여 내가 태에서 나와서 고생과 슬픔을 보며 나의 날을 부끄러움으로 보내는고 하니라

여호와께서 두신 생명의 길과 사망의 길

21 여호와께로부터 예레미야에게 말씀이 임하니라 시드기야 왕이 말기야의 아들 바스훌과 제사장 마아세야의 아들 스바냐를 예레미야에게 보내니라

2 바벨론의 느부갓네살 왕이 우리를 치니 청컨대 너는 우리를 위하여 여호와께 간구하라 여호와께서 혹시 그의 모든 기적으로 우리를 도와 행하시면 그

가 우리를 떠나리라 하니
3 예레미야가 그들에게 대답하
되 너희는 시드기야에게 이같
이 말하라
4 이스라엘의 하나님 여호와께서
이와 같이 말씀하시되 보라 너
희가 성 밖에서 바벨론의 왕과
또 너희를 에워싼 갈대아인과
싸우는 데 쓰는 너희 손의 무기
를 내가 뒤로 돌릴 것이요 그것
들을 이 성 가운데 모아들이리라
5 내가 든 손과 강한 팔 곧 진노
와 분노와 대노로 친히 너희를
칠 것이며
6 내가 또 사람이나 짐승이나 이
성에 있는 것을 다 치리니 그
들이 큰 전염병에 죽으리라 하
셨다 하라
7 여호와의 말씀이니라 그 후에
내가 유다의 왕 시드기야와 그
의 신하들과 백성과 및 이 성
읍에서 전염병과 칼과 기근에
서 남은 자를 바벨론의 느부갓
네살 왕의 손과 그들의 원수의
손과 그들의 생명을 찾는 자들
의 손에 넘기리니 그가 칼날로
그들을 치되 측은히 여기지 아
니하며 긍휼히 여기지 아니하
며 불쌍히 여기지 아니하리라
하셨느니라
8 여호와께서 말씀하시기를 보라
내가 너희 앞에 생명의 길과
사망의 길을 두었노라 너는 이
백성에게 전하라 하셨느니라
9 이 성읍에 사는 자는 칼과 기
근과 전염병에 죽으려니와 너
희를 에워싼 갈대아인에게 나
가서 항복하는 자는 살 것이나
그의 목숨은 전리품같이 되리라
10 여호와의 말씀이니라 내가 나
의 얼굴을 이 성읍으로 향함은
복을 내리기 위함이 아니요 화
를 내리기 위함이라 이 성읍이
바벨론 왕의 손에 넘김이 될
것이요 그는 그것을 불사르리라

유다 왕의 집에 내린 벌

11 유다 왕의 집에 대한 여호와의
말을 들으라
12 여호와께서 이와 같이 말씀하
시니라 다윗의 집이여 너는 아
침마다 정의롭게 판결하여 탈
취당한 자를 압박자의 손에서
건지라 그리하지 아니하면 너
희의 악행 때문에 내 분노가
불같이 일어나서 사르리니 능히
끌 자가 없으리라

13 여호와의 말씀이니라 골짜기와
평원 바위의 주민아 보라 너희
가 말하기를 누가 내려와서 우
리를 치리요 누가 우리의 거처
에 들어오리요 하거니와 나는
네 대적이라
14 내가 너희 행위대로 너희를 벌
할 것이요 내가 또 수풀에 불
을 놓아 그 모든 주위를 사르리
라 여호와의 말씀이니라

유다 왕의 집에 선언하다

22 여호와께서 이와 같이 말씀
하시되 너는 유다 왕의 집에
내려가서 거기에서 이 말을 선
언하여
2 이르기를 다윗의 왕위에 앉은
유다 왕이여 너와 네 신하와
이 문들로 들어오는 네 백성은
여호와의 말씀을 들을지니라
3 여호와께서 이와 같이 말씀하
시되 너희가 정의와 공의를 행
하여 탈취당한 자를 압박하는
자의 손에서 건지고 이방인과
고아와 과부를 압제하거나 학
대하지 말며 이곳에서 무죄한
피를 흘리지 말라
4 너희가 참으로 이 말을 준행하
면 다윗의 왕위에 앉을 왕들
과 신하들과 백성이 병거와 말
을 타고 이 집 문으로 들어오게
되리라
5 그러나 너희가 이 말을 듣지
아니하면 내가 나를 두고 맹세
하노니 이 집이 황폐하리라 여
호와의 말씀이니라
6 여호와께서 유다 왕의 집에 대
하여 이와 같이 말씀하시니라
네가 내게 길르앗 같고 레바논
의 머리이나 내가 반드시 너로
광야와 주민이 없는 성읍을 만
들 것이라
7 내가 너를 파멸할 자를 준비하
리니 그들이 각기 손에 무기를
가지고 네 아름다운 백향목을
찍어 불에 던지리라
8 여러 민족들이 이 성읍으로 지
나가며 서로 말하기를 여호와
가 이 큰 성읍에 이같이 행함
은 어찌 됨인고 하겠고
9 그들이 대답하기는 이는 그들
이 자기 하나님 여호와의 언약
을 버리고 다른 신들에게 절하
고 그를 섬긴 까닭이라 하셨다
할지니라

살룸 왕에 대하여 말하다

10 너희는 죽은 자를 위하여 울지

말며 그를 위하여 애통하지 말
고 잡혀간 자를 위하여 슬피
울라 그는 다시 돌아와 그 고
국을 보지 못할 것임이라
11 여호와께서 유다 왕 요시야의
아들 곧 그의 아버지 요시야를
이어 왕이 되었다가 이곳에서
나간 살룸에 대하여 이와 같
이 말씀하시니라 그가 이곳으로
다시 돌아오지 못하고
12 잡혀간 곳에서 그가 거기서 죽
으리니 이 땅을 다시 보지 못하
리라

여호야김 왕에 대하여 말하다

13 불의로 그 집을 세우며 부정하
게 그 다락방을 지으며 자기의
이웃을 고용하고 그의 품삯을
주지 아니하는 자에게 화 있을
진저
14 그가 이르기를 내가 나를 위하
여 큰 집과 넓은 다락방을 지
으리라 하고 자기를 위하여 창
문을 만들고 그것에 백향목으로
입히고 붉은빛으로 칠하도다
15 네가 백향목을 많이 사용하여
왕이 될 수 있겠느냐 네 아버
지가 먹거나 마시지 아니하였
으며 정의와 공의를 행하지 아
니하였느냐 그때에 그가 형통
하였었느니라
16 그는 가난한 자와 궁핍한 자
를 변호하고 형통하였나니 이
것이 나를 앎이 아니냐 여호와
의 말씀이니라
17 그러나 네 두 눈과 마음은 탐
욕과 무죄한 피를 흘림과 압박
과 포악을 행하려 할 뿐이니라
18 그러므로 여호와께서 유다의
왕 요시야의 아들 여호야김에
게 대하여 이와 같이 말씀하시
니라 무리가 그를 위하여 슬프
다 내 형제여, 슬프다 내 자매
여 하며 통곡하지 아니할 것
이며 그를 위하여 슬프다 주여
슬프다 그 영광이여 하며 통곡
하지도 아니할 것이라
19 그가 끌려 예루살렘 문밖에 던
져지고 나귀같이 매장함을 당
하리라

예루살렘에 대한 탄식

20 너는 레바논에 올라 외치며 바
산에서 네 소리를 높이며 아바
림에서 외치라 이는 너를 사랑
하는 자가 다 멸망하였음이라
21 네가 평안할 때에 내가 네게
말하였으나 네 말이 나는 듣지

아니하리라 하였나니 네가 어
려서부터 내 목소리를 청종하
지 아니함이 네 습관이라
22 네 목자들은 다 바람에 삼켜
질 것이요 너를 사랑하는 자들
은 사로잡혀 가리니 그때에 네
가 반드시 네 모든 악 때문에
수치와 욕을 당하리라
23 레바논에 살면서 백향목에 깃
들이는 자여 여인이 해산하는
고통 같은 고통이 네게 임할
때에 너의 가련함이 얼마나 심
하랴

여호와께서 고니야 왕을 심판하시다

24 여호와의 말씀이니라 나의 삶으
로 맹세하노니 유다 왕 여호야
김의 아들 고니야가 나의 오른
손의 인장 반지라 할지라도 내
가 빼어
25 네 생명을 찾는 자의 손과 네
가 두려워하는 자의 손 곧 바
벨론의 왕 느부갓네살의 손과
갈대아인의 손에 줄 것이라
26 내가 너와 너를 낳은 어머니를
너희가 나지 아니한 다른 지방
으로 쫓아내리니 너희가 거기에
서 죽으리라
27 그들이 그들의 마음에 돌아오기
를 사모하는 땅에 돌아오지 못
하리라
28 이 사람 고니야는 천하고 깨
진 그릇이냐 좋아하지 아니하
는 그릇이냐 어찌하여 그와 그
의 자손이 쫓겨나서 알지 못하
는 땅에 들어갔는고
29 땅이여, 땅이여, 땅이여, 여호와
의 말을 들을지니라
30 여호와께서 이와 같이 말씀하
시니라 너희는 이 사람이 자식
이 없겠고 그의 평생 동안 형
통하지 못할 자라 기록하라 이
는 그의 자손 중 형통하여 다
윗의 왕위에 앉아 유다를 다스
릴 사람이 다시는 없을 것임이
라 하시니라

미래의 왕 메시아

23 여호와의 말씀이니라 내 목장
의 양 떼를 멸하며 흩어지게
하는 목자에게 화 있으리라
2 그러므로 이스라엘의 하나님 여
호와께서 내 백성을 기르는 목
자에게 이와 같이 말씀하시니
라 너희가 내 양 떼를 흩으며
그것을 몰아내고 돌보지 아니하
였도다 보라 내가 너희의 악행
때문에 너희에게 보응하리라

여호와의 말씀이니라
3 내가 내 양 떼의 남은 것을 그
몰려갔던 모든 지방에서 모아
다시 그 우리로 돌아오게 하리
니 그들의 생육이 번성할 것이
며
4 내가 그들을 기르는 목자들을
그들 위에 세우리니 그들이 다
시는 두려워하거나 놀라거나
잃어버리지 아니하리라 여호와
의 말씀이니라
5 여호와의 말씀이니라 보라 때
가 이르리니 내가 다윗에게 한
의로운 가지를 일으킬 것이라
그가 왕이 되어 지혜롭게 다스
리며 세상에서 정의와 공의를
행할 것이며
6 그의 날에 유다는 구원을 받겠
고 이스라엘은 평안히 살 것이
며 그의 이름은 여호와 우리의
공의라 일컬음을 받으리라
7 그러므로 여호와의 말씀이니라
보라 날이 이르리니 그들이 다
시는 이스라엘 자손을 애굽 땅
에서 인도하여내신 여호와의 사
심으로 맹세하지 아니하고
8 이스라엘 집 자손을 북쪽 땅,
그 모든 쫓겨났던 나라에서 인
도하여내신 여호와의 사심으로
맹세할 것이며 그들이 자기 땅
에 살리라 하시니라

선지자들에 대한 말씀

9 선지자들에 대한 말씀이라 내
마음이 상하며 내 모든 뼈가
떨리며 내가 취한 사람 같으
며 포도주에 잡힌 사람 같으니
이는 여호와와 그 거룩한 말씀
때문이라
10 이 땅에 간음하는 자가 가득하
도다 저주로 말미암아 땅이 슬
퍼하며 광야의 초장들이 마르
나니 그들의 행위가 악하고 힘
쓰는 것이 정직하지 못함이로
다
11 여호와의 말씀이니라 선지자와
제사장이 다 사악한지라 내가
내 집에서도 그들의 악을 발견
하였노라
12 그러므로 그들의 길이 그들에게
어두운 가운데 미끄러운 곳과
같이 되고 그들이 밀어냄을 당
하여 그 길에 엎드러질 것이라
그들을 벌하는 해에 내가 그들
에게 재앙을 내리리라 여호와
의 말씀이니라
13 내가 사마리아 선지자들 가운

데 우매함을 보았나니 그들은
바알을 의지하고 예언하여 내
백성 이스라엘을 그릇되게 하
였고
14 내가 예루살렘 선지자들 가운
데도 가증한 일을 보았나니 그
들은 간음을 행하며 거짓을 말
하며 악을 행하는 자의 손을
강하게 하여 사람으로 그 악에
서 돌이킴이 없게 하였은즉 그
들은 다 내 앞에서 소돔과 다
름이 없고 그 주민은 고모라와
다름이 없느니라
15 그러므로 만군의 여호와께서 선
지자에 대하여 이와 같이 말씀
하시니라 보라 내가 그들에게
쑥을 먹이며 독한 물을 마시게
하리니 이는 사악이 예루살렘
선지자들로부터 나와서 온 땅
에 퍼짐이라 하시니라
16 만군의 여호와께서 이와 같이
말씀하시되 너희에게 예언하는
선지자들의 말을 듣지 말라 그
들은 너희에게 헛된 것을 가르
치나니 그들이 말한 묵시는 자
기 마음으로 말미암은 것이요
여호와의 입에서 나온 것이 아
니니라
17 항상 그들이 나를 멸시하는 자
에게 이르기를 너희가 평안하
리라 여호와의 말씀이니라 하
며 또 자기 마음이 완악한 대
로 행하는 모든 사람에게 이르
기를 재앙이 너희에게 임하지
아니하리라 하였느니라
18 누가 여호와의 회의에 참여하
여 그 말을 알아들었으며 누가
귀를 기울여 그 말을 들었느냐
19 보라 여호와의 노여움이 일어나
폭풍과 회오리바람처럼 악인의
머리를 칠 것이라
20 여호와의 진노가 내 마음의 뜻
하는 바를 행하여 이루기까지
는 그치지 아니하나니 너희가
끝날에 그것을 완전히 깨달으
리라
21 이 선지자들은 내가 보내지 아
니하였어도 달음질하며 내가
그들에게 이르지 아니하였어도
예언하였은즉
22 그들이 만일 나의 회의에 참여
하였더라면 내 백성에게 내
말을 들려서 그들을 악한 길과
악한 행위에서 돌이키게 하였
으리라
23 여호와의 말씀이니라 나는 가

까운 데에 있는 하나님이요 먼
데에 있는 하나님은 아니냐
24 여호와의 말씀이니라 사람이 내
게 보이지 아니하려고 누가 자
신을 은밀한 곳에 숨길 수 있
겠느냐 여호와가 말하노라 나
는 천지에 충만하지 아니하냐
25 내 이름으로 거짓을 예언하는
선지자들의 말에 내가 꿈을 꾸
었다 꿈을 꾸었다고 말하는 것
을 내가 들었노라
26 거짓을 예언하는 선지자들이
언제까지 이 마음을 품겠느냐
그들은 그 마음의 간교한 것을
예언하느니라
27 그들이 서로 꿈꾼 것을 말하니
그 생각인즉 그들의 조상들이
바알로 말미암아 내 이름을 잊
어버린 것같이 내 백성으로 내
이름을 잊게 하려 함이로다
28 여호와의 말씀이니라 꿈을 꾼
선지자는 꿈을 말할 것이요 내
말을 받은 자는 성실함으로 내
말을 말할 것이라 겨가 어찌
알곡과 같겠느냐
29 여호와의 말씀이니라 내 말이
불같지 아니하냐 바위를 쳐서
부스러뜨리는 방망이같지 아니
하냐
30 여호와의 말씀이니라 그러므로 보
라 서로 내 말을 도둑질하는
선지자들을 내가 치리라
31 여호와의 말씀이니라 보라 그들
이 혀를 놀려 여호와가 말씀하
셨다 하는 선지자들을 내가 치
리라
32 여호와의 말씀이니라 보라 거
짓 꿈을 예언하여 이르며 거짓
과 헛된 자만으로 내 백성을
미혹하게 하는 자를 내가 치리
라 내가 그들을 보내지 아니하
였으며 명령하지 아니하였나니
그들은 이 백성에게 아무 유익
이 없느니라 여호와의 말씀이니
라

여호와의 엄중한 말씀

33 이 백성이나 선지자나 제사장
이 네게 물어 이르기를 여호와
의 엄중한 말씀이 무엇인가 묻
거든 너는 그들에게 대답하기
를 엄중한 말씀이 무엇이냐 묻
느냐 여호와의 말씀에 내가 너
희를 버리리라 하셨고
34 또 여호와의 엄중한 말씀이라
하는 선지자에게나 제사장에
게나 백성에게는 내가 그 사

람과 그 집안을 벌하리라 하
셨다 하고
35 너희는 서로 이웃과 형제에게
묻기를 여호와께서 무엇이라
응답하셨으며 여호와께서 무엇
이라 말씀하셨느냐 하고
36 다시는 여호와의 엄중한 말씀이
라 말하지 말라 각 사람의 말
이 자기에게 중벌이 되리니 이
는 너희가 살아 계신 하나님,
만군의 여호와 우리 하나님의
말씀을 망령되이 사용함이니라
하고
37 너는 또 선지자에게 말하기를
여호와께서 네게 무엇이라 대
답하셨으며 여호와께서 무엇이
라 말씀하셨느냐
38 너희는 여호와의 엄중한 말씀이
라 말하도다 그러므로 여호와께
서 이와 같이 말씀하시되 내가
너희에게 사람을 보내어 너희
는 여호와의 엄중한 말씀이라
하지 말라 하였으나 너희가 여
호와의 엄중한 말씀이라는 이
말을 하였은즉
39 내가 너희를 온전히 잊어버리
며 내가 너희와 너희 조상들에
게 준 이 성읍을 내 앞에서 내
버려
40 너희는 영원한 치욕과 잊지 못
할 영구한 수치를 당하게 하리
라 하셨느니라

좋은 무화과 나쁜 무화과

24 바벨론의 느부갓네살 왕이
유다 왕 여호야김의 아들 여
고냐와 유다 고관들과 목공들
과 철공들을 예루살렘에서 바
벨론으로 옮긴 후에 여호와께
서 여호와의 성전 앞에 놓인
무화과 두 광주리를 내게 보이
셨는데
2 한 광주리에는 처음 익은 듯한
극히 좋은 무화과가 있고 한
광주리에는 나빠서 먹을 수 없
는 극히 나쁜 무화과가 있더라
3 여호와께서 내게 이르시되 예
레미야야 네가 무엇을 보느냐
하시매 내가 대답하되 무화과
이온데 그 좋은 무화과는 극
히 좋고 그 나쁜 것은 아주 나
빠서 먹을 수 없게 나쁘니이다
하니
4 여호와의 말씀이 또 내게 임하
니라 이르시되
5 이스라엘의 하나님 여호와께서
이와 같이 말씀하시니라 내가

이곳에서 옮겨 갈대아인의 땅
에 이르게 한 유다 포로를 이
좋은 무화과같이 잘 돌볼 것이
라
6 내가 그들을 돌아보아 좋게 하
여 다시 이 땅으로 인도하여 세
우고 헐지 아니하며 심고 뽑지
아니하겠고
7 내가 여호와인 줄 아는 마음을
그들에게 주어서 그들이 전심으
로 내게 돌아오게 하리니 그들
은 내 백성이 되겠고 나는 그
들의 하나님이 되리라
8 여호와께서 이와 같이 말씀하
시니라 내가 유다의 왕 시드기
야와 그 고관들과 예루살렘의
남은 자로서 이 땅에 남아 있
는 자와 애굽 땅에 사는 자들
을 나빠서 먹을 수 없는 이 나
쁜 무화과같이 버리되
9 세상 모든 나라 가운데 흩어서
그들에게 환난을 당하게 할 것
이며 또 그들에게 내가 쫓아
보낸 모든 곳에서 부끄러움을
당하게 하며 말거리가 되게
하며 조롱과 저주를 받게 할
것이며
10 내가 칼과 기근과 전염병을 그
들 가운데 보내 그들이 내가 그
들과 그들의 조상들에게 준 땅
에서 멸절하기까지 이르게 하
리라 하시니라

칠십 년 동안 바벨론 왕을 섬기리라

25 유다의 왕 요시야의 아들 여
호야김 넷째 해 곧 바벨론
의 왕 느부갓네살 원년에 유
다의 모든 백성에 관한 말씀이
예레미야에게 임하니라
2 선지자 예레미야가 유다의 모
든 백성과 예루살렘의 모든 주
민에게 말하여 이르되
3 유다의 왕 아몬의 아들 요시야
왕 열셋째 해부터 오늘까지 이
십삼 년 동안 여호와의 말씀이
내게 임하기로 내가 너희에게
꾸준히 일렀으나 너희가 순종
하지 아니하였느니라
4 그러므로 여호와께서 그의 모
든 종 선지자를 너희에게 끊임
없이 보내셨으나 너희가 순종하
지 아니하였으며 귀를 기울여
듣지도 아니하였도다
5 그가 이르시기를 너희는 각자의
악한 길과 악행을 버리고 돌아
오라 그리하면 나 여호와가 너
희와 너희 조상들에게 영원부

터 영원까지 준 그 땅에 살리
라
6 너희는 다른 신을 따라다니며
섬기거나 경배하지 말며 너희
손으로 만든 것으로써 나의 노
여움을 일으키지 말라 그리하
면 내가 너희를 해하지 아니하
리라 하였으나
7 너희가 내 말을 순종하지 아니
하고 너희 손으로 만든 것으로
써 나의 노여움을 일으켜 스스
로 해하였느니라 여호와의 말
씀이니라
8 그러므로 만군의 여호와께서 이
와 같이 말씀하시니라 너희가
내 말을 듣지 아니하였느니라
9 보라 내가 북쪽 모든 종족과
내 종 바벨론의 왕 느부갓네살
을 불러다가 이 땅과 그 주민
과 사방 모든 나라를 쳐서 진
멸하여 그들을 놀램과 비웃음
거리가 되게 하며 땅으로 영원
한 폐허가 되게 할 것이라 여
호와의 말씀이니라
10 내가 그들 중에서 기뻐하는 소
리와 즐거워하는 소리와 신랑
의 소리와 신부의 소리와 맷돌
소리와 등불 빛이 끊어지게 하
리니
11 이 모든 땅이 폐허가 되어 놀
랄 일이 될 것이며 이 민족들
은 칠십 년 동안 바벨론의 왕
을 섬기리라
12 여호와의 말씀이니라 칠십 년이
끝나면 내가 바벨론의 왕과 그
의 나라와 갈대아인의 땅을
그 죄악으로 말미암아 벌하여
영원히 폐허가 되게 하되
13 내가 그 땅을 향하여 선언한
바 곧 예레미야가 모든 민족
을 향하여 예언하고 이 책에
기록한 나의 모든 말을 그 땅
에 임하게 하리라
14 그리하여 여러 민족과 큰 왕들
이 그들로 자기들을 섬기게 할
것이나 나는 그들의 행위와 그
들의 손이 행한 대로 갚으리라

모든 나라에 내리는 진노의 술잔

15 이스라엘의 하나님 여호와께서
이같이 내게 이르시되 너는 내
손에서 이 진노의 술잔을 받아
가지고 내가 너를 보내는 바
그 모든 나라로 하여금 마시게
하라
16 그들이 마시고 비틀거리며 미
친 듯이 행동하리니 이는 내가

그들 중에 칼을 보냈기 때문이
니라 하시기로
17 내가 여호와의 손에서 그 잔을
받아서 여호와께서 나를 보내
신 바 그 모든 나라로 마시게
하되
18 예루살렘과 유다 성읍들과 그
왕들과 그 고관들로 마시게 하
였더니 그들이 멸망과 놀램과
비웃음과 저주를 당함이 오늘
과 같으니라
19 또 애굽의 왕 바로와 그의 신
하들과 그의 고관들과 그의 모
든 백성과
20 모든 섞여 사는 민족들과 우스
땅의 모든 왕과 블레셋 사람
의 땅 모든 왕과 아스글론과
가사와 에그론과 아스돗의 나머
지 사람들과
21 에돔과 모압과 암몬 자손과
22 두로의 모든 왕과 시돈의 모든
왕과 바다 건너쪽 섬의 왕들
과
23 드단과 데마와 부스와 살쩍을
깎은 모든 자와
24 아라비아의 모든 왕과 광야에
서 섞여 사는 민족들의 모든
왕과
25 시므리의 모든 왕과 엘람의 모
든 왕과 메대의 모든 왕과
26 북쪽 원근의 모든 왕과 지면에
있는 세상의 모든 나라로 마시
게 하니라 세삭 왕은 그 후에
마시리라
27 너는 그들에게 이르기를 만군
의 여호와 이스라엘의 하나님
의 말씀에 너희는 내가 너희
가운데 보내는 칼 앞에서 마시
며 취하여 토하고 엎드러져 다
시는 일어나지 말라 하셨느
니라
28 그들이 만일 네 손에서 잔을
받아 마시기를 거절하거든 너
는 그들에게 이르기를 만군의
여호와께서 말씀하시기를 너희
가 반드시 마셔야 하리라
29 보라 내가 내 이름으로 일컬음
을 받는 성에서부터 재앙 내리
기를 시작하였은즉 너희가 어
찌 능히 형벌을 면할 수 있느
냐 면하지 못하리니 이는 내가
칼을 불러 세상의 모든 주민을
칠 것임이라 하셨다 하라 만군
의 여호와의 말씀이니라
30 그러므로 너는 그들에게 이 모
든 말로 예언하여 이르기를 여

호와께서 높은 데서 포효하시
고 그의 거룩한 처소에서 소리
를 내시며 그의 초장을 향하여
크게 부르시고 세상 모든 주민
에 대하여 포도 밟는 자같이
흥겹게 노래하시리라
31 요란한 소리가 땅끝까지 이름
은 여호와께서 뭇 민족과 다투
시며 모든 육체를 심판하시며
악인을 칼에 내어 주셨음이라
여호와의 말씀이니라
32 만군의 여호와께서 이와 같이
말씀하시니라 보라 재앙이 나
서 나라에서 나라에 미칠 것
이며 큰 바람이 땅끝에서 일어
날 것이라
33 그날에 여호와에게 죽임을 당
한 자가 땅 이 끝에서 땅 저
끝에 미칠 것이나 그들을 위하
여 애곡하는 자도 없고 시신을
거두어 주는 자도 없고 매장하
여 주는 자도 없으리니 그들은
지면에서 분토가 되리로다
34 너희 목자들아 외쳐 애곡하라
너희 양 떼의 인도자들아 잿더
미에서 뒹굴라 이는 너희가 도
살당할 날과 흩음을 당할 기
한이 찼음인즉 너희가 귀한 그
릇이 떨어짐같이 될 것이라
35 목자들은 도망할 수 없겠고 양
떼의 인도자들은 도주할 수 없
으리로다
36 목자들이 부르짖는 소리와 양
떼의 인도자들이 애곡하는 소리
여 여호와가 그들의 초장을 황
폐하게 함이로다
37 평화로운 목장들이 여호와의 진
노하시는 열기 앞에서 적막하
게 되리라
38 그가 젊은 사자같이 그 굴에
서 나오셨으니 그 호통치시는
분의 분노와 그의 극렬한 진노
로 말미암아 그들의 땅이 폐허
가 되리로다 하시니라

여호와의 성전 뜰에서 말씀을 전하다

26 유다의 왕 요시야의 아들 여
호야김이 다스리기 시작한 때
에 여호와께로부터 이 말씀이
임하여 이르시되
2 여호와께서 이와 같이 말씀하
시니라 너는 여호와의 성전 뜰
에 서서 유다 모든 성읍에서
여호와의 성전에 와서 예배하
는 자에게 내가 네게 명령하
여 이르게 한 모든 말을 전하
되 한마디도 감하지 말라

3 그들이 듣고 혹시 각각 그 악한 길에서 돌아오리라 그리하면 내가 그들의 악행으로 말미암아 그들에게 재앙을 내리려 하던 뜻을 돌이키리라

4 너는 그들에게 이와 같이 이르라 여호와의 말씀에 너희가 나를 순종하지 아니하며 내가 너희 앞에 둔 내 율법을 행하지 아니하며

5 내가 너희에게 나의 종 선지자들을 꾸준히 보내 그들의 말을 순종하라고 하였으나 너희는 순종하지 아니하였느니라

6 내가 이 성전을 실로같이 되게 하고 이 성을 세계 모든 민족의 저줏거리가 되게 하리라 하셨느니라

7 예레미야가 여호와의 성전에서 이 말을 하매 제사장들과 선지자들과 모든 백성이 듣더라

8 예레미야가 여호와께서 명령하신 말씀을 모든 백성에게 전하기를 마치매 제사장들과 선지자들과 모든 백성이 그를 붙잡고 이르되 네가 반드시 죽어야 하리라

9 어찌하여 네가 여호와의 이름을 의지하고 예언하여 이르기를 이 성전이 실로같이 되겠고 이 성이 황폐하여 주민이 없으리라 하느냐 하며 그 모든 백성이 여호와의 성전에서 예레미야를 향하여 모여드니라

10 유다의 고관들이 이 말을 듣고 왕궁에서 여호와의 성전으로 올라가 여호와의 성전 새 대문의 입구에 앉으매

11 제사장들과 선지자들이 고관들과 모든 백성에게 말하여 이르되 이 사람은 죽는 것이 합당하니 너희 귀로 들음같이 이 성에 관하여 예언하였음이라

12 예레미야가 모든 고관과 백성에게 말하여 이르되 여호와께서 나를 보내사 너희가 들은 바 모든 말로 이 성전과 이 성을 향하여 예언하게 하셨느니라

13 그런즉 너희는 너희 길과 행위를 고치고 너희 하나님 여호와의 목소리를 청종하라 그리하면 여호와께서 너희에게 선언하신 재앙에 대하여 뜻을 돌이키시리라

14 보라 나는 너희 손에 있으니 너희 의견에 좋은 대로, 옳은 대로 하려니와

15 너희는 분명히 알아라 너희가 나를 죽이면 반드시 무죄한 피를 너희 몸과 이 성과 이 성 주민에게 돌리는 것이니라 이는 여호와께서 진실로 나를 보내사 이 모든 말을 너희 귀에 말하게 하셨음이라

16 고관들과 모든 백성이 제사장들과 선지자들에게 이르되 이 사람이 우리 하나님 여호와의 이름으로 우리에게 말하였으니 죽일 만한 이유가 없느니라

17 그러자 그 지방의 장로 중 몇 사람이 일어나 백성의 온 회중에게 말하여 이르기를

18 유다의 왕 히스기야 시대에 모레셋 사람 미가가 유다의 모든 백성에게 예언하여 이르되 만군의 여호와께서 이와 같이 말씀하셨느니라 시온은 밭같이 경작지가 될 것이며 예루살렘은 돌무더기가 되며 이 성전의 산은 산당의 숲과 같이 되리라 하였으나

19 유다의 왕 히스기야와 모든 유다가 그를 죽였느냐 히스기야가 여호와를 두려워하여 여호와께 간구하매 여호와께서 그들에게 선언한 재앙에 대하여 뜻을 돌이키지 아니하셨느냐 우리가 이같이 하면 우리의 생명을 스스로 심히 해롭게 하는 것이니라

20 또 여호와의 이름으로 예언한 사람이 있었는데 곧 기럇여아림 스마야의 아들 우리야라 그가 예레미야의 모든 말과 같이 이 성과 이 땅에 경고하여 예언하매

21 여호야김 왕과 그의 모든 용사와 모든 고관이 그의 말을 듣고서 왕이 그를 죽이려 하매 우리야가 그 말을 듣고 두려워 애굽으로 도망하여 간지라

22 여호야김 왕이 사람을 애굽으로 보내되 곧 악볼의 아들 엘라단과 몇 사람을 함께 애굽으로 보냈더니

23 그들이 우리야를 애굽에서 연행하여 여호야김 왕에게로 그를 데려오매 왕이 칼로 그를 죽이고 그의 시체를 평민의 묘지에 던지게 하니라

24 사반의 아들 아히감의 손이 예
레미야를 도와주어 그를 백성
의 손에 내어 주지 아니하여
죽이지 못하게 하니라

거짓 선지자들과 싸우는 예레미야

27 유다의 왕 요시야의 아들 여
호야김이 다스리기 시작할 때
에 여호와께서 말씀으로 예레
미야에게 임하시니라
2 여호와께서 이와 같이 내게 말
씀하시되 너는 줄과 멍에를 만
들어 네 목에 걸고
3 유다의 왕 시드기야를 보러 예
루살렘에 온 사신들의 손에도
그것을 주어 에돔의 왕과 모압
의 왕과 암몬 자손의 왕과 두
로의 왕과 시돈의 왕에게 보내
며
4 그들에게 명령하여 그들의 주
에게 말하게 하기를 만군의 여
호와 이스라엘의 하나님께서
이와 같이 말씀하시되 너희는
너희의 주에게 이같이 전하라
5 나는 내 큰 능력과 나의 쳐든
팔로 땅과 지상에 있는 사람
과 짐승들을 만들고 내가 보기
에 옳은 사람에게 그것을 주었
노라
6 이제 내가 이 모든 땅을 내 종
바벨론의 왕 느부갓네살의 손
에 주고 또 들짐승들을 그에게
주어서 섬기게 하였나니
7 모든 나라가 그와 그의 아들과
손자를 그 땅의 기한이 이르기
까지 섬기리라 또한 많은 나라
들과 큰 왕들이 그 자신을 섬
기리라
8 여호와의 말씀이니라 바벨론의
왕 느부갓네살을 섬기지 아니
하며 그 목으로 바벨론의 왕의
멍에를 메지 아니하는 백성과
나라는 내가 그들이 멸망하기
까지 칼과 기근과 전염병으로
그 민족을 벌하리라
9 너희는 너희 선지자나 복술가
나 꿈꾸는 자나 술사나 요술자
가 이르기를 너희가 바벨론의
왕을 섬기게 되지 아니하리라
하여도 너희는 듣지 말라
10 그들은 너희에게 거짓을 예언
하여 너희가 너희 땅에서 멀리
떠나게 하며 또 내가 너희를
몰아내게 하며 너희를 멸망하
게 하느니라
11 그러나 그 목으로 바벨론의 왕
의 멍에를 메고 그를 섬기는

나라는 내가 그들을 그 땅에
머물러 밭을 갈며 거기서 살게
하리라 하셨다 하라 여호와의
말씀이니라 하시니라
12 내가 이 모든 말씀대로 유다
의 왕 시드기야에게 전하여 이
르되 왕과 백성은 바벨론 왕의
멍에를 목에 메고 그와 그의
백성을 섬기소서 그리하면 사시
리라
13 어찌하여 당신과 당신의 백성
이 여호와께서 바벨론의 왕을
섬기지 아니하는 나라에 대하
여 하신 말씀과 같이 칼과 기
근과 전염병에 죽으려 하나이
까
14 그러므로 당신들은 바벨론의 왕
을 섬기게 되지 아니하리라 하
는 선지자의 말을 듣지 마소서
그들은 거짓을 예언함이니이다
15 이는 여호와의 말씀이니라 내
가 그들을 보내지 아니하였거
늘 그들이 내 이름으로 거짓을
예언하니 내가 너희를 몰아내
리니 너희와 너희에게 예언하
는 선지자들이 멸망하리라
16 내가 또 제사장들과 그 모든
백성에게 전하여 이르되 여호
와께서 이와 같이 말씀하시기
를 보라 여호와의 성전의 기구
를 이제 바벨론에서 속히 돌
려 오리라고 너희에게 예언하
는 선지자들의 말을 듣지 말라
이는 그들이 거짓을 예언함이니
라 하셨나니
17 너희는 그들의 말을 듣지 말고
바벨론의 왕을 섬기라 그리하
면 살리라 어찌하여 이 성을
황무지가 되게 하려느냐
18 만일 그들이 선지자이고 여호와
의 말씀을 가지고 있다면 그들
이 여호와의 성전에와 유다의
왕의 궁전에와 예루살렘에 남
아 있는 기구를 바벨론으로 옮
겨 가지 못하도록 만군의 여호
와께 구하여야 할 것이니라
19 만군의 여호와께서 기둥들과
큰 대야와 받침들과 이 성에
남아 있는 기구에 대하여 이같
이 말씀하시나니
20 이것은 바벨론의 왕 느부갓네
살이 유다의 왕 여호야김의 아
들 여고니야와 유다와 예루살
렘 모든 귀인을 예루살렘에서
바벨론으로 사로잡아 옮길 때
에 가져가지 아니하였던 것이

라
21 만군의 여호와 이스라엘의 하
나님께서 여호와의 성전과 유
다의 왕의 궁전과 예루살렘에
남아 있는 그 기구에 대하여
이와 같이 말씀하셨느니라
22 그것들이 바벨론으로 옮겨지고
내가 이것을 돌보는 날까지 거
기에 있을 것이니라 그 후에
내가 그것을 올려 와 이곳에
그것들을 되돌려 두리라 여호와
의 말씀이니라

예레미야와 하나냐

28 그해 곧 유다 왕 시드기야가
다스리기 시작한 지 사 년
다섯째 달 기브온앗술의 아들
선지자 하나냐가 여호와의 성
전에서 제사장들과 모든 백성
이 보는 앞에서 내게 말하여
이르되
2 만군의 여호와 이스라엘의 하
나님이 이같이 일러 말씀하시기
를 내가 바벨론의 왕의 멍에를
꺾었느니라
3 내가 바벨론의 왕 느부갓네살
이 이곳에서 빼앗아 바벨론으
로 옮겨 간 여호와의 성전 모
든 기구를 이 년 안에 다시 이
곳으로 되돌려 오리라
4 내가 또 유다의 왕 여호야김의
아들 여고니야와 바벨론으로
간 유다 모든 포로를 다시 이곳
으로 돌아오게 하리니 이는 내
가 바벨론의 왕의 멍에를 꺾을
것임이라 여호와의 말씀이니라
하니라
5 선지자 예레미야가 여호와의
성전에 서있는 제사장들과 모
든 백성들이 보는 앞에서 선지
자 하나냐에게 말하니라
6 선지자 예레미야가 말하니라
아멘, 여호와는 이같이 하옵소
서 여호와께서 네가 예언한 말
대로 이루사 여호와의 성전 기
구와 모든 포로를 바벨론에서
이곳으로 되돌려 오시기를 원하
노라
7 그러나 너는 내가 네 귀와 모
든 백성의 귀에 이르는 이 말
을 잘 들으라
8 나와 너 이전의 선지자들이 예
로부터 많은 땅들과 큰 나라들
에 대하여 전쟁과 재앙과 전
염병을 예언하였느니라
9 평화를 예언하는 선지자는 그
예언자의 말이 응한 후에야 그

가 진실로 여호와께서 보내신
선지자로 인정받게 되리라
10 선지자 하나냐가 선지자 예레
미야의 목에서 멍에를 빼앗아
꺾고
11 모든 백성 앞에서 하나냐가 말
하여 이르되 여호와께서 이와
같이 말씀하시니라 내가 이 년
안에 모든 민족의 목에서 바벨
론의 왕 느부갓네살의 멍에를
이와 같이 꺾어 버리리라 하셨
느니라 하매 선지자 예레미야
가 자기의 길을 가니라
12 선지자 하나냐가 선지자 예레
미야의 목에서 멍에를 꺾어 버
린 후에 여호와의 말씀이 예레
미야에게 임하니라 이르시기를
13 너는 가서 하나냐에게 말하여
이르기를 여호와의 말씀에 네가
나무 멍에들을 꺾었으나 그 대
신 쇠 멍에들을 만들었느니라
14 만군의 여호와 이스라엘의 하
나님께서 이와 같이 말씀하시
니라 내가 쇠 멍에로 이 모든
나라의 목에 메워 바벨론의 왕
느부갓네살을 섬기게 하였으니
그들이 그를 섬기리라 내가 들
짐승도 그에게 주었느니라 하
라
15 선지자 예레미야가 선지자 하
나냐에게 이르되 하나냐여 들
으라 여호와께서 너를 보내지
아니하셨거늘 네가 이 백성에
게 거짓을 믿게 하는도다
16 그러므로 여호와께서 이와 같
이 말씀하시되 내가 너를 지면
에서 제하리니 네가 여호와께
패역한 말을 하였음이라 네가
금년에 죽으리라 하셨느니라
하더니
17 선지자 하나냐가 그해 일곱째
달에 죽었더라

포로에게 보낸 예레미야의 편지

29 선지자 예레미야가 예루살
렘에서 이 같은 편지를 느부
갓네살이 예루살렘에서 바벨론
으로 끌고 간 포로 중 남아 있
는 장로들과 제사장들과 선지
자들과 모든 백성에게 보냈는
데
2 그때는 여고니야 왕과 왕후와
궁중 내시들과 유다와 예루살
렘의 고관들과 기능공과 토공
들이 예루살렘에서 떠난 후라
3 유다의 왕 시드기야가 바벨론
으로 보내어 바벨론의 왕 느부

갓네살에게로 가게 한 사반의
아들 엘라사와 힐기야의 아들
그마랴 편으로 말하되
4 만군의 여호와 이스라엘의 하
나님께서 예루살렘에서 바벨론
으로 사로잡혀 가게 한 모든 포
로에게 이와 같이 말씀하시니
라
5 너희는 집을 짓고 거기에 살며
텃밭을 만들고 그 열매를 먹으
라
6 아내를 맞이하여 자녀를 낳으
며 너희 아들이 아내를 맞이하
며 너희 딸이 남편을 맞아 그
들로 자녀를 낳게 하여 너희가
거기에서 번성하고 줄어들지
아니하게 하라
7 너희는 내가 사로잡혀 가게 한
그 성읍의 평안을 구하고 그를
위하여 여호와께 기도하라 이
는 그 성읍이 평안함으로 너희
도 평안할 것임이라
8 만군의 여호와 이스라엘의 하
나님께서 이와 같이 말씀하시
니라 너희 중에 있는 선지자들
에게와 점쟁이에게 미혹되지
말며 너희가 꾼 꿈도 곧이듣고
믿지 말라
9 내가 그들을 보내지 아니하였어
도 그들이 내 이름으로 거짓을
예언함이라 여호와의 말씀이니
라
10 여호와께서 이와 같이 말씀하
시니라 바벨론에서 칠십 년이
차면 내가 너희를 돌보고 나의
선한 말을 너희에게 성취하여
너희를 이곳으로 돌아오게 하리
라
11 여호와의 말씀이니라 너희를 향
한 나의 생각을 내가 아나니
평안이요 재앙이 아니니라 너희
에게 미래와 희망을 주는 것이
니라
12 너희가 내게 부르짖으며 내게
와서 기도하면 내가 너희들의
기도를 들을 것이요
13 너희가 온 마음으로 나를 구하
면 나를 찾을 것이요 나를 만
나리라
14 이것은 여호와의 말씀이니라 나
는 너희들을 만날 것이며 너희
를 포로된 중에서 다시 돌아오
게 하되 내가 쫓아 보내었던
나라들과 모든 곳에서 모아 사
로잡혀 떠났던 그곳으로 돌아오
게 하리라 이것은 여호와의 말

씀이니라
15 너희가 말하기를 여호와께서
우리를 위하여 바벨론에서 선
지자를 일으키셨느니라
16 다윗의 왕좌에 앉은 왕과 이
성에 사는 모든 백성 곧 너희
와 함께 포로되어 가지 아니한
너희 형제에게 여호와께서 이
와 같이 말씀하셨느니라
17 만군의 여호와께서 이와 같이
말씀하시되 보라 내가 칼과 기
근과 전염병을 그들에게 보내
어 그들에게 상하여 먹을 수
없는 몹쓸 무화과 같게 하겠
고
18 내가 칼과 기근과 전염병으로
그들을 뒤따르게 하며 그들을
세계 여러 나라 가운데에 흩
어 학대를 당하게 할 것이며
내가 그들을 쫓아낸 나라들 가
운데에서 저주와 경악과 조소
와 수모의 대상이 되게 하리라
19 여호와의 말씀이니라 너희들이
내 말을 듣지 않았기 때문이니
라 내가 내 종 선지자들을 너
희들에게 꾸준히 보냈으나 너희
는 그들의 말을 듣지 않았느니
라 여호와의 말씀이니라
20 그런즉 내가 예루살렘에서 바
벨론으로 보낸 너희 모든 포로
여 여호와의 말씀을 들을지니라
21 만군의 여호와 이스라엘의 하
나님께서 골라야의 아들 아합
과 마아세야의 아들 시드기야
에 대하여 이와 같이 말씀하시
니라 그들은 내 이름으로 너희
에게 거짓을 예언한 자라 보
라 내가 그들을 바벨론의 왕
느부갓네살의 손에 넘기리니 그
가 너희 눈앞에서 그들을 죽일
것이라
22 바벨론에 있는 유다의 모든 포
로가 그들을 저줏거리로 삼아서
이르기를 여호와께서 너를 바벨
론 왕이 불살라 죽인 시드기야
와 아합 같게 하시기를 원하노
라 하리니
23 이는 그들이 이스라엘 중에서
어리석게 행하여 그 이웃의 아
내와 간음하며 내가 그들에게
명령하지 아니한 거짓을 내 이
름으로 말함이라 나는 알고 있
는 자로서 증인이니라 여호와의
말씀이니라 하시니라

스마야에게 보낸 편지와 여호와의 말씀

24 너는 느헬람 사람 스마야에게

이같이 말하여 이르라
25 만군의 여호와 이스라엘의 하
나님께서 이와 같이 말씀하여
이르시되 네가 네 이름으로 예
루살렘에 있는 모든 백성과 제
사장 마아세야의 아들 스바냐
와 모든 제사장에게 글을 보내
이르기를
26 여호와께서 너를 제사장 여호
야다를 대신하여 제사장을 삼
아 여호와의 성전 감독자로 세
우심은 모든 미친 자와 선지자
노릇을 하는 자들을 목에 씌우
는 나무 고랑과 목에 씌우는
쇠 고랑을 채우게 하심이어늘
27 이제 네가 어찌하여 너희 중에
선지자 노릇을 하는 아나돗 사
람 예레미야를 책망하지 아니
하느냐
28 그가 바벨론에 있는 우리에게
편지하기를 오래 지내야 하리
니 너희는 집을 짓고 살며 밭
을 일구고 그 열매를 먹으라
하셨다 하니라
29 제사장 스바냐가 스마야의 글
을 선지자 예레미야에게 읽어
서 들려줄 때에
30 여호와의 말씀이 예레미야에게
임하여 이르시되
31 너는 모든 포로에게 전언하여
이르기를 여호와께서 느헬람
사람 스마야를 두고 이같이 말
씀하셨느니라 내가 그를 보내
지 아니하였거늘 스마야가 너
희에게 예언하고 너희에게 거
짓을 믿게 하였도다
32 그러므로 여호와께서 이와 같
이 말씀하시니라 보라 내가 느
헬람 사람 스마야와 그의 자
손을 벌하리니 그가 나 여호와
께 패역한 말을 하였기 때문
에 이 백성 중에 살아남을 그
의 자손이 하나도 없을 것이라
내가 내 백성에게 행하려 하
는 복된 일을 그가 보지 못하
리라 하셨느니라 이것은 여호
와의 말씀이니라

포로를 돌아오게 할 것이라

30 여호와께로부터 말씀이 예레
미야에게 임하여 이르시니라
2 이스라엘의 하나님 여호와께서
이와 같이 말씀하여 이르시기
를 내가 네게 일러준 모든 말
을 책에 기록하라
3 여호와의 말씀이니라 보라 내
가 내 백성 이스라엘과 유다의

포로를 돌아가게 할 날이 오리
니 내가 그들을 그 조상들에게
준 땅으로 돌아오게 할 것이니
그들이 그 땅을 차지하리라 여
호와께서 말씀하시니라
4 여호와께서 이스라엘과 유다에
대하여 하신 말씀이 이러하니
라
5 여호와께서 이와 같이 말씀하
시되 우리가 무서워 떠는 자의
소리를 들으니 두려움이요 평안
함이 아니로다
6 너희는 자식을 해산하는 남자
가 있는가 물어보라 어찌하여
모든 남자가 해산하는 여자같
이 손을 자기 허리에 대고 모
든 얼굴이 겁에 질려 새파래졌
는가
7 슬프다 그날이여 그와 같이 엄
청난 날이 없으리라 그날은 야
곱의 환난의 때가 됨이로다 그
러나 그가 환난에서 구하여 냄
을 얻으리로다
8 만군의 여호와의 말씀이라 그
날에 내가 네 목에서 그 멍에
를 꺾어 버리며 네 포박을 끊
으리니 다시는 이방인을 섬기지
않으리라
9 그들은 그들의 하나님 여호와
를 섬기며 내가 그들을 위하여
세울 그들의 왕 다윗을 섬기리
라
10 여호와의 말씀이니라 그러므로
나의 종 야곱아 너는 두려워하
지 말라 이스라엘아 놀라지 말
라 내가 너를 먼 곳으로부터 구
원하고 네 자손을 잡혀가 있
는 땅에서 구원하리니 야곱이
돌아와서 태평과 안락을 누릴
것이며 두렵게 할 자가 없으리
라
11 이는 여호와의 말씀이라 내
가 너와 함께 있어 너를 구원
할 것이라 너를 흩었던 그 모
든 이방은 내가 멸망시키리라
그럴지라도 너만은 멸망시키지
아니하리라 그러나 내가 법에
따라 너를 징계할 것이요 결코
무죄한 자로만 여기지는 아니하
리라
12 여호와께서 이와 같이 말씀하
시니라 네 상처는 고칠 수 없
고 네 부상은 중하도다
13 네 송사를 처리할 재판관이 없
고 네 상처에는 약도 없고 처
방도 없도다

14 너를 사랑하던 자가 다 너를
잊고 찾지 아니하니 이는 네
악행이 많고 네 죄가 많기 때
문에 나는 네 원수가 당할 고
난을 네가 받게 하며 잔인한
징계를 내렸도다
15 너는 어찌하여 네 상처 때문에
부르짖느냐 네 고통이 심하도
다 네 악행이 많고 네 죄가 허
다하므로 내가 이 일을 너에게
행하였느니라
16 그러므로 너를 먹는 모든 자는
잡아먹힐 것이며 네 모든 대적
은 사로잡혀 갈 것이고 너에게
서 탈취해 간 자는 탈취를 당
할 것이며 너에게서 노략질한
모든 자는 노략물이 되리라
17 여호와의 말씀이니라 그들이 쫓
겨난 자라 하매 시온을 찾는
자가 없은즉 내가 너의 상처로
부터 새살이 돋아나게 하여 너
를 고쳐 주리라
18 여호와께서 말씀하시니라 보라
내가 야곱 장막의 포로들을 돌
아오게 할 것이고 그 거처들에
사랑을 베풀 것이라 성읍은 그
폐허가 된 언덕 위에 건축될
것이요 그 보루는 규정에 따라
사람이 살게 되리라
19 그들에게서 감사하는 소리가
나오고 즐거워하는 자들의 소리
가 나오리라 내가 그들을 번성
하게 하리니 그들의 수가 줄어
들지 아니하겠고 내가 그들을
존귀하게 하리니 그들은 비천
하여지지 아니하리라
20 그의 자손은 예전과 같겠고
그 회중은 내 앞에 굳게 설 것
이며 그를 압박하는 모든 사람
은 내가 다 벌하리라
21 그 영도자는 그들 중에서 나올
것이요 그 통치자도 그들 중에
서 나오리라 내가 그를 가까이
오게 하리니 그가 내게 가까이
오리라 참으로 담대한 마음으로
내게 가까이 올 자가 누구냐
여호와의 말씀이니라
22 너희는 내 백성이 되겠고 나는
너희들의 하나님이 되리라
23 보라 여호와의 노여움이 일어나
폭풍과 회오리바람처럼 악인의
머리 위에서 회오리칠 것이라
24 여호와의 진노는 그의 마음의
뜻한 바를 행하여 이루기까지
는 돌이키지 아니하나니 너희
가 끝날에 그것을 깨달으리라

이스라엘을 다시 세우고 지키시리라

31 여호와의 말씀이니라 그때에
내가 이스라엘 모든 종족의
하나님이 되고 그들은 내 백성
이 되리라
2 여호와께서 이같이 말씀하시니
라 칼에서 벗어난 백성이 광야
에서 은혜를 입었나니 곧 내가
이스라엘로 안식을 얻게 하러
갈 때에라
3 옛적에 여호와께서 나에게 나
타나사 내가 영원한 사랑으로
너를 사랑하기에 인자함으로
너를 이끌었다 하였노라
4 처녀 이스라엘아 내가 다시 너
를 세우리니 네가 세움을 입을
것이요 네가 다시 소고를 들고
즐거워하는 자들과 함께 춤추
며 나오리라
5 네가 다시 사마리아 산들에 포
도나무들을 심되 심는 자가 그
열매를 따기 시작하리라
6 에브라임 산 위에서 파수꾼이
외치는 날이 있을 것이라 이르
기를 너희는 일어나라 우리가
시온에 올라가서 우리 하나님
여호와께로 나아가자 하리라
7 여호와께서 이와 같이 말씀하
시니라 너희는 여러 민족의 앞
에 서서 야곱을 위하여 기뻐
외치라 너희는 전파하며 찬양
하며 말하라 여호와여 주의 백
성 이스라엘의 남은 자를 구원
하소서 하라
8 보라 나는 그들을 북쪽 땅에서
인도하며 땅끝에서부터 모으리
라 그들 중에는 맹인과 다리
저는 사람과 잉태한 여인과
해산하는 여인이 함께 있으며
큰 무리를 이루어 이곳으로 돌
아오리라
9 그들이 울며 돌아오리니 나의
인도함을 받고 간구할 때에 내
가 그들을 넘어지지 아니하고
물 있는 계곡의 곧은 길로 가
게 하리라 나는 이스라엘의 아
버지요 에브라임은 나의 장자니
라
10 이방들이여 너희는 여호와의 말
씀을 듣고 먼 섬에 전파하여
이르기를 이스라엘을 흩으신 자
가 그를 모으시고 목자가 그
양 떼에게 행함같이 그를 지키
시리로다
11 여호와께서 야곱을 구원하시되
그들보다 강한 자의 손에서 속

강하셨으니
12 그들이 와서 시온의 높은 곳에
서 찬송하며 여호와의 복 곧
곡식과 새 포도주와 기름과 어
린 양의 떼와 소의 떼를 얻고
크게 기뻐하리라 그 심령은 물
댄 동산 같겠고 다시는 근심이
없으리로다 할지어다
13 그때에 처녀는 춤추며 즐거워
하겠고 청년과 노인은 함께
즐거워하리니 내가 그들의 슬
픔을 돌려서 즐겁게 하며 그들
을 위로하여 그들의 근심으로부
터 기쁨을 얻게 할 것임이라
14 내가 기름으로 제사장들의 마
음을 흡족하게 하며 내 복으로
내 백성을 만족하게 하리라 여
호와의 말씀이니라

라헬의 애곡과 여호와의 위로

15 여호와께서 이와 같이 말씀하
시니라 라마에서 슬퍼하며 통
곡하는 소리가 들리니 라헬이
그 자식 때문에 애곡하는 것이
라 그가 자식이 없어져서 위로
받기를 거절하는도다
16 여호와께서 이와 같이 말씀하
시니라 네 울음소리와 네 눈물
을 멈추어라 네 일에 삯을 받
을 것인즉 그들이 그의 대적의
땅에서 돌아오리라 여호와의
말씀이니라
17 너의 장래에 소망이 있을 것이
라 너의 자녀가 자기들의 지경
으로 돌아오리라 여호와의 말씀
이니라
18 에브라임이 스스로 탄식함을 내
가 분명히 들었노니 주께서 나
를 징벌하시매 멍에에 익숙하
지 못한 송아지 같은 내가 징
벌을 받았나이다 주는 나의 하
나님 여호와이시니 나를 이끌어
돌이키소서 그리하시면 내가 돌
아오겠나이다
19 내가 돌이킨 후에 뉘우쳤고 내
가 교훈을 받은 후에 내 볼기
를 쳤사오니 이는 어렸을 때의
치욕을 지므로 부끄럽고 욕됨이
니이다 하도다
20 에브라임은 나의 사랑하는 아
들 기뻐하는 자식이 아니냐 내
가 그를 책망하여 말할 때마
다 깊이 생각하노라 그러므로
그를 위하여 내 창자가 들끓으
니 내가 반드시 그를 불쌍히
여기리라 여호와의 말씀이니라
21 처녀 이스라엘아 너의 이정표

를 세우며 너의 푯말을 만들고
큰길 곧 네가 전에 가던 길을
마음에 두라 돌아오라 네 성읍
들로 돌아오라
22 반역한 딸아 네가 어느 때까
지 방황하겠느냐 여호와가 새
일을 세상에 창조하였나니 곧
여자가 남자를 둘러싸리라

사로잡힌 자를 돌아오게 할 때

23 만군의 여호와 이스라엘의 하
나님께서 이와 같이 말씀하시
니라 내가 그 사로잡힌 자를
돌아오게 할 때에 그들이 유
다 땅과 그 성읍들에서 다시
이 말을 쓰리니 곧 의로운 처소
여, 거룩한 산이여, 여호와께서
네게 복 주시기를 원하노라 할
것이며
24 유다와 그 모든 성읍의 농부와
양 떼를 인도하는 자가 거기에
함께 살리니
25 이는 내가 그 피곤한 심령을
상쾌하게 하며 모든 연약한
심령을 만족하게 하였음이라
하시기로
26 내가 깨어 보니 내 잠이 달았
더라
27 여호와의 말씀이니라 보라 내
가 사람의 씨와 짐승의 씨를
이스라엘 집과 유다 집에 뿌
릴 날이 이르리니
28 깨어서 그들을 뿌리뽑으며 무너
뜨리며 전복하며 멸망시키며
괴롭게 하던 것과 같이 내가
깨어서 그들을 세우며 심으리
라 여호와의 말씀이니라
29 그때에 그들이 말하기를 다시
는 아버지가 신 포도를 먹었으
므로 아들들의 이가 시다 하지
아니하겠고
30 신 포도를 먹는 자마다 그의
이가 신 것같이 누구나 자기의
죄악으로 말미암아 죽으리라

새 언약

31 여호와의 말씀이니라 보라 날
이 이르리니 내가 이스라엘 집
과 유다 집에 새 언약을 맺으
리라
32 이 언약은 내가 그들의 조상들
의 손을 잡고 애굽 땅에서 인
도하여내던 날에 맺은 것과 같
지 아니할 것은 내가 그들의
남편이 되었어도 그들이 내 언
약을 깨뜨렸음이라 여호와의
말씀이니라
33 그러나 그날 후에 내가 이스라

엘 집과 맺을 언약은 이러하
니 곧 내가 나의 법을 그들의
속에 두며 그들의 마음에 기록
하여 나는 그들의 하나님이 되
고 그들은 내 백성이 될 것이
라 여호와의 말씀이니라
34 그들이 다시는 각기 이웃과 형
제를 가르쳐 이르기를 너는 여
호와를 알라 하지 아니하리니
이는 작은 자로부터 큰 자까지
다 나를 알기 때문이라 내가
그들의 악행을 사하고 다시는
그 죄를 기억하지 아니하리라
여호와의 말씀이니라
35 여호와께서 이와 같이 말씀하
셨느니라 그는 해를 낮의 빛으
로 주셨고 달과 별들을 밤의
빛으로 정하였고 바다를 뒤흔
들어 그 파도로 소리치게 하나
니 그의 이름은 만군의 여호와
니라
36 이 법도가 내 앞에서 폐할진대
이스라엘 자손도 내 앞에서 끊
어져 영원히 나라가 되지 못하
리라 여호와의 말씀이니라
37 여호와께서 이와 같이 말씀하
시니라 위에 있는 하늘을 측량
할 수 있으며 밑에 있는 땅의
기초를 탐지할 수 있다면 내가
이스라엘 자손이 행한 모든 일
로 말미암아 그들을 다 버리리
라 여호와의 말씀이니라
38 보라. 날이 이르리니 이 성은 하
나넬 망대로부터 모퉁이 문에
이르기까지 여호와를 위하여
건축될 것이라 여호와의 말씀
이니라
39 측량줄이 곧게 가렙 언덕 밑
에 이르고 고아로 돌아
40 시체와 재의 모든 골짜기와 기
드론 시내에 이르는 모든 고지
곧 동쪽 마문의 모퉁이에 이르
기까지 여호와의 거룩한 곳이니
라 영원히 다시는 뽑거나 전복
하지 못할 것이니라

여호와의 말씀대로 아나돗의 밭을 사다

32 유다의 시드기야 왕 열째 해
곧 느부갓네살 열여덟째 해
에 여호와의 말씀이 예레미야
에게 임하니라
2 그때에 바벨론 군대는 예루살
렘을 에워싸고 선지자 예레미
야는 유다의 왕의 궁중에 있는
시위대 뜰에 갇혔으니
3-5 이는 그가 예언하기를 여호와
의 말씀에 보라 내가 이 성을

바벨론 왕의 손에 넘기리니 그
가 차지할 것이며 유다 왕 시
드기야는 갈대아인의 손에서
벗어나지 못하고 반드시 바벨
론 왕의 손에 넘겨진 바 되리
니 입이 입을 대하여 말하고
눈이 서로 볼 것이며 그가 시드
기야를 바벨론으로 끌어가리니
시드기야는 내가 돌볼 때까지
거기에 있으리라 여호와께서
이와 같이 말씀하시니라 너희
가 갈대아인과 싸울지라도 승
리하지 못하리라 하셨다 하였
더니 유다 왕 시드기야가 이르
되 네가 어찌하여 이같이 예언
하였느냐 하고 그를 가두었음이
었더라
6 예레미야가 이르되 여호와의
말씀이 내게 임하였느니라 이르
시기를
7 보라 네 숙부 살룸의 아들 하
나멜이 네게 와서 말하기를 너
는 아나돗에 있는 내 밭을 사
라 이 기업을 무를 권리가 네
게 있느니라 하리라 하시더니
8 여호와의 말씀과 같이 나의 숙
부의 아들 하나멜이 시위대 뜰
안 나에게 와서 이르되 청하노
니 너는 베냐민 땅 아나돗에
있는 나의 밭을 사라 기업의
상속권이 네게 있고 무를 권리
가 네게 있으니 너를 위하여
사라 하는지라 내가 이것이 여
호와의 말씀인 줄 알았으므로
9 내 숙부의 아들 하나멜의 아나
돗에 있는 밭을 사는 데 은 십
칠 세겔을 달아 주되
10 증서를 써서 봉인하고 증인을
세우고 은을 저울에 달아 주고
11 법과 규례대로 봉인하고 봉인
하지 아니한 매매 증서를 내가
가지고
12 나의 숙부의 아들 하나멜과 매
매 증서에 인친 증인 앞과 시
위대 뜰에 앉아 있는 유다 모
든 사람 앞에서 그 매매 증서
를 마세야의 손자 네리야의 아
들 바룩에게 부치며
13 그들의 앞에서 바룩에게 명령
하여 이르되
14 만군의 여호와 이스라엘의 하
나님께서 이와 같이 말씀하시
기를 너는 이 증서 곧 봉인하
고 봉인하지 않은 매매 증서를
가지고 토기에 담아 오랫동안
보존하게 하라

15 만군의 여호와 이스라엘의 하
나님께서 이와 같이 말씀하시
니라 사람이 이 땅에서 집과
밭과 포도원을 다시 사게 되리
라 하셨다 하니라

예레미야의 기도

16 내가 매매 증서를 네리야의 아
들 바룩에게 넘겨준 뒤에 여호
와께 기도하여 이르되
17 슬프도소이다 주 여호와여 주께
서 큰 능력과 펴신 팔로 천지
를 지으셨사오니 주에게는 할
수 없는 일이 없으시니이다
18 주는 은혜를 천만인에게 베푸
시며 아버지의 죄악을 그 후손
의 품에 갚으시오니 크고 능력
있으신 하나님이시요 이름은 만
군의 여호와시니이다
19 주는 책략에 크시며 하시는 일
에 능하시며 인류의 모든 길을
주목하시며 그의 길과 그의 행
위의 열매대로 보응하시나이다
20 주께서 애굽 땅에서 표적과 기
사를 행하셨고 오늘까지도 이
스라엘과 인류 가운데 그와 같
이 행하사 주의 이름을 오늘과
같이 되게 하셨나이다
21 주께서 표적과 기사와 강한 손
과 펴신 팔과 큰 두려움으로
주의 백성 이스라엘을 애굽 땅
에서 인도하여내시고
22 그들에게 주시기로 그 조상들에
게 맹세하신 바 젖과 꿀이 흐
르는 땅을 그들에게 주셨으므로
23 그들이 들어가서 이를 차지하
였거늘 주의 목소리를 순종하지
아니하며 주의 율법에서 행하
지 아니하며 무릇 주께서 행하
라 명령하신 일을 행하지 아니
하였으므로 주께서 이 모든 재
앙을 그들에게 내리셨나이다
24 보옵소서 이 성을 빼앗으려고
만든 참호가 이 성에 이르렀고
칼과 기근과 전염병으로 말미
암아 이 성이 이를 치는 갈대
아인의 손에 넘긴 바 되었으니
주의 말씀대로 되었음을 주께
서 보시나이다
25 주 여호와여 주께서 내게 은으
로 밭을 사며 증인을 세우라
하셨으나 이 성은 갈대아인의
손에 넘기신 바 되었나이다
26 그때에 여호와의 말씀이 예레
미야에게 임하여 이르시되
27 나는 여호와요 모든 육체의 하
나님이라 내게 할 수 없는 일

이 있겠느냐
28 그러므로 여호와께서 이와 같
이 말씀하시니라 보라 내가 이
성을 갈대아인의 손과 바벨론
의 느부갓네살 왕의 손에 넘길
것인즉 그가 차지할 것이라
29 이 성을 치는 갈대아인이 와서
이 성읍에 불을 놓아 성과 집
곧 그 지붕에서 바알에게 분향
하며 다른 신들에게 전제를 드
려 나를 격노하게 한 집들을
사르리니
30 이는 이스라엘 자손과 유다 자
손이 예로부터 내 눈앞에 악을
행하였을 뿐이라 이스라엘 자
손은 그의 손으로 만든 것을 가
지고 나를 격노하게 한 것뿐이
니라 여호와의 말씀이니라
31 이 성이 건설된 날부터 오늘
까지 나의 노여움과 분을 일으
키므로 내가 내 앞에서 그것을
옮기려 하노니
32 이는 이스라엘 자손과 유다 자
손이 모든 악을 행하여 내 노
여움을 일으켰음이라 그들과 그
들의 왕들과 그의 고관들과 그
의 제사장들과 그의 선지자들
과 유다 사람들과 예루살렘
주민들이 다 그러하였느니라
33 그들이 등을 내게로 돌리고 얼
굴을 내게로 향하지 아니하며
내가 그들을 가르치되 끊임없
이 가르쳤는데도 그들이 교훈을
듣지 아니하며 받지 아니하고
34 내 이름으로 일컫는 집에 자기
들의 가증한 물건들을 세워서
그 집을 더럽게 하며
35 힌놈의 아들의 골짜기에 바알
의 산당을 건축하였으며 자기
들의 아들들과 딸들을 몰렉 앞
으로 지나가게 하였느니라 그
들이 이런 가증한 일을 행하여
유다로 범죄하게 한 것은 내가
명령한 것도 아니요 내 마음에
둔 것도 아니니라

영원한 언약

36 그러나 이스라엘의 하나님 여
호와께서 너희가 말하는 바 칼
과 기근과 전염병으로 말미암
아 바벨론 왕의 손에 넘긴 바
되었다 하는 이 성에 대하여
이와 같이 말씀하시니라
37 보라 내가 노여움과 분함과 큰
분노로 그들을 쫓아 보내었던
모든 지방에서 그들을 모아들여
이곳으로 돌아오게 하여 안전히

살게 할 것이라
38 그들은 내 백성이 되겠고 나는
그들의 하나님이 될 것이며
39 내가 그들에게 한마음과 한길
을 주어 자기들과 자기 후손의
복을 위하여 항상 나를 경외하
게 하고
40 내가 그들에게 복을 주기 위하
여 그들을 떠나지 아니하리라
하는 영원한 언약을 그들에게
세우고 나를 경외함을 그들의
마음에 두어 나를 떠나지 않게
하고
41 내가 기쁨으로 그들에게 복을
주되 분명히 나의 마음과 정성
을 다하여 그들을 이 땅에 심
으리라
42 여호와께서 이와 같이 말씀하시
니라 내가 이 백성에게 이 큰
재앙을 내린 것같이 허락한 모
든 복을 그들에게 내리리라
43 너희가 말하기를 황폐하여 사
람이나 짐승이 없으며 갈대아
인의 손에 넘긴 바 되었다 하
는 이 땅에서 사람들이 밭을
사되
44 베냐민 땅과 예루살렘 사방과
유다 성읍들과 산지의 성읍들
과 저지대의 성읍들과 네겝의
성읍들에 있는 밭을 은으로 사
고 증서를 기록하여 봉인하고
증인을 세우리니 이는 내가 그
들의 포로를 돌아오게 함이니라
여호와의 말씀이니라

이스라엘과 유다의 회복에 대한 언약

33 예레미야가 아직 시위대 뜰
에 갇혀 있을 때에 여호와의
말씀이 그에게 두 번째로 임하
니라 이르시되
2 일을 행하시는 여호와, 그것을
만들며 성취하시는 여호와, 그
의 이름을 여호와라 하는 이가
이와 같이 이르시도다
3 너는 내게 부르짖으라 내가 네
게 응답하겠고 네가 알지 못
하는 크고 은밀한 일을 네게
보이리라
4 이스라엘의 하나님 여호와께서
말씀하시니라 무리가 이 성읍
의 가옥과 유다 왕궁을 헐어서
갈대아인의 참호와 칼을 대항
하여
5 싸우려 하였으나 내가 나의 노
여움과 분함으로 그들을 죽이고
그들의 시체로 이 성을 채우게
하였나니 이는 그들의 모든 악

행으로 말미암아 나의 얼굴을
가리어 이 성을 돌아보지 아니
하였음이라
6 그러나 보라 내가 이 성읍을 치
료하며 고쳐 낫게 하고 평안과
진실이 풍성함을 그들에게 나
타낼 것이며
7 내가 유다의 포로와 이스라엘
의 포로를 돌아오게 하여 그들
을 처음과 같이 세울 것이며
8 내가 그들을 내게 범한 그 모
든 죄악에서 정하게 하며 그들
이 내게 범하며 행한 모든 죄
악을 사할 것이라
9 이 성읍이 세계 열방 앞에서
나의 기쁜 이름이 될 것이며
찬송과 영광이 될 것이요 그들
은 내가 이 백성에게 베푼 모
든 복을 들을 것이요 내가 이
성읍에 베푼 모든 복과 모든
평안으로 말미암아 두려워하며
떨리라
10-11 여호와께서 이와 같이 말씀하
시니라 너희가 가리켜 말하기
를 황폐하여 사람도 없고 짐
승도 없다 하던 여기 곧 황폐
하여 사람도 없고 주민도 없고
짐승도 없던 유다 성읍들과 예
루살렘 거리에서 즐거워하는
소리, 기뻐하는 소리, 신랑의 소
리, 신부의 소리와 및 만군의
여호와께 감사하라, 여호와는
선하시니 그 인자하심이 영원
하다 하는 소리와 여호와의 성
전에 감사제를 드리는 자들의
소리가 다시 들리리니 이는 내
가 이 땅의 포로를 돌려보내어
지난날처럼 되게 할 것임이라
여호와의 말씀이니라
12 만군의 여호와께서 이와 같이
말씀하시니라 황폐하여 사람도
없고 짐승도 없던 이곳과 그
모든 성읍에 다시 목자가 살
곳이 있으리니 그의 양 떼를 눕
게 할 것이라
13 산지 성읍들과 평지 성읍들과
네겝의 성읍들과 베냐민 땅과
예루살렘 사면과 유다 성읍들
에서 양 떼가 다시 계수하는
자의 손 아래로 지나리라 여호
와께서 말씀하시니라
14 여호와의 말씀이니라 보라 내
가 이스라엘 집과 유다 집에
대하여 일러준 선한 말을 성취
할 날이 이르리라
15 그날 그때에 내가 다윗에게서

한 공의로운 가지가 나게 하리
니 그가 이 땅에 정의와 공의
를 실행할 것이라
16 그날에 유다가 구원을 받겠고
예루살렘이 안전히 살 것이며
이 성은 여호와는 우리의 의라
는 이름을 얻으리라
17 여호와께서 이와 같이 말씀하
시니라 이스라엘 집의 왕위에
앉을 사람이 다윗에게 영원히
끊어지지 아니할 것이며
18 내 앞에서 번제를 드리며 소제
를 사르며 다른 제사를 항상
드릴 레위 사람 제사장들도 끊
어지지 아니하리라 하시니라
19 여호와의 말씀이 예레미야에게
임하니라 이르시되
20 여호와께서 이와 같이 말씀하
시니라 너희가 능히 낮에 대한
나의 언약과 밤에 대한 나의
언약을 깨뜨려 주야로 그때를
잃게 할 수 있을진대
21 내 종 다윗에게 세운 나의 언
약도 깨뜨려 그에게 그의 자리
에 앉아 다스릴 아들이 없게
할 수 있겠으며 내가 나를 섬
기는 레위인 제사장에게 세운
언약도 파할 수 있으리라
22 하늘의 만상은 셀 수 없으며
바다의 모래는 측량할 수 없나
니 내가 그와 같이 내 종 다윗
의 자손과 나를 섬기는 레위인
을 번성하게 하리라 하시니라
23 여호와의 말씀이 예레미야에게
임하니라 이르시되
24 이 백성이 말하기를 여호와께
서 자기가 택하신 그들 중에
두 가계를 버리셨다 한 것을
네가 생각하지 아니하느냐 그
들이 내 백성을 멸시하여 자기
들 앞에서 나라로 인정하지 아
니하도다
25 여호와께서 이와 같이 말씀하
시니라 내가 주야와 맺은 언약
이 없다든지 천지의 법칙을 내
가 정하지 아니하였다면
26 야곱과 내 종 다윗의 자손을
버리고 다시는 다윗의 자손 중
에서 아브라함과 이삭과 야곱
의 자손을 다스릴 자를 택하지
아니하리라 내가 그 포로된 자
를 돌아오게 하고 그를 불쌍히
여기리라

시드기야 왕에 대한 말씀

34 바벨론의 느부갓네살 왕과
그의 모든 군대와 그의 통치

하에 있는 땅의 모든 나라와
모든 백성이 예루살렘과 그 모
든 성읍을 칠 때에 말씀이 여
호와께로부터 예레미야에게 임
하여 이르시되
2 이스라엘의 하나님 여호와께서
이와 같이 말씀하시니라 너는
가서 유다의 시드기야 왕에게
아뢰어 이르기를 여호와의 말씀
에 보라 내가 이 성을 바벨론
왕의 손에 넘기리니 그가 이 성
을 불사를 것이라
3 네가 그의 손에서 벗어나지 못
하고 반드시 사로잡혀 그의 손
에 넘겨져서 네 눈은 바벨론
왕의 눈을 볼 것이며 그의 입
은 네 입을 마주 대하여 말할
것이요 너는 바벨론으로 가리라
4 그러나 유다의 시드기야 왕이
여 여호와의 말씀을 들으라 여
호와께서 네게 대하여 이와 같
이 말씀하시니라 네가 칼에 죽
지 아니하고
5 평안히 죽을 것이며 사람이 너
보다 먼저 있은 네 조상들 곧
선왕들에게 분향하던 것같이
네게 분향하며 너를 위하여 애
통하기를 슬프다 주여 하리니
이는 내가 말하였음이라 여호
와의 말씀이니라 하시니라
6 선지자 예레미야가 이 모든 말
씀을 예루살렘에서 유다의 시
드기야 왕에게 아뢰니라
7 그때에 바벨론의 왕의 군대가
예루살렘과 유다의 남은 모든
성읍들을 쳤으니 곧 라기스와
아세가라 유다의 견고한 성읍
중에 이것들만 남았음이더라

여호와 앞에서 맺은 계약을 어기다

8 시드기야 왕이 예루살렘에 있
는 모든 백성과 한 가지로 하
나님 앞에서 계약을 맺고 자유
를 선포한 후에 여호와께로부
터 말씀이 예레미야에게 임하
니라
9 그 계약은 사람마다 각기 히브
리 남녀 노비를 놓아 자유롭게
하고 그의 동족 유다인을 종으
로 삼지 못하게 한 것이라
10 이 계약에 가담한 고관들과
모든 백성이 각기 노비를 자유
롭게 하고 다시는 종을 삼지 말
라 함을 듣고 순복하여 놓았더
니
11 후에 그들의 뜻이 변하여 자유
를 주었던 노비를 끌어다가 복

종시켜 다시 노비로 삼았더라
12 그러므로 여호와의 말씀이 여호
와께로부터 예레미야에게 임
하니라 이르시되
13 이스라엘 하나님 여호와께서
이와 같이 말씀하시니라 내가
너희 선조를 애굽 땅 종의 집
에서 인도하여낼 때에 그들과
언약을 맺으며 이르기를
14 너희 형제 히브리 사람이 네게
팔려 왔거든 너희는 칠 년 되
는 해에 그를 놓아줄 것이니라
그가 육 년 동안 너를 섬겼은
즉 그를 놓아 자유롭게 할지니
라 하였으나 너희 선조가 내게
순종하지 아니하며 귀를 기울
이지도 아니하였느니라
15 그러나 너희는 이제 돌이켜 내
눈앞에 바른 일을 행하여 각기
이웃에게 자유를 선포하되 내
이름으로 일컬음을 받는 집에서
내 앞에서 계약을 맺었거늘
16 너희가 돌이켜 내 이름을 더럽
히고 각기 놓아 그들의 마음대
로 자유롭게 하였던 노비를 끌
어다가 다시 너희에게 복종시
켜 너희의 노비로 삼았도다
17 그러므로 여호와께서 이와 같
이 말씀하시니라 너희가 나에
게 순종하지 아니하고 각기 형
제와 이웃에게 자유를 선포한
것을 실행하지 아니하였은즉
내가 너희를 대적하여 칼과 전
염병과 기근에게 자유를 주리
라 여호와의 말씀이니라 내가
너희를 세계 여러 나라 가운데
에 흩어지게 할 것이며
18 송아지를 둘로 쪼개고 그 두 조
각 사이로 지나매 내 앞에 언
약을 맺었으나 그 말을 실행하
지 아니하여 내 계약을 어긴
그들을
19 곧 송아지 두 조각 사이로 지
난 유다 고관들과 예루살렘
고관들과 내시들과 제사장들과
이 땅 모든 백성을
20 내가 그들의 원수의 손과 그들
의 생명을 찾는 자의 손에 넘
기리니 그들의 시체가 공중의
새와 땅의 짐승의 먹이가 될
것이며
21 또 내가 유다의 시드기야 왕과
그의 고관들을 그의 원수의 손
과 그의 생명을 찾는 자의 손
과 너희에게서 떠나간 바벨론
왕의 군대의 손에 넘기리라

22 여호와의 말씀이니라 보라 내
가 그들에게 명령하여 이 성
읍에 다시 오게 하리니 그들이
이 성을 쳐서 빼앗아 불사를
것이라 내가 유다의 성읍들을
주민이 없어 처참한 황무지가
되게 하리라

예레미야와 레갑 사람들

35 유다의 요시야 왕의 아들 여
호야김 때에 여호와께로부터
말씀이 예레미야에게 임하여
이르시되
2 너는 레갑 사람들의 집에 가서
그들에게 말하고 그들을 여호와
의 집 한 방으로 데려다가 포도
주를 마시게 하라 하시니라
3 이에 내가 하바시냐의 손자요
예레미야의 아들인 야아사냐
와 그의 형제와 그의 모든 아
들과 모든 레갑 사람들을 데리
고
4 여호와의 집에 이르러 익다랴
의 아들 하나님의 사람 하난의
아들들의 방에 들였는데 그 방
은 고관들의 방 곁이요 문을 지
키는 살룸의 아들 마아세야의
방 위더라
5 내가 레갑 사람들의 후손들 앞
에 포도주가 가득한 종지와 술
잔을 놓고 마시라 권하매
6 그들이 이르되 우리는 포도주를
마시지 아니하겠노라 레갑의
아들 우리 선조 요나답이 우리
에게 명령하여 이르기를 너희
와 너희 자손은 영원히 포도주
를 마시지 말며
7 너희가 집도 짓지 말며 파종도
하지 말며 포도원을 소유하지
도 말고 너희는 평생 동안 장
막에 살아라 그리하면 너희가
머물러 사는 땅에서 너희 생명
이 길리라 하였으므로
8 우리가 레갑의 아들 우리 선조
요나답이 우리에게 명령한 모
든 말을 순종하여 우리와 우리
아내와 자녀가 평생 동안 포도
주를 마시지 아니하며
9 살 집도 짓지 아니하며 포도원
이나 밭이나 종자도 가지지 아
니하고
10 장막에 살면서 우리 선조 요나
답이 우리에게 명령한 대로 다
지켜 행하였노라
11 그러나 바벨론의 느부갓네살
왕이 이 땅에 올라왔을 때에
우리가 말하기를 갈대아인의

군대와 수리아인의 군대를 피
하여 예루살렘으로 가자 하고
우리가 예루살렘에 살았노라
12 그때에 여호와의 말씀이 예레
미야에게 임하여 이르시되
13 만군의 여호와 이스라엘의 하
나님께서 이와 같이 말씀하시
니라 너는 가서 유다 사람들
과 예루살렘 주민에게 이르기
를 너희가 내 말을 들으며 교훈
을 받지 아니하겠느냐 여호와
의 말씀이니라
14 레갑의 아들 요나답이 그의 자
손에게 포도주를 마시지 말라
한 그 명령은 실행되도다 그들
은 그 선조의 명령을 순종하여
오늘까지 마시지 아니하거늘
내가 너희에게 말하고 끊임없
이 말하여도 너희는 내게 순종
하지 아니하도다
15 내가 내 종 모든 선지자를 너
희에게 보내고 끊임없이 보내
며 이르기를 너희는 이제 각기
악한 길에서 돌이켜 행위를 고
치고 다른 신을 따라 그를 섬
기지 말라 그리하면 너희는 내
가 너희와 너희 선조에게 준
이 땅에 살리라 하여도 너희가

귀를 기울이지 아니하며 내게
순종하지 아니하였느니라
16 레갑의 아들 요나답의 자손은
그의 선조가 그들에게 명령한
그 명령을 지켜 행하나 이 백
성은 내게 순종하지 아니하도
다
17 그러므로 만군의 여호와 이스라
엘의 하나님께서 이와 같이 말
씀하시니라 보라 내가 유다와
예루살렘의 모든 주민에게 내
가 그들에게 대하여 선포한 모
든 재앙을 내리리니 이는 내가
그들에게 말하여도 듣지 아니
하며 불러도 대답하지 아니함
이니라 하셨다 하라
18 예레미야가 레갑 사람의 가문
에게 이르되 만군의 여호와 이
스라엘의 하나님께서 이와 같
이 말씀하시기를 너희가 너희
선조 요나답의 명령을 순종하
여 그의 모든 규율을 지키며 그
가 너희에게 명령한 것을 행하
였도다
19 그러므로 만군의 여호와 이스라
엘의 하나님께서 이와 같이 말
씀하시니라 레갑의 아들 요나
답에게서 내 앞에 설 사람이

영원히 끊어지지 아니하리라
하시니라

바룩이 여호와의 성전에서 두루마리를 낭독하다

36 유다의 요시야 왕의 아들 여
호야김 제사년에 여호와께로
부터 예레미야에게 말씀이 임
하니라 이르시되
2 너는 두루마리 책을 가져다가
내가 네게 말하던 날 곧 요시
야의 날부터 오늘까지 이스라
엘과 유다와 모든 나라에 대
하여 내가 네게 일러준 모든
말을 거기에 기록하라
3 유다 가문이 내가 그들에게 내
리려 한 모든 재난을 듣고 각
기 악한 길에서 돌이키리니 그
리하면 내가 그 악과 죄를 용
서하리라 하시니라
4 이에 예레미야가 네리야의 아
들 바룩을 부르매 바룩이 예레
미야가 불러 주는 대로 여호와
께서 그에게 이르신 모든 말씀
을 두루마리 책에 기록하니라
5 예레미야가 바룩에게 명령하
여 이르되 나는 붙잡혔으므로
여호와의 집에 들어갈 수 없으
니
6 너는 들어가서 내가 말한 대로
두루마리에 기록한 여호와의 말
씀을 금식일에 여호와의 성전
에 있는 백성의 귀에 낭독하고
유다 모든 성읍에서 온 자들의
귀에도 낭독하라
7 그들이 여호와 앞에 기도를 드
리며 각기 악한 길을 떠나리
라 여호와께서 이 백성에 대하
여 선포하신 노여움과 분이 크
니라
8 네리야의 아들 바룩이 선지자
예레미야가 자기에게 명령한
대로 하여 여호와의 성전에서
책에 있는 여호와의 모든 말씀
을 낭독하니라
9 유다의 요시야 왕의 아들 여호
야김의 제오년 구월에 예루살
렘 모든 백성과 유다 성읍들에
서 예루살렘에 이른 모든 백성
이 여호와 앞에서 금식을 선포
한지라
10 바룩이 여호와의 성전 위 뜰
곧 여호와의 성전에 있는 새
문 어귀 곁에 있는 사반의 아
들 서기관 그마랴의 방에서 그
책에 기록된 예레미야의 말을
모든 백성에게 낭독하니라

바룩이 고관 앞에서 두루마리를 낭독하다

11 사반의 손자요 그마랴의 아들
인 미가야가 그 책에 기록된
여호와의 말씀을 다 듣고
12 왕궁에 내려가서 서기관의 방
에 들어가니 모든 고관 곧 서
기관 엘리사마와 스마야의 아
들 들라야와 악볼의 아들 엘라
단과 사반의 아들 그마랴와 하
나냐의 아들 시드기야와 모든
고관이 거기에 앉아 있는지라
13 미가야가 바룩이 백성의 귀에
책을 낭독할 때에 들은 모든
말을 그들에게 전하매
14 이에 모든 고관이 구시의 증손
셀레먀의 손자 느다냐의 아들
여후디를 바룩에게 보내 이르되
너는 백성의 귀에 낭독한 두루
마리를 손에 가지고 오라 네리
야의 아들 바룩이 두루마리를
손에 가지고 그들에게로 오니
15 그들이 바룩에게 이르되 앉아서
이를 우리 귀에 낭독하라 바룩
이 그들의 귀에 낭독하매
16 그들이 그 모든 말씀을 듣고 놀
라 서로 보며 바룩에게 이르되
우리가 이 모든 말을 왕에게
아뢰리라
17 그들이 또 바룩에게 물어 이르
되 너는 그가 불러 주는 이 모
든 말을 어떻게 기록하였느냐
청하노니 우리에게 알리라
18 바룩이 대답하되 그가 그의 입
으로 이 모든 말을 내게 불러
주기로 내가 먹으로 책에 기록
하였노라
19 이에 고관들이 바룩에게 이르되
너는 가서 예레미야와 함께 숨
고 너희가 있는 곳을 사람에게
알리지 말라 하니라

왕이 두루마리를 태우다

20 그들이 두루마리를 서기관 엘리
사마의 방에 두고 뜰에 들어가
왕께 나아가서 이 모든 말을
왕의 귀에 아뢰니
21 왕이 여후디를 보내어 두루마리
를 가져오게 하매 여후디가 서
기관 엘리사마의 방에서 가져
다가 왕과 왕의 곁에 선 모든
고관의 귀에 낭독하니
22 그때는 아홉째 달이라 왕이 겨
울 궁전에 앉았고 그 앞에는
불 피운 화로가 있더라
23 여후디가 서너 쪽을 낭독하면
왕이 칼로 그것을 연하여 베어

화로 불에 던져서 두루마리를
모두 태웠더라
24 왕과 그의 신하들이 이 모든
말을 듣고도 두려워하거나 자
기들의 옷을 찢지 아니하였고
25 엘라단과 들라야와 그마랴가
왕께 두루마리를 불사르지 말도
록 아뢰어도 왕이 듣지 아니하
였으며
26 왕이 왕의 아들 여라므엘과 아
스리엘의 아들 스라야와 압디
엘의 아들 셀레먀에게 명령하
여 서기관 바룩과 선지자 예레
미야를 잡으라 하였으나 여호
와께서 그들을 숨기셨더라

예레미야가 말씀을 다시 쓰다

27 왕이 두루마리와 바룩이 예레
미야의 입을 통해 기록한 말씀
을 불사른 후에 여호와의 말씀
이 예레미야에게 임하니라 이
르시되
28 너는 다시 다른 두루마리를 가
지고 유다의 여호야김 왕이 불
사른 첫 두루마리의 모든 말을
기록하고
29 또 유다의 여호야김 왕에 대하
여 이와 같이 말하기를 여호와
의 말씀에 네가 이 두루마리를
불사르며 말하기를 네가 어찌
하여 바벨론의 왕이 반드시 와
서 이 땅을 멸하고 사람과 짐
승을 이 땅에서 없어지게 하
리라 하는 말을 이 두루마리에
기록하였느냐 하도다
30 그러므로 여호와께서 유다의
왕 여호야김에 대하여 이와 같
이 말씀하시니라 그에게 다윗
의 왕위에 앉을 자가 없게 될
것이요 그의 시체는 버림을 당
하여 낮에는 더위, 밤에는 추위
를 당하리라
31 또 내가 그와 그의 자손과 신
하들을 그들의 죄악으로 말미암
아 벌할 것이라 내가 일찍이
그들과 예루살렘 주민과 유다
사람에게 그 모든 재난을 내리
리라 선포하였으나 그들이 듣
지 아니하였느니라
32 이에 예레미야가 다른 두루마
리를 가져다가 네리야의 아들
서기관 바룩에게 주매 그가 유
다의 여호야김 왕이 불사른 책
의 모든 말을 예레미야가 전
하는 대로 기록하고 그 외에도
그 같은 말을 많이 더 하였더
라

느부갓네살이 시드기야를 유다 왕으로 삼다

37 요시야의 아들 시드기야가 여
호야김의 아들 고니야의 뒤
를 이어 왕이 되었으니 이는 바
벨론의 느부갓네살 왕이 그를
유다 땅의 왕으로 삼음이었더
라
2 그와 그의 신하와 그의 땅 백
성이 여호와께서 선지자 예레
미야에게 하신 말씀을 듣지 아
니하니라
3 시드기야 왕이 셀레먀의 아들
여후갈과 마아세야의 아들 제
사장 스바냐를 선지자 예레미
야에게 보내 청하되 너는 우리
를 위하여 우리 하나님 여호와
께 기도하라 하였으니
4 그때에 예레미야가 갇히지 아
니하였으므로 백성 가운데 출입
하는 중이었더라
5 바로의 군대가 애굽에서 나오
매 예루살렘을 에워쌌던 갈대
아인이 그 소문을 듣고 예루살
렘에서 떠났더라
6 여호와의 말씀이 선지자 예레
미야에게 임하여 이르시되
7 이스라엘의 하나님 여호와께서
이와 같이 말씀하시니라 너희
를 보내어 내게 구하게 한 유
다의 왕에게 아뢰라 너희를 도
우려고 나왔던 바로의 군대는
자기 땅 애굽으로 돌아가겠고
8 갈대아인이 다시 와서 이 성을
쳐서 빼앗아 불사르리라
9 여호와께서 이와 같이 말씀하
시니라 너희는 스스로 속여 말
하기를 갈대아인이 반드시 우
리를 떠나리라 하지 말라 그들
이 떠나지 아니하리라
10 가령 너희가 너희를 치는 갈대
아인의 온 군대를 쳐서 그중에
부상자만 남긴다 할지라도 그
들이 각기 장막에서 일어나 이
성을 불사르리라

예레미야를 붙잡아 가두다

11 갈대아인의 군대가 바로의 군
대를 두려워하여 예루살렘에
서 떠나매
12 예레미야가 베냐민 땅에서 백
성 가운데 분깃을 받으려고 예
루살렘을 떠나 그리로 가려 하
여
13 베냐민 문에 이른즉 하나냐의
손자요 셀레먀의 아들인 이리
야라 이름하는 문지기의 우두머

리가 선지자 예레미야를 붙잡
아 이르되 네가 갈대아인에게
항복하려 하는도다
14 예레미야가 이르되 거짓이다
나는 갈대아인에게 항복하려
하지 아니하노라 이리야가 듣
지 아니하고 예레미야를 잡아
고관들에게로 끌어가매
15 고관들이 노여워하여 예레미야
를 때려서 서기관 요나단의 집
에 가두었으니 이는 그들이 이
집을 옥으로 삼았음이더라
16 예레미야가 뚜껑 씌운 웅덩이
에 들어간 지 여러 날 만에
17 시드기야 왕이 사람을 보내어
그를 이끌어내고 왕궁에서 그
에게 비밀히 물어 이르되 여호
와께로부터 받은 말씀이 있느
냐 예레미야가 대답하되 있나
이다 또 이르되 왕이 바벨론의
왕의 손에 넘겨지리이다
18 예레미야가 다시 시드기야 왕
에게 이르되 내가 왕에게나 왕
의 신하에게나 이 백성에게 무
슨 죄를 범하였기에 나를 옥에
가두었나이까
19 바벨론의 왕이 와서 왕과 이
땅을 치지 아니하리라고 예언
한 왕의 선지자들이 이제 어디
있나이까
20 내 주 왕이여 이제 청하건대
내게 들으시며 나의 탄원을 받
으사 나를 서기관 요나단의 집
으로 돌려보내지 마옵소서 내가
거기에서 죽을까 두려워하나이
다
21 이에 시드기야 왕이 명령하여
예레미야를 감옥 뜰에 두고
떡 만드는 자의 거리에서 매일
떡 한 개씩 그에게 주게 하매
성중에 떡이 떨어질 때까지 이
르니라 예레미야가 감옥 뜰에
머무니라

예레미야가 구덩이에 갇히다

38 맛단의 아들 스바댜와 바스
훌의 아들 그다랴와 셀레먀
의 아들 유갈과 말기야의 아
들 바스훌이 예레미야가 모든
백성에게 이르는 말을 들은즉
이르기를
2 여호와께서 이와 같이 말씀하
시되 이 성에 머무는 자는 칼
과 기근과 전염병에 죽으리라
그러나 갈대아인에게 항복하
는 자는 살리니 그는 노략물을
얻음같이 자기의 목숨을 건지리

라
3 여호와께서 이와 같이 말씀하
시니라 이 성이 반드시 바벨론
의 왕의 군대의 손에 넘어가리
니 그가 차지하리라 하셨다 하
는지라
4 이에 그 고관들이 왕께 아뢰되
이 사람이 백성의 평안을 구하
지 아니하고 재난을 구하오니
청하건대 이 사람을 죽이소서
그가 이같이 말하여 이 성에
남은 군사의 손과 모든 백성의
손을 약하게 하나이다
5 시드기야 왕이 이르되 보라 그
가 너희 손안에 있느니라 왕은
조금도 너희를 거스를 수 없느
니라 하는지라
6 그들이 예레미야를 끌어다가
감옥 뜰에 있는 왕의 아들 말
기야의 구덩이에 던져 넣을 때
에 예레미야를 줄로 달아 내렸
는데 그 구덩이에는 물이 없고
진창뿐이므로 예레미야가 진창
속에 빠졌더라
7 왕궁 내시 구스인 에벳멜렉이
그들이 예레미야를 구덩이에
던져 넣었음을 들으니라 그때
에 왕이 베냐민 문에 앉았더니
8 에벳멜렉이 왕궁에서 나와 왕
께 아뢰어 이르되
9 내 주 왕이여 저 사람들이 선
지자 예레미야에게 행한 모든
일은 악하니이다 성중에 떡이
떨어졌거늘 그들이 그를 구덩
이에 던져 넣었으니 그가 거기
에서 굶어 죽으리이다 하니
10 왕이 구스 사람 에벳멜렉에게
명령하여 이르되 너는 여기서
삼십 명을 데리고 가서 선지자
예레미야가 죽기 전에 그를
구덩이에서 끌어내라
11 에벳멜렉이 사람들을 데리고
왕궁 곳간 밑 방에 들어가서
거기에서 헝겊과 낡은 옷을 가
져다가 그것을 구덩이에 있는
예레미야에게 밧줄로 내리며
12 구스인 에벳멜렉이 예레미야
에게 이르되 당신은 이 헝겊과
낡은 옷을 당신의 겨드랑이에
대고 줄을 그 아래에 대시오
예레미야가 그대로 하매
13 그들이 줄로 예레미야를 구덩
이에서 끌어낸지라 예레미야
가 시위대 뜰에 머무니라

시드기야가 예레미야에게 묻다

14 시드기야 왕이 사람을 보내어

선지자 예레미야를 여호와의
성전 셋째 문으로 데려오게 하
고 왕이 예레미야에게 이르되
내가 네게 한 가지 일을 물으
리니 한마디도 내게 숨기지 말
라
15 예레미야가 시드기야에게 이르
되 내가 이 일을 왕에게 아시
게 하여도 왕이 결코 나를 죽이
지 아니하시리이까 가령 내가
왕을 권한다 할지라도 왕이 듣
지 아니하시리이다
16 시드기야 왕이 비밀히 예레미
야에게 맹세하여 이르되 우리
에게 이 영혼을 지으신 여호와
께서 살아계심을 두고 맹세하
노니 내가 너를 죽이지도 아니
하겠으며 네 생명을 찾는 그
사람들의 손에 넘기지도 아니하
리라 하는지라
17 예레미야가 시드기야에게 이르
되 만군의 하나님이신 이스라
엘의 하나님 여호와께서 이와
같이 말씀하시되 네가 만일 바
벨론의 왕의 고관들에게 항복
하면 네 생명이 살겠고 이 성
이 불사름을 당하지 아니하겠
고 너와 네 가족이 살려니와
18 네가 만일 나가서 바벨론의 왕
의 고관들에게 항복하지 아니
하면 이 성이 갈대아인의 손
에 넘어가리니 그들이 이 성을
불사를 것이며 너는 그들의 손
을 벗어나지 못하리라 하셨나
이다
19 시드기야 왕이 예레미야에게
이르되 나는 갈대아인에게 항
복한 유다인을 두려워하노라
염려하건대 갈대아인이 나를
그들의 손에 넘기면 그들이 나
를 조롱할까 하노라 하는지라
20 예레미야가 이르되 그 무리가
왕을 그들에게 넘기지 아니하
리이다 원하옵나니 내가 왕에
게 아뢴 바 여호와의 목소리에
순종하소서 그리하면 왕이 복을
받아 생명을 보전하시리이다
21 그러나 만일 항복하기를 거절
하시면 여호와께서 내게 보이
신 말씀대로 되리이다
22 보라 곧 유다 왕궁에 남아 있
는 모든 여자가 바벨론 왕의
고관들에게로 끌려갈 것이요
그 여자들은 네게 말하기를 네
친구들이 너를 꾀어 이기고 네
발이 진흙에 빠짐을 보고 물러

갔도다 하리라
23 네 아내들과 자녀는 갈대아인
에게로 끌려가겠고 너는 그들
의 손에서 벗어나지 못하고 바
벨론 왕의 손에 잡히리라 또
네가 이 성읍으로 불사름을 당
하게 하리라 하셨나이다
24 시드기야가 예레미야에게 이르
되 너는 이 말을 어느 사람에
게도 알리지 말라 그리하면 네
가 죽지 아니하리라
25 만일 고관들이 내가 너와 말하
였다 함을 듣고 와서 네게 말
하기를 네가 왕에게 말씀한 것
을 우리에게 전하라 우리에게
숨기지 말라 그리하면 우리가
너를 죽이지 아니하리라 또 왕
이 네게 말씀한 것을 전하라
하거든
26 그들에게 대답하되 내가 왕 앞
에 간구하기를 나를 요나단의
집으로 되돌려 보내지 마소서
그리하여 거기서 죽지 않게 하
옵소서 하였다 하라 하니라
27 모든 고관이 예레미야에게 와
서 묻으매 그가 왕이 명령한
모든 말대로 대답하였으므로 일
이 탄로되지 아니하였고 그들
은 그와 더불어 말하기를 그쳤
더라
28 예레미야가 예루살렘이 함락
되는 날까지 감옥 뜰에 머물
렀더라

예루살렘이 함락되다

(왕하 25:1-12; 렘 52:4-16)

39 유다의 시드기야 왕의 제구
년 열째 달에 바벨론의 느부
갓네살 왕과 그의 모든 군대가
와서 예루살렘을 에워싸고 치
더니
2 시드기야의 제십일년 넷째 달
아홉째 날에 성이 함락되니라
예루살렘이 함락되매
3 바벨론의 왕의 모든 고관이 나
타나 중문에 앉으니 곧 네르갈
사레셀과 삼갈네부와 내시장
살스김이니 네르갈사레셀은 궁
중 장관이며 바벨론의 왕의 나
머지 고관들도 있더라
4 유다의 시드기야 왕과 모든 군
사가 그들을 보고 도망하되 밤
에 왕의 동산 길을 따라 두
담 샛문을 통하여 성읍을 벗어
나서 아라바로 갔더니
5 갈대아인의 군대가 그들을 따
라 여리고 평원에서 시드기야

에게 미쳐 그를 잡아서 데리고
하맛 땅 리블라에 있는 바벨론
의 느부갓네살 왕에게로 올라
가매 왕이 그를 심문하였더라
6 바벨론의 왕이 리블라에서 시
드기야의 눈앞에서 그의 아들들
을 죽였고 왕이 또 유다의 모
든 귀족을 죽였으며
7 왕이 또 시드기야의 눈을 빼게
하고 바벨론으로 옮기려고 사슬
로 결박하였더라
8 갈대아인들이 왕궁과 백성의
집을 불사르며 예루살렘 성벽
을 헐었고
9 사령관 느부사라단이 성중에
남아 있는 백성과 자기에게 항
복한 자와 그 외의 남은 백성
을 잡아 바벨론으로 옮겼으며
10 사령관 느부사라단이 아무 소
유가 없는 빈민을 유다 땅에
남겨두고 그날에 포도원과 밭
을 그들에게 주었더라

예레미야가 석방되다

11 바벨론의 느부갓네살 왕이 예
레미야에 대하여 사령관 느부
사라단에게 명령하여 이르되
12 그를 데려다가 선대하고 해하
지 말며 그가 네게 말하는 대
로 행하라
13 이에 사령관 느부사라단과 내
시장 느부사스반과 궁중 장관
네르갈사레셀과 바벨론 왕의
모든 장관이
14 사람을 보내어 예레미야를 감
옥 뜰에서 데리고 사반의 손자
아히감의 아들 그다랴에게 넘
겨서 그를 집으로 데려가게 하
매 그가 백성 가운데에 사니라

여호와께서 에벳멜렉에게 구원을 약속하시다

15 예레미야가 감옥 뜰에 갇혔을
때에 여호와의 말씀이 그에게
임하니라 이르시되
16 너는 가서 구스인 에벳멜렉에
게 말하기를 만군의 여호와 이
스라엘의 하나님의 말씀에 내
가 이 성에 재난을 내리고 복
을 내리지 아니하리라 한 나의
말이 그날에 네 눈앞에 이루리
라
17 여호와의 말씀이니라 내가 그
날에 너를 구원하리니 네가 그
두려워하는 사람들의 손에 넘
겨지지 아니하리라
18 내가 반드시 너를 구원할 것인
즉 네가 칼에 죽지 아니하고

네가 노략물같이 네 목숨을 얻
을 것이니 이는 네가 나를 믿었
음이라 여호와의 말씀이니라 하
시더라

40 사령관 느부사라단이 예루살
렘과 유다의 포로를 바벨론으
로 옮기는 중에 예레미야도 잡
혀 사슬로 결박되어 가다가 라
마에서 풀려난 후에 말씀이 여
호와께로부터 예레미야에게 임
하니라

2 사령관이 예레미야를 불러다
가 이르되 네 하나님 여호와께
서 이곳에 이 재난을 선포하시
더니

3 여호와께서 그가 말씀하신 대
로 행하셨으니 이는 너희가 여
호와께 범죄하고 그의 목소리
에 순종하지 아니하였으므로 이
제 이루어졌도다 이 일이 너희
에게 임한 것이니라

4 보라 내가 오늘 네 손의 사슬
을 풀어 너를 풀어주노니 만일
네가 나와 함께 바벨론으로 가
는 것을 좋게 여기거든 가자
내가 너를 선대하리라 만일 나
와 함께 바벨론으로 가는 것을
좋지 않게 여기거든 그만두라
보라 온 땅이 네 앞에 있나니
네가 좋게 여기는 대로 옳게
여기는 곳으로 갈지니라 하니라

5 예레미야가 아직 돌이키기 전
에 그가 다시 이르되 너는 바벨
론의 왕이 유다 성읍들을 맡도
록 세운 사반의 손자 아히감의
아들 그다랴에게로 돌아가서
그와 함께 백성 가운데 살거나
네가 옳게 여기는 곳으로 가거
나 할지니라 하고 그 사령관이
그에게 양식과 선물을 주어 보
내매

6 예레미야가 미스바로 가서 아
히감의 아들 그다랴에게로 나
아가서 그 땅에 남아 있는 백
성 가운데서 그와 함께 사니라

유다 총독 그다랴 (왕하 25:22-24)

7 들에 있는 모든 지휘관과 그
부하들이 바벨론의 왕이 아히
감의 아들 그다랴에게 그 땅
을 맡기고 남녀와 유아와 바벨
론으로 잡혀가지 아니한 빈민
을 그에게 위임하였다 함을 듣
고

8 그들 곧 느다냐의 아들 이스마
엘과 가레아의 두 아들 요하
난과 요나단과 단후멧의 아들

스라야와 느도바 사람 에배의
아들들과 마아가 사람의 아들
여사냐와 그들의 사람들이 미
스바로 가서 그다랴에게 이르
니
9 사반의 손자 아히감의 아들 그
다랴가 그들과 그들의 사람들
에게 맹세하며 이르되 너희는
갈대아 사람을 섬기기를 두려
워하지 말고 이 땅에 살면서
바벨론의 왕을 섬기라 그리하
면 너희에게 유익하리라
10 보라 나는 미스바에 살면서 우
리에게로 오는 갈대아 사람을
섬기리니 너희는 포도주와 여름
과일과 기름을 모아 그릇에 저
장하고 너희가 얻은 성읍들에
살라 하니라
11 모압과 암몬 자손 중과 에돔과
모든 지방에 있는 유다 사람도
바벨론의 왕이 유다에 사람을
남겨둔 것과 사반의 손자 아
히감의 아들 그다랴를 그들을
위하여 세웠다 함을 듣고
12 그 모든 유다 사람이 쫓겨났
던 각처에서 돌아와 유다 땅
미스바에 사는 그다랴에게 이
르러 포도주와 여름 과일을 심
히 많이 모으니라

그다랴 총독을 죽이다

(왕하 25:25-26)

13 가레아의 아들 요하난과 들에
있던 모든 군지휘관들이 미스바
에 사는 그다랴에게 이르러
14 그에게 이르되 암몬 자손의 왕
바알리스가 네 생명을 빼앗으
려 하여 느다냐의 아들 이스마
엘을 보낸 줄 네가 아느냐 하
되 아히감의 아들 그다랴가 믿
지 아니한지라
15 가레아의 아들 요하난이 미스
바에서 그다랴에게 비밀히 말
하여 이르되 청하노니 내가 가
서 사람이 모르게 느다냐의 아
들 이스마엘을 죽이게 하라 어
찌하여 그가 네 생명을 빼앗
게 하여 네게 모인 모든 유다
사람을 흩어지게 하며 유다의
남은 자로 멸망을 당하게 하
랴 하니라
16 그러나 아히감의 아들 그다랴
가 가레아의 아들 요하난에게
이르되 네가 이 일을 행하지
말 것이니라 네가 이스마엘에
대하여 한 말은 진정이 아니니
라 하니라

41 일곱째 달에 왕의 종친 엘리
사마의 손자요 느다냐의 아들
로서 왕의 장관인 이스마엘이
열 사람과 함께 미스바로 가서
아히감의 아들 그다랴에게 이
르러 미스바에서 함께 떡을 먹
다가
2 느다냐의 아들 이스마엘과 그
와 함께 있던 열 사람이 일어
나서 바벨론의 왕의 그 땅을
위임했던 사반의 손자 아히감
의 아들 그다랴를 칼로 쳐 죽
였고
3 이스마엘이 또 미스바에서 그
다랴와 함께 있던 모든 유다
사람과 거기에 있는 갈대아
군사를 죽였더라
4 그가 그다랴를 죽인 지 이틀이
되었어도 이를 아는 사람이 없
었더라
5 그때에 사람 팔십 명이 자기들
의 수염을 깎고 옷을 찢고 몸
에 상처를 내고 손에 소제물과
유향을 가지고 세겜과 실로와
사마리아로부터 와서 여호와의
성전으로 나아가려 한지라
6 느다냐의 아들 이스마엘이 그
들을 영접하려 미스바에서 나
와 울면서 가다가 그들을 만
나 아히감의 아들 그다랴에게
로 가자 하더라
7 그들이 성읍 중앙에 이를 때에
느다냐의 아들 이스마엘이 자
기와 함께 있던 사람들과 더불
어 그들을 죽여 구덩이 가운데
에 던지니라
8 그중의 열 사람은 이스마엘에
게 이르기를 우리가 밀과 보리
와 기름과 꿀을 밭에 감추었으
니 우리를 죽이지 말라 하니 그
가 그치고 그들을 그의 형제와
마찬가지로 죽이지 아니하였더
라
9 이스마엘이 그다랴에게 속한
사람들을 죽이고 그 시체를 던
진 구덩이는 아사 왕이 이스라
엘의 바아사 왕을 두려워하여
팠던 것이라 느다냐의 아들 이
스마엘이 그가 쳐 죽인 사람들
의 시체를 거기에 채우고
10 미스바에 남아 있는 왕의 딸들
과 모든 백성 곧 사령관 느부
사라단이 아히감의 아들 그다
랴에게 위임하였던 바 미스바
에 남아 있는 모든 백성을 이스
마엘이 사로잡되 곧 느다냐의

아들 이스마엘이 그들을 사로잡
고 암몬 자손에게로 가려고 떠
나니라
11 가레아의 아들 요하난과 그와
함께 있는 모든 군지휘관이 느
다냐의 아들 이스마엘이 행한
모든 악을 듣고
12 모든 사람을 데리고 느다냐의
아들 이스마엘과 싸우러 가다
가 기브온 큰 물가에서 그를
만나매
13 이스마엘과 함께 있던 모든 백
성이 가레아의 아들 요하난과
그와 함께 있던 모든 군지휘관
을 보고 기뻐한지라
14 이에 미스바에서 이스마엘이 사
로잡은 그 모든 백성이 돌이켜
가레아의 아들 요하난에게로
돌아가니
15 느다냐의 아들 이스마엘이 여
덟 사람과 함께 요하난을 피
하여 암몬 자손에게로 가니라
16 가레아의 아들 요하난과 그와
함께 있던 모든 군지휘관이 느
다냐의 아들 이스마엘이 아히
감의 아들 그다랴를 죽이고 미
스바에서 잡아간 모든 남은 백
성 곧 군사와 여자와 유아와
내시를 기브온에서 빼앗아 가
지고 돌아와서
17 애굽으로 가려고 떠나 베들레
헴 근처에 있는 게롯김함에 머
물렀으니
18 이는 느다냐의 아들 이스마엘
이 바벨론의 왕이 그 땅을 위
임한 아히감의 아들 그다랴를
죽였으므로 그들이 갈대아 사
람을 두려워함이었더라

백성이 예레미야에게 기도를 간구하다

42 이에 모든 군대의 지휘관과
가레아의 아들 요하난과 호
사야의 아들 여사냐와 백성의
낮은 자로부터 높은 자까지 다
나아와
2 선지자 예레미야에게 이르되
당신은 우리의 탄원을 듣고
이 남아 있는 모든 자를 위하
여 당신의 하나님 여호와께 기
도해 주소서 당신이 보는 바와
같이 우리는 많은 사람 중에서
남은 적은 무리이니
3 당신의 하나님 여호와께서 우
리가 마땅히 갈 길과 할 일을
보이시기를 원하나이다
4 선지자 예레미야가 그들에게
이르되 내가 너희 말을 들었은

즉 너희 말대로 너희 하나님
여호와께 기도하고 무릇 여호와
께서 너희에게 응답하시는 것
을 숨김이 없이 너희에게 말하
리라
5 그들이 예레미야에게 이르되
우리가 당신의 하나님 여호와
께서 당신을 보내사 우리에게
이르시는 모든 말씀대로 행하리
이다 여호와께서는 우리 가운
데에 진실하고 성실한 증인이
되시옵소서
6 우리가 당신을 우리 하나님 여
호와께 보냄은 그의 목소리가
우리에게 좋든지 좋지 않든지
를 막론하고 순종하려 함이라
우리가 우리 하나님 여호와의
목소리를 순종하면 우리에게 복
이 있으리이다 하니라

여호와의 말씀

7 십일 후에 여호와의 말씀이 예
레미야에게 임하니
8 그가 가레아의 아들 요하난과
그와 함께 있는 모든 군지휘관
과 백성의 낮은 자로부터 높은
자까지 다 부르고
9 그들에게 이르되 너희가 나를
보내어 너희의 간구를 이스라엘
의 하나님 여호와께 드리게 하
지 아니하였느냐 그가 이렇게
이르니라
10 너희가 이 땅에 눌러앉아 산
다면 내가 너희를 세우고 헐지
아니하며 너희를 심고 뽑지 아
니하리니 이는 내가 너희에게
내린 재난에 대하여 뜻을 돌이
킴이라
11 여호와의 말씀이니라 너희는 너
희가 두려워하는 바벨론의 왕
을 겁내지 말라 내가 너희와
함께 있어 너희를 구원하며 그
의 손에서 너희를 건지리니 두
려워하지 말라
12 내가 너희를 불쌍히 여기리니
그도 너희를 불쌍히 여겨 너희
를 너희 본향으로 돌려보내리라
하셨느니라
13 그러나 만일 너희가 너희 하나
님 여호와의 말씀을 복종하지
아니하고 말하기를 우리는 이
땅에 살지 아니하리라 하며
14 또 너희가 말하기를 아니라 우
리는 전쟁도 보이지 아니하며
나팔 소리도 들리지 아니하며
양식의 궁핍도 당하지 아니하
는 애굽 땅으로 들어가 살리라

하면 잘못되리라

15 너희 유다의 남은 자여 이제 여호와의 말씀을 들으라 만군의 여호와 이스라엘의 하나님께서 이와 같이 말씀하시되 너희가 만일 애굽에 들어가서 거기에 살기로 고집하면

16 너희가 두려워하는 칼이 애굽 땅으로 따라가서 너희에게 미칠 것이요 너희가 두려워하는 기근이 애굽으로 급히 따라가서 너희에게 임하리니 너희가 거기에서 죽을 것이라

17 무릇 애굽으로 들어가서 거기에 머물러 살기로 고집하는 모든 사람은 이와 같이 되리니 곧 칼과 기근과 전염병에 죽을 것인즉 내가 그들에게 내리는 재난을 벗어나서 남을 자 없으리라

18 만군의 여호와 이스라엘의 하나님께서 이와 같이 말씀하시되 나의 노여움과 분을 예루살렘 주민에게 부은 것같이 너희가 애굽에 이를 때에 나의 분을 너희에게 부으리니 너희가 가증함과 놀램과 저주와 치욕거리가 될 것이라 너희가 다시는 이 땅을 보지 못하리라 하시도다

19 유다의 남은 자들아 여호와께서 너희를 두고 하신 말씀에 너희는 애굽으로 가지 말라 하셨고 나도 오늘 너희에게 경고한 것을 너희는 분명히 알라

20 너희가 나를 너희 하나님 여호와께 보내며 이르기를 우리를 위하여 우리 하나님 여호와께 기도하고 우리 하나님 여호와께서 말씀하신 대로 우리에게 전하라 우리가 그대로 행하리라 하여 너희 마음을 속였느니라

21 너희 하나님 여호와께서 나를 보내사 너희에게 명하신 말씀을 내가 오늘 너희에게 전하였어도 너희가 너희 하나님 여호와의 목소리를 도무지 순종하지 아니하였은즉

22 너희가 가서 머물려고 하는 곳에서 칼과 기근과 전염병에 죽을 줄 분명히 알지니라

예레미야가 애굽으로 가다

43 예레미야가 모든 백성에게 그들의 하나님 여호와의 말씀 곧 그들의 하나님 여호와께서 자기를 보내사 그들에게 이

르신 이 모든 말씀을 말하기를
마치니
2 호사야의 아들 아사랴와 가레
아의 아들 요하난과 모든 오만
한 자가 예레미야에게 말하기
를 네가 거짓을 말하는도다 우
리 하나님 여호와께서 너희는
애굽에서 살려고 그리로 가지
말라고 너를 보내어 말하게 하
지 아니하셨느니라
3 이는 네리야의 아들 바룩이 너
를 부추겨서 우리를 대적하여
갈대아 사람의 손에 넘겨 죽이
며 바벨론으로 붙잡아 가게 하
려 함이라
4 이에 가레아의 아들 요하난과
모든 군지휘관과 모든 백성이
유다 땅에 살라 하시는 여호와
의 목소리를 순종하지 아니하고
5 가레아의 아들 요하난과 모든
군지휘관이 유다의 남은 자 곧
쫓겨났던 여러 나라 가운데에
서 유다 땅에 살려 하여 돌아
온 자
6 곧 남자와 여자와 유아와 왕
의 딸들과 사령관 느부사라단
이 사반의 손자 아히감의 아들
그다랴에게 맡겨 둔 모든 사
람과 선지자 예레미야와 네리
야의 아들 바룩을 거느리고
7 애굽 땅에 들어가 다바네스에
이르렀으니 그들이 여호와의 목
소리를 순종하지 아니함이러라
8 다바네스에서 여호와의 말씀이
예레미야에게 임하여 이르시되
9 너는 유다 사람의 눈앞에서 네
손으로 큰 돌 여러 개를 가져
다가 다바네스에 있는 바로의
궁전 대문의 벽돌로 쌓은 축대
에 진흙으로 감추라
10 그리고 너는 그들에게 말하기
를 만군의 여호와 이스라엘의
하나님께서 이와 같이 말씀하
시되 보라 내가 내 종 바벨론
의 느부갓네살 왕을 불러오리
니 그가 그의 왕좌를 내가 감
추게 한 이 돌들 위에 놓고 또
그 화려한 큰 장막을 그 위에
치리라
11 그가 와서 애굽 땅을 치고 죽
일 자는 죽이고 사로잡을 자는
사로잡고 칼로 칠 자는 칼로
칠 것이라
12 내가 애굽 신들의 신당들을 불
지르리라 느부갓네살이 그들을
불사르며 그들을 사로잡을 것이

요 목자가 그의 몸에 옷을 두
름같이 애굽 땅을 자기 몸에
두르고 평안히 그곳을 떠날 것
이며
13 그가 또 애굽 땅 벧세메스의
석상들을 깨뜨리고 애굽 신들
의 신당들을 불사르리라 하셨
다 할지니라 하시니라

애굽의 유다 사람에게 하신 말씀

44 애굽 땅에 사는 모든 유다
사람 곧 믹돌과 다바네스와
놉과 바드로스 지방에 사는 자
에 대하여 말씀이 예레미야에
게 임하니라 이르시되
2 만군의 여호와 이스라엘의 하
나님께서 이와 같이 말씀하시
니라 너희가 예루살렘과 유다
모든 성읍에 내린 나의 모든
재난을 보았느니라 보라 오늘
그것들이 황무지가 되었고 사
는 사람이 없나니
3 이는 그들이 자기나 너희나 너
희 조상들이 알지 못하는 다른
신들에게 나아가 분향하여 섬
겨서 나의 노여움을 일으킨 악
행으로 말미암음이라
4 내가 나의 모든 종 선지자들을
너희에게 보내되 끊임없이 보내
어 이르기를 너희는 내가 미워
하는 이 가증한 일을 행하지
말라 하였으나
5 그들이 듣지 아니하며 귀를 기
울이지 아니하고 다른 신들에
게 여전히 분향하여 그들의 악
에서 돌이키지 아니하였으므로
6 나의 분과 나의 노여움을 쏟아
서 유다 성읍들과 예루살렘 거
리를 불살랐더니 그것들이 오늘
과 같이 폐허와 황무지가 되었
느니라
7 만군의 하나님 이스라엘의 하
나님 여호와께서 이와 같이 말
씀하셨느니라 너희가 어찌하여
큰 악을 행하여 자기 영혼을
해하며 유다 가운데에서 너희
의 남자와 여자와 아이와 젖
먹는 자를 멸절하여 남은 자
가 없게 하려느냐
8 어찌하여 너희가 너희 손이 만
든 것으로 나의 노여움을 일으
켜 너희가 가서 머물러 사는
애굽 땅에서 다른 신들에게 분
향함으로 끊어 버림을 당하여
세계 여러 나라 가운데에서 저
주와 수치거리가 되고자 하느
냐

9 너희가 유다 땅과 예루살렘
거리에서 행한 너희 조상들의
악행과 유다 왕들의 악행과
왕비들의 악행과 너희의 악행
과 너희 아내들의 악행을 잊었
느냐
10 그들이 오늘까지 겸손하지 아
니하며 두려워하지도 아니하고
내가 너희와 너희 조상들 앞에
세운 나의 율법과 나의 법규를
지켜 행하지 아니하느니라
11 그러므로 만군의 여호와 이스라
엘의 하나님께서 이와 같이 말
씀하시니라 보라 내가 얼굴을
너희에게로 향하여 환난을 내
리고 온 유다를 끊어 버릴 것
이며
12 내가 또 애굽 땅에 머물러 살
기로 고집하고 그리로 들어간
유다의 남은 자들을 처단하리
니 그들이 다 멸망하여 애굽
땅에서 엎드러질 것이라 그들
이 칼과 기근에 망하되 낮은
자로부터 높은 자까지 칼과 기
근에 죽어서 저주와 놀램과 조
롱과 수치의 대상이 되리라
13 내가 예루살렘을 벌한 것같이
애굽 땅에 사는 자들을 칼과
기근과 전염병으로 벌하리니
14 애굽 땅에 들어가서 거기에 머
물러 살려는 유다의 남은 자
중에 피하거나 살아남아 소원
대로 돌아와서 살고자 하여 유
다 땅에 돌아올 자가 없을 것
이라 도망치는 자들 외에는 돌
아올 자가 없으리라 하셨느니
라
15 그리하여 자기 아내들이 다
른 신들에게 분향하는 줄을 아
는 모든 남자와 곁에 섰던 모
든 여인 곧 애굽 땅 바드로스
에 사는 모든 백성의 큰 무리
가 예레미야에게 대답하여 이
르되
16 네가 여호와의 이름으로 우리에
게 하는 말을 우리가 듣지 아
니하고
17 우리 입에서 낸 모든 말을 반
드시 실행하여 우리가 본래 하
던 것 곧 우리와 우리 선조와
우리 왕들과 우리 고관들이 유
다 성읍들과 예루살렘 거리에
서 하던 대로 하늘의 여왕에게
분향하고 그 앞에 전제를 드리
리라 그때에는 우리가 먹을 것
이 풍부하며 복을 받고 재난을

당하지 아니하였더니
18 우리가 하늘의 여왕에게 분향
하고 그 앞에 전제 드리던 것
을 폐한 후부터는 모든 것이
궁핍하고 칼과 기근에 멸망을
당하였느니라 하며
19 여인들은 이르되 우리가 하늘의
여왕에게 분향하고 그 앞에 전
제를 드릴 때에 어찌 우리 남
편의 허락이 없이 그의 형상과
같은 과자를 만들어 놓고 전제
를 드렸느냐 하는지라
20 예레미야가 남녀 모든 무리 곧
이 말로 대답하는 모든 백성에
게 일러 이르되
21 너희가 너희 선조와 너희 왕들
과 고관들과 유다 땅 백성이
유다 성읍들과 예루살렘 거리
에서 분향한 일을 여호와께서
기억하셨고 그의 마음에 떠오
른 것이 아닌가
22 여호와께서 너희 악행과 가증
한 행위를 더 참을 수 없으셨
으므로 너희 땅이 오늘과 같이
황폐하며 놀램과 저줏거리가
되어 주민이 없게 되었나니
23 너희가 분향하여 여호와께 범
죄하였으며 여호와의 목소리를
순종하지 아니하고 여호와의
율법과 법규와 여러 증거대로
행하지 아니하였으므로 이 재
난이 오늘과 같이 너희에게 일
어났느니라
24 예레미야가 다시 모든 백성과
모든 여인에게 말하되 애굽
땅에서 사는 모든 유다 사람이
여 여호와의 말씀을 들으라
25 만군의 여호와 이스라엘의 하
나님께서 이와 같이 말씀하시
되 너희와 너희 아내들이 입으
로 말하고 손으로 이루려 하여
이르기를 우리가 서원한 대로
반드시 이행하여 하늘의 여왕
에게 분향하고 전제를 드리리
라 하였은즉 너희 서원을 성취
하며 너희 서원을 이행하라 하
시느니라
26 그러므로 애굽 땅에서 사는 모
든 유다 사람이여 여호와의 말
씀을 들으라 여호와께서 말씀
하시되 보라 내가 나의 큰 이름
으로 맹세하였은즉 애굽 온 땅
에 사는 유다 사람들의 입에서
다시는 내 이름을 부르며 주 여
호와의 살아계심을 두고 맹세
하노라 하는 자가 없으리라

27 보라 내가 깨어 있어 그들에게
재난을 내리고 복을 내리지 아
니하리니 애굽 땅에 있는 유다
모든 사람이 칼과 기근에 망하
여 멸절되리라
28 그런즉 칼을 피한 소수의 사람
이 애굽 땅에서 나와 유다 땅
으로 돌아오리니 애굽 땅에 들
어가서 거기에 머물러 사는 유
다의 모든 남은 자가 내 말과
그들의 말 가운데서 누구의 말
이 진리인지 알리라
29 여호와의 말씀이니라 내가 이곳
에서 너희를 벌할 표징이 이것
이라 내가 너희에게 재난을 내
리리라 한 말이 반드시 이루어
질 것을 그것으로 알게 하리라
30 보라 내가 유다의 시드기야 왕
을 그의 원수 곧 그의 생명을
찾는 바벨론의 느부갓네살 왕
의 손에 넘긴 것같이 애굽의
바로 호브라 왕을 그의 원수들
곧 그의 생명을 찾는 자들의
손에 넘겨주리라 여호와께서
이와 같이 말씀하셨느니라

여호와께서 바룩에게 구원을 약속하시다

45 유다의 요시야 왕의 아들 여
호야김 넷째 해에 네리야의
아들 바룩이 예레미야가 불러
주는 대로 이 모든 말을 책에
기록하니라 그때에 선지자 예레
미야가 그에게 말하여 이르되
2 바룩아 이스라엘의 하나님 여
호와께서 네게 이같이 말씀하
셨느니라
3 네가 일찍이 말하기를 화로다
여호와께서 나의 고통에 슬픔
을 더하셨으니 나는 나의 탄식
으로 피곤하여 평안을 찾지 못
하도다
4 너는 그에게 이르라 여호와께
서 이와 같이 말씀하시기를 보
라 나는 내가 세운 것을 헐기
도 하며 내가 심은 것을 뽑기
도 하나니 온 땅에 그리하겠거
늘
5 네가 너를 위하여 큰일을 찾느
냐 그것을 찾지 말라 보라 내
가 모든 육체에 재난을 내리리
라 그러나 네가 가는 모든 곳
에서는 내가 너에게 네 생명을
노략물 주듯 하리라 여호와의
말씀이니라

애굽에 관한 여호와의 말씀

46 이방 나라들에 대하여 선지
자 예레미야에게 임한 여호

와의 말씀이라
2 애굽에 관한 것이라 곧 유다
의 요시야 왕의 아들 여호야김
넷째 해에 유브라데 강가 갈그
미스에서 바벨론의 느부갓네살
왕에게 패한 애굽의 왕 바로느
고의 군대에 대한 말씀이라
3 너희는 작은 방패와 큰 방패를
예비하고 나가서 싸우라
4 너희 기병이여 말에 안장을 지
워 타며 투구를 쓰고 나서며
창을 갈며 갑옷을 입으라
5 여호와의 말씀이니라 내가 본
즉 그들이 놀라 물러가며 그들
의 용사는 패하여 황급히 도망
하며 뒤를 돌아보지 아니함은
어찌이냐 두려움이 그들의 사방
에 있음이로다
6 발이 빠른 자도 도망하지 못하
며 용사도 피하지 못하고 그들
이 다 북쪽에서 유브라데 강가
에 넘어지며 엎드러지는도다
7 강의 물이 출렁임 같고 나일
강이 불어남 같은 자가 누구냐
8 애굽은 나일 강이 불어남 같고
강물이 출렁임 같도다 그가 이
르되 내가 일어나 땅을 덮어
성읍들과 그 주민을 멸할 것이
라
9 말들아 달려라 병거들아 정신
없이 달려라 용사여 나오라 방
패 잡은 구스 사람과 붓 사람
과 활을 당기는 루딤 사람이
여 나올지니라 하거니와
10 그날은 주 만군의 여호와께서
그의 대적에게 원수 갚는 보복
일이라 칼이 배부르게 삼키며
그들의 피를 넘치도록 마시리니
주 만군의 여호와께서 북쪽 유
브라데 강가에서 희생제물을
받으실 것임이로다
11 처녀 딸 애굽이여 길르앗으로
올라가서 유향을 취하라 네가
치료를 많이 받아도 효력이 없
어 낫지 못하리라
12 네 수치가 나라들에 들렸고 네
부르짖음은 땅에 가득하였나니
용사가 용사에게 걸려 넘어져
둘이 함께 엎드러졌음이라

느부갓네살이 애굽을 치리라

13 바벨론의 느부갓네살 왕이 와
서 애굽 땅을 칠 일에 대하여
선지자 예레미야에게 이르신
여호와의 말씀이라
14 너희는 애굽에 선포하며 믹돌
과 놉과 다바네스에 선포하여

말하기를 너희는 굳건히 서서
준비하라 네 사방이 칼에 삼키
웠느니라
15 너희 장사들이 쓰러짐은 어찌
함이냐 그들이 서지 못함은 여
호와께서 그들을 몰아내신 까
닭이니라
16 그가 많은 사람을 넘어지게 하
시매 사람이 사람 위에 엎드러
지며 이르되 일어나라 우리가
포악한 칼을 피하여 우리 민족
에게로, 우리 고향으로 돌아가
자 하도다
17 그들이 그곳에서 부르짖기를 애
굽의 바로 왕이 망하였도다 그
가 기회를 놓쳤도다
18 만군의 여호와라 일컫는 왕이
이르시되 나의 삶으로 맹세하노
니 그가 과연 산들 중의 다볼
같이, 해변의 갈멜같이 오리라
19 애굽에 사는 딸이여 너는 너를
위하여 포로의 짐을 꾸리라 놉
이 황무하며 불에 타서 주민이
없을 것임이라
20 애굽은 심히 아름다운 암송아
지일지라도 북으로부터 쇠파리
떼가 줄곧 오리라
21 또 그중의 고용군은 살진 수송
아지 같아서 돌이켜 함께 도망
하고 서지 못하였나니 재난의
날이 이르렀고 벌받는 때가 왔
음이라
22 애굽의 소리가 뱀의 소리 같으
리니 이는 그들의 군대가 벌목
하는 자같이 도끼를 가지고 올
것임이라
23 여호와의 말씀이니라 그들이 황
충보다 많아서 셀 수 없으므로
조사할 수 없는 그의 수풀을
찍을 것이라
24 딸 애굽이 수치를 당하여 북쪽
백성의 손에 붙임을 당하리로다
25 만군의 여호와 이스라엘의 하
나님께서 말씀하시니라 보라
내가 노의 아몬과 바로와 애굽
과 애굽 신들과 왕들 곧 바로
와 및 그를 의지하는 자들을
벌할 것이라
26 내가 그들의 생명을 노리는 자
의 손 곧 바벨론의 느부갓네살
왕의 손과 그 종들의 손에 넘기
리라 그럴지라도 그 후에는 그
땅이 이전같이 사람 살 곳이
되리라 여호와의 말씀이니라

이스라엘을 구원하리라

27 내 종 야곱아 두려워하지 말

라 이스라엘아 놀라지 말라 보
라 내가 너를 먼 곳에서 구원
하며 네 자손을 포로된 땅에서
구원하리니 야곱이 돌아와서
평안하며 걱정 없이 살게 될
것이라 그를 두렵게 할 자 없
으리라
28 여호와의 말씀이니라 내 종 야
곱아 내가 너와 함께 있나니
두려워하지 말라 내가 너를 흩
었던 그 나라들은 다 멸할지라
도 너는 사라지지 아니하리라
내가 너를 법도대로 징계할 것
이요 결코 무죄한 자로 여기지
아니하리라 하시니라

블레셋 사람을 유린하시는 날

47 바로가 가사를 치기 전에 블
레셋 사람에 대하여 선지자
예레미야에게 임한 여호와의
말씀이라
2 여호와께서 이와 같이 말씀하
시되 보라 물이 북쪽에서 일어
나 물결치는 시내를 이루어 그
땅과 그중에 있는 모든 것과
그 성읍과 거기에 사는 자들을
휩쓸리니 사람들이 부르짖으며
그 땅 모든 주민이 울부짖으리
라
3 군마의 발굽 소리와 달리는 병
거 바퀴가 진동하는 소리 때문
에 아버지의 손맥이 풀려서 자
기의 자녀를 돌보지 못하리니
4 이는 블레셋 사람을 유린하시
며 두로와 시돈에 남아 있는
바 도와줄 자를 다 끊어 버리
시는 날이 올 것임이라 여호와
께서 갑돌 섬에 남아 있는 블
레셋 사람을 유린하시리라
5 가사는 대머리가 되었고 아스
글론과 그들에게 남아 있는 평
지가 잠잠하게 되었나니 네가
네 몸 베기를 어느 때까지 하
겠느냐
6 오호라 여호와의 칼이여 네가
언제까지 쉬지 않겠느냐 네
칼집에 들어가서 가만히 쉬지
어다
7 여호와께서 이를 명령하셨은즉
어떻게 잠잠하며 쉬겠느냐 아
스글론과 해변을 치려 하여 그
가 정하셨느니라 하니라

모압의 멸망

48 모압에 관한 것이라 만군의
여호와 이스라엘의 하나님께
서 이와 같이 말씀하시되 오호
라 느보여 그가 유린당하였도

다 기랴다임이 수치를 당하여
점령되었고 미스갑이 수치를
당하여 파괴되었으니
2 모압의 찬송 소리가 없어졌도
다 헤스본에서 무리가 그를 해
하려고 악을 도모하고 이르기를
와서 그를 끊어서 나라를 이루
지 못하게 하자 하는도다 맛멘
이여 너도 조용하게 되리니 칼
이 너를 뒤쫓아가리라
3 호로나임에서 부르짖는 소리여
황폐와 큰 파멸이로다
4 모압이 멸망을 당하여 그 어린
이들의 부르짖음이 들리는도다
5 그들이 루힛 언덕으로 올라가
면서 울고 호로나임 내리막길
에서 파멸의 고통스런 울부짖
음을 듣는도다
6 도망하여 네 생명을 구원하여
광야의 노간주나무같이 될지어
다
7 네가 네 업적과 보물을 의뢰하
므로 너도 정복을 당할 것이요
그모스는 그의 제사장들과 고
관들과 함께 포로되어 갈 것이
라
8 파멸하는 자가 각 성읍에 이를
것인즉 한 성읍도 면하지 못할
것이며 골짜기가 멸망하였으
며 평지는 파멸되어 여호와의
말씀과 같으리로다
9 모압에 날개를 주어 날아 피하
게 하라 그 성읍들이 황폐하여
거기에 사는 자가 없으리로다
10 여호와의 일을 게을리하는 자
는 저주를 받을 것이요 자기
칼을 금하여 피를 흘리지 아니
하는 자도 저주를 받을 것이로
다

모압이 황폐하였다

11 모압은 젊은 시절부터 평안하
고 포로도 되지 아니하였으므로
마치 술이 그 찌끼 위에 있고
이 그릇에서 저 그릇으로 옮기
지 않음 같아서 그 맛이 남아
있고 냄새가 변하지 아니하였
도다
12 그러므로 여호와께서 말씀하시
니라 날이 이르리니 내가 술을
옮겨 담는 사람을 보낼 것이라
그들이 기울여서 그 그릇을 비
게 하고 그 병들을 부수리니
13 이스라엘 집이 벧엘을 의뢰하므
로 수치를 당한 것같이 모압이
그모스로 말미암아 수치를 당하
리로다

14 너희가 어찌하여 말하기를 우리는 용사요 능란한 전사라 하느냐

15 만군의 여호와라 일컫는 왕께서 이와 같이 말하노라 모압이 황폐하였도다 그 성읍들은 사라졌고 그 선택받은 장정들은 내려가서 죽임을 당하니

16 모압의 재난이 가까웠고 그 고난이 속히 닥치리로다

17 그의 사면에 있는 모든 자여, 그의 이름을 아는 모든 자여, 그를 위로하며 말하기를 어찌하여 강한 막대기, 아름다운 지팡이가 부러졌는고 할지니라

18 디본에 사는 딸아 네 영화에서 내려와 메마른 데 앉으라 모압을 파멸하는 자가 올라와서 너를 쳐서 네 요새를 깨뜨렸음이로다

19 아로엘에 사는 여인이여 길 곁에 서서 지키며 도망하는 자와 피하는 자에게 무슨 일이 생겼는지 물을지어다

20 모압이 패하여 수치를 받나니 너희는 울면서 부르짖으며 아르논 가에서 이르기를 모압이 황폐하였다 할지어다

21 심판이 평지에 이르렀나니 곧 홀론과 야사와 메바앗과

22 디본과 느보와 벧디블라다임과

23 기랴다임과 벧가물과 벧므온과

24 그리욧과 보스라와 모압 땅 원근 모든 성읍에로다

25 모압의 뿔이 잘렸고 그 팔이 부러졌도다 여호와의 말씀이니라

모압이 조롱거리가 되리라

26 모압으로 취하게 할지어다 이는 그가 여호와에 대하여 교만함이라 그가 그 토한 것에서 뒹굴므로 조롱거리가 되리로다

27 네가 이스라엘을 조롱하지 아니하였느냐 그가 도둑 가운데에서 발견되었느냐 네가 그를 말할 때마다 네 머리를 흔드는도다

28 모압 주민들아 너희는 성읍을 떠나 바위 사이에 살지어다 깊은 골짜기 어귀에 깃들이는 비둘기같이 할지어다

29 우리가 모압의 교만을 들었나니 심한 교만 곧 그의 자고와 오만과 자랑과 그 마음의 거만이로다

30 여호와의 말씀이니라 내가 그의

노여워함의 허탄함을 아노니 그가 자랑하여도 아무것도 성취하지 못하였도다

31 그러므로 내가 모압을 위하여 울며 온 모압을 위하여 부르짖으리니 무리가 길헤레스 사람을 위하여 신음하리로다

32 십마의 포도나무여 너의 가지가 바다를 넘어 야셀 바다까지 뻗었더니 너의 여름 과일과 포도 수확을 탈취하는 자가 나타났으니 내가 너를 위하여 울기를 야셀이 우는 것보다 더하리로다

33 기쁨과 환희가 옥토와 모압 땅에서 빼앗겼도다 내가 포도주 틀에 포도주가 끊어지게 하리니 외치며 밟는 자가 없을 것이라 그 외침은 즐거운 외침이 되지 못하리로다

34 헤스본에서 엘르알레를 지나 야하스까지와 소알에서 호로나임을 지나 에글랏 셀리시야에 이르는 지역에 사는 사람들이 소리를 내어 부르짖음은 니므림의 물도 황폐하였음이로다

35 여호와의 말씀이라 모압 산당에서 제사하며 그 신들에게 분향하는 자를 내가 끊어 버리리라

모압이 벌받을 해

36 그러므로 나의 마음이 모압을 위하여 피리같이 소리 내며 나의 마음이 길헤레스 사람들을 위하여 피리같이 소리 내나니 이는 그가 모은 재물이 없어졌음이라

37 모든 사람이 대머리가 되었고 모든 사람이 수염을 밀었으며 손에 칼자국이 있고 허리에 굵은 베가 둘렸고

38 모압의 모든 지붕과 거리 각처에서 슬피 우는 소리가 들리니 내가 모압을 마음에 들지 않는 그릇같이 깨뜨렸음이라 여호와의 말씀이니라

39 어찌하여 모압이 파괴되었으며 어찌하여 그들이 애곡하는가 모압이 부끄러워서 등을 돌렸도다 그런즉 모압이 그 사방 모든 사람의 조롱거리와 공포의 대상이 되리로다

40 이는 여호와의 말씀이니라 보라 그가 독수리같이 날아와서 모압 위에 그의 날개를 펴리라

41 성읍들이 점령을 당하며 요새

가 함락되는 날에 모압 용사의
마음이 산고를 당하는 여인 같
을 것이라
42 모압이 여호와를 거슬러 자만
하였으므로 멸망하고 다시 나
라를 이루지 못하리로다
43 여호와의 말씀이니라 모압 주민
아 두려움과 함정과 올무가 네
게 닥치나니
44 두려움에서 도망하는 자는 함
정에 떨어지겠고 함정에서 나
오는 자는 올무에 걸리리니 이
는 내가 모압이 벌받을 해가
임하게 할 것임이라 여호와의
말씀이니라
45 도망하는 자들이 기진하여 헤
스본 그늘 아래에 서니 이는
불이 헤스본에서 나며 불길이
시혼 가운데 나서 모압의 살쩍
과 떠드는 자들의 정수리를 사
름이로다
46 모압이여 네게 화가 있도다 그
모스의 백성이 망하였도다 네
아들들은 사로잡혀 갔고 네 딸
들은 포로가 되었도다
47 그러나 내가 마지막 날에 모압
의 포로를 돌려보내리라 여호와
의 말씀이니라 모압의 심판이
여기까지니라

암몬이 받을 심판

49 암몬 자손에 대한 말씀이라
여호와께서 이와 같이 말씀
하시되 이스라엘이 자식이 없느
냐 상속자가 없느냐 말감이 갓
을 점령하며 그 백성이 그 성
읍들에 사는 것은 어찌 됨이냐
2 여호와의 말씀이니라 그러므로
보라 날이 이르리니 내가 전쟁
소리로 암몬 자손의 랍바에 들
리게 할 것이라 랍바는 폐허더
미 언덕이 되겠고 그 마을들은
불에 탈 것이며 그때에 이스라
엘은 자기를 점령하였던 자를
점령하리라 여호와의 말씀이니
라
3 헤스본아 슬피 울지어다 아이
가 황폐하였도다 너희 랍바의
딸들아 부르짖을지어다 굵은 베
를 감고 애통하며 울타리 가운
데에서 허둥지둥할지어다 말감
과 그 제사장들과 그 고관들이
다 사로잡혀 가리로다
4 패역한 딸아 어찌하여 골짜기
곧 네 흐르는 골짜기를 자랑하
느냐 네가 어찌하여 재물을 의
뢰하여 말하기를 누가 내게 대

적하여 오리요 하느냐
5 주 만군의 여호와의 말씀이니
라 보라 내가 두려움을 네 사
방에서 네게 오게 하리니 너희
각 사람이 앞으로 쫓겨 나갈
것이요 도망하는 자들을 모을
자가 없으리라
6 그러나 그 후에 내가 암몬 자
손의 포로를 돌아가게 하리라
여호와의 말씀이니라

에돔이 받을 심판

7 에돔에 대한 말씀이라 만군의
여호와께서 이와 같이 말씀하
시되 데만에 다시는 지혜가 없
게 되었느냐 명철한 자에게
책략이 끊어졌느냐 그들의 지
혜가 없어졌느냐
8 드단 주민아 돌이켜 도망할지
어다 깊은 곳에 숨을지어다 내
가 에서의 재난을 그에게 닥치
게 하여 그를 벌할 때가 이르
게 하리로다
9 포도를 거두는 자들이 네게 이
르면 약간의 열매도 남기지 아
니하겠고 밤에 도둑이 오면 그
욕심이 차기까지 멸하느니라
10 그러나 내가 에서의 옷을 벗겨
그 숨은 곳이 드러나게 하였나
니 그가 그 몸을 숨길 수 없을
것이라 그 자손과 형제와 이웃
이 멸망하였은즉 그가 없어졌
느니라
11 네 고아들을 버려도 내가 그들
을 살리리라 네 과부들은 나를
의지할 것이니라
12 여호와께서 이와 같이 말씀하
시니라 보라 술잔을 마시는 습
관이 없는 자도 반드시 마시겠
거든 네가 형벌을 온전히 면하
겠느냐 면하지 못하리니 너는
반드시 마시리라
13 여호와의 말씀이니라 내가 나
를 두고 맹세하노니 보스라가
놀램과 치욕거리와 황폐함과
저줏거리가 될 것이요 그 모든
성읍이 영원히 황폐하리라 하
시니라
14 내가 여호와에게서부터 오는
소식을 들었노라 사절을 여러
나라 가운데 보내어 이르시되
너희는 모여 와서 그를 치며
일어나서 싸우라
15 보라 내가 너를 여러 나라 가
운데에서 작아지게 하였고 사
람들 가운데에서 멸시를 받게
하였느니라

16 바위틈에 살며 산꼭대기를 점
령한 자여 스스로 두려운 자인
줄로 여김과 네 마음의 교만이
너를 속였도다 네가 독수리같이
보금자리를 높은 데에 지었을지
라도 내가 그리로부터 너를 끌
어내리리라 이는 여호와의 말씀
이니라
17 에돔이 공포의 대상이 되리니
그리로 지나는 자마다 놀라며
그 모든 재앙으로 말미암아 탄
식하리로다
18 여호와께서 말씀하시니라 소돔
과 고모라와 그 이웃 성읍들이
멸망한 것같이 거기에 사는 사
람이 없으며 그 가운데에 머물
러 살 사람이 아무도 없으리라
19 보라 사자가 요단 강의 깊은
숲에서 나타나듯이 그가 와서
견고한 처소를 칠 것이라 내
가 즉시 그들을 거기에서 쫓아
내고 택한 자를 내가 그 위에
세우리니 나와 같은 자 누구며
나와 더불어 다툴 자 누구며
내 앞에 설 목자가 누구냐
20 그런즉 에돔에 대한 여호와의
의도와 데만 주민에 대하여
결심하신 여호와의 계획을 들
으라 양 떼의 어린 것들을 그
들이 반드시 끌고 다니며 괴롭
히고 그 처소로 황폐하게 하지
않으랴
21 그들이 넘어지는 소리에 땅이
진동하며 그가 부르짖는 소리
는 홍해에 들리리라
22 보라 원수가 독수리같이 날아
와서 그의 날개를 보스라 위에
펴는 그날에 에돔 용사의 마음
이 진통하는 여인같이 되리라
하시니라

다메섹이 받을 심판

23 다메섹에 대한 말씀이라 하맛
과 아르밧이 수치를 당하리니
이는 흉한 소문을 듣고 낙담함
이니라 바닷가에서 비틀거리며
평안이 없도다
24 다메섹이 피곤하여 몸을 돌이
켜 달아나려 하니 떨림이 그를
움켜잡고 해산하는 여인같이
고통과 슬픔이 그를 사로잡았도
다
25 어찌하여 찬송의 성읍, 나의 즐
거운 성읍이 버린 것이 되었느
냐
26 이는 만군의 여호와의 말씀이니
라 그런즉 그날에 그의 장정들

은 그 거리에 엎드러지겠고 모
든 군사는 멸절될 것이며
27 내가 다메섹의 성벽에 불을 지
르리니 벤하닷의 궁전이 불타
리라

게달과 하솔이 받을 심판

28 바벨론의 느부갓네살 왕에게
공격을 받은 게달과 하솔 나
라들에 대한 말씀이라 여호와
께서 이와 같이 말씀하시되 너
희는 일어나 게달로 올라가서
동방 자손들을 황폐하게 하라
29 너희는 그들의 장막과 양 떼를
빼앗으며 휘장과 모든 기구와
낙타를 빼앗아다가 소유로 삼
고 그들을 향하여 외치기를 두
려움이 사방에 있다 할지니라
30 여호와의 말씀이니라 하솔 주
민아 도망하라 멀리 가서 깊은
곳에 살라 이는 바벨론의 느부
갓네살 왕이 너를 칠 모략과
너를 칠 계책을 세웠음이라
31 여호와의 말씀이니라 너는 일어
나 고요하고도 평안히 사는 백
성 곧 성문이나 문빗장이 없이
홀로 사는 국민을 치라
32 그들의 낙타들은 노략물이 되
겠고 그들의 많은 가축은 탈취
를 당할 것이라 내가 그 살쩍
을 깎는 자들을 사면에 흩고
그 재난을 여러 곳에서 오게
하리라 여호와의 말씀이니라
33 하솔은 큰 뱀의 거처가 되어
영원히 황폐하리니 거기 사는
사람이나 그 가운데에 머물러
사는 사람이 아무도 없게 되리
라 하시니라

엘람이 받을 심판

34 유다 왕 시드기야가 즉위한 지
오래지 아니하여서 엘람에 대
한 여호와의 말씀이 선지자 예
레미야에게 임하여 이르시되
35 만군의 여호와가 이같이 말하
노라 보라 내가 엘람의 힘의
으뜸가는 활을 꺾을 것이요
36 하늘의 사방에서부터 사방 바
람을 엘람에 오게 하여 그들을
사방으로 흩으리니 엘람에서 쫓
겨난 자가 가지 않는 나라가
없으리라
37 여호와의 말씀이니라 내가 엘
람으로 그의 원수의 앞, 그의
생명을 노리는 자의 앞에서 놀
라게 할 것이며 내가 재앙 곧
나의 진노를 그들 위에 내릴
것이며 내가 또 그 뒤로 칼을

보내어 그들을 멸망시키리라
38 내가 나의 보좌를 엘람에 주고
왕과 고관들을 그곳에서 멸하
리라 여호와의 말씀이니라
39 그러나 말일에 이르러 내가 엘
람의 포로를 돌아가게 하리라
여호와의 말씀이니라

바벨론이 받을 심판

50 여호와께서 선지자 예레미야
에게 바벨론과 갈대아 사람
의 땅에 대하여 하신 말씀이라
2 너희는 나라들 가운데에 전파
하라 공포하라 깃발을 세우라
숨김이 없이 공포하여 이르라
바벨론이 함락되고 벨이 수치
를 당하며 므로닥이 부스러지
며 그 신상들은 수치를 당하
며 우상들은 부스러진다 하라
3 이는 한 나라가 북쪽에서 나와
서 그를 쳐서 그 땅으로 황폐
하게 하여 그 가운데에 사는
자가 없게 할 것임이라 사람이
나 짐승이 다 도망할 것임이니
라
4 여호와의 말씀이니라 그날 그
때에 이스라엘 자손이 돌아오
며 유다 자손도 함께 돌아오되
그들이 울면서 그 길을 가며
그의 하나님 여호와께 구할 것
이며
5 그들이 그 얼굴을 시온으로 향
하여 그 길을 물으며 말하기를
너희는 오라 잊을 수 없는 영
원한 언약으로 여호와와 연합
하라 하리라

바벨론에서 도망하라

갈대아 땅에서 나오라

6 내 백성은 잃어버린 양 떼로다
그 목자들이 그들을 곁길로 가
게 하여 산으로 돌이키게 하였
으므로 그들이 산에서 언덕으로
돌아다니며 쉴 곳을 잊었도다
7 그들을 만나는 자들은 그들을
삼키며 그의 대적은 말하기를
그들이 여호와 곧 의로운 처소
시며 그의 조상들의 소망이신
여호와께 범죄하였음인즉 우리
는 무죄하다 하였느니라
8 너희는 바벨론 가운데에서 도
망하라 갈대아 사람의 땅에서
나오라 양 떼에 앞서가는 숫염
소같이 하라
9 보라 내가 큰 민족의 무리를
북쪽에서 올라오게 하여 바벨
론을 대항하게 하리니 그들이
대열을 벌이고 쳐서 정복할 것

이라 그들의 화살은 노련한 용
사의 화살 같아서 허공을 치지
아니하리라
10 갈대아가 약탈을 당할 것이라
그를 약탈하는 자마다 만족하
리라 여호와의 말씀이니라

바벨론의 멸망

11 나의 소유를 노략하는 자여 너
희가 즐거워하며 기뻐하고 타
작하는 송아지같이 발굽을 구르
며 군마같이 우는도다
12 그러므로 너희의 어머니가 큰
수치를 당하리라 너희를 낳은
자가 치욕을 당하리라 보라 그
가 나라들 가운데의 마지막과
광야와 마른땅과 거친 계곡이
될 것이며
13 여호와의 진노로 말미암아 주
민이 없어 완전히 황무지가 될
것이라 바벨론을 지나가는 자
마다 그 모든 재난에 놀라며
탄식하리로다
14 바벨론을 둘러 대열을 벌이고
활을 당기는 모든 자여 화살을
아끼지 말고 쏘라 그가 여호와
께 범죄하였음이라
15 그 주위에서 고함을 지르리로다
그가 항복하였고 그 요새는 무
너졌고 그 성벽은 허물어졌으
니 이는 여호와께서 그가 행한
대로 그에게 내리시는 보복이라
그가 행한 대로 그에게 갚으시
는도다
16 파종하는 자와 추수 때에 낫
을 잡은 자를 바벨론에서 끊어
버리라 사람들이 그 압박하는
칼을 두려워하여 각기 동족에
게로 돌아가며 고향으로 도망하
리라

이스라엘을 돌아오게 하리라

17 이스라엘은 흩어진 양이라 사
자들이 그를 따르도다 처음에는
앗수르 왕이 먹었고 다음에는
바벨론의 느부갓네살 왕이 그
의 뼈를 꺾도다
18 그러므로 만군의 여호와 이스라
엘의 하나님이 이와 같이 말하
노라 보라 내가 앗수르의 왕을
벌한 것같이 바벨론의 왕과
그 땅을 벌하고
19 이스라엘을 다시 그의 목장으로
돌아가게 하리니 그가 갈멜과
바산에서 양을 기를 것이며 그
의 마음이 에브라임과 길르앗
산에서 만족하리라
20 여호와의 말씀이니라 그날 그

때에는 이스라엘의 죄악을 찾
을지라도 없겠고 유다의 죄를
찾을지라도 찾아내지 못하리니
이는 내가 남긴 자를 용서할
것임이라

여호와께서 바벨론을 심판하시다

21 이는 여호와의 말씀이니라 너희
는 올라가서 므라다임의 땅을
치며 브곳의 주민을 쳐서 진멸
하되 내가 너희에게 명령한 대
로 다하라
22 그 땅에 싸움의 소리와 큰 파
멸이 있으리라
23 온 세계의 망치가 어찌 그리
꺾여 부서졌는고 바벨론이 어
찌 그리 나라들 가운데에 황무
지가 되었는고
24 바벨론아 내가 너를 잡으려고
올무를 놓았더니 네가 깨닫지
못하여 걸렸고 네가 여호와와
싸웠으므로 발각되어 잡혔도다
25 여호와께서 그의 병기창을 열
고 분노의 무기를 꺼냄은 주
만군의 여호와께서 갈대아 사
람의 땅에 행할 일이 있음이라
26 먼 곳에 있는 너희는 와서 그
를 치고 그의 곳간을 열고 그
것을 곡식 더미처럼 쌓아 올려
라 그를 진멸하고 남기지 말라
27 그의 황소를 다 죽이라 그를 도
살하러 내려보내라 그들에게
화 있도다 그들의 날, 그 벌받
는 때가 이르렀음이로다
28 바벨론 땅에서 도피한 자의 소
리여 시온에서 우리 하나님 여
호와의 보복하시는 것, 그의 성
전의 보복하시는 것을 선포하
는 소리로다
29 활 쏘는 자를 바벨론에 소집하
라 활을 당기는 자여 그 사면
으로 진을 쳐서 피하는 자가
없게 하라 그가 일한 대로 갚
고 그가 행한 대로 그에게 갚
으라 그가 이스라엘의 거룩한
자 여호와를 향하여 교만하였
음이라
30 그러므로 그날에 장정들이 그
거리에 엎드러지겠고 군사들이
멸절되리라 여호와의 말씀이니
라
31 주 만군의 여호와의 말씀이니
라 교만한 자여 보라 내가 너
를 대적하나니 너의 날 곧 내
가 너를 벌할 때가 이르렀음이
라
32 교만한 자가 걸려 넘어지겠고

그를 일으킬 자가 없을 것이
며 내가 그의 성읍들에 불을 지
르리니 그의 주위에 있는 것을
다 삼키리라
33 만군의 여호와께서 이와 같이
말씀하시니라 이스라엘 자손과
유다 자손이 함께 학대를 받는
도다 그들을 사로잡은 자는 다
그들을 붙들고 놓아주지 아니하
리라
34 그들의 구원자는 강하니 그의
이름은 만군의 여호와라 반드
시 그들 때문에 싸우시리니 그
땅에 평안함을 주고 바벨론
주민은 불안하게 하리라
35 여호와의 말씀이니라 칼이 갈
대아인의 위에와 바벨론 주민
의 위에와 그 고관들과 지혜로
운 자의 위에 떨어지리라
36 칼이 자랑하는 자의 위에 떨어
지리니 그들이 어리석게 될 것
이며 칼이 용사의 위에 떨어지
리니 그들이 놀랄 것이며
37 칼이 그들의 말들과 병거들과
그들 중에 있는 여러 민족의
위에 떨어지리니 그들이 여인
들같이 될 것이며 칼이 보물
위에 떨어지리니 그것이 약탈
되리라
38 가뭄이 물 위에 내리어 그것을
말리리니 이는 그 땅이 조각한
신상의 땅이요 그들은 무서운
것을 보고 실성하였음이니라
39 그러므로 사막의 들짐승이 승냥
이와 함께 거기에 살겠고 타
조도 그 가운데에 살 것이요
영원히 주민이 없으며 대대에
살 자가 없으리라
40 여호와의 말씀이니라 하나님께
서 소돔과 고모라와 그 이웃 성
읍들을 뒤엎었듯이 거기에 사는
사람이 없게 하며 그 가운데
에 머물러 사는 사람이 아무도
없게 하시리라
41 보라 한 민족이 북쪽에서 오고
큰 나라와 여러 왕이 충동을
받아 땅끝에서 일어나리니
42 그들은 활과 투창을 가진 자
라 잔인하여 불쌍히 여기지 아
니하며 그들의 목소리는 바다
가 설레임 같도다 딸 바벨론
아 그들이 말을 타고 무사같이
각기 네 앞에서 대열을 갖추었
도다
43 바벨론의 왕이 그 소문을 듣고
손이 약하여지며 고통에 사로

잡혀 해산하는 여인처럼 진통
하는도다
44 보라 사자가 요단의 깊은 숲에
서 나타나듯이 그가 와서 견고
한 처소를 칠 것이라 내가 즉
시 그들을 거기에서 쫓아내고
택한 자를 내가 그 자리에 세
우리니 나와 같은 자 누구며
출두하라고 나에게 명령할 자
가 누구며 내 앞에 설 목자가
누구냐
45 그런즉 바벨론에 대한 여호와
의 계획과 갈대아 사람의 땅
에 대하여 품은 여호와의 생각
을 들으라 양 떼의 어린 것들
을 그들이 반드시 끌어가고 그
들의 초장을 황폐하게 하리니
46 바벨론이 약탈당하는 소리에
땅이 진동하며 그 부르짖음이
나라들 가운데에 들리리라 하
시도다

바벨론을 멸하시는 여호와

51 여호와께서 이와 같이 말씀
하시되 보라 내가 멸망시키
는 자의 심령을 부추겨 바벨론
을 치고 또 나를 대적하는 자
중에 있는 자를 치되
2 내가 타국인을 바벨론에 보내
어 키질하여 그의 땅을 비게
하리니 재난의 날에 그를 에워
싸고 치리로다
3 활을 당기는 자를 향하며 갑
옷을 입고 일어선 자를 향하여
쏘는 자는 그의 활을 당길 것
이라 그의 장정들을 불쌍히 여
기지 말며 그의 군대를 전멸시
키라
4 무리가 갈대아 사람의 땅에서
죽임을 당하여 엎드러질 것이
요 관통상을 당한 자가 거리
에 있으리라
5 이스라엘과 유다가 이스라엘의
거룩하신 이를 거역하므로 죄
과가 땅에 가득하나 그의 하나
님 만군의 여호와에게 버림 받
은 홀아비는 아니니라
6 바벨론 가운데서 도망하여 나
와서 각기 생명을 구원하고 그
의 죄악으로 말미암아 끊어짐
을 보지 말지어다 이는 여호와
의 보복의 때니 그에게 보복하
시리라
7 바벨론은 여호와의 손에 잡혀
있어 온 세계가 취하게 하는
금잔이라 뭇 민족이 그 포도주
를 마심으로 미쳤도다

8 바벨론이 갑자기 넘어져 파멸되니 이로 말미암아 울라 그 상처를 위하여 유향을 구하라 혹 나으리로다

9 우리가 바벨론을 치료하려 하여도 낫지 아니한즉 버리고 각기 고향으로 돌아가자 그 화가 하늘에 미쳤고 궁창에 닿았음이로다

10 여호와께서 우리 공의를 드러내셨으니 오라 시온에서 우리 하나님 여호와의 일을 선포하자

11 화살을 갈며 둥근 방패를 준비하라 여호와께서 메대 왕들의 마음을 부추기사 바벨론을 멸하기로 뜻하시나니 이는 여호와께서 보복하시는 것 곧 그의 성전을 위하여 보복하시는 것이라

12 바벨론 성벽을 향하여 깃발을 세우고 튼튼히 지키며 파수꾼을 세우며 복병을 매복시켜 방비하라 이는 여호와께서 바벨론 주민에 대하여 말씀하신 대로 계획하시고 행하심이로다

13 많은 물가에 살면서 재물이 많은 자여 네 재물의 한계 곧 네 끝이 왔도다

14 만군의 여호와께서 자기의 목숨을 두고 맹세하시되 내가 진실로 사람을 메뚜기같이 네게 가득하게 하리니 그들이 너를 향하여 환성을 높이리라 하시도다

여호와를 찬양하다

15 여호와께서 그의 능력으로 땅을 지으셨고 그의 지혜로 세계를 세우셨고 그의 명철로 하늘을 펴셨으며

16 그가 목소리를 내신즉 하늘에 많은 물이 생기나니 그는 땅끝에서 구름이 오르게 하시며 비를 위하여 번개를 치게 하시며 그의 곳간에서 바람을 내시거늘

17 사람마다 어리석고 무식하도다 금장색마다 자기가 만든 신상으로 말미암아 수치를 당하나니 이는 그 부어 만든 우상은 거짓이요 그 속에 생기가 없음이라

18 그것들은 헛된 것이요 조롱거리이니 징벌하시는 때에 멸망할 것이나

19 야곱의 분깃은 그와 같지 아니하니 그는 만물을 지으신 분

이요 이스라엘은 그의 소유인
지파라 그의 이름은 만군의 여
호와시니라

바벨론은 여호와의 철퇴

20 여호와께서 이르시되 너는 나의
철퇴 곧 무기라 나는 네가 나
라들을 분쇄하며 네가 국가들
을 멸하며
21 네가 말과 기마병을 분쇄하며
네가 병거와 병거대를 부수며
22 네가 남자와 여자를 분쇄하며
네가 노년과 유년을 분쇄하며
네가 청년과 처녀를 분쇄하며
23 네가 목자와 그 양 떼를 분쇄
하며 네가 농부와 그 멍에소를
분쇄하며 네가 도백과 태수들
을 분쇄하도록 하리로다
24 너희 눈앞에서 그들이 시온에
서 모든 악을 행한 대로 내가
바벨론과 갈대아 모든 주민에
게 갚으리라 여호와의 말씀이니
라

바벨론이 황무지가 되리라

25 여호와의 말씀이니라 온 세계
를 멸하는 멸망의 산아 보라
나는 네 원수라 나의 손을 네
위에 펴서 너를 바위에서 굴려
고 너로 불탄 산이 되게 할 것
이니
26 사람이 네게서 집 모퉁잇돌이
나 기촛돌을 취하지 아니할 것
이요 너는 영원히 황무지가 될
것이니라 여호와의 말씀이니라
27 땅에 깃발을 세우며 나라들 가
운데에 나팔을 불어서 나라들
을 동원시켜 그를 치며 아라
랏과 민니와 아스그나스 나라
를 불러 모아 그를 치며 사무
관을 세우고 그를 치되 극성스
런 메뚜기같이 그 말들을 몰아
오게 하라
28 뭇 백성 곧 메대 사람의 왕들
과 그 도백들과 그 모든 태수
와 그 관할하는 모든 땅을 준
비시켜 그를 치게 하라
29 땅이 진동하며 소용돌이치나니
이는 여호와께서 바벨론을 쳐
서 그 땅으로 황폐하여 주민이
없게 할 계획이 섰음이라
30 바벨론의 용사는 싸움을 그치
고 그들의 요새에 머무르나 기
력이 쇠하여 여인같이 되며 그
들의 거처는 불타고 그 문빗장
은 부러졌으며
31 보발꾼은 보발꾼을 맞으려고 달
리며 전령은 전령을 맞으려고

달려가 바벨론의 왕에게 전하
기를 그 성읍 사방이 함락되었
으며
32 모든 나루는 빼앗겼으며 갈대
밭이 불탔으며 군사들이 겁에
질렸더이다 하리라

여호와께서 이스라엘을 위하여 보복하시다

33 만군의 여호와 이스라엘의 하
나님께서 이와 같이 말씀하시
되 딸 바벨론은 때가 이른 타
작마당과 같은지라 멀지 않아
추수 때가 이르리라 하시도다
34 바벨론의 느부갓네살 왕이 나
를 먹으며 나를 멸하며 나를
빈 그릇이 되게 하며 큰 뱀같
이 나를 삼키며 나의 좋은 음식
으로 그 배를 채우고 나를 쫓아
내었으니
35 내가 받은 폭행과 내 육체에
대한 학대가 바벨론에 돌아가
기를 원한다고 시온 주민이 말
할 것이요 내 피 흘린 죄가 갈
대아 주민에게로 돌아가기를
원한다고 예루살렘이 말하리
라
36 그러므로 여호와께서 이와 같
이 말씀하시되 보라 내가 네
송사를 듣고 너를 위하여 보복
하여 그의 바다를 말리며 그의
샘을 말리리니
37 바벨론이 돌무더기가 되어서
승냥이의 거처와 혐오의 대상
과 탄식거리가 되고 주민이 없
으리라
38 그들이 다 젊은 사자같이 소리
지르며 새끼 사자같이 으르렁거
리며
39 열정이 일어날 때에 내가 연회
를 베풀고 그들이 취하여 기뻐
하다가 영원히 잠들어 깨지 못
하게 하리라 여호와의 말씀이
니라
40 내가 그들을 끌어내려서 어린
양과 숫양과 숫염소가 도살장
으로 가는 것 같게 하리라

바벨론의 파멸을 노래하다

41 슬프다 세삭이 함락되었도다
온 세상의 칭찬받는 성읍이 빼
앗겼도다 슬프다 바벨론이 나
라들 가운데에 황폐하였도다
42 바다가 바벨론에 넘침이여 그
노도 소리가 그 땅을 뒤덮었도
다
43 그 성읍들은 황폐하여 마른땅
과 사막과 사람이 살지 않는

땅이 되었으니 그리로 지나가는
사람이 없도다
44 내가 벨을 바벨론에서 벌하고
그가 삼킨 것을 그의 입에서
끌어내리니 민족들이 다시는 그
에게로 몰려가지 아니하겠고
바벨론 성벽은 무너졌도다
45 나의 백성아 너희는 그중에서
나와 각기 여호와의 진노를 피
하라
46 너희 마음을 나약하게 말며 이
땅에서 들리는 소문으로 말미암
아 두려워하지 말라 소문은 이
해에도 있겠고 저 해에도 있으
리라 그 땅에는 강포함이 있어
다스리는 자가 다스리는 자를
서로 치리라
47 그러므로 보라 날이 이르리니 내
가 바벨론의 우상들을 벌할 것
이라 그 온 땅이 치욕을 당하
겠고 그 죽임당할 자가 모두
그 가운데에 엎드러질 것이며
48 하늘과 땅과 그 안에 있는 모
든 것이 바벨론으로 말미암아
기뻐 노래하리니 이는 파멸시
키는 자가 북쪽에서 그에게 옴
이라 여호와의 말씀이니라
49 바벨론이 이스라엘을 죽여 엎
드러뜨림같이 온 세상이 바벨
론에서 죽임을 당하여 엎드러
지리라

여호와께서 바벨론에 보복하시다

50 칼을 피한 자들이여 멈추지 말
고 걸어가라 먼 곳에서 여호와
를 생각하며 예루살렘을 너희
마음에 두라
51 외국인이 여호와의 거룩한 성
전에 들어가므로 우리가 책망
을 들으며 수치를 당하여 모욕
이 우리 얼굴을 덮었느니라
52 보라 날이 이르리니 내가 그 우
상들을 벌할 것이라 부상자들
이 그 땅에서 한숨을 지으리라
여호와의 말씀이니라
53 가령 바벨론이 하늘까지 솟아
오른다 하자 높은 곳에 있는
피난처를 요새로 삼더라도 멸
망시킬 자가 내게로부터 그들
에게 임하리라 여호와의 말씀
이니라

바벨론이 황폐하리라

54 바벨론으로부터 부르짖는 소리
가 들리도다 갈대아 사람의 땅
에 큰 파멸의 소리가 들리도다
55 이는 여호와께서 바벨론을 황
폐하게 하사 그 큰 소리를 끊

으심이로다 원수는 많은 물같
이 그 파도가 사나우며 그 물
결은 요란한 소리를 내는도다
56 곧 멸망시키는 자가 바벨론에
이르렀음이라 그 용사들이 사로
잡히고 그들의 활이 꺾이도다
여호와는 보복의 하나님이시니
반드시 보응하시리로다
57 만군의 여호와라 일컫는 왕이
이와 같이 말씀하시되 내가 그
고관들과 지혜 있는 자들과 도
백들과 태수들과 용사들을 취
하게 하리니 그들이 영원히 잠
들어 깨어나지 못하리라
58 만군의 여호와께서 이와 같이
말씀하시니라 바벨론의 성벽은
훼파되겠고 그 높은 문들은 불
에 탈 것이며 백성들의 수고는
헛될 것이요 민족들의 수고는
불탈 것인즉 그들이 쇠잔하리
라

예레미야가 바벨론에 예언을 전하다

59 유다의 시드기야 왕 제사년에
마세야의 손자 네리야의 아들
스라야가 그 왕과 함께 바벨
론으로 갈 때에 선지자 예레미
야가 그에게 말씀을 명령하니
스라야는 병참감이더라
60 예레미야가 바벨론에 닥칠 모
든 재난 곧 바벨론에 대하여
기록한 이 모든 말씀을 한 책
에 기록하고
61 스라야에게 말하기를 너는 바
벨론에 이르거든 삼가 이 모든
말씀을 읽고
62 말하기를 여호와여 주께서 이
곳에 대하여 말씀하시기를 이
땅을 멸하여 사람이나 짐승이
거기에 살지 못하게 하고 영원
한 폐허가 되리라 하셨나이다
하라 하니라
63 너는 이 책 읽기를 다한 후에
책에 돌을 매어 유브라데 강
속에 던지며
64 말하기를 바벨론이 나의 재난
때문에 이같이 몰락하여 다시
일어서지 못하리니 그들이 피
폐하리라 하라 하니라 예레미
야의 말이 이에 끝나니라

시드기야의 배반과 죽음

(왕하 24:18-25:7)

52 시드기야가 왕위에 오를 때
에 나이가 이십일 세라 예루
살렘에서 십일 년 동안 다스리
니라 그의 어머니의 이름은 하
무달이라 립나인 예레미야의

딸이더라
2 그가 여호야김의 모든 행위를
본받아 여호와 보시기에 악을
행한지라
3 여호와께서 예루살렘과 유다
에게 진노하심이 그들을 자기
앞에서 쫓아내시기까지 이르렀
더라 시드기야가 바벨론 왕을
배반하니라
4 시드기야 제구년 열째 달 열
째 날에 바벨론 왕 느부갓네살
이 그의 모든 군대를 거느리고
예루살렘을 치러 올라와서 그
성에 대하여 진을 치고 주위
에 토성을 쌓으매
5 그 성이 시드기야 왕 제십일년
까지 포위되었더라
6 그해 넷째 달 구일에 성중에
기근이 심하여 그 땅 백성의
양식이 떨어졌더라
7 그 성벽이 파괴되매 모든 군사
가 밤중에 그 성에서 나가 두
성벽 사이 왕의 동산 곁문 길
로 도망하여 갈대아인들이 그
성읍을 에워쌌으므로 그들이 아
라바 길로 가더니
8 갈대아 군대가 그 왕을 뒤쫓
아가서 여리고 평지에서 시드
기야를 따라잡으매 왕의 모든
군대가 그를 떠나 흩어진지라
9 그들이 왕을 사로잡아 그를 하
맛 땅 리블라에 있는 바벨론
왕에게로 끌고 가매 그가 시드
기야를 심문하니라
10 바벨론 왕이 시드기야의 아들들
을 그의 눈앞에서 죽이고 또 리
블라에서 유다의 모든 고관을
죽이며
11 시드기야의 두 눈을 빼고 놋사
슬로 그를 결박하여 바벨론 왕
이 그를 바벨론으로 끌고 가서
그가 죽는 날까지 옥에 가두었
더라

여호와의 성전이 헐리다 (왕하 25:8-17)

12 바벨론의 느부갓네살 왕의 열
아홉째 해 다섯째 달 열째 날
에 바벨론 왕의 어전 사령관
느부사라단이 예루살렘에 이르
러
13 여호와의 성전과 왕궁을 불사
르고 예루살렘의 모든 집과 고
관들의 집까지 불살랐으며
14 사령관을 따르는 갈대아 사람
의 모든 군대가 예루살렘 사
면 성벽을 헐었더라
15 사령관 느부사라단이 백성 중

가난한 자와 성중에 남아 있는 백성과 바벨론 왕에게 항복한 자와 무리의 남은 자를 사로잡아 갔고

16 가난한 백성은 남겨두어 포도원을 관리하는 자와 농부가 되게 하였더라

17 갈대아 사람은 또 여호와의 성전의 두 놋기둥과 받침들과 여호와의 성전의 놋대야를 깨뜨려 그 놋을 바벨론으로 가져갔고

18 가마들과 부삽들과 부집게들과 주발들과 숟가락들과 섬길 때에 쓰는 모든 놋그릇을 다 가져갔고

19 사령관은 잔들과 화로들과 주발들과 솥들과 촛대들과 숟가락들과 바리들 곧 금으로 만든 물건의 금과 은으로 만든 물건의 은을 가져갔더라

20 솔로몬 왕이 여호와의 성전을 위하여 만든 두 기둥과 한 바다와 그 받침 아래에 있는 열두 놋 소 곧 이 모든 기구의 놋 무게는 헤아릴 수 없었더라

21 그 기둥은 한 기둥의 높이가 십팔 규빗이요 그 둘레는 십이 규빗이며 그 속이 비었고 그 두께는 네 손가락 두께이며

22 기둥 위에 놋머리가 있어 그 높이가 다섯 규빗이요 머리 사면으로 돌아가며 그물 망사와 석류가 다 놋이며 또 다른 기둥에도 이런 모든 것과 석류가 있었더라

23 그 사면에 있는 석류는 아흔여섯 개요 그 기둥에 둘린 그물 위에 있는 석류는 도합이 백 개이었더라

유다 백성이 바벨론으로 사로잡혀 가다

(왕하 25:18-21, 27-30)

24 사령관이 대제사장 스라야와 부제사장 스바냐와 성전 문지기 세 사람을 사로잡고

25 또 성안에서 사람을 사로잡았으니 곧 군사를 거느린 지휘관 한 사람과 또 성중에서 만난 왕의 내시 칠 명과 군인을 감독하는 군지휘관의 서기관 하나와 성안에서 만난 평민 육십 명이라

26 사령관 느부사라단은 그들을 사로잡아 리블라에 있는 바벨론의 왕에게 나아가매

27 바벨론의 왕이 하맛 땅 리블라

에서 다 쳐 죽였더라 이와 같
이 유다가 사로잡혀 본국에서
떠났더라
28 느부갓네살이 사로잡아 간 백
성은 이러하니라 제칠년에 유
다인이 삼천이십삼 명이요
29 느부갓네살의 열여덟째 해에
예루살렘에서 사로잡아 간 자
가 팔백삼십이 명이요
30 느부갓네살의 제이십삼년에 사
령관 느부사라단이 사로잡아
간 유다 사람이 칠백사십오 명
이니 그 총수가 사천육백 명이
더라
31 유다 왕 여호야긴이 사로잡혀
간 지 삼십칠 년 곧 바벨론의
에윌므로닥 왕의 즉위 원년 열
두째 달 스물다섯째 날 그가
유다의 여호야긴 왕의 머리를
들어 주었고 감옥에서 풀어주
었더라
32 그에게 친절하게 말하고 그의
자리를 그와 함께 바벨론에 있
는 왕들의 자리보다 높이고
33 그 죄수의 의복을 갈아입혔고
그의 평생 동안 항상 왕의 앞
에서 먹게 하였으며
34 그가 날마다 쓸 것은 바벨론의
왕에게서 받는 정량이 있었고
죽는 날까지 곧 종신토록 받았
더라

예레미야애가

제목

애가(哀歌)란 말은 헬라어의 '큰 소리로 높여 운다'는 단어에서 유래했다. 따라서 책의 내용을 이 명칭 한마디로 집약하고 있다고 해도 과언이 아니다. 히브리 성경의 제목은 '어찌하여…'라는 비통의 감정을 의미하는 단어인 '에카'(ekah)이다. 우리가 '예레미야 애가'라는 명칭을 쓰는 것도 칠십인역과 벌게잇 역의 명칭을 그대로 사용하는 것에서 비롯된다.

저자와 저작 연대

전통적으로 본서의 저자는 예레미야라고 전해진다. 그 근거로 대하 35:25에 예레미야가 요시야 왕의 죽음에 비탄하여 애가를 지었다는 기록이 있으며, 예루살렘의 파멸을 생생하게 기록한 것으로 보아 그것을 목격한 예레미야가 본서의 저자임을 알 수 있다(비교. 렘 39, 52장). 또 애가서와 예레미야서 사이의 문체의 통일성은 애가서의 저자도 예레미야임을 입증한다. 애가서의 저작 연대는 B.C. 586-585년 사이로 본다.

기록 장소와 대상

기록 장소는 예루살렘이나 애굽으로 추정하고, 기록 대상은 무너져 내린 예루살렘 거민들이다.

핵심어 및 내용

예레미야 애가의 핵심어는 "분노"와 "비탄"이다. 하나님의 분노로 말미암아 예루살렘 성은 멸망되었고 그분의 의로우심과 공의는 드러났다. 이제 예레미야가 할 수 있는 일이란, 한때 영광스럽고 위대한 성이었던 예루살렘을 바라보면서 슬피 우는 것뿐이다.

내용 분해

1. 예루살렘의 황폐 (1:1-22)
2. 주의 진노의 날의 참상 (2:1-22)
3. 파괴된 시온의 환난 (3:1-66)
4. 고난당하는 시온의 백성 (4:1-22)
5. 회개하는 시온의 간구 (5:1-22)

주요 사건 연대

B.C.

- 예레미야의 소명 (렘 1:1-19) B.C. 627
- 여호야김의 계승과 예레미야의 경고 (렘 22:11-12; 27:2-11) B.C. 609
- 바벨론의 1차 포로 (단 1:1-2) B.C. 605
- 여호야김의 사망과 여호야긴의 등극 및 2차 포로 소환, 시드기야의 계승 (렘 22:22-30; 비교. 왕하 24:8-18; 대하 36:10) B.C. 597
- 남쪽 유다의 멸망과 바벨론 유수 (렘 39:1-18; 비교. 왕하 25:1-26; 대하 36:11-21) B.C. 586
- 스룹바벨에 의한 제1차 포로 귀환 (시 85,126편; 비교. 스 1:5-11) B.C. 538

예루살렘의 슬픔

1 슬프다 이 성이여 전에는 사
람들이 많더니 이제는 어찌
그리 적막하게 앉았는고 전에
는 열국 중에 크던 자가 이제
는 과부같이 되었고 전에는 열
방 중에 공주였던 자가 이제
는 강제 노동을 하는 자가 되
었도다
2 밤에는 슬피 우니 눈물이 뺨에
흐름이여 사랑하던 자들 중에
그에게 위로하는 자가 없고 친
구들도 다 배반하여 원수들이
되었도다
3 유다는 환난과 많은 고난 가운
데에 사로잡혀 갔도다 그가 열
국 가운데에 거주하면서 쉴
곳을 얻지 못함이여 그를 핍박
하는 모든 자들이 궁지에서 그
를 뒤따라 잡았도다
4 시온의 도로들이 슬퍼함이여 절
기를 지키려 나아가는 사람이
없음이로다 모든 성문들이 적막
하며 제사장들이 탄식하며 처
녀들이 근심하며 시온도 곤고
를 받았도다
5 그의 대적들이 머리가 되고 그
의 원수들이 형통함은 그의 죄
가 많으므로 여호와께서 그를
곤고하게 하셨음이라 어린 자
녀들이 대적에게 사로잡혔도다
6 딸 시온의 모든 영광이 떠나감
이여 그의 지도자들은 꼴을 찾
지 못한 사슴들처럼 뒤쫓는 자
앞에서 힘없이 달아났도다
7 예루살렘이 환난과 유리하는
고통을 당하는 날에 옛날의 모
든 즐거움을 기억하였음이여 그
의 백성이 대적의 손에 넘어졌
으나 그를 돕는 자가 없었고
대적들은 그의 멸망을 비웃는도
다
8 예루살렘이 크게 범죄함으로 조
소거리가 되었으니 전에 그에
게 영광을 돌리던 모든 사람이
그의 벗었음을 보고 업신여김이
여 그는 탄식하며 물러가는도
다
9 그의 더러운 것이 그의 옷깃에
묻어 있으나 그의 나중을 생각
하지 아니함이여 그러므로 놀랍
도록 낮아져도 그를 위로할 자
가 없도다 여호와여 원수가 스
스로 큰 체하오니 나의 환난을

감찰하소서
10 대적이 손을 펴서 그의 모든 보
물들을 빼앗았나이다 주께서
이미 이방인들을 막아 주의 성
회에 들어오지 못하도록 명령
하신 그 성소에 그들이 들어간
것을 예루살렘이 보았나이다
11 그 모든 백성이 생명을 이으려
고 보물로 먹을 것들을 바꾸었
더니 지금도 탄식하며 양식을
구하나이다 나는 비천하오니 여
호와여 나를 돌보시옵소서
12 지나가는 모든 사람들이여 너
희에게는 관계가 없는가 나의
고통과 같은 고통이 있는가 볼
지어다 여호와께서 그의 진노
하신 날에 나를 괴롭게 하신
것이로다
13 높은 곳에서 나의 골수에 불을
보내어 이기게 하시고 내 발 앞
에 그물을 치사 나로 물러가게
하셨음이여 종일토록 나를 피곤
하게 하여 황폐하게 하셨도다
14 내 죄악의 멍에를 그의 손으로
묶고 얽어 내 목에 올리사 내
힘을 피곤하게 하셨음이여 내
가 감당할 수 없는 자의 손에
주께서 나를 넘기셨도다
15 주께서 내 영토 안 나의 모든
용사들을 없는 것같이 여기시
고 성회를 모아 내 청년들을
부수심이여 처녀 딸 유다를 내
주께서 술틀에 밟으셨도다
16 이로 말미암아 내가 우니 내
눈에 눈물이 물같이 흘러내림
이여 나를 위로하여 내 생명을
회복시켜 줄 자가 멀리 떠났음
이로다 원수들이 이기매 내 자
녀들이 외롭도다
17 시온이 두 손을 폈으나 그를
위로할 자가 없도다 여호와께
서 야곱의 사방에 있는 자들에
게 명령하여 야곱의 대적들이
되게 하셨으니 예루살렘은 그
들 가운데에 있는 불결한 자
가 되었도다
18 여호와는 의로우시도다 그러나
내가 그의 명령을 거역하였도
다 너희 모든 백성들아 내 말
을 듣고 내 고통을 볼지어다 나
의 처녀들과 나의 청년들이 사
로잡혀 갔도다
19 내가 내 사랑하는 자들을 불렀
으나 그들은 나를 속였으며 나
의 제사장들과 장로들은 그들
의 목숨을 회복시킬 그들의 양

식은 구하다가 성 가운데에서
기절하였도다
20 여호와여 보시옵소서 내가 환난
을 당하여 나의 애를 다 태우
고 나의 마음이 상하오니 나의
반역이 심히 큼이니이다 밖에서
는 칼이 내 아들을 빼앗아 가
고 집 안에서는 죽음 같은 것
이 있나이다
21 그들이 내가 탄식하는 것을 들
었으나 나를 위로하는 자가 없
으며 나의 모든 원수들은 내가
재난당하는 것을 듣고 주께서
이렇게 행하신 것을 기뻐하나
이다 그러나 주께서 그 선포하
신 날을 이르게 하셔서 그들이
나와 같이 되게 하소서
22 그들의 모든 악을 주 앞에 가
지고 오게 하시고 나의 모든 죄
악들로 말미암아 내게 행하신
것같이 그들에게 행하옵소서
나의 탄식이 많고 나의 마음이
병들었나이다

예루살렘에 대한 여호와의 진노

2 슬프다 주께서 어찌 그리 진
노하사 딸 시온을 구름으로
덮으셨는가 이스라엘의 아름다
움을 하늘에서 땅에 던지셨음
이여 그의 진노의 날에 그의 발
판을 기억하지 아니하셨도다
2 주께서 야곱의 모든 거처들을
삼키시고 긍휼히 여기지 아니하
셨음이여 노하사 딸 유다의 견
고한 성채들을 허물어 땅에 엎
으시고 나라와 그 지도자들을
욕되게 하셨도다
3 맹렬한 진노로 이스라엘의 모
든 뿔을 자르셨음이여 원수 앞
에서 그의 오른손을 뒤로 거두
어들이시고 맹렬한 불이 사방으
로 불사름같이 야곱을 불사르
셨도다
4 원수같이 그의 활을 당기고 대
적처럼 그의 오른손을 들고 서
서 눈에 드는 아름다운 모든
사람을 죽이셨음이여 딸 시온
의 장막에 그의 노를 불처럼
쏟으셨도다
5 주께서 원수같이 되어 이스라
엘을 삼키셨음이여 그 모든 궁
궐들을 삼키셨고 견고한 성들
을 무너뜨리사 딸 유다에 근심
과 애통을 더하셨도다
6 주께서 그의 초막을 동산처럼
헐어 버리시며 그의 절기를 폐
하셨도다 여호와께서 시온에서

절기와 안식일을 잊어버리게 하
시며 그가 진노하사 왕과 제사
장을 멸시하셨도다
7 여호와께서 또 자기 제단을 버
리시며 자기 성소를 미워하시
며 궁전의 성벽들을 원수의 손
에 넘기셨으매 그들이 여호와의
전에서 떠들기를 절기의 날과
같이 하였도다
8 여호와께서 딸 시온의 성벽을
헐기로 결심하시고 줄을 띠고
무너뜨리는 일에서 손을 거두
지 아니하사 성벽과 성곽으로
통곡하게 하셨으매 그들이 함
께 쇠하였도다
9 성문이 땅에 묻히며 빗장이 부
서져 파괴되고 왕과 지도자들
이 율법 없는 이방인들 가운데
에 있으며 그 성의 선지자들은
여호와의 묵시를 받지 못하는도
다
10 딸 시온의 장로들이 땅에 앉아
잠잠하고 티끌을 머리에 덮어
쓰고 굵은 베를 허리에 둘렀음
이여 예루살렘 처녀들은 머리
를 땅에 숙였도다
11 내 눈이 눈물에 상하며 내 창
자가 끊어지며 내 간이 땅에
쏟아졌으니 이는 딸 내 백성이
패망하여 어린 자녀와 젖 먹
는 아이들이 성읍 길거리에 기
절함이로다
12 그들이 성읍 길거리에서 상한
자처럼 기절하여 그의 어머니
들의 품에서 혼이 떠날 때에
어머니들에게 이르기를 곡식과
포도주가 어디 있느냐 하도다
13 딸 예루살렘이여 내가 무엇으
로 네게 증거하며 무엇으로 네
게 비유할까 처녀 딸 시온이여
내가 무엇으로 네게 비교하여
너를 위로할까 너의 파괴됨이
바다같이 크니 누가 너를 고쳐
줄소냐
14 네 선지자들이 네게 대하여 헛
되고 어리석은 묵시를 보았으므
로 네 죄악을 드러내어서 네가
사로잡힌 것을 돌이키지 못하였
도다 그들이 거짓 경고와 미혹
하게 할 것만 보았도다
15 모든 지나가는 자들이 다 너를
향하여 박수치며 딸 예루살렘
을 향하여 비웃고 머리를 흔들
며 말하기를 온전한 영광이라,
모든 세상 사람들의 기쁨이라
일컫던 성이 이 성이냐 하며

16 네 모든 원수들은 너를 향하여
그들의 입을 벌리며 비웃고 이
를 갈며 말하기를 우리가 그를
삼켰도다 우리가 바라던 날이
과연 이날이라 우리가 얻기도
하고 보기도 하였다 하도다
17 여호와께서 이미 정하신 일을
행하시고 옛날에 명령하신 말
씀을 다 이루셨음이여 긍휼히
여기지 아니하시고 무너뜨리사
원수가 너로 말미암아 즐거워
하게 하며 네 대적자들의 뿔로
높이 들리게 하셨도다
18 그들의 마음이 주를 향하여 부
르짖기를 딸 시온의 성벽아 너
는 밤낮으로 눈물을 강처럼 흘
릴지어다 스스로 쉬지 말고 네
눈동자를 쉬게 하지 말지어다
19 초저녁에 일어나 부르짖을지어
다 네 마음을 주의 얼굴 앞에
물 쏟듯 할지어다 각 길 어귀
에서 주려 기진한 네 어린 자
녀들의 생명을 위하여 주를 향
하여 손을 들지어다 하였도다
20 여호와여 보시옵소서 주께서 누
구에게 이같이 행하셨는지요
여인들이 어찌 자기 열매 곧
그들이 낳은 아이들을 먹으오며
제사장들과 선지자들이 어찌
주의 성소에서 죽임을 당하오리
이까
21 늙은이와 젊은이가 다 길바닥
에 엎드러졌사오며 내 처녀들
과 내 청년들이 칼에 쓰러졌나
이다 주께서 주의 진노의 날에
죽이시되 긍휼히 여기지 아니하
시고 도륙하셨나이다
22 주께서 내 두려운 일들을 사방
에서 부르시기를 절기 때 무리
를 부름같이 하셨나이다 여호
와께서 진노하시는 날에는 피
하거나 남은 자가 없나이다 내
가 낳아 기르는 아이들을 내
원수가 다 멸하였나이다

진노, 회개, 소망

3 여호와의 분노의 매로 말미암
아 고난당한 자는 나로다
2 나를 이끌어 어둠 안에서 걸어
가게 하시고 빛 안에서 걸어가
지 못하게 하셨으며
3 종일토록 손을 들어 자주자주
나를 치시는도다
4 나의 살과 가죽을 쇠하게 하시
며 나의 뼈들을 꺾으셨고
5 고통과 수고를 쌓아 나를 에우
셨으며

6 나를 어둠 속에 살게 하시기를
죽은 지 오랜 자 같게 하셨도다
7 나를 둘러싸서 나가지 못하게
하시고 내 사슬을 무겁게 하셨
으며
8 내가 부르짖어 도움을 구하나
내 기도를 물리치시며
9 다듬은 돌을 쌓아 내 길들을
막으사 내 길들을 굽게 하셨도
다
10 그는 내게 대하여 엎드려 기다
리는 곰과 은밀한 곳에 있는
사자 같으사
11 나의 길들로 치우치게 하시며
내 몸을 찢으시며 나를 적막하
게 하셨도다
12 활을 당겨 나를 화살의 과녁으
로 삼으심이여
13 화살통의 화살들로 내 허리를
맞추셨도다
14 나는 내 모든 백성에게 조롱거
리 곧 종일토록 그들의 노랫거
리가 되었도다
15 나를 쓴 것들로 배불리시고 쑥
으로 취하게 하셨으며
16 조약돌로 내 이들을 꺾으시고
재로 나를 덮으셨도다
17 주께서 내 심령이 평강에서 멀
리 떠나게 하시니 내가 복을
내어버렸음이여
18 스스로 이르기를 나의 힘과 여
호와께 대한 내 소망이 끊어졌
다 하였도다
19 내 고초와 재난 곧 쑥과 담즙
을 기억하소서
20 내 마음이 그것을 기억하고 내
가 낙심이 되오나
21 이것을 내가 내 마음에 담아
두었더니 그것이 오히려 나의
소망이 되었사옴은
22 여호와의 인자와 긍휼이 무궁하
시므로 우리가 진멸되지 아니함
이니이다
23 이것들이 아침마다 새로우니
주의 성실하심이 크시도소이다
24 내 심령에 이르기를 여호와는
나의 기업이시니 그러므로 내가
그를 바라리라 하도다
25 기다리는 자들에게나 구하는
영혼들에게 여호와는 선하시도
다
26 사람이 여호와의 구원을 바라
고 잠잠히 기다림이 좋도다
27 사람은 젊었을 때에 멍에를
메는 것이 좋으니
28 혼자 앉아서 잠잠할 것은 주

께서 그것을 그에게 메우셨음이라

29 그대의 입을 땅의 티끌에 댈지어다 혹시 소망이 있을지로다

30 자기를 치는 자에게 뺨을 돌려대어 치욕으로 배불릴지어다

31 이는 주께서 영원하도록 버리지 아니하실 것임이며

32 그가 비록 근심하게 하시나 그의 풍부한 인자하심에 따라 긍휼히 여기실 것임이라

33 주께서 인생으로 고생하게 하시며 근심하게 하심은 본심이 아니시로다

34 세상에 있는 모든 갇힌 자들을 발로 밟는 것과

35 지존자의 얼굴 앞에서 사람의 재판을 굽게 하는 것과

36 사람의 송사를 억울하게 하는 것은 다 주께서 기쁘게 보시는 것이 아니로다

37 주의 명령이 아니면 누가 이것을 능히 말하여 이루게 할 수 있으랴

38 화와 복이 지존자의 입으로부터 나오지 아니하느냐

39 살아있는 사람은 자기 죄들 때문에 벌을 받나니 어찌 원망하랴

40 우리가 스스로 우리의 행위들을 조사하고 여호와께로 돌아가자

41 우리의 마음과 손을 아울러 하늘에 계신 하나님께 들자

42 우리의 범죄함과 우리의 반역함을 주께서 사하지 아니하시고

43 진노로 자신을 가리시고 우리를 추격하시며 죽이시고 긍휼을 베풀지 아니하셨나이다

44 주께서 구름으로 자신을 가리사 기도가 상달되지 못하게 하시고

45 우리를 뭇 나라 가운데에서 쓰레기와 폐물로 삼으셨으므로

46 우리의 모든 원수들이 우리를 향하여 그들의 입을 크게 벌렸나이다

47 두려움과 함정과 파멸과 멸망이 우리에게 임하였도다

48 딸 내 백성의 파멸로 말미암아 내 눈에는 눈물이 시내처럼 흐르도다

49 내 눈에 흐르는 눈물이 그치지 아니하고 쉬지 아니함이여

50 여호와께서 하늘에서 살피시고 돌아보실 때까지니라

51 나의 성읍의 모든 여자들을 내
눈으로 보니 내 심령이 상하는
도다
52 나의 원수들이 이유 없이 나를
새처럼 사냥하는도다
53 그들이 내 생명을 끊으려고 나
를 구덩이에 넣고 그 위에 돌
을 던짐이여
54 물이 내 머리 위로 넘치니 내
가 스스로 이르기를 이제는 멸
절되었다 하도다
55 여호와여 내가 심히 깊은 구덩
이에서 주의 이름을 불렀나이다
56 주께서 이미 나의 음성을 들으
셨사오니 이제 나의 탄식과 부
르짖음에 주의 귀를 가리지 마
옵소서
57 내가 주께 아뢴 날에 주께서
내게 가까이하여 이르시되 두
려워하지 말라 하셨나이다
58 주여 주께서 내 심령의 원통함
을 풀어주셨고 내 생명을 속량
하셨나이다
59 여호와여 나의 억울함을 보셨사
오니 나를 위하여 원통함을 풀
어주옵소서
60 그들이 내게 보복하며 나를 모
해함을 주께서 다 보셨나이다
61 여호와여 그들이 나를 비방하
며 나를 모해하는 모든 것
62 곧 일어나 나를 치는 자들의
입술에서 나오는 것들과 종일
나를 모해하는 것들을 들으셨나
이다
63 그들이 앉으나 서나 나를 조롱
하여 노래하는 것을 주목하여
보옵소서
64 여호와여 주께서 그들의 손이
행한 대로 그들에게 보응하사
65 그들에게 거만한 마음을 주시
고 그들에게 저주를 내리소서
66 주께서 진노로 그들을 뒤쫓으
사 여호와의 하늘 아래에서 멸
하소서

멸망 후의 예루살렘

4 슬프다 어찌 그리 금이 빛을
잃고 순금이 변질하였으며
성소의 돌들이 거리 어귀마다
쏟아졌는고
2 순금에 비할 만큼 보배로운 시
온의 아들들이 어찌 그리 토기
장이가 만든 질항아리같이 여
김이 되었는고
3 들개들도 젖을 주어 그들의 새
끼를 먹이나 딸 내 백성은 잔
인하여 마치 광야의 타조 같도

다
4 젖먹이가 목말라서 혀가 입천
장에 붙음이여 어린아이들이 떡
을 구하나 떼어 줄 사람이 없
도다
5 맛있는 음식을 먹던 자들이 외
롭게 거리거리에 있으며 이전
에는 붉은 옷을 입고 자라난
자들이 이제는 거름 더미를 안
았도다
6 전에 소돔이 사람의 손을 대지
아니하였는데도 순식간에 무너
지더니 이제는 딸 내 백성의
죄가 소돔의 죄악보다 무겁도다
7 전에는 존귀한 자들의 몸이 눈
보다 깨끗하고 젖보다 희며 산
호들보다 붉어 그들의 윤택함이
갈아서 빛낸 청옥 같더니
8 이제는 그들의 얼굴이 숯보다
검고 그들의 가죽이 뼈들에 붙
어 막대기같이 말랐으니 어느
거리에서든지 알아볼 사람이
없도다
9 칼에 죽은 자들이 주려 죽은
자들보다 나음은 토지 소산이
끊어지므로 그들은 찔림 받은
자들처럼 점점 쇠약하여 감이
로다
10 딸 내 백성이 멸망할 때에 자
비로운 부녀들이 자기들의 손으
로 자기들의 자녀들을 삶아 먹
었도다
11 여호와께서 그의 분을 내시며
그의 맹렬한 진노를 쏟으심이
여 시온에 불을 지르사 그 터
를 사르셨도다
12 대적과 원수가 예루살렘 성문
으로 들어갈 줄은 세상의 모든
왕들과 천하 모든 백성이 믿지
못하였었도다
13 그의 선지자들의 죄들과 제사
장들의 죄악들 때문이니 그들
이 성읍 안에서 의인들의 피를
흘렸도다
14 그들이 거리거리에서 맹인같이
방황함이여 그들의 옷들이 피
에 더러워졌으므로 아무도 만
질 수 없도다
15 사람들이 그들에게 외쳐 이르기
를 저리 가라 부정하다. 저리
가라. 저리 가라. 만지지 말라
하였음이여 그들이 도망하여
방황할 때에 이방인들이 말하
기를 그들이 다시는 여기서 살
지 못하리라 하였도다
16 여호와께서 노하여 그들을 흩으

시고 다시는 돌보지 아니하시리
니 그들이 제사장들을 높이지
아니하였으며 장로들을 대접하
지 아니하였음이로다
17 우리가 헛되이 도움을 바라므로
우리의 눈이 상함이여 우리를
구원하지 못할 나라를 바라보
고 바라보았도다
18 그들이 우리의 걸음을 엿보니
우리가 거리마다 다 다닐 수
없음이여 우리의 끝이 가깝고
우리의 날들이 다하였으며 우
리의 종말이 이르렀도다
19 우리를 뒤쫓는 자들이 하늘의
독수리들보다 빠름이여 산꼭대
기까지도 뒤쫓으며 광야에서도
우리를 잡으려고 매복하였도다
20 우리의 콧김 곧 여호와께서 기
름부으신 자가 그들의 함정에
빠졌음이여 우리가 그를 가리
키며 전에 이르기를 우리가 그
의 그늘 아래에서 이방인들 중
에 살겠다 하던 자로다
21 우스 땅에 사는 딸 에돔아 즐
거워하며 기뻐하라 잔이 네게
도 이를지니 네가 취하여 벌거
벗으리라
22 딸 시온아 네 죄악의 형벌이
다하였으니 주께서 다시는 너
로 사로잡혀 가지 아니하게 하
시리로다 딸 에돔아 주께서 네
죄악을 벌하시며 네 허물을 드
러내시리로다

긍휼을 위한 기도

5 여호와여 우리가 당한 것을
기억하시고 우리가 받은 치욕
을 살펴보옵소서
2 우리의 기업이 외인들에게, 우
리의 집들도 이방인들에게 돌
아갔나이다
3 우리는 아버지 없는 고아들이오
며 우리의 어머니는 과부들 같
으니
4 우리가 은을 주고 물을 마시며
값을 주고 나무들을 가져오며
5 우리를 뒤쫓는 자들이 우리의
목을 눌렀사오니 우리가 기진하
여 쉴 수 없나이다
6 우리가 애굽 사람과 앗수르 사
람과 악수하고 양식을 얻어 배
불리고자 하였나이다
7 우리의 조상들은 범죄하고 없
어졌으며 우리는 그들의 죄악
을 담당하였나이다
8 종들이 우리를 지배함이여 그들
의 손에서 건져낼 자가 없나이

다
9 광야에는 칼이 있으므로 죽기
를 무릅써야 양식을 얻사오니
10 굶주림의 열기로 말미암아 우
리의 피부가 아궁이처럼 검으니
이다
11 대적들이 시온에서 부녀들을, 유
다 각 성읍에서 처녀들을 욕보
였나이다
12 지도자들은 그들의 손에 매달리
고 장로들의 얼굴도 존경을 받
지 못하나이다
13 청년들이 맷돌을 지며 아이들
이 나무를 지다가 엎드러지오며
14 노인들은 다시 성문에 앉지 못
하며 청년들은 다시 노래하지
못하나이다
15 우리의 마음에는 기쁨이 그쳤
고 우리의 춤은 변하여 슬픔이
되었사오며
16 우리의 머리에서는 면류관이
떨어졌사오니 오호라 우리의 범
죄 때문이니이다
17 이러므로 우리의 마음이 피곤하
고 이러므로 우리 눈들이 어두
우며
18 시온 산이 황폐하여 여우가
그 안에서 노나이다
19 여호와여 주는 영원히 계시오
며 주의 보좌는 대대에 이르나
이다
20 주께서 어찌하여 우리를 영원
히 잊으시오며 우리를 이같이
오래 버리시나이까
21 여호와여 우리를 주께로 돌이키
소서 그리하시면 우리가 주께
로 돌아가겠사오니 우리의 날들
을 다시 새롭게 하사 옛적 같
게 하옵소서
22 주께서 우리를 아주 버리셨사
오며 우리에게 진노하심이 참으
로 크시나이다

에스겔

제목

히브리어 성경에서는 본서의 제목을 저자의 이름을 원용하여 '예헤츠케엘'(하나님께서 강건하게 하신다)이라 하고 있다. 헬라어 역본인 칠십인역과 한글 성경도 이와 같은 제목을 사용하고 있다.

저자와 저작 연대

본서의 저자는 에스겔이다. 에스겔은 부시의 아들로서 제사장 가문의 출신이었다. 그는 B.C. 597년에 바벨론 왕 느부갓네살이 여호야긴 왕과 왕족 및 귀족, 그리고 유다의 높은 지위에 있는 자들을 사로잡아 갈 때 그 포로들 가운데 섞여 있었다. 에스겔은 포로로 잡힌 지 5년째 되는 해인 B.C. 593년에 선지자의 소명을 받았다. 그리고 그가 마지막으로 하나님의 말씀을 받았던 것은 사로잡힌 지 27년째 되던 해인 B.C. 571년 즉, 그의 나이 52세 되던 해로써 그는 약 22년 동안을 선지자로 사역하였다(29:17). 본서는 이 기간 동안 에스겔에 의해 기록되었다.

기록 장소와 대상

기록 장소는 바벨론이고 기록 대상은 바벨론에서 포로 생활을 하고 있는 이스라엘 백성들이다.

핵심어 및 내용

에스겔의 핵심어는 "환상"과 "파수꾼"이다. 에스겔은 곧 일어나고 또한 오랜 기간이 지난 다음에 이루어질 하나님의 계획에 대한 환상을 보았다. 이 환상은 너무도 아름답고 신비스러울 뿐만 아니라 다양했다. 에스겔은 이러한 환상을 가지고 백성들을 권면하며 때로는 경고하기도 하는 하나님의 파수꾼 일을 잘 감당하였다.

내용 분해

1. 에스겔의 소명 (1:1–3:27)
2. 이스라엘에 대한 심판의 메시지 (4:1–24:27)
3. 열방들을 향한 심판의 메시지 (25:1–32:32)
4. 이스라엘의 회복에 대한 예언 (33:1–39:29)
5. 새 성전과 새 이스라엘 (40:1–48:35)

주요 사건 연대

B.C.

- 바벨론의 1차 포로 (단 1:1–2) B.C. 605
- 에스겔의 소명 (1:1–3) B.C. 593
- 에스겔과 장로들의 회합 (20:1) B.C. 591
- 예루살렘의 포위 (24:1–2) B.C. 588
- 남쪽 유다의 멸망과 바벨론 유수 (33:21–22) B.C. 586
- 에스겔의 예언 사역 마감 B.C. 571
- 바사 왕 고레스의 포로 석방에 대한 포고령 (대하 36:22–23; 스 1:1–4) B.C. 538
- 스룹바벨에 의한 제1차 포로 귀환 (시 85,126편) B.C. 538

여호와의 보좌

1 서른째 해 넷째 달 초닷새에
내가 그발 강가 사로잡힌 자
중에 있을 때에 하늘이 열리며
하나님의 모습이 내게 보이니
2 여호야긴 왕이 사로잡힌 지 오
년 그달 초닷새라
3 갈대아 땅 그발 강가에서 여
호와의 말씀이 부시의 아들 제
사장 나 에스겔에게 특별히 임
하고 여호와의 권능이 내 위에
있으니라
4 내가 보니 북쪽에서부터 폭풍과
큰 구름이 오는데 그 속에서 불
이 번쩍번쩍하여 빛이 그 사방
에 비치며 그 불 가운데 단 쇠
같은 것이 나타나 보이고
5 그 속에서 네 생물의 형상이
나타나는데 그들의 모양이 이러
하니 그들에게 사람의 형상이
있더라
6 그들에게 각각 네 얼굴과 네
날개가 있고
7 그들의 다리는 곧은 다리요 그
들의 발바닥은 송아지 발바닥
같고 광낸 구리같이 빛나며
8 그 사방 날개 밑에는 각각 사
람의 손이 있더라 그 네 생물
의 얼굴과 날개가 이러하니
9 날개는 다 서로 연하였으며 갈
때에는 돌이키지 아니하고 일
제히 앞으로 곧게 행하며
10 그 얼굴들의 모양은 넷의 앞은
사람의 얼굴이요 넷의 오른쪽
은 사자의 얼굴이요 넷의 왼쪽
은 소의 얼굴이요 넷의 뒤는 독
수리의 얼굴이니
11 그 얼굴은 그러하며 그 날개는
들어 펴서 각기 둘씩 서로 연
하였고 또 둘은 몸을 가렸으며
12 영이 어떤 쪽으로 가면 그 생
물들도 그대로 가되 돌이키지
아니하고 일제히 앞으로 곧게
행하며
13 또 생물들의 모양은 타는 숯불
과 횃불 모양 같은데 그 불이
그 생물 사이에서 오르락내리락
하며 그 불은 광채가 있고 그
가운데에서는 번개가 나며
14 그 생물들은 번개 모양같이 왕
래하더라
15 내가 그 생물들을 보니 그 생물
들 곁에 있는 땅 위에는 바퀴
가 있는데 그 네 얼굴을 따라

하나씩 있고
16 그 바퀴의 모양과 그 구조는
황옥같이 보이는데 그 넷은 똑
같은 모양을 가지고 있으며 그
들의 모양과 구조는 바퀴 안에
바퀴가 있는 것 같으며
17 그들이 갈 때에는 사방으로 향
한 대로 돌이키지 아니하고 가
며
18 그 둘레는 높고 무서우며 그
네 둘레로 돌아가면서 눈이 가
득하며
19 그 생물들이 갈 때에 바퀴들도
그 곁에서 가고 그 생물들이
땅에서 들릴 때에 바퀴들도 들
려서
20 영이 어떤 쪽으로 가면 생물들
도 영이 가려 하는 곳으로 가
고 바퀴들도 그 곁에서 들리니
이는 생물의 영이 그 바퀴들
가운데에 있음이니라
21 그들이 가면 이들도 가고 그들
이 서면 이들도 서고 그들이
땅에서 들릴 때에는 이들도 그
곁에서 들리니 이는 생물의 영
이 그 바퀴들 가운데에 있음이
더라
22 그 생물의 머리 위에는 수정
같은 궁창의 형상이 있어 보기
에 두려운데 그들의 머리 위에
펼쳐져 있고
23 그 궁창 밑에 생물들의 날개가
서로 향하여 펴 있는데 이 생
물은 두 날개로 몸을 가렸고
저 생물도 두 날개로 몸을 가
렸더라
24 생물들이 갈 때에 내가 그 날
개 소리를 들으니 많은 물소리
와도 같으며 전능자의 음성과
도 같으며 떠드는 소리 곧 군
대의 소리와도 같더니 그 생물
이 설 때에 그 날개를 내렸더
라
25 그 머리 위에 있는 궁창 위에
서부터 음성이 나더라 그 생물
이 설 때에 그 날개를 내렸더
라
26 그 머리 위에 있는 궁창 위에
보좌의 형상이 있는데 그 모양
이 남보석 같고 그 보좌의 형
상 위에 한 형상이 있어 사람
의 모양 같더라
27 내가 보니 그 허리 위의 모양
은 단 쇠 같아서 그 속과 주위
가 불 같고 내가 보니 그 허리
아래의 모양도 불 같아서 사방

으로 광채가 나며
28 그 사방 광채의 모양은 비 오
는 날 구름에 있는 무지개 같으
니 이는 여호와의 영광의 형상
의 모양이라 내가 보고 엎드려
말씀하시는 이의 음성을 들으니
라

에스겔을 선지자로 부르시다

2 그가 내게 이르시되 인자야
네 발로 일어서라 내가 네게
말하리라 하시며
2 그가 내게 말씀하실 때에 그
영이 내게 임하사 나를 일으켜
내 발로 세우시기로 내가 그 말
씀하시는 자의 소리를 들으니
3 내게 이르시되 인자야 내가 너
를 이스라엘 자손 곧 패역한
백성, 나를 배반하는 자에게 보
내노라 그들과 그 조상들이 내
게 범죄하여 오늘까지 이르렀
나니
4 이 자손은 얼굴이 뻔뻔하고 마
음이 굳은 자니라 내가 너를
그들에게 보내노니 너는 그들에
게 이르기를 주 여호와의 말씀
이 이러하시다 하라
5 그들은 패역한 족속이라 그들
이 듣든지 아니 듣든지 그들 가
운데에 선지자가 있음을 알지
니라
6 인자야 너는 비록 가시와 찔레
와 함께 있으며 전갈 가운데
에 거주할지라도 그들을 두려
워하지 말고 그들의 말을 두려
워하지 말지어다 그들은 패역
한 족속이라도 그 말을 두려워
하지 말며 그 얼굴을 무서워하
지 말지어다
7 그들은 심히 패역한 자라 그
들이 듣든지 아니 듣든지 너는
내 말로 고할지어다
8 너 인자야 내가 네게 이르는
말을 듣고 그 패역한 족속같이
패역하지 말고 네 입을 벌리고
내가 네게 주는 것을 먹으라
하시기로
9 내가 보니 보라 한 손이 나를
향하여 펴지고 보라 그 안에
두루마리 책이 있더라
10 그가 그것을 내 앞에 펴시니
그 안팎에 글이 있는데 그 위
에 애가와 애곡과 재앙의 말이
기록되었더라

3 또 그가 내게 이르시되 인자
야 너는 발견한 것을 먹으라
너는 이 두루마리를 먹고 가서

이스라엘 족속에게 말하라 하
시기로
2 내가 입을 벌리니 그가 그 두루
마리를 내게 먹이시며
3 내게 이르시되 인자야 내가 네
게 주는 이 두루마리를 네 배
에 넣으며 네 창자에 채우라
하시기에 내가 먹으니 그것이
내 입에서 달기가 꿀 같더라
4 그가 또 내게 이르시되 인자야
이스라엘 족속에게 가서 내 말
로 그들에게 고하라
5 너를 언어가 다르거나 말이 어
려운 백성에게 보내는 것이 아
니요 이스라엘 족속에게 보내는
것이라
6 너를 언어가 다르거나 말이 어
려워 네가 그들의 말을 알아듣
지 못할 나라들에게 보내는 것
이 아니니라 내가 너를 그들에
게 보냈다면 그들은 정녕 네
말을 들었으리라
7 그러나 이스라엘 족속은 이마
가 굳고 마음이 굳어 네 말을
듣고자 아니하리니 이는 내 말
을 듣고자 아니함이니라
8 보라 내가 그들의 얼굴을 마주
보도록 네 얼굴을 굳게 하였고
그들의 이마를 마주 보도록 네
이마를 굳게 하였으되
9 네 이마를 화석보다 굳은 금강
석같이 하였으니 그들이 비록
반역하는 족속이라도 두려워하
지 말며 그들의 얼굴을 무서워
하지 말라 하시니라
10 또 내게 이르시되 인자야 내가
네게 이를 모든 말을 너는 마음
으로 받으며 귀로 듣고
11 사로잡힌 네 민족에게로 가서
그들이 듣든지 아니 듣든지 그들
에게 고하여 이르기를 주 여호
와의 말씀이 이러하시다 하라
12 때에 주의 영이 나를 들어 올
리시는데 내가 내 뒤에서 크게
울리는 소리를 들으니 찬송할지
어다 여호와의 영광이 그의 처
소로부터 나오는도다 하니
13 이는 생물들의 날개가 서로 부
딪치는 소리와 생물 곁의 바퀴
소리라 크게 울리는 소리더라
14 주의 영이 나를 들어 올려 데리
고 가시는데 내가 근심하고 분
한 마음으로 가니 여호와의 권
능이 힘 있게 나를 감동시키시
더라
15 이에 내가 델아빕에 이르러 그

사로잡힌 백성 곧 그발 강가에
거주하는 자들에게 나아가 그
중에서 두려워 떨며 칠일을 지
내니라

파수꾼 에스겔 (겔 33:1-9)

16 칠일 후에 여호와의 말씀이 내
게 임하여 이르시되
17 인자야 내가 너를 이스라엘 족
속의 파수꾼으로 세웠으니 너는
내 입의 말을 듣고 나를 대신
하여 그들을 깨우치라
18 가령 내가 악인에게 말하기를
너는 꼭 죽으리라 할 때에 네
가 깨우치지 아니하거나 말로
악인에게 일러서 그의 악한 길
을 떠나 생명을 구원하게 하
지 아니하면 그 악인은 그의
죄악 중에서 죽으려니와 내가
그의 피값을 네 손에서 찾을
것이고
19 네가 악인을 깨우치되 그가 그
의 악한 마음과 악한 행위에
서 돌이키지 아니하면 그는 그
의 죄악 중에서 죽으려니와 너
는 네 생명을 보존하리라
20 또 의인이 그의 공의에서 돌이
켜 악을 행할 때에는 이미 행
한 그의 공의는 기억할 바 아
니라 내가 그 앞에 거치는 것
을 두면 그가 죽을지니 이는 네
가 그를 깨우치지 않음이니라
그는 그의 죄 중에서 죽으려니
와 그의 피값은 내가 네 손에
서 찾으리라
21 그러나 네가 그 의인을 깨우
쳐 범죄하지 아니하게 함으로
그가 범죄하지 아니하면 정녕
살리니 이는 깨우침을 받음이
며 너도 네 영혼을 보존하리라

에스겔이 말 못하는 자가 되다

22 여호와께서 권능으로 거기서 내
게 임하시고 또 내게 이르시되
일어나 들로 나아가라 내가 거
기서 너와 말하리라 하시기로
23 내가 일어나 들로 나아가니 여
호와의 영광이 거기에 머물렀
는데 내가 전에 그발 강가에서
보던 영광과 같은지라 내가 곧
엎드리니
24 주의 영이 내게 임하사 나를
일으켜 내 발로 세우시고 내게
말씀하여 이르시되 너는 가서
네 집에 들어가 문을 닫으라
25 너 인자야 보라 무리가 네 위
에 줄을 놓아 너를 동여매리니
네가 그들 가운데에서 나오지

못할 것이라
26 내가 네 혀를 네 입천장에 붙
게 하여 네가 말 못하는 자가
되어 그들을 꾸짖는 자가 되지
못하게 하리니 그들은 패역한
족속임이니라
27 그러나 내가 너와 말할 때에
네 입을 열리니 너는 그들에게
이르기를 주 여호와의 말씀이
이러하시다 하라 들을 자는 들
을 것이요 듣기 싫은 자는 듣
지 아니하리니 그들은 반역하
는 족속임이니라

예루살렘을 그리고 에워싸라

4 너 인자야 토판을 가져다가
그것을 네 앞에 놓고 한 성
읍 곧 예루살렘을 그 위에 그
리고
2 그 성읍을 에워싸되 그것을 향
하여 사다리를 세우고 그것을
향하여 흙으로 언덕을 쌓고 그
것을 향하여 진을 치고 그것
을 향하여 공성퇴를 둘러 세우
고
3 또 철판을 가져다가 너와 성
읍 사이에 두어 철벽을 삼고
성을 포위하는 것처럼 에워싸
라 이것이 이스라엘 족속에게
징조가 되리라
4 너는 또 왼쪽으로 누워 이스라
엘 족속의 죄악을 짊어지되 네
가 눕는 날수대로 그 죄악을
담당할지니라
5 내가 그들의 범죄한 햇수대로
네게 날수를 정하였나니 곧 삼
백구십일이니라 너는 이렇게 이
스라엘 족속의 죄악을 담당하
고
6 그 수가 차거든 너는 오른쪽으
로 누워 유다 족속의 죄악을
담당하라 내가 네게 사십일로
정하였나니 하루가 일 년이니라
7 너는 또 네 얼굴을 에워싸인
예루살렘 쪽으로 향하고 팔을
걷어올리고 예언하라
8 내가 줄로 너를 동이리니 네가
에워싸는 날이 끝나기까지 몸
을 이리저리 돌리지 못하리라
9 너는 밀과 보리와 콩과 팥과
조와 귀리를 가져다가 한 그릇
에 담고 너를 위하여 떡을 만
들어 네가 옆으로 눕는 날수
곧 삼백구십일 동안 먹되
10 너는 음식물을 달아서 하루 이
십 세겔씩 때를 따라 먹고
11 물도 육분의 일 힌씩 되어서

때를 따라 마시라
12 너는 그것을 보리떡처럼 만들
어 먹되 그들의 목전에서 인분
불을 피워 구울지니라
13 또 여호와께서 이르시되 내가
여러 나라들로 쫓아내어 흩어
버릴 이스라엘 자손이 거기서
이같이 부정한 떡을 먹으리라
하시기로
14 내가 말하되 아하 주 여호와
여 나는 영혼을 더럽힌 일이
없었나이다 어려서부터 지금까
지 스스로 죽은 것이나 짐승에
게 찢긴 것을 먹지 아니하였
고 가증한 고기를 입에 넣지
아니하였나이다
15 여호와께서 내게 이르시되 보
라 쇠똥으로 인분을 대신하기
를 허락하노니 너는 그것으로
떡을 구울지니라
16 또 내게 이르시되 인자야 내가
예루살렘에서 의뢰하는 양식을
끊으리니 백성이 근심 중에 떡
을 달아 먹고 두려워 떨며 물
을 되어 마시다가
17 떡과 물이 부족하여 피차에 두
려워하여 떨며 그 죄악 중에
서 쇠패하리라

머리털과 수염을 깎는 상징

5 너 인자야 너는 날카로운 칼
을 가져다가 삭도로 삼아 네
머리털과 수염을 깎아서 저울
로 달아 나누어 두라
2 그 성읍을 에워싸는 날이 차거
든 너는 터럭 삼분의 일은 성
읍 안에서 불사르고 삼분의 일
은 성읍 사방에서 칼로 치고
또 삼분의 일은 바람에 흩으라
내가 그 뒤를 따라 칼을 빼리
라
3 너는 터럭 중에서 조금을 네
옷자락에 싸고
4 또 그 가운데에서 얼마를 불에
던져 사르라 그 속에서 불이 이
스라엘 온 족속에게로 나오리
라
5 주 여호와께서 이와 같이 이르
시되 이것이 곧 예루살렘이라
내가 그를 이방인 가운데에 두
어 나라들이 둘러 있게 하였거
늘
6 그가 내 규례를 거슬러서 이방
인보다 악을 더 행하며 내 율
례도 그리함이 그를 둘러 있는
나라들보다 더하니 이는 그들이
내 규례를 버리고 내 율례를

행하지 아니하였음이니라
7 그러므로 나 주 여호와가 말하
노라 너희 요란함이 너희를 둘
러싸고 있는 이방인들보다 더
하여 내 율례를 행하지 아니하
며 내 규례를 지키지 아니하고
너희를 둘러 있는 이방인들의
규례대로도 행하지 아니하였느
니라
8 그러므로 나 주 여호와가 말하
노라 나 곧 내가 너를 치며 이
방인의 목전에서 너에게 벌을
내리되
9 네 모든 가증한 일로 말미암아
내가 전무후무하게 네게 내릴
지라
10 그러한즉 네 가운데에서 아버
지가 아들을 잡아먹고 아들이
그 아버지를 잡아먹으리라 내
가 벌을 네게 내리고 너희 중
에 남은 자를 다 사방에 흩으
리라
11 그러므로 나 주 여호와가 말하
노라 내가 나의 삶을 두고 맹
세하노니 네가 모든 미운 물건
과 모든 가증한 일로 내 성소
를 더럽혔은즉 나도 너를 아끼
지 아니하며 긍휼을 베풀지 아
니하고 미약하게 하리니
12 너희 가운데에서 삼분의 일은
전염병으로 죽으며 기근으로 멸
망할 것이요 삼분의 일은 너의
사방에서 칼에 엎드러질 것이
며 삼분의 일은 내가 사방에
흩어 버리고 또 그 뒤를 따라
가며 칼을 빼리라
13 이와 같이 내 노가 다한즉 그
들을 향한 분이 풀려서 내 마
음이 가라앉으리라 내 분이 그
들에게 다한즉 나 여호와가 열
심으로 말한 줄을 그들이 알리
라
14 내가 이르되 또 너를 황무하게
하고 너를 둘러싸고 있는 이방
인들 중에서 모든 지나가는 자
의 목전에 모욕거리가 되게 하
리니
15 내 노와 분과 중한 책망으로
네게 벌을 내린즉 너를 둘러싸
고 있는 이방인들에게 네가 수
치와 조롱거리가 되고 두려움
과 경고가 되리라 나 여호와의
말이니라
16 내가 멸망하게 하는 기근의 독
한 화살을 너희에게 보내되 기
근을 더하여 너희가 의뢰하는

양식을 끊을 것이라
17 내가 기근과 사나운 짐승을 너
희에게 보내 외롭게 하고 너희
가운데에 전염병과 살육이 일
어나게 하고 또 칼이 너희에게
임하게 하리라 나 여호와의 말
이니라

여호와께서 우상숭배를 심판하시다

6 여호와의 말씀이 내게 임하
여 이르시되
2 인자야 너는 이스라엘 산을 향
하여 그들에게 예언하여
3 이르기를 이스라엘 산들아 주
여호와의 말씀을 들으라 주 여
호와께서 산과 언덕과 시내와
골짜기를 향하여 이같이 말씀
하시기를 나 곧 내가 칼이 너
희에게 임하게 하여 너희 산당
을 멸하리니
4 너희 제단들이 황폐하고 분향
제단들이 깨뜨려질 것이며 너
희가 죽임을 당하여 너희 우상
앞에 엎드러지게 할 것이라
5 이스라엘 자손의 시체를 그 우
상 앞에 두며 너희 해골을 너
희 제단 사방에 흩으리라
6 내가 너희가 거주하는 모든 성
읍이 사막이 되게 하며 산당
을 황폐하게 하리니 이는 너희
제단이 깨어지고 황폐하며 너
희 우상들이 깨어져 없어지며
너희 분향제단들이 찍히며 너
희가 만든 것이 폐하여지며
7 또 너희가 죽임을 당하여 엎드
러지게 하여 내가 여호와인 줄
을 너희가 알게 하려 함이라
8 그러나 너희가 여러 나라에 흩
어질 때에 내가 너희 중에서
칼을 피하여 이방인들 중에 살
아남은 자가 있게 할지라
9 너희 중에서 살아남은 자가 사
로잡혀 이방인들 중에 있어서
나를 기억하되 그들이 음란한
마음으로 나를 떠나고 음란한
눈으로 우상을 섬겨 나를 근심
하게 한 것을 기억하고 스스로
한탄하리니 이는 그 모든 가증
한 일로 악을 행하였음이라
10 그때에야 그들이 나를 여호와
인 줄 알리라 내가 이런 재앙
을 그들에게 내리겠다 한 말이
헛되지 아니하니라
11 주 여호와께서 이같이 이르시
되 너는 손뼉을 치고 발을 구
르며 말할지어다 오호라 이스
라엘 족속이 모든 가증한 악을

행하므로 마침내 칼과 기근과
전염병에 망하되
12 먼 데 있는 자는 전염병에 죽
고 가까운 데 있는 자는 칼에
엎드러지고 남아 있어 에워싸
인 자는 기근에 죽으리라 이같
이 내 진노를 그들에게 이룬즉
13 그 죽임당한 시체들이 그 우상
들 사이에, 제단 사방에, 각 높
은 고개 위에, 모든 산꼭대기
에, 모든 푸른 나무 아래에, 무
성한 상수리나무 아래 곧 그
우상에게 분향하던 곳에 있으
리니 내가 여호와인 줄을 너희
가 알리라
14 내가 내 손을 그들의 위에 펴
서 그가 사는 온 땅 곧 광야에
서부터 디블라까지 황량하고
황폐하게 하리니 내가 여호와
인 줄을 그들이 알리라

이스라엘의 끝이 다가오다

7 또 여호와의 말씀이 내게 임
하여 이르시되
2 너 인자야 주 여호와께서 이스
라엘 땅에 관하여 이같이 말
씀하셨느니라 끝났도다 이 땅
사방의 일이 끝났도다
3 이제는 네게 끝이 이르렀나니
내가 내 진노를 네게 나타내어
네 행위를 심판하고 네 모든
가증한 일을 보응하리라
4 내가 너를 불쌍히 여기지 아니
하며 긍휼히 여기지도 아니하
고 네 행위대로 너를 벌하여
네 가증한 일이 너희 중에 나
타나게 하리니 내가 여호와인
줄을 너희가 알리라
5 주 여호와께서 이같이 이르시
되 재앙이로다, 비상한 재앙이로
다 볼지어다 그것이 왔도다
6 끝이 왔도다, 끝이 왔도다 끝이
너에게 왔도다 볼지어다 그것
이 왔도다
7 이 땅 주민아 정한 재앙이 네
게 임하도다 때가 이르렀고 날
이 가까웠으니 요란한 날이요
산에서 즐거이 부르는 날이 아
니로다
8 이제 내가 속히 분을 네게 쏟
고 내 진노를 네게 이루어서
네 행위대로 너를 심판하여 네
모든 가증한 일을 네게 보응하
되
9 내가 너를 불쌍히 여기지 아니
하며 긍휼히 여기지도 아니하
고 네 행위대로 너를 벌하여

너의 가증한 일이 너희 중에
나타나게 하리니 나 여호와가
때리는 이임을 네가 알리라
10 볼지어다 그날이로다 볼지어다
임박하도다 정한 재앙이 이르렀
으니 몽둥이가 꽃이 피며 교만
이 싹이 났도다
11 포학이 일어나서 죄악의 몽둥이
가 되었은즉 그들도, 그 무리도,
그 재물도 하나도 남지 아니하
며 그중의 아름다운 것도 없어
지리로다
12 때가 이르렀고 날이 가까웠으
니 사는 자도 기뻐하지 말고
파는 자도 근심하지 말 것은
진노가 그 모든 무리에게 임함
이로다
13 파는 자가 살아있다 할지라도
다시 돌아가서 그 판 것을 얻
지 못하리니 이는 묵시가 그 모
든 무리에게 돌아오지 아니하
고, 사람이 그 죄악으로 말미암
아 자기의 목숨을 유지할 수
없으리라 하였음이로다

이스라엘이 받는 벌

14 그들이 나팔을 불어 온갖 것을
준비하였을지라도 전쟁에 나갈
사람이 없나니 이는 내 진노가
그 모든 무리에게 이르렀음이라
15 밖에는 칼이 있고 안에는 전염
병과 기근이 있어서 밭에 있는
자는 칼에 죽을 것이요 성읍에
있는 자는 기근과 전염병에 망
할 것이며
16 도망하는 자는 산 위로 피하여
다 각기 자기 죄악 때문에 골
짜기의 비둘기들처럼 슬피 울
것이며
17 모든 손은 피곤하고 모든 무릎
은 물과 같이 약할 것이라
18 그들이 굵은 베로 허리를 묶을
것이요 두려움이 그들을 덮을
것이요 모든 얼굴에는 수치가
있고 모든 머리는 대머리가 될
것이며
19 그들이 그 은을 거리에 던지며
그 금을 오물같이 여기리니 이
는 여호와 내가 진노를 내리는
날에 그들의 은과 금이 능히
그들을 건지지 못하며 능히 그
심령을 족하게 하거나 그 창자
를 채우지 못하고 오직 죄악의
걸림돌이 됨이로다
20 그들이 그 화려한 장식으로 말
미암아 교만을 품었고 또 그것
으로 가증한 우상과 미운 물건

을 만들었은즉 내가 그것을 그
들에게 오물이 되게 하여
21 타국인의 손에 넘겨 노략하게
하며 세상 악인에게 넘겨 그들
이 약탈하여 더럽히게 하고
22 내가 또 내 얼굴을 그들에게서
돌이키리니 그들이 내 은밀한
처소를 더럽히고 포악한 자도
거기 들어와서 더럽히리라
23 너는 쇠사슬을 만들라 이는 피
흘리는 죄가 그 땅에 가득하고
포악이 그 성읍에 찼음이라
24 내가 극히 악한 이방인들을 데
려와서 그들이 그 집들을 점령
하게 하고 강한 자의 교만을
그치게 하리니 그들의 성소가
더럽힘을 당하리라
25 패망이 이르리니 그들이 평강을
구하여도 없을 것이라
26 환난에 환난이 더하고 소문에
소문이 더할 때에 그들이 선지
자에게서 묵시를 구하나 헛될
것이며 제사장에게는 율법이
없어질 것이요 장로에게는 책
략이 없어질 것이며
27 왕은 애통하고 고관은 놀람을
옷 입듯 하며 주민의 손은 떨
리리라 내가 그 행위대로 그들
에게 갚고 그 죄악대로 그들을
심판하리니 내가 여호와인 줄
을 그들이 알리라

예루살렘의 우상숭배

8 여섯째 해 여섯째 달 초닷새
에 나는 집에 앉았고 유다의
장로들은 내 앞에 앉아 있는데
주 여호와의 권능이 거기에서
내게 내리기로
2 내가 보니 불 같은 형상이 있
더라 그 허리 아래의 모양은
불 같고 허리 위에는 광채가
나서 단 쇠 같은데
3 그가 손 같은 것을 펴서 내 머
리털 한 모숨을 잡으며 주의 영
이 나를 들어 천지 사이로 올리
시고 하나님의 환상 가운데에
나를 이끌어 예루살렘으로 가
서 안뜰로 들어가는 북향한 문
에 이르시니 거기에는 질투의
우상 곧 질투를 일어나게 하는
우상의 자리가 있는 곳이라
4 이스라엘 하나님의 영광이 거
기에 있는데 내가 들에서 본
모습과 같더라
5 그가 내게 이르시되 인자야 이
제 너는 눈을 들어 북쪽을 바
라보라 하시기로 내가 눈을 들

어 북쪽을 바라보니 제단문 어
귀 북쪽에 그 질투의 우상이
있더라
6 그가 또 내게 이르시되 인자야
이스라엘 족속이 행하는 일을
보느냐 그들이 여기에서 크게
가증한 일을 행하여 나로 내
성소를 멀리 떠나게 하느니라
너는 다시 다른 큰 가증한 일
을 보리라 하시더라
7 그가 나를 이끌고 뜰 문에 이르
시기로 내가 본즉 담에 구멍이
있더라
8 그가 내게 이르시되 인자야 너
는 이 담을 헐라 하시기로 내
가 그 담을 허니 한 문이 있더
라
9 또 내게 이르시되 들어가서 그
들이 거기에서 행하는 가증하
고 악한 일을 보라 하시기로
10 내가 들어가 보니 각양 곤충과
가증한 짐승과 이스라엘 족속
의 모든 우상을 그 사방 벽에
그렸고
11 이스라엘 족속의 장로 중 칠십
명이 그 앞에 섰으며 사반의
아들 야아사냐도 그 가운데에
섰고 각기 손에 향로를 들었는
데 향연이 구름같이 오르더라
12 또 내게 이르시되 인자야 이스
라엘 족속의 장로들이 각각 그
우상의 방 안 어두운 가운데에
서 행하는 것을 네가 보았느냐
그들이 이르기를 여호와께서 우
리를 보지 아니하시며 여호와께
서 이 땅을 버리셨다 하느니라
13 또 내게 이르시되 너는 다시 그
들이 행하는 바 다른 큰 가증
한 일을 보리라 하시더라
14 그가 또 나를 데리고 여호와의
전으로 들어가는 북문에 이르시
기로 보니 거기에 여인들이 앉
아 담무스를 위하여 애곡하더
라
15 그가 또 내게 이르시되 인자야
네가 그것을 보았느냐 너는 또
이보다 더 큰 가증한 일을 보리
라 하시더라
16 그가 또 나를 데리고 여호와의
성전 안뜰에 들어가시니라 보
라 여호와의 성전 문 곧 현관
과 제단 사이에서 약 스물다섯
명이 여호와의 성전을 등지고
낯을 동쪽으로 향하여 동쪽 태
양에게 예배하더라
17 또 내게 이르시되 인자야 네가

보았느냐 유다 족속이 여기에
서 행한 가증한 일을 적다 하
겠느냐 그들이 그 땅을 폭행으
로 채우고 또다시 내 노여움을
일으키며 심지어 나뭇가지를
그 코에 두었느니라
18 그러므로 나도 분노로 갚아 불
쌍히 여기지 아니하며 긍휼을
베풀지도 아니하리니 그들이 큰
소리로 내 귀에 부르짖을지라도
내가 듣지 아니하리라

예루살렘을 향하여 분노를 쏟으시다

9 또 그가 큰 소리로 내 귀에
외쳐 이르시되 이 성읍을 관
할하는 자들이 각기 죽이는 무
기를 손에 들고 나아오게 하라
하시더라
2 내가 보니 여섯 사람이 북향한
윗문 길로부터 오는데 각 사람
의 손에 죽이는 무기를 잡았고
그중의 한 사람은 가는 베옷을
입고 허리에 서기관의 먹 그릇
을 찼더라 그들이 들어와서 놋
제단 곁에 서더라
3 그룹에 머물러 있던 이스라엘
하나님의 영광이 성전 문지방
에 이르더니 여호와께서 그 가
는 베옷을 입고 서기관의 먹
그릇을 찬 사람을 불러
4 여호와께서 이르시되 너는 예루
살렘 성읍 중에 순행하여 그
가운데에서 행하는 모든 가증
한 일로 말미암아 탄식하며 우
는 자의 이마에 표를 그리라
하시고
5 그들에 대하여 내 귀에 이르시
되 너희는 그를 따라 성읍 중
에 다니며 불쌍히 여기지 말며
긍휼을 베풀지 말고 쳐서
6 늙은 자와 젊은 자와 처녀와
어린이와 여자를 다 죽이되 이
마에 표 있는 자에게는 가까이
하지 말라 내 성소에서 시작할
지니라 하시매 그들이 성전 앞
에 있는 늙은 자들로부터 시작
하더라
7 그가 또 그들에게 이르시되 너
희는 성전을 더럽혀 시체로 모
든 뜰에 채우라 너희는 나가
라 하시매 그들이 나가서 성읍
중에서 치더라
8 그들이 칠 때에 내가 홀로 있
었는지라 엎드려 부르짖어 이르
되 아하 주 여호와여 예루살렘
을 향하여 분노를 쏟으시오니
이스라엘의 남은 자를 모두 멸

하려 하시나이까
9 그가 내게 이르시되 이스라엘
과 유다 족속의 죄악이 심히
중하여 그 땅에 피가 가득하
며 그 성읍에 불법이 찼나니
이는 그들이 이르기를 여호와께
서 이 땅을 버리셨으며 여호와
께서 보지 아니하신다 함이라
10 그러므로 내가 그들을 불쌍히
여기지 아니하며 긍휼을 베풀
지 아니하고 그들의 행위대로
그들의 머리에 갚으리라 하시더
라
11 보라 가는 베옷을 입고 허리에
먹 그릇을 찬 사람이 복명하여
이르되 주께서 내게 명령하신
대로 내가 준행하였나이다 하
더라

여호와의 영광이 성전을 떠나시다

10 이에 내가 보니 그룹들 머리
위 궁창에 남보석 같은 것이
나타나는데 그들 위에 보좌의
형상이 있는 것 같더라
2 하나님이 가는 베옷을 입은 사
람에게 말씀하여 이르시되 너
는 그룹 밑에 있는 바퀴 사이
로 들어가 그 속에서 숯불을
두 손에 가득히 움켜 가지고
성읍 위에 흩으라 하시매 그가
내 목전에서 들어가더라
3 그 사람이 들어갈 때에 그룹들
은 성전 오른쪽에 서있고 구름
은 안뜰에 가득하며
4 여호와의 영광이 그룹에서 올
라와 성전 문지방에 이르니 구
름이 성전에 가득하며 여호와
의 영화로운 광채가 뜰에 가득
하였고
5 그룹들의 날개 소리는 바깥뜰
까지 들리는데 전능하신 하나
님이 말씀하시는 음성 같더라
6 하나님이 가는 베옷을 입은 자
에게 명령하시기를 바퀴 사이
곧 그룹들 사이에서 불을 가져
가라 하셨으므로 그가 들어가
바퀴 옆에 서매
7 그 그룹이 그룹들 사이에서 손
을 내밀어 그 그룹들 사이에
있는 불을 집어 가는 베옷을 입
은 자의 손에 주매 그가 받아
가지고 나가는데
8 그룹들의 날개 밑에 사람의 손
같은 것이 나타나더라
9 내가 보니 그룹들 곁에 네 바
퀴가 있는데 이 그룹 곁에도
한 바퀴가 있고 저 그룹 곁에

도 한 바퀴가 있으며 그 바퀴
모양은 황옥 같으며
10 그 모양은 넷이 꼭 같은데 마
치 바퀴 안에 바퀴가 있는 것
같으며
11 그룹들이 나아갈 때에는 사방
으로 몸을 돌리지 아니하고 나
아가되 몸을 돌리지 아니하고
그 머리 향한 곳으로 나아가며
12 그 온몸과 등과 손과 날개와
바퀴 곧 네 그룹의 바퀴의 둘
레에 다 눈이 가득하더라
13 내가 들으니 그 바퀴들을 도는
것이라 부르며
14 그룹들에게는 각기 네 면이 있
는데 첫째 면은 그룹의 얼굴이
요 둘째 면은 사람의 얼굴이요
셋째는 사자의 얼굴이요 넷째
는 독수리의 얼굴이더라
15 그룹들이 올라가니 그들은 내가
그발 강가에서 보던 생물이라
16 그룹들이 나아갈 때에는 바퀴
도 그 곁에서 나아가고 그룹들
이 날개를 들고 땅에서 올라가
려 할 때에도 바퀴가 그 곁을
떠나지 아니하며
17 그들이 서면 이들도 서고 그들
이 올라가면 이들도 함께 올
라가니 이는 생물의 영이 바퀴
가운데에 있음이더라
18 여호와의 영광이 성전 문지방
을 떠나서 그룹들 위에 머무르
니
19 그룹들이 날개를 들고 내 눈앞
의 땅에서 올라가는데 그들이
나갈 때에 바퀴도 그 곁에서
함께하더라 그들이 여호와의
전으로 들어가는 동문에 머물고
이스라엘 하나님의 영광이 그
위에 덮였더라
20 그것은 내가 그발 강가에서 보
던 이스라엘의 하나님 아래에
있던 생물이라 그들이 그룹인
줄을 내가 아니라
21 각기 네 얼굴과 네 날개가 있
으며 날개 밑에는 사람의 손
형상이 있으니
22 그 얼굴의 형상은 내가 그발
강가에서 보던 얼굴이며 그 모
양과 그 몸도 그러하며 각기
곧게 앞으로 가더라

예루살렘이 심판을 받다

11 그때에 주의 영이 나를 들어
올려서 여호와의 전 동문 곧
동향한 문에 이르시기로 보니
그 문에 사람이 스물다섯 명이

있는데 내가 그중에서 앗술의
아들 야아사냐와 브나야의 아
들 블라댜를 보았으니 그들은
백성의 고관이라
2 그가 내게 이르시되 인자야 이
사람들은 불의를 품고 이 성중
에서 악한 꾀를 꾸미는 자니라
3 그들의 말이 집 건축할 때가
가깝지 아니한즉 이 성읍은 가
마가 되고 우리는 고기가 된다
하나니
4 그러므로 인자야 너는 그들을
쳐서 예언하고 예언할지니라
5 여호와의 영이 내게 임하여 이
르시되 너는 말하기를 여호와
의 말씀에 이스라엘 족속아 너
희가 이렇게 말하였도다 너희
마음에서 일어나는 것을 내가
다 아노라
6 너희가 이 성읍에서 많이 죽여
그 거리를 시체로 채웠도다
7 그러므로 주 여호와께서 이같
이 말씀하셨느니라 이 성읍 중
에서 너희가 죽인 시체는 그
고기요 이 성읍은 그 가마인데
너희는 그 가운데에서 끌려 나
오리라
8 나 주 여호와가 말하노라 너희
가 칼을 두려워하니 내가 칼로
너희에게 이르게 하고
9 너희를 그 성읍 가운데에서 끌
어내어 타국인의 손에 넘겨 너
희에게 벌을 내리리니
10 너희가 칼에 엎드러질 것이라
내가 이스라엘 변경에서 너희
를 심판하리니 너희는 내가 여
호와인 줄을 알리라
11 이 성읍은 너희 가마가 되지
아니하고 너희는 그 가운데에
고기가 되지 아니할지라 내가
너희를 이스라엘 변경에서 심
판하리니
12 너희는 내가 여호와인 줄을 알
리라 너희가 내 율례를 행하지
아니하며 규례를 지키지 아니
하고 너희 사방에 있는 이방인
의 규례대로 행하였느니라 하
셨다 하라
13 이에 내가 예언할 때에 브나
야의 아들 블라댜가 죽기로 내
가 엎드려 큰 소리로 부르짖어
이르되 오호라 주 여호와여 이
스라엘의 남은 자를 다 멸절하
고자 하시나이까 하니라

이스라엘의 회복을 이르시다

14 여호와의 말씀이 내게 임하여

이르시되
15 인자야 예루살렘 주민이 네
형제 곧 네 형제와 친척과 온
이스라엘 족속을 향하여 이르
기를 너희는 여호와에게서 멀
리 떠나라 이 땅은 우리에게
주어 기업이 되게 하신 것이라
하였나니
16 그런즉 너는 말하기를 주 여호
와의 말씀에 내가 비록 그들을
멀리 이방인 가운데로 쫓아내
어 여러 나라에 흩었으나 그들
이 도달한 나라들에서 내가 잠
깐 그들에게 성소가 되리라 하
셨다 하고
17 너는 또 말하기를 주 여호와의
말씀에 내가 너희를 만민 가운
데에서 모으며 너희를 흩은 여
러 나라 가운데에서 모아 내고
이스라엘 땅을 너희에게 주리
라 하셨다 하라
18 그들이 그리로 가서 그 가운데
의 모든 미운 물건과 모든 가
증한 것을 제거하여 버릴지라
19 내가 그들에게 한마음을 주고
그 속에 새 영을 주며 그 몸에
서 돌 같은 마음을 제거하고
살처럼 부드러운 마음을 주어
20 내 율례를 따르며 내 규례를
지켜 행하게 하리니 그들은 내
백성이 되고 나는 그들의 하나
님이 되리라
21 그러나 미운 것과 가증한 것
을 마음으로 따르는 자는 내가
그 행위대로 그 머리에 갚으리
라 나 주 여호와의 말이니라

여호와의 영광이 떠나시다

22 그때에 그룹들이 날개를 드는
데 바퀴도 그 곁에 있고 이스
라엘 하나님의 영광도 그 위에
덮였더니
23 여호와의 영광이 성읍 가운데
에서부터 올라가 성읍 동쪽 산
에 머무르고
24 주의 영이 나를 들어 하나님의
영의 환상 중에 데리고 갈대아
에 있는 사로잡힌 자 중에 이
르시더니 내가 본 환상이 나를
떠나 올라간지라
25 내가 사로잡힌 자에게 여호와
께서 내게 보이신 모든 일을
말하니라

포로가 될 것을 나타내는 상징 행위

12 또 여호와의 말씀이 내게 임
하여 이르시되
2 인자야 네가 반역하는 족속 중

에 거주하는도다 그들은 볼 눈
이 있어도 보지 아니하고 들을
귀가 있어도 듣지 아니하나니
그들은 반역하는 족속임이라
3 인자야 너는 포로의 행장을 꾸
리고 낮에 그들의 목전에서 끌
려가라 네가 네 처소를 다른
곳으로 옮기는 것을 그들이 보
면 비록 반역하는 족속이라도
혹 생각이 있으리라
4 너는 낮에 그들의 목전에서 네
포로의 행장을 밖에 내놓기를
끌려가는 포로의 행장같이 하
고 저물 때에 너는 그들의 목
전에서 밖으로 나가기를 포로
되어 가는 자같이 하라
5 너는 그들의 목전에서 성벽을
뚫고 그리로 따라 옮기되
6 캄캄할 때에 그들의 목전에서
어깨에 메고 나가며 얼굴을 가
리고 땅을 보지 말지어다 이는
내가 너를 세워 이스라엘 족속
에게 징조가 되게 함이라 하시
기로
7 내가 그 명령대로 행하여 낮에
나의 행장을 끌려가는 포로의
행장같이 내놓고 저물 때에
내 손으로 성벽을 뚫고 캄캄할
때에 행장을 내다가 그들의 목
전에서 어깨에 메고 나가니라
8 이튿날 아침에 여호와의 말씀
이 또 내게 임하여 이르시되
9 인자야 이스라엘 족속 곧 그
반역하는 족속이 네게 묻기를
무엇을 하느냐 하지 아니하더
냐
10 너는 그들에게 말하기를 주 여
호와의 말씀에 이것은 예루살
렘 왕과 그 가운데에 있는 이
스라엘 온 족속에 대한 묵시라
하셨다 하고
11 또 말하기를 나는 너희 징조라
내가 행한 대로 그들도 포로로
사로잡혀 가리라
12 무리가 성벽을 뚫고 행장을 그
리로 가지고 나가고 그중에 왕
은 어두울 때에 어깨에 행장
을 메고 나가며 눈으로 땅을
보지 아니하려고 자기 얼굴을
가리리라 하라
13 내가 또 내 그물을 그의 위에
치고 내 올무에 걸리게 하여
그를 끌고 갈대아 땅 바벨론
에 이르리니 그가 거기에서 죽
으려니와 그 땅을 보지 못하리
라

14 내가 그 호위하는 자와 부대들
을 다 사방으로 흩고 또 그 뒤
를 따라 칼을 빼리라
15 내가 그들을 이방인 가운데로
흩으며 여러 나라 가운데에 헤
친 후에야 내가 여호와인 줄을
그들이 알리라
16 그러나 내가 그중 몇 사람을
남겨 칼과 기근과 전염병에서
벗어나게 하여 그들이 이르는
이방인 가운데에서 자기의 모
든 가증한 일을 자백하게 하리
니 내가 여호와인 줄을 그들이
알리라

떨면서 먹고 마시며 보이는 징조

17 여호와의 말씀이 또 내게 임하
여 이르시되
18 인자야 너는 떨면서 네 음식을
먹고 놀라고 근심하면서 네 물
을 마시며
19 이 땅 백성에게 말하되 주 여
호와께서 예루살렘 주민과 이
스라엘 땅에 대하여 이르시기
를 그들이 근심하면서 그 음식
을 먹으며 놀라면서 그 물을
마실 것은 이 땅 모든 주민의
포악으로 말미암아 땅에 가득
한 것이 황폐하게 됨이라
20 사람이 거주하는 성읍들이 황
폐하며 땅이 적막하리니 내가
여호와인 줄을 너희가 알리라
하셨다 하라

속담과 묵시

21 여호와의 말씀이 또 내게 임하
여 이르시되
22 인자야 이스라엘 땅에서 이르
기를 날이 더디고 모든 묵시가
사라지리라 하는 너희의 이 속
담이 어찌 됨이냐
23 그러므로 너는 그들에게 이르기
를 주 여호와께서 이같이 말씀
하시기를 내가 이 속담을 그치
게 하리니 사람이 다시는 이스
라엘 가운데에서 이 속담을 사
용하지 못하리라 하셨다 하고
또 그들에게 이르기를 날과 모
든 묵시의 응함이 가까우니
24 이스라엘 족속 중에 허탄한 묵
시나 아첨하는 복술이 다시 있
지 못하리라 하라
25 나는 여호와라 내가 말하리니
내가 하는 말이 다시는 더디지
아니하고 응하리라 반역하는
족속이여 내가 너희 생전에 말
하고 이루리라 나 주 여호와의
말이니라 하셨다 하라

26 여호와의 말씀이 또 내게 임하
여 이르시되
27 인자야 이스라엘 족속의 말이
그가 보는 묵시는 여러 날 후
의 일이라 그가 멀리 있는 때
에 대하여 예언하였다 하느니
라
28 그러므로 너는 그들에게 이르기
를 주 여호와의 말씀에 나의
말이 하나도 다시 더디지 아니
할지니 내가 한 말이 이루어지
리라 나 주 여호와의 말이니라
하셨다 하라

거짓 선지자의 종말

13 여호와의 말씀이 내게 임하
여 이르시되
2 인자야 너는 이스라엘의 예언
하는 선지자들에게 경고하여
예언하되 자기 마음대로 예언
하는 자에게 말하기를 너희는
여호와의 말씀을 들으라
3 주 여호와의 말씀에 본 것이
없이 자기 심령을 따라 예언
하는 어리석은 선지자에게 화
가 있을진저
4 이스라엘아 너의 선지자들은
황무지에 있는 여우 같으니라
5 너희 선지자들이 성 무너진 곳
에 올라가지도 아니하였으며
이스라엘 족속을 위하여 여호와
의 날에 전쟁에서 견디게 하려
고 성벽을 수축하지도 아니하
였느니라
6 여호와께서 말씀하셨다고 하는
자들이 허탄한 것과 거짓된
점괘를 보며 사람들에게 그 말
이 확실히 이루어지기를 바라
게 하거니와 그들은 여호와가
보낸 자가 아니라
7 너희가 말하기는 여호와의 말
씀이라 하여도 내가 말한 것이
아닌즉 어찌 허탄한 묵시를 보
며 거짓된 점괘를 말한 것이
아니냐
8 그러므로 주 여호와께서 이같
이 말씀하셨느니라 너희가 허
탄한 것을 말하며 거짓된 것
을 보았은즉 내가 너희를 치리
라 주 여호와의 말씀이니라
9 그 선지자들이 허탄한 묵시를
보며 거짓 것을 점쳤으니 내
손이 그들을 쳐서 내 백성의 공
회에 들어오지 못하게 하며 이
스라엘 족속의 호적에도 기록되
지 못하게 하며 이스라엘 땅에
도 들어가지 못하게 하리니 너

회가 나를 여호와인 줄 알리라
10 이렇게 칠 것은 그들이 내 백
성을 유혹하여 평강이 없으나
평강이 있다 함이라 어떤 사람
이 담을 쌓을 때에 그들이 회
칠을 하는도다
11 그러므로 너는 회칠하는 자에
게 이르기를 그것이 무너지리라
폭우가 내리며 큰 우박덩이가
떨어지며 폭풍이 몰아치리니
12 그 담이 무너진즉 어떤 사람이
너희에게 말하기를 그것에 칠
한 회가 어디 있느냐 하지 아
니하겠느냐
13 그러므로 나 주 여호와가 말하
노라 내가 분노하여 폭풍을 퍼
붓고 내가 진노하여 폭우를 내
리고 분노하여 큰 우박덩어리로
무너뜨리리라
14 회칠한 담을 내가 이렇게 허물
어서 땅에 넘어뜨리고 그 기초
를 드러낼 것이라 담이 무너진
즉 너희가 그 가운데에서 망하
리니 나를 여호와인 줄 알리라
15 이와 같이 내가 내 노를 담과
회칠한 자에게 모두 이루고 또
너희에게 말하기를 담도 없어
지고 칠한 자들도 없어졌다 하
리니
16 이들은 예루살렘에 대하여 예
언하기를 평강이 없으나 평강
의 묵시를 보았다고 하는 이스
라엘의 선지자들이니라 주 여호
와의 말씀이니라

거짓말로 예언하는 여자들

17 너 인자야 너의 백성 중 자기
마음대로 예언하는 여자들에게
경고하며 예언하여
18 이르기를 주 여호와의 말씀에
사람의 영혼을 사냥하려고 손
목마다 부적을 꿰어 매고 키가
큰 자나 작은 자의 머리를 위
하여 수건을 만드는 여자들에
게 화 있을진저 너희가 어찌하
여 내 백성의 영혼은 사냥하면
서 자기를 위하여는 영혼을 살
리려 하느냐
19 너희가 두어 움큼 보리와 두어
조각 떡을 위하여 나를 내 백
성 가운데에서 욕되게 하여 거
짓말을 곧이듣는 내 백성에게
너희가 거짓말을 지어내어 죽
지 아니할 영혼을 죽이고 살지
못할 영혼을 살리는도다
20 그러므로 나 주 여호와가 이같
이 말하노라 너희가 새를 사냥

하듯 영혼들을 사냥하는 그 부
적을 내가 너희 팔에서 떼어
버리고 너희가 새처럼 사냥한
그 영혼들을 놓아주며
21 또 너희 수건을 찢고 내 백성
을 너희 손에서 건지고 다시는
너희 손에 사냥물이 되지 아니
하게 하리니 내가 여호와인 줄
을 너희가 알리라
22 내가 슬프게 하지 아니한 의인
의 마음을 너희가 거짓말로 근
심하게 하며 너희가 또 악인
의 손을 굳게 하여 그 악한 길
에서 돌이켜 떠나 삶을 얻지
못하게 하였은즉
23 너희가 다시는 허탄한 묵시를
보지 못하고 점복도 못할지라
내가 내 백성을 너희 손에서
건져내리니 내가 여호와인 줄
을 너희가 알리라 하라

여호와께서 우상숭배를 심판하시다

14 이스라엘 장로 두어 사람이
나아와 내 앞에 앉으니
2 여호와의 말씀이 내게 임하여
이르시되
3 인자야 이 사람들이 자기 우상
을 마음에 들이며 죄악의 걸림
돌을 자기 앞에 두었으니 그들
이 내게 묻기를 내가 조금인들
용납하랴
4 그런즉 너는 그들에게 말하여
이르라 나 주 여호와가 말하노
라 이스라엘 족속 중에 그 우
상을 마음에 들이며 죄악의 걸
림돌을 자기 앞에 두고 선지자
에게로 가는 모든 자에게 나
여호와가 그 우상의 수효대로
보응하리니
5 이는 이스라엘 족속이 다 그 우
상으로 말미암아 나를 배반하
였으므로 내가 그들이 마음먹은
대로 그들을 잡으려 함이라
6 그런즉 너는 이스라엘 족속에
게 이르기를 주 여호와의 말씀
에 너희는 마음을 돌이켜 우상
을 떠나고 얼굴을 돌려 모든
가증한 것을 떠나라
7 이스라엘 족속과 이스라엘 가
운데에 거류하는 외국인 중에
누구든지 나를 떠나고 자기 우
상을 마음에 들이며 죄악의 걸
림돌을 자기 앞에 두고 자기를
위하여 내게 묻고자 하여 선지
자에게 가는 모든 자에게는 나
여호와가 친히 응답하여
8 그 사람을 대적하여 그들을 놀

라움과 표징과 속담거리가 되
게 하여 내 백성 가운데에서
끊으리니 내가 여호와인 줄을
너희가 알리라
9 만일 선지자가 유혹을 받고 말
을 하면 나 여호와가 그 선지
자를 유혹을 받게 하였음이거니
와 내가 손을 펴서 내 백성 이
스라엘 가운데에서 그를 멸할
것이라
10 선지자의 죄악과 그에게 묻는
자의 죄악이 같은즉 각각 자기
의 죄악을 담당하리니
11 이는 이스라엘 족속이 다시는
미혹되어 나를 떠나지 아니하
게 하며 다시는 모든 죄로 스스
로 더럽히지 아니하게 하여 그
들을 내 백성으로 삼고 나는 그
들의 하나님이 되려 함이라 주
여호와의 말씀이니라

의인도 자기의 생명만 건지리라

12 여호와의 말씀이 또 내게 임하
여 이르시되
13 인자야 가령 어떤 나라가 불
법을 행하여 내게 범죄하므로
내가 손을 그 위에 펴서 그 의
지하는 양식을 끊어 기근을 내
려 사람과 짐승을 그 나라에
서 끊는다 하자
14 비록 노아, 다니엘, 욥, 이 세 사
람이 거기에 있을지라도 그들
은 자기의 공의로 자기의 생명
만 건지리라 나 주 여호와의
말이니라
15 가령 내가 사나운 짐승을 그
땅에 다니게 하여 그 땅을 황
폐하게 하여 사람이 그 짐승
때문에 능히 다니지 못하게 한
다 하자
16 비록 이 세 사람이 거기에 있
을지라도 나의 삶을 두고 맹세
하노니 그들도 자녀는 건지지
못하고 자기만 건지겠고 그
땅은 황폐하리라 주 여호와의
말씀이니라
17 가령 내가 칼이 그 땅에 임하
게 하고 명령하기를 칼아 그
땅에 돌아다니라 하고 내가 사
람과 짐승을 거기에서 끊는다
하자
18 비록 이 세 사람이 거기에 있
을지라도 나의 삶을 두고 맹세
하노니 그들도 자녀는 건지지
못하고 자기만 건지리라 나 주
여호와의 말이니라
19 가령 내가 그 땅에 전염병을

내려 죽임으로 내 분노를 그 위
에 쏟아 사람과 짐승을 거기에
서 끊는다 하자
20 비록 노아, 다니엘, 욥이 거기에
있을지라도 나의 삶을 두고 맹
세하노니 그들도 자녀는 건지지
못하고 자기의 공의로 자기의
생명만 건지리라 주 여호와의
말씀이니라
21 주 여호와께서 이같이 이르시
되 내가 나의 네 가지 중한
벌 곧 칼과 기근과 사나운 짐
승과 전염병을 예루살렘에 함
께 내려 사람과 짐승을 그중에
서 끊으리니 그 해가 더욱 심
하지 아니하겠느냐
22 그러나 그 가운데에 피하는 자
가 남아 있어 끌려 나오리니
곧 자녀들이라 그들이 너희에
게로 나아오리니 너희가 그 행
동과 소행을 보면 내가 예루살
렘에 내린 재앙 곧 그 내린 모
든 일에 대하여 너희가 위로를
받을 것이라
23 너희가 그 행동과 소행을 볼
때에 그들에 의해 위로를 받고
내가 예루살렘에서 행한 모든
일이 이유 없이 한 것이 아닌
줄을 알리라 주 여호와의 말씀
이니라

불에 던질 땔감 같은 예루살렘 주민

15 여호와의 말씀이 내게 임하
여 이르시되
2 인자야 포도나무가 모든 나무보
다 나은 것이 무엇이랴 숲속의
여러 나무 가운데에 있는 그
포도나무 가지가 나은 것이 무
엇이랴
3 그 나무를 가지고 무엇을 제조
할 수 있겠느냐 그것으로 무슨
그릇을 걸 못을 만들 수 있겠
느냐
4 불에 던질 땔감이 될 뿐이라
불이 그 두 끝을 사르고 그 가
운데도 태웠으면 제조에 무슨
소용이 있겠느냐
5 그것이 온전할 때에도 아무 제
조에 합당하지 아니하였거든
하물며 불에 살라지고 탄 후에
어찌 제조에 합당하겠느냐
6 그러므로 주 여호와께서 이같
이 말씀하셨느니라 내가 수풀
가운데에 있는 포도나무를 불에
던질 땔감이 되게 한 것같이
내가 예루살렘 주민도 그같이
할지라

7 내가 그들을 대적한즉 그들이
그 불에서 나와도 불이 그들을
사르리니 내가 그들을 대적할
때에 내가 여호와인 줄 너희가
알리라
8 내가 그 땅을 황폐하게 하리
니 이는 그들이 범법함이니라
나 주 여호와의 말이니라 하시
니라

가증한 예루살렘

16 또 여호와의 말씀이 내게 임
하여 이르시되
2 인자야 예루살렘으로 그 가증
한 일을 알게 하여
3 이르기를 주 여호와께서 예루
살렘에 관하여 이같이 말씀하
시되 네 근본과 난 땅은 가나
안이요 네 아버지는 아모리 사
람이요 네 어머니는 헷 사람이
라
4 네가 난 것을 말하건대 네가
날 때에 네 배꼽 줄을 자르지
아니하였고 너를 물로 씻어 정
결하게 하지 아니하였고 네게
소금을 뿌리지 아니하였고 너
를 강보로 싸지도 아니하였나
니
5 아무도 너를 돌보아 이 중에 한
가지라도 네게 행하여 너를 불
쌍히 여긴 자가 없었으므로 네
가 나던 날에 네 몸이 천하게
여겨져 네가 들에 버려졌느니
라
6 내가 네 곁으로 지나갈 때에
네가 피투성이가 되어 발짓하
는 것을 보고 네게 이르기를 너
는 피투성이라도 살아있으라 다
시 이르기를 너는 피투성이라도
살아있으라 하고
7 내가 너를 들의 풀같이 많게
하였더니 네가 크게 자라고 심
히 아름다우며 유방이 뚜렷하
고 네 머리털이 자랐으나 네가
여전히 벌거벗은 알몸이더라
8 내가 네 곁으로 지나며 보니
네 때가 사랑을 할 만한 때라
내 옷으로 너를 덮어 벌거벗은
것을 가리고 네게 맹세하고 언
약하여 너를 내게 속하게 하였
느니라 나 주 여호와의 말이니
라
9 내가 물로 네 피를 씻어 없애
고 네게 기름을 바르고
10 수놓은 옷을 입히고 물돼지 가
죽신을 신기고 가는 베로 두르
고 모시로 덧입히고

11 패물을 채우고 팔고리를 손목
에 끼우고 목걸이를 목에 걸고
12 코고리를 코에 달고 귀고리를
귀에 달고 화려한 왕관을 머리
에 씌웠나니
13 이와 같이 네가 금, 은으로 장
식하고 가는 베와 모시와 수놓
은 것을 입으며 또 고운 밀가
루와 꿀과 기름을 먹음으로 극
히 곱고 형통하여 왕후의 지위
에 올랐느니라
14 네 화려함으로 말미암아 네 명
성이 이방인 중에 퍼졌음은 내
가 네게 입힌 영화로 네 화려
함이 온전함이라 나 주 여호와
의 말이니라
15 그러나 네가 네 화려함을 믿고
네 명성을 가지고 행음하되 지
나가는 모든 자와 더불어 음란
을 많이 행하므로 네 몸이 그들
의 것이 되도다
16 네가 네 의복을 가지고 너를
위하여 각색으로 산당을 꾸미
고 거기에서 행음하였나니 이
런 일은 전무후무하니라
17 네가 또 내가 준 금, 은 장식품
으로 너를 위하여 남자 우상을
만들어 행음하며
18 또 네 수놓은 옷을 그 우상에
게 입히고 나의 기름과 향을
그 앞에 베풀며
19 또 내가 네게 주어 먹게 한
내 음식물 곧 고운 밀가루와
기름과 꿀을 네가 그 앞에 베
풀어 향기를 삼았나니 과연 그
렇게 하였느니라 주 여호와의
말씀이니라
20 또 네가 나를 위하여 낳은 네
자녀를 그들에게 데리고 가서
드려 제물로 삼아 불살랐느니
라 네가 네 음행을 작은 일로
여겨서
21 나의 자녀들을 죽여 우상에게
넘겨 불 가운데로 지나가게 하
였느냐
22 네가 어렸을 때에 벌거벗은 몸
이었으며 피투성이가 되어서 발
짓하던 것을 기억하지 아니하
고 네가 모든 가증한 일과 음
란을 행하였느니라

방자한 음녀 예루살렘

23 주 여호와의 말씀이니라 너는
화 있을진저 화 있을진저 네가
모든 악을 행한 후에
24 너를 위하여 누각을 건축하며
모든 거리에 높은 대를 쌓았도

다
25 네가 높은 대를 모든 길 어귀
에 쌓고 네 아름다움을 가증하
게 하여 모든 지나가는 자에게
다리를 벌려 심히 음행하고
26 하체가 큰 네 이웃 나라 애굽
사람과도 음행하되 심히 음란
히 하여 내 진노를 샀도다
27 그러므로 내가 내 손을 네 위
에 펴서 네 일용할 양식을 감
하고 너를 미워하는 블레셋 여
자 곧 네 더러운 행실을 부끄
러워하는 자에게 너를 넘겨 임
의로 하게 하였거늘
28 네가 음욕이 차지 아니하여 또
앗수르 사람과 행음하고 그들
과 행음하고도 아직도 부족하
게 여겨
29 장사하는 땅 갈대아에까지 심
히 행음하되 아직도 족한 줄
을 알지 못하였느니라
30 주 여호와의 말씀이니라 네가
이 모든 일을 행하니 이는 방
자한 음녀의 행위라 네 마음이
어찌 그리 약한지
31 네가 누각을 모든 길 어귀에
건축하며 높은 대를 모든 거리
에 쌓고도 값을 싫어하니 창기
같지도 아니하도다
32 그 남편 대신에 다른 남자들
과 내통하여 간음하는 아내로
다
33 사람들은 모든 창기에게 선물
을 주거늘 오직 너는 네 모든
정든 자에게 선물을 주며 값
을 주어서 사방에서 와서 너와
행음하게 하니
34 네 음란함이 다른 여인과 같
지 아니함은 행음하려고 너를
따르는 자가 없음이며 또 네가
값을 받지 아니하고 도리어 값
을 줌이라 그런즉 다른 여인과
같지 아니하니라

예루살렘을 벌하시다

35 그러므로 너 음녀야 여호와의
말씀을 들을지어다
36 주 여호와께서 이같이 말씀하
셨느니라 네가 네 누추한 것을
쏟으며 네 정든 자와 행음함으
로 벗은 몸을 드러내며 또 가
증한 우상을 위하며 네 자녀
의 피를 그 우상에게 드렸은즉
37 내가 너의 즐거워하는 정든 자
와 사랑하던 모든 자와 미워
하던 모든 자를 모으되 사방에
서 모아 너를 대적하게 할 것

이요 또 네 벗은 몸을 그 앞에
드러내 그들이 그것을 다 보게
할 것이며
38 내가 또 간음하고 사람의 피를
흘리는 여인을 심판함같이 너
를 심판하여 진노의 피와 질투
의 피를 네게 돌리고
39 내가 또 너를 그들의 손에 넘
기리니 그들이 네 누각을 헐며
네 높은 대를 부수며 네 의복
을 벗기고 네 장식품을 빼앗고
네 몸을 벌거벗겨 버려두며
40 무리를 데리고 와서 너를 돌로
치며 칼로 찌르며
41 불로 네 집들을 사르고 여러 여
인의 목전에서 너를 벌할지라
내가 너에게 곧 음행을 그치게
하리니 네가 다시는 값을 주지
아니하리라
42 그리한즉 나는 네게 대한 내
분노가 그치며 내 질투가 네게
서 떠나고 마음이 평안하여 다
시는 노하지 아니하리라
43 네가 어렸을 때를 기억하지 아
니하고 이 모든 일로 나를 분노
하게 하였은즉 내가 네 행위대
로 네 머리에 보응하리니 네가
이 음란과 네 모든 가증한 일
을 다시는 행하지 아니하리라
주 여호와의 말씀이니라

그 어머니에 그 딸

44 속담을 말하는 자마다 네게 대
하여 속담을 말하기를 어머니
가 그러하면 딸도 그러하다
하리라
45 너는 그 남편과 자녀를 싫어
한 어머니의 딸이요 너는 그
남편과 자녀를 싫어한 형의 동
생이로다 네 어머니는 헷 사람
이요 네 아버지는 아모리 사람
이며
46 네 형은 그 딸들과 함께 네
왼쪽에 거주하는 사마리아요
네 아우는 그 딸들과 함께 네
오른쪽에 거주하는 소돔이라
47 네가 그들의 행위대로만 행하
지 아니하며 그 가증한 대로만
행하지 아니하고 그것을 적게
여겨서 네 모든 행위가 그보다
더욱 부패하였도다
48 주 여호와의 말씀이니라 내가
나의 삶을 두고 맹세하노니 네
아우 소돔 곧 그와 그의 딸들
은 너와 네 딸들의 행위같이
행하지 아니하였느니라
49 네 아우 소돔의 죄악은 이러하

니 그와 그의 딸들에게 교만함
과 음식물의 풍족함과 태평함
이 있음이며 또 그가 가난하고
궁핍한 자를 도와주지 아니하
며
50 거만하여 가증한 일을 내 앞
에서 행하였음이라 그러므로 내
가 보고 곧 그들을 없이하였느
니라
51 사마리아는 네 죄의 절반도 범
하지 아니하였느니라 네가 그
들보다 가증한 일을 심히 행하
였으므로 네 모든 가증한 행위
로 네 형과 아우를 의롭게 하
였느니라
52 네가 네 형과 아우를 유리하
게 판단하였은즉 너도 네 수치
를 담당할지니라 네가 그들보
다 더욱 가증한 죄를 범하므로
그들이 너보다 의롭게 되었나니
네가 네 형과 아우를 의롭게
하였은즉 너는 놀라며 네 수치
를 담당할지니라

소돔과 사마리아도 회복되리라

53 내가 그들의 사로잡힘 곧 소돔
과 그의 딸들의 사로잡힘과 사
마리아와 그의 딸들의 사로잡
힘과 그들 중에 너의 사로잡힌
자의 사로잡힘을 풀어주어
54 네가 네 수욕을 담당하고 네가
행한 모든 일로 말미암아 부끄
럽게 하리니 이는 네가 그들에
게 위로가 됨이라
55 네 아우 소돔과 그의 딸들이
옛 지위를 회복할 것이요 사마
리아와 그의 딸들도 그의 옛
지위를 회복할 것이며 너와 네
딸들도 너희 옛 지위를 회복할
것이니라
56 네가 교만하던 때에 네 아우
소돔을 네 입으로 말하지도 아
니하였나니
57 곧 네 악이 드러나기 전이며
아람의 딸들이 너를 능욕하기
전이며 너의 사방에 둘러 있는
블레셋의 딸들이 너를 멸시하
기 전이니라
58 네 음란과 네 가증한 일을 네
가 담당하였느니라 나 여호와
의 말이니라
59 나 주 여호와가 이같이 말하노
라 네가 맹세를 멸시하여 언약
을 배반하였은즉 내가 네 행한
대로 네게 행하리라

영원한 언약

60 그러나 내가 너의 어렸을 때에

너와 세운 언약을 기억하고 너
와 영원한 언약을 세우리라
61 네가 네 형과 아우를 접대할
때에 네 행위를 기억하고 부끄
러워할 것이라 내가 그들을 네
게 딸로 주려니와 네 언약으로
말미암음이 아니니라
62 내가 네게 내 언약을 세워 내
가 여호와인 줄 네가 알게 하
리니
63 이는 내가 네 모든 행한 일을
용서한 후에 네가 기억하고 놀
라고 부끄러워서 다시는 입을
열지 못하게 하려 함이니라 주
여호와의 말씀이니라

독수리와 포도나무의 비유

17 여호와의 말씀이 내게 임하
여 이르시되
2 인자야 너는 이스라엘 족속에
게 수수께끼와 비유를 말하라
3 여호와께서 이같이 말씀하여
이르시되 색깔이 화려하고 날
개가 크고 깃이 길고 털이 숱
한 큰 독수리가 레바논에 이르
러 백향목 높은 가지를 꺾되
4 그 연한 가지 끝을 꺾어 가지
고 장사하는 땅에 이르러 상인
의 성읍에 두고
5 또 그 땅의 종자를 꺾어 옥토
에 심되 수양버들 가지처럼 큰
물가에 심더니
6 그것이 자라며 퍼져서 높지 아
니한 포도나무 곧 굵은 가지와
가는 가지가 난 포도나무가 되
어 그 가지는 독수리를 향하였
고 그 뿌리는 독수리 아래에
있었더라
7 또 날개가 크고 털이 많은 큰
독수리 하나가 있었는데 그 포
도나무가 이 독수리에게 물을
받으려고 그 심어진 두둑에서
그를 향하여 뿌리가 뻗고 가지
가 퍼졌도다
8 그 포도나무를 큰 물가 옥토에
심은 것은 가지를 내고 열매를
맺어서 아름다운 포도나무를 이
루게 하려 하였음이라
9 너는 이르기를 주 여호와의 말
씀에 그 나무가 능히 번성하겠
느냐 이 독수리가 어찌 그 뿌리
를 빼고 열매를 따며 그 나무
가 시들게 하지 아니하겠으며
그 연한 잎사귀가 마르게 하지
아니하겠느냐 많은 백성이나
강한 팔이 아니라도 그 뿌리를
뽑으리라

10 볼지어다 그것이 심어졌으나
번성하겠느냐 동풍에 부딪힐
때에 아주 마르지 아니하겠느
냐 그 자라던 두둑에서 마르리
라 하셨다 하라

비유의 해석

11 여호와의 말씀이 또 내게 임하
여 이르시되
12 너는 반역하는 족속에게 묻기
를 너희가 이 비유를 깨닫지
못하겠느냐 하고 그들에게 말
하기를 바벨론 왕이 예루살렘
에 이르러 왕과 고관을 사로잡
아 바벨론 자기에게로 끌어가
고
13 그 왕족 중에서 하나를 택하여
언약을 세우고 그에게 맹세하
게 하고 또 그 땅의 능한 자들
을 옮겨 갔나니
14 이는 나라를 낮추어 스스로 서
지 못하고 그 언약을 지켜야
능히 서게 하려 하였음이거늘
15 그가 사절을 애굽에 보내 말과
군대를 구함으로 바벨론 왕을
배반하였으니 형통하겠느냐 이
런 일을 행한 자가 피하겠느
냐 언약을 배반하고야 피하겠
느냐
16 주 여호와의 말씀이니라 내가
나의 삶을 두고 맹세하노니 바
벨론 왕이 그를 왕으로 세웠거
늘 그가 맹세를 저버리고 언약
을 배반하였은즉 그 왕이 거주
하는 곳 바벨론에서 왕과 함
께 있다가 죽을 것이라
17 대적이 토성을 쌓고 사다리를
세우고 많은 사람을 멸절하려
할 때에 바로가 그 큰 군대와
많은 무리로도 그 전쟁에 그를
도와주지 못하리라
18 그가 이미 손을 내밀어 언약하
였거늘 맹세를 업신여겨 언약
을 배반하고 이 모든 일을 행
하였으니 피하지 못하리라
19 그러므로 주 여호와의 말씀이니
라 내가 나의 삶을 두고 맹세
하노니 그가 내 맹세를 업신여
기고 내 언약을 배반하였은즉
내가 그 죄를 그 머리에 돌리되
20 그 위에 내 그물을 치며 내 올
무에 걸리게 하여 끌고 바벨론
으로 가서 나를 반역한 그 반
역을 거기에서 심판할지며
21 그 모든 군대에서 도망한 자들
은 다 칼에 엎드러질 것이요
그 남은 자는 사방으로 흩어지

리니 나 여호와가 이것을 말한
줄을 너희가 알리라

높은 나무를 낮추고

22 주 여호와께서 이같이 말씀하
시되 내가 백향목 꼭대기에서
높은 가지를 꺾어다가 심으리
라 내가 그 높은 새 가지 끝에
서 연한 가지를 꺾어 높고 우
뚝 솟은 산에 심되
23 이스라엘 높은 산에 심으리니
그 가지가 무성하고 열매를 맺
어서 아름다운 백향목이 될 것
이요 각종 새가 그 아래에 깃
들이며 그 가지 그늘에 살리라
24 들의 모든 나무가 나 여호와는
높은 나무를 낮추고 낮은 나무
를 높이며 푸른 나무를 말리고
마른 나무를 무성하게 하는 줄
알리라 나 여호와는 말하고 이
루느니라 하라

아버지의 죄악과 아들의 의

18 또 여호와의 말씀이 내게 임
하여 이르시되
2 너희가 이스라엘 땅에 관한 속
담에 이르기를 아버지가 신 포
도를 먹었으므로 그의 아들의
이가 시다고 함은 어찌 됨이냐
3 주 여호와의 말씀이니라 내가
나의 삶을 두고 맹세하노니 너
희가 이스라엘 가운데에서 다
시는 이 속담을 쓰지 못하게
되리라
4 모든 영혼이 다 내게 속한지라
아버지의 영혼이 내게 속함같
이 그의 아들의 영혼도 내게 속
하였나니 범죄하는 그 영혼은
죽으리라
5 사람이 만일 의로워서 정의와
공의를 따라 행하며
6 산 위에서 제물을 먹지 아니하
며 이스라엘 족속의 우상에게
눈을 들지 아니하며 이웃의 아
내를 더럽히지 아니하며 월경
중에 있는 여인을 가까이하지
아니하며
7 사람을 학대하지 아니하며 빚
진 자의 저당물을 돌려주며 강
탈하지 아니하며 주린 자에게
음식물을 주며 벗은 자에게 옷
을 입히며
8 변리를 위하여 꾸어 주지 아니
하며 이자를 받지 아니하며 스
스로 손을 금하여 죄를 짓지
아니하며 사람과 사람 사이에
진실하게 판단하며
9 내 율례를 따르며 내 규례를

지켜 진실하게 행할진대 그는
의인이니 반드시 살리라 주 여
호와의 말씀이니라
10 가령 그가 아들을 낳았다 하
자 그 아들이 이 모든 선은 하
나도 행하지 아니하고 이 죄악
중 하나를 범하여 강포하거나
살인하거나
11 산 위에서 제물을 먹거나 이웃
의 아내를 더럽히거나
12 가난하고 궁핍한 자를 학대하
거나 강탈하거나 빚진 자의
저당물을 돌려주지 아니하거나
우상에게 눈을 들거나 가증한
일을 행하거나
13 변리를 위하여 꾸어 주거나 이
자를 받거나 할진대 그가 살
겠느냐 결코 살지 못하리니 이
모든 가증한 일을 행하였은즉
반드시 죽을지라 자기의 피가
자기에게로 돌아가리라
14 또 가령 그가 아들을 낳았다
하자 그 아들이 그 아버지가
행한 모든 죄를 보고 두려워하
여 그대로 행하지 아니하고
15 산 위에서 제물을 먹지도 아니
하며 이스라엘 족속의 우상에
게 눈을 들지도 아니하며 이웃
의 아내를 더럽히지도 아니하
며
16 사람을 학대하지도 아니하며
저당을 잡지도 아니하며 강탈
하지도 아니하고 주린 자에게
음식물을 주며 벗은 자에게 옷
을 입히며
17 손을 금하여 가난한 자를 압
제하지 아니하며 변리나 이자
를 받지 아니하여 내 규례를
지키며 내 율례를 행할진대
이 사람은 그의 아버지의 죄악
으로 죽지 아니하고 반드시 살
겠고
18 그의 아버지는 심히 포학하여
그 동족을 강탈하고 백성들 중
에서 선을 행하지 아니하였으
므로 그는 그의 죄악으로 죽으리
라
19 그런데 너희는 이르기를 아들이
어찌 아버지의 죄를 담당하지
아니하겠느냐 하는도다 아들이
정의와 공의를 행하며 내 모든
율례를 지켜 행하였으면 그는
반드시 살려니와
20 범죄하는 그 영혼은 죽을지라
아들은 아버지의 죄악을 담당
하지 아니할 것이요 아버지는

아들의 죄악을 담당하지 아니
하리니 의인의 공의도 자기에게
로 돌아가고 악인의 악도 자기
에게로 돌아가리라
21 그러나 악인이 만일 그가 행한
모든 죄에서 돌이켜 떠나 내
모든 율례를 지키고 정의와 공
의를 행하면 반드시 살고 죽지
아니할 것이라
22 그 범죄한 것이 하나도 기억함
이 되지 아니하리니 그가 행한
공의로 살리라
23 주 여호와의 말씀이니라 내가
어찌 악인이 죽는 것을 조금인
들 기뻐하랴 그가 돌이켜 그
길에서 떠나 사는 것을 어찌
기뻐하지 아니하겠느냐
24 만일 의인이 돌이켜 그 공의에
서 떠나 범죄하고 악인이 행하
는 모든 가증한 일대로 행하면
살겠느냐 그가 행한 공의로운
일은 하나도 기억함이 되지 아
니하리니 그가 그 범한 허물과
그 지은 죄로 죽으리라
25 그런데 너희는 이르기를 주의
길이 공평하지 아니하다 하는
도다 이스라엘 족속아 들을지어
다 내 길이 어찌 공평하지 아
니하냐 너희 길이 공평하지 아
니한 것이 아니냐
26 만일 의인이 그 공의를 떠나
죄악을 행하고 그로 말미암아
죽으면 그 행한 죄악으로 말미
암아 죽는 것이요
27 만일 악인이 그 행한 악을 떠
나 정의와 공의를 행하면 그
영혼을 보전하리라
28 그가 스스로 헤아리고 그 행한
모든 죄악에서 돌이켜 떠났으
니 반드시 살고 죽지 아니하리
라
29 그런데 이스라엘 족속은 이르기
를 주의 길이 공평하지 아니하
다 하는도다 이스라엘 족속아
나의 길이 어찌 공평하지 아니
하냐 너희 길이 공평하지 아니
한 것 아니냐
30 주 여호와의 말씀이니라 이스라
엘 족속아 내가 너희 각 사람
이 행한 대로 심판할지라 너희
는 돌이켜 회개하고 모든 죄에
서 떠날지어다 그리한즉 그것
이 너희에게 죄악의 걸림돌이
되지 아니하리라
31 너희는 너희가 범한 모든 죄악
을 버리고 마음과 영을 새롭게

할지어다 이스라엘 족속아 너
희가 어찌하여 죽고자 하느냐
32 주 여호와의 말씀이니라 죽을
자가 죽는 것도 내가 기뻐하
지 아니하노니 너희는 스스로
돌이키고 살지니라

애가

19 너는 이스라엘 고관들을 위
하여 애가를 지어
2 부르라 네 어머니는 무엇이냐
암사자라 그가 사자들 가운데
에 엎드려 젊은 사자 중에서
그 새끼를 기르는데
3 그 새끼 하나를 키우매 젊은
사자가 되어 먹이 물어뜯기를
배워 사람을 삼키매
4 이방이 듣고 함정으로 그를 잡
아 갈고리로 꿰어 끌고 애굽
땅으로 간지라
5 암사자가 기다리다가 소망이
끊어진 줄을 알고 그 새끼 하
나를 또 골라 젊은 사자로 키
웠더니
6 젊은 사자가 되매 여러 사자
가운데에 왕래하며 먹이 물어
뜯기를 배워 사람을 삼키며
7 그의 궁궐들을 헐고 성읍들을
부수니 그 우는 소리로 말미암
아 땅과 그 안에 가득한 것이
황폐한지라
8 이방이 포위하고 있는 지방에
서 그를 치러 와서 그의 위에
그물을 치고 함정에 잡아
9 우리에 넣고 갈고리를 꿰어 끌
고 바벨론 왕에게 이르렀나니
그를 옥에 가두어 그 소리가 다
시 이스라엘 산에 들리지 아니
하게 하려 함이라
10 네 피의 어머니는 물가에 심겨
진 포도나무 같아서 물이 많으
므로 열매가 많고 가지가 무성
하며
11 그 가지들은 강하여 권세 잡은
자의 규가 될 만한데 그 하나
의 키가 굵은 가지 가운데에서
높았으며 많은 가지 가운데에
서 뛰어나 보이다가
12 분노 중에 뽑혀서 땅에 던짐을
당하매 그 열매는 동풍에 마르
고 그 강한 가지들은 꺾이고
말라 불에 탔더니
13 이제는 광야, 메마르고 가물이
든 땅에 심어진 바 되고
14 불이 그 가지 중 하나에서부터
나와 그 열매를 태우니 권세
잡은 자의 규가 될 만한 강한

가지가 없도다 하라 이것이 애
가라 후에도 애가가 되리라

하나님의 뜻, 이스라엘의 반역

20 일곱째 해 다섯째 달 열째
날에 이스라엘 장로 여러 사
람이 여호와께 물으려고 와서
내 앞에 앉으니
2 여호와의 말씀이 내게 임하여
이르시되
3 인자야 이스라엘 장로들에게
말하여 이르라 주 여호와께서
이렇게 말씀하셨느니라 너희가
내게 물으려고 왔느냐 내가 나
의 목숨을 걸고 맹세하거니와
너희가 내게 묻기를 내가 용납
하지 아니하리라 주 여호와의
말씀이니라
4 인자야 네가 그들을 심판하려
느냐 네가 그들을 심판하려느
냐 너는 그들에게 그들의 조상
들의 가증한 일을 알게 하여
5 이르라 주 여호와께서 이같이
말씀하셨느니라 옛날에 내가
이스라엘을 택하고 야곱 집의
후예를 향하여 내 손을 들어
맹세하고 애굽 땅에서 그들에
게 나타나 맹세하여 이르기를
나는 여호와 너희 하나님이라
하였노라
6 그날에 내가 내 손을 들어 그
들에게 맹세하기를 애굽 땅에
서 인도하여내어 그들을 위하
여 찾아 두었던 땅 곧 젖과
꿀이 흐르는 땅이요 모든 땅 중
의 아름다운 곳에 이르게 하리
라 하고
7 또 그들에게 이르기를 너희는
눈을 끄는 바 가증한 것을 각
기 버리고 애굽의 우상들로 말
미암아 스스로 더럽히지 말라
나는 여호와 너희 하나님이니라
하였으나
8 그들이 내게 반역하여 내 말을
즐겨 듣지 아니하고 그들의 눈
을 끄는 바 가증한 것을 각기
버리지 아니하며 애굽의 우상들
을 떠나지 아니하므로 내가 말
하기를 내가 애굽 땅에서 그들
에게 나의 분노를 쏟으며 그들
에게 진노를 이루리라 하였노
라
9 그러나 내가 그들이 거주하는
이방인의 눈앞에서 그들에게
나타나 그들을 애굽 땅에서 인
도하여내었나니 이는 내 이름을
위함이라 내 이름을 그 이방인

의 눈앞에서 더럽히지 아니하
려고 행하였음이라
10 그러므로 내가 그들을 애굽 땅
에서 나와서 광야에 이르게 하
고
11 사람이 준행하면 그로 말미암
아 삶을 얻을 내 율례를 주며
내 규례를 알게 하였고
12 또 내가 그들을 거룩하게 하는
여호와인 줄 알게 하려고 내
안식일을 주어 그들과 나 사이
에 표징을 삼았노라
13 그러나 이스라엘 족속이 광야
에서 내게 반역하여 사람이 준
행하면 그로 말미암아 삶을 얻
을 나의 율례를 준행하지 아니
하며 나의 규례를 멸시하였고
나의 안식일을 크게 더럽혔으므
로 내가 이르기를 내가 내 분노
를 광야에서 그들에게 쏟아 멸
하리라 하였으나
14 내가 내 이름을 위하여 달리
행하였었나니 내가 그들을 인
도하여내는 것을 본 나라들 앞
에서 내 이름을 더럽히지 아니
하려 하였음이로라
15 또 내가 내 손을 들어 광야에
서 그들에게 맹세하기를 내가
그들에게 허락한 땅 곧 젖과
꿀이 흐르는 땅이요 모든 땅 중
의 아름다운 곳으로 그들을 인
도하여 들이지 아니하리라 한
것은
16 그들이 마음으로 우상을 따라
나의 규례를 업신여기며 나의
율례를 행하지 아니하며 나의
안식일을 더럽혔음이라
17 그러나 내가 그들을 아껴서 광
야에서 멸하여 아주 없이하지
아니하였었노라
18 내가 광야에서 그들의 자손에
게 이르기를 너희 조상들의 율
례를 따르지 말며 그 규례를
지키지 말며 그 우상들로 말미
암아 스스로 더럽히지 말라
19 나는 여호와 너희 하나님이라
너희는 나의 율례를 따르며 나
의 규례를 지켜 행하고
20 또 나의 안식일을 거룩하게 할
지어다 이것이 나와 너희 사이
에 표징이 되어 내가 여호와 너
희 하나님인 줄을 너희가 알게
하리라 하였노라
21 그러나 그들의 자손이 내게 반
역하여 사람이 지켜 행하면 그
로 말미암아 삶을 얻을 나의

율례를 따르지 아니하며 나의
규례를 지켜 행하지 아니하였
고 나의 안식일을 더럽힌지라
이에 내가 이르기를 내가 광야
에서 그들에게 내 분노를 쏟으
며 그들에게 내 진노를 이루리
라 하였으나
22 내가 내 이름을 위하여 내 손
을 막아 달리 행하였나니 내
가 그들을 인도하여내는 것을
본 여러 나라 앞에서 내 이름
을 더럽히지 아니하려 하였음
이로라
23 또 내가 내 손을 들어 광야에
서 그들에게 맹세하기를 내가
그들을 이방인 중에 흩으며 여
러 민족 가운데에 헤치리라 하
였나니
24 이는 그들이 나의 규례를 행하
지 아니하며 나의 율례를 멸시
하며 내 안식일을 더럽히고 눈
으로 그들의 조상들의 우상들을
사모함이며
25 또 내가 그들에게 선하지 못
한 율례와 능히 지키지 못할
규례를 주었고
26 그들이 장자를 다 화제로 드리
는 그 예물로 내가 그들을 더
럽혔음은 그들을 멸망하게 하
여 나를 여호와인 줄 알게 하
려 하였음이라
27 그런즉 인자야 이스라엘 족속
에게 말하여 이르라 주 여호와
께서 이같이 말씀하셨느니라
너희 조상들이 또 내게 범죄하
여 나를 욕되게 하였느니라
28 내가 내 손을 들어 그들에게
주기로 맹세한 땅으로 그들을
인도하여 들였더니 그들이 모
든 높은 산과 모든 무성한 나무
를 보고 거기에서 제사를 드리
고 분노하게 하는 제물을 올리
며 거기서 또 분향하고 전제물
을 부어 드린지라
29 이에 내가 그들에게 이르기를
너희가 다니는 산당이 무엇이
냐 하였노라 (그것을 오늘날까
지 바마라 일컫느니라)
30 그러므로 너는 이스라엘 족속에
게 이르라 주 여호와께서 이같
이 말씀하셨느니라 너희가 조
상들의 풍속을 따라 너희 자신
을 더럽히며 그 모든 가증한
것을 따라 행음하느냐
31 너희가 또 너희 아들을 화제로
삼아 불 가운데로 지나게 하

며 오늘까지 너희 자신을 우상
들로 말미암아 더럽히느냐 이스
라엘 족속아 너희가 내게 묻기
를 내가 용납하겠느냐 주 여호
와의 말씀이니라 내가 나의 삶
을 두고 맹세하노니 너희가 내
게 묻기를 내가 용납하지 아니
하리라
32 너희가 스스로 이르기를 우리가
이방인 곧 여러 나라 족속같이
되어서 목석을 경배하리라 하
거니와 너희 마음에 품은 것을
결코 이루지 못하리라

맹세한 땅으로 이스라엘을 인도하리라

33 주 여호와의 말씀이니라 내가
나의 삶을 두고 맹세하노니 내
가 능한 손과 편 팔로 분노를
쏟아 너희를 반드시 다스릴지
라
34 능한 손과 편 팔로 분노를 쏟
아 너희를 여러 나라에서 나오
게 하며 너희의 흩어진 여러
지방에서 모아 내고
35 너희를 인도하여 여러 나라 광
야에 이르러 거기에서 너희를
대면하여 심판하되
36 내가 애굽 땅 광야에서 너희
조상들을 심판한 것같이 너희
를 심판하리라 주 여호와의 말
씀이니라
37 내가 너희를 막대기 아래로 지
나가게 하며 언약의 줄로 매려
니와
38 너희 가운데에서 반역하는 자
와 내게 범죄하는 자를 모두
제하여 버릴지라 그들을 그 머
물러 살던 땅에서는 나오게 하
여도 이스라엘 땅에는 들어가
지 못하게 하리니 너희가 나는
여호와인 줄을 알리라
39 주 여호와께서 이같이 말씀하
셨느니라 이스라엘 족속아 너
희가 내 말을 듣지 아니하려거
든 가서 각각 그 우상을 섬기
라 그렇게 하려거든 이후에 다
시는 너희 예물과 너희 우상들
로 내 거룩한 이름을 더럽히지
말지니라
40 주 여호와의 말씀이니라 이스
라엘 온 족속이 그 땅에 있어
서 내 거룩한 산 곧 이스라엘
의 높은 산에서 다 나를 섬기리
니 거기에서 내가 그들을 기쁘
게 받을지라 거기에서 너희 예
물과 너희가 드리는 첫 열매와
너희 모든 성물을 요구하리라

41 내가 너희를 인도하여 여러 나라 가운데에서 나오게 하고 너희가 흩어진 여러 민족 가운데에서 모아 낼 때에 내가 너희를 향기로 받고 내가 또 너희로 말미암아 내 거룩함을 여러 나라의 목전에서 나타낼 것이며

42 내가 내 손을 들어 너희 조상들에게 주기로 맹세한 땅 곧 이스라엘 땅으로 너희를 인도하여 들일 때에 너희는 내가 여호와인 줄 알고

43 거기에서 너희의 길과 스스로 더럽힌 모든 행위를 기억하고 이미 행한 모든 악으로 말미암아 스스로 미워하리라

44 이스라엘 족속아 내가 너희의 악한 길과 더러운 행위대로 하지 아니하고 내 이름을 위하여 행한 후에야 내가 여호와인 줄 너희가 알리라 주 여호와의 말씀이니라

불타는 숲의 비유

45 여호와의 말씀이 또 내게 임하여 이르시되

46 인자야 너는 얼굴을 남으로 향하라 남으로 향하여 소리 내어 남쪽의 숲을 쳐서 예언하라

47 남쪽의 숲에게 이르기를 여호와의 말씀을 들을지어다 주 여호와께서 이같이 말씀하셨느니라 내가 너의 가운데에 불을 일으켜 모든 푸른 나무와 모든 마른 나무를 없애리니 맹렬한 불꽃이 꺼지지 아니하고 남에서 북까지 모든 얼굴이 그슬릴지라

48 혈기 있는 모든 자는 나 여호와가 그 불을 일으킨 줄을 알리니 그것이 꺼지지 아니하리라 하셨다 하라 하시기로

49 내가 이르되 아하 주 여호와여 그들이 나를 가리켜 말하기를 그는 비유로 말하는 자가 아니냐 하나이다 하니라

여호와의 칼

21 또 여호와의 말씀이 내게 임하여 이르시되

2 인자야 너는 얼굴을 예루살렘으로 향하며 성소를 향하여 소리 내어 이스라엘 땅에게 예언하라

3 이스라엘 땅에게 이르기를 여호와의 말씀에 내가 너를 대적하여 내 칼을 칼집에서 빼어 의

인과 악인을 네게서 끊을지라
4 내가 의인과 악인을 네게서 끊
을 터이므로 내 칼을 칼집에서
빼어 모든 육체를 남에서 북까
지 치리니
5 모든 육체는 나 여호와가 내
칼을 칼집에서 빼낸 줄을 알지
라 칼이 다시 꽂히지 아니하리
라 하셨다 하라
6 인자야 탄식하되 너는 허리가
끊어지듯 탄식하라 그들의 목
전에서 슬피 탄식하라
7 그들이 네게 묻기를 네가 어찌
하여 탄식하느냐 하거든 대답
하기를 재앙이 다가온다는 소
문 때문이니 각 마음이 녹으며
모든 손이 약하여지며 각 영이
쇠하며 모든 무릎이 물과 같이
약해지리라 보라 재앙이 오나
니 반드시 이루어지리라 주 여
호와의 말씀이니라 하라
8 여호와의 말씀이 또 내게 임하
여 이르시되
9 인자야 너는 예언하여 여호와
의 말씀을 이같이 말하라 칼이
여 칼이여 날카롭고도 빛나도다
10 그 칼이 날카로움은 죽임을 위
함이요 빛남은 번개같이 되기
위함이니 우리가 즐거워하겠느
냐 내 아들의 규가 모든 나무
를 업신여기는도다
11 그 칼을 손에 잡아 쓸 만하도
록 빛나게 하되 죽이는 자의
손에 넘기기 위하여 날카롭고
도 빛나게 하였도다 하셨다 하
라
12 인자야 너는 부르짖어 슬피 울
지어다 이것이 내 백성에게 임
하며 이스라엘 모든 고관에게
임함이로다 그들과 내 백성이
함께 칼에 넘긴 바 되었으니
너는 네 넓적다리를 칠지어다
13 이것이 시험이라 만일 업신여
기는 규가 없어지면 어찌할까
주 여호와의 말씀이니라
14 그러므로 인자야 너는 예언하
며 손뼉을 쳐서 칼로 두세 번
거듭 쓰이게 하라 이 칼은 죽
이는 칼이라 사람들을 둘러싸
고 죽이는 큰 칼이로다
15 내가 그들이 낙담하여 많이 엎
드러지게 하려고 그 모든 성문
을 향하여 번쩍번쩍하는 칼을
세워 놓았도다 오호라 그 칼이
번개 같고 죽이기 위하여 날카
로웠도다

16 칼아 모이라 오른쪽을 치라 대
열을 맞추라 왼쪽을 치라 향
한 대로 가라
17 나도 내 손뼉을 치며 내 분노를
다 풀리로다 나 여호와가 말하
였노라
18 여호와의 말씀이 내게 임하여
이르시되
19 인자야 너는 바벨론 왕의 칼이
올 두 길을 한 땅에서 나오도
록 그리되 곧 성으로 들어가는
길 어귀에다가 길이 나뉘는 지
시표를 하여
20 칼이 암몬 족속의 랍바에 이르
는 길과 유다의 견고한 성 예
루살렘에 이르는 길을 그리라
21 바벨론 왕이 갈랫길 곧 두 길
어귀에 서서 점을 치되 화살들
을 흔들어 우상에게 묻고 희생
제물의 간을 살펴서
22 오른손에 예루살렘으로 갈 점
괘를 얻었으므로 공성퇴를 설치
하며 입을 벌리고 죽이며 소리
를 높여 외치며 성문을 향하여
공성퇴를 설치하고 토성을 쌓
고 사다리를 세우게 되었나니
23 전에 그들에게 맹약한 자들은
그것을 거짓 점괘로 여길 것이
나 바벨론 왕은 그 죄악을 기
억하고 그 무리를 잡으리라
24 그러므로 주 여호와께서 이같
이 말씀하셨느니라 너희의 악
이 기억을 되살리며 너희의 허
물이 드러나며 너희 모든 행위
의 죄가 나타났도다 너희가 기
억한 바 되었은즉 그 손에 잡
히리라
25 너 극악하여 중상을 당할 이스
라엘 왕아 네 날이 이르렀나니
곧 죄악의 마지막 때이니라
26 주 여호와께서 이같이 말씀하
셨느니라 관을 제거하며 왕관
을 벗길지라 그대로 두지 못하
리니 낮은 자를 높이고 높은 자
를 낮출 것이니라
27 내가 엎드러뜨리고 엎드러뜨리
고 엎드러뜨리려니와 이것도
다시 있지 못하리라 마땅히 얻
을 자가 이르면 그에게 주리라
28 인자야 너는 주 여호와께서 암
몬 족속과 그의 능욕에 대하여
이같이 말씀하셨다고 예언하
라 너는 이르기를 칼이 뽑히도
다 칼이 뽑히도다 죽이며 멸절
하며 번개같이 되기 위하여 빛
났도다

29 네게 대하여 허무한 것을 보며
네게 대하여 거짓 복술을 하는
자가 너를 중상당한 악인의
목 위에 두리니 이는 그의 날
곧 죄악의 마지막 때가 이름이
로다
30 그러나 칼을 그 칼집에 꽂을지
어다 네가 지음을 받은 곳에서,
네가 출생한 땅에서 내가 너를
심판하리로다
31 내가 내 분노를 네게 쏟으며
내 진노의 불을 네게 내뿜고 너
를 짐승 같은 자 곧 멸하기에
익숙한 자의 손에 넘기리로다
32 네가 불에 섶과 같이 될 것이
며 네 피가 나라 가운데에 있
을 것이며 네가 다시 기억되지
못할 것이니 나 여호와가 말하
였음이라 하라

벌받을 예루살렘

22 또 여호와의 말씀이 내게 임
하여 이르시되
2 인자야 네가 심판하려느냐 이
피 흘린 성읍을 심판하려느냐
그리하려거든 자기의 모든 가
증한 일을 그들이 알게 하라
3 너는 말하라 주 여호와께서 이
같이 말씀하셨느니라 자기 가
운데에 피를 흘려 벌받을 때가
이르게 하며 우상을 만들어 스
스로 더럽히는 성아
4 네가 흘린 피로 말미암아 죄가
있고 네가 만든 우상으로 말미
암아 스스로 더럽혔으니 네 날
이 가까웠고 네 연한이 찼도
다 그러므로 내가 너로 이방의
능욕을 받으며 만국의 조롱거리
가 되게 하였노라
5 너 이름이 더럽고 어지러움이
많은 자여 가까운 자나 먼 자
나 다 너를 조롱하리라
6 이스라엘 모든 고관은 각기 권
세대로 피를 흘리려고 네 가운
데에 있었도다
7 그들이 네 가운데에서 부모를
업신여겼으며 네 가운데에서
나그네를 학대하였으며 네 가
운데에서 고아와 과부를 해하
였도다
8 너는 나의 성물들을 업신여겼
으며 나의 안식일을 더럽혔으
며
9 네 가운데에 피를 흘리려고 이
간을 붙이는 자도 있었으며 네
가운데에 산 위에서 제물을 먹
는 자도 있었으며 네 가운데에

음행하는 자도 있었으며
10 네 가운데에 자기 아버지의 하
체를 드러내는 자도 있었으며
네 가운데에 월경하는 부정한
여인과 관계하는 자도 있었으
며
11 어떤 사람은 그 이웃의 아내
와 가증한 일을 행하였으며 어
떤 사람은 그의 며느리를 더럽
혀 음행하였으며 네 가운데에
어떤 사람은 그 자매 곧 아버
지의 딸과 관계하였으며
12 네 가운데에 피를 흘리려고 뇌
물을 받는 자도 있었으며 네가
변돈과 이자를 받았으며 이익
을 탐하여 이웃을 속여 빼앗았
으며 나를 잊어버렸도다 주 여
호와의 말씀이니라
13 네가 불의를 행하여 이익을 얻
은 일과 네 가운데에 피 흘린
일로 말미암아 내가 손뼉을 쳤
나니
14 내가 네게 보응하는 날에 네
마음이 견디겠느냐 네 손이 힘
이 있겠느냐 나 여호와가 말하
였으니 내가 이루리라
15 내가 너를 뭇 나라 가운데에
흩으며 각 나라에 헤치고 너의
더러운 것을 네 가운데에서 멸
하리라
16 네가 자신 때문에 나라들의 목
전에서 수치를 당하리니 내가
여호와인 줄 알리라 하셨다 하
라

풀무불에 들어간 이스라엘

17 여호와의 말씀이 내게 임하여
이르시되
18 인자야 이스라엘 족속이 내게
찌꺼기가 되었나니 곧 풀무불
가운데에 있는 놋이나 주석이
나 쇠나 납이며 은의 찌꺼기로
다
19 그러므로 주 여호와께서 이와
같이 말씀하셨느니라 너희가
다 찌꺼기가 되었은즉 내가 너
희를 예루살렘 가운데로 모으
고
20 사람이 은이나 놋이나 쇠나 납
이나 주석이나 모아서 풀무불
속에 넣고 불을 불어 녹이는
것같이 내가 노여움과 분으로
너희를 모아 거기에 두고 녹이
리라
21 내가 너희를 모으고 내 분노의
불을 너희에게 불면 너희가 그
가운데에서 녹되

22 은이 풀무불 가운데에서 녹는
것같이 너희가 그 가운데에서
녹으리니 나 여호와가 분노를
너희 위에 쏟은 줄을 너희가
알리라

선지자 제사장 고관들의 죄

23 여호와의 말씀이 내게 임하여
이르시되
24 인자야 너는 그에게 이르기를
너는 정결함을 얻지 못한 땅이
요 진노의 날에 비를 얻지 못
한 땅이로다 하라
25 그 가운데에서 선지자들의 반
역함이 우는 사자가 음식물을
움킴 같았도다 그들이 사람의
영혼을 삼켰으며 재산과 보물
을 탈취하며 과부를 그 가운데
에 많게 하였으며
26 그 제사장들은 내 율법을 범하
였으며 나의 성물을 더럽혔으
며 거룩함과 속된 것을 구별하
지 아니하였으며 부정함과 정
한 것을 사람이 구별하게 하
지 아니하였으며 그의 눈을 가
리어 나의 안식일을 보지 아니
하였으므로 내가 그들 가운데
에서 더럽힘을 받았느니라
27 그 가운데에 그 고관들은 음식
물을 삼키는 이리 같아서 불의
한 이익을 얻으려고 피를 흘려
영혼을 멸하거늘
28 그 선지자들이 그들을 위하여
회를 칠하고 스스로 허탄한 이
상을 보며 거짓 복술을 행하며
여호와가 말하지 아니하였어도
주 여호와께서 이같이 말씀하
셨느니라 하였으며
29 이 땅 백성은 포악하고 강탈을
일삼고 가난하고 궁핍한 자를
압제하고 나그네를 부당하게
학대하였으므로
30 이 땅을 위하여 성을 쌓으며
성 무너진 데를 막아서서 나로
하여금 멸하지 못하게 할 사
람을 내가 그 가운데에서 찾다
가 찾지 못하였으므로
31 내가 내 분노를 그들 위에 쏟
으며 내 진노의 불로 멸하여
그들 행위대로 그들 머리에 보
응하였느니라 주 여호와의 말
씀이니라

오홀라와 오홀리바의 행음

23 또 여호와의 말씀이 내게 임
하여 이르시되
2 인자야 두 여인이 있었으니 한
어머니의 딸이라

3 그들이 애굽에서 행음하되 어렸을 때에 행음하여 그들의 유방이 눌리며 그 처녀의 가슴이 어루만져졌나니

4 그 이름이 형은 오홀라요 아우는 오홀리바라 그들이 내게 속하여 자녀를 낳았나니 그 이름으로 말하면 오홀라는 사마리아요 오홀리바는 예루살렘이니라

5 오홀라가 내게 속하였을 때에 행음하여 그가 연애하는 자 곧 그의 이웃 앗수르 사람을 사모하였나니

6 그들은 다 자색 옷을 입은 고관과 감독이요 준수한 청년이요 말 타는 자들이라

7 그가 앗수르 사람들 가운데에 잘생긴 그 모든 자들과 행음하고 누구를 연애하든지 그들의 모든 우상으로 자신을 더럽혔으며

8 그가 젊었을 때에 애굽 사람과 동침하매 그 처녀의 가슴이 어루만져졌으며 그의 몸에 음란을 쏟음을 당한 바 되었더니 그가 그때부터 행음함을 마지 아니하였느니라

9 그러므로 내가 그를 그의 정든 자 곧 그가 연애하는 앗수르 사람의 손에 넘겼더니

10 그들이 그의 하체를 드러내고 그의 자녀를 빼앗으며 칼로 그를 죽여 여인들에게 이야깃거리가 되게 하였나니 이는 그들이 그에게 심판을 행함이니라

11 그 아우 오홀리바가 이것을 보고도 그의 형보다 음욕을 더하며 그의 형의 간음함보다 그 간음이 더 심하므로 그의 형보다 더 부패하여졌느니라

12 그가 그의 이웃 앗수르 사람을 연애하였나니 그들은 화려한 의복을 입은 고관과 감독이요 말 타는 자들과 준수한 청년이었느니라

13 그 두 여인이 한길로 행하므로 그도 더러워졌음을 내가 보았노라

14 그가 음행을 더하였음은 붉은 색으로 벽에 그린 사람의 형상 곧 갈대아 사람의 형상을 보았음이니

15 그 형상은 허리를 띠로 동이고 머리를 긴 수건으로 쌌으며 그의 용모는 다 준수한 자 곧 그

의 고향 갈대아 바벨론 사람
같은 것이라
16 그가 보고 곧 사랑하게 되어
사절을 갈대아 그들에게로 보
내매
17 바벨론 사람이 나아와 연애하
는 침상에 올라 음행으로 그를
더럽히매 그가 더럽힘을 입은
후에 그들을 싫어하는 마음이
생겼느니라
18 그가 이같이 그의 음행을 나타
내며 그가 하체를 드러내므로
내 마음이 그의 형을 싫어한
것같이 그를 싫어하였으나
19 그가 그의 음행을 더하여 젊었
을 때 곧 애굽 땅에서 행음하
던 때를 생각하고
20 그의 하체는 나귀 같고 그의
정수는 말 같은 음란한 간부를
사랑하였도다
21 네가 젊었을 때에 행음하여 애
굽 사람에게 네 가슴과 유방
이 어루만져졌던 것을 아직도
생각하도다

오홀리바가 받은 재판

22 그러므로 오홀리바야 주 여호와
께서 이같이 말씀하셨느니라
나는 네가 사랑하다가 싫어하
던 자들을 충동하여 그들이 사
방에서 와서 너를 치게 하리니
23 그들은 바벨론 사람과 갈대아
모든 무리 브곳과 소아와 고아
사람과 또 그와 함께한 모든
앗수르 사람 곧 준수한 청년이
며 다 고관과 감독이며 귀인
과 유명한 자요 다 말 타는 자
들이라
24 그들이 무기와 병거와 수레와
크고 작은 방패를 이끌고 투구
쓴 군대를 거느리고 치러 와서
너를 에워싸리라 내가 재판을
그들에게 맡긴즉 그들이 그들
의 법대로 너를 재판하리라
25 내가 너를 향하여 질투하리니
그들이 분내어 네 코와 귀를
깎아 버리고 남은 자를 칼로
엎드러뜨리며 네 자녀를 빼앗
고 그 남은 자를 불에 사르며
26 또 네 옷을 벗기며 네 장식품
을 빼앗을지라
27 이와 같이 내가 네 음란과 애
굽 땅에서부터 행음하던 것을
그치게 하여 너로 그들을 향하
여 눈을 들지도 못하게 하며
다시는 애굽을 기억하지도 못하
게 하리라

28 주 여호와께서 이같이 말씀하
셨느니라 나는 네가 미워하는
자와 네 마음에 싫어하는 자의
손에 너를 붙이리니
29 그들이 미워하는 마음으로 네
게 행하여 네 모든 수고한 것
을 빼앗고 너를 벌거벗은 몸으
로 두어서 네 음행의 벗은 몸
곧 네 음란하며 행음하던 것
을 드러낼 것이라
30 네가 이같이 당할 것은 네가
음란하게 이방을 따르고 그 우
상들로 더럽혔기 때문이로다
31 네가 네 형의 길로 행하였은즉
내가 그의 잔을 네 손에 주리
라
32 주 여호와께서 이같이 말씀하
셨느니라 깊고 크고 가득히 담
긴 네 형의 잔을 네가 마시고
코웃음과 조롱을 당하리라
33 네가 네 형 사마리아의 잔 곧
놀람과 패망의 잔에 넘치게 취
하고 근심할지라
34 네가 그 잔을 다 기울여 마시
고 그 깨어진 조각을 씹으며
네 유방을 꼬집을 것은 내가
이렇게 말하였음이라 주 여호
와의 말씀이니라
35 그러므로 주 여호와께서 이같
이 말씀하셨느니라 네가 나를
잊었고 또 나를 네 등 뒤에 버
렸은즉 너는 네 음란과 네 음
행의 죄를 담당할지니라 하시
니라

오홀라와 오홀리바가 받은 재판

36 여호와께서 또 내게 이르시되
인자야 네가 오홀라와 오홀리
바를 심판하려느냐 그러면 그
가증한 일을 그들에게 말하라
37 그들이 행음하였으며 피를 손
에 묻혔으며 또 그 우상과 행
음하며 내게 낳아 준 자식들을
우상을 위하여 화제로 살랐으
며
38 이외에도 그들이 내게 행한 것
이 있나니 당일에 내 성소를
더럽히며 내 안식일을 범하였
도다
39 그들이 자녀를 죽여 그 우상에
게 드린 그날에 내 성소에 들
어와서 더럽혔으되 그들이 내
성전 가운데에서 그렇게 행하
였으며
40 또 사절을 먼 곳에 보내 사람
을 불러오게 하고 그들이 오매
그들을 위하여 목욕하며 눈썹

을 그리며 스스로 단장하고
41 화려한 자리에 앉아 앞에 상
을 차리고 내 향과 기름을 그
위에 놓고
42 그 무리와 편히 지껄이고 즐겼
으며 또 광야에서 잡류와 술
취한 사람을 청하여 오매 그
들이 팔찌를 그 손목에 끼우고
아름다운 관을 그 머리에 씌웠
도다
43 내가 음행으로 쇠한 여인을 가
리켜 말하노라 그가 그래도 그
들과 피차 행음하는도다
44 그들이 그에게 나오기를 기생에
게 나옴같이 음란한 여인 오홀
라와 오홀리바에게 나왔은즉
45 의인이 간통한 여자들을 재판
함같이 재판하며 피를 흘린
여인을 재판함같이 재판하리
니 그들은 간통한 여자들이요
또 피가 그 손에 묻었음이라
46 주 여호와께서 이같이 말씀하
셨느니라 그들에게 무리를 올
려 보내 그들이 공포와 약탈을
당하게 하라
47 무리가 그들을 돌로 치며 칼로
죽이고 그 자녀도 죽이며 그 집
들을 불사르리라
48 이같이 내가 이 땅에서 음란을
그치게 한즉 모든 여인이 정신
이 깨어 너희 음행을 본받지
아니하리라
49 그들이 너희 음란으로 너희에게
보응한즉 너희가 모든 우상을
위하던 죄를 담당할지라 내가
주 여호와인 줄을 너희가 알리
라 하시니라

녹슨 가마 예루살렘

24 아홉째 해 열째 달 열째 날
에 여호와의 말씀이 내게 임
하여 이르시되
2 인자야 너는 날짜 곧 오늘의
이름을 기록하라 바벨론 왕이
오늘 예루살렘에 가까이 왔느
니라
3 너는 이 반역하는 족속에게 비
유를 베풀어 이르기를 주 여호
와께서 이같이 말씀하시기를
가마 하나를 걸라
4-5 건 후에 물을 붓고 양 떼에서
한 마리를 골라 각을 뜨고 그
넓적다리와 어깨 고기의 모든
좋은 덩이를 그 가운데에 모아
넣으며 고른 뼈를 가득히 담고
그 뼈를 위하여 가마 밑에 나
무를 쌓아 넣고 잘 삶되 가마

속의 뼈가 무르도록 삶을지어다
6 그러므로 주 여호와께서 이같
이 말씀하셨느니라 피를 흘린
성읍, 녹슨 가마 곧 그 속의 녹
을 없이하지 아니한 가마여 화
있을진저 제비 뽑을 것도 없이
그 덩이를 하나하나 꺼낼지어
다
7 그 피가 그 가운데에 있음이여
피를 땅에 쏟아 티끌이 덮이게
하지 않고 맨 바위 위에 두었
도다
8 내가 그 피를 맨 바위 위에 두
고 덮이지 아니하게 함은 분노
를 나타내어 보응하려 함이로
라
9 그러므로 주 여호와께서 이같
이 말씀하셨느니라 화 있을진
저 피를 흘린 성읍이여 내가
또 나무 무더기를 크게 하리라
10 나무를 많이 쌓고 불을 피워
그 고기를 삶아 녹이고 국물을
졸이고 그 뼈를 태우고
11 가마가 빈 후에는 숯불 위에
놓아 뜨겁게 하며 그 가마의
놋을 달궈서 그 속에 더러운
것을 녹게 하며 녹이 소멸되게
하라
12 이 성읍이 수고하므로 스스로 피
곤하나 많은 녹이 그 속에서
벗겨지지 아니하며 불에서도
없어지지 아니하는도다
13 너의 더러운 것들 중에 음란이
그 하나이니라 내가 너를 깨끗
하게 하나 네가 깨끗하여지지
아니하니 내가 네게 향한 분노
를 풀기 전에는 네 더러움이
다시 깨끗하여지지 아니하리라
14 나 여호와가 말하였은즉 그 일
이 이루어질지라 내가 돌이키지
도 아니하고 아끼지도 아니하
며 뉘우치지도 아니하고 행하
리니 그들이 네 모든 행위대로
너를 재판하리라 주 여호와의
말씀이니라

에스겔의 아내가 죽다

15 여호와의 말씀이 또 내게 임하
여 이르시되
16 인자야 내가 네 눈에 기뻐하
는 것을 한 번 쳐서 빼앗으리
니 너는 슬퍼하거나 울거나 눈
물을 흘리거나 하지 말며
17 죽은 자들을 위하여 슬퍼하지
말고 조용히 탄식하며 수건으
로 머리를 동이고 발에 신을
신고 입술을 가리지 말고 사람

이 초상집에서 먹는 음식물을
먹지 말라 하신지라
18 내가 아침에 백성에게 말하였
더니 저녁에 내 아내가 죽었으
므로 아침에 내가 받은 명령대
로 행하매
19 백성이 내게 이르되 네가 행하
는 이 일이 우리와 무슨 상관
이 있는지 너는 우리에게 말하
지 아니하겠느냐 하므로
20 내가 그들에게 대답하기를 여
호와의 말씀이 내게 임하여 이
르시되
21 너는 이스라엘 족속에게 이르기
를 주 여호와의 말씀에 내 성
소는 너희 세력의 영광이요 너
희 눈의 기쁨이요 너희 마음에
아낌이 되거니와 내가 더럽힐
것이며 너희의 버려둔 자녀를
칼에 엎드러지게 할지라
22 너희가 에스겔이 행한 바와 같
이 행하여 입술을 가리지 아니
하며 사람의 음식물을 먹지 아
니하며
23 수건으로 머리를 동인 채, 발에
신을 신은 채로 두고 슬퍼하지
도 아니하며 울지도 아니하되
죄악 중에 패망하여 피차 바
라보고 탄식하리라
24 이같이 에스겔이 너희에게 표징
이 되리니 그가 행한 대로 너
희가 다 행할지라 이 일이 이
루어지면 내가 주 여호와인 줄
을 너희가 알리라 하라 하셨느
니라
25 인자야 내가 그 힘과 그 즐거
워하는 영광과 그 눈이 기뻐하
는 것과 그 마음이 간절하게
생각하는 자녀를 데려가는 날
26 곧 그날에 도피한 자가 네게
나와서 네 귀에 그 일을 들려
주지 아니하겠느냐
27 그날에 네 입이 열려서 도피한
자에게 말하고 다시는 잠잠하
지 아니하리라 이같이 너는 그
들에게 표징이 되고 그들은 내
가 여호와인 줄 알리라

암몬이 받을 심판

25 여호와의 말씀이 또 내게 임
하여 이르시되
2 인자야 네 얼굴을 암몬 족속에
게 돌리고 그들에게 예언하라
3 너는 암몬 족속에게 이르기를
너희는 주 여호와의 말씀을 들
을지어다 주 여호와께서 이같
이 말씀하셨느니라 내 성소가

더럽힘을 받을 때에 네가 그것
에 관하여, 이스라엘 땅이 황
폐할 때에 네가 그것에 관하
여, 유다 족속이 사로잡힐 때에
네가 그들에 대하여 이르기를
아하 좋다 하였도다
4 그러므로 내가 너를 동방 사람
에게 기업으로 넘겨주리니 그들
이 네 가운데에 진을 치며 네
가운데에 그 거처를 베풀며 네
열매를 먹으며 네 젖을 마시지
라
5 내가 랍바를 낙타의 우리로 만
들며 암몬 족속의 땅을 양 떼
가 눕는 곳으로 삼은즉 내가
주 여호와인 줄을 너희가 알리
라
6 주 여호와께서 이같이 말씀하
셨느니라 네가 이스라엘 땅에
대하여 손뼉을 치며 발을 구르
며 마음을 다하여 멸시하며 즐
거워하였나니
7 그런즉 내가 손을 네 위에 펴
서 너를 다른 민족에게 넘겨주
어 노략을 당하게 하며 너를
만민 중에서 끊어 버리며 너를
여러 나라 가운데에서 패망하
게 하여 멸하리니 내가 주 여
호와인 줄을 너희가 알리라 하
셨다 하라

모압과 세일이 받을 심판

8 주 여호와께서 이같이 말씀하
셨느니라 모압과 세일이 이르
기를 유다 족속은 모든 이방과
다름이 없다 하도다
9 그러므로 내가 모압의 한편 곧
그 나라 국경에 있는 영화로운
성읍들 벧여시못과 바알므온과
기랴다임을 열고
10 암몬 족속과 더불어 동방 사람
에게 넘겨주어 기업을 삼게 할
것이라 암몬 족속이 다시는 이
방 가운데에서 기억되지 아니
하게 하려니와
11 내가 모압에 벌을 내리리니 내
가 주 여호와인 줄을 너희가
알리라

에돔과 블레셋이 받을 심판

12 주 여호와께서 이같이 말씀하
셨느니라 에돔이 유다 족속을
쳐서 원수를 갚았고 원수를 갚
음으로 심히 범죄하였도다
13 그러므로 주 여호와께서 이같
이 말씀하셨느니라 내가 내 손
을 에돔 위에 펴서 사람과 짐
승을 그 가운데에서 끊어 데만

에서부터 황폐하게 하리니 드
단까지 칼에 엎드러지리라
14 내가 내 백성 이스라엘의 손
으로 내 원수를 에돔에게 갚으
리니 그들이 내 진노와 분노를
따라 에돔에 행한즉 내가 원수
를 갚음인 줄을 에돔이 알리라
주 여호와의 말씀이니라
15 주 여호와께서 이같이 말씀하
셨느니라 블레셋 사람이 옛날
부터 미워하여 멸시하는 마음으
로 원수를 갚아 진멸하고자 하
였도다
16 그러므로 주 여호와께서 이같
이 말씀하셨느니라 내가 블레
셋 사람 위에 손을 펴서 그렛
사람을 끊으며 해변에 남은 자
를 진멸하되
17 분노의 책벌로 내 원수를 그들
에게 크게 갚으리라 내가 그들
에게 원수를 갚은즉 내가 여호
와인 줄을 그들이 알리라 하시
니라

두로가 받을 심판

26 열한째 해 어느 달 초하루에
여호와의 말씀이 내게 임하
여 이르시되
2 인자야 두로가 예루살렘에 관
하여 이르기를 아하 만민의 문
이 깨져서 내게로 돌아왔도다
그가 황폐하였으니 내가 충만
함을 얻으리라 하였도다
3 그러므로 주 여호와께서 이같
이 말씀하셨느니라 두로야 내
가 너를 대적하여 바다가 그
파도를 굽이치게 함같이 여러
민족들이 와서 너를 치게 하리
니
4 그들이 두로의 성벽을 무너뜨리
며 그 망대를 헐 것이요 나도
티끌을 그 위에서 쓸어버려 맨
바위가 되게 하며
5 바다 가운데에 그물 치는 곳이
되게 하리니 내가 말하였음이
라 주 여호와의 말씀이니라 그
가 이방의 노략거리가 될 것이
요
6 들에 있는 그의 딸들은 칼에
죽으리니 그들이 나를 여호와인
줄을 알리라
7 주 여호와께서 이같이 말씀하
셨느니라 내가 왕들 중의 왕
곧 바벨론의 느부갓네살 왕으
로 하여금 북쪽에서 말과 병거
와 기병과 군대와 백성의 큰
무리를 거느리고 와서 두로를

치게 할 때에
8 그가 들에 있는 너의 딸들을 칼
로 죽이고 너를 치려고 사다리
를 세우며 토성을 쌓으며 방패
를 갖출 것이며
9 공성퇴를 가지고 네 성을 치며
도끼로 망대를 찍을 것이며
10 말이 많으므로 그 티끌이 너를
가릴 것이며 사람이 무너진 성
구멍으로 들어가는 것같이 그
가 네 성문으로 들어갈 때에
그 기병과 수레와 병거의 소리
로 말미암아 네 성곽이 진동할
것이며
11 그가 그 말굽으로 네 모든 거리
를 밟을 것이며 칼로 네 백성
을 죽일 것이며 네 견고한 석
상을 땅에 엎드러뜨릴 것이며
12 네 재물을 빼앗을 것이며 네가
무역한 것을 노략할 것이며
네 성을 헐 것이며 네가 기뻐
하는 집을 무너뜨릴 것이며 또
네 돌들과 네 재목과 네 흙을
다 물 가운데에 던질 것이라
13 내가 네 노래 소리를 그치게
하며 네 수금 소리를 다시 들리
지 않게 하고
14 너를 맨 바위가 되게 한즉 네
가 그물 말리는 곳이 되고 다
시는 건축되지 못하리니 나 여
호와가 말하였음이니라 주 여
호와의 말씀이니라
15 주 여호와께서 이같이 두로에
대하여 말씀하시되 네가 엎드
러지는 소리에 모든 섬이 진동
하지 아니하겠느냐 곧 너희 가
운데에 상한 자가 부르짖으며
죽임을 당할 때에라
16 그때에 바다의 모든 왕이 그
보좌에서 내려 조복을 벗으며
수놓은 옷을 버리고 떨림을 입
듯 하고 땅에 앉아서 너로 말
미암아 무시로 떨며 놀랄 것이
며
17 그들이 너를 위하여 슬픈 노래
를 불러 이르기를 항해자가 살
았던 유명한 성읍이여 너와 너
의 주민이 바다 가운데에 있어
견고하였도다 해변의 모든 주
민을 두렵게 하였더니 어찌 그
리 멸망하였는고
18 네가 무너지는 그날에 섬들이
진동할 것임이여 바다 가운데
의 섬들이 네 결국을 보고 놀
라리로다 하리라
19 주 여호와께서 이같이 말씀하

셨느니라 내가 너를 주민이 없
는 성읍과 같이 황폐한 성읍이
되게 하고 깊은 바다가 네 위
에 오르게 하며 큰물이 너를 덮
게 할 때에
20 내가 너를 구덩이에 내려가는
자와 함께 내려가서 옛적 사
람에게로 나아가게 하고 너를
그 구덩이에 내려간 자와 함
께 땅 깊은 곳 예로부터 황폐
한 곳에 살게 하리라 네가 다
시는 사람이 거주하는 곳이 되
지 못하리니 살아있는 자의 땅
에서 영광을 얻지 못하리라
21 내가 너를 패망하게 하여 다시
있지 못하게 하리니 사람이 비
록 너를 찾으나 다시는 영원히
만나지 못하리라 주 여호와의
말씀이니라

두로에 대한 애가

27 여호와의 말씀이 내게 임하
여 이르시되
2 인자야 너는 두로를 위하여 슬
픈 노래를 지으라
3 너는 두로를 향하여 이르기를
바다 어귀에 거주하면서 여러
섬 백성과 거래하는 자여 주
여호와께서 이같이 말씀하시되
두로야 네가 말하기를 나는 온
전히 아름답다 하였도다
4 네 땅이 바다 가운데에 있음이
여 너를 지은 자가 네 아름다
움을 온전하게 하였도다
5 스닐의 잣나무로 네 판자를 만
들었음이여 너를 위하여 레바논
의 백향목을 가져다 돛대를 만
들었도다
6 바산의 상수리나무로 네 노를
만들었음이여 깃딤 섬 황양목
에 상아로 꾸며 갑판을 만들었
도다
7 애굽의 수놓은 가는 베로 돛을
만들어 깃발을 삼았음이여 엘리
사 섬의 청색 자색 베로 차일
을 만들었도다
8 시돈과 아르왓 주민들이 네 사
공이 되었음이여 두로야 네 가
운데에 있는 지혜자들이 네 선
장이 되었도다
9 그발의 노인들과 지혜자들이
네 가운데에서 배의 틈을 막는
자가 되었음이여 바다의 모든
배와 그 사공들은 네 가운데에
서 무역하였도다
10 바사와 룻과 붓이 네 군대 가
운데에서 병정이 되었음이여

네 가운데에서 방패와 투구를
달아 네 영광을 나타냈도다
11 아르왓 사람과 네 군대는 네
사방 성 위에 있었고 용사들은
네 여러 망대에 있었음이여 네
사방 성 위에 방패를 달아 네
아름다움을 온전하게 하였도다
12 다시스는 각종 보화가 풍부하므
로 너와 거래하였음이여 은과
철과 주석과 납을 네 물품과
바꾸어 갔도다
13 야완과 두발과 메섹은 네 상
인이 되었음이여 사람과 놋그
릇을 가지고 네 상품을 바꾸어
갔도다
14 도갈마 족속은 말과 군마와 노
새를 네 물품과 바꾸었으며
15 드단 사람은 네 상인이 되었음
이여 여러 섬이 너와 거래하여
상아와 박달나무를 네 물품과
바꾸어 갔도다
16 너의 제품이 풍부하므로 아람
은 너와 거래하였음이여 남보
석과 자색 베와 수놓은 것과
가는 베와 산호와 홍보석을 네
물품과 바꾸어 갔도다
17 유다와 이스라엘 땅 사람이
네 상인이 되었음이여 민닛 밀
과 과자와 꿀과 기름과 유향
을 네 물품과 바꾸어 갔도다
18 너의 제품이 많고 각종 보화
가 풍부하므로 다메섹이 너와
거래하였음이여 헬본 포도주와
흰 양털을 너와 거래하였도다
19 워단과 야완은 길쌈하는 실로
네 물품을 거래하였음이여 가
공한 쇠와 계피와 대나무 제품
이 네 상품 중에 있었도다
20 드단은 네 상인이 되었음이여
말을 탈 때 까는 천을 너와 거
래하였도다
21 아라비아와 게달의 모든 고관
은 네 손아래 상인이 되어 어
린 양과 숫양과 염소들, 그것으
로 너와 거래하였도다
22 스바와 라아마의 상인들도 너
의 상인들이 됨이여 각종 극상
품 향 재료와 각종 보석과 황
금으로 네 물품을 바꾸어 갔도
다
23 하란과 간네와 에덴과 스바와
앗수르와 길맛의 장사꾼들도 너
의 상인들이라
24 이들이 아름다운 물품 곧 청색
옷과 수놓은 물품과 빛난 옷을
백향목 상자에 담고 노끈으로

묶어 가지고 너와 거래하여 네
물품을 바꾸어 갔도다
25 다시스의 배는 떼를 지어 네
화물을 나르니 네가 바다 중심
에서 풍부하여 영화가 매우 크
도다
26 네 사공이 너를 인도하여 큰물
에 이르게 함이여 동풍이 바다
한가운데에서 너를 무찔렀도다
27 네 재물과 상품과 바꾼 물건
과 네 사공과 선장과 네 배의
틈을 막는 자와 네 상인과 네
가운데에 있는 모든 용사와 네
가운데에 있는 모든 무리가 네
가 패망하는 날에 다 바다 한
가운데에 빠질 것임이여
28 네 선장이 부르짖는 소리에 물
결이 흔들리리로다
29 노를 잡은 모든 자와 사공과
바다의 선장들이 다 배에서 내
려 언덕에 서서
30 너를 위하여 크게 소리 질러
통곡하고 티끌을 머리에 덮어
쓰며 재 가운데에 뒹굴며
31 그들이 다 너를 위하여 머리털
을 밀고 굵은 베로 띠를 띠고
마음이 아프게 슬피 통곡하리로
다
32 그들이 통곡할 때에 너를 위하
여 슬픈 노래를 불러 애도하여
말하기를 두로와 같이 바다 가
운데에서 적막한 자 누구인고
33 네 물품을 바다로 실어 낼 때
에 네가 여러 백성을 풍족하게
하였음이여 네 재물과 무역품
이 많으므로 세상 왕들을 풍부
하게 하였었도다
34 네가 바다 깊은 데에서 파선
한 때에 네 무역품과 네 승객
이 다 빠졌음이여
35 섬의 주민들이 너로 말미암아
놀라고 왕들이 심히 두려워하
여 얼굴에 근심이 가득하도다
36 많은 민족의 상인들이 다 너를
비웃음이여 네가 공포의 대상
이 되고 네가 영원히 다시 있
지 못하리라 하셨느니라

두로 왕이 받을 심판

28 또 여호와의 말씀이 내게 임
하여 이르시되
2 인자야 너는 두로 왕에게 이르
기를 주 여호와께서 이같이 말
씀하시되 네 마음이 교만하여
말하기를 나는 신이라 내가 하
나님의 자리 곧 바다 가운데
에 앉아 있다 하도다 네 마음

이 하나님의 마음 같은 체할지
라도 너는 사람이요 신이 아니
거늘
3 네가 다니엘보다 지혜로워서 은
밀한 것을 깨닫지 못할 것이
없다 하고
4 네 지혜와 총명으로 재물을 얻
었으며 금과 은을 곳간에 저축
하였으며
5 네 큰 지혜와 네 무역으로 재
물을 더하고 그 재물로 말미암
아 네 마음이 교만하였도다
6 그러므로 주 여호와께서 이같
이 말씀하셨느니라 네 마음이
하나님의 마음 같은 체하였으
니
7 그런즉 내가 이방인 곧 여러
나라의 강포한 자를 거느리고
와서 너를 치리니 그들이 칼을
빼어 네 지혜의 아름다운 것을
치며 네 영화를 더럽히며
8 또 너를 구덩이에 빠뜨려서 너
를 바다 가운데에서 죽임을 당
한 자의 죽음같이 바다 가운데
에서 죽게 할지라
9 네가 너를 죽이는 자 앞에서도
내가 하나님이라고 말하겠느냐
너를 치는 자들 앞에서 사람일
뿐이요 신이 아니라
10 네가 이방인의 손에서 죽기를
할례받지 않은 자의 죽음같이
하리니 내가 말하였음이니라
주 여호와의 말씀이니라 하셨
다 하라
11 여호와의 말씀이 또 내게 임하
여 이르시되
12 인자야 두로 왕을 위하여 슬픈
노래를 지어 그에게 이르기를
주 여호와의 말씀에 너는 완전
한 도장이었고 지혜가 충족하
며 온전히 아름다웠도다
13 네가 옛적에 하나님의 동산 에
덴에 있어서 각종 보석 곧 홍보
석과 황보석과 금강석과 황옥
과 홍마노와 창옥과 청보석과
남보석과 홍옥과 황금으로 단장
하였음이여 네가 지음을 받던
날에 너를 위하여 소고와 비파
가 준비되었도다
14 너는 기름부음을 받고 지키는
그룹임이여 내가 너를 세우매
네가 하나님의 성산에 있어서
불타는 돌들 사이에 왕래하였
도다
15 네가 지음을 받던 날로부터 네
모든 길에 완전하더니 마침내

네게서 불의가 드러났도다
16 네 무역이 많으므로 네 가운데
에 강포가 가득하여 네가 범죄
하였도다 너 지키는 그룹아 그
러므로 내가 너를 더럽게 여겨
하나님의 산에서 쫓아냈고 불
타는 돌들 사이에서 멸하였도
다
17 네가 아름다우므로 마음이 교
만하였으며 네가 영화로우므로
네 지혜를 더럽혔음이여 내가
너를 땅에 던져 왕들 앞에 두
어 그들의 구경거리가 되게 하
였도다
18 네가 죄악이 많고 무역이 불의
하므로 네 모든 성소를 더럽혔
음이여 내가 네 가운데에서 불
을 내어 너를 사르게 하고 너
를 보고 있는 모든 자 앞에서
너를 땅 위에 재가 되게 하였
도다
19 만민 중에 너를 아는 자가 너
로 말미암아 다 놀랄 것임이여
네가 공포의 대상이 되고 네가
영원히 다시 있지 못하리로다
하셨다 하라

시돈이 받을 심판

20 여호와의 말씀이 또 내게 임하
여 이르시되
21 인자야 너는 얼굴을 시돈으로
향하고 그에게 예언하라
22 너는 이르기를 주 여호와께서
이같이 말씀하시되 시돈아 내
가 너를 대적하나니 네 가운데
에서 내 영광이 나타나리라 하
셨다 하라 내가 그 가운데에
서 심판을 행하여 내 거룩함을
나타낼 때에 무리가 나를 여호
와인 줄을 알지라
23 내가 그에게 전염병을 보내며
그의 거리에 피가 흐르게 하리
니 사방에서 오는 칼에 상한
자가 그 가운데에 엎드러질 것
인즉 무리가 나를 여호와인 줄
을 알겠고
24 이스라엘 족속에게는 그 사방
에서 그들을 멸시하는 자 중에
찌르는 가시와 아프게 하는 가
시가 다시는 없으리니 내가 주
여호와인 줄을 그들이 알리라

이스라엘이 복을 받으리라

25 주 여호와께서 이같이 말씀하
셨느니라 내가 여러 민족 가운
데에 흩어져 있는 이스라엘 족
속을 모으고 그들로 말미암아
여러 나라의 눈앞에서 내 거룩

함을 나타낼 때에 그들이 고국
땅 곧 내 종 야곱에게 준 땅
에 거주할지라
26 그들이 그 가운데에 평안히 살
면서 집을 건축하며 포도원을
만들고 그들의 사방에서 멸시
하던 모든 자를 내가 심판할
때에 그들이 평안히 살며 내
가 그 하나님 여호와인 줄을
그들이 알리라

애굽이 받을 심판

29 열째 해 열째 달 열두째 날
에 여호와의 말씀이 내게 임
하여 이르시되
2 인자야 너는 애굽의 바로 왕과
온 애굽으로 얼굴을 향하고 예
언하라
3 너는 말하여 이르기를 주 여호
와께서 이같이 말씀하시되 애
굽의 바로 왕이여 내가 너를
대적하노라 너는 자기의 강들
가운데에 누운 큰 악어라 스스
로 이르기를 나의 이 강은 내
것이라 내가 나를 위하여 만들
었다 하는도다
4 내가 갈고리로 네 아가미를 꿰
고 너의 강의 고기가 네 비늘
에 붙게 하고 네 비늘에 붙은
강의 모든 고기와 함께 너를
너의 강들 가운데에서 끌어내
고
5 너와 너의 강의 모든 고기를 들
에 던지리니 네가 지면에 떨어
지고 다시는 거두거나 모으지
못할 것은 내가 너를 들짐승과
공중의 새의 먹이로 주었음이라
6 애굽의 모든 주민이 내가 여호
와인 줄을 알리라 애굽은 본래
이스라엘 족속에게 갈대 지팡
이라
7 그들이 너를 손으로 잡은즉 네
가 부러져서 그들의 모든 어깨
를 찢었고 그들이 너를 의지한
즉 네가 부러져서 그들의 모든
허리가 흔들리게 하였느니라
8 그러므로 주 여호와께서 이같
이 말씀하셨느니라 내가 칼이
네게 임하게 하여 네게서 사람
과 짐승을 끊은즉
9 애굽 땅이 사막과 황무지가 되
리니 내가 여호와인 줄을 그들
이 알리라 네가 스스로 이르기
를 이 강은 내 것이라 내가 만
들었다 하도다
10 그러므로 내가 너와 네 강들을
쳐서 애굽 땅 믹돌에서부터 수

에네 곧 구스 지경까지 황폐
한 황무지 곧 사막이 되게 하
리니
11 그 가운데로 사람의 발도 지나
가지 아니하며 짐승의 발도 지
나가지 아니하고 거주하는 사
람이 없이 사십 년이 지날지라
12 내가 애굽 땅을 황폐한 나라
들같이 황폐하게 하며 애굽
성읍도 사막이 된 나라들의 성
읍같이 사십 년 동안 황폐하
게 하고 애굽 사람들은 각국
가운데로 흩으며 여러 민족 가
운데로 헤치리라
13 주 여호와께서 이같이 말씀하
셨느니라 사십 년 끝에 내가
만민 중에 흩은 애굽 사람을
다시 모아 내되
14 애굽의 사로잡힌 자들을 돌이
켜 바드로스 땅 곧 그 고국 땅
으로 돌아가게 할 것이라 그들
이 거기에서 미약한 나라가 되
되
15 나라 가운데에 지극히 미약한
나라가 되어 다시는 나라들 위
에 스스로 높이지 못하리니 내
가 그들을 감하여 다시는 나라
들을 다스리지 못하게 할 것임
이라
16 그들이 다시는 이스라엘 족속의
의지가 되지 못할 것이요 이스
라엘 족속은 돌이켜 그들을 바
라보지 아니하므로 그 죄악이
기억되지 아니하리니 내가 여호
와인 줄을 그들이 알리라 하셨
다 하라

느부갓네살이 애굽을 정복하리라

17 스물일곱째 해 첫째 달 초하루
에 여호와의 말씀이 내게 임하
여 이르시되
18 인자야 바벨론의 느부갓네살
왕이 그의 군대로 두로를 치게
할 때에 크게 수고하여 모든
머리털이 무지러졌고 모든 어
깨가 벗어졌으나 그와 군대가
그 수고한 대가를 두로에서 얻
지 못하였느니라
19 그러므로 주 여호와께서 이같
이 말씀하셨느니라 내가 애굽
땅을 바벨론의 느부갓네살 왕
에게 넘기리니 그가 그 무리를
잡아가며 물건을 노략하며 빼
앗아 갈 것이라 이것이 그 군
대의 보상이 되리라
20 그들의 수고는 나를 위하여 함
인즉 그 대가로 내가 애굽 땅

을 그에게 주었느니라 주 여호
와의 말씀이니라
21 그날에 나는 이스라엘 족속에
게 한 뿔이 돋아나게 하고 나
는 또 네가 그들 가운데에서
입을 열게 하리니 내가 여호와
인 줄을 그들이 알리라

여호와께서 애굽을 심판하시다

30 또 여호와의 말씀이 내게 임
하여 이르시되
2 인자야 너는 예언하여 이르라
주 여호와께서 이와 같이 말씀
하시되 너희는 통곡하며 이르기
를 슬프다 이날이여 하라
3 그날이 가깝도다 여호와의 날
이 가깝도다 구름의 날일 것이
요 여러 나라들의 때이리로다
4 애굽에 칼이 임할 것이라 애굽
에서 죽임 당한 자들이 엎드러
질 때에 구스에 심한 근심이
있을 것이며 애굽의 무리가 잡
혀가며 그 터가 헐릴 것이요
5 구스와 붓과 룻과 모든 섞인
백성과 굽과 및 동맹한 땅의
백성들이 그들과 함께 칼에 엎
드러지리라
6 여호와께서 이같이 말씀하셨느
니라 애굽을 붙들어 주는 자도
엎드러질 것이요 애굽의 교만
한 권세도 낮아질 것이라 믹
돌에서부터 수에네까지 무리가
그 가운데에서 칼에 엎드러지
리라 주 여호와의 말씀이니라
7 황폐한 나라들같이 그들도 황
폐할 것이며 사막이 된 성읍
들같이 그 성읍들도 사막이 될
것이라
8 내가 애굽에 불을 일으키며 그
모든 돕는 자를 멸할 때에 그
들이 나를 여호와인 줄 알리라
9 그날에 사절들이 내 앞에서 배
로 나아가서 염려 없는 구스
사람을 두렵게 하리니 애굽의
재앙의 날과 같이 그들에게도
심한 근심이 있으리라 이것이
오리로다
10 주 여호와께서 이같이 말씀하
셨느니라 내가 또 바벨론의 느
부갓네살 왕의 손으로 애굽의
무리들을 끊으리니
11 그가 여러 나라 가운데에 강포
한 자기 군대를 거느리고 와서
그 땅을 멸망시킬 때에 칼을
빼어 애굽을 쳐서 죽임당한 자
로 땅에 가득하게 하리라
12 내가 그 모든 강을 마르게 하

고 그 땅을 악인의 손에 팔겠
으며 타국 사람의 손으로 그
땅과 그 가운데에 있는 모든
것을 황폐하게 하리라 나 여호
와의 말이니라
13 주 여호와께서 이같이 말씀하
셨느니라 내가 그 우상들을 없
애며 신상들을 놉 가운데에서
부수며 애굽 땅에서 왕이 다시
나지 못하게 하고 그 땅에 두
려움이 있게 하리라
14 내가 바드로스를 황폐하게 하
며 소안에 불을 지르며 노 나
라를 심판하며
15 내 분노를 애굽의 견고한 성읍
신에 쏟고 또 노 나라의 무리
를 끊을 것이라
16 내가 애굽에 불을 일으키리니
신 나라가 심히 근심할 것이며
노 나라는 찢겨 나누일 것이며
놉 나라가 날로 대적이 있을
것이며
17 아웬과 비베셋의 장정들은 칼
에 엎드러질 것이며 그 성읍
주민들은 포로가 될 것이라
18 내가 애굽의 멍에를 꺾으며 그
교만한 권세를 그 가운데에서
그치게 할 때에 드합느헤스에
서는 날이 어둡겠고 그 성읍에
는 구름이 덮일 것이며 그 딸
들은 포로가 될 것이라
19 이같이 내가 애굽을 심판하리
니 내가 여호와인 줄을 그들이
알리라 하셨다 하라

애굽 왕의 꺾인 팔

20 열한째 해 첫째 달 일곱째 날
에 여호와의 말씀이 내게 임하
여 이르시되
21 인자야 내가 애굽의 바로 왕의
팔을 꺾었더니 칼을 잡을 힘이
있도록 그것을 아주 싸매지도
못하였고 약을 붙여 싸매지도
못하였느니라
22 그러므로 주 여호와께서 이같
이 말씀하셨느니라 내가 애굽
의 바로 왕을 대적하여 그 두
팔 곧 성한 팔과 이미 꺾인
팔을 꺾어서 칼이 그 손에서
떨어지게 하고
23 애굽 사람을 뭇 나라 가운데로
흩으며 뭇 백성 가운데로 헤칠
지라
24 내가 바벨론 왕의 팔을 견고
하게 하고 내 칼을 그 손에 넘
겨주려니와 내가 바로의 팔을
꺾으리니 그가 바벨론 왕 앞에

서 고통하기를 죽게 상한 자의
고통하듯 하리라
25 내가 바벨론 왕의 팔은 들어
주고 바로의 팔은 내려뜨릴 것
이라 내가 내 칼을 바벨론 왕
의 손에 넘기고 그를 들어 애
굽 땅을 치게 하리니 내가 여
호와인 줄을 그들이 알리라
26 내가 애굽 사람을 나라들 가운
데로 흩으며 백성들 가운데로
헤치리니 내가 여호와인 줄을
그들이 알리라

한때 백향목 같았던 애굽

31 열한째 해 셋째 달 초하루
에 여호와의 말씀이 내게 임
하여 이르시되
2 인자야 너는 애굽의 바로 왕과
그 무리에게 이르기를 네 큰 위
엄을 누구에게 비하랴
3 볼지어다 앗수르 사람은 가지
가 아름답고 그늘은 숲의 그늘
같으며 키가 크고 꼭대기가 구
름에 닿은 레바논 백향목이었
느니라
4 물들이 그것을 기르며 깊은 물
이 그것을 자라게 하며 강들
이 그 심어진 곳을 둘러 흐르
며 둑의 물이 들의 모든 나무에
까지 미치매
5 그 나무가 물이 많으므로 키가
들의 모든 나무보다 크며 굵은
가지가 번성하며 가는 가지가
길게 뻗어 나갔고
6 공중의 모든 새가 그 큰 가지
에 깃들이며 들의 모든 짐승이
그 가는 가지 밑에 새끼를 낳
으며 모든 큰 나라가 그 그늘
아래에 거주하였느니라
7 그 뿌리가 큰 물가에 있으므로
그 나무가 크고 가지가 길어
모양이 아름다우매
8 하나님의 동산의 백향목이 능
히 그를 가리지 못하며 잣나무
가 그 굵은 가지만 못하며 단
풍나무가 그 가는 가지만 못하
며 하나님의 동산의 어떤 나무
도 그 아름다운 모양과 같지
못하였도다
9 내가 그 가지를 많게 하여 모
양이 아름답게 하였더니 하나
님의 동산 에덴에 있는 모든
나무가 다 시기하였느니라
10 그러므로 주 여호와께서 이같
이 말씀하셨느니라 그의 키가
크고 꼭대기가 구름에 닿아서
높이 솟아났으므로 마음이 교만

하였은즉
11 내가 여러 나라의 능한 자의
손에 넘겨줄지라 그가 임의로
대우할 것은 내가 그의 악으로
말미암아 쫓아내었음이라
12 여러 나라의 포악한 다른 민족
이 그를 찍어 버렸으므로 그 가
는 가지가 산과 모든 골짜기
에 떨어졌고 그 굵은 가지가
그 땅 모든 물가에 꺾어졌으며
세상 모든 백성이 그를 버리고
그 그늘 아래에서 떠나매
13 공중의 모든 새가 그 넘어진
나무에 거주하며 들의 모든 짐
승이 그 가지에 있으리니
14 이는 물가에 있는 모든 나무는
키가 크다고 교만하지 못하게
하며 그 꼭대기가 구름에 닿
지 못하게 하며 또 물을 마시
는 모든 나무가 스스로 높아 서
지 못하게 함이니 그들은 다
죽음에 넘겨주어 사람들 가운
데에서 구덩이로 내려가는 자
와 함께 지하로 내려가게 하였
음이라
15 주 여호와께서 이같이 말씀하
셨느니라 그가 스올에 내려가
던 날에 내가 그를 위하여 슬
프게 울게 하며 깊은 바다를
덮으며 모든 강을 쉬게 하며
큰물을 그치게 하고 레바논이
그를 위하여 슬프게 울게 하며
들의 모든 나무를 그로 말미암
아 쇠잔하게 하였느니라
16 내가 그를 구덩이에 내려가는
자와 함께 스올에 떨어뜨리던
때에 백성들이 그 떨어지는 소
리로 말미암아 진동하게 하였
고 물을 마시는 에덴의 모든
나무 곧 레바논의 뛰어나고 아
름다운 나무들이 지하에서 위로
를 받게 하였느니라
17 그러나 그들도 그와 함께 스올
에 내려 칼에 죽임을 당한 자
에게 이르렀나니 그들은 옛적
에 그의 팔이 된 자요 나라들
가운데에서 그 그늘 아래에 거
주하던 자니라
18 너의 영광과 위대함이 에덴의
나무들 중에서 어떤 것과 같은
고 그러나 네가 에덴의 나무들
과 함께 지하에 내려갈 것이요
거기에서 할례를 받지 못하고
칼에 죽임을 당한 자 가운데
에 누우리라 이들은 바로와 그
의 모든 군대니라 주 여호와의

말씀이니라 하라

큰 악어 애굽 왕

32 열두째 해 열두째 달 초하루
에 여호와의 말씀이 내게 임
하여 이르시되
2 인자야 너는 애굽의 바로 왕에
대하여 슬픈 노래를 불러 그에
게 이르라 너를 여러 나라에서
사자로 생각하였더니 실상은
바다 가운데의 큰 악어라 강에
서 뛰어 일어나 발로 물을 휘
저어 그 강을 더럽혔도다
3 주 여호와께서 이같이 말씀하
셨느니라 내가 많은 백성의 무
리를 거느리고 내 그물을 네 위
에 치고 그 그물로 너를 끌어오
리로다
4 내가 너를 뭍에 버리며 들에
던져 공중의 새들이 네 위에
앉게 할 것임이여 온 땅의 짐
승이 너를 먹어 배부르게 하리
로다
5 내가 네 살점을 여러 산에 두
며 네 시체를 여러 골짜기에
채울 것임이여
6 네 피로 네 헤엄치는 땅에 물
대듯 하여 산에 미치게 하며
그 모든 개천을 채우리로다
7 내가 너를 불 끄듯 할 때에 하
늘을 가리어 별을 어둡게 하며
해를 구름으로 가리며 달이 빛
을 내지 못하게 할 것임이여
8 하늘의 모든 밝은 빛을 내가
네 위에서 어둡게 하여 어둠을
네 땅에 베풀리로다 주 여호와
의 말씀이니라
9 내가 네 패망의 소문이 여러
나라 곧 네가 알지 못하는 나
라들에 이르게 할 때에 많은
백성의 마음을 번뇌하게 할 것
임이여
10 내가 그 많은 백성을 너로 말
미암아 놀라게 할 것이며 내
가 내 칼이 그들의 왕 앞에서
춤추게 할 때에 그 왕이 너로
말미암아 심히 두려워할 것이
며 네가 엎드러지는 날에 그들
이 각각 자기 생명을 위하여
무시로 떨리로다
11 주 여호와께서 이같이 말씀하
셨느니라 바벨론 왕의 칼이 네
게 오리로다
12 나는 네 무리가 용사 곧 모든
나라의 무서운 자들의 칼에 엎
드러지게 할 것임이여 그들이
애굽의 교만을 폐하며 그 모든

무리를 멸하리로다
13 내가 또 그 모든 짐승을 큰 물
가에서 멸하리니 사람의 발이
나 짐승의 굽이 다시는 그 물
을 흐리지 못할 것임이여
14 그때에 내가 그 물을 맑게 하
여 그 강이 기름같이 흐르게 하
리로다 주 여호와의 말씀이니라
15 내가 애굽 땅이 황폐하여 사
막이 되게 하여 거기에 풍성한
것이 없게 할 것임이여 그 가
운데의 모든 주민을 치리니 내
가 여호와인 줄을 그들이 알리
라
16 이는 슬피 부를 노래이니 여러
나라 여자들이 이것을 슬피 부
름이여 애굽과 그 모든 무리를
위하여 이것을 슬피 부르리로다
주 여호와의 말씀이니라

죽은 자들의 세계

17 열두째 해 어느 달 열다섯째
날에 여호와의 말씀이 내게 임
하여 이르시되
18 인자야 애굽의 무리를 위하여
슬피 울고 그와 유명한 나라
의 여자들을 구덩이에 내려가
는 자와 함께 지하에 던지며
19 이르라 너의 아름다움이 어떤
사람들보다도 뛰어나도다 너는
내려가서 할례를 받지 아니한
자와 함께 누울지어다
20 그들이 죽임을 당한 자 가운데
에 엎드러질 것임이여 그는 칼
에 넘겨진 바 되었은즉 그와
그 모든 무리를 끌지어다
21 용사 가운데에 강한 자가 그
를 돕는 자와 함께 스올 가운
데에서 그에게 말함이여 할례
를 받지 아니한 자 곧 칼에 죽
임을 당한 자들이 내려와서 가
만히 누웠다 하리로다
22 거기에 앗수르와 그 온 무리가
있음이여 다 죽임을 당하여 칼
에 엎드러진 자라 그 무덤이
그 사방에 있도다
23 그 무덤이 구덩이 깊은 곳에
만들어졌고 그 무리가 그 무
덤 사방에 있음이여 그들은 다
죽임을 당하여 칼에 엎드러진
자 곧 생존하는 사람들의 세상
에서 사람을 두렵게 하던 자로
다
24 거기에 엘람이 있고 그 모든
무리가 그 무덤 사방에 있음이
여 그들은 다 할례를 받지 못
하고 죽임을 당하여 칼에 엎드

러져 지하에 내려간 자로다 그
들이 생존하는 사람들의 세상
에서 두렵게 하였으나 이제는
구덩이에 내려가는 자와 함께
수치를 당하였도다
25 그와 그 모든 무리를 위하여
죽임을 당한 자 가운데에 침상
을 놓았고 그 여러 무덤은 사
방에 있음이여 그들은 다 할례
를 받지 못하고 칼에 죽임을
당한 자로다 그들이 생존하는
사람들의 세상에서 두렵게 하
였으나 이제는 구덩이에 내려
가는 자와 함께 수치를 당하
고 죽임을 당한 자 가운데에
뉘었도다
26 거기에 메섹과 두발과 그 모든
무리가 있고 그 여러 무덤은
사방에 있음이여 그들은 다 할
례를 받지 못하고 칼에 죽임을
당한 자로다 그들이 생존하는
사람들의 세상에서 두렵게 하
였으나
27 그들이 할례를 받지 못한 자
가운데에 이미 엎드러진 용사
와 함께 누운 것이 마땅하지
아니하냐 이 용사들은 다 무기
를 가지고 스올에 내려가서 자
기의 칼을 베개로 삼았으니 그
백골이 자기 죄악을 졌음이여
생존하는 사람들의 세상에서
용사의 두려움이 있던 자로다
28 오직 너는 할례를 받지 못한
자와 함께 패망할 것임이여
칼에 죽임을 당한 자와 함께
누우리로다
29 거기에 에돔 곧 그 왕들과 그
모든 고관이 있음이여 그들이
강성하였었으나 칼에 죽임을
당한 자와 함께 있겠고 할례
를 받지 못하고 구덩이에 내려
간 자와 함께 누우리로다
30 거기에 죽임을 당한 자와 함
께 내려간 북쪽 모든 방백과
모든 시돈 사람이 있음이여 그
들이 본래는 강성하였으므로 두
렵게 하였으나 이제는 부끄러
움을 품고 할례를 받지 못하고
칼에 죽임을 당한 자와 함께
누웠고 구덩이에 내려가는 자
와 함께 수치를 당하였도다
31 바로가 그들을 보고 그 모든 무
리로 말미암아 위로를 받을 것
임이여 칼에 죽임을 당한 바로
와 그 온 군대가 그러하리로다
주 여호와의 말씀이니라

32 내가 바로로 하여금 생존하는
사람들의 세상에서 사람을 두
렵게 하게 하였으나 이제는 그
가 그 모든 무리와 더불어 할
례를 받지 못한 자 곧 칼에 죽
임을 당한 자와 함께 누이리로
다 주 여호와의 말씀이니라

여호와께서 에스겔을 파수꾼으로 삼으시다 (겔 3:16-21)

33 여호와의 말씀이 내게 임하
여 이르시되
2 인자야 너는 네 민족에게 말하
여 이르라 가령 내가 칼을 한
땅에 임하게 한다 하자 그 땅
백성이 자기들 가운데의 하나
를 택하여 파수꾼을 삼은
3 그 사람이 그 땅에 칼이 임함
을 보고 나팔을 불어 백성에게
경고하되
4 그들이 나팔 소리를 듣고도 정
신 차리지 아니하므로 그 임하
는 칼에 제거함을 당하면 그
피가 자기의 머리로 돌아갈 것
이라
5 그가 경고를 받았던들 자기 생
명을 보전하였을 것이나 나팔
소리를 듣고도 경고를 받지 아
니하였으니 그 피가 자기에게
로 돌아가리라
6 그러나 칼이 임함을 파수꾼이
보고도 나팔을 불지 아니하여
백성에게 경고하지 아니하므로
그중의 한 사람이 그 임하는
칼에 제거당하면 그는 자기
죄악으로 말미암아 제거되려니
와 그 죄는 내가 파수꾼의 손
에서 찾으리라
7 인자야 내가 너를 이스라엘 족
속의 파수꾼으로 삼음이 이와
같으니라 그런즉 너는 내 입의
말을 듣고 나를 대신하여 그들
에게 경고할지어다
8 가령 내가 악인에게 이르기를
악인아 너는 반드시 죽으리라
하였다 하자 네가 그 악인에
게 말로 경고하여 그의 길에서
떠나게 하지 아니하면 그 악
인은 자기 죄악으로 말미암아
죽으려니와 내가 그의 피를 네
손에서 찾으리라
9 그러나 너는 악인에게 경고하
여 돌이켜 그의 길에서 떠나라
고 하되 그가 돌이켜 그의 길
에서 떠나지 아니하면 그는 자
기 죄악으로 말미암아 죽으려니
와 너는 네 생명을 보전하리라

의인의 범죄와 악인의 회개

10 그런즉 인자야 너는 이스라엘
족속에게 이르기를 너희가 말하
여 이르되 우리의 허물과 죄가
이미 우리에게 있어 우리로 그
가운데에서 쇠퇴하게 하니 어
찌 능히 살리요 하거니와
11 너는 그들에게 말하라 주 여호
와의 말씀이니라 나의 삶을 두
고 맹세하노니 나는 악인이 죽
는 것을 기뻐하지 아니하고 악
인이 그의 길에서 돌이켜 떠나
사는 것을 기뻐하노라 이스라
엘 족속아 돌이키고 돌이키라
너희 악한 길에서 떠나라 어
찌 죽고자 하느냐 하셨다 하라
12 인자야 너는 네 민족에게 이르
기를 의인이 범죄하는 날에는
그 공의가 구원하지 못할 것
이요 악인이 돌이켜 그 악에서
떠나는 날에는 그 악이 그를
엎드러뜨리지 못할 것인즉 의
인이 범죄하는 날에는 그 의로
말미암아 살지 못하리라
13 가령 내가 의인에게 말하기를
너는 살리라 하였다 하자 그가
그 공의를 스스로 믿고 죄악을
행하면 그 모든 의로운 행위가
하나도 기억되지 아니하리니 그
가 그 지은 죄악으로 말미암아
곧 그 안에서 죽으리라
14 가령 내가 악인에게 말하기를
너는 죽으리라 하였다 하자 그
가 돌이켜 자기의 죄에서 떠나
서 정의와 공의로 행하여
15 저당물을 도로 주며 강탈한 물
건을 돌려보내고 생명의 율례
를 지켜 행하여 죄악을 범하
지 아니하면 그가 반드시 살고
죽지 아니할지라
16 그가 본래 범한 모든 죄가 기
억되지 아니하리니 그가 반드
시 살리라 이는 정의와 공의를
행하였음이라 하라
17 그래도 네 민족은 말하기를 주
의 길이 바르지 아니하다 하는
도다 그러나 실상은 그들의 길
이 바르지 아니하니라
18 만일 의인이 돌이켜 그 공의에
서 떠나 죄악을 범하면 그가
그 가운데에서 죽을 것이고
19 만일 악인이 돌이켜 그 악에서
떠나 정의와 공의대로 행하면
그가 그로 말미암아 살리라
20 그러나 너희가 이르기를 주의
길이 바르지 아니하다 하는도다

이스라엘 족속아 나는 너희가
각기 행한 대로 심판하리라 하
시니라

예루살렘의 함락 소식

21 우리가 사로잡힌 지 열두째 해
열째 달 다섯째 날에 예루살
렘에서부터 도망하여 온 자가
내게 나아와 말하기를 그 성이
함락되었다 하였는데
22 그 도망한 자가 내게 나아오기
전날 저녁에 여호와의 손이 내
게 임하여 내 입을 여시더니
다음 아침 그 사람이 내게 나
아올 그때에 내 입이 열리기로
내가 다시는 잠잠하지 아니하
였노라

백성의 죄와 여호와의 맹세

23 여호와의 말씀이 내게 임하여
이르시되
24 인자야 이 이스라엘의 이 황폐
한 땅에 거주하는 자들이 말하
여 이르기를 아브라함은 오직
한 사람이라도 이 땅을 기업으
로 얻었나니 우리가 많은즉 더
욱 이 땅을 우리에게 기업으로
주신 것이 되느니라 하는도다
25 그러므로 너는 그들에게 이르기
를 주 여호와께서 이같이 말씀
하시되 너희가 고기를 피째 먹
으며 너희 우상들에게 눈을 들
며 피를 흘리니 그 땅이 너희
의 기업이 될까보냐
26 너희가 칼을 믿어 가증한 일을
행하며 각기 이웃의 아내를 더
럽히니 그 땅이 너희의 기업이
될까보냐 하고
27 너는 그들에게 이르기를 주 여
호와께서 이같이 말씀하시되
내가 나의 삶을 두고 맹세하노
니 황무지에 있는 자는 칼에
엎드러뜨리고 들에 있는 자는
들짐승에게 넘겨 먹히게 하고
산성과 굴에 있는 자는 전염병
에 죽게 하리라
28 내가 그 땅이 황무지와 공포의
대상이 되게 하고 그 권능의
교만을 그치게 하리니 이스라엘
의 산들이 황폐하여 지나갈 사
람이 없으리라
29 내가 그들이 행한 모든 가증한
일로 말미암아 그 땅을 황무지
와 공포의 대상이 되게 하면
그때에 내가 여호와인 줄을 그
들이 알리라 하라

선지자의 말과 백성

30 인자야 네 민족이 담 곁에서

와 집 문에서 너에 대하여 말
하며 각각 그 형제와 더불어
말하여 이르기를 자, 가서 여호
와께로부터 무슨 말씀이 나오는
가 들어보자 하고
31 백성이 모이는 것같이 네게 나
아오며 내 백성처럼 네 앞에
앉아서 네 말을 들으나 그대로
행하지 아니하니 이는 그 입으
로는 사랑을 나타내어도 마음으
로는 이익을 따름이라
32 그들은 네가 고운 음성으로 사
랑의 노래를 하며 음악을 잘하
는 자같이 여겼나니 네 말을
듣고도 행하지 아니하거니와
33 그 말이 응하리니 응할 때에
는 그들이 한 선지자가 자기
가운데에 있었음을 알리라

자기만 먹는 이스라엘 목자들

34 여호와의 말씀이 내게 임하
여 이르시되
2 인자야 너는 이스라엘 목자들
에게 예언하라 그들 곧 목자
들에게 예언하여 이르기를 주
여호와께서 이같이 말씀하시
되 자기만 먹는 이스라엘 목자
들은 화 있을진저 목자들이 양
떼를 먹이는 것이 마땅하지
아니하냐
3 너희가 살진 양을 잡아 그 기
름을 먹으며 그 털을 입되 양
떼는 먹이지 아니하는도다
4 너희가 그 연약한 자를 강하
게 아니하며 병든 자를 고치지
아니하며 상한 자를 싸매 주
지 아니하며 쫓기는 자를 돌아
오게 하지 아니하며 잃어버린
자를 찾지 아니하고 다만 포악
으로 그것들을 다스렸도다
5 목자가 없으므로 그것들이 흩어
지고 흩어져서 모든 들짐승의
밥이 되었도다
6 내 양 떼가 모든 산과 높은 멧
부리에마다 유리되었고 내 양
떼가 온 지면에 흩어졌으되 찾
고 찾는 자가 없었도다

여호와께서 양 떼를 구원하시리라

7 그러므로 목자들아 여호와의 말
씀을 들을지어다
8 주 여호와의 말씀에 내가 나의
삶을 두고 맹세하노라 내 양
떼가 노략거리가 되고 모든 들
짐승의 밥이 된 것은 목자가
없기 때문이라 내 목자들이 내
양을 찾지 아니하고 자기만 먹
이고 내 양 떼를 먹이지 아니

하였도다
9 그러므로 너희 목자들아 여호와
의 말씀을 들을지어다
10 주 여호와께서 이같이 말씀하
시되 내가 목자들을 대적하여
내 양 떼를 그들의 손에서 찾
으리니 목자들이 양을 먹이지
못할 뿐 아니라 그들이 다시는
자기도 먹이지 못할지라 내가
내 양을 그들의 입에서 건져
내어서 다시는 그 먹이가 되지
아니하게 하리라
11 주 여호와께서 이같이 말씀하
셨느니라 나 곧 내가 내 양을
찾고 찾되
12 목자가 양 가운데에 있는 날
에 양이 흩어졌으면 그 떼를
찾는 것같이 내가 내 양을 찾
아서 흐리고 캄캄한 날에 그
흩어진 모든 곳에서 그것들을
건져낼지라
13 내가 그것들을 만민 가운데에
서 끌어내며 여러 백성 가운데
에서 모아 그 본토로 데리고 가
서 이스라엘 산 위에와 시냇가
에와 그 땅 모든 거주지에서
먹이되
14 좋은 꼴을 먹이고 그 우리를 이
스라엘 높은 산에 두리니 그것
들이 그곳에 있는 좋은 우리에
누워 있으며 이스라엘 산에서
살진 꼴을 먹으리라
15 내가 친히 내 양의 목자가 되
어 그것들을 누워 있게 할지라
주 여호와의 말씀이니라
16 그 잃어버린 자를 내가 찾으며
쫓기는 자를 내가 돌아오게 하
며 상한 자를 내가 싸매 주며
병든 자를 내가 강하게 하려니
와 살진 자와 강한 자는 내가
없애고 정의대로 그것들을 먹이
리라
17 주 여호와께서 이같이 말씀하
셨느니라 나의 양 떼 너희여
내가 양과 양 사이와 숫양과
숫염소 사이에서 심판하노라
18 너희가 좋은 꼴을 먹는 것을
작은 일로 여기느냐 어찌하여
남은 꼴을 발로 밟았느냐 너희
가 맑은 물을 마시는 것을 작
은 일로 여기느냐 어찌하여 남
은 물을 발로 더럽혔느냐
19 나의 양은 너희 발로 밟은 것
을 먹으며 너희 발로 더럽힌
것을 마시는도다 하셨느니라
20 그러므로 주 여호와께서 그들

에게 이같이 말씀하시되 나 곧
내가 살진 양과 파리한 양 사
이에서 심판하리라
21 너희가 옆구리와 어깨로 밀어
뜨리고 모든 병든 자를 뿔로
받아 무리를 밖으로 흩어지게
하는도다
22 그러므로 내가 내 양 떼를 구
원하여 그들로 다시는 노략거리
가 되지 아니하게 하고 양과
양 사이에 심판하리라
23 내가 한 목자를 그들 위에 세
워 먹이게 하리니 그는 내 종
다윗이라 그가 그들을 먹이고
그들의 목자가 될지라
24 나 여호와는 그들의 하나님이
되고 내 종 다윗은 그들 중에
왕이 되리라 나 여호와의 말이
니라
25 내가 또 그들과 화평의 언약
을 맺고 악한 짐승을 그 땅에
서 그치게 하리니 그들이 빈 들
에 평안히 거하며 수풀 가운데
에서 잘지라
26 내가 그들에게 복을 내리고 내
산 사방에 복을 내리며 때를
따라 소낙비를 내리되 복된 소
낙비를 내리리라
27 그리한즉 밭에 나무가 열매를
맺으며 땅이 그 소산을 내리니
그들이 그 땅에서 평안할지라
내가 그들의 멍에의 나무를 꺾
고 그들을 종으로 삼은 자의 손
에서 그들을 건져낸 후에 내가
여호와인 줄을 그들이 알겠고
28 그들이 다시는 이방의 노략거
리가 되지 아니하며 땅의 짐승
들에게 잡아먹히지도 아니하고
평안히 거주하리니 놀랠 사람
이 없으리라
29 내가 그들을 위하여 파종할 좋
은 땅을 일으키리니 그들이 다
시는 그 땅에서 기근으로 멸망
하지 아니할지며 다시는 여러
나라의 수치를 받지 아니할지라
30 그들이 내가 여호와 그들의 하
나님이며 그들과 함께 있는 줄
을 알고 그들 곧 이스라엘 족
속이 내 백성인 줄 알리라 주
여호와의 말씀이라
31 내 양 곧 내 초장의 양 너희는
사람이요 나는 너희 하나님이
라 주 여호와의 말씀이니라

세일 산과 에돔이 황무하리라

35 또 여호와의 말씀이 내게 임
하여 이르시되

2 인자야 네 얼굴을 세일 산으로
향하고 그에게 예언하여
3 이르기를 주 여호와께서 이같
이 말씀하시되 세일 산아 내가
너를 대적하여 내 손을 네 위
에 펴서 네가 황무지와 공포의
대상이 되게 할지라
4 내가 네 성읍들을 무너뜨리며
네가 황폐하게 되리니 네가 나
를 여호와인 줄을 알리라
5 네가 옛날부터 한을 품고 이스
라엘 족속의 환난 때 곧 죄악
의 마지막 때에 칼의 위력에
그들을 넘겼도다
6 그러므로 주 여호와의 말씀이니
라 내가 나의 삶을 두고 맹세
하노니 내가 너에게 피를 만나
게 한즉 피가 너를 따르리라
네가 피를 미워하지 아니하였
은즉 피가 너를 따르리라
7 내가 세일 산이 황무지와 폐허
가 되게 하여 그 위에 왕래하
는 자를 다 끊을지라
8 내가 그 죽임당한 자를 그 여
러 산에 채우되 칼에 죽임당
한 자를 네 여러 멧부리와, 골
짜기와, 모든 시내에 엎드러지
게 하고

9 너를 영원히 황폐하게 하여
네 성읍들에 다시는 거주하는
자가 없게 하리니 내가 여호와
인 줄을 너희가 알리라
10 네가 말하기를 이 두 민족과
두 땅은 다 내 것이며 내 기업
이 되리라 하였도다 그러나 여
호와께서 거기에 계셨느니라
11 그러므로 주 여호와의 말씀이니
라 내가 나의 삶을 두고 맹세
하노니 네가 그들을 미워하여
노하며 질투한 대로 내가 네게
행하여 너를 심판할 때에 그들
이 나를 알게 하리라
12 네가 이스라엘 산들을 가리켜
말하기를 저 산들이 황폐하였
으므로 우리에게 넘겨주어서 삼
키게 되었다 하여 욕하는 모든
말을 나 여호와가 들은 줄을
네가 알리로다
13 너희가 나를 대적하여 입으로
자랑하며 나를 대적하여 여러
가지로 말한 것을 내가 들었노
라
14 주 여호와께서 이같이 말씀하
셨느니라 온 땅이 즐거워할 때
에 내가 너를 황폐하게 하되
15 이스라엘 족속의 기업이 황폐

하므로 네가 즐거워한 것같이
내가 너를 황폐하게 하리라
세일 산아 너와 에돔 온 땅이
황폐하리니 내가 여호와인 줄
을 무리가 알리라 하셨다 하
라

이스라엘이 받을 복

36 인자야 너는 이스라엘 산들
에게 예언하여 이르기를 이스
라엘 산들아 여호와의 말씀을
들으라
2 주 여호와께서 이같이 말씀하
시기를 원수들이 네게 대하여
말하기를 아하 옛적 높은 곳이
우리의 기업이 되었도다 하였느
니라
3 그러므로 너는 예언하여 이르
기를 주 여호와께서 이같이 말
씀하시기를 그들이 너희를 황
폐하게 하고 너희 사방을 삼
켜 너희가 남은 이방인의 기업
이 되게 하여 사람의 말거리와
백성의 비방거리가 되게 하였도
다
4 그러므로 이스라엘 산들아 주
여호와의 말씀을 들을지어다 산
들과 멧부리들과 시내들과 골
짜기들과 황폐한 사막들과 사
방에 남아 있는 이방인의 노략
거리와 조롱거리가 된 버린 성
읍들에게 주 여호와께서 이같
이 말씀하셨느니라
5 주 여호와께서 이같이 말씀하
시기를 내가 진실로 내 맹렬한
질투로 남아 있는 이방인과 에
돔 온 땅을 쳐서 말하였노니
이는 그들이 심히 즐거워하는
마음과 멸시하는 심령으로 내
땅을 빼앗아 노략하여 자기
소유를 삼았음이라
6 그러므로 너는 이스라엘 땅에
대하여 예언하되 그 산들과
멧부리들과 시내들과 골짜기들
에 관하여 이르기를 주 여호와
께서 이같이 말씀하시기를 내
가 내 질투와 내 분노로 말하
였나니 이는 너희가 이방의 수
치를 당하였음이라
7 그러므로 주 여호와께서 이같
이 말씀하시기를 내가 맹세하
였은즉 너희 사방에 있는 이방
인이 자신들의 수치를 반드시
당하리라
8 그러나 너희 이스라엘 산들아
너희는 가지를 내고 내 백성
이스라엘을 위하여 열매를 맺

으리니 그들이 올 때가 가까이
이르렀음이라
9 내가 돌이켜 너희와 함께하리
니 사람이 너희를 갈고 심을
것이며
10 내가 또 사람을 너희 위에 많
게 하리니 이들은 이스라엘 온
족속이라 그들을 성읍들에 거주
하게 하며 빈 땅에 건축하게
하리라
11 내가 너희 위에 사람과 짐승을
많게 하되 그들의 수가 많고
번성하게 할 것이라 너희 전
지위대로 사람이 거주하게 하
여 너희를 처음보다 낫게 대우
하리니 내가 여호와인 줄을 너
희가 알리라
12 내가 사람을 너희 위에 다니게
하리니 그들은 내 백성 이스라
엘이라 그들은 너를 얻고 너는
그 기업이 되어 다시는 그들이
자식들을 잃어버리지 않게 하리
라
13 주 여호와께서 이같이 말씀하
셨느니라 그들이 너희에게 이르
기를 너는 사람을 삼키는 자요
네 나라 백성을 제거한 자라
하거니와
14 네가 다시는 사람을 삼키지 아
니하며 다시는 네 나라 백성을
제거하지 아니하리라 주 여호
와의 말씀이니라
15 내가 또 너를 여러 나라의 수
치를 듣지 아니하게 하며 만민
의 비방을 다시 받지 아니하게
하며 네 나라 백성을 다시 넘
어뜨리지 아니하게 하리라 주
여호와의 말씀이니라 하셨다
하라

이스라엘을 정결하게 하시다

16 여호와의 말씀이 또 내게 임하
여 이르시되
17 인자야 이스라엘 족속이 그들
의 고국 땅에 거주할 때에 그
들의 행위로 그 땅을 더럽혔나
니 나 보기에 그 행위가 월경
중에 있는 여인의 부정함과 같
았느니라
18 그들이 땅 위에 피를 쏟았으
며 그 우상들로 말미암아 자신
들을 더럽혔으므로 내가 분노를
그들 위에 쏟아
19 그들을 그 행위대로 심판하여
각국에 흩으며 여러 나라에 헤
쳤더니
20 그들이 이른바 그 여러 나라에

서 내 거룩한 이름이 그들로 말
미암아 더러워졌나니 곧 사람
들이 그들을 가리켜 이르기를
이들은 여호와의 백성이라도 여
호와의 땅에서 떠난 자라 하
였음이라
21 그러나 이스라엘 족속이 들어
간 그 여러 나라에서 더럽힌
내 거룩한 이름을 내가 아꼈노
라
22 그러므로 너는 이스라엘 족속에
게 이르기를 주 여호와께서 이
같이 말씀하시기를 이스라엘
족속아 내가 이렇게 행함은 너
희를 위함이 아니요 너희가 들
어간 그 여러 나라에서 더럽
힌 나의 거룩한 이름을 위함이
라
23 여러 나라 가운데에서 더럽혀
진 이름 곧 너희가 그들 가운
데에서 더럽힌 나의 큰 이름을
내가 거룩하게 할지라 내가 그
들의 눈앞에서 너희로 말미암
아 나의 거룩함을 나타내리니
내가 여호와인 줄을 여러 나라
사람이 알리라 주 여호와의 말
씀이니라
24 내가 너희를 여러 나라 가운데
에서 인도하여내고 여러 민족
가운데에서 모아 데리고 고국
땅에 들어가서
25 맑은 물을 너희에게 뿌려서 너
희로 정결하게 하되 곧 너희
모든 더러운 것에서와 모든 우
상숭배에서 너희를 정결하게
할 것이며
26 또 새 영을 너희 속에 두고 새
마음을 너희에게 주되 너희 육
신에서 굳은 마음을 제거하고
부드러운 마음을 줄 것이며
27 또 내 영을 너희 속에 두어 너
희로 내 율례를 행하게 하리니
너희가 내 규례를 지켜 행할지
라
28 내가 너희 조상들에게 준 땅에
서 너희가 거주하면서 내 백성
이 되고 나는 너희 하나님이 되
리라
29 내가 너희를 모든 더러운 데에
서 구원하고 곡식이 풍성하게
하여 기근이 너희에게 닥치지
아니하게 할 것이며
30 또 나무의 열매와 밭의 소산을
풍성하게 하여 너희가 다시는
기근의 욕을 여러 나라에게 당
하지 아니하게 하리니

31 그때에 너희가 너희 악한 길
과 너희 좋지 못한 행위를 기
억하고 너희 모든 죄악과 가증
한 일로 말미암아 스스로 밉게
보리라
32 주 여호와의 말씀이니라 내가
이렇게 행함은 너희를 위함이
아닌 줄을 너희가 알리라 이스
라엘 족속아 너희 행위로 말미
암아 부끄러워하고 한탄할지어
다
33 주 여호와께서 이같이 말씀하
셨느니라 내가 너희를 모든 죄
악에서 정결하게 하는 날에 성
읍들에 사람이 거주하게 하며
황폐한 것이 건축되게 할 것
인즉
34 전에는 지나가는 자의 눈에 황
폐하게 보이던 그 황폐한 땅
이 장차 경작이 될지라
35 사람이 이르기를 이 땅이 황폐
하더니 이제는 에덴 동산같이
되었고 황량하고 적막하고 무
너진 성읍들에 성벽과 주민이
있다 하리니
36 너희 사방에 남은 이방 사람이
나 여호와가 무너진 곳을 건축
하며 황폐한 자리에 심은 줄
을 알리라 나 여호와가 말하였
으니 이루리라
37 주 여호와께서 이같이 말씀하
셨느니라 그래도 이스라엘 족속
이 이같이 자기들에게 이루어
주기를 내게 구하여야 할지라
내가 그들의 수효를 양 떼같이
많아지게 하되
38 제사드릴 양 떼 곧 예루살렘이
정한 절기의 양 무리같이 황
폐한 성읍을 사람의 떼로 채우
리라 그리한즉 그들이 나를 여
호와인 줄 알리라 하셨느니라

마른 뼈들이 살아나다

37 여호와께서 권능으로 내게 임
재하시고 그의 영으로 나를
데리고 가서 골짜기 가운데 두
셨는데 거기 뼈가 가득하더라
2 나를 그 뼈 사방으로 지나가게
하시기로 본즉 그 골짜기 지면
에 뼈가 심히 많고 아주 말랐
더라
3 그가 내게 이르시되 인자야 이
뼈들이 능히 살 수 있겠느냐
하시기로 내가 대답하되 주 여
호와여 주께서 아시나이다
4 또 내게 이르시되 너는 이 모든
뼈에게 대언하여 이르기를 너

희 마른 뼈들아 여호와의 말씀
을 들을지어다
5 주 여호와께서 이 뼈들에게 이
같이 말씀하시기를 내가 생기
를 너희에게 들어가게 하리니
너희가 살아나리라
6 너희 위에 힘줄을 두고 살을 입
히고 가죽으로 덮고 너희 속에
생기를 넣으리니 너희가 살아나
리라 또 내가 여호와인 줄 너
희가 알리라 하셨다 하라
7 이에 내가 명령을 따라 대언
하니 대언할 때에 소리가 나
고 움직이며 이 뼈, 저 뼈가 들
어맞아 뼈들이 서로 연결되더
라
8 내가 또 보니 그 뼈에 힘줄이
생기고 살이 오르며 그 위에 가
죽이 덮이나 그 속에 생기는 없
더라
9 또 내게 이르시되 인자야 너는
생기를 향하여 대언하라 생기
에게 대언하여 이르기를 주 여
호와께서 이같이 말씀하시기를
생기야 사방에서부터 와서 이
죽음을 당한 자에게 불어서 살
아나게 하라 하셨다 하라
10 이에 내가 그 명령대로 대언하
였더니 생기가 그들에게 들어
가매 그들이 곧 살아나서 일어
나 서는데 극히 큰 군대더라
11 또 내게 이르시되 인자야 이
뼈들은 이스라엘 온 족속이라
그들이 이르기를 우리의 뼈들이
말랐고 우리의 소망이 없어졌
으니 우리는 다 멸절되었다 하
느니라
12 그러므로 너는 대언하여 그들
에게 이르기를 주 여호와께서
이같이 말씀하시기를 내 백성들
아 내가 너희 무덤을 열고 너
희로 거기에서 나오게 하고 이
스라엘 땅으로 들어가게 하리
라
13 내 백성들아 내가 너희 무덤을
열고 너희로 거기에서 나오게
한즉 너희는 내가 여호와인 줄
을 알리라
14 내가 또 내 영을 너희 속에 두
어 너희가 살아나게 하고 내가
또 너희를 너희 고국 땅에 두
리니 나 여호와가 이 일을 말
하고 이룬 줄을 너희가 알리라
여호와의 말씀이니라

유다와 이스라엘의 통일

15 여호와의 말씀이 또 내게 임하

여 이르시되
16 인자야 너는 막대기 하나를 가
져다가 그 위에 유다와 그 짝
이스라엘 자손이라 쓰고 또 다
른 막대기 하나를 가지고 그
위에 에브라임의 막대기 곧 요
셉과 그 짝 이스라엘 온 족속
이라 쓰고
17 그 막대기들을 서로 합하여 하
나가 되게 하라 네 손에서 둘
이 하나가 되리라
18 네 민족이 네게 말하여 이르기
를 이것이 무슨 뜻인지 우리에
게 말하지 아니하겠느냐 하거
든
19 너는 곧 이르기를 주 여호와께
서 이같이 말씀하시기를 내가
에브라임의 손에 있는 바 요셉
과 그 짝 이스라엘 지파들의
막대기를 가져다가 유다의 막
대기에 붙여서 한 막대기가 되
게 한즉 내 손에서 하나가 되
리라 하셨다 하고
20 너는 그 글 쓴 막대기들을 무
리의 눈앞에서 손에 잡고
21 그들에게 이르기를 주 여호와께
서 이같이 말씀하시기를 내가
이스라엘 자손을 잡혀간 여러
나라에서 인도하며 그 사방에
서 모아서 그 고국 땅으로 돌아
가게 하고
22 그 땅 이스라엘 모든 산에서
그들이 한 나라를 이루어서 한
임금이 모두 다스리게 하리니
그들이 다시는 두 민족이 되지
아니하며 두 나라로 나누이지
아니할지라
23 그들이 그 우상들과 가증한 물
건과 그 모든 죄악으로 더 이
상 자신들을 더럽히지 아니하
리라 내가 그들을 그 범죄한
모든 처소에서 구원하여 정결
하게 한즉 그들은 내 백성이
되고 나는 그들의 하나님이 되
리라
24 내 종 다윗이 그들의 왕이 되
리니 그들 모두에게 한 목자가
있을 것이라 그들이 내 규례를
준수하고 내 율례를 지켜 행하
며
25 내가 내 종 야곱에게 준 땅
곧 그의 조상들이 거주하던 땅
에 그들이 거주하되 그들과 그
들의 자자손손이 영원히 거기
에 거주할 것이요 내 종 다윗
이 영원히 그들의 왕이 되리라

26 내가 그들과 화평의 언약을 세
워서 영원한 언약이 되게 하
고 또 그들을 견고하고 번성하
게 하며 내 성소를 그 가운데
에 세워서 영원히 이르게 하리
니
27 내 처소가 그들 가운데에 있을
것이며 나는 그들의 하나님이
되고 그들은 내 백성이 되리라
28 내 성소가 영원토록 그들 가운
데에 있으리니 내가 이스라엘
을 거룩하게 하는 여호와인 줄
을 열국이 알리라 하셨다 하
라

하나님의 도구 곡

38 여호와의 말씀이 내게 임하
여 이르시되
2 인자야 너는 마곡 땅에 있는
로스와 메섹과 두발 왕 곧 곡
에게로 얼굴을 향하고 그에게
예언하여
3 이르기를 주 여호와께서 이같
이 말씀하시기를 로스와 메섹
과 두발 왕 곡아 내가 너를 대
적하여
4 너를 돌이켜 갈고리로 네 아가
리를 꿰고 너와 말과 기마병
곧 네 온 군대를 끌어내되 완
전한 갑옷을 입고 큰 방패와
작은 방패를 가지며 칼을 잡은
큰 무리와
5 그들과 함께한 방패와 투구를
갖춘 바사와 구스와 붓과
6 고멜과 그 모든 떼와 북쪽 끝
의 도갈마 족속과 그 모든 떼
곧 많은 백성의 무리를 너와
함께 끌어내리라
7 너는 스스로 예비하되 너와 네
게 모인 무리들이 다 스스로 예
비하고 너는 그들의 우두머리가
될지어다
8 여러 날 후 곧 말년에 네가
명령을 받고 그 땅 곧 오래 황
폐하였던 이스라엘 산에 이르
리니 그 땅 백성은 칼을 벗어
나서 여러 나라에서 모여들어
오며 이방에서 나와 다 평안히
거주하는 중이라
9 네가 올라오되 너와 네 모든
떼와 너와 함께한 많은 백성
이 광풍같이 이르고 구름같이
땅을 덮으리라
10 주 여호와께서 이같이 말씀하
셨느니라 그날에 네 마음에서
여러 가지 생각이 나서 악한
꾀를 내어

11 말하기를 내가 평원의 고을들
로 올라가리라 성벽도 없고 문
이나 빗장이 없어도 염려 없이
다 평안히 거주하는 백성에게
나아가서
12 물건을 겁탈하며 노략하리라
하고 네 손을 들어서 황폐하
였다가 지금 사람이 거주하는
땅과 여러 나라에서 모여서 짐
승과 재물을 얻고 세상 중앙에
거주하는 백성을 치고자 할 때
에
13 스바와 드단과 다시스의 상인
과 그 부자들이 네게 이르기를
네가 탈취하러 왔느냐 네가 네
무리를 모아 노략하고자 하느
냐 은과 금을 빼앗으며 짐승과
재물을 빼앗으며 물건을 크게
약탈하여 가고자 하느냐 하리
라
14 인자야 너는 또 예언하여 곡에
게 이르기를 주 여호와께서 이
같이 말씀하시기를 내 백성 이
스라엘이 평안히 거주하는 날
에 네가 어찌 그것을 알지 못
하겠느냐
15 네가 네 고국 땅 북쪽 끝에서
많은 백성 곧 다 말을 탄 큰
무리와 능한 군대와 함께 오되
16 구름이 땅을 덮음같이 내 백성
이스라엘을 치러 오리라 곡아
끝날에 내가 너를 이끌어다가
내 땅을 치게 하리니 이는 내
가 너로 말미암아 이방 사람의
눈앞에서 내 거룩함을 나타내
어 그들이 다 나를 알게 하려
함이라

곡의 심판

17 주 여호와께서 이같이 말씀하
셨느니라 내가 옛적에 내 종
이스라엘 선지자들을 통하여
말한 사람이 네가 아니냐 그들
이 그때에 여러 해 동안 예언
하기를 내가 너를 이끌어다가
그들을 치게 하리라
18 그날에 곡이 이스라엘 땅을 치
러 오면 내 노여움이 내 얼굴
에 나타나리라 주 여호와의 말
씀이니라
19 내가 질투와 맹렬한 노여움으
로 말하였거니와 그날에 큰 지
진이 이스라엘 땅에 일어나서
20 바다의 고기들과 공중의 새들
과 들의 짐승들과 땅에 기는
모든 벌레와 지면에 있는 모든
사람이 내 앞에서 떨 것이며

모든 산이 무너지며 절벽이 떨
어지며 모든 성벽이 땅에 무너
지리라
21 주 여호와의 말씀이니라 내가
내 모든 산 중에서 그를 칠 칼
을 부르리니 각 사람이 칼로
그 형제를 칠 것이며
22 내가 또 전염병과 피로 그를
심판하며 쏟아지는 폭우와 큰
우박덩이와 불과 유황으로 그
와 그 모든 무리와 그와 함께
있는 많은 백성에게 비를 내리
듯 하리라
23 이같이 내가 여러 나라의 눈에
내 위대함과 내 거룩함을 나
타내어 나를 알게 하리니 내가
여호와인 줄을 그들이 알리라

침략자 곡의 멸망

39 그러므로 인자야 너는 곡에
게 예언하여 이르기를 주 여
호와께서 이같이 말씀하시되
로스와 메섹과 두발 왕 곡아
내가 너를 대적하여
2 너를 돌이켜서 이끌고 북쪽 끝
에서부터 나와서 이스라엘 산
위에 이르러
3 네 활을 쳐서 네 왼손에서 떨
어뜨리고 네 화살을 네 오른손
에서 떨어뜨리리니
4 너와 네 모든 무리와 너와 함
께 있는 백성이 다 이스라엘
산 위에 엎드러지리라 내가 너
를 각종 사나운 새와 들짐승에
게 넘겨 먹게 하리니
5 네가 빈 들에 엎드러지리라 이
는 내가 말하였음이니라 주 여
호와의 말씀이니라
6 내가 또 불을 마곡과 및 섬에
평안히 거주하는 자에게 내리
리니 내가 여호와인 줄을 그들
이 알리라
7 내가 내 거룩한 이름을 내 백
성 이스라엘 가운데에 알게 하
여 다시는 내 거룩한 이름을
더럽히지 아니하게 하리니 내
가 여호와 곧 이스라엘의 거룩
한 자인 줄을 민족들이 알리라
하라
8 주 여호와의 말씀이니라 볼지어
다 그날이 와서 이루어지리니
내가 말한 그날이 이날이라
9 이스라엘 성읍들에 거주하는
자가 나가서 그들의 무기를 불
태워 사르되 큰 방패와 작은
방패와 활과 화살과 몽둥이와
창을 가지고 일곱 해 동안 불

태우리라
10 이같이 그 무기로 불을 피울
것이므로 그들이 들에서 나무를
주워 오지 아니하며 숲에서 벌
목하지 아니하겠고 전에 자기
에게서 약탈하던 자의 것을
약탈하며 전에 자기에게서 늑
탈하던 자의 것을 늑탈하리라
주 여호와의 말씀이니라
11 그날에 내가 곡을 위하여 이스
라엘 땅 곧 바다 동쪽 사람이
통행하는 골짜기를 매장지로
주리니 통행하던 길이 막힐 것
이라 사람이 거기에서 곡과 그
모든 무리를 매장하고 그 이름
을 하몬곡의 골짜기라 일컬으
리라
12 이스라엘 족속이 일곱 달 동안
에 그들을 매장하여 그 땅을
정결하게 할 것이라
13 그 땅 모든 백성이 그들을 매
장하고 그로 말미암아 이름을
얻으리니 이는 나의 영광이 나
타나는 날이니라 주 여호와의
말씀이니라
14 그들이 사람을 택하여 그 땅
에 늘 순행하며 매장할 사람
과 더불어 지면에 남아 있는
시체를 매장하여 그 땅을 정
결하게 할 것이라 일곱 달 후
에 그들이 살펴보되
15 지나가는 사람들이 그 땅으로
지나가다가 사람의 뼈를 보면
그 곁에 푯말을 세워 매장하
는 사람에게 가서 하몬곡 골짜
기에 매장하게 할 것이요
16 성읍의 이름도 하모나라 하리라
그들이 이같이 그 땅을 정결하
게 하리라
17 주 여호와께서 이같이 말씀하
셨느니라 너 인자야 너는 각종
새와 들의 각종 짐승에게 이르
기를 너희는 모여 오라 내가 너
희를 위한 잔치 곧 이스라엘
산 위에 예비한 큰 잔치로 너
희는 사방에서 모여 살을 먹으
며 피를 마실지어다
18 너희가 용사의 살을 먹으며 세
상 왕들의 피를 마시기를 바산
의 살진 짐승 곧 숫양이나 어
린 양이나 염소나 수송아지를
먹듯 할지라
19 내가 너희를 위하여 예비한 잔
치의 기름을 너희가 배불리 먹
으며 그 피를 취하도록 마시되
20 내 상에서 말과 기병과 용사

와 모든 군사를 배부르게 먹을
지니라 하라 주 여호와의 말씀
이니라

이스라엘의 회복

21 내가 내 영광을 여러 민족 가
운데에 나타내어 모든 민족이
내가 행한 심판과 내가 그 위
에 나타낸 권능을 보게 하리니
22 그날 이후에 이스라엘 족속은
내가 여호와 자기들의 하나님
인 줄을 알겠고
23 여러 민족은 이스라엘 족속이
그 죄악으로 말미암아 사로잡
혀 갔던 줄을 알지라 그들이
내게 범죄하였으므로 내 얼굴
을 그들에게 가리고 그들을 그
원수의 손에 넘겨 다 칼에 엎
드러지게 하였으되
24 내가 그들의 더러움과 그들의
범죄한 대로 행하여 그들에게
내 얼굴을 가리었었느니라
25 그러므로 주 여호와께서 이같
이 말씀하셨느니라 내가 이제
내 거룩한 이름을 위하여 열심
을 내어 야곱의 사로잡힌 자를
돌아오게 하며 이스라엘 온 족
속에게 사랑을 베풀지라
26 그들이 그 땅에 평안히 거주
하고 두렵게 할 자가 없게 될
때에 부끄러움을 품고 내게 범
한 죄를 뉘우치리니
27 내가 그들을 만민 중에서 돌
아오게 하고 적국 중에서 모아
내어 많은 민족이 보는 데에서
그들로 말미암아 나의 거룩함
을 나타낼 때라
28 전에는 내가 그들이 사로잡혀
여러 나라에 이르게 하였거니
와 후에는 내가 그들을 모아
고국 땅으로 돌아오게 하고 그
한 사람도 이방에 남기지 아니
하리니 그들이 내가 여호와 자
기들의 하나님인 줄을 알리라
29 내가 다시는 내 얼굴을 그들에
게 가리지 아니하리니 이는 내
가 내 영을 이스라엘 족속에게
쏟았음이라 주 여호와의 말씀이
니라

이상 중에 본 성읍

40 우리가 사로잡힌 지 스물다
섯째 해, 성이 함락된 후 열
넷째 해 첫째 달 열째 날에
곧 그날에 여호와의 권능이 내
게 임하여 나를 데리고 이스라
엘 땅으로 가시되
2 하나님의 이상 중에 나를 데려

고 이스라엘 땅에 이르러 나를
매우 높은 산 위에 내려놓으시
는데 거기에서 남으로 향하여
성읍 형상 같은 것이 있더라
3 나를 데리시고 거기에 이르시니
모양이 놋같이 빛난 사람 하나
가 손에 삼줄과 측량하는 장
대를 가지고 문에 서있더니
4 그 사람이 내게 이르되 인자야
내가 네게 보이는 그것을 눈으
로 보고 귀로 들으며 네 마음으
로 생각할지어다 내가 이것을
네게 보이려고 이리로 데리고
왔나니 너는 본 것을 다 이스
라엘 족속에게 전할지어다 하
더라

동쪽을 향한 문

5 내가 본즉 집 바깥 사방으로
담이 있더라 그 사람의 손에
측량하는 장대를 잡았는데 그
길이가 팔꿈치에서 손가락에
이르고 한 손바닥 너비가 더한
자로 여섯 척이라 그 담을 측
량하니 두께가 한 장대요 높이
도 한 장대며
6 그가 동쪽을 향한 문에 이르러
층계에 올라 그 문의 통로를
측량하니 길이가 한 장대요 그
문 안쪽 통로의 길이도 한 장
대며
7 그 문간에 문지기 방들이 있는
데 각기 길이가 한 장대요 너
비가 한 장대요 각방 사이 벽
이 다섯 척이며 안쪽 문 통로
의 길이가 한 장대요 그 앞에
현관이 있고 그 앞에 안문이
있으며
8 그가 또 안문의 현관을 측량하
니 한 장대며
9 안문의 현관을 또 측량하니 여
덟 척이요 그 문 벽은 두 척이
라 그 문의 현관이 안으로 향
하였으며
10 그 동문간의 문지기 방은 왼쪽
에 셋이 있고 오른쪽에 셋이
있으니 그 셋이 각각 같은 크기
요 그 좌우편 벽도 다 같은 크
기며
11 또 그 문 통로를 측량하니 너
비가 열 척이요 길이가 열세
척이며
12 방 앞에 칸막이 벽이 있는데
이쪽 칸막이 벽도 한 척이요
저쪽 칸막이 벽도 한 척이며
그 방은 이쪽도 여섯 척이요 저
쪽도 여섯 척이며

13 그가 그 문간을 측량하니 이 방 지붕 가에서 저 방 지붕 가까지 너비가 스물다섯 척인데 방문은 서로 반대되었으며

14 그가 또 현관을 측량하니 너비가 스무 척이요 현관 사방에 뜰이 있으며

15 바깥문 통로에서부터 안문 현관 앞까지 쉰 척이며

16 문지기 방에는 각각 닫힌 창이 있고 문안 좌우편에 있는 벽 사이에도 창이 있고 그 현관도 그러하고 그 창은 안 좌우편으로 벌여 있으며 각 문 벽 위에는 종려나무를 새겼더라

바깥뜰

17 그가 나를 데리고 바깥뜰에 들어가니 뜰 삼면에 박석 깔린 땅이 있고 그 박석 깔린 땅 위에 여러 방이 있는데 모두 서른이며

18 그 박석 깔린 땅의 위치는 각 문간의 좌우편인데 그 너비가 문간 길이와 같으니 이는 아래 박석 땅이며

19 그가 아래 문간 앞에서부터 안뜰 바깥 문간 앞까지 측량하니 그 너비가 백 척이며 동쪽과 북쪽이 같더라

북쪽을 향한 문

20 그가 바깥뜰 북쪽을 향한 문간의 길이와 너비를 측량하니

21 길이는 쉰 척이요 너비는 스물다섯 척이며 문지기 방이 이쪽에도 셋이요 저쪽에도 셋이요 그 벽과 그 현관도 먼저 측량한 문간과 같으며

22 그 창과 현관의 길이와 너비와 종려나무가 다 동쪽을 향한 문간과 같으며 그 문간으로 올라가는 일곱 층계가 있고 그 안에 현관이 있으며

23 안뜰에도 북쪽 문간과 동쪽 문간과 마주 대한 문간들이 있는데 그가 이 문간에서 맞은쪽 문간까지 측량하니 백 척이더라

남쪽을 향한 문

24 그가 또 나를 이끌고 남으로 간즉 남쪽을 향한 문간이 있는데 그 벽과 현관을 측량하니 먼저 측량한 것과 같고

25 그 문간과 현관 좌우에 있는 창도 먼저 말한 창과 같더라 그 문간의 길이는 쉰 척이요 너비는 스물다섯 척이며

26 또 그리로 올라가는 일곱 층계
가 있고 그 안에 현관이 있으
며 또 이쪽 저쪽 문 벽 위에
종려나무를 새겼으며
27 안뜰에도 남쪽을 향한 문간이
있는데 그가 남쪽을 향한 그
문간에서 맞은쪽 문간까지 측
량하니 백 척이더라

안뜰 남쪽 문

28 그가 나를 데리고 그 남문을 통
하여 안뜰에 들어가서 그 남문
의 너비를 측량하니 크기는
29 길이가 쉰 척이요 너비가 스물
다섯 척이며 그 문지기 방과
벽과 현관도 먼저 측량한 것
과 같고 그 문간과 그 현관
좌우에도 창이 있으며
30 그 사방 현관의 길이는 스물다
섯 척이요 너비는 다섯 척이며
31 현관이 바깥뜰로 향하였고 그
문 벽 위에도 종려나무를 새겼
으며 그 문간으로 올라가는 여
덟 층계가 있더라

안뜰 동쪽 문

32 그가 나를 데리고 안뜰 동쪽으
로 가서 그 문간을 측량하니
크기는
33 길이가 쉰 척이요 너비가 스물
다섯 척이며 그 문지기 방과
벽과 현관이 먼저 측량한 것
과 같고 그 문간과 그 현관
좌우에도 창이 있으며
34 그 현관이 바깥뜰로 향하였고
그 이쪽, 저쪽 문 벽 위에도 종
려나무를 새겼으며 그 문간으로
올라가는 여덟 층계가 있더라

안뜰 북쪽 문

35 그가 또 나를 데리고 북문에 이
르러 측량하니 크기는
36 길이가 쉰 척이요 너비가 스물
다섯 척이며 그 문지기 방과
벽과 현관이 다 그러하여 그
좌우에도 창이 있으며
37 그 현관이 바깥뜰로 향하였고
그 이쪽, 저쪽 문 벽 위에도 종
려나무를 새겼으며 그 문간으로
올라가는 여덟 층계가 있더라

안뜰 북쪽 문의 부속 건물들

38 그 문 벽 곁에 문이 있는 방이
있는데 그것은 번제물을 씻는
방이며
39 그 문의 현관 이쪽에 상 둘이
있고 저쪽에 상 둘이 있으니
그 위에서 번제와 속죄제와 속
건제의 희생제물을 잡게 한 것
이며

40 그 북문 바깥 곧 입구로 올라
가는 곳 이쪽에 상 둘이 있고
문의 현관 저쪽에 상 둘이 있
으니
41 문 곁 이쪽에 상이 넷이 있고
저쪽에 상이 넷이 있어 상이 모
두 여덟 개라 그 위에서 희생
제물을 잡았더라
42 또 다듬은 돌로 만들어 번제에
쓰는 상 넷이 있는데 그 길이
는 한 척 반이요 너비는 한 척
반이요 높이는 한 척이라 번제
의 희생제물을 잡을 때에 쓰
는 기구가 그 위에 놓였으며
43 현관 안에는 길이가 손바닥 넓
이만 한 갈고리가 사방에 박혔
으며 상들에는 희생제물의 고
기가 있더라
44 안문 밖에 있는 안뜰에는 노
래하는 자의 방 둘이 있는데
북문 곁에 있는 방은 남쪽으로
향하였고 남문 곁에 있는 방은
북쪽으로 향하였더라
45 그가 내게 이르되 남쪽을 향한
이 방은 성전을 지키는 제사장
들이 쓸 것이요
46 북쪽을 향한 방은 제단을 지키
는 제사장들이 쓸 것이라 이들
은 레위의 후손 중 사독의 자
손으로서 여호와께 가까이 나
아가 수종 드는 자니라 하고
47 그가 또 그 뜰을 측량하니 길
이는 백 척이요 너비는 백 척
이라 네모 반듯하며 제단은 성
전 앞에 있더라

성전 문 현관

48 그가 나를 데리고 성전 문 현
관에 이르러 그 문의 좌우 벽
을 측량하니 너비는 이쪽도 다
섯 척이요 저쪽도 다섯 척이며
두께는 문 이쪽도 세 척이요
문 저쪽도 세 척이며
49 그 현관의 너비는 스무 척이요
길이는 열한 척이며 문간으로
올라가는 층계가 있고 문 벽
곁에는 기둥이 있는데 하나는
이쪽에 있고 다른 하나는 저쪽
에 있더라

성소와 지성소와 골방들

41 그가 나를 데리고 성전에 이
르러 그 문 벽을 측량하니
이쪽 두께도 여섯 척이요 저쪽
두께도 여섯 척이라 두께가 그
와 같으며
2 그 문 통로의 너비는 열 척이요
문 통로 이쪽 벽의 너비는 다섯

척이요 저쪽 벽의 너비는 다섯
척이며 그가 성소를 측량하니
그 길이는 마흔 척이요 그 너비
는 스무 척이며
3 그가 안으로 들어가서 내전 문
통로의 벽을 측량하니 두께는
두 척이요 문 통로가 여섯 척이
요 문 통로의 벽의 너비는 각기
일곱 척이며
4 그가 내전을 측량하니 길이는
스무 척이요 너비는 스무 척이
라 그가 내게 이르되 이는 지성
소니라 하고
5 성전의 벽을 측량하니 두께가
여섯 척이며 성전 삼면에 골방
이 있는데 너비는 각기 네 척이
며
6 골방은 삼층인데 골방 위에 골
방이 있어 모두 서른이라 그 삼
면 골방이 성전 벽 밖으로 그
벽에 붙어 있는데 성전 벽 속
을 뚫지는 아니하였으며
7 이 두루 있는 골방은 그 층이
높아질수록 넓으므로 성전에 둘
린 이 골방이 높아질수록 성전
에 가까워졌으나 성전의 넓이
는 아래 위가 같으며 골방은
아래층에서 중층으로 위층에 올
라가게 되었더라
8 내가 보니 성전 삼면의 지대
곧 모든 골방 밑 지대의 높이
는 한 장대 곧 큰 자로 여섯
척인데
9 성전에 붙어 있는 그 골방 바
깥 벽 두께는 다섯 척이요 그
외에 빈터가 남았으며
10 성전 골방 삼면에 너비가 스
무 척 되는 뜰이 둘려 있으며
11 그 골방 문은 다 빈터로 향하
였는데 한 문은 북쪽으로 향하
였고 한 문은 남쪽으로 향하였
으며 그 둘려 있는 빈터의 너비
는 다섯 척이더라

서쪽 건물과 성전의 넓이

12 서쪽 뜰 뒤에 건물이 있는데
너비는 일흔 척이요 길이는 아
흔 척이며 그 사방 벽의 두께
는 다섯 척이더라
13 그가 성전을 측량하니 길이는
백 척이요 또 서쪽 뜰과 그 건
물과 그 벽을 합하여 길이는
백 척이요
14 성전 앞면의 너비는 백 척이요
그 앞 동쪽을 향한 뜰의 너비
도 그러하며
15 그가 뒤뜰 너머 있는 건물을

측랑하니 그 좌우편 회랑까지
백 척이더라 내전과 외전과
그 뜰의 현관과
16 문 통로 벽과 닫힌 창과 삼면
에 둘려 있는 회랑은 문 통로
안쪽에서부터 땅에서 창까지
널판자로 가렸고 (창은 이미
닫혔더라)
17 문 통로 위와 내전과 외전의
사방 벽도 다 그러하니 곧 측
랑한 크기대로며
18 널판자에는 그룹들과 종려나무
를 새겼는데 두 그룹 사이에
종려나무 한 그루가 있으며 각
그룹에 두 얼굴이 있으니
19 하나는 사람의 얼굴이라 이쪽
종려나무를 향하였고 하나는
어린 사자의 얼굴이라 저쪽 종
려나무를 향하였으며 온 성전
사방이 다 그러하여
20 땅에서부터 문 통로 위에까지
그룹들과 종려나무들을 새겼으
니 성전 벽이 다 그러하더라

나무 제단과 성전의 문들

21 외전 문설주는 네모졌고 내전
전면에 있는 양식은 이러하니
22 곧 나무 제단의 높이는 세 척이
요 길이는 두 척이며 그 모퉁이
와 옆과 면을 다 나무로 만들
었더라 그가 내게 이르되 이는
여호와의 앞의 상이라 하더라
23 내전과 외전에 각기 문이 있는
데
24 문마다 각기 두 문짝 곧 접는
두 문짝이 있어 이 문에 두 짝
이요 저 문에 두 짝이며
25 이 성전 문에 그룹과 종려나무
를 새겼는데 벽에 있는 것과
같고 현관 앞에는 나무 디딤판
이 있으며
26 현관 좌우편에는 닫힌 창도
있고 종려나무도 새겨져 있고
성전의 골방과 디딤판도 그러
하더라

제사장 방

42 그가 나를 데리고 밖으로 나
가 북쪽 뜰로 가서 두 방에
이르니 그 두 방의 하나는 골
방 앞 뜰을 향하였고 다른 하
나는 북쪽 건물을 향하였는데
2 그 방들의 자리의 길이는 백
척이요 너비는 쉰 척이며 그 문
은 북쪽을 향하였고
3 그 방 삼층에 회랑들이 있는데
한 방의 회랑은 스무 척 되는
안뜰과 마주 대하였고 다른

한 방의 회랑은 바깥뜰 박석
깔린 곳과 마주 대하였으며
4 그 두 방 사이에 통한 길이 있
어 너비는 열 척이요 길이는
백 척이며 그 문들은 북쪽을
향하였으며
5 그 위층의 방은 가장 좁으니 이
는 회랑들로 말미암아 아래층
과 가운데 층보다 위층이 더
줄어짐이라
6 그 방은 삼층인데도 뜰의 기둥
같은 기둥이 없으므로 그 위층
이 아래층과 가운데 층보다 더
욱 좁아짐이더라
7 그 한 방의 바깥 담 곧 뜰의
담과 마주 대한 담의 길이는
쉰 척이니
8 바깥뜰로 향한 방의 길이는 쉰
척이며 성전 앞을 향한 방은
백 척이며
9 이 방들 아래에 동쪽에서 들어
가는 통행구가 있으니 곧 바깥
뜰에서 들어가는 통행구더라
10 남쪽 골방 뜰 맞은쪽과 남쪽
건물 맞은쪽에도 방 둘이 있는
데
11 그 두 방 사이에 길이 있고 그
방들의 모양은 북쪽 방 같고
그 길이와 너비도 같으며 그 출
입구와 문도 그와 같으며
12 이 남쪽 방에 출입하는 문이
있는데 담 동쪽 길 어귀에 있
더라
13 그가 내게 이르되 좌우 골방
뜰 앞 곧 북쪽과 남쪽에 있는
방들은 거룩한 방이라 여호와
를 가까이하는 제사장들이 지
성물을 거기에서 먹을 것이며
지성물 곧 소제와 속죄제와 속
건제의 제물을 거기 둘 것이니
이는 거룩한 곳이라
14 제사장의 의복은 거룩하므로 제
사장이 성소에 들어갔다가 나
올 때에 바로 바깥뜰로 가지
못하고 수종 드는 그 의복을
그 방에 두고 다른 옷을 입고
백성의 뜰로 나갈 것이니라 하
더라

성전의 사면 담을 측량하다

15 그가 안에 있는 성전 측량하기
를 마친 후에 나를 데리고 동
쪽을 향한 문의 길로 나가서
사방 담을 측량하는데
16 그가 측량하는 장대 곧 그 장
대로 동쪽을 측량하니 오백 척
이요

17 그 장대로 북쪽을 측량하니 오
백 척이요
18 그 장대로 남쪽을 측량하니 오
백 척이요
19 서쪽으로 돌이켜 그 장대로 측
량하니 오백 척이라
20 그가 이같이 그 사방을 측량하
니 그 사방 담 안 마당의 길
이가 오백 척이며 너비가 오백
척이라 그 담은 거룩한 것과
속된 것을 구별하는 것이더라

여호와께서 성전에 들어가시다

43 그 후에 그가 나를 데리고
문에 이르니 곧 동쪽을 향한
문이라
2 이스라엘 하나님의 영광이 동
쪽에서부터 오는데 하나님의 음
성이 많은 물소리 같고 땅은
그 영광으로 말미암아 빛나니
3 그 모양이 내가 본 환상 곧 전
에 성읍을 멸하러 올 때에 보
던 환상 같고 그발 강가에서
보던 환상과도 같기로 내가 곧
얼굴을 땅에 대고 엎드렸더니
4 여호와의 영광이 동문을 통하
여 성전으로 들어가고
5 영이 나를 들어 데리고 안뜰에
들어가시기로 내가 보니 여호와
의 영광이 성전에 가득하더라
6 성전에서 내게 하는 말을 내가
듣고 있을 때에 어떤 사람이
내 곁에 서있더라
7 그가 내게 이르시되 인자야 이
는 내 보좌의 처소, 내 발을 두
는 처소, 내가 이스라엘 족속
가운데에 영원히 있을 곳이라
이스라엘 족속 곧 그들과 그들
의 왕들이 음행하며 그 죽은
왕들의 시체로 다시는 내 거룩
한 이름을 더럽히지 아니하리
라
8 그들이 그 문지방을 내 문지방
곁에 두며 그 문설주를 내 문
설주 곁에 두어서 그들과 나
사이에 겨우 한 담이 막히게
하였고 또 그 행하는 가증한
일로 내 거룩한 이름을 더럽혔
으므로 내가 노하여 멸망시켰거
니와
9 이제는 그들이 그 음란과 그
왕들의 시체를 내게서 멀리 제
거하여 버려야 할 것이라 그리
하면 내가 그들 가운데에 영원
히 살리라
10 인자야 너는 이 성전을 이스라
엘 족속에게 보여서 그들이 자

기의 죄악을 부끄러워하고 그
형상을 측량하게 하라
11 만일 그들이 자기들이 행한 모
든 일을 부끄러워하거든 너는
이 성전의 제도와 구조와 그
출입하는 곳과 그 모든 형상을
보이며 또 그 모든 규례와 그
모든 법도와 그 모든 율례를
알게 하고 그 목전에 그것을
써서 그들로 그 모든 법도와 그
모든 규례를 지켜 행하게 하
라
12 성전의 법은 이러하니라 산꼭
대기 지점의 주위는 지극히 거
룩하리라 성전의 법은 이러하
니라

번제단의 모양과 크기

13 제단의 크기는 이러하니라 한
자는 팔꿈치에서부터 손가락에
이르고 한 손바닥 넓이가 더한
것이라 제단 밑받침의 높이는
한 척이요 그 사방 가장자리의
너비는 한 척이며 그 가로 둘
린 턱의 너비는 한 뼘이니 이
는 제단 밑받침이요
14 이 땅에 닿은 밑받침 면에서
아래층의 높이는 두 척이요 그
가장자리의 너비는 한 척이며
이 아래층 면에서 이 층의 높
이는 네 척이요 그 가장자리의
너비는 한 척이며
15 그 번제단 위층의 높이는 네
척이며 그 번제하는 바닥에서
솟은 뿔이 넷이며
16 그 번제하는 바닥의 길이는 열
두 척이요 너비도 열두 척이니
네모 반듯하고
17 그 아래층의 길이는 열네 척이
요 너비는 열네 척이니 네모 반
듯하고 그 밑받침에 둘린 턱의
너비는 반 척이며 그 가장자리
의 너비는 한 척이니라 그 층
계는 동쪽을 향하게 할지니라

번제단의 봉헌

18 그가 내게 이르시되 인자야 주
여호와께서 이같이 말씀하셨느
니라 이 제단을 만드는 날에
그 위에 번제를 드리며 피를
뿌리는 규례는 이러하니라
19 주 여호와의 말씀이니라 나를
가까이하여 내게 수종 드는 사
독의 자손 레위 사람 제사장
에게 너는 어린 수송아지 한
마리를 주어 속죄제물을 삼되
20 네가 그 피를 가져다가 제단
의 네 뿔과 아래층 네 모퉁이

와 사방 가장자리에 발라 속죄
하여 제단을 정결하게 하고
21 그 속죄제물의 수송아지를 가
져다가 성전의 정한 처소 곧
성소 밖에서 불사를지며
22 다음 날에는 흠 없는 숫염소
한 마리를 속죄제물로 삼아 드
려서 그 제단을 정결하게 하
기를 수송아지로 정결하게 함
과 같이 하고
23 정결하게 하기를 마친 후에는
흠 없는 수송아지 한 마리와
떼 가운데에서 흠 없는 숫양
한 마리를 드리되
24 나 여호와 앞에 받들어다가 제
사장은 그 위에 소금을 쳐서
나 여호와께 번제로 드릴 것이
며
25 칠 일 동안은 매일 염소 한 마
리를 갖추어 속죄제물을 삼고
또 어린 수송아지 한 마리와
떼 가운데에서 숫양 한 마리를
흠 없는 것으로 갖출 것이며
26 이같이 칠 일 동안 제단을 위하
여 속죄제를 드려 정결하게 하
며 드릴 것이요
27 이 모든 날이 찬 후 제팔일과
그다음에는 제사장이 제단 위
에서 너희 번제와 감사제를 드
릴 것이라 그리하면 내가 너희
를 즐겁게 받으리라 주 여호와
의 말씀이니라

성전 동쪽 문은 닫아 두라

44 그가 나를 데리고 성소의 동
쪽을 향한 바깥문에 돌아오
시니 그 문이 닫혔더라
2 여호와께서 내게 이르시되 이
문은 닫고 다시 열지 못할지니
아무도 그리로 들어오지 못할
것은 이스라엘 하나님 나 여호
와가 그리로 들어왔음이라 그러
므로 닫아 둘지니라
3 왕은 왕인 까닭에 안길로 이
문 현관으로 들어와서 거기에
앉아서 나 여호와 앞에서 음식
을 먹고 그 길로 나갈 것이니라

여호와의 영광이 성전에 가득하다

4 그가 또 나를 데리고 북문을 통
하여 성전 앞에 이르시기로 내
가 보니 여호와의 영광이 여호
와의 성전에 가득한지라 내가
얼굴을 땅에 대고 엎드리니
5 여호와께서 내게 이르시되 인
자야 너는 전심으로 주목하여
내가 네게 말하는 바 여호와의
성전의 모든 규례와 모든 율례

를 귀로 듣고 또 성전의 입구
와 성소의 출구를 전심으로 주
목하고
6 너는 반역하는 자 곧 이스라엘
족속에게 이르기를 주 여호와께
서 이같이 말씀하시기를 이스라
엘 족속아 너희의 모든 가증한
일이 족하니라
7 너희가 마음과 몸에 할례받지
아니한 이방인을 데려오고 내
떡과 기름과 피를 드릴 때에
그들로 내 성소 안에 있게 하
여 내 성전을 더럽히므로 너희
의 모든 가증한 일 외에 그들
이 내 언약을 위반하게 하는
것이 되었으며
8 너희가 내 성물의 직분을 지키
지 아니하고 내 성소에 사람을
두어 너희 직분을 대신 지키게
하였느니라

레위 사람들의 제사장 직분을 박탈하다

9 주 여호와께서 이같이 말씀하
셨느니라 이스라엘 족속 중에
있는 이방인 중에 마음과 몸에
할례를 받지 아니한 이방인은
내 성소에 들어오지 못하리라
10 이스라엘 족속이 그릇 행하여
나를 떠날 때에 레위 사람도
그릇 행하여 그 우상을 따라
나를 멀리 떠났으니 그 죄악을
담당하리라
11 그러나 그들이 내 성소에서 수
종 들어 성전 문을 맡을 것이
며 성전에서 수종 들어 백성의
번제의 희생물과 다른 희생물
을 잡아 백성 앞에 서서 수종
들게 되리라
12 그들이 전에 백성을 위하여 그
우상 앞에서 수종 들어 이스라
엘 족속이 죄악에 걸려 넘어
지게 하였으므로 내가 내 손을
들어 쳐서 그들이 그 죄악을
담당하였느니라 주 여호와의
말씀이니라
13 그들이 내게 가까이 나아와 제
사장의 직분을 행하지 못하며
또 내 성물 곧 지성물에 가까
이 오지 못하리니 그들이 자기
의 수치와 그 행한 바 가증한
일을 담당하리라
14 그러나 내가 그들을 세워 성전
을 지키게 하고 성전에 모든
수종 드는 일과 그 가운데에서
행하는 모든 일을 맡기리라

제사장들

15 이스라엘 족속이 그릇 행하여

나를 떠날 때에 사독의 자손
레위 사람 제사장들은 내 성소
의 직분을 지켰은즉 그들은 내
게 가까이 나아와 수종을 들되
내 앞에 서서 기름과 피를 내
게 드릴지니라 주 여호와의 말
씀이니라
16 그들이 내 성소에 들어오며 또
내 상에 가까이 나아와 내게
수종 들어 내가 맡긴 직분을
지키되
17 그들이 안뜰문에 들어올 때에
나 안뜰문과 성전 안에서 수
종 들 때에는 양털 옷을 입지
말고 가는 베옷을 입을 것이니
18 가는 베 관을 머리에 쓰며 가
는 베 바지를 입고 땀이 나게
하는 것으로 허리를 동이지 말
것이며
19 그들이 바깥뜰 백성에게로 나
갈 때에는 수종 드는 옷을 벗
어 거룩한 방에 두고 다른 옷
을 입을지니 이는 그 옷으로 백
성을 거룩하게 할까 함이라
20 그들은 또 머리털을 밀지도 말
며 머리털을 길게 자라게도 말
고 그 머리털을 깎기만 할 것
이며
21 아무 제사장이든지 안뜰에 들
어갈 때에는 포도주를 마시지
말 것이며
22 과부나 이혼한 여인에게 장가
들지 말고 오직 이스라엘 족속
의 처녀나 혹시 제사장의 과부
에게 장가들 것이며
23 내 백성에게 거룩한 것과 속
된 것의 구별을 가르치며 부정
한 것과 정한 것을 분별하게
할 것이며
24 송사하는 일을 재판하되 내 규
례대로 재판할 것이며 내 모
든 정한 절기에는 내 법도와
율례를 지킬 것이며 또 내 안
식일을 거룩하게 하며
25 시체를 가까이하여 스스로 더
럽히지 못할 것이로되 부모나
자녀나 형제나 시집가지 아니
한 자매를 위하여는 더럽힐
수 있으며
26 이런 자는 스스로 정결하게 한
후에 칠 일을 더 지낼 것이요
27 성소에서 수종 들기 위해 안뜰
과 성소에 들어갈 때에는 속죄
제를 드릴지니라 주 여호와의
말씀이니라
28 그들에게는 기업이 있으리니 내

가 곧 그 기업이라 너희는 이스
라엘 가운데에서 그들에게 산
업을 주지 말라 내가 그 산업
이 됨이라
29 그들은 소제와 속죄제와 속건
제의 제물을 먹을지니 이스라
엘 중에서 구별하여 드리는 물
건을 다 그들에게 돌리며
30 또 각종 처음 익은 열매와 너
희 모든 예물 중에 각종 거제
제물을 다 제사장에게 돌리고
너희가 또 첫 밀가루를 제사장
에게 주어 그들에게 네 집에
복이 내리도록 하게 하라
31 새나 가축이 저절로 죽은 것이
나 찢겨서 죽은 것은 다 제사
장이 먹지 말 것이니라

거룩한 구역

45 너희는 제비 뽑아 땅을 나누
어 기업으로 삼을 때에 한 구
역을 거룩한 땅으로 삼아 여호
와께 예물로 드릴지니 그 길이
는 이만 오천 척이요 너비는
만 척이라 그 구역 안 전부가
거룩하리라
2 그중에서 성소에 속할 땅은 길
이가 오백 척이요 너비가 오백
척이니 네모가 반듯하며 그 외
에 사방 쉰 척으로 전원이 되
게 하되
3 이 측량한 가운데에서 길이는
이만 오천 척을 너비는 만 척
을 측량하고 그 안에 성소를
둘지니 지극히 거룩한 곳이요
4 그곳은 성소에서 수종 드는 제
사장들 곧 하나님께 가까이 나
아가서 수종 드는 자들에게 주
는 거룩한 땅이니 그들이 집을
지을 땅이며 성소를 위한 거룩
한 곳이라
5 또 길이는 이만 오천 척을 너
비는 만 척을 측량하여 성전
에서 수종 드는 레위 사람에게
돌려 그들의 거주지를 삼아 마
을 스물을 세우게 하고
6 구별한 거룩한 구역 옆에 너비
는 오천 척을 길이는 이만 오
천 척을 측량하여 성읍의 기지
로 삼아 이스라엘 온 족속에게
돌리고
7 드린 거룩한 구역과 성읍의 기
지 된 땅의 좌우편 곧 드린 거
룩한 구역의 옆과 성읍의 기지
옆의 땅을 왕에게 돌리되 서
쪽으로 향하여 서쪽 국경까지
와 동쪽으로 향하여 동쪽 국경

까지니 그 길이가 구역 하나와
서로 같을지니라
8 이 땅을 왕에게 돌려 이스라엘
가운데에 기업으로 삼게 하면
나의 왕들이 다시는 내 백성을
압제하지 아니하리라 그 나머
지 땅은 이스라엘 족속에게 그
지파대로 줄지니라

통치자들의 통치 법칙

9 주 여호와께서 이같이 말씀하
셨느니라 이스라엘의 통치자들
아 너희에게 만족하니라 너희
는 포악과 겁탈을 제거하여 버
리고 정의와 공의를 행하여 내
백성에게 속여 빼앗는 것을 그
칠지니라 주 여호와의 말씀이니
라
10 너희는 공정한 저울과 공정한
에바와 공정한 밧을 쓸지니
11 에바와 밧은 그 용량을 동일하
게 하되 호멜의 용량을 따라
밧은 십분의 일 호멜을 담게
하고 에바도 십분의 일 호멜을
담게 할 것이며
12 세겔은 이십 게라니 이십 세
겔과 이십오 세겔과 십오 세겔
로 너희 마네가 되게 하라
13 너희가 마땅히 드릴 예물은 이
러하니 밀 한 호멜에서는 육분
의 일 에바를 드리고 보리 한
호멜에서도 육분의 일 에바를
드리며
14 기름은 정한 규례대로 한 고르
에서 십분의 일 밧을 드릴지니
기름의 밧으로 말하면 한 고르
는 십 밧 곧 한 호멜이며 (십
밧은 한 호멜이라)
15 또 이스라엘의 윤택한 초장의
가축 떼 이백 마리에서는 어린
양 한 마리를 드릴 것이라 백
성을 속죄하기 위하여 이것들
을 소제와 번제와 감사제물로
삼을지니라 주 여호와의 말씀이
니라
16 이 땅 모든 백성은 이 예물을
이스라엘의 군주에게 드리고
17 군주의 본분은 번제와 소제와
전제를 명절과 초하루와 안식
일과 이스라엘 족속의 모든 정
한 명절에 갖추는 것이니 이스
라엘 족속을 속죄하기 위하여
이 속죄제와 소제와 번제와
감사제물을 갖출지니라

유월절과 일곱째 달 열다섯째 날
(출 12:1-20; 레 23:33-43)

18 여호와께서 이같이 말씀하셨느

나라 첫째 달 초하룻날에 흠
없는 수송아지 한 마리를 가져
다가 성소를 정결하게 하되
19 제사장이 그 속죄제 희생제물
의 피를 가져다가 성전 문설주
와 제단 아래층 네 모퉁이와
안뜰 문설주에 바를 것이요
20 그달 칠일에도 모든 과실범과
모르고 범죄한 자를 위하여 역
시 그렇게 하여 성전을 속죄할
지니라
21 첫째 달 열나흗날에는 유월절
을 칠일 동안 명절로 지키며
누룩 없는 떡을 먹을 것이라
22 그날에 왕은 자기와 이 땅 모
든 백성을 위하여 송아지 한
마리를 갖추어 속죄제를 드릴
것이요
23 또 명절 칠일 동안에는 그가
나 여호와를 위하여 번제를 준
비하되 곧 이레 동안에 매일
흠 없는 수송아지 일곱 마리와
숫양 일곱 마리이며 또 매일
숫염소 한 마리를 갖추어 속죄
제를 드릴 것이며
24 또 소제를 갖추되 수송아지 한
마리에는 밀가루 한 에바요 숫
양 한 마리에도 한 에바며 밀
가루 한 에바에는 기름 한 힌
씩이며
25 일곱째 달 열다섯째 날에 칠
일 동안 명절을 지켜 속죄제
와 번제며 그 밀가루와 기름을
드릴지니라

안식일과 초하루

46 주 여호와께서 이같이 말씀
하셨느니라 안뜰 동쪽을 향
한 문은 일하는 엿새 동안에는
닫되 안식일에는 열며 초하루
에도 열고
2 군주는 바깥문 현관을 통하여
들어와서 문 벽 곁에 서고 제
사장은 그를 위하여 번제와
감사제를 드릴 것이요 군주는
문 통로에서 예배한 후에 밖으
로 나가고 그 문은 저녁까지
닫지 말 것이며
3 이 땅 백성도 안식일과 초하루
에 이 문 입구에서 나 여호와
앞에 예배할 것이며
4 안식일에 군주가 여호와께 드
릴 번제는 흠 없는 어린 양 여
섯 마리와 흠 없는 숫양 한 마
리라
5 그 소제는 숫양 하나에는 밀가
루 한 에바요 모든 어린 양에

는 그 힘대로 할 것이며 밀가
루 한 에바에는 기름 한 힌씩
이니라
6 초하루에는 흠 없는 수송아지
한 마리와 어린 양 여섯 마리
와 숫양 한 마리를 드리되 모
두 흠 없는 것으로 할 것이며
7 또 소제를 준비하되 수송아지
에는 밀가루 한 에바요 숫양에
도 밀가루 한 에바며 모든 어
린 양에는 그 힘대로 할 것이
요 밀가루 한 에바에는 기름
한 힌씩이며
8 군주가 올 때에는 이 문 현관
을 통하여 들어오고 나갈 때에
도 그리할지니라
9 그러나 모든 정한 절기에 이
땅 백성이 나 여호와 앞에 나
아올 때에는 북문으로 들어와
서 경배하는 자는 남문으로 나
가고 남문으로 들어오는 자는
북문으로 나갈지라 들어온 문으
로 도로 나가지 말고 그 몸이
앞으로 향한 대로 나갈지며
10 군주가 무리 가운데에 있어서
그들이 들어올 때에 들어오고
그들이 나갈 때에 나갈지니
라
11 명절과 성회 때에 그 소제는
수송아지 한 마리에 밀가루 한
에바요 숫양 한 마리에도 한
에바요 모든 어린 양에는 그
힘대로 할 것이며 밀가루 한
에바에는 기름 한 힌씩이며
12 만일 군주가 자원하여 번제를
준비하거나 혹은 자원하여 감
사제를 준비하여 나 여호와께
드릴 때에는 그를 위하여 동쪽
을 향한 문을 열고 그가 번제
와 감사제를 안식일에 드림같
이 드리고 밖으로 나갈지며 나
간 후에 문을 닫을지니라

매일 드리는 제사

13 아침마다 일 년 되고 흠 없는
어린 양 한 마리를 번제를 갖
추어 나 여호와께 드리고
14 또 아침마다 그것과 함께 드
릴 소제를 갖추되 곧 밀가루
육분의 일 에바와 기름 삼분의
일 힌을 섞을 것이니 이는 영
원한 규례로 삼아 항상 나 여
호와께 드릴 소제라
15 이같이 아침마다 그 어린 양
과 밀가루와 기름을 준비하여
항상 드리는 번제물로 삼을지니
라

군주와 그의 기업

16 주 여호와께서 이같이 말씀하
셨느니라 군주가 만일 한 아들
에게 선물을 준즉 그의 기업이
되어 그 자손에게 속하나니 이
는 그 기업을 이어받음이어니와
17 군주가 만일 그 기업을 한 종
에게 선물로 준즉 그 종에게
속하여 희년까지 이르고 그 후
에는 군주에게로 돌아갈 것이
니 군주의 기업은 그 아들이 이
어받을 것임이라
18 군주는 백성의 기업을 빼앗아
그 산업에서 쫓아내지 못할지
니 군주가 자기 아들에게 기업
으로 줄 것은 자기 산업으로만
할 것임이라 백성이 각각 그
산업을 떠나 흩어지지 않게 할
것이니라

성전 부엌

19 그 후에 그가 나를 데리고 문
곁 통행구를 통하여 북쪽을 향
한 제사장의 거룩한 방에 들어
가시니 그 방 뒤 서쪽에 한 처
소가 있더라
20 그가 내게 이르시되 이는 제사
장이 속건제와 속죄제 희생제
물을 삶으며 소제 제물을 구
울 처소니 그들이 이 성물을 가
지고 바깥뜰에 나가면 백성을
거룩하게 할까 함이니라 하시
고
21 나를 데리고 바깥뜰로 나가서
나를 뜰 네 구석을 지나가게
하시는데 본즉 그 뜰 매 구석
에 또 뜰이 있는데
22 뜰의 네 구석 안에는 집이 있
으니 길이는 마흔 척이요 너비
는 서른 척이라 구석의 네 뜰
이 같은 크기며
23 그 작은 네 뜰 사방으로 돌아
가며 부엌이 있고 그 사방 부
엌에 삶는 기구가 설비되었는
데
24 그가 내게 이르시되 이는 삶는
부엌이니 성전에서 수종 드는
자가 백성의 제물을 여기서 삶
을 것이니라 하시더라

성전에서 나오는 물

47 그가 나를 데리고 성전 문에
이르시니 성전의 앞면이 동쪽
을 향하였는데 그 문지방 밑에
서 물이 나와 동쪽으로 흐르다
가 성전 오른쪽 제단 남쪽으로
흘러내리더라
2 그가 또 나를 데리고 북문으로

나가서 바깥길로 꺾여 동쪽을
향한 바깥문에 이르시기로 본
즉 물이 그 오른쪽에서 스며 나
오더라
3 그 사람이 손에 줄을 잡고 동
쪽으로 나아가며 천 척을 측량
한 후에 내게 그 물을 건너게
하시니 물이 발목에 오르더니
4 다시 천 척을 측량하고 내게
물을 건너게 하시니 물이 무릎
에 오르고 다시 천 척을 측량
하고 내게 물을 건너게 하시니
물이 허리에 오르고
5 다시 천 척을 측량하시니 물이
내가 건너지 못할 강이 된지라
그 물이 가득하여 헤엄칠 만
한 물이요 사람이 능히 건너지
못할 강이더라
6 그가 내게 이르시되 인자야 네
가 이것을 보았느냐 하시고 나
를 인도하여 강가로 돌아가게
하시기로
7 내가 돌아가니 강 좌우편에 나
무가 심히 많더라
8 그가 내게 이르시되 이 물이 동
쪽으로 향하여 흘러 아라바로
내려가서 바다에 이르리니 이
흘러내리는 물로 그 바다의 물
이 되살아나리라
9 이 강물이 이르는 곳마다 번성
하는 모든 생물이 살고 또 고
기가 심히 많으리니 이 물이 흘
러 들어가므로 바닷물이 되살아
나겠고 이 강이 이르는 각처에
모든 것이 살 것이며
10 또 이 강가에 어부가 설 것이
니 엔게디에서부터 에네글라임
까지 그물 치는 곳이 될 것이
라 그 고기가 각기 종류를 따
라 큰 바다의 고기같이 심히
많으려니와
11 그 진펄과 개펄은 되살아나지
못하고 소금 땅이 될 것이며
12 강 좌우 가에는 각종 먹을 과
실나무가 자라서 그 잎이 시들
지 아니하며 열매가 끊이지 아
니하고 달마다 새 열매를 맺으
리니 그 물이 성소를 통하여 나
옴이라 그 열매는 먹을 만하고
그 잎사귀는 약 재료가 되리라

땅의 경계선과 분배

13 주 여호와께서 이같이 말씀하
셨느니라 너희는 이 경계선대
로 이스라엘 열두 지파에게 이
땅을 나누어 기업이 되게 하되
요셉에게는 두 몫이니라

14 내가 옛적에 내 손을 들어 맹
세하여 이 땅을 너희 조상들에
게 주겠다고 하였나니 너희는
공평하게 나누어 기업을 삼으
라 이 땅이 너희의 기업이 되
리라
15 이 땅 경계선은 이러하니라 북
쪽은 대해에서 헤들론 길을 거
쳐 스닷 어귀까지니
16 곧 하맛과 브로다며 다메섹 경
계선과 하맛 경계선 사이에
있는 시브라임과 하우란 경계
선 곁에 있는 하셀핫디곤이라
17 그 경계선이 바닷가에서부터
다메섹 경계선에 있는 하살에
논까지요 그 경계선이 또 북쪽
끝에 있는 하맛 경계선에 이르
렀나니 이는 그 북쪽이요
18 동쪽은 하우란과 다메섹과 및
길르앗과 이스라엘 땅 사이에
있는 요단 강이니 북쪽 경계선
에서부터 동쪽 바다까지 측량
하라 이는 그 동쪽이요
19 남쪽은 다말에서부터 므리봇
가데스 물에 이르고 애굽 시내
를 따라 대해에 이르나니 이는
그 남쪽이요
20 서쪽은 대해라 남쪽 경계선에
서부터 맞은쪽 하맛 어귀까지
이르나니 이는 그 서쪽이니라
21 그런즉 너희가 이스라엘 모든
지파대로 이 땅을 나누어 차지
하라
22 너희는 이 땅을 나누되 제비
뽑아 너희와 너희 가운데에 머
물러 사는 타국인 곧 너희 가
운데에서 자녀를 낳은 자의 기
업이 되게 할지니 너희는 그
타국인을 본토에서 난 이스라
엘 족속같이 여기고 그들도 이
스라엘 지파 중에서 너희와 함
께 기업을 얻게 하되
23 타국인이 머물러 사는 그 지파
에서 그 기업을 줄지니라 주
여호와의 말씀이니라

각 지파의 몫과 거룩한 땅

48 모든 지파의 이름은 이와 같
으니라 북쪽 끝에서부터 헤
들론 길을 거쳐 하맛 어귀를
지나서 다메섹 경계선에 있는
하살에논까지 곧 북쪽으로 하
맛 경계선에 미치는 땅 동쪽에
서 서쪽까지는 단의 몫이요
2 단 경계선 다음으로 동쪽에서
서쪽까지는 아셀의 몫이요
3 아셀 경계선 다음으로 동쪽에

서 서쪽까지는 납달리의 몫이
요
4 납달리 경계선 다음으로 동쪽에
서 서쪽까지는 므낫세의 몫이
요
5 므낫세 경계선 다음으로 동쪽에
서 서쪽까지는 에브라임의 몫이
요
6 에브라임 경계선 다음으로 동쪽
에서 서쪽까지는 르우벤의 몫이
요
7 르우벤 경계선 다음으로 동쪽에
서 서쪽까지는 유다의 몫이요
8 유다 경계선 다음으로 동쪽에
서 서쪽까지는 너희가 예물로
드릴 땅이라 너비는 이만 오천
척이요 길이는 다른 몫의 동쪽
에서 서쪽까지와 같고 성소는
그 중앙에 있을지니
9 곧 너희가 여호와께 드려 예물
로 삼을 땅의 길이는 이만 오
천 척이요 너비는 만 척이라
10 이 드리는 거룩한 땅은 제사장
에게 돌릴지니 북쪽으로 길이가
이만 오천 척이요 서쪽으로 너
비는 만 척이요 동쪽으로 너비
가 만 척이요 남쪽으로 길이가
이만 오천 척이라 그 중앙에
여호와의 성소가 있게 하고
11 이 땅을 사독의 자손 중에서
거룩하게 구별한 제사장에게
돌릴지어다 그들은 직분을 지키
고 이스라엘 족속이 그릇될 때
에 레위 사람이 그릇된 것처
럼 그릇되지 아니하였느니라
12 땅의 예물 중에서 그들이 예물
을 받을지니 레위인의 접경지
에 관한 가장 거룩한 예물이니
라
13 제사장의 경계선을 따라 레위
사람의 몫을 주되 길이는 이만
오천 척이요 너비는 만 척으로
할지니 이 구역의 길이가 이만
오천 척이요 너비가 각기 만
척이라
14 그들이 그 땅을 팔지도 못하며
바꾸지도 못하며 그 땅의 처음
익은 열매를 남에게 주지도 못
하리니 이는 여호와께 거룩히
구별한 것임이라
15 이 이만 오천 척 다음으로 너비
오천 척은 속된 땅으로 구분하
여 성읍을 세우며 거주하는 곳
과 전원을 삼되 성읍이 그 중
앙에 있게 할지니
16 그 크기는 북쪽도 사천오백 척

이요 남쪽도 사천오백 척이요
동쪽도 사천오백 척이요 서쪽도
사천오백 척이며
17 그 성읍의 들은 북쪽으로 이백
오십 척이요 남쪽으로 이백오십
척이요 동쪽으로 이백오십 척이
요 서쪽으로 이백오십 척이며
18 예물을 삼아 거룩히 구별할 땅
과 연접하여 남아 있는 땅의
길이는 동쪽으로 만 척이요 서
쪽으로 만 척이라 곧 예물을
삼아 거룩하게 구별할 땅과
연접하였으며 그 땅의 소산을
성읍에서 일하는 자의 양식을
삼을지라
19 이스라엘 모든 지파 가운데에
그 성읍에서 일하는 자는 그
땅을 경작할지니라
20 그런즉 예물로 드리는 땅의 합
계는 길이도 이만 오천 척이요
너비도 이만 오천 척이라 너희
가 거룩히 구별하여 드릴 땅은
성읍의 기지와 합하여 네모 반
듯할 것이니라
21 거룩하게 구별할 땅과 성읍의
기지 좌우편에 남은 땅은 군주
에게 돌릴지니 곧 거룩하게 구
별할 땅의 동쪽을 향한 그 경
계선 앞 이만 오천 척과 서쪽
을 향한 그 경계선 앞 이만
오천 척이라 다른 몫들과 연접
한 땅이니 이것을 군주에게 돌
릴 것이며 거룩하게 구별할
땅과 성전의 성소가 그 중앙에
있으리라
22 그런즉 군주에게 돌려 그에게
속할 땅은 레위 사람의 기업
좌우편과 성읍의 기지 좌우편
이며 유다 지경과 베냐민 지
경 사이에 있을지니라

나머지 지파들의 몫

23 그 나머지 모든 지파는 동쪽에
서 서쪽까지는 베냐민의 몫이
요
24 베냐민 경계선 다음으로 동쪽에
서 서쪽까지는 시므온의 몫이요
25 시므온 경계선 다음으로 동쪽에
서 서쪽까지는 잇사갈의 몫이
요
26 잇사갈 경계선 다음으로 동쪽에
서 서쪽까지는 스불론의 몫이요
27 스불론 경계선 다음으로 동쪽에
서 서쪽까지는 갓의 몫이며
28 갓 경계선 다음으로 남쪽 경계
선은 다말에서부터 므리바가
데스 샘에 이르고 애굽 시내를

따라 대해에 이르나니
29 이것은 너희가 제비 뽑아 이스
라엘 지파에게 나누어 주어 기
업이 되게 할 땅이요 또 이것
들은 그들의 몫이니라 주 여호
와의 말씀이니라

예루살렘 성읍의 문들

30 그 성읍의 출입구는 이러하니라
북쪽의 너비가 사천오백 척이
라
31 그 성읍의 문들은 이스라엘 지
파들의 이름을 따를 것인데 북
쪽으로 문이 셋이라 하나는 르
우벤 문이요 하나는 유다 문이
요 하나는 레위 문이며
32 동쪽의 너비는 사천오백 척이니
또한 문이 셋이라 하나는 요셉
문이요 하나는 베냐민 문이요
하나는 단 문이며
33 남쪽의 너비는 사천오백 척이
니 또한 문이 셋이라 하나는
시므온 문이요 하나는 잇사갈
문이요 하나는 스불론 문이며
34 서쪽도 사천오백 척이니 또한
문이 셋이라 하나는 갓 문이요
하나는 아셀 문이요 하나는 납
달리 문이며
35 그 사방의 합계는 만 팔천 척
이라 그날 후로는 그 성읍의 이
름을 여호와삼마라 하리라

다니엘

제목

본서는 '하나님은 재판관이시다'라는 뜻의 저자의 이름을 원용하여 제목을 삼았다. 히브리어 성경과 칠십인역, 벨게잇 역도 다 이와 같다.

저자와 저작 연대

다니엘서의 저자인 다니엘은 유대 나라 소멸기에 바벨론에서 총리로 등용되어 하나님의 주권을 선포한 인물이다. 다니엘서는 다니엘의 전기도, 바벨론 포로 시의 유대인의 역사를 기록한 책도 아니다. 다니엘서의 주제는 하나님께서 자기 백성을 향한 그의 구속 계획을 성취하기 위하여 열강의 군주들과 열국의 역사와 자연의 힘을 그의 예지와 권능으로써 어떻게 다스리고 조종하시는지를 제시하는 데 있다. 저작 연대는 B.C. 605-530년 사이로 추정한다.

기록 장소와 대상

기록 장소는 바벨론이고, 주로 바벨론에서 포로 생활을 하는 유대인들이 기록 대상이 되지만 바벨론과 바사에 있는 이방인들을 위해서도 기록했다.

핵심어 및 내용

다니엘서의 핵심어는 "용기"와 "보호"이다. 다니엘서는 참된 용기와 하나님에 대한 헌신을 보여주는 기억에 남을 만한 이야기가 기록되어 있다. 또한 하나님께서는 자신을 온전히 의지하는 자를 어떤 역경 속에서도 보호하신다.

내용 분해

1. 바벨론 궁전에서의 다니엘 (1:1-21)
2. 느부갓네살이 본 큰 신상 (2:1-49)
3. 풀무불에서 건져진 다니엘의 세 친구 (3:1-30)
4. 느부갓네살의 꿈과 그의 겸손 (4:1-37)
5. 벨사살의 잔치와 다리오의 박해 (5:1-6:28)
6. 네 짐승에 대한 환상 (7:1-28)
7. 수소와 숫양의 환상 (8:1-12:13)

주요 사건 연대

B.C.

- 바벨론의 1차 포로와 다니엘의 잡혀감 (1:1-7) B.C. 605
- 다니엘의 해몽과 등용 (2:1-49) B.C. 602
- 풀무불에서 건짐받은 세 친구 (3:1-30) B.C. 587
- 남쪽 유다의 멸망과 바벨론 유수 (왕하 25:1-26; 대하 36:11-21; 렘 39:1-18) B.C. 586
- 다니엘의 네 짐승에 대한 환상 (7:1-28) B.C. 550
- 벨사살의 잔치와 벽에 쓰인 글씨 해석 (5:1-29) B.C. 539
- 사자 굴에서 구원받은 다니엘 (6:1-28) B.C. 538
- 다니엘의 일흔 이레 환상 (9:1-27) B.C. 538
- 바사 왕 고레스의 포로 석방에 대한 포고령 (대하 36:22-23; 스 1:1-4) B.C. 538

느부갓네살 왕궁의 소년들

1 유다 왕 여호야김이 다스린
지 삼 년이 되는 해에 바벨
론 왕 느부갓네살이 예루살렘
에 이르러 성을 에워쌌더니
2 주께서 유다 왕 여호야김과
하나님의 전 그릇 얼마를 그의
손에 넘기시매 그가 그것을 가
지고 시날 땅 자기 신들의 신
전에 가져다가 그 신들의 보
물 창고에 두었더라
3 왕이 환관장 아스부나스에게
말하여 이스라엘 자손 중에서
왕족과 귀족 몇 사람
4 곧 흠이 없고 용모가 아름다우
며 모든 지혜를 통찰하며 지식
에 통달하며 학문에 익숙하여
왕궁에 설 만한 소년을 데려
오게 하였고 그들에게 갈대아
사람의 학문과 언어를 가르치
게 하였고
5 또 왕이 지정하여 그들에게 왕
의 음식과 그가 마시는 포도주
에서 날마다 쓸 것을 주어 삼
년을 기르게 하였으니 그 후에
그들은 왕 앞에 서게 될 것이
더라
6 그들 가운데는 유다 자손 곧
다니엘과 하나냐와 미사엘과
아사랴가 있었더니
7 환관장이 그들의 이름을 고쳐
다니엘은 벨드사살이라 하고
하나냐는 사드락이라 하고 미
사엘은 메삭이라 하고 아사랴
는 아벳느고라 하였더라
8 다니엘은 뜻을 정하여 왕의 음
식과 그가 마시는 포도주로 자
기를 더럽히지 아니하리라 하
고 자기를 더럽히지 아니하도
록 환관장에게 구하니
9 하나님이 다니엘로 하여금 환
관장에게 은혜와 긍휼을 얻게
하신지라
10 환관장이 다니엘에게 이르되
내가 내 주 왕을 두려워하노라
그가 너희 먹을 것과 너희 마
실 것을 지정하셨거늘 너희의
얼굴이 초췌하여 같은 또래의
소년들만 못한 것을 그가 보게
할 것이 무엇이냐 그렇게 되면
너희 때문에 내 머리가 왕 앞
에서 위태롭게 되리라 하니라
11 환관장이 다니엘과 하나냐와
미사엘과 아사랴를 감독하게

한 자에게 다니엘이 말하되
12 청하오니 당신의 종들을 열흘
동안 시험하여 채식을 주어 먹
게 하고 물을 주어 마시게 한
후에
13 당신 앞에서 우리의 얼굴과 왕
의 음식을 먹는 소년들의 얼굴
을 비교하여 보아서 당신이 보
는 대로 종들에게 행하소서 하
매
14 그가 그들의 말을 따라 열흘
동안 시험하더니
15 열흘 후에 그들의 얼굴이 더욱
아름답고 살이 더욱 윤택하여
왕의 음식을 먹는 다른 소년들
보다 더 좋아 보인지라
16 그리하여 감독하는 자가 그들
에게 지정된 음식과 마실 포도
주를 제하고 채식을 주니라
17 하나님이 이 네 소년에게 학문
을 주시고 모든 서적을 깨닫게
하시고 지혜를 주셨으니 다니
엘은 또 모든 환상과 꿈을 깨
달아 알더라
18 왕이 말한 대로 그들을 불러들
일 기한이 찼으므로 환관장이
그들을 느부갓네살 앞으로 데리
고 가니
19 왕이 그들과 말하여 보매 무리
중에 다니엘과 하나냐와 미사
엘과 아사랴와 같은 자가 없
으므로 그들을 왕 앞에 서게 하
고
20 왕이 그들에게 모든 일을 묻는
중에 그 지혜와 총명이 온 나
라 박수와 술객보다 십 배나
나은 줄을 아니라
21 다니엘은 고레스 왕 원년까지
있으니라

느부갓네살의 꿈

2 느부갓네살이 다스린 지 이 년
이 되는 해에 느부갓네살이
꿈을 꾸고 그로 말미암아 마음
이 번민하여 잠을 이루지 못한
지라
2 왕이 그의 꿈을 자기에게 알려
주도록 박수와 술객과 점쟁이
와 갈대아 술사를 부르라 말하
매 그들이 들어가서 왕의 앞에
선지라
3 왕이 그들에게 이르되 내가 꿈
을 꾸고 그 꿈을 알고자 하여
마음이 번민하도다 하니
4 갈대아 술사들이 아람 말로 왕
에게 말하되 왕이여 만수무강
하옵소서 왕께서 그 꿈을 종들

에게 이르시면 우리가 해석하
여 드리겠나이다 하는지라
5 왕이 갈대아인들에게 대답하
여 이르되 내가 명령을 내렸나
니 너희가 만일 꿈과 그 해석
을 내게 알게 하지 아니하면
너희 몸을 쪼갤 것이며 너희의
집을 거름 더미로 만들 것이요
6 너희가 만일 꿈과 그 해석을
보이면 너희가 선물과 상과 큰
영광을 내게서 얻으리라 그런
즉 꿈과 그 해석을 내게 보이
라 하니
7 그들이 다시 대답하여 이르되
원하건대 왕은 꿈을 종들에게
이르소서 그리하시면 우리가 해
석하여 드리겠나이다 하니
8 왕이 대답하여 이르되 내가 분
명히 아노라 너희가 나의 명령
이 내렸음을 보았으므로 시간을
지연하려 함이로다
9 너희가 만일 이 꿈을 내게 알
게 하지 아니하면 너희를 처
치할 법이 오직 하나이니 이는
너희가 거짓말과 망령된 말을
내 앞에서 꾸며 말하여 때가
변하기를 기다리려 함이라 이
제 그 꿈을 내게 알게 하라 그
리하면 너희가 그 해석도 보일
줄을 내가 알리라 하더라
10 갈대아인들이 왕 앞에 대답하
여 이르되 세상에는 왕의 그
일을 보일 자가 한 사람도 없
으므로 어떤 크고 권력 있는 왕
이라도 이런 것으로 박수에게
나 술객에게나 갈대아인들에
게 물은 자가 없었나이다
11 왕께서 물으신 것은 어려운 일
이라 육체와 함께 살지 아니하
는 신들 외에는 왕 앞에 그것
을 보일 자가 없나이다 한지라
12 왕이 이로 말미암아 진노하고
통분하여 바벨론의 모든 지혜
자들을 다 죽이라 명령하니라
13 왕의 명령이 내리매 지혜자들
은 죽게 되었고 다니엘과 그의
친구들도 죽이려고 찾았더라

다니엘에게 은밀한 것을 보이시다

14 그때에 왕의 근위대장 아리옥
이 바벨론 지혜자들을 죽이러
나가매 다니엘이 명철하고 슬
기로운 말로
15 왕의 근위대장 아리옥에게 물
어 이르되 왕의 명령이 어찌 그
리 급하냐 하니 아리옥이 그
일을 다니엘에게 알리매

16 다니엘이 들어가서 왕께 구하기를 시간을 주시면 왕에게 그 해석을 알려 드리리이다 하니라

17 이에 다니엘이 자기 집으로 돌아가서 그 친구 하나냐와 미사엘과 아사랴에게 그 일을 알리고

18 하늘에 계신 하나님이 이 은밀한 일에 대하여 불쌍히 여기사 다니엘과 친구들이 바벨론의 다른 지혜자들과 함께 죽임을 당하지 않게 하시기를 그들로 하여금 구하게 하니라

19 이에 이 은밀한 것이 밤에 환상으로 다니엘에게 나타나 보이매 다니엘이 하늘에 계신 하나님을 찬송하니라

20 다니엘이 말하여 이르되 영원부터 영원까지 하나님의 이름을 찬송할 것은 지혜와 능력이 그에게 있음이로다

21 그는 때와 계절을 바꾸시며 왕들을 폐하시고 왕들을 세우시며 지혜자에게 지혜를 주시고 총명한 자에게 지식을 주시는도다

22 그는 깊고 은밀한 일을 나타내시고 어두운 데에 있는 것을 아시며 또 빛이 그와 함께 있도다

23 나의 조상들의 하나님이여 주께서 이제 내게 지혜와 능력을 주시고 우리가 주께 구한 것을 내게 알게 하셨사오니 내가 주께 감사하고 주를 찬양하나이다 곧 주께서 왕의 그 일을 내게 보이셨나이다 하니라

24 이에 다니엘은 왕이 바벨론 지혜자들을 죽이라 명령한 아리옥에게로 가서 그에게 이같이 이르되 바벨론 지혜자들을 죽이지 말고 나를 왕의 앞으로 인도하라 그리하면 내가 그 해석을 왕께 알려 드리리라 하니

다니엘이 꿈을 해석하다

25 이에 아리옥이 다니엘을 데리고 급히 왕 앞에 들어가서 아뢰되 내가 사로잡혀 온 유다 자손 중에서 한 사람을 찾아내었나이다 그가 그 해석을 왕께 알려 드리리이다 하니라

26 왕이 대답하여 벨드사살이라 이름한 다니엘에게 이르되 내가 꾼 꿈과 그 해석을 네가 능히 내게 알게 하겠느냐 하니

27 다니엘이 왕 앞에 대답하여 이
르되 왕이 물으신 바 은밀한
것은 지혜자나 술객이나 박수
나 점쟁이가 능히 왕께 보일
수 없으되
28 오직 은밀한 것을 나타내실 이
는 하늘에 계신 하나님이시라
그가 느부갓네살 왕에게 후일
에 될 일을 알게 하셨나이다
왕의 꿈 곧 왕이 침상에서 머
리 속으로 받은 환상은 이러하
니이다
29 왕이여 왕이 침상에서 장래 일
을 생각하실 때에 은밀한 것
을 나타내시는 이가 장래 일을
왕에게 알게 하셨사오며
30 내게 이 은밀한 것을 나타내심
은 내 지혜가 모든 사람보다
낫기 때문이 아니라 오직 그
해석을 왕에게 알려서 왕이 마
음으로 생각하던 것을 왕에게
알려 주려 하심이니이다
31 왕이여 왕이 한 큰 신상을 보
셨나이다 그 신상이 왕의 앞에
섰는데 크고 광채가 매우 찬란
하며 그 모양이 심히 두려우니
32 그 우상의 머리는 순금이요 가
슴과 두 팔은 은이요 배와 넓
적다리는 놋이요
33 그 종아리는 쇠요 그 발은 얼
마는 쇠요 얼마는 진흙이었나이
다
34 또 왕이 보신즉 손대지 아니한
돌이 나와서 신상의 쇠와 진흙
의 발을 쳐서 부서뜨리매
35 그때에 쇠와 진흙과 놋과 은
과 금이 다 부서져 여름 타작
마당의 겨같이 되어 바람에
불려 간 곳이 없었고 우상을
친 돌은 태산을 이루어 온 세
계에 가득하였나이다
36 그 꿈이 이러한즉 내가 이제
그 해석을 왕 앞에 아뢰리이다
37 왕이여 왕은 여러 왕들 중의
왕이시라 하늘의 하나님이 나
라와 권세와 능력과 영광을
왕에게 주셨고
38 사람들과 들짐승과 공중의 새
들, 어느 곳에 있는 것을 막론
하고 그것들을 왕의 손에 넘기
사 다 다스리게 하셨으니 왕은
곧 그 금 머리니이다
39 왕을 뒤이어 왕보다 못한 다른
나라가 일어날 것이요 셋째로
또 놋 같은 나라가 일어나서
온 세계를 다스릴 것이며

40 넷째 나라는 강하기가 쇠 같으리니 쇠는 모든 물건을 부서뜨리고 이기는 것이라 쇠가 모든 것을 부수는 것같이 그 나라가 뭇 나라를 부서뜨리고 찧을 것이며
41 왕께서 그 발과 발가락이 얼마는 토기장이의 진흙이요 얼마는 쇠인 것을 보셨은즉 그 나라가 나누일 것이며 왕께서 쇠와 진흙이 섞인 것을 보셨은즉 그 나라가 쇠 같은 든든함이 있을 것이나
42 그 발가락이 얼마는 쇠요 얼마는 진흙인즉 그 나라가 얼마는 든든하고 얼마는 부서질 만할 것이며
43 왕께서 쇠와 진흙이 섞인 것을 보셨은즉 그들이 다른 민족과 서로 섞일 것이나 그들이 피차에 합하지 아니함이 쇠와 진흙이 합하지 않음과 같으리이다
44 이 여러 왕들의 시대에 하늘의 하나님이 한 나라를 세우시리니 이것은 영원히 망하지도 아니할 것이요 그 국권이 다른 백성에게로 돌아가지도 아니할 것이요 도리어 이 모든 나라를 쳐서 멸망시키고 영원히 설 것이라
45 손대지 아니한 돌이 산에서 나와서 쇠와 놋과 진흙과 은과 금을 부서뜨린 것을 왕께서 보신 것은 크신 하나님이 장래 일을 왕께 알게 하신 것이라 이 꿈은 참되고 이 해석은 확실하니이다 하니

왕이 다니엘을 높이다

46 이에 느부갓네살 왕이 엎드려 다니엘에게 절하고 명하여 예물과 향품을 그에게 주게 하니라
47 왕이 대답하여 다니엘에게 이르되 너희 하나님은 참으로 모든 신들의 신이시요 모든 왕의 주재시로다 네가 능히 이 은밀한 것을 나타내었으니 네 하나님은 또 은밀한 것을 나타내시는 이시로다
48 왕이 이에 다니엘을 높여 귀한 선물을 많이 주며 그를 세워 바벨론 온 지방을 다스리게 하며 또 바벨론 모든 지혜자의 어른을 삼았으며
49 왕이 또 다니엘의 요구대로 사

드락과 메삭과 아벳느고를 세
워 바벨론 지방의 일을 다스리
게 하였고 다니엘은 왕궁에 있
었더라

금 신상 숭배

3 느부갓네살 왕이 금으로 신
상을 만들었으니 높이는 육십
규빗이요 너비는 여섯 규빗이라
그것을 바벨론 지방의 두라 평
지에 세웠더라
2 느부갓네살 왕이 사람을 보내
어 총독과 수령과 행정관과 모
사와 재무관과 재판관과 법률
사와 각 지방 모든 관원을 느
부갓네살 왕이 세운 신상의 낙
성식에 참석하게 하매
3 이에 총독과 수령과 행정관과
모사와 재무관과 재판관과 법
률사와 각 지방 모든 관원이
느부갓네살 왕이 세운 신상의
낙성식에 참석하여 느부갓네살
왕이 세운 신상 앞에 서니라
4 선포하는 자가 크게 외쳐 이르
되 백성들과 나라들과 각 언
어로 말하는 자들아 왕이 너희
무리에게 명하시나니
5 너희는 나팔과 피리와 수금과
삼현금과 양금과 생황과 및
모든 악기 소리를 들을 때에
엎드리어 느부갓네살 왕이 세
운 금 신상에게 절하라
6 누구든지 엎드려 절하지 아니
하는 자는 즉시 맹렬히 타는
풀무불에 던져 넣으리라 하였
더라
7 모든 백성과 나라들과 각 언
어를 말하는 자들이 나팔과 피
리와 수금과 삼현금과 양금과
및 모든 악기 소리를 듣자 곧
느부갓네살 왕이 세운 금 신상
에게 엎드려 절하니라

다니엘의 세 친구

8 그때에 어떤 갈대아 사람들이
나아와 유다 사람들을 참소하
니라
9 그들이 느부갓네살 왕에게 이르
되 왕이여 만수무강하옵소서
10 왕이여 왕이 명령을 내리사 모
든 사람이 나팔과 피리와 수
금과 삼현금과 양금과 생황과
및 모든 악기 소리를 듣거든
엎드려 금 신상에게 절할 것이
라
11 누구든지 엎드려 절하지 아니
하는 자는 맹렬히 타는 풀무불
가운데에 던져 넣음을 당하리

라 하지 아니하셨나이까
12 이제 몇 유다 사람 사드락과
메삭과 아벳느고는 왕이 세워
바벨론 지방을 다스리게 하신
자이거늘 왕이여 이 사람들이
왕을 높이지 아니하며 왕의 신
들을 섬기지 아니하며 왕이 세
우신 금 신상에게 절하지 아
니하나이다
13 느부갓네살 왕이 노하고 분하
여 사드락과 메삭과 아벳느고
를 끌어오라 말하매 드디어 그
사람들을 왕의 앞으로 끌어온지
라
14 느부갓네살이 그들에게 물어
이르되 사드락, 메삭, 아벳느고
야 너희가 내 신을 섬기지 아
니하며 내가 세운 금 신상에
게 절하지 아니한다 하니 사실
이냐
15 이제라도 너희가 준비하였다가
나팔과 피리와 수금과 삼현금
과 양금과 생황과 및 모든 악
기 소리를 들을 때 내가 만든
신상 앞에 엎드려 절하면 좋
거니와 너희가 만일 절하지 아
니하면 즉시 너희를 맹렬히 타
는 풀무불 가운데에 던져 넣을
것이니 능히 너희를 내 손에서
건져낼 신이 누구이겠느냐 하
니
16 사드락과 메삭과 아벳느고가
왕에게 대답하여 이르되 느부
갓네살이여 우리가 이 일에 대
하여 왕에게 대답할 필요가 없
나이다
17 왕이여 우리가 섬기는 하나님
이 계시다면 우리를 맹렬히 타
는 풀무불 가운데에서 능히 건
져내시겠고 왕의 손에서도 건
져내시리이다
18 그렇게 하지 아니하실지라도
왕이여 우리가 왕의 신들을 섬
기지도 아니하고 왕이 세우신
금 신상에게 절하지도 아니할
줄을 아옵소서

세 친구를 풀무불에 던지다

19 느부갓네살이 분이 가득하여
사드락과 메삭과 아벳느고를
향하여 얼굴빛을 바꾸고 명령
하여 이르되 그 풀무불을 뜨겁
게 하기를 평소보다 칠 배나
뜨겁게 하라 하고
20 군대 중 용사 몇 사람에게 명
령하여 사드락과 메삭과 아벳
느고를 결박하여 극렬히 타는

풀무불 가운데에 던지라 하니
라
21 그러자 그 사람들을 겉옷과 속
옷과 모자와 다른 옷을 입은
채 결박하여 맹렬히 타는 풀무
불 가운데에 던졌더라
22 왕의 명령이 엄하고 풀무불이
심히 뜨거우므로 불꽃이 사드락
과 메삭과 아벳느고를 붙든 사
람을 태워 죽였고
23 이 세 사람 사드락과 메삭과
아벳느고는 결박된 채 맹렬히
타는 풀무불 가운데에 떨어졌
더라

왕이 세 친구를 높이다

24 그때에 느부갓네살 왕이 놀라
급히 일어나서 모사들에게 물
어 이르되 우리가 결박하여 불
가운데에 던진 자는 세 사람
이 아니었느냐 하니 그들이 왕
에게 대답하여 이르되 왕이여
옳소이다 하더라
25 왕이 또 말하여 이르되 내가 보
니 결박되지 아니한 네 사람이
불 가운데로 다니는데 상하지
도 아니하였고 그 넷째의 모양
은 신들의 아들과 같도다 하고
26 느부갓네살이 맹렬히 타는 풀
무불 아귀 가까이 가서 불러
이르되 지극히 높으신 하나님
의 종 사드락, 메삭, 아벳느고
야 나와서 이리로 오라 하매
사드락과 메삭과 아벳느고가
불 가운데에서 나온지라
27 총독과 지사와 행정관과 왕의
모사들이 모여 이 사람들을 본
즉 불이 능히 그들의 몸을 해
하지 못하였고 머리털도 그을
리지 아니하였고 겉옷 빛도 변
하지 아니하였고 불탄 냄새도
없었더라
28 느부갓네살이 말하여 이르되 사
드락과 메삭과 아벳느고의 하
나님을 찬송할지로다 그가 그의
천사를 보내사 자기를 의뢰하
고 그들의 몸을 바쳐 왕의 명
령을 거역하고 그 하나님 밖에
는 다른 신을 섬기지 아니하며
그에게 절하지 아니한 종들을
구원하셨도다
29 그러므로 내가 이제 조서를 내
리노니 각 백성과 각 나라와
각 언어를 말하는 자가 모두
사드락과 메삭과 아벳느고의
하나님께 경솔히 말하거든 그
몸을 쪼개고 그 집을 거름터로

삼을지니 이는 이같이 사람을
구원할 다른 신이 없음이니라
하더라
30 왕이 드디어 사드락과 메삭과
아벳느고를 바벨론 지방에서
더욱 높이니라

느부갓네살 왕의 두 번째 꿈

4 느부갓네살 왕은 천하에 거
주하는 모든 백성들과 나라
들과 각 언어를 말하는 자들에
게 조서를 내리노라 원하노니
너희에게 큰 평강이 있을지어
다
2 지극히 높으신 하나님이 내게
행하신 이적과 놀라운 일을 내
가 알게 하기를 즐겨 하노라
3 참으로 크도다 그의 이적이여,
참으로 능하도다 그의 놀라운
일이여. 그의 나라는 영원한 나
라요 그의 통치는 대대에 이르
리로다
4 나 느부갓네살이 내 집에 편히
있으며 내 궁에서 평강할 때에
5 한 꿈을 꾸고 그로 말미암아
두려워하였으니 곧 내 침상에
서 생각하는 것과 머리 속으로
받은 환상으로 말미암아 번민
하였었노라
6 이러므로 내가 명령을 내려 바
벨론의 모든 지혜자들을 내 앞
으로 불러다가 그 꿈의 해석을
내게 알게 하라 하였더라
7 그때에 박수와 술객과 갈대아
술사와 점쟁이가 들어왔으므로
내가 그 꿈을 그들에게 말하
였으나 그들이 그 해석을 내게
알려 주지 못하였느니라
8 그 후에 다니엘이 내 앞에 들
어왔으니 그는 내 신의 이름을
따라 벨드사살이라 이름한 자
요 그의 안에는 거룩한 신들의
영이 있는 자라 내가 그에게
꿈을 말하여 이르되
9 박수장 벨드사살아 네 안에는
거룩한 신들의 영이 있은즉 어
떤 은밀한 것이라도 네게는 어
려울 것이 없는 줄을 내가 아
노니 내 꿈에 본 환상의 해석
을 내게 말하라
10 내가 침상에서 나의 머리 속으
로 받은 환상이 이러하니라 내
가 본즉 땅의 중앙에 한 나무
가 있는 것을 보았는데 높이가
높더니
11 그 나무가 자라서 견고하여지
고 그 높이는 하늘에 닿았으니

그 모양이 땅끝에서도 보이겠
고
12 그 잎사귀는 아름답고 그 열매
는 많아서 만민의 먹을 것이
될 만하고 들짐승이 그 그늘에
있으며 공중에 나는 새는 그
가지에 깃들이고 육체를 가진
모든 것이 거기에서 먹을 것을
얻더라
13 내가 침상에서 머리 속으로 받
은 환상 가운데에 또 본즉 한
순찰자, 한 거룩한 자가 하늘에
서 내려왔는데
14 그가 소리 질러 이처럼 이르기
를 그 나무를 베고 그 가지를
자르고 그 잎사귀를 떨고 그
열매를 헤치고 짐승들을 그 아
래에서 떠나게 하고 새들을 그
가지에서 쫓아내라
15 그러나 그 뿌리의 그루터기를
땅에 남겨두고 쇠와 놋 줄로
동이고 그것을 들풀 가운데에
두어라 그것이 하늘 이슬에 젖
고 땅의 풀 가운데에서 짐승과
더불어 제 몫을 얻으리라
16 또 그 마음은 변하여 사람의
마음 같지 아니하고 짐승의 마
음을 받아 일곱 때를 지내리라
17 이는 순찰자들의 명령대로요 거
룩한 자들의 말대로이니 지극
히 높으신 이가 사람의 나라를
다스리시며 자기의 뜻대로 그것
을 누구에게든지 주시며 또 지
극히 천한 자를 그 위에 세우
시는 줄을 사람들이 알게 하려
함이라 하였느니라
18 나 느부갓네살 왕이 이 꿈을
꾸었나니 너 벨드사살아 그 해
석을 밝히 말하라 내 나라 모
든 지혜자가 능히 내게 그 해
석을 알게 하지 못하였으나 오
직 너는 능히 하리니 이는 거
룩한 신들의 영이 네 안에 있
음이라

다니엘의 꿈 해석

19 벨드사살이라 이름한 다니엘
이 한동안 놀라며 마음으로 번
민하는지라 왕이 그에게 말하
여 이르기를 벨드사살아 너는
이 꿈과 그 해석으로 말미암아
번민할 것이 아니니라 벨드사
살이 대답하여 이르되 내 주여
그 꿈은 왕을 미워하는 자에게
응하며 그 해석은 왕의 대적에
게 응하기를 원하나이다
20 왕께서 보신 그 나무가 자라

서 견고하여지고 그 높이는 하
늘에 닿았으니 땅끝에서도 보이
겠고
21 그 잎사귀는 아름답고 그 열매
는 많아서 만민의 먹을 것이
될 만하고 들짐승은 그 아래
에 살며 공중에 나는 새는 그
가지에 깃들였나이다
22 왕이여 이 나무는 곧 왕이시라
이는 왕이 자라서 견고하여지
고 창대하사 하늘에 닿으시며
권세는 땅끝까지 미치심이니이
다
23 왕이 보신즉 한 순찰자, 한 거
룩한 자가 하늘에서 내려와서
이르기를 그 나무를 베어 없애
라 그러나 그 뿌리의 그루터기
는 땅에 남겨두고 쇠와 놋 줄
로 동이고 그것을 들풀 가운데
에 두라 그것이 하늘 이슬에
젖고 또 들짐승들과 더불어 제
몫을 얻으며 일곱 때를 지내리
라 하였나이다
24 왕이여 그 해석은 이러하니이
다 곧 지극히 높으신 이가 명
령하신 것이 내 주 왕에게 미
칠 것이라
25 왕이 사람에게서 쫓겨나서 들
짐승과 함께 살며 소처럼 풀을
먹으며 하늘 이슬에 젖을 것이
요 이와 같이 일곱 때를 지낼
것이라 그때에 지극히 높으신
이가 사람의 나라를 다스리시
며 자기의 뜻대로 그것을 누구
에게든지 주시는 줄을 아시리이
다
26 또 그들이 그 나무뿌리의 그루
터기를 남겨두라 하였은즉 하
나님이 다스리시는 줄을 왕이
깨달은 후에야 왕의 나라가
견고하리이다
27 그런즉 왕이여 내가 아뢰는 것
을 받으시고 공의를 행함으로
죄를 사하고 가난한 자를 긍휼
히 여김으로 죄악을 사하소서
그리하시면 왕의 평안함이 혹
시 장구하리이다 하니라
28 이 모든 일이 다 나 느부갓네
살 왕에게 임하였느니라
29 열두 달이 지난 후에 내가 바
벨론 왕궁 지붕에서 거닐새
30 나 왕이 말하여 이르되 이 큰
바벨론은 내가 능력과 권세로
건설하여 나의 도성으로 삼고
이것으로 내 위엄의 영광을 나
타낸 것이 아니냐 하였더니

31 이 말이 아직도 나 왕의 입에
있을 때에 하늘에서 소리가 내
려 이르되 느부갓네살 왕아 네
게 말하노니 나라의 왕위가 네
게서 떠났느니라
32 네가 사람에게서 쫓겨나서 들
짐승과 함께 살면서 소처럼 풀
을 먹을 것이요 이와 같이 일
곱 때를 지내서 지극히 높으신
이가 사람의 나라를 다스리시
며 자기의 뜻대로 그것을 누구
에게든지 주시는 줄을 알기까
지 이르리라 하더라
33 바로 그때에 이 일이 나 느부
갓네살에게 응하므로 내가 사
람에게 쫓겨나서 소처럼 풀을
먹으며 몸이 하늘 이슬에 젖고
머리털이 독수리 털과 같이 자
랐고 손톱은 새 발톱과 같이
되었더라

느부갓네살 왕의 하나님 찬양

34 그 기한이 차매 나 느부갓네살
이 하늘을 우러러보았더니 내
총명이 다시 내게로 돌아온지
라 이에 내가 지극히 높으신
이에게 감사하며 영생하시는
이를 찬양하고 경배하였나니
그 권세는 영원한 권세요 그
나라는 대대에 이르리로다
35 땅의 모든 사람들을 없는 것같
이 여기시며 하늘의 군대에게
든지 땅의 사람에게든지 그는
자기 뜻대로 행하시나니 그의
손을 금하든지 혹시 이르기를
네가 무엇을 하느냐고 할 자가
아무도 없도다
36 그때에 내 총명이 내게로 돌아
왔고 또 내 나라의 영광에 대
하여도 내 위엄과 광명이 내게
로 돌아왔고 또 나의 모사들과
관원들이 내게 찾아오니 내가
내 나라에서 다시 세움을 받고
또 지극한 위세가 내게 더하였
느니라
37 그러므로 지금 나 느부갓네살
은 하늘의 왕을 찬양하며 칭송
하며 경배하노니 그의 일이 다
진실하고 그의 행하심이 의로우
시므로 교만하게 행하는 자를
그가 능히 낮추심이라

벨사살 왕이 잔치를 베풀다

5 벨사살 왕이 그의 귀족 천
명을 위하여 큰 잔치를 베풀
고 그 천 명 앞에서 술을 마시
니라
2 벨사살이 술을 마실 때에 명하

여 그의 부친 느부갓네살이 예
루살렘 성전에서 탈취하여 온
금, 은그릇을 가져오라고 명하
였으니 이는 왕과 귀족들과 왕
후들과 후궁들이 다 그것으로
마시려 함이었더라
3 이에 예루살렘 하나님의 전 성
소 중에서 탈취하여 온 금그릇
을 가져오매 왕이 그 귀족들과
왕후들과 후궁들과 더불어 그
것으로 마시더라
4 그들이 술을 마시고는 그 금,
은, 구리, 쇠, 나무, 돌로 만든 신
들을 찬양하니라
5 그때에 사람의 손가락들이 나
타나서 왕궁 촛대 맞은편 석회
벽에 글자를 쓰는데 왕이 그
글자 쓰는 손가락을 본지라
6 이에 왕의 즐기던 얼굴빛이 변
하고 그 생각이 번민하여 넓적
다리 마디가 녹는 듯하고 그의
무릎이 서로 부딪친지라
7 왕이 크게 소리 질러 술객과
갈대아 술사와 점쟁이를 불러
오게 하고 바벨론의 지혜자들
에게 말하되 누구를 막론하고
이 글자를 읽고 그 해석을 내
게 보이면 자주색 옷을 입히고
금사슬을 그의 목에 걸어 주리
니 그를 나라의 셋째 통치자로
삼으리라 하니라
8 그때에 왕의 지혜자가 다 들
어왔으나 능히 그 글자를 읽지
못하며 그 해석을 왕께 알려
주지 못하는지라
9 그러므로 벨사살 왕이 크게 번
민하여 그의 얼굴빛이 변하였
고 귀족들도 다 놀라니라
10 왕비가 왕과 그 귀족들의 말로
말미암아 잔치하는 궁에 들어
왔더니 이에 말하여 이르되 왕
이여 만수무강하옵소서 왕의
생각을 번민하게 하지 말며 얼
굴빛을 변할 것도 아니니이다
11 왕의 나라에 거룩한 신들의 영
이 있는 사람이 있으니 곧 왕
의 부친 때에 있던 자로서 명
철과 총명과 지혜가 신들의
지혜와 같은 자니이다 왕의 부
친 느부갓네살 왕이 그를 세워
박수와 술객과 갈대아 술사와
점쟁이의 어른을 삼으셨으니
12 왕이 벨드사살이라 이름하는
이 다니엘은 마음이 민첩하고
지식과 총명이 있어 능히 꿈을
해석하며 은밀한 말을 밝히며

의문을 풀 수 있었나이다 이제
다니엘을 부르소서 그리하시면
그가 그 해석을 알려 드리리이
다 하니라

다니엘이 글을 해석하다

13 이에 다니엘이 부름을 받아 왕
의 앞에 나오매 왕이 다니엘에
게 말하되 네가 나의 부왕이
유다에서 사로잡아 온 유다 자
손 중의 그 다니엘이냐
14 내가 네게 대하여 들은즉 네
안에는 신들의 영이 있으므로
네가 명철과 총명과 비상한
지혜가 있다 하도다
15 지금 여러 지혜자와 술객을
내 앞에 불러다가 그들에게 이
글을 읽고 그 해석을 내게 알
게 하라 하였으나 그들이 다
그 해석을 내게 보이지 못하였
느니라
16 내가 네게 대하여 들은즉 너는
해석을 잘하고 의문을 푼다 하
도다 그런즉 이제 네가 이 글
을 읽고 그 해석을 내게 알려
주면 네게 자주색 옷을 입히고
금사슬을 네 목에 걸어 주어
너를 나라의 셋째 통치자로 삼
으리라 하니
17 다니엘이 왕에게 대답하여 이
르되 왕의 예물은 왕이 친히
가지시며 왕의 상급은 다른 사
람에게 주옵소서 그럴지라도
내가 왕을 위하여 이 글을 읽
으며 그 해석을 아뢰리이다
18 왕이여 지극히 높으신 하나님
이 왕의 부친 느부갓네살에게
나라와 큰 권세와 영광과 위
엄을 주셨고
19 그에게 큰 권세를 주셨으므로
백성들과 나라들과 언어가 다
른 모든 사람들이 그의 앞에서
떨며 두려워하였으며 그는 임
의로 죽이며 임의로 살리며 임
의로 높이며 임의로 낮추었더니
20 그가 마음이 높아지며 뜻이 완
악하여 교만을 행하므로 그의
왕위가 폐한 바 되며 그의 영
광을 빼앗기고
21 사람 중에서 쫓겨나서 그의 마
음이 들짐승의 마음과 같았고
또 들나귀와 함께 살며 또 소
처럼 풀을 먹으며 그의 몸이
하늘 이슬에 젖었으며 지극히
높으신 하나님이 사람 나라를
다스리시며 자기의 뜻대로 누구
든지 그 자리에 세우시는 줄을

알기에 이르렀나이다
22 벨사살이여 왕은 그의 아들이
되어서 이것을 다 알고도 아직
도 마음을 낮추지 아니하고
23 도리어 자신을 하늘의 주재보
다 높이며 그의 성전 그릇을
왕 앞으로 가져다가 왕과 귀족
들과 왕후들과 후궁들이 다 그
것으로 술을 마시고 왕이 또 보
지도 듣지도 알지도 못하는 금,
은, 구리, 쇠와 나무, 돌로 만든
신상들을 찬양하고 도리어 왕
의 호흡을 주장하시고 왕의 모
든 길을 작정하시는 하나님께
는 영광을 돌리지 아니한지라
24 이러므로 그의 앞에서 이 손가
락이 나와서 이 글을 기록하였
나이다
25 기록된 글자는 이것이니 곧 메
네 메네 데겔 우바르신이라
26 그 글을 해석하건대 메네는
하나님이 이미 왕의 나라의 시
대를 세어서 그것을 끝나게 하
셨다 함이요
27 데겔은 왕을 저울에 달아보니
부족함이 보였다 함이요
28 베레스는 왕의 나라가 나뉘어
서 메대와 바사 사람에게 준
바 되었다 함이니이다 하니
29 이에 벨사살이 명하여 그들이
다니엘에게 자주색 옷을 입히
게 하며 금사슬을 그의 목에
걸어 주고 그를 위하여 조서를
내려 나라의 셋째 통치자로 삼
으니라
30 그날 밤에 갈대아 왕 벨사살
이 죽임을 당하였고
31 메대 사람 다리오가 나라를 얻
었는데 그때에 다리오는 육십
이 세였더라

사자 굴속의 다니엘

6 다리오가 자기의 뜻대로 고
관 백이십 명을 세워 전국을
통치하게 하고
2 또 그들 위에 총리 셋을 두었
으니 다니엘이 그중의 하나이라
이는 고관들로 총리에게 자기
의 직무를 보고하게 하여 왕에
게 손해가 없게 하려 함이었더
라
3 다니엘은 마음이 민첩하여 총
리들과 고관들 위에 뛰어나므
로 왕이 그를 세워 전국을 다
스리게 하고자 한지라
4 이에 총리들과 고관들이 국사
에 대하여 다니엘을 고발할 근

거를 찾고자 하였으나 아무 근거, 아무 허물도 찾지 못하였으니 이는 그가 충성되어 아무 그릇됨도 없고 아무 허물도 없음이었더라

5 그들이 이르되 이 다니엘은 그 하나님의 율법에서 근거를 찾지 못하면 그를 고발할 수 없으리라 하고

6 이에 총리들과 고관들이 모여 왕에게 나아가서 그에게 말하되 다리오 왕이여 만수무강하옵소서

7 나라의 모든 총리와 지사와 총독과 법관과 관원이 의논하고 왕에게 한 법률을 세우며 한 금령을 정하실 것을 구하나이다 왕이여 그것은 곧 이제부터 삼십일 동안에 누구든지 왕 외의 어떤 신에게나 사람에게 무엇을 구하면 사자 굴에 던져 넣기로 한 것이니이다

8 그런즉 왕이여 원하건대 금령을 세우시고 그 조서에 왕의 도장을 찍어 메대와 바사의 고치지 아니하는 규례를 따라 그것을 다시 고치지 못하게 하옵소서 하매

9 이에 다리오 왕이 조서에 왕의 도장을 찍어 금령을 내니라

10 다니엘이 이 조서에 왕의 도장이 찍힌 것을 알고도 자기 집에 돌아가서는 윗방에 올라가 예루살렘으로 향한 창문을 열고 전에 하던 대로 하루 세 번씩 무릎을 꿇고 기도하며 그의 하나님께 감사하였더라

11 그 무리들이 모여서 다니엘이 자기 하나님 앞에 기도하며 간구하는 것을 발견하고

12 이에 그들이 나아가서 왕의 금령에 관하여 왕께 아뢰되 왕이여 왕이 이미 금령에 왕의 도장을 찍어서 이제부터 삼십일 동안에는 누구든지 왕 외의 어떤 신에게나 사람에게 구하면 사자 굴에 던져 넣기로 하지 아니하였나이까 하니 왕이 대답하여 이르되 이 일이 확실하니 메대와 바사의 고치지 못하는 규례니라 하는지라

13 그들이 왕 앞에서 말하여 이르되 왕이여 사로잡혀 온 유다 자손 중에 다니엘이 왕과 왕의 도장이 찍힌 금령을 존중하지 아니하고 하루 세 번씩 기도하

나이다 하니
14 왕이 이 말을 듣고 그로 말미암
아 심히 근심하여 다니엘을 구
원하려고 마음을 쓰며 그를 건
져내려고 힘을 다하다가 해가
질 때에 이르렀더라
15 그 무리들이 또 모여 왕에게로
나아와서 왕께 말하되 왕이여
메대와 바사의 규례를 아시거
니와 왕께서 세우신 금령과 법
도는 고치지 못할 것이니이다
하니
16 이에 왕이 명령하매 다니엘을
끌어다가 사자 굴에 던져 넣는
지라 왕이 다니엘에게 이르되
네가 항상 섬기는 너의 하나님
이 너를 구원하시리라 하니라
17 이에 돌을 굴려다가 굴 어귀를
막으매 왕이 그의 도장과 귀족
들의 도장으로 봉하였으니 이는
다니엘에 대한 조치를 고치지
못하게 하려 함이었더라
18 왕이 궁에 돌아가서는 밤이 새
도록 금식하고 그 앞에 오락을
그치고 잠자기를 마다하니라
19 이튿날에 왕이 새벽에 일어나
급히 사자 굴로 가서
20 다니엘이 든 굴에 가까이 이르
러서 슬피 소리 질러 다니엘에
게 묻되 살아계시는 하나님의
종 다니엘아 네가 항상 섬기는
네 하나님이 사자들에게서 능
히 너를 구원하셨느냐 하니라
21 다니엘이 왕에게 아뢰되 왕이
여 원하건대 왕은 만수무강하
옵소서
22 나의 하나님이 이미 그의 천사
를 보내어 사자들의 입을 봉하
셨으므로 사자들이 나를 상해하
지 못하였사오니 이는 나의 무
죄함이 그 앞에 명백함이오며
또 왕이여 나는 왕에게도 해를
끼치지 아니하였나이다 하니라
23 왕이 심히 기뻐서 명하여 다니
엘을 굴에서 올리라 하매 그들
이 다니엘을 굴에서 올린즉 그
의 몸이 조금도 상하지 아니하
였으니 이는 그가 자기의 하나
님을 믿음이었더라
24 왕이 말하여 다니엘을 참소한
사람들을 끌어오게 하고 그들
을 그들의 처자들과 함께 사자
굴에 던져 넣게 하였더니 그들
이 굴 바닥에 닿기도 전에 사
자들이 곧 그들을 움켜서 그
뼈까지도 부서뜨렸더라

25 이에 다리오 왕이 온 땅에 있
는 모든 백성과 나라들과 언어
가 다른 모든 사람들에게 조서
를 내려 이르되 원하건대 너희
에게 큰 평강이 있을지어다
26 내가 이제 조서를 내리노라 내
나라 관할 아래에 있는 사람
들은 다 다니엘의 하나님 앞에
서 떨며 두려워할지니 그는 살
아계시는 하나님이시요 영원히
변하지 않으실 이시며 그의 나
라는 멸망하지 아니할 것이요
그의 권세는 무궁할 것이며
27 그는 구원도 하시며 건져내기
도 하시며 하늘에서든지 땅에
서든지 이적과 기사를 행하시
는 이로서 다니엘을 구원하여
사자의 입에서 벗어나게 하셨
음이라 하였더라
28 이 다니엘이 다리오 왕의 시대
와 바사 사람 고레스 왕의 시
대에 형통하였더라

네 짐승 환상

7 바벨론 벨사살 왕 원년에
다니엘이 그의 침상에서 꿈
을 꾸며 머리 속으로 환상을 받
고 그 꿈을 기록하며 그 일의
대략을 진술하니라
2 다니엘이 진술하여 이르되 내
가 밤에 환상을 보았는데 하늘
의 네 바람이 큰 바다로 몰려
불더니
3 큰 짐승 넷이 바다에서 나왔는
데 그 모양이 각각 다르더라
4 첫째는 사자와 같은데 독수리
의 날개가 있더니 내가 보는
중에 그 날개가 뽑혔고 또 땅
에서 들려서 사람처럼 두 발로
서게 함을 받았으며 또 사람의
마음을 받았더라
5 또 보니 다른 짐승 곧 둘째는
곰과 같은데 그것이 몸 한쪽
을 들었고 그 입의 잇사이에는
세 갈빗대가 물렸는데 그것에
게 말하는 자들이 있어 이르기
를 일어나서 많은 고기를 먹으
라 하였더라
6 그 후에 내가 또 본즉 다른 짐
승 곧 표범과 같은 것이 있는
데 그 등에는 새의 날개 넷이
있고 그 짐승에게 또 머리 넷
이 있으며 권세를 받았더라
7 내가 밤 환상 가운데에 그다음
에 본 넷째 짐승은 무섭고 놀
라우며 또 매우 강하며 또 쇠
로 된 큰 이가 있어서 먹고 부

서뜨리고 그 나머지를 발로 밟
았으며 이 짐승은 전의 모든
짐승과 다르고 또 열 뿔이 있
더라
8 내가 그 뿔을 유심히 보는 중
에 다른 작은 뿔이 그 사이에
서 나더니 첫 번째 뿔 중의 셋
이 그 앞에서 뿌리까지 뽑혔으
며 이 작은 뿔에는 사람의 눈
같은 눈들이 있고 또 입이 있
어 큰 말을 하였더라

옛적부터 항상 계신 자

9 내가 보니 왕좌가 놓이고 옛적
부터 항상 계신 이가 좌정하셨
는데 그의 옷은 희기가 눈 같
고 그의 머리털은 깨끗한 양의
털 같고 그의 보좌는 불꽃이요
그의 바퀴는 타오르는 불이며
10 불이 강처럼 흘러 그의 앞에서
나오며 그를 섬기는 자는 천천
이요 그 앞에서 모셔 선 자는
만만이며 심판을 베푸는데 책
들이 펴놓였더라
11 그때에 내가 작은 뿔이 말하
는 큰 목소리로 말미암아 주목
하여 보는 사이에 짐승이 죽임
을 당하고 그의 시체가 상한
바 되어 타오르는 불에 던져졌
으며
12 그 남은 짐승들은 그의 권세를
빼앗겼으나 그 생명은 보존되
어 정한 시기가 이르기를 기다
리게 되었더라
13 내가 또 밤 환상 중에 보니 인
자 같은 이가 하늘 구름을 타
고 와서 옛적부터 항상 계신
이에게 나아가 그 앞으로 인도
되매
14 그에게 권세와 영광과 나라를
주고 모든 백성과 나라들과 다
른 언어를 말하는 모든 자들이
그를 섬기게 하였으니 그의 권
세는 소멸되지 아니하는 영원
한 권세요 그의 나라는 멸망하
지 아니할 것이니라

환상 해석

15 나 다니엘이 중심에 근심하며
내 머리 속의 환상이 나를 번
민하게 한지라
16 내가 그 곁에 모셔 선 자들 중
하나에게 나아가서 이 모든 일
의 진상을 물으매 그가 내게
말하여 그 일의 해석을 알려
주며 이르되
17 그 네 큰 짐승은 세상에 일어
날 네 왕이라

18 지극히 높으신 이의 성도들이
나라를 얻으리니 그 누림이 영
원하고 영원하고 영원하리라
19 이에 내가 넷째 짐승에 관하
여 확실히 알고자 하였으니 곧
그것은 모든 짐승과 달라서 심
히 무섭더라 그 이는 쇠요 그
발톱은 놋이니 먹고 부서뜨리고
나머지는 발로 밟았으며
20 또 그것의 머리에는 열 뿔이
있고 그 외에 또 다른 뿔이 나
오매 세 뿔이 그 앞에서 빠졌
으며 그 뿔에는 눈도 있고 큰
말을 하는 입도 있고 그 모양
이 그의 동류보다 커 보이더라
21 내가 본즉 이 뿔이 성도들과 더
불어 싸워 그들에게 이겼더니
22 옛적부터 항상 계신 이가 와서
지극히 높으신 이의 성도들을
위하여 원한을 풀어주셨고 때
가 이르매 성도들이 나라를 얻
었더라
23 모신 자가 이처럼 이르되 넷째
짐승은 곧 땅의 넷째 나라인
데 이는 다른 나라들과는 달라
서 온 천하를 삼키고 밟아 부
서뜨릴 것이며
24 그 열 뿔은 그 나라에서 일어
날 열 왕이요 그 후에 또 하나
가 일어나리니 그는 먼저 있던
자들과 다르고 또 세 왕을 복종
시킬 것이며
25 그가 장차 지극히 높으신 이를
말로 대적하며 또 지극히 높으
신 이의 성도를 괴롭게 할 것이
며 그가 또 때와 법을 고치고
자 할 것이며 성도들은 그의 손
에 붙인 바 되어 한 때와 두
때와 반 때를 지내리라
26 그러나 심판이 시작되면 그는
권세를 빼앗기고 완전히 멸망
할 것이요
27 나라와 권세와 온 천하 나라
들의 위세가 지극히 높으신 이
의 거룩한 백성에게 붙인 바
되리니 그의 나라는 영원한 나
라이라 모든 권세 있는 자들이
다 그를 섬기며 복종하리라
28 그 말이 이에 그친지라 나 다
니엘은 중심에 번민하였으며
내 얼굴빛이 변하였으나 내가
이 일을 마음에 간직하였느니
라

숫양과 숫염소의 환상

8 나 다니엘에게 처음에 나타
난 환상 후 벨사살 왕 제삼

년에 다시 한 환상이 나타나니
라
2 내가 환상을 보았는데 내가 그
것을 볼 때에 내 몸은 엘람 지
방 수산 성에 있었고 내가 환
상을 보기는 울래 강변에서이니
라
3 내가 눈을 들어 본즉 강가에
두 뿔 가진 숫양이 섰는데 그
두 뿔이 다 길었으며 그중 한
뿔은 다른 뿔보다 길었고 그
긴 것은 나중에 난 것이더라
4 내가 본즉 그 숫양이 서쪽과
북쪽과 남쪽을 향하여 받으나
그것을 당할 짐승이 하나도 없
고 그 손에서 구할 자가 없으
므로 그것이 원하는 대로 행하
고 강하여졌더라
5 내가 생각할 때에 한 숫염소
가 서쪽에서부터 와서 온 지면
에 두루 다니되 땅에 닿지 아
니하며 그 염소의 두 눈 사이
에는 현저한 뿔이 있더라
6 그것이 두 뿔 가진 숫양 곧 내
가 본 바 강가에 섰던 양에게
로 나아가되 분노한 힘으로 그
것에게로 달려가더니
7 내가 본즉 그것이 숫양에게로
가까이 나아가서는 더욱 성내
어 그 숫양을 쳐서 그 두 뿔을
꺾으나 숫양에게는 그것을 대
적할 힘이 없으므로 그것이 숫
양을 땅에 엎드러뜨리고 짓밟
았으나 숫양을 그 손에서 벗어
나게 할 자가 없었더라
8 숫염소가 스스로 심히 강대하
여 가더니 강성할 때에 그 큰
뿔이 꺾이고 그 대신에 현저한
뿔 넷이 하늘 사방을 향하여
났더라
9 그중 한 뿔에서 또 작은 뿔 하
나가 나서 남쪽과 동쪽과 또
영화로운 땅을 향하여 심히 커
지더니
10 그것이 하늘 군대에 미칠 만큼
커져서 그 군대와 별들 중의
몇을 땅에 떨어뜨리고 그것들
을 짓밟고
11 또 스스로 높아져서 군대의 주
재를 대적하며 그에게 매일 드
리는 제사를 없애 버렸고 그의
성소를 헐었으며
12 그의 악으로 말미암아 백성이
매일 드리는 제사가 넘긴 바
되었고 그것이 또 진리를 땅에
던지며 자의로 행하여 형통하

였더라
13 내가 들은즉 한 거룩한 이가
말하더니 다른 거룩한 이가 그
말하는 이에게 묻되 환상에 나
타난 바 매일 드리는 제사와
망하게 하는 죄악에 대한 일
과 성소와 백성이 내준 바 되
며 짓밟힐 일이 어느 때까지
이를꼬 하매
14 그가 내게 이르되 이천삼백 주
야까지니 그때에 성소가 정결
하게 되리라 하였느니라

가브리엘 천사가 환상을 깨닫게 하다

15 나 다니엘이 이 환상을 보고
그 뜻을 알고자 할 때에 사람
모양 같은 것이 내 앞에 섰고
16 내가 들은즉 을래 강 두 언덕
사이에서 사람의 목소리가 있
어 외쳐 이르되 가브리엘아 이
환상을 이 사람에게 깨닫게
하라 하더니
17 그가 내가 선 곳으로 나왔는데
그가 나올 때에 내가 두려워서
얼굴을 땅에 대고 엎드리매 그
가 내게 이르되 인자야 깨달아
알라 이 환상은 정한 때 끝에
관한 것이니라
18 그가 내게 말할 때에 내가 얼
굴을 땅에 대고 엎드리어 깊이
잠들매 그가 나를 어루만져서
일으켜 세우며
19 이르되 진노하시는 때가 마친
후에 될 일을 내가 네게 알게
하리니 이 환상은 정한 때 끝
에 관한 것임이라
20 네가 본 바 두 뿔 가진 숫양
은 곧 메대와 바사 왕들이요
21 털이 많은 숫염소는 곧 헬라
왕이요 그의 두 눈 사이에 있는
큰 뿔은 곧 그 첫째 왕이요
22 이 뿔이 꺾이고 그 대신에 네
뿔이 났은즉 그 나라 가운데에
서 네 나라가 일어나되 그의
권세만 못하리라
23 이 네 나라 마지막 때에 반역
자들이 가득할 즈음에 한 왕이
일어나리니 그 얼굴은 뻔뻔하
며 속임수에 능하며
24 그 권세가 강할 것이나 자기
의 힘으로 말미암은 것이 아니
며 그가 장차 놀랍게 파괴 행
위를 하고 자의로 행하여 형통
하며 강한 자들과 거룩한 백성
을 멸하리라
25 그가 꾀를 베풀어 제 손으로 속
임수를 행하고 마음에 스스로

큰 체하며 또 평화로운 때에
많은 무리를 멸하며 또 스스로
서서 만왕의 왕을 대적할 것이
나 그가 사람의 손으로 말미암
지 아니하고 깨지리라
26 이미 말한 바 주야에 대한 환
상은 확실하니 너는 그 환상을
간직하라 이는 여러 날 후의
일임이라 하더라
27 이에 나 다니엘이 지쳐서 여러
날 앓다가 일어나서 왕의 일을
보았느니라 내가 그 환상으로
말미암아 놀랐고 그 뜻을 깨
닫는 사람도 없었느니라

다니엘의 기도

9 메대 족속 아하수에로의 아
들 다리오가 갈대아 나라 왕
으로 세움을 받던 첫해
2 곧 그 통치 원년에 나 다니엘
이 책을 통해 여호와께서 말씀
으로 선지자 예레미야에게 알
려 주신 그 연수를 깨달았나니
곧 예루살렘의 황폐함이 칠십
년 만에 그치리라 하신 것이니
라
3 내가 금식하며 베옷을 입고 재
를 덮어쓰고 주 하나님께 기도
하며 간구하기를 결심하고
4 내 하나님 여호와께 기도하며
자복하여 이르기를 크시고 두려
워할 주 하나님, 주를 사랑하
고 주의 계명을 지키는 자를
위하여 언약을 지키시고 그에
게 인자를 베푸시는 이시여
5 우리는 이미 범죄하여 패역하
며 행악하며 반역하여 주의 법
도와 규례를 떠났사오며
6 우리가 또 주의 종 선지자들이
주의 이름으로 우리의 왕들과
우리의 고관과 조상들과 온 국
민에게 말씀한 것을 듣지 아니
하였나이다
7 주여 공의는 주께로 돌아가고
수치는 우리 얼굴로 돌아옴이
오늘과 같아서 유다 사람들과
예루살렘 거민들과 이스라엘이
가까운 곳에 있는 자들이나 먼
곳에 있는 자들이 다 주께서
쫓아내신 각국에서 수치를 당
하였사오니 이는 그들이 주께
죄를 범하였음이니이다
8 주여 수치가 우리에게 돌아오
고 우리의 왕들과 우리의 고관
과 조상들에게 돌아온 것은 우
리가 주께 범죄하였음이니이다
마는

9 주 우리 하나님께는 긍휼과 용
서하심이 있사오니 이는 우리가
주께 패역하였음이오며
10 우리 하나님 여호와의 목소리를
듣지 아니하며 여호와께서 그
의 종 선지자들에게 부탁하여
우리 앞에 세우신 율법을 행하
지 아니하였음이니이다
11 온 이스라엘이 주의 율법을 범
하고 치우쳐 가서 주의 목소리
를 듣지 아니하였으므로 이 저
주가 우리에게 내렸으되 곧 하
나님의 종 모세의 율법에 기록
된 맹세대로 되었사오니 이는
우리가 주께 범죄하였음이니이
다
12 주께서 큰 재앙을 우리에게 내
리사 우리와 및 우리를 재판하
던 재판관을 쳐서 하신 말씀
을 이루셨사오니 온 천하에 예
루살렘에서 일어난 일 같은 것
이 없나이다
13 모세의 율법에 기록된 대로 이
모든 재앙이 이미 우리에게 내
렸사오나 우리는 우리의 죄악
을 떠나고 주의 진리를 깨달아
우리 하나님 여호와의 얼굴을
기쁘게 하지 아니하였나이다
14 그러므로 여호와께서 이 재앙
을 간직하여 두셨다가 우리에
게 내리게 하셨사오니 우리의
하나님 여호와께서 행하시는
모든 일이 공의로우시나 우리가
그 목소리를 듣지 아니하였음이
니이다
15 강한 손으로 주의 백성을 애굽
땅에서 인도하여내시고 오늘과
같이 명성을 얻으신 우리 주
하나님이여 우리는 범죄하였고
악을 행하였나이다
16 주여 구하옵나니 주는 주의 공
의를 따라 주의 분노를 주의
성 예루살렘, 주의 거룩한 산
에서 떠나게 하옵소서 이는 우
리의 죄와 우리 조상들의 죄악
으로 말미암아 예루살렘과 주
의 백성이 사면에 있는 자들에
게 수치를 당함이니이다
17 그러하온즉 우리 하나님이여
지금 주의 종의 기도와 간구를
들으시고 주를 위하여 주의 얼
굴빛을 주의 황폐한 성소에 비
추시옵소서
18 나의 하나님이여 귀를 기울여
들으시며 눈을 떠서 우리의 황
폐한 상황과 주의 이름으로 일

컫는 성을 보옵소서 우리가 주
앞에 간구하옵는 것은 우리의
공의를 의지하여 하는 것이 아
니요 주의 큰 긍휼을 의지하여
함이니이다
19 주여 들으소서 주여 용서하소
서 주여 귀를 기울이시고 행하
소서 지체하지 마옵소서 나의
하나님이여 주 자신을 위하여
하시옵소서 이는 주의 성과 주
의 백성이 주의 이름으로 일컫
는 바 됨이니이다

가브리엘이 환상을 설명하다

20 내가 이같이 말하여 기도하며
내 죄와 내 백성 이스라엘의
죄를 자복하고 내 하나님의 거
룩한 산을 위하여 내 하나님
여호와 앞에 간구할 때
21 곧 내가 기도할 때에 이전에
환상 중에 본 그 사람 가브리
엘이 빨리 날아서 저녁 제사를
드릴 때 즈음에 내게 이르더니
22 내게 가르치며 내게 말하여 이
르되 다니엘아 내가 이제 네게
지혜와 총명을 주려고 왔느니
라
23 곧 네가 기도를 시작할 즈음
에 명령이 내렸으므로 이제 네
게 알리러 왔느니라 너는 크게
은총을 입은 자라 그런즉 너는
이 일을 생각하고 그 환상을
깨달을지니라
24 네 백성과 네 거룩한 성을 위
하여 일흔 이레를 기한으로 정
하였나니 허물이 그치며 죄가
끝나며 죄악이 용서되며 영원
한 의가 드러나며 환상과 예
언이 응하며 또 지극히 거룩한
이가 기름부음을 받으리라
25 그러므로 너는 깨달아 알지니
라 예루살렘을 중건하라는 영
이 날 때부터 기름부음을 받은
자 곧 왕이 일어나기까지 일곱
이레와 예순두 이레가 지날 것
이요 그 곤란한 동안에 성이
중건되어 광장과 거리가 세워
질 것이며
26 예순두 이레 후에 기름부음을
받은 자가 끊어져 없어질 것이
며 장차 한 왕의 백성이 와서
그 성읍과 성소를 무너뜨리려니
와 그의 마지막은 홍수에 휩쓸
림 같을 것이며 또 끝까지 전
쟁이 있으리니 황폐할 것이 작
정되었느니라
27 그가 장차 많은 사람들과 더불

어 한 이레 동안의 언약을 굳
게 맺고 그가 그 이레의 절반
에 제사와 예물을 금지할 것이
며 또 포악하여 가증한 것이
날개를 의지하여 설 것이며 또
이미 정한 종말까지 진노가 황
폐하게 하는 자에게 쏟아지리
라 하였느니라 하니라

힛데겔 강가에서 본 환상

10 바사 왕 고레스 제삼년에
한 일이 벨드사살이라 이름
한 다니엘에게 나타났는데 그
일이 참되니 곧 큰 전쟁에 관
한 것이라 다니엘이 그 일을
분명히 알았고 그 환상을 깨달
으니라
2 그때에 나 다니엘이 세 이레
동안을 슬퍼하며
3 세 이레가 차기까지 좋은 떡
을 먹지 아니하며 고기와 포도
주를 입에 대지 아니하며 또
기름을 바르지 아니하니라
4 첫째 달 이십사일에 내가 힛데
겔이라 하는 큰 강가에 있었는
데
5 그때에 내가 눈을 들어 바라본
즉 한 사람이 세마포 옷을 입
었고 허리에는 우바스 순금 띠
를 띠었더라
6 또 그의 몸은 황옥 같고 그의
얼굴은 번갯빛 같고 그의 눈은
횃불 같고 그의 팔과 발은 빛
난 놋과 같고 그의 말소리는
무리의 소리와 같더라
7 이 환상을 나 다니엘이 홀로 보
았고 나와 함께한 사람들은
이 환상은 보지 못하였어도 그
들이 크게 떨며 도망하여 숨었
느니라
8 그러므로 나만 홀로 있어서 이
큰 환상을 볼 때에 내 몸에 힘
이 빠졌고 나의 아름다운 빛이
변하여 썩은 듯하였고 나의 힘
이 다 없어졌으나
9 내가 그의 음성을 들었는데 그
의 음성을 들을 때에 내가 얼
굴을 땅에 대고 깊이 잠들었느
니라
10 한 손이 있어 나를 어루만지기
로 내가 떨었더니 그가 내 무
릎과 손바닥이 땅에 닿게 일으
키고
11 내게 이르되 큰 은총을 받은 사
람 다니엘아 내가 네게 이르는
말을 깨닫고 일어서라 내가 네
게 보내심을 받았느니라 하더

라 그가 내게 이 말을 한 후에
내가 떨며 일어서니
12 그가 내게 이르되 다니엘아 두
려워하지 말라 네가 깨달으려
하여 네 하나님 앞에 스스로
겸비하게 하기로 결심하던 첫
날부터 네 말이 응답받았으므
로 내가 네 말로 말미암아 왔
느니라
13 그런데 바사 왕국의 군주가 이
십일일 동안 나를 막았으므로
내가 거기 바사 왕국의 왕들과
함께 머물러 있더니 가장 높은
군주 중 하나인 미가엘이 와서
나를 도와주므로
14 이제 내가 마지막 날에 네 백
성이 당할 일을 네게 깨닫게
하려 왔노라 이는 이 환상이
오랜 후의 일임이라 하더라
15 그가 이런 말로 내게 이를 때
에 내가 곧 얼굴을 땅에 향하
고 말문이 막혔더니
16 인자와 같은 이가 있어 내 입
술을 만진지라 내가 곧 입을
열어 내 앞에 서있는 자에게
말하여 이르되 내 주여 이 환
상으로 말미암아 근심이 내게
더하므로 내가 힘이 없어졌나이
다
17 내 몸에 힘이 없어졌고 호흡이
남지 아니하였사오니 내 주의
이 종이 어찌 능히 내 주와 더
불어 말씀할 수 있으리이까 하
니
18 또 사람의 모양 같은 것 하나
가 나를 만지며 나를 강건하
게 하여
19 이르되 큰 은총을 받은 사람이
여 두려워하지 말라 평안하라
강건하라 강건하라 그가 이같
이 내게 말하매 내가 곧 힘이
나서 이르되 내 주께서 나를
강건하게 하셨사오니 말씀하옵
소서
20 그가 이르되 내가 어찌하여 네
게 왔는지 네가 아느냐 이제
내가 돌아가서 바사 군주와 싸
우려니와 내가 나간 후에는 헬
라의 군주가 이를 것이라
21 오직 내가 먼저 진리의 글에
기록된 것으로 네게 보이리라
나를 도와서 그들을 대항할 자
는 너희의 군주 미가엘뿐이니
라
11 내가 또 메대 사람 다리오
원년에 일어나 그를 도와서

그를 강하게 한 일이 있었느니
라

남방 왕과 북방 왕이 싸우리라

2 이제 내가 참된 것을 네게 보
이리라 보라 바사에서 또 세
왕들이 일어날 것이요 그 후의
넷째는 그들보다 심히 부요할
것이며 그가 그 부요함으로 강
하여진 후에는 모든 사람을 충
동하여 헬라 왕국을 칠 것이며
3 장차 한 능력 있는 왕이 일어
나서 큰 권세로 다스리며 자기
마음대로 행하리라
4 그러나 그가 강성할 때에 그
의 나라가 갈라져 천하 사방
에 나누일 것이나 그의 자손에
게로 돌아가지도 아니할 것이
요 또 자기가 주장하던 권세
대로도 되지 아니하리니 이는
그 나라가 뽑혀서 그 외의 다
른 사람들에게로 돌아갈 것임
이라
5 남방의 왕은 강할 것이나 그
군주들 중 하나는 그보다 강하
여 권세를 떨치리니 그의 권세
가 심히 클 것이요
6 몇 해 후에 그들이 서로 단합
하리니 곧 남방 왕의 딸이 북
방 왕에게 가서 화친하리라 그
러나 그 공주의 힘이 쇠하고
그 왕은 서지도 못하며 권세가
없어질 뿐 아니라 그 공주와
그를 데리고 온 자와 그를 낳
은 자와 그때에 도와주던 자
가 다 버림을 당하리라
7 그러나 그 공주의 본 족속에게
서 난 자 중의 한 사람이 왕위
를 이어 권세를 받아 북방 왕
의 군대를 치러 와서 그의 성
에 들어가서 그들을 쳐서 이기
고
8 그 신들과 부어 만든 우상들과
은과 금의 아름다운 그릇들은
다 노략하여 애굽으로 가져갈
것이요 몇 해 동안은 그가 북
방 왕을 치지 아니하리라
9 북방 왕이 남방 왕의 왕국으로
쳐들어갈 것이나 자기 본국으
로 물러가리라
10 그러나 그의 아들들이 전쟁을
준비하고 심히 많은 군대를 모
아서 물이 넘침같이 나아올 것
이며 그가 또 와서 남방 왕의
견고한 성까지 칠 것이요
11 남방 왕은 크게 노하여 나와서
북방 왕과 싸울 것이라 북방

왕이 큰 무리를 일으킬 것이나
그 무리는 그의 손에 넘겨준
바 되리라
12 그가 큰 무리를 사로잡은 후에
그의 마음이 스스로 높아져서
수만 명을 엎드러뜨릴 것이나
그 세력은 더하지 못할 것이요
13 북방 왕은 돌아가서 다시 군대
를 전보다 더 많이 준비하였다
가 몇 때 곧 몇 해 후에 대군
과 많은 물건을 거느리고 오리
라
14 그때에 여러 사람이 일어나서
남방 왕을 칠 것이요 네 백성
중에서도 포악한 자가 스스로
높아져서 환상을 이루려 할 것
이나 그들이 도리어 걸려 넘어
지리라
15 이에 북방 왕은 와서 토성을
쌓고 견고한 성읍을 점령할 것
이요 남방 군대는 그를 당할
수 없으며 또 그가 택한 군대
라도 그를 당할 힘이 없을 것
이므로
16 오직 와서 치는 자가 자기 마
음대로 행하리니 그를 당할 사
람이 없겠고 그는 영화로운 땅
에 설 것이요 그의 손에는 멸
망이 있으리라
17 그가 결심하고 전국의 힘을 다
하여 이르렀다가 그와 화친할
것이요 또 여자의 딸을 그에게
주어 그의 나라를 망하게 하려
할 것이나 이루지 못하리니 그
에게 무익하리라
18 그 후에 그가 그의 얼굴을 바
닷가로 돌려 많이 점령할 것이
나 한 장군이 나타나 그의 정
복을 그치게 하고 그 수치를
그에게로 돌릴 것이므로
19 그가 드디어 그 얼굴을 돌려
자기 땅 산성들로 향할 것이나
거쳐 넘어지고 다시는 보이지
아니하리라

비천한 북방 왕

20 그 왕위를 이을 자가 압제자를
그 나라의 아름다운 곳으로 두
루 다니게 할 것이나 그는 분
노함이나 싸움이 없이 몇 날이
못 되어 망할 것이요
21 또 그의 왕위를 이을 자는 한
비천한 사람이라 나라의 영광
을 그에게 주지 아니할 것이나
그가 평안한 때를 타서 속임수
로 그 나라를 얻을 것이며
22 넘치는 물 같은 군대가 그에게

넘침으로 말미암아 패할 것이
요 동맹한 왕도 그렇게 될 것
이며
23 그와 약조한 후에 그는 거짓을
행하여 올라올 것이요 소수의
백성을 가지고 세력을 얻을 것
이며
24 그가 평안한 때에 그 지방의
가장 기름진 곳에 들어와서 그
의 조상들과 조상들의 조상이
행하지 못하던 것을 행할 것이
요 그는 노략하고 탈취한 재물
을 무리에게 흩어 주며 계략을
세워 얼마 동안 산성들을 칠
것인데 때가 이르기까지 그리
하리라
25 그가 그의 힘을 떨치며 용기를
다하여 큰 군대를 거느리고 남
방 왕을 칠 것이요 남방 왕도
심히 크고 강한 군대를 거느리
고 맞아 싸울 것이나 능히 당
하지 못하리니 이는 그들이 계
략을 세워 그를 침이니라
26 그의 음식을 먹는 자들이 그를
멸하리니 그의 군대가 흩어질
것이요 많은 사람이 엎드러져
죽으리라
27 이 두 왕이 마음에 서로 해하고
자 하여 한 밥상에 앉았을 때
에 거짓말을 할 것이라 일이
형통하지 못하리니 이는 아직
때가 이르지 아니하였으므로
그 일이 이루어지지 아니할 것
임이니라
28 북방 왕은 많은 재물을 가지고
본국으로 돌아가리니 그는 마음
으로 거룩한 언약을 거스르며
자기 마음대로 행하고 본토로
돌아갈 것이며
29 작정된 기한에 그가 다시 나와
서 남방에 이를 것이나 이번이
그 전번만 못하리니
30 이는 깃딤의 배들이 이르러 그
를 칠 것임이라 그가 낙심하고
돌아가면서 맺은 거룩한 언약
에 분노하였고 자기 땅에 돌아
가서는 맺은 거룩한 언약을 배
반하는 자들을 살필 것이며
31 군대는 그의 편에 서서 성소
곧 견고한 곳을 더럽히며 매일
드리는 제사를 폐하며 멸망하
게 하는 가증한 것을 세울 것
이며
32 그가 또 언약을 배반하고 악행
하는 자를 속임수로 타락시킬
것이나 오직 자기의 하나님을

아는 백성은 강하여 용맹을 떨
치리라
33 백성 중에 지혜로운 자들이 많
은 사람을 가르칠 것이나 그들
이 칼날과 불꽃과 사로잡힘과
약탈을 당하여 여러 날 동안
몰락하리라
34 그들이 몰락할 때에 도움을 조
금 얻을 것이나 많은 사람들이
속임수로 그들과 결합할 것이
며
35 또 그들 중 지혜로운 자 몇 사
람이 몰락하여 무리 중에서 연
단을 받아 정결하게 되며 희
게 되어 마지막 때까지 이르게
하리니 이는 아직 정한 기한이
남았음이라
36 그 왕은 자기 마음대로 행하며
스스로 높여 모든 신보다 크다
하며 비상한 말로 신들의 신을
대적하며 형통하기를 분노하심
이 그칠 때까지 하리니 이는
그 작정된 일을 반드시 이루실
것임이라
37 그가 모든 것보다 스스로 크다
하고 그의 조상들의 신들과 여
자들이 흠모하는 것을 돌아보지
아니하며 어떤 신도 돌아보지
아니하고
38 그 대신에 강한 신을 공경할
것이요 또 그의 조상들이 알지
못하던 신에게 금은보석과 보
물을 드려 공경할 것이며
39 그는 이방 신을 힘입어 크게
견고한 산성들을 점령할 것이
요 무릇 그를 안다 하는 자에
게는 영광을 더하여 여러 백성
을 다스리게도 하며 그에게서
뇌물을 받고 땅을 나눠 주기도
하리라
40 마지막 때에 남방 왕이 그와
힘을 겨룰 것이나 북방 왕이
병거와 마병과 많은 배로 회오
리바람처럼 그에게로 마주 와
서 그 여러 나라에 침공하여
물이 넘침같이 지나갈 것이요
41 그가 또 영화로운 땅에 들어갈
것이요 많은 나라를 패망하게
할 것이나 오직 에돔과 모압과
암몬 자손의 지도자들은 그의
손에서 벗어나리라
42 그가 여러 나라들에 그의 손을
펴리니 애굽 땅도 면하지 못할
것이니
43 그가 권세로 애굽의 금은과 모
든 보물을 차지할 것이요 리비

아 사람과 구스 사람이 그의
시종이 되리라
44 그러나 동북에서부터 소문이 이
르러 그를 번민하게 하므로 그
가 분노하여 나가서 많은 무리
를 다 죽이며 멸망시키고자 할
것이요
45 그가 장막 궁전을 바다와 영
화롭고 거룩한 산 사이에 세울
것이나 그의 종말이 이르리니
도와줄 자가 없으리라

끝날

12 그때에 네 민족을 호위하는
큰 군주 미가엘이 일어날 것
이요 또 환난이 있으리니 이는
개국 이래로 그때까지 없던 환
난일 것이며 그때에 네 백성
중 책에 기록된 모든 자가 구
원을 받을 것이라
2 땅의 티끌 가운데에서 자는
자 중에서 많은 사람이 깨어나
영생을 받는 자도 있겠고 수치
를 당하여서 영원히 부끄러움
을 당할 자도 있을 것이며
3 지혜 있는 자는 궁창의 빛과
같이 빛날 것이요 많은 사람을
옳은 데로 돌아오게 한 자는
별과 같이 영원토록 빛나리라
4 다니엘아 마지막 때까지 이
말을 간수하고 이 글을 봉함하
라 많은 사람이 빨리 왕래하
며 지식이 더하리라
5 나 다니엘이 본즉 다른 두 사
람이 있어 하나는 강 이쪽 언
덕에 섰고 하나는 강 저쪽 언
덕에 섰더니
6 그중에 하나가 세마포 옷을 입
은 자 곧 강물 위쪽에 있는 자
에게 이르되 이 놀라운 일의 끝
이 어느 때까지냐 하더라
7 내가 들은즉 그 세마포 옷을
입고 강물 위쪽에 있는 자가
자기의 좌우 손을 들어 하늘을
향하여 영원히 살아계시는 이
를 가리켜 맹세하여 이르되 반
드시 한 때 두 때 반 때를 지
나서 성도의 권세가 다 깨지기
까지이니 그렇게 되면 이 모든
일이 다 끝나리라 하더라
8 내가 듣고도 깨닫지 못한지라
내가 이르되 내 주여 이 모든
일의 결국이 어떠하겠나이까
하니
9 그가 이르되 다니엘아 갈지어
다 이 말은 마지막 때까지 간
수하고 봉함할 것임이니라

10 많은 사람이 연단을 받아 스스
로 정결하게 하며 희게 할 것
이나 악한 사람은 악을 행하
리니 악한 자는 아무것도 깨닫
지 못하되 오직 지혜 있는 자
는 깨달으리라
11 매일 드리는 제사를 폐하며 멸
망하게 할 가증한 것을 세울
때부터 천이백구십일을 지낼
것이요
12 기다려서 천삼백삼십오일까지
이르는 그 사람은 복이 있으리라
13 너는 가서 마지막을 기다리라
이는 네가 평안히 쉬다가 끝날
에는 네 몫을 누릴 것임이라

호세아

주요 사건 연대

B.C.

호세아의 소명과 예후 왕조에 대한 심판 예언 (1:1–9) B.C. 753

유다 웃시야 왕의 사망 (대하 26:23) B.C. 740

유다 왕 아하스의 등극 (왕하 16:1–4; 대하 28:1–4; 사 7:1) B.C. 735

다메섹의 멸망 B.C. 732

남쪽 유다의 히스기야 왕 등극과 종교 개혁 (왕하 18:1–4; 대하 29:1–19) B.C. 728

앗수르에 의한 북쪽 이스라엘의 멸망 (왕하 18:9–12; 사 7:18–10:4) B.C. 722

앗수르의 멸망 B.C. 605

바벨론에 의한 남쪽 유다의 멸망 (왕하 25:1–26) B.C. 586

바벨론의 멸망 B.C. 539

제목

'호세아'란 '구원'이라는 뜻으로 '여호수아'와 '예수'라는 이름의 뜻과 동일하다. 북이스라엘이 영적·사회적으로 타락했을 때 호세아 선지자는 그들의 죄악을 지적하고 하나님의 심판, 곧 이스라엘의 멸망을 경고하면서 강력하게 회개를 촉구하였다. 본서는 저자의 이름을 그대로 따라 책의 제목을 삼았다.

저자와 저작 연대

본서의 저자는 호세아이다. 그는 이사야와 동시대의 인물로서 B.C. 782–753년경 북이스라엘을 통치한 여로보암 2세 때 소명을 받아 예언 사역을 시작하였다. 호세아의 출생지는 정확히 알려지지 않았지만, 선지자로서는 특이하게 북이스라엘에서 출생하였다. 소명 전의 직업에 대해서는 제빵업자(7:4), 또는 농사꾼이라는 설이 있다. 저작 연대는 B.C. 790–710년 사이로 추정되고 있다.

기록 장소와 대상

호세아 선지자는 본서를 북쪽 이스라엘에서 기록하였으며, 하나님의 은혜와 도우심을 망각한 채 율법을 무시하고 음란하게 우상을 섬기는 이스라엘의 지도자들과 백성을 대상으로 기록했다.

핵심어 및 내용

호세아의 핵심어는 "결혼"과 "용서"이다. 호세아가 고멜과 결혼한 것처럼 하나님과 이스라엘 백성의 언약 관계는 결혼 관계로 묘사된다. 그리고 호세아가 간음한 자기의 아내를 용서하고 노예 시장에서 다시 찾아오기 위하여 나선 것처럼, 하나님께서는 타락한 이스라엘을 용서하시기 위하여 그들을 찾고 계신다.

내용 분해

1. 선지자의 결혼 생활 (1:1–3:5)
2. 이스라엘의 불신과 그 심판 (4:1–13:16)
3. 이스라엘의 회개와 축복 (14:1–9)

1 웃시야와 요담과 아하스와
히스기야가 이어 유다 왕이
된 시대 곧 요아스의 아들 여로
보암이 이스라엘 왕이 된 시대
에 브에리의 아들 호세아에게
임한 여호와의 말씀이라

호세아의 아내와 자식들

2 여호와께서 처음 호세아에게
말씀하실 때 여호와께서 호세
아에게 이르시되 너는 가서 음
란한 여자를 맞이하여 음란한
자식들을 낳으라 이 나라가 여
호와를 떠나 크게 음란함이니
라 하시니
3 이에 그가 가서 디블라임의 딸
고멜을 맞이하였더니 고멜이
임신하여 아들을 낳으매
4 여호와께서 호세아에게 이르시
되 그의 이름을 이스르엘이라
하라 조금 후에 내가 이스르엘
의 피를 예후의 집에 갚으며
이스라엘 족속의 나라를 폐할
것임이니라
5 그날에 내가 이스르엘 골짜기
에서 이스라엘의 활을 꺾으리
라 하시니라
6 고멜이 또 임신하여 딸을 낳으
매 여호와께서 호세아에게 이
르시되 그의 이름을 로루하마
라 하라 내가 다시는 이스라엘
족속을 긍휼히 여겨서 용서하
지 않을 것임이니라
7 그러나 내가 유다 족속을 긍
휼히 여겨 그들의 하나님 여호
와로 구원하겠고 활과 칼이나
전쟁이나 말과 마병으로 구원
하지 아니하리라 하시니라
8 고멜이 로루하마를 젖 뗀 후에
또 임신하여 아들을 낳으매
9 여호와께서 이르시되 그의 이름
을 로암미라 하라 너희는 내
백성이 아니요 나는 너희 하나
님이 되지 아니할 것임이니라

이스라엘이 회복되리라

10 그러나 이스라엘 자손의 수가
바닷가의 모래같이 되어서 헤
아릴 수도 없고 셀 수도 없을
것이며 전에 그들에게 이르기
를 너희는 내 백성이 아니라
한 그곳에서 그들에게 이르기
를 너희는 살아계신 하나님의
아들들이라 할 것이라
11 이에 유다 자손과 이스라엘 자
손이 함께 모여 한 우두머리를

세우고 그 땅에서부터 올라오리
니 이스르엘의 날이 클 것임이
로다

2 너희 형제에게는 암미라 하
고 너희 자매에게는 루하마
라 하라

음란을 제거할지라

2 너희 어머니와 논쟁하고 논쟁
하라 그는 내 아내가 아니요
나는 그의 남편이 아니라 그가
그의 얼굴에서 음란을 제하게
하고 그 유방 사이에서 음행을
제하게 하라
3 그렇지 아니하면 내가 그를 벌
거벗겨서 그 나던 날과 같게
할 것이요 그로 광야같이 되게
하며 마른땅같이 되게 하여
목말라 죽게 할 것이며
4 내가 그의 자녀를 긍휼히 여기
지 아니하리니 이는 그들이 음
란한 자식들임이니라
5 그들의 어머니는 음행하였고
그들을 임신했던 자는 부끄러
운 일을 행하였나니 이는 그가
이르기를 나는 나를 사랑하는
자들을 따르리니 그들이 내 떡
과 내 물과 내 양털과 내 삼
과 내 기름과 내 술들을 내게
준다 하였음이라
6 그러므로 내가 가시로 그 길을
막으며 담을 쌓아 그로 그 길
을 찾지 못하게 하리니
7 그가 그 사랑하는 자를 따라
갈지라도 미치지 못하며 그들
을 찾을지라도 만나지 못할 것
이라 그제야 그가 이르기를 내
가 본 남편에게로 돌아가리니
그때의 내 형편이 지금보다 나
았음이라 하리라
8 곡식과 새 포도주와 기름은 내
가 그에게 준 것이요 그들이
바알을 위하여 쓴 은과 금도
내가 그에게 더하여 준 것이거
늘 그가 알지 못하도다
9 그러므로 내가 내 곡식을 그것
이 익을 계절에 도로 찾으며 내
가 내 새 포도주를 그것이 맛
들 시기에 도로 찾으며 또 그들
의 벌거벗은 몸을 가릴 내 양
털과 내 삼을 빼앗으리라
10 이제 내가 그 수치를 그 사랑
하는 자의 눈앞에 드러내리니
그를 내 손에서 건져낼 사람
이 없으리라
11 내가 그의 모든 희락과 절기와
월삭과 안식일과 모든 명절을

폐하겠고
12 그가 전에 이르기를 이것은 나
를 사랑하는 자들이 내게 준
값이라 하던 그 포도나무와 무
화과나무를 거칠게 하여 수풀
이 되게 하며 들짐승들에게 먹
게 하리라
13 그가 귀고리와 패물로 장식하
고 그가 사랑하는 자를 따라가
서 나를 잊어버리고 향을 살라
바알들을 섬긴 시일대로 내가
그에게 벌을 주리라 여호와의
말씀이니라

백성을 향한 여호와의 사랑

14 그러므로 보라 내가 그를 타일
러 거친 들로 데리고 가서 말
로 위로하고
15 거기서 비로소 그의 포도원을
그에게 주고 아골 골짜기로 소
망의 문을 삼아 주리니 그가
거기서 응대하기를 어렸을 때
와 애굽 땅에서 올라오던 날
과 같이 하리라
16 여호와께서 이르시되 그날에 네
가 나를 내 남편이라 일컫고
다시는 내 바알이라 일컫지 아
니하리라
17 내가 바알들의 이름을 그의 입
에서 제거하여 다시는 그의 이
름을 기억하여 부르는 일이 없
게 하리라
18 그날에는 내가 그들을 위하여
들짐승과 공중의 새와 땅의 곤
충과 더불어 언약을 맺으며 또
이 땅에서 활과 칼을 꺾어 전
쟁을 없이하고 그들로 평안히
눕게 하리라
19 내가 네게 장가들어 영원히 살
되 공의와 정의와 은총과 긍휼
히 여김으로 네게 장가들며
20 진실함으로 네게 장가들리니 네
가 여호와를 알리라
21 여호와께서 이르시되 그날에 내
가 응답하리라 나는 하늘에 응
답하고 하늘은 땅에 응답하고
22 땅은 곡식과 포도주와 기름에
응답하고 또 이것들은 이스르
엘에 응답하리라
23 내가 나를 위하여 그를 이 땅
에 심고 긍휼히 여김을 받지
못하였던 자를 긍휼히 여기며
내 백성 아니었던 자에게 향하
여 이르기를 너는 내 백성이라
하리니 그들은 이르기를 주는
내 하나님이시라 하리라 하시니
라

호세아와 음녀가 된 여인

3 여호와께서 내게 이르시되 이
스라엘 자손이 다른 신을 섬
기고 건포도 과자를 즐길지라
도 여호와가 그들을 사랑하나
니 너는 또 가서 타인의 사랑
을 받아 음녀가 된 그 여자를
사랑하라 하시기로
2 내가 은 열다섯 개와 보리 한
호멜 반으로 나를 위하여 그를
사고
3 그에게 이르기를 너는 많은 날
동안 나와 함께 지내고 음행
하지 말며 다른 남자를 따르지
말라 나도 네게 그리하리라 하
였노라
4 이스라엘 자손들이 많은 날 동
안 왕도 없고 지도자도 없고 제
사도 없고 주상도 없고 에봇도
없고 드라빔도 없이 지내다가
5 그 후에 이스라엘 자손이 돌아
와서 그들의 하나님 여호와와
그들의 왕 다윗을 찾고 마지막
날에는 여호와를 경외하므로 여
호와와 그의 은총으로 나아가리라

어머니를 멸하리라

4 이스라엘 자손들아 여호와의
말씀을 들으라 여호와께서
이 땅 주민과 논쟁하시나니 이
땅에는 진실도 없고 인애도 없
고 하나님을 아는 지식도 없고
2 오직 저주와 속임과 살인과 도
둑질과 간음뿐이요 포악하여
피가 피를 뒤이음이라
3 그러므로 이 땅이 슬퍼하며 거
기 사는 자와 들짐승과 공중에
나는 새가 다 쇠잔할 것이요
바다의 고기도 없어지리라
4 그러나 어떤 사람이든지 다투
지도 말며 책망하지도 말라 네
백성들이 제사장과 다투는 자
처럼 되었음이니라
5 너는 낮에 넘어지겠고 너와 함
께 있는 선지자는 밤에 넘어지
리라 내가 네 어머니를 멸하리
라

여호와께서 백성과 제사장을 심판하시다

6 내 백성이 지식이 없으므로 망
하는도다 네가 지식을 버렸으
니 나도 너를 버려 네 제사장
이 되지 못하게 할 것이요 네
가 네 하나님의 율법을 잊었으
니 나도 네 자녀들을 잊어버리
리라
7 그들은 번성할수록 내게 범죄
하니 내가 그들의 영화를 변하

여 욕이 되게 하리라
8 그들이 내 백성의 속죄제물을
먹고 그 마음을 그들의 죄악에
두는도다
9 장차는 백성이나 제사장이나
동일함이라 내가 그들의 행실대
로 벌하며 그들의 행위대로 갚
으리라
10 그들이 먹어도 배부르지 아니하
며 음행하여도 수효가 늘지 못
하니 이는 여호와를 버리고 따
르지 아니하였음이니라

이교 예배를 책망하시다

11 음행과 묵은 포도주와 새 포도
주가 마음을 빼앗느니라
12 내 백성이 나무에게 묻고 그
막대기는 그들에게 고하나니
이는 그들이 음란한 마음에 미
혹되어 하나님을 버리고 음행
하였음이니라
13 그들이 산꼭대기에서 제사를
드리며 작은 산 위에서 분향하
되 참나무와 버드나무와 상수
리나무 아래에서 하니 이는 그
나무 그늘이 좋음이라 이러므로
너희 딸들은 음행하며 너희 며
느리들은 간음을 행하는도다
14 너희 딸들이 음행하며 너희 며
느리들이 간음하여도 내가 벌
하지 아니하리니 이는 남자들
도 창기와 함께 나가며 음부와
함께 희생을 드림이니라 깨닫
지 못하는 백성은 망하리라
15 이스라엘아 너는 음행하여도
유다는 죄를 범하지 못하게
할 것이라 너희는 길갈로 가지
말며 벧아웬으로 올라가지 말
며 여호와의 사심을 두고 맹세
하지 말지어다
16 이스라엘은 완강한 암소처럼
완강하니 이제 여호와께서 어
린 양을 넓은 들에서 먹임같이
그들을 먹이시겠느냐
17 에브라임이 우상과 연합하였으
니 버려두라
18 그들이 마시기를 다하고는 이어
서 음행하였으며 그들은 부끄
러운 일을 좋아하느니라
19 바람이 그 날개로 그를 쌌나니
그들이 그 제물로 말미암아 부
끄러운 일을 당하리라

우상숭배를 경고하다

5 제사장들아 이를 들으라 이스
라엘 족속들아 깨달으라 왕
족들아 귀를 기울이라 너희에
게 심판이 있나니 너희가 미스

바에 대하여 올무가 되며 다볼
위에 친 그물이 됨이라
2 패역자가 살육죄에 깊이 빠졌
으매 내가 그들을 다 벌하노라
3 에브라임은 내가 알고 이스라
엘은 내게 숨기지 못하나니 에
브라임아 이제 네가 음행하였
고 이스라엘이 더러워졌느니라
4 그들의 행위가 그들로 자기 하
나님에게 돌아가지 못하게 하
나니 이는 음란한 마음이 그
속에 있어 여호와를 알지 못하
는 까닭이라
5 이스라엘의 교만이 그 얼굴에
드러났나니 그 죄악으로 말미암
아 이스라엘과 에브라임이 넘
어지고 유다도 그들과 함께 넘
어지리라
6 그들이 양 떼와 소 떼를 끌고
여호와를 찾으러 갈지라도 만
나지 못할 것은 이미 그들에게
서 떠나셨음이라
7 그들이 여호와께 정조를 지키
지 아니하고 사생아를 낳았으
니 그러므로 새 달이 그들과
그 기업을 함께 삼키리로다

유다와 이스라엘 사이의 전쟁

8 너희가 기브아에서 뿔나팔을
불며 라마에서 나팔을 불며 벧
아웬에서 외치기를 베냐민아
네 뒤를 쫓는다 할지어다
9 벌하는 날에 에브라임이 황폐
할 것이라 내가 이스라엘 지파
중에서 반드시 있을 일을 보였
노라
10 유다 지도자들은 경계표를 옮기
는 자 같으니 내가 나의 진노
를 그들에게 물같이 부으리라
11 에브라임은 사람의 명령 뒤따
르기를 좋아하므로 학대를 받
고 재판의 압제를 받는도다
12 그러므로 내가 에브라임에게는
좀 같으며 유다 족속에게는 썩
이는 것 같도다
13 에브라임이 자기의 병을 깨달
으며 유다가 자기의 상처를 깨
달았고 에브라임은 앗수르로 가
서 야렙 왕에게 사람을 보내었
으나 그가 능히 너희를 고치지
못하겠고 너희 상처를 낫게 하
지 못하리라
14 내가 에브라임에게는 사자 같
고 유다 족속에게는 젊은 사
자 같으니 바로 내가 움켜갈지
라 내가 탈취하여 갈지라도 건
져낼 자가 없으리라

15 그들이 그 죄를 뉘우치고 내
얼굴을 구하기까지 내가 내 곳
으로 돌아가리라 그들이 고난
받을 때에 나를 간절히 구하리
라

백성들의 불성실한 회개

6 오라 우리가 여호와께로 돌
아가자 여호와께서 우리를
찢으셨으나 도로 낫게 하실 것
이요 우리를 치셨으나 싸매어
주실 것임이라
2 여호와께서 이틀 후에 우리를
살리시며 셋째 날에 우리를 일
으키시리니 우리가 그의 앞에서
살리라
3 그러므로 우리가 여호와를 알
자 힘써 여호와를 알자 그의
나타나심은 새벽빛같이 어김없
나니 비와 같이, 땅을 적시는
늦은 비와 같이 우리에게 임하
시리라 하니라
4 에브라임아 내가 네게 어떻게
하랴 유다야 내가 네게 어떻
게 하랴 너희의 인애가 아침
구름이나 쉬 없어지는 이슬 같
도다
5 그러므로 내가 선지자들로 그들
을 치고 내 입의 말로 그들을
죽였노니 내 심판은 빛처럼 나
오느니라
6 나는 인애를 원하고 제사를 원
하지 아니하며 번제보다 하나
님을 아는 것을 원하노라
7 그들은 아담처럼 언약을 어기
고 거기에서 나를 반역하였느
니라
8 길르앗은 악을 행하는 자의 고
을이라 피 발자국으로 가득 찼
도다
9 강도 떼가 사람을 기다림같이
제사장의 무리가 세겜 길에서
살인하니 그들이 사악을 행하
였느니라
10 내가 이스라엘 집에서 가증한
일을 보았나니 거기서 에브라임
은 음행하였고 이스라엘은 더
럽혀졌느니라
11 또한 유다여 내가 내 백성의
사로잡힘을 돌이킬 때에 네게
도 추수할 일을 정하였느니라

왕궁 안의 반란

7 내가 이스라엘을 치료하려
할 때에 에브라임의 죄와 사
마리아의 악이 드러나도다 그들
은 거짓을 행하며 안으로 들어
가 도둑질하고 밖으로 떼 지어

노략질하며
2 내가 모든 악을 기억하였음을
그들이 마음에 생각하지 아니
하거니와 이제 그들의 행위가
그들을 에워싸고 내 얼굴 앞에
있도다
3 그들이 그 악으로 왕을, 그 거짓
말로 지도자들을 기쁘게 하도다
4 그들은 다 간음하는 자라 과
자 만드는 자에 의해 달궈진
화덕과 같도다 그가 반죽을 뭉
침으로 발효되기까지만 불 일으
키기를 그칠 뿐이니라
5 우리 왕의 날에 지도자들은 술
의 뜨거움으로 병이 나며 왕은
오만한 자들과 더불어 악수하
는도다
6 그들이 가까이 올 때에 그들의
마음은 간교하여 화덕 같으니
그들의 분노는 밤새도록 자고
아침에 피우는 불꽃 같도다
7 그들이 다 화덕같이 뜨거워져
서 그 재판장들을 삼키며 그들
의 왕들을 다 엎드러지게 하며
그들 중에는 내게 부르짖는 자
가 하나도 없도다

이스라엘과 여러 민족

8 에브라임이 여러 민족 가운데
에 혼합되니 그는 곧 뒤집지
않은 전병이로다
9 이방인들이 그의 힘을 삼켰으
나 알지 못하고 백발이 무성할
지라도 알지 못하는도다
10 이스라엘의 교만은 그 얼굴에
드러났나니 그들이 이 모든 일
을 당하여도 그들의 하나님 여
호와께로 돌아오지 아니하며
구하지 아니하도다
11 에브라임은 어리석은 비둘기같
이 지혜가 없어서 애굽을 향하
여 부르짖으며 앗수르로 가는도
다
12 그들이 갈 때에 내가 나의 그
물을 그 위에 쳐서 공중의 새
처럼 떨어뜨리고 전에 그 회중
에 들려준 대로 그들을 징계하
리라
13 화 있을진저 그들이 나를 떠
나 그릇 갔음이니라 패망할진
저 그들이 내게 범죄하였음이니
라 내가 그들을 건져 주려 하
나 그들이 나를 거슬러 거짓을
말하고
14 성심으로 나를 부르지 아니하였
으며 오직 침상에서 슬피 부르
짖으며 곡식과 새 포도주로 말

미암아 모이며 나를 거역하는도
다
15 내가 그들 팔을 연습시켜 힘
있게 하였으나 그들은 내게 대
하여 악을 꾀하는도다
16 그들은 돌아오나 높으신 자에
게로 돌아오지 아니하니 속이는
활과 같으며 그들의 지도자들
은 그 혀의 거친 말로 말미암
아 칼에 엎드러지리니 이것이
애굽 땅에서 조롱거리가 되리
라

우상숭배를 책망하시다

8 나팔을 네 입에 댈지어다 원
수가 독수리처럼 여호와의
집에 덮치리니 이는 그들이 내
언약을 어기며 내 율법을 범함
이로다
2 그들이 장차 내게 부르짖기를
나의 하나님이여 우리 이스라엘
이 주를 아나이다 하리라
3 이스라엘이 이미 선을 버렸으
니 원수가 그를 따를 것이라
4 그들이 왕들을 세웠으나 내게
서 난 것이 아니며 그들이 지도
자들을 세웠으나 내가 모르는
바이며 그들이 또 그 은, 금으
로 자기를 위하여 우상을 만들
었나니 결국은 파괴되고 말리
라
5 사마리아여 네 송아지는 버려
졌느니라 내 진노가 무리를 향
하여 타오르나니 그들이 어느
때에야 무죄하겠느냐
6 이것은 이스라엘에서 나고 장
인이 만든 것이라 참 신이 아
니니 사마리아의 송아지가 산
산조각이 나리라
7 그들이 바람을 심고 광풍을 거
둘 것이라 심은 것이 줄기가
없으며 이삭은 열매를 맺지 못
할 것이요 혹시 맺을지라도 이
방 사람이 삼키리라
8 이스라엘은 이미 삼켜졌은즉
이제 여러 나라 가운데에 있는
것이 즐겨 쓰지 아니하는 그릇
같도다
9 그들이 홀로 떨어진 들나귀처
럼 앗수르로 갔고 에브라임이
값 주고 사랑하는 자들을 얻었
도다
10 그들이 여러 나라에게 값을 주
었을지라도 이제 내가 그들을
모으리니 그들은 지도자의 임금
이 지워 준 짐으로 말미암아
쇠하기 시작하리라

11 에브라임은 죄를 위하여 제단
을 많이 만들더니 그 제단이
그에게 범죄하게 하는 것이 되
었도다
12 내가 그를 위하여 내 율법을
만 가지로 기록하였으나 그들
은 이상한 것으로 여기도다
13 그들이 내게 고기를 제물로 드
리고 먹을지라도 여호와는 그것
을 기뻐하지 아니하고 이제 그
들의 죄악을 기억하여 그 죄를
벌하리니 그들은 애굽으로 다시
가리라
14 이스라엘은 자기를 지으신 이
를 잊어버리고 왕궁들을 세웠
으며 유다는 견고한 성읍을 많
이 쌓았으나 내가 그 성읍들에
불을 보내어 그 성들을 삼키게
하리라

형벌의 날 보응의 날

9 이스라엘아 너는 이방 사람
처럼 기뻐 뛰놀지 말라 네가
음행하여 네 하나님을 떠나고
각 타작마당에서 음행의 값을
좋아하였느니라
2 타작마당이나 술틀이 그들을
기르지 못할 것이며 새 포도주
도 떨어질 것이요
3 그들은 여호와의 땅에 거주하
지 못하며 에브라임은 애굽으
로 다시 가고 앗수르에서 더러
운 것을 먹을 것이니라
4 그들은 여호와께 포도주를 부어
드리지 못하며 여호와께서 기
뻐하시는 바도 되지 못할 것이
라 그들의 제물은 애곡하는 자
의 떡과 같아서 그것을 먹는
자는 더러워지나니 그들의 떡
은 자기의 먹기에만 소용될 뿐
이라 여호와의 집에 드릴 것이
아님이니라
5 너희는 명절날과 여호와의 절
기의 날에 무엇을 하겠느냐
6 보라 그들이 멸망을 피하여 갈
지라도 애굽은 그들을 모으고
놉은 그들을 장사하리니 그들
의 은은 귀한 것이나 찔레가
덮을 것이요 그들의 장막 안에
는 가시덩굴이 퍼지리라
7 형벌의 날이 이르렀고 보응의
날이 온 것을 이스라엘이 알지
라 선지자가 어리석었고 신에
감동하는 자가 미쳤나니 이는
네 죄악이 많고 네 원한이 큼
이니라
8 에브라임은 나의 하나님과 함

께한 파수꾼이며 선지자는 모
든 길에 친 새 잡는 자의 그물
과 같고 그의 하나님의 전에는
원한이 있도다
9 그들은 기브아의 시대와 같이
심히 부패한지라 여호와께서
그 악을 기억하시고 그 죄를
벌하시리라

이스라엘의 죄와 하나님의 심판

10 옛적에 내가 이스라엘을 만나
기를 광야에서 포도를 만남같
이 하였으며 너희 조상들을 보
기를 무화과나무에서 처음 맺
힌 첫 열매를 봄같이 하였거늘
그들이 바알브올에 가서 부끄
러운 우상에게 몸을 드림으로
저희가 사랑하는 우상같이 가
증하여졌도다
11 에브라임의 영광이 새같이 날
아가리니 해산하는 것이나 아
이 배는 것이나 임신하는 것이
없으리라
12 혹 그들이 자식을 기를지라도
내가 그 자식을 없이하여 한
사람도 남기지 아니할 것이라
내가 그들을 떠나는 때에는 그
들에게 화가 미치리로다
13 내가 보건대 에브라임은 아름
다운 곳에 심긴 두로와 같으나
그 자식들을 살인하는 자에게
로 끌어내리로다
14 여호와여 그들에게 주소서 무엇
을 주시려 하나이까 아이 배지
못하는 태와 젖 없는 유방을
주시옵소서
15 그들의 모든 악이 길갈에 있으
므로 내가 거기에서 그들을 미
워하였노라 그들의 행위가 악
하므로 내 집에서 그들을 쫓아
내고 다시는 사랑하지 아니하
리라 그들의 지도자들은 다 반
역한 자니라
16 에브라임은 매를 맞아 그 뿌리
가 말라 열매를 맺지 못하나
니 비록 아이를 낳을지라도 내
가 그 사랑하는 태의 열매를
죽이리라
17 그들이 듣지 아니하므로 내 하
나님이 그들을 버리시리니 그들
이 여러 나라 가운데에 떠도는
자가 되리라

하나님의 심판에 대한 선지자의 경고

10 이스라엘은 열매 맺는 무성
한 포도나무라 그 열매가 많
을수록 제단을 많게 하며 그
땅이 번영할수록 주상을 아름

답게 하도다
2 그들이 두 마음을 품었으니 이
제 벌을 받을 것이라 하나님이
그 제단을 쳐서 깨뜨리시며 그
주상을 허시리라
3 그들이 이제 이르기를 우리가
여호와를 두려워하지 아니하므
로 우리에게 왕이 없거니와 왕
이 우리를 위하여 무엇을 하리
요 하리로다
4 그들이 헛된 말을 내며 거짓
맹세로 언약을 세우니 그 재판
이 밭이랑에 돋는 독초 같으리
로다
5 사마리아 주민이 벧아웬의 송
아지로 말미암아 두려워할 것
이라 그 백성이 슬퍼하며 그것
을 기뻐하던 제사장들도 슬퍼
하리니 이는 그의 영광이 떠나
감이며
6 그 송아지는 앗수르로 옮겨다
가 예물로 야렙 왕에게 드리리
니 에브라임은 수치를 받을 것
이요 이스라엘은 자기들의 계
책을 부끄러워할 것이며
7 사마리아 왕은 물 위에 있는
거품같이 멸망할 것이며
8 이스라엘의 죄 곧 아웬의 산
당은 파괴되어 가시와 찔레가
그 제단 위에 날 것이니 그때
에 그들이 산더러 우리를 가리
라 할 것이요 작은 산더러 우
리 위에 무너지라 하리라

이스라엘에게 징계를 선언하시다

9 이스라엘아 네가 기브아 시대
로부터 범죄하더니 지금까지
죄를 짓는구나 그러니 범죄한
자손들에 대한 전쟁이 어찌 기
브아에서 일어나지 않겠느냐
10 내가 원하는 때에 그들을 징
계하리니 그들이 두 가지 죄에
걸릴 때에 만민이 모여서 그들
을 치리라
11 에브라임은 마치 길들인 암소
같아서 곡식 밟기를 좋아하나
내가 그의 아름다운 목에 멍에
를 메우고 에브라임 위에 사람
을 태우리니 유다가 밭을 갈
고 야곱이 흙덩이를 깨뜨리리
라
12 너희가 자기를 위하여 공의를
심고 인애를 거두라 너희 묵은
땅을 기경하라 지금이 곧 여호
와를 찾을 때니 마침내 여호와
께서 오사 공의를 비처럼 너희
에게 내리시리라

13 너희는 악을 밭 갈아 죄를 거
두고 거짓 열매를 먹었나니 이
는 네가 네 길과 네 용사의 많
음을 의뢰하였음이라
14 그러므로 너희 백성 중에 요란
함이 일어나며 네 산성들이 다
무너지되 살만이 전쟁의 날에
벧아벨을 무너뜨린 것같이 될
것이라 그때에 어머니와 자식
이 함께 부서졌도다
15 너희의 큰 악으로 말미암아 벧
엘이 이같이 너희에게 행하리
니 이스라엘 왕이 새벽에 정녕
망하리로다

백성을 버리지 않으시는 하나님

11 이스라엘이 어렸을 때에 내
가 사랑하여 내 아들을 애굽
에서 불러냈거늘
2 선지자들이 그들을 부를수록 그
들은 점점 멀리하고 바알들에
게 제사하며 아로새긴 우상 앞
에서 분향하였느니라
3 그러나 내가 에브라임에게 걸
음을 가르치고 내 팔로 안았음
에도 내가 그들을 고치는 줄을
그들은 알지 못하였도다
4 내가 사람의 줄 곧 사랑의 줄
로 그들을 이끌었고 그들에게
대하여 그 목에서 멍에를 벗기
는 자같이 되었으며 그들 앞에
먹을 것을 두었노라
5 그들은 애굽 땅으로 되돌아가
지 못하겠거늘 내게 돌아오기
를 싫어하니 앗수르 사람이 그
임금이 될 것이라
6 칼이 그들의 성읍들을 치며 빗
장을 깨뜨려 없이하리니 이는
그들의 계책으로 말미암음이니
라
7 내 백성이 끝끝내 내게서 물러
가나니 비록 그들을 불러 위에
계신 이에게로 돌아오라 할지
라도 일어나는 자가 하나도 없
도다
8 에브라임이여 내가 어찌 너를
놓겠느냐 이스라엘이여 내가
어찌 너를 버리겠느냐 내가 어
찌 너를 아드마같이 놓겠느냐
어찌 너를 스보임같이 두겠느
냐 내 마음이 내 속에서 돌이키
어 나의 긍휼이 온전히 불붙듯
하도다
9 내가 나의 맹렬한 진노를 나타
내지 아니하며 내가 다시는 에
브라임을 멸하지 아니하리니
이는 내가 하나님이요 사람이

아님이라 네 가운데 있는 거룩
한 이니 진노함으로 네게 임하
지 아니하리라
10 그들은 사자처럼 소리를 내시
는 여호와를 따를 것이라 여호
와께서 소리를 내시면 자손들
이 서쪽에서부터 떨며 오되
11 그들은 애굽에서부터 새같이,
앗수르에서부터 비둘기같이 떨
며 오리니 내가 그들을 그들의
집에 머물게 하리라 나 여호와
의 말이니라

하나님께로 돌아오라

12 에브라임은 거짓으로, 이스라엘
족속은 속임수로 나를 에워쌌고
유다는 하나님 곧 신실하시고
거룩하신 자에게 대하여 정함
이 없도다

12 에브라임은 바람을 먹으며
동풍을 따라가서 종일토록
거짓과 포학을 더하여 앗수르
와 계약을 맺고 기름을 애굽에
보내도다
2 여호와께서 유다와 논쟁하시고
야곱을 그 행실대로 벌하시며
그의 행위대로 그에게 보응하시
리라
3 야곱은 모태에서 그의 형의 발
뒤꿈치를 잡았고 또 힘으로는
하나님과 겨루되
4 천사와 겨루어 이기고 울며 그
에게 간구하였으며 하나님은
벧엘에서 그를 만나셨고 거기
에서 우리에게 말씀하셨나니
5 여호와는 만군의 하나님이시라
여호와는 그를 기억하게 하는
이름이니라
6 그런즉 너의 하나님께로 돌아
와서 인애와 정의를 지키며 항
상 너의 하나님을 바랄지니라

거짓 저울을 쓰는 에브라임

7 그는 상인이라 손에 거짓 저울
을 가지고 속이기를 좋아하는도
다
8 에브라임이 말하기를 나는 실
로 부자라 내가 재물을 얻었는
데 내가 수고한 모든 것 중에
서 죄라 할 만한 불의를 내게
서 찾아낼 자 없으리라 하거니
와
9 네가 애굽 땅에 있을 때부터
나는 네 하나님 여호와니라 내
가 너로 다시 장막에 거주하게
하기를 명절날에 하던 것 같
게 하리라
10 내가 여러 선지자에게 말하였

고 이상을 많이 보였으며 선지
자들을 통하여 비유를 베풀었노
라
11 길르앗은 불의한 것이냐 과연
그러하다 그들은 거짓되도다
길갈에서는 무리가 수송아지로
제사를 드리며 그 제단은 밭이
랑에 쌓인 돌무더기 같도다
12 야곱이 아람의 들로 도망하였
으며 이스라엘이 아내를 얻기
위하여 사람을 섬기며 아내를
얻기 위하여 양을 쳤고
13 여호와께서는 한 선지자로 이스
라엘을 애굽에서 인도하여내셨
고 이스라엘이 한 선지자로 보
호받았거늘
14 에브라임이 격노하게 함이 극
심하였으니 그의 주께서 그의
피로 그의 위에 머물러 있게
하시며 그의 수치를 그에게 돌
리시리라

바알로 말미암아 범죄한 에브라임

13 에브라임이 말을 하면 사람
들이 떨었도다 그가 이스라엘
중에서 자기를 높이더니 바알
로 말미암아 범죄하므로 망하
였거늘
2 이제도 그들은 더욱 범죄하여
그 은으로 자기를 위하여 우상
을 부어 만들되 자기의 정교함
을 따라 우상을 만들었으며 그
것은 다 은장색이 만든 것이거
늘 그들은 그것에 대하여 말하
기를 제사를 드리는 자는 송아
지와 입을 맞출 것이라 하도다
3 이러므로 그들은 아침 구름 같
으며 쉬 사라지는 이슬 같으며
타작마당에서 광풍에 날리는
쭉정이 같으며 굴뚝에서 나가
는 연기 같으리라
4 그러나 애굽 땅에 있을 때부터
나는 네 하나님 여호와라 나밖
에 네가 다른 신을 알지 말 것
이라 나 외에는 구원자가 없느
니라
5 내가 광야 마른땅에서 너를 알
았거늘
6 그들이 먹여 준 대로 배가 불
렀고 배가 부르니 그들의 마음
이 교만하여 이로 말미암아 나
를 잊었느니라
7 그러므로 내가 그들에게 사자
같고 길가에서 기다리는 표범
같으니라
8 내가 새끼 잃은 곰같이 그들을
만나 그의 염통 꺼풀을 찢고

거기서 암사자같이 그들을 삼
키리라 들짐승이 그들을 찢으리
라
9 이스라엘아 네가 패망하였나니
이는 너를 도와주는 나를 대적
함이니라
10 전에 네가 이르기를 내게 왕과
지도자들을 주소서 하였느니라
네 모든 성읍에서 너를 구원할
자 곧 네 왕이 이제 어디 있으
며 네 재판장들이 어디 있느냐
11 내가 분노하므로 네게 왕을 주
고 진노하므로 폐하였노라
12 에브라임의 불의가 봉함되었고
그 죄가 저장되었나니
13 해산하는 여인의 어려움이 그
에게 임하리라 그는 지혜 없는
자식이로다 해산할 때가 되어
도 그가 나오지 못하느니라
14 내가 그들을 스올의 권세에서
속량하며 사망에서 구속하리니
사망아 네 재앙이 어디 있느냐
스올아 네 멸망이 어디 있느냐
뉘우침이 내 눈앞에서 숨으리
라
15 그가 비록 형제 중에서 결실하
나 동풍이 오리니 곧 광야에서
일어나는 여호와의 바람이라 그
의 근원이 마르며 그의 샘이
마르고 그 쌓아 둔 바 모든 보
배의 그릇이 약탈되리로다
16 사마리아가 그들의 하나님을
배반하였으므로 형벌을 당하여
칼에 엎드러질 것이요 그 어린
아이는 부서뜨려지며 아이 밴
여인은 배가 갈라지리라

이스라엘을 향한 호세아의 호소

14 이스라엘아 네 하나님 여호
와께로 돌아오라 네가 불의
함으로 말미암아 엎드러졌느니
라
2 너는 말씀을 가지고 여호와께
로 돌아와서 아뢰기를 모든 불
의를 제거하시고 선한 바를 받
으소서 우리가 수송아지를 대
신하여 입술의 열매를 주께 드
리리이다
3 우리가 앗수르의 구원을 의지하
지 아니하며 말을 타지 아니하
며 다시는 우리의 손으로 만든
것을 향하여 너희는 우리의 신
이라 하지 아니하오리니 이는
고아가 주로 말미암아 긍휼을
얻음이니이다 할지니라

여호와의 진노가 떠나다

4 내가 그들의 반역을 고치고 기

뻐게 그들을 사랑하리니 나의
진노가 그에게서 떠났음이니라
5 내가 이스라엘에게 이슬과 같
으리니 그가 백합화같이 피겠
고 레바논 백향목같이 뿌리가
박힐 것이라
6 그의 가지는 퍼지며 그의 아름
다움은 감람나무와 같고 그의
향기는 레바논 백향목 같으리
니
7 그 그늘 아래에 거주하는 자
가 돌아올지라 그들은 곡식같
이 풍성할 것이며 포도나무같이
꽃이 필 것이며 그 향기는 레
바논의 포도주같이 되리라
8 에브라임의 말이 내가 다시 우
상과 무슨 상관이 있으리요 할
지라 내가 그를 돌아보아 대답
하기를 나는 푸른 잣나무 같으
니 네가 나로 말미암아 열매를
얻으리라 하리라

여호와의 도

9 누가 지혜가 있어 이런 일을
깨달으며 누가 총명이 있어 이
런 일을 알겠느냐 여호와의 도
는 정직하니 의인은 그 길로
다니거니와 그러나 죄인은 그
길에 걸려 넘어지리라

요엘

주요 사건 연대

B.C.

예후의 반란과 종교 개혁 (왕하 9:1–10:31) B.C. 841	요아스의 유다 왕 등극 (왕하 12:1; 대하 24:1) B.C. 835
엘리사의 죽음 (왕하 13:14–21) B.C. 797	유다 왕 아마샤의 즉위 (왕하 14:1; 대하 25:1) B.C. 796
이스라엘 왕 여로보암 2세의 즉위 (왕하 14:23) B.C. 793	북쪽 이스라엘의 마지막 왕 호세아 즉위 (왕하 17:1–6) B.C. 732
남쪽 유다의 히스기야 왕 등극과 종교 개혁 (왕하 18:1–4) B.C. 728	앗수르에 의한 북쪽 이스라엘의 멸망 (왕하 18:9–12) B.C. 722
요시야 왕의 성전 수리와 율법책 발견 및 개혁 (왕하 22:3–13) B.C. 622	바벨론에 의한 남쪽 유다의 멸망 (왕하 25:1–26) B.C. 586

제목

히브리 성경은 본서의 저자 요엘의 이름을 그대로 따라 그 제목을 '요엘'(여호와는 하나님이시다)이라고 하였다.

저자와 저작 연대

저자에 대하여는 "브두엘의 아들 요엘"(1:1)이란 사실 외에 더 알려진 것이 없다. 요엘이란 이름은 '여호와는 하나님이시다'라는 뜻으로서 다분히 신앙 고백적인 의미를 지니고 있다. 당시 우상 숭배 사상이 만연했던 것을 생각하면 요엘은 경건한 가정을 배경으로 성장했음을 쉽게 짐작할 수 있다. 요엘서 저작 연대에 관하여는 여러 견해가 있다. 그중에서도 (1)B.C. 830년 요아스 통치 초기 (2)B.C. 400년 바벨론 포로에서의 귀환 후라는 두 견해가 지배적이다. 이 두 견해는 나름대로 근거를 가지고 있는 듯하지만 완전한 설명을 해주지는 못하고 있다.

기록 장소와 대상

기록 장소는 예루살렘으로 추정되며, 주로 남쪽 유다를 대상으로 하고 있지만 모든 유대인들과 이방인들을 위해서도 기록하고 있다.

핵심어 및 내용

요엘서의 핵심어는 "메뚜기"와 "성령"이다. 요엘서는 두 개의 중요한 사건을 기록하고 있다. 하나는 엄청난 수의 메뚜기가 날아와 하나님께 배역하는 유다 민족의 땅을 황폐화시킨 사건이다. 다른 하나는 성령이 모든 사람들에게 임하여서 그 결과로 자녀들이 예언을 하며 늙은이가 꿈을 꾸고, 젊은이들이 환상을 보게 되는 사건이다. 사도행전 2장에서 베드로에 의하여 인용되었던 이 예언은 오순절날 성령 강림으로 성취되었다.

내용 분해

1. 예언서의 저자 (1:1)
2. 여호와의 날의 징조인 메뚜기 재앙 (1:2–2:17)
3. 심판의 면함과 축복의 제공 (2:18–3:21)

1 브두엘의 아들 요엘에게 임
한 여호와의 말씀이라

농사를 망친 농부들의 애곡

2 늙은 자들아 너희는 이것을 들
을지어다 땅의 모든 주민들아
너희는 귀를 기울일지어다 너희
의 날에나 너희 조상들의 날에
이런 일이 있었느냐
3 너희는 이 일을 너희 자녀에게
말하고 너희 자녀는 자기 자녀
에게 말하고 그 자녀는 후세에
말할 것이니라
4 팥중이가 남긴 것을 메뚜기가
먹고 메뚜기가 남긴 것을 느치
가 먹고 느치가 남긴 것을 황
충이 먹었도다
5 취하는 자들아 너희는 깨어 울
지어다 포도주를 마시는 자들아
너희는 울지어다 이는 단 포도
주가 너희 입에서 끊어졌음이
니
6 다른 한 민족이 내 땅에 올라
왔음이로다 그들은 강하고 수
가 많으며 그 이빨은 사자의
이빨 같고 그 어금니는 암사자
의 어금니 같도다
7 그들이 내 포도나무를 멸하며
내 무화과나무를 긁어 말갛게
벗겨서 버리니 그 모든 가지가
하얗게 되었도다
8 너희는 처녀가 어렸을 때에 약
혼한 남자로 말미암아 굵은 베
로 동이고 애곡함같이 할지어다
9 소제와 전제가 여호와의 성전
에서 끊어졌고 여호와께 수종
드는 제사장은 슬퍼하도다
10 밭이 황무하고 토지가 마르니
곡식이 떨어지며 새 포도주가
말랐고 기름이 다하였도다
11 농부들아 너희는 부끄러워할지
어다 포도원을 가꾸는 자들아
곡할지어다 이는 밀과 보리 때
문이라 밭의 소산이 다 없어졌
음이로다
12 포도나무가 시들었고 무화과나
무가 말랐으며 석류나무와 대
추나무와 사과나무와 밭의 모
든 나무가 다 시들었으니 이러
므로 사람의 즐거움이 말랐도다
13 제사장들아 너희는 굵은 베로
동이고 슬피 울지어다 제단에
수종 드는 자들아 너희는 울지
어다 내 하나님께 수종 드는
자들아 너희는 와서 굵은 베옷

을 입고 밤이 새도록 누울지어
다 이는 소제와 전제를 너희
하나님의 성전에 드리지 못함
이로다
14 너희는 금식일을 정하고 성회
를 소집하여 장로들과 이 땅의
모든 주민들을 너희 하나님 여
호와의 성전으로 모으고 여호와
께 부르짖을지어다
15 슬프다 그날이여 여호와의 날
이 가까웠나니 곧 멸망같이
전능자에게로부터 이르리로다
16 먹을 것이 우리 눈앞에 끊어지
지 아니하였느냐 기쁨과 즐거
움이 우리 하나님의 성전에서
끊어지지 아니하였느냐
17 씨가 흙덩이 아래에서 썩어졌
고 창고가 비었고 곳간이 무너
졌으니 이는 곡식이 시들었음이
로다
18 가축이 울부짖고 소 떼가 소
란하니 이는 꼴이 없음이라 양
떼도 피곤하도다
19 여호와여 내가 주께 부르짖으
오니 불이 목장의 풀을 삼켰고
불꽃이 들의 모든 나무를 살랐
음이니이다
20 들짐승도 주를 향하여 헐떡거
리오니 시내가 다 말랐고 들의
풀이 불에 탔음이니이다

여호와의 날을 경고하는 메뚜기 떼

2 시온에서 나팔을 불며 나의
거룩한 산에서 경고의 소리
를 질러 이 땅 주민들로 다 떨
게 할지니 이는 여호와의 날이
이르게 됨이니라 이제 임박하였
으니
2 곧 어둡고 캄캄한 날이요 짙은
구름이 덮인 날이라 새벽빛이
산꼭대기에 덮인 것과 같으니
이는 많고 강한 백성이 이르렀
음이라 이와 같은 것이 옛날에
도 없었고 이후에도 대대에 없
으리로다
3 불이 그들의 앞을 사르며 불꽃
이 그들의 뒤를 태우니 그들의
예전의 땅은 에덴 동산 같았
으나 그들의 나중의 땅은 황폐
한 들 같으니 그것을 피한 자
가 없도다
4 그의 모양은 말 같고 그 달리
는 것은 기병 같으며
5 그들이 산꼭대기에서 뛰는 소
리는 병거 소리와도 같고 불꽃
이 검불을 사르는 소리와도 같
으며 강한 군사가 줄을 벌이고

싸우는 것 같으니
6 그 앞에서 백성들이 질리고, 무
리의 낯빛이 하얘졌도다
7 그들이 용사같이 달리며 무사
같이 성을 기어오르며 각기 자
기의 길로 나아가되 그 줄을
이탈하지 아니하며
8 피차에 부딪치지 아니하고 각
기 자기의 길로 나아가며 무기
를 돌파하고 나아가나 상하지
아니하며
9 성중에 뛰어 들어가며 성 위에
달리며 집에 기어오르며 도둑같
이 창으로 들어가니
10 그 앞에서 땅이 진동하며 하늘
이 떨며 해와 달이 캄캄하며
별들이 빛을 거두도다
11 여호와께서 그의 군대 앞에서
소리를 지르시고 그의 진영은
심히 크고 그의 명령을 행하는
자는 강하니 여호와의 날이 크
고 심히 두렵도다 당할 자가
누구이랴

여호와께로 돌아올지어다

12 여호와의 말씀에 너희는 이제
라도 금식하고 울며 애통하고
마음을 다하여 내게로 돌아오
라 하셨나니
13 너희는 옷을 찢지 말고 마음을
찢고 너희 하나님 여호와께로
돌아올지어다 그는 은혜로우시
며 자비로우시며 노하기를 더디
하시며 인애가 크시사 뜻을 돌
이켜 재앙을 내리지 아니하시나
니
14 주께서 혹시 마음과 뜻을 돌이
키시고 그 뒤에 복을 내리사 너
희 하나님 여호와께 소제와 전
제를 드리게 하지 아니하실는
지 누가 알겠느냐
15 너희는 시온에서 나팔을 불어
거룩한 금식일을 정하고 성회
를 소집하라
16 백성을 모아 그 모임을 거룩하
게 하고 장로들을 모으며 어린
이와 젖 먹는 자를 모으며 신랑
을 그 방에서 나오게 하며 신
부도 그 신방에서 나오게 하고
17 여호와를 섬기는 제사장들은
낭실과 제단 사이에서 울며 이
르기를 여호와여 주의 백성을
불쌍히 여기소서 주의 기업을
욕되게 하여 나라들로 그들을
관할하지 못하게 하옵소서 어
찌하여 이방인으로 그들의 하나
님이 어디 있느냐 말하게 하겠

나이까 할지어다

이른 비와 늦은 비를 적당하게 주시다

18 그때에 여호와께서 자기의 땅
을 극진히 사랑하시어 그의 백
성을 불쌍히 여기실 것이라
19 여호와께서 그들에게 응답하여
이르시기를 내가 너희에게 곡식
과 새 포도주와 기름을 주리니
너희가 이로 말미암아 흡족하
리라 내가 다시는 너희가 나라
들 가운데에서 욕을 당하지 않
게 할 것이며
20 내가 북쪽 군대를 너희에게서
멀리 떠나게 하여 메마르고 적
막한 땅으로 쫓아내리니 그 앞
의 부대는 동해로, 그 뒤의 부
대는 서해로 들어갈 것이라 상
한 냄새가 일어나고 악취가 오
르리니 이는 큰일을 행하였음이
니라 하시리라
21 땅이여 두려워하지 말고 기뻐
하며 즐거워할지어다 여호와께
서 큰일을 행하셨음이로다
22 들짐승들아 두려워하지 말지어
다 들의 풀이 싹이 나며 나무가
열매를 맺으며 무화과나무와
포도나무가 다 힘을 내는도다
23 시온의 자녀들아 너희는 너희
하나님 여호와로 말미암아 기
뻐하며 즐거워할지어다 그가
너희를 위하여 비를 내리시되
이른 비를 너희에게 적당하게
주시리니 이른 비와 늦은 비가
예전과 같을 것이라
24 마당에는 밀이 가득하고 독에
는 새 포도주와 기름이 넘치리
로다
25 내가 전에 너희에게 보낸 큰
군대 곧 메뚜기와 느치와 황충
과 팥중이가 먹은 햇수대로 너
희에게 갚아주리니
26 너희는 먹되 풍족히 먹고 너희
에게 놀라운 일을 행하신 너
희 하나님 여호와의 이름을 찬
송할 것이라 내 백성이 영원히
수치를 당하지 아니하리로다
27 그런즉 내가 이스라엘 가운데
에 있어 너희 하나님 여호와가
되고 다른 이가 없는 줄을 너
희가 알 것이라 내 백성이 영
원히 수치를 당하지 아니하리
로다

내 영을 만민에게 부어 주리니

28 그 후에 내가 내 영을 만민에
게 부어 주리니 너희 자녀들이
장래 일을 말할 것이며 너희

늙은이는 꿈을 꾸며 너희 젊은
이는 이상을 볼 것이며
29 그때에 내가 또 내 영을 남종
과 여종에게 부어 줄 것이며
30 내가 이적을 하늘과 땅에 베풀
리니 곧 피와 불과 연기 기둥
이라
31 여호와의 크고 두려운 날이 이
르기 전에 해가 어두워지고 달
이 핏빛같이 변하려니와
32 누구든지 여호와의 이름을 부르
는 자는 구원을 얻으리니 이는
나 여호와의 말대로 시온 산과
예루살렘에서 피할 자가 있을
것임이요 남은 자 중에 나 여
호와의 부름을 받을 자가 있을
것임이니라

여호와께서 민족들을 심판하시다

3 보라 그날 곧 내가 유다와
예루살렘 가운데에서 사로잡
힌 자를 돌아오게 할 그때에
2 내가 만국을 모아 데리고 여호
사밧 골짜기에 내려가서 내 백
성 곧 내 기업인 이스라엘을
위하여 거기에서 그들을 심문
하리니 이는 그들이 이스라엘을
나라들 가운데에 흩어 버리고
나의 땅을 나누었음이며
3 또 제비 뽑아 내 백성을 끌어
가서 소년을 기생과 바꾸며 소
녀를 술과 바꾸어 마셨음이니
라
4 두로와 시돈과 블레셋 사방아
너희가 나와 무슨 상관이 있느
냐 너희가 내게 보복하겠느냐
만일 내게 보복하면 너희가 보
복하는 것을 내가 신속히 너희
머리에 돌리리니
5 곧 너희가 내 은과 금을 빼앗
고 나의 진기한 보물을 너희
신전으로 가져갔으며
6 또 유다 자손과 예루살렘 자손
들을 헬라 족속에게 팔아서 그
들의 영토에서 멀리 떠나게 하
였음이니라
7 보라 내가 그들을 너희가 팔아
이르게 한 곳에서 일으켜 나오
게 하고 너희가 행한 것을 너
희 머리에 돌려서
8 너희 자녀를 유다 자손의 손에
팔리니 그들은 다시 먼 나라
스바 사람에게 팔리라 여호와
께서 말씀하셨느니라
9 너희는 모든 민족에게 이렇게
널리 선포할지어다 너희는 전
쟁을 준비하고 용사를 격려하

고 병사로 다 가까이 나아와서
올라오게 할지어다
10 너희는 보습을 쳐서 칼을 만들
지어다 낫을 쳐서 창을 만들지
어다 약한 자도 이르기를 나는
강하다 할지어다
11 사면의 민족들아 너희는 속히
와서 모일지어다 여호와여 주
의 용사들로 그리로 내려오게
하옵소서
12 민족들은 일어나서 여호사밧
골짜기로 올라올지어다 내가
거기에 앉아서 사면의 민족들
을 다 심판하리로다
13 너희는 낫을 쓰라 곡식이 익었
도다 와서 밟을지어다 포도주
틀이 가득히 차고 포도주 독이
넘치니 그들의 악이 큼이로다

여호와께서 백성들에게 복을 주시다

14 사람이 많음이여, 심판의 골짜
기에 사람이 많음이여, 심판의
골짜기에 여호와의 날이 가까
움이로다
15 해와 달이 캄캄하며 별들이
그 빛을 거두도다
16 여호와께서 시온에서 부르짖고
예루살렘에서 목소리를 내시리
니 하늘과 땅이 진동하리로다
그러나 여호와께서 그의 백성
의 피난처, 이스라엘 자손의 산
성이 되시리로다
17 그런즉 너희가 나는 내 성산
시온에 사는 너희 하나님 여호
와인 줄 알 것이라 예루살렘
이 거룩하리니 다시는 이방 사
람이 그 가운데로 통행하지 못
하리로다
18 그 날에 산들이 단 포도주를 떨
어뜨릴 것이며 작은 산들이 젖
을 흘릴 것이며 유다 모든 시
내가 물을 흘릴 것이며 여호와
의 성전에서 샘이 흘러나와서
싯딤 골짜기에 대리라
19 그러나 애굽은 황무지가 되겠
고 에돔은 황무한 들이 되리니
이는 그들이 유다 자손에게 포
악을 행하여 무죄한 피를 그
땅에서 흘렸음이니라
20 유다는 영원히 있겠고 예루살
렘은 대대로 있으리라
21 내가 전에는 그들의 피 흘림
당한 것을 갚아주지 아니하였
거니와 이제는 갚아주리니 이
는 여호와께서 시온에 거하심
이니라

아모스

제목

히브리어 성경은 본서의 제목을 저자 이름을 따라 '아모스'(짐진 자)라고 하였다. 이는 이스라엘 민족의 죄악과 그에 대한 하나님의 심판을 바라보고 고뇌했던 아모스 선지자의 상황을 잘 반영해 주고 있다.

저자와 저작 연대

본서의 저자인 아모스는 남쪽 유다의 베들레헴에서 6마일 남쪽에 떨어져 있는 드고아 고원에서 목축을 하며 뽕나무를 재배하던 자였다(1:1-2;7:14). 그러나 그는 평범한 일개 농부가 아니라, 은둔한 야인(野人)으로 보인다. 그의 문체를 살펴보면, 상당한 수준의 학문을 갖추었음을 엿볼 수 있기 때문이다. 저작 연대는 B.C. 760-753년 사이로 추정된다.

기록 장소와 대상

기록 장소는 예루살렘 근처이고 이스라엘의 종교·사회적 부패를 책망하기 위해, 그리고 이스라엘의 사로잡힘을 경고하기 위해 기록하였다. 주로 이스라엘을 대상으로 하지만 유다와 주변 민족들을 대상으로도 기록하였다.

핵심어 및 내용

아모스의 핵심어는 "다림줄"과 "희망"이다. 하나님께서는 아모스에게 백성들을 시험하시고 심판하실 다림줄을 환상으로 보여주셨다. 그러나 하나님은 희망의 빛을 비춰 주신다. 그분은 자기 백성과 그 땅을 다시 회복시켜 주실 것이다.

내용 분해

1. 열방에 대한 예언 (1:1-2:16)
2. 이스라엘에 대한 선포 (3:1-6:14)
3. 이스라엘에 대한 환상과 심판 선언 (7:1-9:10)
4. 이스라엘의 회복 (9:11-15)

주요 사건 연대

B.C.

- 북쪽 이스라엘의 여로보암 2세 즉위 (왕하 14:23) B.C. 793
- 남쪽 유다의 웃시야 즉위 (대하 26:1) B.C. 790
- 아모스의 소명 (1:1-2) B.C. 760
- 호세아의 소명 (호 1:1) B.C. 753
- 유다 웃시야 왕의 사망과 이사야의 소명 (대하 26:23; 사 6:1-13) B.C. 740
- 유다 왕 아하스의 등극 (왕하 16:1-3; 대하 28:2-4) B.C. 735
- 남쪽 유다의 히스기야 왕 등극과 종교 개혁 (왕하 18:1-4) B.C. 728
- 앗수르에 의한 북쪽 이스라엘의 멸망 (왕하 18:9-12; 사 7:18-10:4) B.C. 722

1

유다 왕 웃시야의 시대 곧
이스라엘 왕 요아스의 아들
여로보암의 시대 지진 전 이 년
에 드고아 목자 중 아모스가
이스라엘에 대하여 이상으로
받은 말씀이라
2 그가 이르되 여호와께서 시온에
서부터 부르짖으시며 예루살렘
에서부터 소리를 내시리니 목자
의 초장이 마르고 갈멜 산꼭대
기가 마르리로다

이스라엘 이웃 나라들에 내리신 벌

3 여호와께서 이와 같이 말씀하
시되 다메섹의 서너 가지 죄로
말미암아 내가 그 벌을 돌이키
지 아니하리니 이는 그들이 철
타작기로 타작하듯 길르앗을
압박하였음이라
4 내가 하사엘의 집에 불을 보내
리니 벤하닷의 궁궐들을 사르리
라
5 내가 다메섹의 빗장을 꺾으며
아웬 골짜기에서 그 주민들을
끊으며 벧에덴에서 규 잡은 자
를 끊으리니 아람 백성이 사로
잡혀 기르에 이르리라 여호와께
서 말씀하셨느니라
6 여호와께서 이와 같이 말씀하
시되 가사의 서너 가지 죄로
말미암아 내가 그 벌을 돌이키
지 아니하리니 이는 그들이 모
든 사로잡은 자를 끌어 에돔에
넘겼음이라
7 내가 가사 성에 불을 보내리니
그 궁궐들을 사르리라
8 내가 또 아스돗에서 그 주민들
과 아스글론에서 규를 잡은 자
를 끊고 또 손을 돌이켜 에그
론을 치리니 블레셋의 남아 있
는 자가 멸망하리라 주 여호와
께서 말씀하셨느니라
9 여호와께서 이와 같이 말씀하
시되 두로의 서너 가지 죄로 말
미암아 내가 그 벌을 돌이키지
아니하리니 이는 그들이 그 형
제의 계약을 기억하지 아니하
고 모든 사로잡은 자를 에돔에
넘겼음이라
10 내가 두로 성에 불을 보내리니
그 궁궐들을 사르리라
11 여호와께서 이와 같이 말씀하
시되 에돔의 서너 가지 죄로
말미암아 내가 그 벌을 돌이키
지 아니하리니 이는 그가 칼로

그의 형제를 쫓아가며 긍휼을
버리며 항상 맹렬히 화를 내며
분을 끝없이 품었음이라
12 내가 데만에 불을 보내리니 보
스라의 궁궐들을 사르리라
13 여호와께서 이와 같이 말씀하
시되 암몬 자손의 서너 가지
죄로 말미암아 내가 그 벌을
돌이키지 아니하리니 이는 그들
이 자기 지경을 넓히고자 하여
길르앗의 아이 밴 여인의 배를
갈랐음이니라
14 내가 랍바 성에 불을 놓아 그
궁궐들을 사르되 전쟁의 날에
외침과 회오리바람의 날에 폭풍
으로 할 것이며
15 그들의 왕은 그 지도자들과 함
께 사로잡혀 가리라 여호와께
서 말씀하셨느니라

2 여호와께서 이와 같이 말씀
하시되 모압의 서너 가지 죄
로 말미암아 내가 그 벌을 돌
이키지 아니하리니 이는 그가
에돔 왕의 뼈를 불살라 재를
만들었음이라
2 내가 모압에 불을 보내리니 그
리욧 궁궐들을 사르리라 모압이
요란함과 외침과 나팔 소리 중
에서 죽을 것이라
3 내가 그중에서 재판장을 멸하
며 지도자들을 그와 함께 죽이
리라 여호와께서 말씀하시니라

유다에 내리신 벌

4 여호와께서 이와 같이 말씀하
시되 유다의 서너 가지 죄로
말미암아 내가 그 벌을 돌이키
지 아니하리니 이는 그들이 여
호와의 율법을 멸시하며 그 율
례를 지키지 아니하고 그의 조
상들이 따라가던 거짓 것에 미
혹되었음이라
5 내가 유다에 불을 보내리니 예
루살렘의 궁궐들을 사르리라

이스라엘에 내리신 벌

6 여호와께서 이와 같이 말씀하
시되 이스라엘의 서너 가지 죄
로 말미암아 내가 그 벌을 돌
이키지 아니하리니 이는 그들이
은을 받고 의인을 팔며 신 한
켤레를 받고 가난한 자를 팔
며
7 힘없는 자의 머리를 티끌 먼지
속에 발로 밟고 연약한 자의
길을 굽게 하며 아버지와 아들
이 한 젊은 여인에게 다녀서
내 거룩한 이름을 더럽히며

8 모든 제단 옆에서 전당 잡은
옷 위에 누우며 그들의 신전에
서 벌금으로 얻은 포도주를 마
심이니라
9 내가 아모리 사람을 그들 앞에
서 멸하였나니 그 키는 백향목
높이와 같고 강하기는 상수리
나무 같으나 내가 그 위의 열
매와 그 아래의 뿌리를 진멸
하였느니라
10 내가 너희를 애굽 땅에서 이끌
어내어 사십 년 동안 광야에
서 인도하고 아모리 사람의 땅
을 너희가 차지하게 하였고
11 또 너희 아들 중에서 선지자를,
너희 청년 중에서 나실인을 일
으켰나니 이스라엘 자손들아
과연 그렇지 아니하냐 이는 여
호와의 말씀이니라
12 그러나 너희가 나실 사람으로
포도주를 마시게 하며 또 선지
자에게 명령하여 예언하지 말
라 하였느니라
13 보라 곡식단을 가득히 실은 수
레가 흙을 누름같이 내가 너희
를 누르리니
14 빨리 달음박질하는 자도 도망
할 수 없으며 강한 자도 자기
힘을 낼 수 없으며 용사도 자
기 목숨을 구할 수 없으며
15 활을 가진 자도 설 수 없으며
발이 빠른 자도 피할 수 없으
며 말 타는 자도 자기 목숨을
구할 수 없고
16 용사 가운데 그 마음이 굳센
자도 그날에는 벌거벗고 도망
하리라 여호와의 말씀이니라

여호와의 말씀을 받은 선지자

3 이스라엘 자손들아 여호와께
서 너희에 대하여 이르시는
이 말씀을 들으라 애굽 땅에서
인도하여 올리신 모든 족속에
대하여 이르시기를
2 내가 땅의 모든 족속 가운데
너희만을 알았나니 그러므로 내
가 너희 모든 죄악을 너희에게
보응하리라 하셨나니
3 두 사람이 뜻이 같지 않은데
어찌 동행하겠으며
4 사자가 움킨 것이 없는데 어
찌 수풀에서 부르짖겠으며 젊
은 사자가 잡은 것이 없는데
어찌 굴에서 소리를 내겠느냐
5 덫을 땅에 놓지 않았는데 새
가 어찌 거기 치이겠으며 잡힌
것이 없는데 덫이 어찌 땅에서

되겠느냐
6 성읍에서 나팔이 울리는데 백성
이 어찌 두려워하지 아니하겠
으며 여호와의 행하심이 없는
데 재앙이 어찌 성읍에 임하겠
느냐
7 주 여호와께서는 자기의 비밀
을 그 종 선지자들에게 보이지
아니하시고는 결코 행하심이 없
으시리라
8 사자가 부르짖은즉 누가 두려
워하지 아니하겠느냐 주 여호
와께서 말씀하신즉 누가 예언
하지 아니하겠느냐

사마리아에 내리신 벌

9 아스돗의 궁궐들과 애굽 땅의
궁궐들에 선포하여 이르기를 너
희는 사마리아 산들에 모여 그
성중에서 얼마나 큰 요란함과
학대함이 있나 보라 하라
10 자기 궁궐에서 포학과 겁탈을
쌓는 자들이 바른 일 행할 줄
을 모르느니라 여호와의 말씀이
니라
11 그러므로 주 여호와께서 이와
같이 말씀하시되 이 땅 사면에
대적이 있어 네 힘을 쇠하게
하며 네 궁궐을 약탈하리라
12 여호와께서 이와 같이 말씀하
시되 목자가 사자 입에서 양의
두 다리나 귀 조각을 건져냄과
같이 사마리아에서 침상 모서
리에나 걸상의 방석에 앉은 이
스라엘 자손도 건져냄을 입으
리라
13 주 여호와 만군의 하나님의 말
씀이니라 너희는 듣고 야곱의
족속에게 증언하라
14 내가 이스라엘의 모든 죄를 보
응하는 날에 벧엘의 제단들을
벌하여 그 제단의 뿔들은 꺾어
땅에 떨어뜨리고
15 겨울 궁과 여름 궁을 치리니
상아 궁들이 파괴되며 큰 궁들
이 무너지리라 여호와의 말씀이
니라

4 사마리아의 산에 있는 바산
의 암소들아 이 말을 들으라
너희는 힘없는 자를 학대하며
가난한 자를 압제하며 가장에
게 이르기를 술을 가져다가 우
리로 마시게 하라 하는도다
2 주 여호와께서 자기의 거룩함
을 두고 맹세하시되 때가 너희
에게 이를지라 사람이 갈고리
로 너희를 끌어가며 낚시로 너

희의 남은 자들도 그리하리라
3 너희가 성 무너진 데를 통하여
각기 앞으로 바로 나가서 하르
몬에 던져지리라 여호와의 말
씀이니라

돌아오지 아니하는 백성 이스라엘

4 너희는 벧엘에 가서 범죄하며
길갈에 가서 죄를 더하며 아
침마다 너희 희생을, 삼일마다
너희 십일조를 드리며
5 누룩 넣은 것을 불살라 수은제
로 드리며 낙헌제를 소리 내어
선포하려무나 이스라엘 자손들
아 이것이 너희가 기뻐하는 바
니라 주 여호와의 말씀이니라
6 또 내가 너희 모든 성읍에서 너
희 이를 깨끗하게 하며 너희의
각 처소에서 양식이 떨어지게
하였으나 너희가 내게로 돌아
오지 아니하였느니라 여호와의
말씀이니라
7 또 추수하기 석 달 전에 내가
너희에게 비를 멈추게 하여 어
떤 성읍에는 내리고 어떤 성읍
에는 내리지 않게 하였더니 땅
한 부분은 비를 얻고 한 부분
은 비를 얻지 못하여 말랐으매
8 두세 성읍 사람이 어떤 성읍으
로 비틀거리며 물을 마시러 가
서 만족하게 마시지 못하였으
나 너희가 내게로 돌아오지 아
니하였느니라 여호와의 말씀이
니라
9 내가 곡식을 마르게 하는 재앙
과 깜부기 재앙으로 너희를 쳤
으며 팥중이로 너희의 많은 동
산과 포도원과 무화과나무와
감람나무를 다 먹게 하였으나
너희가 내게로 돌아오지 아니하
였느니라 여호와의 말씀이니라
10 내가 너희 중에 전염병 보내기
를 애굽에서 한 것처럼 하였으
며 칼로 너희 청년들을 죽였으
며 너희 말들을 노략하게 하며
너희 진영의 악취로 코를 찌르
게 하였으나 너희가 내게로 돌
아오지 아니하였느니라 여호와
의 말씀이니라
11 내가 너희 중의 성읍 무너뜨리
기를 하나님인 내가 소돔과 고
모라를 무너뜨림같이 하였으므
로 너희가 불붙는 가운데서 빼
낸 나무 조각같이 되었으나 너
희가 내게로 돌아오지 아니하였
느니라 여호와의 말씀이니라
12 그러므로 이스라엘아 내가 이

와 같이 네게 행하리라 내가
이것을 네게 행하리니 이스라
엘아 네 하나님 만나기를 준비
하라
13 보라 산들을 지으며 바람을 창
조하며 자기 뜻을 사람에게 보
이며 아침을 어둡게 하며 땅
의 높은 데를 밟는 이는 그의
이름이 만군의 하나님 여호와시
니라

애가

5 이스라엘 족속아 내가 너희
에게 대하여 애가로 지은 이
말을 들으라
2 처녀 이스라엘이 엎드러졌음이
여 다시 일어나지 못하리로다
자기 땅에 던지움이여 일으킬
자 없으리로다
3 주 여호와께서 이와 같이 말씀
하시되 이스라엘 중에서 천 명
이 행군해 나가던 성읍에는 백
명만 남고 백 명이 행군해 나
가던 성읍에는 열 명만 남으리
라 하셨느니라

여호와를 찾으라

4 여호와께서 이스라엘 족속에게
이와 같이 말씀하시기를 너희
는 나를 찾으라 그리하면 살리
라
5 벧엘을 찾지 말며 길갈로 들어
가지 말며 브엘세바로도 나아
가지 말라 길갈은 반드시 사로
잡히겠고 벧엘은 비참하게 될
것임이라 하셨나니
6 너희는 여호와를 찾으라 그리하
면 살리라 그렇지 않으면 그가
불같이 요셉의 집에 임하여 멸
하시리니 벧엘에서 그 불들을
끌 자가 없으리라
7 정의를 쓴 쑥으로 바꾸며 공의
를 땅에 던지는 자들아
8 묘성과 삼성을 만드시며 사망
의 그늘을 아침으로 바꾸시고
낮을 어두운 밤으로 바꾸시며
바닷물을 불러 지면에 쏟으시
는 이를 찾으라 그의 이름은 여
호와시니라
9 그가 강한 자에게 갑자기 패
망이 이르게 하신즉 그 패망이
산성에 미치느니라
10 무리가 성문에서 책망하는 자
를 미워하며 정직히 말하는 자
를 싫어하는도다
11 너희가 힘없는 자를 밟고 그에
게서 밀의 부당한 세를 거두었
은즉 너희가 비록 다듬은 돌로

집을 건축하였으나 거기 거주하지 못할 것이요 아름다운 포도원을 가꾸었으나 그 포도주를 마시지 못하리라

12 너희의 허물이 많고 죄악이 무거움을 내가 아노라 너희는 의인을 학대하며 뇌물을 받고 성문에서 가난한 자를 억울하게 하는 자로다

13 그러므로 이런 때에 지혜자가 잠잠하나니 이는 악한 때임이니라

14 너희는 살려면 선을 구하고 악을 구하지 말지어다 만군의 하나님 여호와께서 너희의 말과 같이 너희와 함께하시리라

15 너희는 악을 미워하고 선을 사랑하며 성문에서 정의를 세울지어다 만군의 하나님 여호와께서 혹시 요셉의 남은 자를 불쌍히 여기시리라

16 그러므로 주 만군의 하나님 여호와께서 이와 같이 말씀하시기를 사람이 모든 광장에서 울겠고 모든 거리에서 슬프도다 슬프도다 하겠으며 농부를 불러다가 애곡하게 하며 울음꾼을 불러다가 울게 할 것이며

17 모든 포도원에서도 울리니 이는 내가 너희 가운데로 지나갈 것임이라 여호와의 말씀이니라

18 화 있을진저 여호와의 날을 사모하는 자여 너희가 어찌하여 여호와의 날을 사모하느냐 그날은 어둠이요 빛이 아니라

19 마치 사람이 사자를 피하다가 곰을 만나거나 혹은 집에 들어가서 손을 벽에 대었다가 뱀에게 물림 같도다

20 여호와의 날은 빛 없는 어둠이 아니며 빛남 없는 캄캄함이 아니냐

21 내가 너희 절기들을 미워하여 멸시하며 너희 성회들을 기뻐하지 아니하나니

22 너희가 내게 번제나 소제를 드릴지라도 내가 받지 아니할 것이요 너희의 살진 희생의 화목제도 내가 돌아보지 아니하리라

23 네 노랫소리를 내 앞에서 그칠지어다 네 비파 소리도 내가 듣지 아니하리라

24 오직 정의를 물같이, 공의를 마르지 않는 강같이 흐르게 할지어다

25 이스라엘 족속아 너희가 사십
년 동안 광야에서 희생과 소
제물을 내게 드렸느냐
26 너희가 너희 왕 식굿과 기윤과
너희 우상들과 너희가 너희를
위하여 만든 신들의 별 형상
을 지고 가리라
27 내가 너희를 다메섹 밖으로 사
로잡혀 가게 하리라 그의 이름
이 만군의 하나님이라 불리우
는 여호와께서 말씀하셨느니라

이스라엘의 멸망

6 화 있을진저 시온에서 교만
한 자와 사마리아 산에서 마
음이 든든한 자 곧 백성들의
머리인 지도자들이여 이스라엘
집이 그들을 따르는도다
2 너희는 갈레로 건너가 보고 거
기에서 큰 하맛으로 가고 또
블레셋 사람의 가드로 내려가
라 너희가 이 나라들보다 나으
냐 그 영토가 너희 영토보다 넓
으냐
3 너희는 흉한 날이 멀다 하여
포악한 자리로 가까워지게 하
고
4 상아 상에 누우며 침상에서 기
지개 켜며 양 떼에서 어린 양
과 우리에서 송아지를 잡아서
먹고
5 비파 소리에 맞추어 노래를 지
절거리며 다윗처럼 자기를 위
하여 악기를 제조하며
6 대접으로 포도주를 마시며 귀한
기름을 몸에 바르면서 요셉의
환난에 대하여는 근심하지 아
니하는 자로다
7 그러므로 그들이 이제는 사로잡
히는 자 중에 앞서 사로잡히리
니 기지개 켜는 자의 떠드는
소리가 그치리라
8 만군의 하나님 여호와의 말씀
이니라 주 여호와가 당신을 두
고 맹세하셨노라 내가 야곱의
영광을 싫어하며 그 궁궐들을
미워하므로 이 성읍과 거기에
가득한 것을 원수에게 넘기리
라 하셨느니라
9 한 집에 열 사람이 남는다 하
여도 다 죽을 것이라
10 죽은 사람의 친척 곧 그 시체
를 불사를 자가 그 뼈를 집 밖
으로 가져갈 때에 그 집 깊숙
한 곳에 있는 자에게 묻기를
아직 더 있느냐 하면 대답하
기를 없다 하리니 그가 또 말

하기를 잠잠하라 우리가 여호
와의 이름을 부르지 못할 것이
라 하리라
11 보라 여호와께서 명령하시므로
타격을 받아 큰 집은 갈라지
고 작은 집은 터지리라
12 말들이 어찌 바위 위에서 달리
겠으며 소가 어찌 거기서 밭
갈겠느냐 그런데 너희는 정의
를 쓸개로 바꾸며 공의의 열매
를 쓴 쑥으로 바꾸며
13 허무한 것을 기뻐하며 이르기
를 우리는 우리의 힘으로 뿔들
을 취하지 아니하였느냐 하는
도다
14 만군의 하나님 여호와의 말씀
이니라 이스라엘 족속아 내가
한 나라를 일으켜 너희를 치리
니 그들이 하맛 어귀에서부터
아라바 시내까지 너희를 학대
하리라 하셨느니라

첫째, 메뚜기 재앙

7 주 여호와께서 내게 보이신
것이 이러하니라 왕이 풀을
벤 후 풀이 다시 움돋기 시작
할 때에 주께서 메뚜기를 지으
시매
2 메뚜기가 땅의 풀을 다 먹은
지라 내가 이르되 주 여호와여
청하건대 사하소서 야곱이 미
약하오니 어떻게 서리이까 하
매
3 여호와께서 이에 대하여 뜻을
돌이키셨으므로 이것이 이루어지
지 아니하리라 여호와께서 말
씀하셨느니라

둘째, 불

4 주 여호와께서 또 내게 보이
신 것이 이러하니라 주 여호와
께서 명령하여 불로 징벌하게
하시니 불이 큰 바다를 삼키고
육지까지 먹으려 하는지라
5 이에 내가 이르되 주 여호와여
청하건대 그치소서 야곱이 미
약하오니 어떻게 서리이까 하
매
6 주 여호와께서 이에 대하여 뜻
을 돌이켜 주 여호와께서 이르
시되 이것도 이루지 아니하리
라 하시니라

셋째, 다림줄

7 또 내게 보이신 것이 이러하니
라 다림줄을 가지고 쌓은 담
곁에 주께서 손에 다림줄을 잡
고 서셨더니
8 여호와께서 내게 이르시되 아모

스아 네가 무엇을 보느냐 내가
대답하되 다림줄이니이다 주께
서 이르시되 내가 다림줄을 내
백성 이스라엘 가운데 두고 다
시는 용서하지 아니하리니
9 이삭의 산당들이 황폐되며 이
스라엘의 성소들이 파괴될 것이
라 내가 일어나 칼로 여로보암
의 집을 치리라 하시니라

아모스와 아마샤의 대결

10 때에 벧엘의 제사장 아마샤가
이스라엘의 왕 여로보암에게 보
내어 이르되 이스라엘 족속 중
에 아모스가 왕을 모반하나니
그 모든 말을 이 땅이 견딜 수
없나이다
11 아모스가 말하기를 여로보암은
칼에 죽겠고 이스라엘은 반드
시 사로잡혀 그 땅에서 떠나겠
다 하나이다
12 아마샤가 또 아모스에게 이르
되 선견자야 너는 유다 땅으로
도망하여 가서 거기에서나 떡
을 먹으며 거기에서나 예언하
고
13 다시는 벧엘에서 예언하지 말
라 이는 왕의 성소요 나라의
궁궐임이니라
14 아모스가 아마샤에게 대답하
여 이르되 나는 선지자가 아니
며 선지자의 아들도 아니라 나
는 목자요 뽕나무를 재배하는
자로서
15 양 떼를 따를 때에 여호와께
서 나를 데려다가 여호와께서
내게 이르시기를 가서 내 백성
이스라엘에게 예언하라 하셨
나니
16 이제 너는 여호와의 말씀을 들
을지니라 네가 이르기를 이스라
엘에 대하여 예언하지 말며
이삭의 집을 향하여 경고하지
말라 하므로
17 여호와께서 이와 같이 말씀하
시기를 네 아내는 성읍 가운데
서 창녀가 될 것이요 네 자녀
들은 칼에 엎드러지며 네 땅은
측량하여 나누어질 것이며 너
는 더러운 땅에서 죽을 것이요
이스라엘은 반드시 사로잡혀 그
의 땅에서 떠나리라 하셨느니
라

넷째, 여름 과일 한 광주리

8 주 여호와께서 내게 이와 같
이 보이셨느니라 보라 여름
과일 한 광주리이니라

2 그가 말씀하시되 아모스야 네가 무엇을 보느냐 내가 이르되 여름 과일 한 광주리니이다 하매 여호와께서 내게 이르시되 내 백성 이스라엘의 끝이 이르렀은즉 내가 다시는 그를 용서하지 아니하리니

3 그날에 궁전의 노래가 애곡으로 변할 것이며 곳곳에 시체가 많아서 사람이 잠잠히 그 시체들을 내어버리리라 주 여호와의 말씀이니라

4 가난한 자를 삼키며 땅의 힘없는 자를 망하게 하려는 자들아 이 말을 들으라

5 너희가 이르기를 월삭이 언제 지나서 우리가 곡식을 팔며 안식일이 언제 지나서 우리가 밀을 내게 할꼬 에바를 작게 하고 세겔을 크게 하여 거짓 저울로 속이며

6 은으로 힘없는 자를 사며 신 한 켤레로 가난한 자를 사며 찌꺼기 밀을 팔자 하는도다

7 여호와께서 야곱의 영광을 두고 맹세하시되 내가 그들의 모든 행위를 절대로 잊지 아니하리라 하셨나니

8 이로 말미암아 땅이 떨지 않겠으며 그 가운데 모든 주민이 애통하지 않겠느냐 온 땅이 강의 넘침같이 솟아오르며 애굽 강같이 뛰놀다가 낮아지리라

9 주 여호와의 말씀이니라 그날에 내가 해를 대낮에 지게 하여 백주에 땅을 캄캄하게 하며

10 너희 절기를 애통으로, 너희 모든 노래를 애곡으로 변하게 하며 모든 사람에게 굵은 베로 허리를 동이게 하며 모든 머리를 대머리가 되게 하며 독자의 죽음으로 말미암아 애통하듯 하게 하며 결국은 곤고한 날과 같게 하리라

11 주 여호와의 말씀이니라 보라 날이 이를지라 내가 기근을 땅에 보내리니 양식이 없어 주림이 아니며 물이 없어 갈함이 아니요 여호와의 말씀을 듣지 못한 기갈이라

12 사람이 이 바다에서 저 바다까지, 북쪽에서 동쪽까지 비틀거리며 여호와의 말씀을 구하려고 돌아다녀도 얻지 못하리니

13 그날에 아름다운 처녀와 젊은
남자가 다 갈하여 쓰러지리라
14 사마리아의 죄 된 우상을 두고
맹세하여 이르기를 단아 네 신
들이 살아있음을 두고 맹세하노
라 하거나 브엘세바가 위하는
것이 살아있음을 두고 맹세하노
라 하는 사람은 엎드러지고 다
시 일어나지 못하리라

다섯째, 범죄한 나라를 멸하리라

9 내가 보니 주께서 제단 곁에
서서 이르시되 기둥머리를 쳐
서 문지방이 움직이게 하며 그
것으로 부서져서 무리의 머리에
떨어지게 하라 내가 그 남은
자를 칼로 죽이리니 그중에서
한 사람도 도망하지 못하며 그
중에서 한 사람도 피하지 못하
리라
2 그들이 파고 스올로 들어갈지
라도 내 손이 거기에서 붙잡아
낼 것이요 하늘로 올라갈지라
도 내가 거기에서 붙잡아 내릴
것이며
3 갈멜 산꼭대기에 숨을지라도
내가 거기에서 찾아낼 것이요
내 눈을 피하여 바다 밑에 숨
을지라도 내가 거기에서 뱀을
명령하여 물게 할 것이요
4 그 원수 앞에 사로잡혀 갈지라
도 내가 거기에서 칼을 명령하
여 죽이게 할 것이라 내가 그
들에게 주목하여 화를 내리고
복을 내리지 아니하리라 하시니
라
5 주 만군의 여호와는 땅을 만져
녹게 하사 거기 거주하는 자
가 애통하게 하시며 그 온 땅
이 강의 넘침같이 솟아오르며
애굽 강같이 낮아지게 하시는
이요
6 그의 궁전을 하늘에 세우시며
그 궁창의 기초를 땅에 두시며
바닷물을 불러 지면에 쏟으시
는 이니 그 이름은 여호와시니
라
7 여호와의 말씀이니라 이스라엘
자손들아 너희는 내게 구스 족
속 같지 아니하냐 내가 이스라
엘을 애굽 땅에서, 블레셋 사
람을 갑돌에서, 아람 사람을
기르에서 올라오게 하지 아니
하였느냐
8 보라 주 여호와의 눈이 범죄한
나라를 주목하노니 내가 그것
을 지면에서 멸하리라 그러나

야곱의 집은 온전히 멸하지는
아니하리라 여호와의 말씀이니
라
9 보라 내가 명령하여 이스라엘
족속을 만국 중에서 체질하기
를 체로 체질함같이 하려니와
그 한 알갱이도 땅에 떨어지
지 아니하리라
10 내 백성 중에서 말하기를 화가
우리에게 미치지 아니하며 이르
지 아니하리라 하는 모든 죄인
은 칼에 죽으리라

이스라엘의 회복

11 그날에 내가 다윗의 무너진 장
막을 일으키고 그것들의 틈을
막으며 그 허물어진 것을 일으
켜서 옛적과 같이 세우고
12 그들이 에돔의 남은 자와 내 이
름으로 일컫는 만국을 기업으로
얻게 하리라 이 일을 행하시는
여호와의 말씀이니라
13 여호와의 말씀이니라 보라 날
이 이를지라 그때에 파종하는
자가 곡식 추수하는 자의 뒤를
이으며 포도를 밟는 자가 씨 뿌
리는 자의 뒤를 이으며 산들은
단 포도주를 흘리며 작은 산들
은 녹으리라
14 내가 내 백성 이스라엘이 사로
잡힌 것을 돌이키리니 그들이
황폐한 성읍을 건축하여 거주
하며 포도원들을 가꾸고 그 포
도주를 마시며 과원들을 만들
고 그 열매를 먹으리라
15 내가 그들을 그들의 땅에 심으
리니 그들이 내가 준 땅에서
다시 뽑히지 아니하리라 네 하
나님 여호와의 말씀이니라

오바댜

제목

이 책의 히브리어 명칭인 '오바댜'는 '여호와의 종', 또는 '여호와를 예배하는 자'라는 의미이다. 이 선지자의 혈통, 사회적 신분, 생업 등에 관하여는 전혀 언급되어 있지 않다.

저자와 저작 연대

오바댜는 남쪽 유다에 살았던 것으로 추측된다. 친척 관계나 부친에 관한 언급이 없는 것으로 보아, 왕족이나 제사장 계열의 신분은 아닌 듯하다. 오바댜에 관하여 '하나님의 암시를 받은 선지자'라는 사실 이외에 다른 것을 밝혀 내려는 시도는 무의미하다. 저작 연대는 여호람이 유다를 통치하던(B.C. 848–841년) 중, 블레셋과 아라비아가 예루살렘을 침공했던 시기에(대하 21:16–17) 기록되었다.

기록 장소와 대상

기록 장소는 유다이며, 기록 대상은 에돔 족속이다. 오바댜 선지자는 에돔의 파멸과 유다의 회복을 선포하기 위하여, 불의한 자를 심판하시는 하나님의 공의를 드러내고 모든 나라를 다스리시는 하나님의 위엄을 선포하기 위해 본서를 기록했다.

핵심어 및 내용

오바댜의 핵심어는 "교만"과 "형제"이다. 세일 산 가운데 요새화된 성에서 안전하게 살았던 에돔 족속은 교만하게 되었다. 그래서 그들은 자기들과 한 핏줄을 나눈 이스라엘 민족을 멸시했고 그들에게 관심조차 갖지 않았다. 자기 형제를 동정과 사랑으로 돌볼 수 있는 참된 관심은 주님 안에 있을 때에만 갖게 된다.

내용 분해

1. 에돔에 대한 심판
(1:1–9)
2. 에돔의 죄악
(1:10–14)
3. 주의 날
(1:15–21)

주요 사건 연대

B.C.

에돔이 여호사밧과의 전투에서 패함 (대하 20:1–30)
B.C. 853

여호람에 대한 에돔의 반란 성공 (왕하 8:20–22; 대하 21:8–10)
B.C. 845

웃시야와 여로보암 2세의 연합군에 의해 정복됨
B.C. 780

아하스로부터 자유 획득 (대하 28:16–17)
B.C. 735

앗수르의 속국이 된 에돔
B.C. 732

앗수르 수도 니느웨의 멸망과 함께 부분 독립
B.C. 612

에돔의 유다 침략
B.C. 587

바벨론에 의한 남쪽 유다의 멸망과 바벨론 유수 (왕하 25:1–26; 대하 36:11–21)
B.C. 586

1 오바댜의 묵시라

여호와께서 에돔을 심판하시다

주 여호와께서 에돔에 대하여
이와 같이 말씀하시니라 우리
가 여호와께로 말미암아 소식
을 들었나니 곧 사자가 나라들
가운데에 보내심을 받고 이르기
를 너희는 일어날지어다 우리
가 일어나서 그와 싸우자 하는
것이니라
2 보라 내가 너를 나라들 가운데
에 매우 작게 하였으므로 네가
크게 멸시를 받느니라
3 너의 마음의 교만이 너를 속였
도다 바위틈에 거주하며 높은
곳에 사는 자여 네가 마음에
이르기를 누가 능히 나를 땅에
끌어내리겠느냐 하니
4 네가 독수리처럼 높이 오르며
별 사이에 깃들일지라도 내가
거기에서 너를 끌어내리리라 여
호와의 말씀이니라
5 혹시 도둑이 네게 이르렀으며
강도가 밤중에 네게 이르렀을지
라도 만족할 만큼 훔치면 그치
지 아니하였겠느냐 혹시 포도
를 따는 자가 네게 이르렀을지
라도 그것을 얼마쯤 남기지 아
니하였겠느냐 네가 어찌 그리
망하였는고
6 에서가 어찌 그리 수탈되었으
며 그 감춘 보물이 어찌 그리
빼앗겼는고
7 너와 약조한 모든 자들이 다
너를 쫓아 변경에 이르게 하며
너와 화목하던 자들이 너를 속
여 이기며 네 먹을 것을 먹는
자들이 네 아래에 함정을 파니
네 마음에 지각이 없음이로다
8 여호와의 말씀이니라 그날에 내
가 에돔에서 지혜 있는 자를
멸하며 에서의 산에서 지각 있
는 자를 멸하지 아니하겠느냐
9 드만아 네 용사들이 놀랄 것이
라 이로 말미암아 에서의 산에
있는 사람은 다 죽임을 당하여
멸절되리라

에돔의 죄

10 네가 네 형제 야곱에게 행한
포학으로 말미암아 부끄러움을
당하고 영원히 멸절되리라
11 네가 멀리 섰던 날 곧 이방인
이 그의 재물을 빼앗아 가며
외국인이 그의 성문에 들어가

서 예루살렘을 얻기 위하여 제
비 뽑던 날에 너도 그들 중 한
사람 같았느니라
12 네가 형제의 날 곧 그 재앙의
날에 방관할 것이 아니며 유
다 자손이 패망하는 날에 기뻐
할 것이 아니며 그 고난의 날
에 네가 입을 크게 벌릴 것이
아니며
13 내 백성이 환난을 당하는 날에
네가 그 성문에 들어가지 않을
것이며 환난을 당하는 날에 네
가 그 고난을 방관하지 않을
것이며 환난을 당하는 날에 네
가 그 재물에 손을 대지 않을
것이며
14 네거리에 서서 그 도망하는 자
를 막지 않을 것이며 고난의
날에 그 남은 자를 원수에게
넘기지 않을 것이니라

여호와께서 만국을 벌하실 날

15 여호와께서 만국을 벌할 날이
가까웠나니 네가 행한 대로 너
도 받을 것인즉 네가 행한 것
이 네 머리로 돌아갈 것이라
16 너희가 내 성산에서 마신 것같
이 만국인이 항상 마시리니 곧
마시고 삼켜서 본래 없던 것같
이 되리라

여호와께 속할 나라

17 오직 시온 산에서 피할 자가
있으리니 그 산이 거룩할 것이
요 야곱 족속은 자기 기업을
누릴 것이며
18 야곱 족속은 불이 될 것이며
요셉 족속은 불꽃이 될 것이요
에서 족속은 지푸라기가 될 것
이라 그들이 그들 위에 붙어서
그들을 불사를 것인즉 에서 족
속에 남은 자가 없으리니 여호
와께서 말씀하셨음이라
19 그들이 네겝과 에서의 산과 평
지와 블레셋을 얻을 것이요 또
그들이 에브라임의 들과 사마리
아의 들을 얻을 것이며 베냐민
은 길르앗을 얻을 것이며
20 사로잡혔던 이스라엘의 많은
자손은 가나안 사람에게 속한
이 땅을 사르밧까지 얻을 것이
며 예루살렘에서 사로잡혔던
자들 곧 스바랏에 있는 자들은
네겝의 성읍들을 얻을 것이니라
21 구원받은 자들이 시온 산에 올
라와서 에서의 산을 심판하리
니 나라가 여호와께 속하리라

요나

주요 사건 연대

B.C.

아람 왕 벤하닷 3세의 즉위 (왕하 13:3) B.C. 806

유다 왕 아마샤의 즉위 (왕하 14:1; 대하 25:1) B.C. 796

이스라엘 왕 여로보암 2세의 즉위 (왕하 14:23) B.C. 793

앗수르 왕 살만에셀 4세의 즉위 B.C. 782

아슈르 단 3세의 앗수르 왕 등극 B.C. 773

호세아의 소명과 예후 왕조에 대한 심판 예언 (호 1:1–9) B.C. 753

디글랏 빌레셀 3세의 집권 B.C. 745

다메섹의 멸망 B.C. 732

앗수르에 의한 북쪽 이스라엘의 멸망 (왕하 18:9–12; 사 7:18–10:4) B.C. 722

앗수르 수도 니느웨의 멸망 B.C. 612

제목

이 책의 명칭은 주인공인 '요나'의 이름을 따라 붙여졌다. 요나는 아밋대의 아들로 그 이름의 뜻은 '비둘기'이다.

저자와 저작 연대

본서의 저자는 요나라고 보는 것이 타당하다. 이 책의 본문 자체에서 저작 연대를 측정할 수는 없으나, 요나가 니느웨에서 돌아온 즉시(B.C. 760년경) 기록했을 것으로 추정된다.

기록 장소와 대상

기록 장소는 예루살렘 근처이며 기록 대상은 이스라엘 백성이다.

본서는 온 우주의 창조주이신 여호와께서 이방인들에게 지대한 관심을 갖고 계시며 택함받은 민족으로서 선교를 게을리하는 이스라엘의 배타적 민족주의를 경책하기 위해 기록되었다.

역사적 배경

요나가 활약한 시대는 여로보암 2세(B.C. 793–753년) 중엽이었다. 여로보암 2세는 영토를 솔로몬 시대의 판도(왕하 14:25)와 같은 '하맛 어귀에서 아라바 바다까지' 회복하였고(왕하 14:25), 다메섹(시리아)을 완전히 이스라엘의 속국으로 삼아 다메섹 왕 하사엘이 주관하고 있던 '트랜스요르단' 전역을 수중에 장악하였다.

핵심어 및 내용

요나서의 핵심어는 "물고기"와 "순종"이다. 큰 물고기가 요나를 삼킨 사건은 요나의 종말이 아닌 선지자를 구원하시기 위해서 하나님이 뻗치신 손을 의미한다. 물고기 뱃속에 있는 동안 그는 회개하였고 다시 큰 구원을 선포할 수 있는 기회가 그에게 주어졌다. 많은 사람들은 요나가 순종하고 니느웨로 간 행동을 복음을 전하려고 하는 큰 열정으로 이해하고 있다.

내용 분해

1. 도망가는 요나 (1:1–17)
2. 기도하는 요나 (2:1–10)
3. 전도하는 요나 (3:1–10)
4. 배우는 요나 (4:1–11)

요나가 여호와를 피하여 달아나다

1 여호와의 말씀이 아밋대의 아
들 요나에게 임하니라 이르
시되
2 너는 일어나 저 큰 성읍 니느
웨로 가서 그것을 향하여 외치
라 그 악독이 내 앞에 상달되
었음이니라 하시니라
3 그러나 요나가 여호와의 얼굴
을 피하려고 일어나 다시스로
도망하려 하여 욥바로 내려갔
더니 마침 다시스로 가는 배를
만난지라 여호와의 얼굴을 피
하여 그들과 함께 다시스로 가
려고 배삯을 주고 배에 올랐더
라
4 여호와께서 큰 바람을 바다 위
에 내리시매 바다 가운데에 큰
폭풍이 일어나 배가 거의 깨지
게 된지라
5 사공들이 두려워하여 각각 자
기의 신을 부르고 또 배를 가
볍게 하려고 그 가운데 물건들
을 바다에 던지니라 그러나 요
나는 배 밑층에 내려가서 누워
깊이 잠이 든지라
6 선장이 그에게 가서 이르되 자
는 자여 어찌함이냐 일어나서
네 하나님께 구하라 혹시 하나
님이 우리를 생각하사 망하지
아니하게 하시리라 하니라
7 그들이 서로 이르되, 자 우리가
제비를 뽑아 이 재앙이 누구로
말미암아 우리에게 임하였나
알아보자 하고 곧 제비를 뽑으
니 제비가 요나에게 뽑힌지라
8 무리가 그에게 이르되 청하건
대 이 재앙이 누구 때문에 우
리에게 임하였는가 말하라 네
생업이 무엇이며 네가 어디서
왔으며 네 나라가 어디며 어느
민족에 속하였느냐 하니
9 그가 대답하되 나는 히브리 사
람이요 바다와 육지를 지으신
하늘의 하나님 여호와를 경외
하는 자로라 하고
10 자기가 여호와의 얼굴을 피함
인 줄을 그들에게 말하였으므
로 무리가 알고 심히 두려워하
여 이르되 네가 어찌하여 그렇
게 행하였느냐 하니라
11 바다가 점점 흉용한지라 무리
가 그에게 이르되 우리가 너를
어떻게 하여야 바다가 우리를

위하여 잔잔하겠느냐 하니
12 그가 대답하되 나를 들어 바다
에 던지라 그리하면 바다가 너
희를 위하여 잔잔하리라 너희
가 이 큰 폭풍을 만난 것이 나
때문인 줄을 내가 아노라 하니
라
13 그러나 그 사람들이 힘써 노
를 저어 배를 육지로 돌리고자
하다가 바다가 그들을 향하여
점점 더 흉용하므로 능히 못한
지라
14 무리가 여호와께 부르짖어 이르
되 여호와여 구하고 구하오니
이 사람의 생명 때문에 우리를
멸망시키지 마옵소서 무죄한 피
를 우리에게 돌리지 마옵소서
주 여호와께서는 주의 뜻대로
행하심이니이다 하고
15 요나를 들어 바다에 던지매 바
다가 뛰노는 것이 곧 그친지라
16 그 사람들이 여호와를 크게 두
려워하여 여호와께 제물을 드
리고 서원을 하였더라

요나의 기도

17 여호와께서 이미 큰 물고기를
예비하사 요나를 삼키게 하셨
으므로 요나가 밤낮 삼일을 물
고기 뱃속에 있으니라

2 요나가 물고기 뱃속에서 그의
하나님 여호와께 기도하여
2 이르되
내가 받는 고난으로 말미암
아 여호와께 불러 아뢰었더
니 주께서 내게 대답하셨고
내가 스올의 뱃속에서 부르짖
었더니 주께서 내 음성을 들
으셨나이다
3 주께서 나를 깊음 속 바다
가운데에 던지셨으므로 큰물
이 나를 둘렀고 주의 파도와
큰 물결이 다 내 위에 넘쳤
나이다
4 내가 말하기를 내가 주의 목
전에서 쫓겨났을지라도 다시
주의 성전을 바라보겠다 하
였나이다
5 물이 나를 영혼까지 둘렀사오
며 깊음이 나를 에워싸고 바
다풀이 내 머리를 감쌌나이
다
6 내가 산의 뿌리까지 내려갔
사오며 땅이 그 빗장으로 나
를 오래도록 막았사오나 나
의 하나님 여호와여 주께서
내 생명을 구덩이에서 건지

셨나이다
7 내 영혼이 내 속에서 피곤할
때에 내가 여호와를 생각하
였더니 내 기도가 주께 이르
렀사오며 주의 성전에 미쳤
나이다
8 거짓되고 헛된 것을 숭상하
는 모든 자는 자기에게 베푸
신 은혜를 버렸사오나
9 나는 감사하는 목소리로 주
께 제사를 드리며 나의 서원
을 주께 갚겠나이다 구원은
여호와께 속하였나이다
하니라
10 여호와께서 그 물고기에게 말
씀하시매 요나를 육지에 토하니
라

니느웨 백성의 회개

3 여호와의 말씀이 두 번째로
요나에게 임하니라 이르시되
2 일어나 저 큰 성읍 니느웨로
가서 내가 네게 명한 바를 그
들에게 선포하라 하신지라
3 요나가 여호와의 말씀대로 일
어나서 니느웨로 가니라 니느웨
는 사흘 동안 걸을 만큼 하나
님 앞에 큰 성읍이더라
4 요나가 그 성읍에 들어가서 하
루 동안 다니며 외쳐 이르되 사
십일이 지나면 니느웨가 무너지
리라 하였더니
5 니느웨 사람들이 하나님을 믿
고 금식을 선포하고 높고 낮은
자를 막론하고 굵은 베옷을 입
은지라
6 그 일이 니느웨 왕에게 들리매
왕이 보좌에서 일어나 왕복을
벗고 굵은 베옷을 입고 재 위
에 앉으니라
7 왕과 그의 대신들이 조서를 내
려 니느웨에 선포하여 이르되
사람이나 짐승이나 소 떼나 양
떼나 아무것도 입에 대지 말지
니 곧 먹지도 말 것이요 물도
마시지 말 것이며
8 사람이든지 짐승이든지 다 굵
은 베옷을 입을 것이요 힘써
하나님께 부르짖을 것이며 각
기 악한 길과 손으로 행한 강
포에서 떠날 것이라
9 하나님이 뜻을 돌이키시고 그
진노를 그치사 우리가 멸망하
지 않게 하시리라 그렇지 않을
줄을 누가 알겠느냐 한지라
10 하나님이 그들이 행한 것 곧
그 악한 길에서 돌이켜 떠난

것을 보시고 하나님이 뜻을 돌
이키사 그들에게 내리리라고 말
씀하신 재앙을 내리지 아니하
시니라

요나의 분노와 하나님의 자비

4 요나가 매우 싫어하고 성내며
2 여호와께 기도하여 이르
되 여호와여 내가 고국에 있을
때에 이러하겠다고 말씀하지
아니하였나이까 그러므로 내가
빨리 다시스로 도망하였사오니
주께서는 은혜로우시며 자비로
우시며 노하기를 더디 하시며
인애가 크시사 뜻을 돌이켜 재
앙을 내리지 아니하시는 하나
님이신 줄을 내가 알았음이니이
다
3 여호와여 원하건대 이제 내 생
명을 거두어 가소서 사는 것보
다 죽는 것이 내게 나음이니이
다 하니
4 여호와께서 이르시되 네가 성내
는 것이 옳으냐 하시니라
5 요나가 성읍에서 나가서 그 성
읍 동쪽에 앉아 거기서 자기를
위하여 초막을 짓고 그 성읍에
무슨 일이 일어나는가를 보려고
그 그늘 아래에 앉았더라
6 하나님 여호와께서 박 넝쿨을
예비하사 요나를 가리게 하셨
으니 이는 그의 머리를 위하여
그늘이 지게 하며 그의 괴로움
을 면하게 하려 하심이었더라
요나가 박 넝쿨로 말미암아 크
게 기뻐하였더니
7 하나님이 벌레를 예비하사 이
튿날 새벽에 그 박 넝쿨을 갉
아먹게 하시매 시드니라
8 해가 뜰 때에 하나님이 뜨거
운 동풍을 예비하셨고 해는 요
나의 머리에 쪼이매 요나가 혼
미하여 스스로 죽기를 구하여
이르되 사는 것보다 죽는 것이
내게 나으니이다 하니라
9 하나님이 요나에게 이르시되 네
가 이 박 넝쿨로 말미암아 성
내는 것이 어찌 옳으냐 하시니
그가 대답하되 내가 성내어 죽
기까지 할지라도 옳으니이다 하
니라
10 여호와께서 이르시되 네가 수고
도 아니하였고 재배도 아니하
였고 하룻밤에 났다가 하룻밤
에 말라 버린 이 박 넝쿨을 아
꼈거든
11 하물며 이 큰 성읍 니느웨에는

좌우를 분변하지 못하는 자가
십이만여 명이요 가축도 많이

있나니 내가 어찌 아끼지 아니
하겠느냐 하시니라

미가

주요 사건 연대

B.C.

유다 왕 요담의 등극 (왕하 15:32; 대하 26:23) B.C. 750

유다 왕 아하스의 등극 (왕하 16:1-3; 대하 28:2-4) B.C. 735

남쪽 유다의 히스기야 왕 등극과 종교 개혁 (왕하 18:1-4) B.C. 728

앗수르에 의한 북쪽 이스라엘의 멸망 (왕하 18:9-12; 사 7:18-10:4) B.C. 722

앗수르의 예루살렘 포위 (왕하 18:9-19:37; 사 36:1-37:38) B.C. 701

히스기야 왕의 죽음과 유다 왕 므낫세의 즉위 (왕하 20:21; 대하 32:33) B.C. 686

앗수르 수도 니느웨의 멸망 B.C. 612

앗수르의 멸망 B.C. 605

바벨론에 의한 남쪽 유다의 멸망 (왕하 25:1-26) B.C. 586

제목

본서의 명칭은 선지자 미가의 이름에서 따온 것이며, "미가"라는 말은 '누가 여호와와 같은가?'라는 뜻이다. 미가 선지자에게 있어서 하나님은 그 누구와도 비교할 수 없는 분이었다. 7:18에서 "주와 같은 신이 어디 있으리이까?"라고 한 것은 자기의 이름을 언어 기교로써 표현한 것으로 추측된다.

저자

미가는 갓 지파에 속한 모레셋이라는 조그마한 마을 출신이다. 그는 예루살렘의 탐욕스런 부자들과 방백들로부터 백성들을 보호하려고 애썼다. 그는 주로 남유다에 대해서 예언했지만, 북이스라엘에 대해서도 예언했다.

기록 장소와 대상

기록 장소는 유다이며 기록 대상은 북이스라엘과 남유다이다. 본서는 유다에 닥칠 심판을 선포하고 유다에 팽배해 있는 종교적 부패와 유다가 행하는 불의를 책망하기 위하여 기록되었다.

핵심어 및 내용

미가서의 핵심어는 "정의", "자비", "겸손"이다. 미가는 계속해서 하나님의 백성에게 그들의 모든 삶 속에서 정의를 드러내며 다른 사람들에게 자비를 베풀고 하나님 앞에서 겸손하라고 외친다.

내용 분해

1. 표제 (1:1)
2. 사마리아와 유다의 멸망에 관한 메시지 (1:2-2:11)
3. 심판과 구원에 관한 메시지 (2:12-5:15)
4. 죄를 정복한 하나님의 은혜에 대한 메시지 (6:1-7:20)

미가 Micah

1 유다의 왕들 요담과 아하스
와 히스기야 시대에 모레셋
사람 미가에게 임한 여호와의
말씀 곧 사마리아와 예루살렘
에 관한 묵시라

야곱의 허물 이스라엘의 죄

2 백성들아 너희는 다 들을지어
다 땅과 거기에 있는 모든 것
들아 자세히 들을지어다 주 여
호와께서 너희에게 대하여 증
언하시되 곧 주께서 성전에서
그리하실 것이니라
3 여호와께서 그의 처소에서 나오
시고 강림하사 땅의 높은 곳을
밟으실 것이라
4 그 아래에서 산들이 녹고 골짜
기들이 갈라지기를 불 앞의 밀
초 같고 비탈로 쏟아지는 물
같을 것이니
5 이는 다 야곱의 허물로 말미
암음이요 이스라엘 족속의 죄
로 말미암음이라 야곱의 허물
이 무엇이냐 사마리아가 아니
냐 유다의 산당이 무엇이냐 예
루살렘이 아니냐
6 이러므로 내가 사마리아를 들의
무더기 같게 하고 포도 심을
동산 같게 하며 또 그 돌들을
골짜기에 쏟아 내리고 그 기초
를 드러내며
7 그 새긴 우상들은 다 부서지고
그 음행의 값은 다 불살라지며
내가 그 목상들을 다 깨뜨리리
니 그가 기생의 값으로 모았은
즉 그것이 기생의 값으로 돌아
가리라

상처가 유다와 예루살렘에도 미치다

8 이러므로 내가 애통하며 애곡
하고 벌거벗은 몸으로 행하며
들개같이 애곡하고 타조같이
애통하리니
9 이는 그 상처는 고칠 수 없고
그것이 유다까지도 이르고 내
백성의 성문 곧 예루살렘에도
미쳤음이니라
10 가드에 알리지 말며 도무지 울
지 말지어다 내가 베들레아브
라에서 티끌에 굴렀도다
11 사빌 주민아 너는 벗은 몸에
수치를 무릅쓰고 나갈지어다
사아난 주민은 나오지 못하고
벧에셀이 애곡하여 너희에게
의지할 곳이 없게 하리라
12 마롯 주민이 근심 중에 복을

바라나니 이는 재앙이 여호와께
로 말미암아 예루살렘 성문에
임함이니라
13 라기스 주민아 너는 준마에 병
거를 메울지어다 라기스는 딸
시온의 죄의 근본이니 이는 이
스라엘의 허물이 네게서 보였음
이니라
14 이러므로 너는 가드모레셋에 작
별하는 예물을 줄지어다 악십
의 집들이 이스라엘 왕들을 속
이리라
15 마레사 주민아 내가 장차 너
를 소유할 자로 네게 이르게
하리니 이스라엘의 영광이 아
둘람까지 이를 것이라
16 너는 네 기뻐하는 자식으로 인
하여 네 머리털을 깎아 대머리
같게 할지어다 네 머리가 크게
벗어지게 하기를 독수리 같게
할지어다 이는 그들이 사로잡혀
너를 떠났음이라

멸망할 자들

2 그들이 침상에서 죄를 꾀하
며 악을 꾸미고 날이 밝으면
그 손에 힘이 있으므로 그것을
행하는 자는 화 있을진저
2 밭들을 탐하여 빼앗고 집들을
탐하여 차지하니 그들이 남자
와 그의 집과 사람과 그의 산
업을 강탈하도다
3 그러므로 여호와의 말씀에 내
가 이 족속에게 재앙을 계획
하나니 너희의 목이 이에서 벗
어나지 못할 것이요 또한 교만
하게 다니지 못할 것이라 이는
재앙의 때임이라 하셨느니라
4 그때에 너희를 조롱하는 시를
지으며 슬픈 노래를 불러 이르
기를 우리가 온전히 망하게 되
었도다 그가 내 백성의 산업을
옮겨 내게서 떠나게 하시며 우
리 밭을 나누어 패역자에게 주
시는도다 하리니
5 그러므로 여호와의 회중에서 분
깃에 줄을 댈 자가 너희 중에
하나도 없으리라
6 그들이 말하기를 너희는 예언
하지 말라 이것은 예언할 것
이 아니거늘 욕하는 말은 그치
지 아니한다 하는도다
7 너희 야곱의 족속아 어찌 이르
기를 여호와의 영이 성급하시
다 하겠느냐 그의 행위가 이러
하시다 하겠느냐 나의 말이 정
직하게 행하는 자에게 유익하

지 아니하냐
8 근래에 내 백성이 원수같이 일
어나서 전쟁을 피하여 평안히
지나가는 자들의 의복에서 겉옷
을 벗기며
9 내 백성의 부녀들을 그들의 즐
거운 집에서 쫓아내고 그들의
어린 자녀에게서 나의 영광을
영원히 빼앗는도다
10 이것은 너희가 쉴 곳이 아니니
일어나 떠날지어다 이는 그것
이 이미 더러워졌음이니라 그
런즉 반드시 멸하리니 그 멸망
이 크리라
11 사람이 만일 허망하게 행하며
거짓말로 이르기를 내가 포도주
와 독주에 대하여 네게 예언
하리라 할 것 같으면 그 사람
이 이 백성의 선지자가 되리로
다
12 야곱아 내가 반드시 너희 무리
를 다 모으며 내가 반드시 이스
라엘의 남은 자를 모으고 그들
을 한 처소에 두기를 보스라의
양 떼같이 하며 초장의 양 떼
같이 하리니 사람들이 크게 떠
들 것이며
13 길을 여는 자가 그들 앞에 올
라가고 그들은 길을 열어 성문
에 이르러서는 그리로 나갈 것
이며 그들의 왕이 앞서가며 여
호와께서는 선두로 가시리라

미가가 이스라엘 통치자들을 고발하다

3 내가 또 이르노니 야곱의 우
두머리들과 이스라엘 족속의
통치자들아 들으라 정의를 아
는 것이 너희의 본분이 아니냐
2 너희가 선을 미워하고 악을 기
뻐하여 내 백성의 가죽을 벗기
고 그 뼈에서 살을 뜯어
3 그들의 살을 먹으며 그 가죽을
벗기며 그 뼈를 꺾어 다지기를
냄비와 솥 가운데에 담을 고기
처럼 하는도다
4 그때에 그들이 여호와께 부르
짖을지라도 응답하지 아니하시
고 그들의 행위가 악했던 만
큼 그들 앞에 얼굴을 가리시리
라
5 내 백성을 유혹하는 선지자들
은 이에 물 것이 있으면 평강
을 외치나 그 입에 무엇을 채
워 주지 아니하는 자에게는 전
쟁을 준비하는도다 이런 선지자
에 대하여 여호와께서 이르시
되

6 그러므로 너희가 밤을 만나리니
이상을 보지 못할 것이요 어둠
을 만나리니 점치지 못하리라
하셨나니 이 선지자 위에는 해
가 져서 낮이 캄캄할 것이라
7 선견자가 부끄러워하며 술객
이 수치를 당하여 다 입술을
가릴 것은 하나님이 응답하지
아니하심이거니와
8 오직 나는 여호와의 영으로 말
미암아 능력과 정의와 용기로
충만해져서 야곱의 허물과 이
스라엘의 죄를 그들에게 보이리
라
9 야곱 족속의 우두머리들과 이스
라엘 족속의 통치자들 곧 정의
를 미워하고 정직한 것을 굽게
하는 자들아 원하노니 이 말을
들을지어다
10 시온을 피로, 예루살렘을 죄악
으로 건축하는도다
11 그들의 우두머리들은 뇌물을 위
하여 재판하며 그들의 제사장
은 삯을 위하여 교훈하며 그들
의 선지자는 돈을 위하여 점을
치면서도 여호와를 의뢰하여 이
르기를 여호와께서 우리 중에
계시지 아니하냐 재앙이 우리
에게 임하지 아니하리라 하는
도다
12 이러므로 너희로 말미암아 시온
은 갈아엎은 밭이 되고 예루살
렘은 무더기가 되고 성전의 산
은 수풀의 높은 곳이 되리라

여호와께서 이루실 평화

4 끝날에 이르러는 여호와의 전
의 산이 산들의 꼭대기에 굳
게 서며 작은 산들 위에 뛰어
나고 민족들이 그리로 몰려갈
것이라
2 곧 많은 이방 사람들이 가며
이르기를 오라 우리가 여호와의
산에 올라가서 야곱의 하나님
의 전에 이르자 그가 그의 도
를 가지고 우리에게 가르치실
것이니라 우리가 그의 길로 행
하리라 하리니 이는 율법이 시
온에서부터 나올 것이요 여호와
의 말씀이 예루살렘에서부터
나올 것임이라
3 그가 많은 민족들 사이의 일
을 심판하시며 먼 곳 강한 이
방 사람을 판결하시리니 무리
가 그 칼을 쳐서 보습을 만들
고 창을 쳐서 낫을 만들 것이
며 이 나라와 저 나라가 다시

는 칼을 들고 서로 치지 아니
하며 다시는 전쟁을 연습하지
아니하고
4 각 사람이 자기 포도나무 아
래와 자기 무화과나무 아래에
앉을 것이라 그들을 두렵게 할
자가 없으리니 이는 만군의 여
호와의 입이 이같이 말씀하셨음
이라
5 만민이 각각 자기의 신의 이름
을 의지하여 행하되 오직 우리
는 우리 하나님 여호와의 이름
을 의지하여 영원히 행하리로
다

이스라엘이 포로에서 돌아오리라

6 여호와께서 말씀하시되 그날에
는 내가 저는 자를 모으며 쫓
겨난 자와 내가 환난받게 한
자를 모아
7 발을 저는 자는 남은 백성이
되게 하며 멀리 쫓겨났던 자들
이 강한 나라가 되게 하고 나
여호와가 시온 산에서 이제부
터 영원까지 그들을 다스리리
라 하셨나니
8 너 양 떼의 망대요 딸 시온의
산이여 이전 권능 곧 딸 예루
살렘의 나라가 네게로 돌아오
리라
9 이제 네가 어찌하여 부르짖느
냐 너희 중에 왕이 없어졌고
네 모사가 죽었으므로 네가 해
산하는 여인처럼 고통함이냐
10 딸 시온이여 해산하는 여인처
럼 힘들여 낳을지어다 이제 네
가 성읍에서 나가서 들에 거주
하며 또 바벨론까지 이르러 거
기서 구원을 얻으리니 여호와
께서 거기서 너를 네 원수들의
손에서 속량하여 내시리라
11 이제 많은 이방 사람들이 모여
서 너를 치며 이르기를 시온이
더럽게 되며 그것을 우리 눈으
로 바라보기를 원하노라 하거
니와
12 그들이 여호와의 뜻을 알지 못
하며 그의 계획을 깨닫지 못
한 것이라 여호와께서 곡식단
을 타작마당에 모음같이 그들
을 모으셨나니
13 딸 시온이여 일어나서 칠지어
다 내가 네 뿔을 무쇠 같게 하
며 네 굽을 놋 같게 하리니 네
가 여러 백성을 쳐서 깨뜨릴
것이라 네가 그들의 탈취물을
구별하여 여호와께 드리며 그

들의 재물을 온 땅의 주께 돌
리리라

5 딸 군대여 너는 떼를 모을지
어다 그들이 우리를 에워쌌
으니 막대기로 이스라엘 재판
자의 뺨을 치리로다

베들레헴에서 다스릴 자가 나오리라

2 베들레헴 에브라다야 너는 유
다 족속 중에 작을지라도 이스
라엘을 다스릴 자가 네게서 내
게로 나올 것이라 그의 근본은
상고에, 영원에 있느니라
3 그러므로 여인이 해산하기까지
그들을 붙여 두시겠고 그 후에
는 그의 형제 가운데에 남은
자가 이스라엘 자손에게로 돌
아오리니
4 그가 여호와의 능력과 그의 하
나님 여호와의 이름의 위엄을
의지하고 서서 목축하니 그들이
거주할 것이라 이제 그가 창대
하여 땅끝까지 미치리라
5 이 사람은 평강이 될 것이라
앗수르 사람이 우리 땅에 들어
와서 우리 궁들을 밟을 때에는
우리가 일곱 목자와 여덟 군왕
을 일으켜 그를 치리니
6 그들이 칼로 앗수르 땅을 황폐
하게 하며 니므롯 땅 어귀를
황폐하게 하리라 앗수르 사람
이 우리 땅에 들어와서 우리
지경을 밟을 때에는 그가 우리
를 그에게서 건져내리라
7 야곱의 남은 자는 많은 백성
가운데 있으리니 그들은 여호와
께로부터 내리는 이슬 같고 풀
위에 내리는 단비 같아서 사람
을 기다리지 아니하며 인생을
기다리지 아니할 것이며
8 야곱의 남은 자는 여러 나라
가운데와 많은 백성 가운데에
있으리니 그들은 수풀의 짐승들
중의 사자 같고 양 떼 중의 젊
은 사자 같아서 만일 그가 지
나간즉 밟고 찢으리니 능히 구
원할 자가 없을 것이라
9 네 손이 네 대적들 위에 들려
서 네 모든 원수를 진멸하기를
바라노라

심판

10 여호와께서 이르시되 그날에 이
르러는 내가 네 군마를 네 가
운데에서 멸절하며 네 병거를
부수며
11 네 땅의 성읍들을 멸하며 네
모든 견고한 성을 무너뜨릴 것

이며
12 내가 또 복술을 네 손에서 끊
으리니 네게 다시는 점쟁이가
없게 될 것이며
13 내가 네가 새긴 우상과 주상
을 너희 가운데에서 멸절하리
니 네가 네 손으로 만든 것을
다시는 섬기지 아니하리라
14 내가 또 네 아세라 목상을 너
희 가운데에서 빼버리고 네 성
읍들을 멸할 것이며
15 내가 또 진노와 분노로 순종하
지 아니한 나라에 갚으리라 하
셨느니라

여호와께서 이스라엘과 변론하시다

6 너희는 여호와의 말씀을 들을
지어다 너는 일어나서 산을
향하여 변론하여 작은 산들이
네 목소리를 듣게 하라 하셨나
니
2 너희 산들과 땅의 견고한 지대
들아 너희는 여호와의 변론을
들으라 여호와께서 자기 백성
과 변론하시며 이스라엘과 변
론하실 것이라
3 이르시기를 내 백성아 내가 무
엇을 네게 행하였으며 무슨 일
로 너를 괴롭게 하였느냐 너는
내게 증언하라
4 내가 너를 애굽 땅에서 인도해
내어 종노릇하는 집에서 속량
하였고 모세와 아론과 미리암
을 네 앞에 보냈느니라
5 내 백성아 너는 모압 왕 발락
이 꾀한 것과 브올의 아들 발
람이 그에게 대답한 것을 기억
하며 싯딤에서부터 길갈까지의
일을 기억하라 그리하면 나 여
호와가 공의롭게 행한 일을 알
리라 하실 것이니라

여호와께서 구하시는 것

6 내가 무엇을 가지고 여호와 앞
에 나아가며 높으신 하나님께
경배할까 내가 번제물로 일 년
된 송아지를 가지고 그 앞에
나아갈까
7 여호와께서 천천의 숫양이나
만만의 강물 같은 기름을 기뻐
하실까 내 허물을 위하여 내
맏아들을, 내 영혼의 죄로 말미
암아 내 몸의 열매를 드릴까
8 사람아 주께서 선한 것이 무
엇임을 네게 보이셨나니 여호와
께서 네게 구하시는 것은 오직
정의를 행하며 인자를 사랑하
며 겸손하게 네 하나님과 함

께 행하는 것이 아니냐
9 여호와께서 성읍을 향하여 외
쳐 부르시나니 지혜는 주의 이
름을 경외함이니라 너희는 매
가 예비되었나니 그것을 정하
신 이가 누구인지 들을지니라
10 악인의 집에 아직도 불의한 재
물이 있느냐 축소시킨 가증한
에바가 있느냐
11 내가 만일 부정한 저울을 썼거
나 주머니에 거짓 저울추를 두
었으면 깨끗하겠느냐
12 그 부자들은 강포가 가득하였
고 그 주민들은 거짓을 말하니
그 혀가 입에서 거짓되도다
13 그러므로 나도 너를 쳐서 병들
게 하였으며 네 죄로 말미암아
너를 황폐하게 하였나니
14 네가 먹어도 배부르지 못하고
항상 속이 빈 것이며 네가 감
추어도 보존되지 못하겠고 보
존된 것은 내가 칼에 붙일 것
이며
15 네가 씨를 뿌려도 추수하지 못
할 것이며 감람 열매를 밟아도
기름을 네 몸에 바르지 못할 것
이며 포도를 밟아도 술을 마시
지 못하리라
16 너희가 오므리의 율례와 아합
집의 모든 예법을 지키고 그들
의 전통을 따르니 내가 너희를
황폐하게 하며 그의 주민을
사람의 조소거리로 만들리라 너
희가 내 백성의 수욕을 담당하
리라

이스라엘의 부패

7 재앙이로다 나여 나는 여름
과일을 딴 후와 포도를 거둔
후 같아서 먹을 포도송이가 없
으며 내 마음에 사모하는 처음
익은 무화과가 없도다
2 경건한 자가 세상에서 끊어졌
고 정직한 자가 사람들 가운
데 없도다 무리가 다 피를 흘리
려고 매복하며 각기 그물로 형
제를 잡으려 하고
3 두 손으로 악을 부지런히 행하
는도다 그 지도자와 재판관은
뇌물을 구하며 권세자는 자기
마음의 욕심을 말하며 그들이
서로 결합하니
4 그들의 가장 선한 자라도 가시
같고 가장 정직한 자라도 찔
레 울타리보다 더하도다 그들
의 파수꾼들의 날 곧 그들 가
운데에 형벌의 날이 임하였으

니 이제는 그들이 요란하리로다
5 너희는 이웃을 믿지 말며 친구
를 의지하지 말며 네 품에 누
운 여인에게라도 네 입의 문을
지킬지어다
6 아들이 아버지를 멸시하며 딸
이 어머니를 대적하며 며느리
가 시어머니를 대적하리니 사
람의 원수가 곧 자기의 집안
사람이리로다

구원하시는 하나님

7 오직 나는 여호와를 우러러보며
나를 구원하시는 하나님을 바
라보나니 나의 하나님이 나에
게 귀를 기울이시리로다
8 나의 대적이여 나로 말미암아
기뻐하지 말지어다 나는 엎드
러질지라도 일어날 것이요 어두
운 데에 앉을지라도 여호와께
서 나의 빛이 되실 것임이로다
9 내가 여호와께 범죄하였으니
그의 진노를 당하려니와 마침
내 주께서 나를 위하여 논쟁하
시고 심판하시며 주께서 나를
인도하사 광명에 이르게 하시리
니 내가 그의 공의를 보리로다
10 나의 대적이 이것을 보고 부끄
러워하리니 그는 전에 내게 말
하기를 네 하나님 여호와가 어
디 있느냐 하던 자라 그가 거
리의 진흙같이 밟히리니 그것
을 내가 보리로다
11 네 성벽을 건축하는 날 곧 그
날에는 지경이 넓혀질 것이라
12 그날에는 앗수르에서 애굽 성읍
들에까지, 애굽에서 강까지, 이
바다에서 저 바다까지, 이 산
에서 저 산까지의 사람들이 네
게로 돌아올 것이나
13 그 땅은 그 주민의 행위의 열
매로 말미암아 황폐하리로다

기도와 찬양

14 원하건대 주는 주의 지팡이로
주의 백성 곧 갈멜 속 삼림에
홀로 거주하는 주의 기업의 양
떼를 먹이시되 그들을 옛날같
이 바산과 길르앗에서 먹이시옵
소서
15 이르시되 네가 애굽 땅에서 나
오던 날과 같이 내가 그들에게
이적을 보이리라 하셨느니라
16 이르되 여러 나라가 보고 자기
의 세력을 부끄러워하여 손으
로 그 입을 막을 것이요 귀는
막힐 것이며
17 그들이 뱀처럼 티끌을 핥으며

땅에 기는 벌레처럼 떨며 그
좁은 구멍에서 나와서 두려워
하며 우리 하나님 여호와께로
돌아와서 주로 말미암아 두려
워하리이다
18 주와 같은 신이 어디 있으리이
까 주께서는 죄악과 그 기업
에 남은 자의 허물을 사유하시
며 인애를 기뻐하시므로 진노
를 오래 품지 아니하시나이다
19 다시 우리를 불쌍히 여기셔서
우리의 죄악을 발로 밟으시고
우리의 모든 죄를 깊은 바다에
던지시리이다
20 주께서 옛적에 우리 조상들에
게 맹세하신 대로 야곱에게 성
실을 베푸시며 아브라함에게
인애를 더하시리이다

나훔

제목

히브리어 성경은 본서의 저자인 선지자 나훔의 이름을 따라 그 제목을 '나훔'(위로, 연민, 위안)이라 하였다.

저자와 저작 연대

본서의 저자는 "엘고스 사람 나훔"으로 기술되어 있다. 나훔이란 이름은 '위로', '위안', '구원'이란 뜻을 갖고 있다. 본 예언의 주요 메시지는 임박한 니느웨의 멸망이었지만 그 결과, 앗수르로부터 압제받던 유다의 구원이기도 했다. 이런 의미에서 그는 선지자란 명칭을 받을 만하였다. 나훔은 자기 백성에 대해서는 심판이나 징벌을 한마디도 선포하지 않았고 오직 위로의 말만 하였다. 저작 연대는 B.C. 663–612년 사이이다.

기록 장소와 대상

기록 장소는 유다이며, 앗수르 민족과 그 나라의 수도인 니느웨 성 백성을 대상으로 썼을 뿐만 아니라 유다에 있는 하나님의 백성들을 권면하고 위로하기 위하여 나훔서를 기록했다.

핵심어 및 내용

나훔서의 핵심어는 "막강한 힘"과 "위로"이다. 인간의 눈으로 볼 때 니느웨는 막강하고 강력한 성이었다. 이 니느웨 성은 100피트 높이의 큰 성벽과—이 성벽 위로 동시에 6개의 마차가 달릴 수 있는 도로가 나 있었다—60피트 깊이의 연못으로 둘러싸여 있었다. 그러나 나훔은 이 같은 가공할 만한 위협에도 불구하고 그의 백성들에게 계속해서 위로의 말을 선포했다. 아무리 강력한 인간들이 침공해 올지라도 전능하신 하나님께서 그들로 하여금 능히 이기도록 도와주실 것이다.

내용 분해

1. 니느웨의 멸망에 대한 선포 (1:1–15)
2. 니느웨가 멸망하는 광경 (2:1–13)
3. 니느웨의 패배를 노래함 (3:1–19)

주요 사건 연대

B.C.

- 앗수르에 의한 북쪽 이스라엘의 멸망 (왕하 18:9–12; 사 7:18–10:4) B.C. 722
- 히스기야 왕의 죽음과 유다 왕 므낫세의 즉위 (왕하 20:21; 대하 32:33) B.C. 686
- 앗수르에 의한 테베의 패망 (3:8–10) B.C. 663
- 유다 왕 요시야의 등극 (왕하 21:26) B.C. 640
- 예레미야의 소명 (렘 1:1–19) B.C. 627
- 요시야 왕의 성전 수리와 율법책 발견 및 개혁 (왕하 22:3–13; 대하 34:1–28) B.C. 622
- 앗수르 수도 니느웨의 멸망 B.C. 612
- 갈그미스 전투와 앗수르의 멸망 및 바벨론의 유다 지배 (사 14:24–32) B.C. 605
- 바벨론에 의한 남쪽 유다의 멸망 (왕하 25:1–26) B.C. 586

나훔 Nahum

1 니느웨에 대한 경고 곧 엘고
스 사람 나훔의 묵시의 글이
라

니느웨에 대한 여호와의 진노

2 여호와는 질투하시며 보복하시
는 하나님이시니라 여호와는 보
복하시며 진노하시되 자기를 거
스르는 자에게 여호와는 보복하
시며 자기를 대적하는 자에게
진노를 품으시며
3 여호와는 노하기를 더디 하시
며 권능이 크시며 벌받을 자를
결코 내버려 두지 아니하시느니
라 여호와의 길은 회오리바람
과 광풍에 있고 구름은 그의 발
의 티끌이로다
4 그는 바다를 꾸짖어 그것을 말
리시며 모든 강을 말리시나니
바산과 갈멜이 쇠하며 레바논
의 꽃이 시드는도다
5 그로 말미암아 산들이 진동하
며 작은 산들이 녹고 그 앞에
서는 땅 곧 세계와 그 가운데
에 있는 모든 것들이 솟아오르
는도다
6 누가 능히 그의 분노 앞에 서
며 누가 능히 그의 진노를 감
당하랴 그의 진노가 불처럼 쏟
아지니 그로 말미암아 바위들
이 깨지는도다
7 여호와는 선하시며 환난날에
산성이시라 그는 자기에게 피
하는 자들을 아시느니라
8 그가 범람하는 물로 그곳을 진
멸하시고 자기 대적들을 흑암
으로 쫓아내시리라
9 너희는 여호와께 대하여 무엇
을 꾀하느냐 그가 온전히 멸하
시리니 재난이 다시 일어나지
아니하리라
10 가시덤불같이 엉크러졌고 술을
마신 것같이 취한 그들은 마른
지푸라기같이 모두 탈 것이거
늘
11 여호와께 악을 꾀하는 한 사람
이 너희 중에서 나와서 사악한
것을 권하는도다
12 여호와께서 이같이 말씀하시기
를 그들이 비록 강하고 많을지
라도 반드시 멸절을 당하리니
그가 없어지리라 내가 전에는
너를 괴롭혔으나 다시는 너를
괴롭히지 아니할 것이라
13 이제 네게 지운 그의 멍에를

내가 깨뜨리고 네 결박을 끊으
리라
14 나 여호와가 네게 대하여 명령
하였나니 네 이름이 다시는 전
파되지 않을 것이라 내가 네
신들의 집에서 새긴 우상과 부
은 우상을 멸절하며 네 무덤
을 준비하리니 이는 네가 쓸모
없게 되었음이라
15 볼지어다 아름다운 소식을 알
리고 화평을 전하는 자의 발이
산 위에 있도다 유다야 네 절
기를 지키고 네 서원을 갚을지
어다 악인이 진멸되었으니 그
가 다시는 네 가운데로 통행하
지 아니하리로다 하시니라

니느웨의 멸망

2 파괴하는 자가 너를 치러 올
라왔나니 너는 산성을 지키
며 길을 파수하며 네 허리를
견고히 묶고 네 힘을 크게 굳
게 할지어다
2 여호와께서 야곱의 영광을 회
복하시되 이스라엘의 영광 같
게 하시나니 이는 약탈자들이
약탈하였고 또 그들의 포도나
무 가지를 없이하였음이라
3 그의 용사들의 방패는 붉고 그
의 무사들의 옷도 붉으며 그 항
오를 벌이는 날에 병거의 쇠가
번쩍이고 노송나무 창이 요동하
는도다
4 그 병거는 미친 듯이 거리를
달리며 대로에서 이리저리 빨
리 달리니 그 모양이 횃불 같
고 빠르기가 번개 같도다
5 그가 그의 존귀한 자들을 생각
해 내니 그들이 엎드러질 듯이
달려서 급히 성에 이르러 막을
것을 준비하도다
6 강들의 수문이 열리고 왕궁이
소멸되며
7 정한 대로 왕후가 벌거벗은 몸
으로 끌려가니 그 모든 시녀들
이 가슴을 치며 비둘기같이 슬
피 우는도다
8 니느웨는 예로부터 물이 모인
못 같더니 이제 모두 도망하니
서라 서라 하나 돌아보는 자가
없도다
9 은을 노략하라 금을 노략하라
그 저축한 것이 무한하고 아름
다운 기구가 풍부함이니라
10 니느웨가 공허하였고 황폐하
였도다 주민이 낙담하여 그 무
릎이 서로 부딪히며 모든 허리

가 아프게 되며 모든 낯이 빛
을 잃도다
11 이제 사자의 굴이 어디냐 젊은
사자가 먹을 곳이 어디냐 전에
는 수사자 암사자가 그 새끼
사자와 함께 거기서 다니되 그
것들을 두렵게 할 자가 없었으
며
12 수사자가 그 새끼를 위하여 먹
이를 충분히 찢고 그의 암사자
들을 위하여 움켜 사냥한 것으
로 그 굴을 채웠고 찢은 것으
로 그 구멍을 채웠었도다
13 만군의 여호와의 말씀에 내가
네 대적이 되어 네 병거들을
불살라 연기가 되게 하고 네
젊은 사자들을 칼로 멸할 것
이며 내가 또 네 노략한 것을
땅에서 끊으리니 네 파견자의
목소리가 다시는 들리지 아니하
리라 하셨느니라

3 화 있을진저 피의 성이여 그
안에는 거짓이 가득하고 포
악이 가득하며 탈취가 떠나지
아니하는도다
2 휙휙 하는 채찍 소리, 윙윙 하
는 병거 바퀴 소리, 뛰는 말, 달
리는 병거,
3 충돌하는 기병, 번쩍이는 칼, 번
개 같은 창, 죽임당한 자의 떼,
주검의 큰 무더기, 무수한 시체
여 사람이 그 시체에 걸려 넘
어지니
4 이는 마술에 능숙한 미모의 음
녀가 많은 음행을 함이라 그가
그의 음행으로 여러 나라를 미
혹하고 그의 마술로 여러 족속
을 미혹하느니라
5 보라 내가 네게 말하노니 만군
의 여호와의 말씀에 네 치마를
걷어올려 네 얼굴에 이르게 하
고 네 벌거벗은 것을 나라들
에게 보이며 네 부끄러운 곳을
뭇 민족에게 보일 것이요
6 내가 또 가증하고 더러운 것들
을 네 위에 던져 능욕하여 너
를 구경거리가 되게 하리니
7 그때에 너를 보는 자가 다 네
게서 도망하며 이르기를 니느웨
가 황폐하였도다 누가 그것을
위하여 애곡하며 내가 어디서
너를 위로할 자를 구하리요 하
리라
8 네가 어찌 노아몬보다 낫겠느
냐 그는 강들 사이에 있으므로
물이 둘렸으니 바다가 성루가

되었고 바다가 방어벽이 되었
으며
9 구스와 애굽은 그의 힘이 강하
여 끝이 없었고 붓과 루빔이 그
를 돕는 자가 되었으나
10 그가 포로가 되어 사로잡혀 갔
고 그의 어린아이들은 길 모
퉁이 모퉁이에 메어침을 당하
여 부서졌으며 그의 존귀한 자
들은 제비 뽑혀 나뉘었고 그의
모든 권세자들은 사슬에 결박
되었나니
11 너도 술에 취하여 숨으리라 너
도 원수들 때문에 피난처를 찾
으리라
12 네 모든 산성은 무화과나무의
처음 익은 열매가 흔들기만 하
면 먹는 자의 입에 떨어짐과
같으리라
13 네 가운데 장정들은 여인 같
고 네 땅의 성문들은 네 원수
앞에 넓게 열리고 빗장들은 불
에 타도다
14 너는 물을 길어 에워싸일 것을
대비하며 너의 산성들을 견고
하게 하며 진흙에 들어가서 흙
을 밟아 벽돌 가마를 수리하라
15 거기서 불이 너를 삼키며 칼이
너를 베기를 느치가 먹는 것같
이 하리라 네가 느치같이 스스
로 많게 할지어다 네가 메뚜기
같이 스스로 많게 할지어다
16 네가 네 상인을 하늘의 별보다
많게 하였으나 느치가 날개를
펴서 날아감과 같고
17 네 방백은 메뚜기 같고 너의
장수들은 큰 메뚜기 떼가 추
운 날에는 울타리에 깃들였다
가 해가 뜨면 날아감과 같으
니 그 있는 곳을 알 수 없도다
18 앗수르 왕이여 네 목자가 자고
네 귀족은 누워 쉬며 네 백성
은 산들에 흩어지나 그들을 모
을 사람이 없도다
19 네 상처는 고칠 수 없고 네 부
상은 중하도다 네 소식을 듣는
자가 다 너를 보고 손뼉을 치
나니 이는 그들이 항상 네게
행패를 당하였음이 아니더냐
하시니라

하박국

주요 사건 연대

B.C.

유다 왕 요시야의 등극 (왕하 21:26) B.C. 640

예레미야의 소명 (렘 1:1–19) B.C. 627

요시야 왕의 성전 수리와 율법책 발견 및 개혁 (왕하 22:3–13; 대하 34:1–28) B.C. 622

앗수르 수도 니느웨의 멸망 B.C. 612

므깃도 전투와 요시야 왕의 전사 (왕하 23:29–30; 대하 35:23–24) B.C. 609

갈그미스 전투와 앗수르의 멸망 및 바벨론의 유다 지배 (사 14:24–32) B.C. 605

바벨론에 의한 남쪽 유다의 멸망 (왕하 25:1–26) B.C. 586

바사 왕 고레스의 포로 석방에 대한 포고령 (대하 36:22–23) B.C. 538

제목

히브리 성경은 본서 저자의 이름을 따라 그 제목을 '하박국'(포옹하다, 껴안다)이라 했다.

저자와 저작 연대

하박국 선지자에 대해서는 본서에서 추론할 수 있는 것을 제외하고는 알려진 바가 없다. 본서에서조차도 그는 자기 족보와 예언 연대를 언급해 놓고 있지 않다. 단지 '시기오놋'(3:1), '지휘하는 사람'(3:19) 등 전문 음악 용어가 나타나는 것을 근거로 레위 자손으로 추정한다. 저작 연대는 B.C. 609–589년 사이이다.

기록 장소와 대상

기록 장소는 유다이며, 하나님을 의지하는 믿음을 가르치고 의인의 고통과 악인의 형통은 일시적인 것이라는 것과 하나님의 공의가 반드시 이루어진다는 것을 알게 하기 위해 유다 백성을 대상으로 본서를 기록하였다.

핵심어 및 내용

하박국서의 핵심어는 "믿음"과 "정의"이다. 의인은 믿음으로 말미암아 살리라는 하박국서의 위대한 주제는 사도 바울과 히브리서 기자에 의해 더욱 발전되었으며 종교 개혁과 루터의 개혁 이념이 되기도 하였다.

내용 분해

1. 머리말
   (1:1)
2. 왜 하나님께서 불의를 그냥 두시는가?
   (1:2–4)
3. 하나님의 대답
   (1:5–11)
4. 왜 하나님께서 악한 자를 사용하시는가?
   (1:12–2:1)
5. 하나님의 대답
   (2:2–4)
6. 불의에 대한 5가지 저주
   (2:5–20)
7. 하박국 선지자의 기도
   (3:1–19)

1 선지자 하박국이 묵시로 받은 경고라

하박국의 호소

2 여호와여 내가 부르짖어도 주께서 듣지 아니하시니 어느 때까지리이까 내가 강포로 말미암아 외쳐도 주께서 구원하지 아니하시나이다

3 어찌하여 내게 죄악을 보게 하시며 패역을 눈으로 보게 하시나이까 겁탈과 강포가 내 앞에 있고 변론과 분쟁이 일어났나이다

4 이러므로 율법이 해이하고 정의가 전혀 시행되지 못하오니 이는 악인이 의인을 에워쌌으므로 정의가 굽게 행하여짐이니이다

여호와의 응답

5 여호와께서 이르시되 너희는 여러 나라를 보고 또 보고 놀라고 또 놀랄지어다 너희의 생전에 내가 한 가지 일을 행할 것이라 누가 너희에게 말할지라도 너희가 믿지 아니하리라

6 보라 내가 사납고 성급한 백성 곧 땅이 넓은 곳으로 다니며 자기의 소유가 아닌 거처들을 점령하는 갈대아 사람을 일으켰나니

7 그들은 두렵고 무서우며 당당함과 위엄이 자기들에게서 나오며

8 그들의 군마는 표범보다 빠르고 저녁 이리보다 사나우며 그들의 마병은 먼 곳에서부터 빨리 달려오는 마병이라 마치 먹이를 움키려 하는 독수리의 날음과 같으니라

9 그들은 다 강포를 행하러 오는데 앞을 향하여 나아가며 사람을 사로잡아 모으기를 모래같이 많이 할 것이요

10 왕들을 멸시하며 방백을 조소하며 모든 견고한 성들을 비웃고 흉벽을 쌓아 그것을 점령할 것이라

11 그들은 자기들의 힘을 자기들의 신으로 삼는 자들이라 이에 바람같이 급히 몰아 지나치게 행하여 범죄하리라

하박국이 다시 호소하다

12 선지자가 이르되 여호와 나의 하나님, 나의 거룩한 이시여 주

께서는 만세 전부터 계시지 아
니하시니이까 우리가 사망에 이
르지 아니하리이다 여호와여 주
께서 심판하기 위하여 그들을
두셨나이다 반석이시여 주께서
경계하기 위하여 그들을 세우
셨나이다
13 주께서는 눈이 정결하시므로
악을 차마 보지 못하시며 패역
을 차마 보지 못하시거늘 어찌
하여 거짓된 자들을 방관하시
며 악인이 자기보다 의로운 사
람을 삼키는데도 잠잠하시나이
까
14 주께서 어찌하여 사람을 바다
의 고기 같게 하시며 다스리는
자 없는 벌레 같게 하시나이
까
15 그가 낚시로 모두 낚으며 그물
로 잡으며 투망으로 모으고 그
리고는 기뻐하고 즐거워하여
16 그물에 제사하며 투망 앞에 분
향하오니 이는 그것을 힘입어
소득이 풍부하고 먹을 것이 풍
성하게 됨이니이다
17 그가 그물을 떨고는 계속하여
여러 나라를 무자비하게 멸망
시키는 것이 옳으니이까

여호와의 응답

2 내가 내 파수하는 곳에 서며
성루에 서리라 그가 내게 무
엇이라 말씀하실는지 기다리고
바라보며 나의 질문에 대하여
어떻게 대답하실는지 보리라
하였더니
2 여호와께서 내게 대답하여 이
르시되 너는 이 묵시를 기록하
여 판에 명백히 새기되 달려가
면서도 읽을 수 있게 하라
3 이 묵시는 정한 때가 있나니
그 종말이 속히 이르겠고 결코
거짓되지 아니하리라 비록 더
딜지라도 기다리라 지체되지
않고 반드시 응하리라
4 보라 그의 마음은 교만하며 그
속에서 정직하지 못하나 의인
은 그의 믿음으로 말미암아 살
리라
5 그는 술을 즐기며 거짓되고 교
만하여 가만히 있지 아니하고
스올처럼 자기의 욕심을 넓히
며 또 그는 사망 같아서 족한
줄을 모르고 자기에게로 여러
나라를 모으며 여러 백성을 모
으나니
6 그 무리가 다 속담으로 그를 평

론하며 조롱하는 시로 그를 풍
자하지 않겠느냐 곧 이르기를
화 있을진저 자기 소유 아닌
것을 모으는 자여 언제까지 이
르겠느냐 볼모 잡은 것으로 무
겁게 짐진 자여
7 너를 억누를 자들이 갑자기 일
어나지 않겠느냐 너를 괴롭힐
자들이 깨어나지 않겠느냐 네
가 그들에게 노략을 당하지 않
겠느냐
8 네가 여러 나라를 노략하였으
므로 그 모든 민족의 남은 자
가 너를 노략하리니 이는 네가
사람의 피를 흘렸음이요 또 땅
과 성읍과 그 안의 모든 주민
에게 강포를 행하였음이니라
9 재앙을 피하기 위하여 높은 데
깃들이려 하며 자기 집을 위하
여 부당한 이익을 취하는 자에
게 화 있을진저
10 네가 많은 민족을 멸한 것이
네 집에 욕을 부르며 네 영혼
에게 죄를 범하게 하는 것이
되었도다
11 담에서 돌이 부르짖고 집에서
들보가 응답하리라
12 피로 성읍을 건설하며 불의로
성을 건축하는 자에게 화 있을
진저
13 민족들이 불탈 것으로 수고하는
것과 나라들이 헛된 일로 피곤
하게 되는 것이 만군의 여호와
께로 말미암음이 아니냐
14 이는 물이 바다를 덮음같이 여
호와의 영광을 인정하는 것이
세상에 가득함이니라
15 이웃에게 술을 마시게 하되 자
기의 분노를 더하여 그에게 취
하게 하고 그 하체를 드러내려
하는 자에게 화 있을진저
16 네게 영광이 아니요 수치가 가
득한즉 너도 마시고 너의 할례
받지 아니한 것을 드러내라 여
호와의 오른손의 잔이 네게로
돌아올 것이라 더러운 욕이 네
영광을 가리리라
17 이는 네가 레바논에 강포를 행
한 것과 짐승을 죽인 것 곧
사람의 피를 흘리며 땅과 성읍
과 그 안의 모든 주민에게 강
포를 행한 것이 네게로 돌아오
리라
18 새긴 우상은 그 새겨 만든 자
에게 무엇이 유익하겠느냐 부
어 만든 우상은 거짓 스승이라

만든 자가 이 말하지 못하는
우상을 의지하니 무엇이 유익
하겠느냐
19 나무에게 깨라 하며 말하지 못
하는 돌에게 일어나라 하는 자
에게 화 있을진저 그것이 교훈
을 베풀겠느냐 보라 이는 금과
은으로 입힌 것인즉 그 속에는
생기가 도무지 없느니라
20 오직 여호와는 그 성전에 계시
니 온 땅은 그 앞에서 잠잠할
지니라 하시니라

하박국의 기도

3 시기오놋에 맞춘 선지자 하박
국의 기도라
2 여호와여 내가 주께 대한 소
문을 듣고 놀랐나이다 여호
와여 주는 주의 일을 이 수
년 내에 부흥하게 하옵소서
이 수년 내에 나타내시옵소
서 진노 중에라도 긍휼을 잊
지 마옵소서
3 하나님이 데만에서부터 오시
며 거룩한 자가 바란 산에
서부터 오시는도다 (셀라) 그
의 영광이 하늘을 덮었고 그
의 찬송이 세계에 가득하도
다
4 그의 광명이 햇빛 같고 광선
이 그의 손에서 나오니 그의
권능이 그 속에 감추어졌도
다
5 역병이 그 앞에서 행하며 불
덩이가 그의 발 밑에서 나오
는도다
6 그가 서신즉 땅이 진동하며
그가 보신즉 여러 나라가 전
율하며 영원한 산이 무너지
며 무궁한 작은 산이 엎드러
지나니 그의 행하심이 예로부
터 그러하시도다
7 내가 본즉 구산의 장막이 환
난을 당하고 미디안 땅의 휘
장이 흔들리는도다
8 여호와여 주께서 말을 타시
며 구원의 병거를 모시오니
강들을 분히 여기심이니이까
강들을 노여워하심이니이까
바다를 향하여 성내심이니이
까
9 주께서 활을 꺼내시고 화살
을 바로 쏘셨나이다 (셀라)
주께서 강들로 땅을 쪼개셨
나이다
10 산들이 주를 보고 흔들리며
창수가 넘치고 바다가 소리

를 지르며 손을 높이 들었나
이다
11 날아가는 주의 화살의 빛과
번쩍이는 주의 창의 광채로
말미암아 해와 달이 그 처소
에 멈추었나이다
12 주께서 노를 발하사 땅을 두
르셨으며 분을 내사 여러 나
라를 밟으셨나이다
13 주께서 주의 백성을 구원하
시려고, 기름부음 받은 자를
구원하시려고 나오사 악인의
집의 머리를 치시며 그 기초
를 바닥까지 드러내셨나이다
(셀라)
14 그들이 회오리바람처럼 이르
러 나를 흩으려 하며 가만히
가난한 자 삼키기를 즐거워
하나 오직 주께서 그들의 전
사의 머리를 그들의 창으로
찌르셨나이다
15 주께서 말을 타시고 바다
곧 큰물의 파도를 밟으셨나이
다
16 내가 들었으므로 내 창자가
흔들렸고 그 목소리로 말미암
아 내 입술이 떨렸도다 무리
가 우리를 치러 올라오는 환
난날을 내가 기다리므로 썩이
는 것이 내 뼈에 들어왔으며
내 몸은 내 처소에서 떨리는
도다
17 비록 무화과나무가 무성하지
못하며 포도나무에 열매가
없으며 감람나무에 소출이
없으며 밭에 먹을 것이 없으
며 우리에 양이 없으며 외양
간에 소가 없을지라도
18 나는 여호와로 말미암아 즐
거워하며 나의 구원의 하나
님으로 말미암아 기뻐하리로
다
19 주 여호와는 나의 힘이시라
나의 발을 사슴과 같게 하사
나를 나의 높은 곳으로 다니
게 하시리로다
이 노래는 지휘하는 사람을 위
하여 내 수금에 맞춘 것이니라

스바냐

■ 주요 사건 연대

B.C.

히스기야 왕의 죽음과 유다 왕 므낫세의 즉위 (왕하 20:21; 대하 32:33) B.C. 686

유다 왕 요시야의 등극 (왕하 21:26) B.C. 640

요시야 왕의 성전 수리와 율법책 발견 및 개혁 (왕하 22:3–13; 대하 34:1–28) B.C. 622

앗수르 수도 니느웨의 멸망 B.C. 612

므깃도 전투와 요시야 왕의 전사 (왕하 23:29–30; 대하 35:23–24) B.C. 609

갈그미스 전투와 앗수르의 멸망 및 바벨론의 유다 지배 (2:13) B.C. 605

바벨론에 의한 남쪽 유다의 멸망 (왕하 25:1–26) B.C. 586

바벨론의 멸망 B.C. 539

■ 제목

본서는 선지자 "스바냐"의 이름을 따라 명명되었다. 이 이름의 뜻은 '여호와가 그를 감추셨다'이다. 스바냐는 구약 성경의 여러 곳에 언급된다(대상 6:36 이하;렘 21:1;슥 6:10).

■ 저자와 저작 연대

스바냐 선지자는 나훔 선지자가 활동을 한 극악한 왕 므낫세 시대(B.C. 686–642년)와 하박국 선지자가 활동을 한 여호야김 시대(B.C. 609–507년) 사이에 활동하였다. 즉, 요시야 왕 때(B.C. 640–609년) 예언을 하였다(1:1). 스바냐 선지자는 므낫세 통치 때의 패악했던 종교 혼합주의(Syncretism)를 책망하여 요시야 왕으로 하여금 개혁 운동을 일으키게 하였던 것이다. 저작 연대는 종교 개혁이 일어나기 전(B.C. 640–630년)이다.

■ 기록 장소와 대상

기록 장소는 유다이고 대상은 유다 백성이다. 심판의 날인 '여호와의 날'을 선포하고 '여호와의 날'에 구원받을 '남은 자'들의 영광을 노래하기 위해 본서를 기록하였다.

■ 핵심어 및 내용

스바냐의 핵심어는 "보복", "주의 날", "남은 자들"이다. 스바냐는 하나님은 죄를 묵인하고 지나가는 분이 아니실 뿐만 아니라 죄를 미워하시는 거룩한 분이기 때문에, 모든 나라들은 다가올 "주의 날"에 그들의 죄에 대해서 심판을 받게 될 것이라고 큰 소리로 외쳤다. 그러나 하나님은 주의 백성을 남겨 놓으실 것이며, 그들 가운데 주님이 함께하셔서 그들을 높이시고 위로하시며 그들에게 기쁨을 줄 것이라고 약속하셨다.

■ 내용 분해

1. 서론 (1:1)
2. 심판에 대한 경고 (1:2–18)
3. 회개의 권면 (2:1–3:8)
4. 구원의 약속 (3:9–20)

1 아몬의 아들 유다 왕 요시야
의 시대에 스바냐에게 임한
여호와의 말씀이라 스바냐는
히스기야의 현손이요 아마랴의
증손이요 그다랴의 손자요 구시
의 아들이었더라

여호와의 날

2 여호와께서 이르시되 내가 땅
위에서 모든 것을 진멸하리라
3 내가 사람과 짐승을 진멸하고
공중의 새와 바다의 고기와 거
치게 하는 것과 악인들을 아울
러 진멸할 것이라 내가 사람
을 땅 위에서 멸절하리라 나
여호와의 말이니라
4 내가 유다와 예루살렘의 모
든 주민들 위에 손을 펴서 남
아 있는 바알을 그곳에서 멸절
하며 그마림이란 이름과 및 그
제사장들을 아울러 멸절하며
5 또 지붕에서 하늘의 뭇별에게
경배하는 자들과 경배하며 여
호와께 맹세하면서 말감을 가
리켜 맹세하는 자들과
6 여호와를 배반하고 따르지 아니
한 자들과 여호와를 찾지도 아
니하며 구하지도 아니한 자들
을 멸절하리라
7 주 여호와 앞에서 잠잠할지어
다 이는 여호와의 날이 가까웠
으므로 여호와께서 희생을 준비
하고 그가 청할 자들을 구별하
셨음이니라
8 여호와의 희생의 날에 내가 방
백들과 왕자들과 이방인의 옷
을 입은 자들을 벌할 것이며
9 그날에 문턱을 뛰어넘어서 포
악과 거짓을 자기 주인의 집
에 채운 자들을 내가 벌하리라
10 나 여호와가 말하노라 그날에
어문에서는 부르짖는 소리가, 제
이구역에서는 울음 소리가, 작
은 산들에서는 무너지는 소리가
일어나리라
11 막데스 주민들아 너희는 슬피
울라 가나안 백성이 다 패망하
고 은을 거래하는 자들이 끊어
졌음이라
12 그때에 내가 예루살렘에서 찌
꺼기같이 가라앉아서 마음속에
스스로 이르기를 여호와께서는
복도 내리지 아니하시며 화도
내리지 아니하시리라 하는 자
를 등불로 두루 찾아 벌하리니

13 그들의 재물이 노략되며 그들
의 집이 황폐할 것이라 그들이
집을 건축하나 거기에 살지 못
하며 포도원을 가꾸나 그 포도
주를 마시지 못하리라
14 여호와의 큰 날이 가깝도다 가
깝고도 빠르도다 여호와의 날의
소리로다 용사가 거기서 심히
슬피 우는도다
15 그날은 분노의 날이요 환난과
고통의 날이요 황폐와 패망의
날이요 캄캄하고 어두운 날이요
구름과 흑암의 날이요
16 나팔을 불어 경고하며 견고한
성읍들을 치며 높은 망대를 치
는 날이로다
17 내가 사람들에게 고난을 내려
맹인같이 행하게 하리니 이는
그들이 나 여호와께 범죄하였
음이라 또 그들의 피는 쏟아져
서 티끌같이 되며 그들의 살은
분토같이 될지라
18 그들의 은과 금이 여호와의 분
노의 날에 능히 그들을 건지지
못할 것이며 이 온 땅이 여호
와의 질투의 불에 삼켜지리니
이는 여호와가 이 땅 모든 주
민을 멸절하되 놀랍게 멸절할
것임이라

공의와 겸손을 구하라

2 수치를 모르는 백성아 모일지
어다 모일지어다
2 명령이 시행되어 날이 겨같이
지나가기 전, 여호와의 진노가
너희에게 내리기 전, 여호와의
분노의 날이 너희에게 이르기
전에 그리할지어다
3 여호와의 규례를 지키는 세상
의 모든 겸손한 자들아 너희는
여호와를 찾으며 공의와 겸손
을 구하라 너희가 혹시 여호와
의 분노의 날에 숨김을 얻으리
라

이스라엘 이웃 나라들이 받을 벌

4 가사는 버림을 당하며 아스글
론은 폐허가 되며 아스돗은 대
낮에 쫓겨나며 에그론은 뽑히
리라
5 해변 주민 그렛 족속에게 화
있을진저 블레셋 사람의 땅
가나안아 여호와의 말씀이 너
희를 치나니 내가 너를 멸하여
주민이 없게 하리라
6 해변은 풀밭이 되어 목자의 움
막과 양 떼의 우리가 거기에
있을 것이며

7 그 지경은 유다 족속의 남은
자에게로 돌아갈지라 그들이
거기에서 양 떼를 먹이고 저녁
에는 아스글론 집들에 누우리
니 이는 그들의 하나님 여호와
가 그들을 보살피사 그들이 사
로잡힘을 돌이킬 것임이라
8 내가 모압의 비방과 암몬 자손
이 조롱하는 말을 들었나니 그
들이 내 백성을 비방하고 자기
들의 경계에 대하여 교만하였
느니라
9 그러므로 만군의 여호와 이스
라엘의 하나님이 말하노라 내
가 나의 삶을 두고 맹세하노니
장차 모압은 소돔 같으며 암몬
자손은 고모라 같을 것이라 찔
레가 나며 소금 구덩이가 되어
영원히 황폐하리니 내 백성의
남은 자들이 그들을 노략하며
나의 남은 백성이 그것을 기업
으로 얻을 것이라
10 그들이 이런 일을 당할 것은
그들이 만군의 여호와의 백성
을 훼방하고 교만하여졌음이라
11 여호와가 그들에게 두렵게 되
어서 세상의 모든 신을 쇠약
하게 하리니 이방의 모든 해변
사람들이 각각 자기 처소에서
여호와께 경배하리라
12 구스 사람들아 너희도 내 칼에
죽임을 당하리라
13 여호와가 북쪽을 향하여 손을
펴서 앗수르를 멸하며 니느웨
를 황폐하게 하여 사막같이
메마르게 하리니
14 각종 짐승이 그 가운데에 떼로
누울 것이며 당아와 고슴도치
가 그 기둥 꼭대기에 깃들이고
그것들이 창에서 울 것이며 문
턱이 적막하리니 백향목으로 지
은 것이 벗겨졌음이라
15 이는 기쁜 성이라 염려 없이
거주하며 마음속에 이르기를 오
직 나만 있고 나 외에는 다른
이가 없다 하더니 어찌 이와
같이 황폐하여 들짐승이 엎드
릴 곳이 되었는고 지나가는 자
마다 비웃으며 손을 흔들리로다

예루살렘이 받을 형벌과 보호

3 패역하고 더러운 곳, 포학한
그 성읍이 화 있을진저
2 그가 명령을 듣지 아니하며 교
훈을 받지 아니하며 여호와를
의뢰하지 아니하며 자기 하나
님에게 가까이 나아가지 아니

하였도다
3 그 가운데 방백들은 부르짖는
사자요 그의 재판장들은 이튿
날까지 남겨두는 것이 없는 저
녁 이리요
4 그의 선지자들은 경솔하고 간
사한 사람들이요 그의 제사장
들은 성소를 더럽히고 율법을
범하였도다
5 그 가운데에 계시는 여호와는
의로우사 불의를 행하지 아니하
시고 아침마다 빠짐없이 자기
의 공의를 비추시거늘 불의한
자는 수치를 알지 못하는도다
6 내가 여러 나라를 끊어 버렸
으므로 그들의 망대가 파괴되
었고 내가 그들의 거리를 비게
하여 지나는 자가 없게 하였으
므로 그들의 모든 성읍이 황폐
하며 사람이 없으며 거주할 자
가 없게 되었느니라
7 내가 이르기를 너는 오직 나를
경외하고 교훈을 받으라 그리
하면 내가 형벌을 내리기로 정
하기는 하였지만 너의 거처가
끊어지지 아니하리라 하였으나
그들이 부지런히 그들의 모든
행위를 더럽게 하였느니라
8 나 여호와가 말하노라 그러므
로 내가 일어나 벌할 날까지
너희는 나를 기다리라 내가 뜻
을 정하고 나의 분노와 모든
진노를 쏟으려고 여러 나라를
소집하며 왕국들을 모으리라
온 땅이 나의 질투의 불에 소
멸되리라
9 그때에 내가 여러 백성의 입술
을 깨끗하게 하여 그들이 다
여호와의 이름을 부르며 한 가
지로 나를 섬기게 하리니
10 내게 구하는 백성들 곧 내가
흩은 자의 딸이 구스 강 건너
편에서부터 예물을 가지고 와
서 내게 바칠지라
11 그날에 네가 내게 범죄한 모든
행위로 말미암아 수치를 당하
지 아니할 것은 그때에 내가
네 가운데서 교만하여 자랑하
는 자들을 제거하여 네가 나의
성산에서 다시는 교만하지 않
게 할 것임이라
12 내가 곤고하고 가난한 백성을
네 가운데에 남겨두리니 그들
이 여호와의 이름을 의탁하여
보호를 받을지라
13 이스라엘의 남은 자는 악을 행

하지 아니하며 거짓을 말하지
아니하며 입에 거짓된 혀가 없
으며 먹고 누울지라도 그들을
두렵게 할 자가 없으리라

기뻐하며 부를 노래

14 시온의 딸아 노래할지어다 이
스라엘아 기쁘게 부를지어다
예루살렘 딸아 전심으로 기뻐
하며 즐거워할지어다
15 여호와가 네 형벌을 제거하였
고 네 원수를 쫓아냈으며 이스
라엘 왕 여호와가 네 가운데
계시니 네가 다시는 화를 당할
까 두려워하지 아니할 것이라
16 그날에 사람이 예루살렘에 이
르기를 두려워하지 말라 시온
아 네 손을 늘어뜨리지 말라
17 너의 하나님 여호와가 너의 가
운데에 계시니 그는 구원을 베
푸실 전능자이시라 그가 너로
말미암아 기쁨을 이기지 못하
시며 너를 잠잠히 사랑하시며
너로 말미암아 즐거이 부르며
기뻐하시리라 하리라
18 내가 절기로 말미암아 근심하
는 자들을 모으리니 그들은 네
게 속한 자라 그들에게 지워
진 짐이 치욕이 되었느니라
19 그때에 내가 너를 괴롭게 하
는 자를 다 벌하고 저는 자를
구원하며 쫓겨난 자를 모으며
온 세상에서 수욕받는 자에게
칭찬과 명성을 얻게 하리라
20 내가 그때에 너희를 이끌고 그
때에 너희를 모을지라 내가 너
희 목전에서 너희의 사로잡힘
을 돌이킬 때에 너희에게 천하
만민 가운데서 명성과 칭찬을
얻게 하리라 여호와의 말이니
라

학개

주요 사건 연대

B.C.

- 바벨론에 의한 남쪽 유다의 멸망과 바벨론 유수 (왕하 25:1–26; 대하 36:11–21) B.C. 586
- 바사 왕 고레스의 포로 석방에 대한 포고령 (스 1:1–4) B.C. 538
- 스룹바벨에 의한 제1차 포로 귀환 (스 1:5–11) B.C. 538
- 사마리아인에 의한 성전 재건 방해 (스 4:1–24) B.C. 536–520
- 바사 왕 다리오의 즉위 B.C. 522
- 학개의 소명 및 예언 (1:1–15) B.C. 520
- 스룹바벨에 의한 성전 재건 (2:1–23) B.C. 520–516
- 에스라에 의한 제2차 포로 귀환과 개혁 운동 (스 7:1–10; 9:1–10:44) B.C. 458
- 느헤미야에 의한 제3차 포로 귀환 (느 2:1–10) B.C. 445

제목

히브리 성경은 저자의 이름을 따서 그 제목을 '학가이'(축제, 절기)라 했다. 이 같은 히브리 성경의 취지를 좇아 한글 성경은 '학개'란 제목을 쓰고 있다.

저자와 저작 연대

저자는 학개이며, 그의 이름은 '축제'라는 뜻이다. 그는 포로 귀환 후 선지자들(학개·스가랴·말라기) 중에 가장 먼저 활동을 시작하였다. 에스라서는 그가 스가랴와 동시대 인물이며, 그들이 함께 사역하여 성전 재건을 독려하였다고 전하고 있다(스 5:1;6:14). 저작 연대는 약 B.C. 520년경으로 추정된다.

기록 장소와 대상

기록 장소는 예루살렘이고 포로 생활에서 귀환한 모든 유대인들을 대상으로 하고 있을 뿐만 아니라 특별히 스룹바벨과 여호수아를 위하여 기록했다.

핵심어 및 내용

학개의 핵심어는 "재건"과 "우선권"이다. 성전 재건이 완성되기 전에 먼저 백성들의 마음이 하나님 앞에 바로 서야 했다. 학개는 백성들로 하여금 자신들의 마음을 세우는 일을 먼저 하도록 권면했다. 그 결과 하나님의 영광이 재건된 성전 위에 충만히 임하게 되었다.

내용 분해

1. 성전 재건을 촉구함 (1:1–15)
2. 격려와 영광에 대한 약속 (2:1–9)
3. 정결한 생활을 요청함 (2:10–19)
4. 스룹바벨에 대한 미래의 축복 (2:20–23)

성전을 건축하라는 여호와의 말씀

1

다리오 왕 제이년 여섯째 달
곧 그달 초하루에 여호와의
말씀이 선지자 학개로 말미암
아 스알디엘의 아들 유다 총독
스룹바벨과 여호사닥의 아들
대제사장 여호수아에게 임하니
라 이르시되
2 만군의 여호와가 이같이 말하
여 이르노라 이 백성이 말하기
를 여호와의 전을 건축할 시기
가 이르지 아니하였다 하느니라
3 여호와의 말씀이 선지자 학개
에게 임하여 이르시되
4 이 성전이 황폐하였거늘 너희
가 이때에 판벽한 집에 거주
하는 것이 옳으냐
5 그러므로 이제 만군의 여호와
가 이같이 말하노니 너희는 너
희의 행위를 살필지니라
6 너희가 많이 뿌릴지라도 수확
이 적으며 먹을지라도 배부르지
못하며 마실지라도 흡족하지
못하며 입어도 따뜻하지 못하
며 일꾼이 삯을 받아도 그것을
구멍 뚫어진 전대에 넣음이 되
느니라
7 만군의 여호와가 말하노니 너희
는 자기의 행위를 살필지니라
8 너희는 산에 올라가서 나무를
가져다가 성전을 건축하라 그
리하면 내가 그것으로 말미암
아 기뻐하고 또 영광을 얻으리
라 여호와가 말하였느니라
9 너희가 많은 것을 바랐으나 도
리어 적었고 너희가 그것을 집
으로 가져갔으나 내가 불어 버
렸느니라 나 만군의 여호와가
말하노라 이것이 무슨 까닭이
냐 내 집은 황폐하였으되 너희
는 각각 자기의 집을 짓기 위
하여 빨랐음이라
10 그러므로 너희로 말미암아 하늘
은 이슬을 그쳤고 땅은 산물을
그쳤으며
11 내가 이 땅과 산과 곡물과 새
포도주와 기름과 땅의 모든 소
산과 사람과 가축과 손으로 수
고하는 모든 일에 한재를 들게
하였느니라

성전 건축을 격려하다

12 스알디엘의 아들 스룹바벨과
여호사닥의 아들 대제사장 여
호수아와 남은 모든 백성이 그

들의 하나님 여호와의 목소리와
선지자 학개의 말을 들었으니
이는 그들의 하나님 여호와께
서 그를 보내셨음이라 백성이
다 여호와를 경외하매
13 그때에 여호와의 사자 학개가
여호와의 위임을 받아 백성에
게 말하여 이르되 여호와가 말
하노니 내가 너희와 함께하노
라 하니라
14 여호와께서 스알디엘의 아들
유다 총독 스룹바벨의 마음과
여호사닥의 아들 대제사장 여
호수아의 마음과 남은 모든 백
성의 마음을 감동시키시매 그들
이 와서 만군의 여호와 그들의
하나님의 전 공사를 하였으니
15 그때는 다리오 왕 제이년 여섯
째 달 이십사일이었더라

2 일곱째 달 곧 그달 이십일일
에 여호와의 말씀이 선지자
학개에게 임하니라 이르시되
2 너는 스알디엘의 아들 유다 총
독 스룹바벨과 여호사닥의 아
들 대제사장 여호수아와 남은
백성에게 말하여 이르라
3 너희 가운데에 남아 있는 자
중에서 이 성전의 이전 영광을
본 자가 누구냐 이제 이것이
너희에게 어떻게 보이느냐 이것
이 너희 눈에 보잘것없지 아니
하냐
4 그러나 여호와가 이르노라 스룹
바벨아 스스로 굳세게 할지어
다 여호사닥의 아들 대제사장
여호수아야 스스로 굳세게 할지
어다 여호와의 말이니라 이 땅
모든 백성아 스스로 굳세게 하
여 일할지어다 내가 너희와 함
께하노라 만군의 여호와의 말
이니라
5 너희가 애굽에서 나올 때에 내
가 너희와 언약한 말과 나의
영이 계속하여 너희 가운데에
머물러 있나니 너희는 두려워
하지 말지어다
6 만군의 여호와가 이같이 말하
노라 조금 있으면 내가 하늘과
땅과 바다와 육지를 진동시킬
것이요
7 또한 모든 나라를 진동시킬 것
이며 모든 나라의 보배가 이르
리니 내가 이 성전에 영광이
충만하게 하리라 만군의 여호
와의 말이니라
8 은도 내 것이요 금도 내 것이니

라 만군의 여호와의 말이니라
9 이 성전의 나중 영광이 이전
영광보다 크리라 만군의 여호와
의 말이니라 내가 이곳에 평강
을 주리라 만군의 여호와의 말
이니라
10 다리오 왕 제이년 아홉째 달
이십사일에 여호와의 말씀이
선지자 학개에게 임하니라 이
르시되
11 만군의 여호와가 말하노니 너
는 제사장에게 율법에 대하여
물어 이르기를
12 사람이 옷자락에 거룩한 고기
를 쌌는데 그 옷자락이 만일
떡에나 국에나 포도주에나 기
름에나 다른 음식물에 닿았으
면 그것이 성물이 되겠느냐 하
라 학개가 물으매 제사장들이
대답하여 이르되 아니니라 하는
지라
13 학개가 이르되 시체를 만져서
부정하여진 자가 만일 그것들
가운데 하나를 만지면 그것이
부정하겠느냐 하니 제사장들
이 대답하여 이르되 부정하리
라 하더라
14 이에 학개가 대답하여 이르되
여호와의 말씀에 내 앞에서 이
백성이 그러하고 이 나라가 그
러하고 그들의 손의 모든 일도
그러하고 그들이 거기에서 드리
는 것도 부정하니라
15 이제 원하건대 너희는 오늘부
터 이전 곧 여호와의 전에 돌
이 돌 위에 놓이지 아니하였던
때를 기억하라
16 그때에는 이십 고르 곡식 더미
에 이른즉 십 고르뿐이었고 포
도즙 틀에 오십 고르를 길으러
이른즉 이십 고르뿐이었었느니
라
17 만군의 여호와가 말하노라 내
가 너희 손으로 지은 모든 일에
곡식을 마르게 하는 재앙과 깜
부기 재앙과 우박으로 쳤으나
너희가 내게로 돌이키지 아니하
였느니라
18 너희는 오늘 이전을 기억하라
아홉째 달 이십사일 곧 여호와
의 성전 지대를 쌓던 날부터
기억하여 보라
19 곡식 종자가 아직도 창고에 있
느냐 포도나무, 무화과나무, 석류
나무, 감람나무에 열매가 맺지
못하였느니라 그러나 오늘부터

는 내가 너희에게 복을 주리라
20 그달 이십사일에 여호와의 말
씀이 다시 학개에게 임하니라
이르시되
21 너는 유다 총독 스룹바벨에게
말하여 이르라 내가 하늘과 땅
을 진동시킬 것이요
22 여러 왕국들의 보좌를 엎을 것
이요 여러 나라의 세력을 멸할
것이요 그 병거들과 그 탄 자
를 엎드러뜨리리니 말과 그 탄
자가 각각 그의 동료의 칼에
엎드러지리라
23 만군의 여호와가 말하노라 스
알디엘의 아들 내 종 스룹바벨
아 여호와가 말하노라 그날에
내가 너를 세우고 너를 인장으
로 삼으리니 이는 내가 너를 택
하였음이니라 만군의 여호와의
말이니라 하시니라

스가랴

제목

히브리 성경은 저자의 이름을 그대로 원용하여 그 제목을 '제카르야'(여호와께서 기억하신다)라고 명명하고 있다.

저자와 저작 연대

스가랴는 예레미야(렘 1:1), 에스겔(겔 1:3)처럼 선지자이면서(1:1) 또한 제사장이었다. 그는 바벨론에서 태어났다. 그리고 이스라엘 백성이 B.C. 538년 스룹바벨과 여호수아의 인도로 귀환할 때 함께 귀환했다. 스가랴는 학개와 동시대인이었으나(스 5:1;6:14) 학개보다 오랫동안 활동했다. 저작 연대는 1장에서 8장까지는 B.C. 520-518년 사이에 기록이 되었고 9장에서 14장까지는 몇 십 년 후인 B.C. 480-470년 사이에 기록되었을 가능성이 높다.

기록 장소와 대상

기록 장소는 예루살렘이며 기록 대상은 귀환한 이스라엘 백성이다.

핵심어 및 내용

스가랴의 핵심어는 "순종"과 "메시아"이다. 스가랴는 이스라엘이 축복을 누릴 수 있는지의 여부는 하나님과 하나님의 말씀에 대한 백성의 순종에 달렸다고 백성들에게 알려 주었다. 또한 '다가올 메시아'는 바로 이 책의 중심 내용이다. 그분의 능력과 배반당하시는 장면과 그분의 왕국이 묘사된다.

내용 분해

1. 회개의 촉구
   (1:1-6)
2. 스가랴가 본 여덟 개의 환상
   (1:7-6:8)
3. 대제사장 여호수아에게 씌운 면류관
   (6:9-15)
4. 금식문제와 예루살렘의 회복에 대한 약속
   (7:1-8:23)
5. 두 개의 경고: 메시아의 미래와 하나님 나라의 완전한 실현
   (9:1-14:21)

주요 사건 연대

B.C.

바벨론에 의한 남쪽 유다의 멸망과 바벨론 유수 (왕하 25:1-26; 대하 36:11-21) B.C. 586

바사 왕 고레스의 포로 석방에 대한 포고령 (대하 36:22-23; 스 1:1-4) B.C. 538

스룹바벨에 의한 제1차 포로 귀환 (스 1:5-11) B.C. 538

사마리아인에 의한 성전 재건 방해 (스 4:1-24) B.C. 536-520

바사 왕 다리오의 즉위 B.C. 522

학개의 소명 및 예언 (학 1:1-15) B.C. 520

스가랴의 소명과 환상 (1:1-6) B.C. 520

스룹바벨에 의한 성전 재건 (스 5:1-17; 학 2:1-23) B.C. 520-516

에스라에 의한 제2차 포로 귀환과 개혁 운동 (스 7:1-10; 9:1-10:44) B.C. 458

느헤미야에 의한 제3차 포로 귀환 (느 2:1-10) B.C. 445

악한 길에서 돌아오라고 명령하시다

1 다리오 왕 제이년 여덟째 달
에 여호와의 말씀이 잇도의
손자 베레갸의 아들 선지자 스
가랴에게 임하니라 이르시되
2 여호와가 너희의 조상들에게
심히 진노하였느니라
3 그러므로 너는 그들에게 말하기
를 만군의 여호와께서 이처럼
이르시되 너희는 내게로 돌아오
라 만군의 여호와의 말이니라
그리하면 내가 너희에게로 돌
아가리라 만군의 여호와의 말
이니라
4 너희 조상들을 본받지 말라 옛
적 선지자들이 그들에게 외쳐
이르되 만군의 여호와께서 이
같이 말씀하시기를 너희가 악
한 길, 악한 행위를 떠나서 돌
아오라 하셨다 하나 그들이 듣
지 아니하고 내게 귀를 기울이
지 아니하였느니라 여호와의 말
이니라
5 너희 조상들이 어디 있느냐 또
선지자들이 영원히 살겠느냐
6 내가 나의 종 선지자들에게 명
령한 내 말과 내 법도들이 어
찌 너희 조상들에게 임하지 아
니하였느냐 그러므로 그들이 돌
이켜 이르기를 만군의 여호와께
서 우리 길대로, 우리 행위대로
우리에게 행하시려고 뜻하신
것을 우리에게 행하셨도다 하
였느니라

화석류나무 사이에 선 자

7 다리오 왕 제이년 열한째 달
곧 스밧 월 이십사일에 잇도의
손자 베레갸의 아들 선지자 스
가랴에게 여호와의 말씀이 임
하니라
8 내가 밤에 보니 한 사람이 붉
은 말을 타고 골짜기 속 화석
류나무 사이에 섰고 그 뒤에는
붉은 말과 자줏빛 말과 백마
가 있기로
9 내가 말하되 내 주여 이들이 무
엇이니이까 하니 내게 말하는
천사가 내게 이르되 이들이 무엇
인지 내가 네게 보이리라 하니
10 화석류나무 사이에 선 자가 대
답하여 이르되 이는 여호와께
서 땅에 두루 다니라고 보내신
자들이니라
11 그들이 화석류나무 사이에 선

여호와의 천사에게 말하되 우
리가 땅에 두루 다녀 보니 온
땅이 평안하고 조용하더이다
하더라
12 여호와의 천사가 대답하여 이
르되 만군의 여호와여 여호와
께서 언제까지 예루살렘과 유
다 성읍들을 불쌍히 여기지 아
니하시려 하나이까 이를 노하신
지 칠십 년이 되었나이다 하매
13 여호와께서 내게 말하는 천사
에게 선한 말씀, 위로하는 말씀
으로 대답하시더라
14 내게 말하는 천사가 내게 이르
되 너는 외쳐 이르기를 만군의
여호와의 말씀에 내가 예루살
렘을 위하며 시온을 위하여 크
게 질투하며
15 안일한 여러 나라들 때문에 심
히 진노하나니 나는 조금 노하
였거늘 그들은 힘을 내어 고난
을 더하였음이라
16 그러므로 여호와가 이처럼 말하
노라 내가 불쌍히 여기므로 예
루살렘에 돌아왔은즉 내 집이
그 가운데에 건축되리니 예루
살렘 위에 먹줄이 쳐지리라 만
군의 여호와의 말이니라
17 그가 다시 외쳐 이르기를 만군
의 여호와의 말씀에 나의 성읍
들이 넘치도록 다시 풍부할 것
이라 여호와가 다시 시온을 위
로하며 다시 예루살렘을 택하
리라 하라 하니라

네 뿔과 대장장이 네 명

18 내가 눈을 들어 본즉 네 개의
뿔이 보이기로
19 이에 내게 말하는 천사에게 묻
되 이들이 무엇이니이까 하니
내게 대답하되 이들은 유다와
이스라엘과 예루살렘을 흩뜨
린 뿔이니라
20 그때에 여호와께서 대장장이
네 명을 내게 보이시기로
21 내가 말하되 그들이 무엇하러
왔나이까 하니 대답하여 이르
시되 그 뿔들이 유다를 흩뜨려
서 사람들이 능히 머리를 들지
못하게 하니 이 대장장이들이
와서 그것들을 두렵게 하고 이
전의 뿔들을 들어 유다 땅을
흩뜨린 여러 나라의 뿔들을 떨
어뜨리려 하느니라 하시더라

측량줄을 잡은 사람

2 내가 또 눈을 들어 본즉 한
사람이 측량줄을 그의 손에

잡았기로
2 네가 어디로 가느냐 물은즉 그
가 내게 대답하되 예루살렘을
측량하여 그 너비와 길이를 보
고자 하노라 하고 말할 때에
3 내게 말하는 천사가 나가고 다
른 천사가 나와서 그를 맞으며
4 이르되 너는 달려가서 그 소년
에게 말하여 이르기를 예루살
렘은 그 가운데 사람과 가축
이 많으므로 성곽 없는 성읍이
될 것이라 하라
5 여호와의 말씀에 내가 불로 둘
러싼 성곽이 되며 그 가운데에
서 영광이 되리라
6 오호라 너희는 북방 땅에서 도
피할지어다 여호와의 말씀이니
라 이는 내가 너희를 하늘 사
방에 바람같이 흩어지게 하였
음이니라 여호와의 말씀이니라
7 바벨론 성에 거주하는 시온아
이제 너는 피할지니라
8 만군의 여호와께서 이같이 말
씀하시되 영광을 위하여 나를
너희를 노략한 여러 나라로 보
내셨나니 너희를 범하는 자는
그의 눈동자를 범하는 것이라
9 내가 손을 그들 위에 움직인즉
그들이 자기를 섬기던 자들에
게 노략거리가 되리라 하셨나
니 너희가 만군의 여호와께서
나를 보내신 줄 알리라
10 여호와의 말씀에 시온의 딸아
노래하고 기뻐하라 이는 내가
와서 네 가운데에 머물 것임이
라
11 그날에 많은 나라가 여호와께
속하여 내 백성이 될 것이요 나
는 네 가운데에 머물리라 네가
만군의 여호와께서 나를 네게
보내신 줄 알리라
12 여호와께서 장차 유다를 거룩
한 땅에서 자기 소유를 삼으시
고 다시 예루살렘을 택하시리
니
13 모든 육체가 여호와 앞에서 잠
잠할 것은 여호와께서 그의 거
룩한 처소에서 일어나심이니라
하라 하더라

여호와의 천사 앞에 선 여호수아

3 대제사장 여호수아는 여호와
의 천사 앞에 섰고 사탄은
그의 오른쪽에 서서 그를 대적
하는 것을 여호와께서 내게 보
이시니라
2 여호와께서 사탄에게 이르시되

사탄아 여호와께서 너를 책망
하노라 예루살렘을 택한 여호
와께서 너를 책망하노라 이는
불에서 꺼낸 그슬린 나무가 아
니냐 하실 때에
3 여호수아가 더러운 옷을 입고
천사 앞에 서있는지라
4 여호와께서 자기 앞에 선 자
들에게 명령하사 그 더러운 옷
을 벗기라 하시고 또 여호수아
에게 이르시되 내가 네 죄악을
제거하여 버렸으니 네게 아름
다운 옷을 입히리라 하시기로
5 내가 말하되 정결한 관을 그
의 머리에 씌우소서 하매 곧
정결한 관을 그 머리에 씌우
며 옷을 입히고 여호와의 천사
는 곁에 섰더라
6 여호와의 천사가 여호수아에게
증언하여 이르되
7 만군의 여호와의 말씀에 네가
만일 내 도를 행하며 내 규례
를 지키면 네가 내 집을 다스
릴 것이요 내 뜰을 지킬 것이
며 내가 또 너로 여기 섰는 자
들 가운데에 왕래하게 하리라
8 대제사장 여호수아야 너와 네
앞에 앉은 네 동료들은 내 말
을 들을 것이니라 이들은 예표
의 사람들이라 내가 내 종 싹
을 나게 하리라
9 만군의 여호와가 말하노라 내
가 너 여호수아 앞에 세운 돌
을 보라 한 돌에 일곱 눈이 있
느니라 내가 거기에 새길 것을
새기며 이 땅의 죄악을 하루에
제거하리라
10 만군의 여호와가 말하노라 그
날에 너희가 각각 포도나무와
무화과나무 아래로 서로 초대
하리라 하셨느니라

순금 등잔대와 두 감람나무

4 내게 말하던 천사가 다시 와
서 나를 깨우니 마치 자는 사
람이 잠에서 깨어난 것 같더라
2 그가 내게 묻되 네가 무엇을
보느냐 내가 대답하되 내가 보
니 순금 등잔대가 있는데 그
위에는 기름 그릇이 있고 또
그 기름 그릇 위에 일곱 등잔
이 있으며 그 기름 그릇 위에
있는 등잔을 위해서 일곱 관이
있고
3 그 등잔대 곁에 두 감람나무
가 있는데 하나는 그 기름 그
릇 오른쪽에 있고 하나는 그

왼쪽에 있나이다 하고
4 내게 말하는 천사에게 물어 이
르되 내 주여 이것들이 무엇이
니이까 하니
5 내게 말하는 천사가 대답하여
이르되 네가 이것들이 무엇인지
알지 못하느냐 하므로 내가 대
답하되 내 주여 내가 알지 못
하나이다 하니
6 그가 내게 대답하여 이르되 여
호와께서 스룹바벨에게 하신
말씀이 이러하니라 만군의 여
호와께서 말씀하시되 이는 힘으
로 되지 아니하며 능력으로 되
지 아니하고 오직 나의 영으로
되느니라
7 큰 산아 네가 무엇이냐 네가
스룹바벨 앞에서 평지가 되리
라 그가 머릿돌을 내놓을 때에
무리가 외치기를 은총, 은총이
그에게 있을지어다 하리라 하
셨고
8 여호와의 말씀이 또 내게 임하
여 이르시되
9 스룹바벨의 손이 이 성전의 기
초를 놓았은즉 그의 손이 또한
그 일을 마치리라 하셨나니 만
군의 여호와께서 나를 너희에
게 보내신 줄을 네가 알리라
하셨느니라
10 작은 일의 날이라고 멸시하는
자가 누구냐 사람들이 스룹바
벨의 손에 다림줄이 있음을 보
고 기뻐하리라 이 일곱은 온
세상에 두루 다니는 여호와의
눈이라 하니라
11 내가 그에게 물어 이르되 등잔
대 좌우의 두 감람나무는 무슨
뜻이니이까 하고
12 다시 그에게 물어 이르되 금 기
름을 흘리는 두 금관 옆에 있
는 이 감람나무 두 가지는 무
슨 뜻이니이까 하니
13 그가 내게 대답하여 이르되 네
가 이것이 무엇인지 알지 못하
느냐 하는지라 내가 대답하되
내 주여 알지 못하나이다 하니
14 이르되 이는 기름부음 받은 자
들이니 온 세상의 주 앞에 서
있는 자니라 하더라

날아가는 두루마리

5 내가 다시 눈을 들어 본즉 날
아가는 두루마리가 있더라
2 그가 내게 묻되 네가 무엇을
보느냐 하기로 내가 대답하되
날아가는 두루마리를 보나이다

그 길이가 이십 규빗이요 너비
가 십 규빗이니이다
3 그가 내게 이르되 이는 온 땅
위에 내리는 저주라 도둑질하
는 자는 그 이쪽 글대로 끊어
지고 맹세하는 자는 그 저쪽
글대로 끊어지리라 하니
4 만군의 여호와께서 이르시되 내
가 이것을 보냈나니 도둑의 집
에도 들어가며 내 이름을 가리
켜 망령되이 맹세하는 자의 집
에도 들어가서 그의 집에 머무
르며 그 집을 나무와 돌과 아울
러 사르리라 하셨느니라 하니라

에바 속의 여인

5 내게 말하던 천사가 나아와서
내게 이르되 너는 눈을 들어 나
오는 이것이 무엇인가 보라 하
기로
6 내가 묻되 이것이 무엇이니이
까 하니 그가 이르되 나오는 이
것이 에바이니라 하시고 또 이
르되 온 땅에서 그들의 모양이
이러하니라
7 이 에바 가운데에는 한 여인이
앉았느니라 하니 그때에 둥근
납 한 조각이 들리더라
8 그가 이르되 이는 악이라 하고
그 여인을 에바 속으로 던져
넣고 납 조각을 에바 아귀 위
에 던져 덮더라
9 내가 또 눈을 들어 본즉 두 여
인이 나오는데 학의 날개 같
은 날개가 있고 그 날개에 바
람이 있더라 그들이 그 에바를
천지 사이에 들었기로
10 내가 내게 말하는 천사에게 묻
되 그들이 에바를 어디로 옮겨
가나이까 하니
11 그가 내게 이르되 그들이 시날
땅으로 가서 그것을 위하여 집
을 지으려 함이니라 준공되면
그것이 제 처소에 머물게 되리
라 하더라

네 병거

6 내가 또 눈을 들어 본즉 네
병거가 두 산 사이에서 나오
는데 그 산은 구리 산이더라
2 첫째 병거는 붉은 말들이, 둘째
병거는 검은 말들이,
3 셋째 병거는 흰말들이, 넷째 병
거는 어룽지고 건장한 말들이
메었는지라
4 내가 내게 말하는 천사에게 물
어 이르되 내 주여 이것들이 무
엇이니이까 하니

5 천사가 대답하여 이르되 이는
하늘의 네 바람인데 온 세상의
주 앞에 서있다가 나가는 것이
라 하더라
6 검은 말은 북쪽 땅으로 나가고
흰말은 그 뒤를 따르고 어룽진
말은 남쪽 땅으로 나가고
7 건장한 말은 나가서 땅에 두
루 다니고자 하니 그가 이르되
너희는 여기서 나가서 땅에 두
루 다니라 하매 곧 땅에 두루
다니더라
8 그가 내게 외쳐 말하여 이르되
북쪽으로 나간 자들이 북쪽에서
내 영을 쉬게 하였느니라 하더
라

면류관을 여호수아의 머리에 씌우다

9 여호와의 말씀이 내게 임하여
이르시되
10 사로잡힌 자 가운데 바벨론에
서부터 돌아온 헬대와 도비야
와 여다야가 스바냐의 아들 요
시야의 집에 들어갔나니 너는
이날에 그 집에 들어가서 그들
에게서 받되
11 은과 금을 받아 면류관을 만들
어 여호사닥의 아들 대제사장
여호수아의 머리에 씌우고
12 말하여 이르기를 만군의 여호와
께서 이같이 말씀하시되 보라
싹이라 이름하는 사람이 자기
곳에서 돋아나서 여호와의 전
을 건축하리라
13 그가 여호와의 전을 건축하고
영광도 얻고 그 자리에 앉아서
다스릴 것이요 또 제사장이 자
기 자리에 있으리니 이 둘 사이
에 평화의 의논이 있으리라 하
셨다 하고
14 그 면류관은 헬렘과 도비야와
여다야와 스바냐의 아들 헨을
기념하기 위하여 여호와의 전
안에 두라 하시니라
15 먼 데 사람들이 와서 여호와의
전을 건축하리니 만군의 여호
와께서 나를 너희에게 보내신
줄을 너희가 알리라 너희가 만
일 너희의 하나님 여호와의 말
씀을 들을진대 이같이 되리라

여호와께서는 금식보다 청종을 원하신다

7 다리오 왕 제사년 아홉째 달
곧 기슬래 월 사일에 여호와
의 말씀이 스가랴에게 임하니
라
2 그때에 벧엘 사람이 사레셀과
레겜멜렉과 그의 부하들을 보

내어 여호와께 은혜를 구하고
3 만군의 여호와의 전에 있는 제
사장들과 선지자들에게 물어
이르되 내가 여러 해 동안 행
한 대로 오월 중에 울며 근신
하리이까 하매
4 만군의 여호와의 말씀이 내게
임하여 이르시되
5 온 땅의 백성과 제사장들에게
이르라 너희가 칠십 년 동안
다섯째 달과 일곱째 달에 금
식하고 애통하였거니와 그 금
식이 나를 위하여, 나를 위하여
한 것이냐
6 너희가 먹고 마실 때에 그것은
너희를 위하여 먹고 너희를 위
하여 마시는 것이 아니냐
7 예루살렘과 사면 성읍에 백
성이 평온히 거주하며 남방
과 평원에 사람이 거주할 때
에 여호와가 옛 선지자들을 통
하여 외친 말씀이 있지 않으냐
하시니라

사로잡혀 가는 까닭

8 여호와의 말씀이 스가랴에게
임하여 이르시되
9 만군의 여호와가 이같이 말하
여 이르시기를 너희는 진실한
재판을 행하며 서로 인애와 긍
휼을 베풀며
10 과부와 고아와 나그네와 궁핍
한 자를 압제하지 말며 서로
해하려고 마음에 도모하지 말
라 하였으나
11 그들이 듣기를 싫어하여 등을
돌리며 듣지 아니하려고 귀를
막으며
12 그 마음을 금강석 같게 하여
율법과 만군의 여호와가 그의
영으로 옛 선지자들을 통하여
전한 말을 듣지 아니하므로 큰
진노가 만군의 여호와께로부터
나왔도다
13 내가 불러도 그들이 듣지 아니
한 것처럼 그들이 불러도 내가
듣지 아니하리라 만군의 여호
와가 말하였느니라
14 내가 그들을 바람으로 불어 알
지 못하던 여러 나라에 흩었느
니라 그 후에 이 땅이 황폐하
여 오고 가는 사람이 없었나니
이는 그들이 아름다운 땅을 황
폐하게 하였음이니라 하시니라

예루살렘 회복에 대한 약속

8 만군의 여호와의 말씀이 임
하여 이르시되

2 만군의 여호와가 이같이 말하
노라 내가 시온을 위하여 크게
질투하며 그를 위하여 크게 분
노함으로 질투하노라
3 여호와가 이같이 말하노라 내
가 시온에 돌아와 예루살렘 가
운데에 거하리니 예루살렘은
진리의 성읍이라 일컫겠고 만
군의 여호와의 산은 성산이라
일컫게 되리라
4 만군의 여호와가 이같이 말하
노라 예루살렘 길거리에 늙은
남자들과 늙은 여자들이 다시
앉을 것이라 다 나이가 많으므
로 저마다 손에 지팡이를 잡을
것이요
5 그 성읍 거리에 소년과 소녀들
이 가득하여 거기에서 뛰놀리
라
6 만군의 여호와가 이같이 말하
노라 이 일이 그날에 남은 백
성의 눈에는 기이하려니와 내
눈에야 어찌 기이하겠느냐 만
군의 여호와의 말이니라
7 만군의 여호와가 이같이 말하
노라 보라, 내가 내 백성을 해
가 뜨는 땅과 해가 지는 땅에
서부터 구원하여 내고
8 인도하여다가 예루살렘 가운데
에 거주하게 하리니 그들은 내
백성이 되고 나는 진리와 공의
로 그들의 하나님이 되리라
9 만군의 여호와가 이같이 말하
노라 만군의 여호와의 집 곧
성전을 건축하려고 그 지대를
쌓던 날에 있었던 선지자들의
입의 말을 이날에 듣는 너희는
손을 견고히 할지어다
10 이날 전에는 사람도 삯을 얻
지 못하였고 짐승도 삯을 받지
못하였으며 사람이 원수로 말
미암아 평안히 출입하지 못하
였으니 내가 모든 사람을 풀어
서로 치게 하였느니라
11 만군의 여호와의 말씀이니라 이
제는 내가 이 남은 백성을 대
하기를 옛날과 같이 아니할 것
인즉
12 곧 평강의 씨앗을 얻을 것이라
포도나무가 열매를 맺으며 땅
이 산물을 내며 하늘은 이슬을
내리리니 내가 이 남은 백성으
로 이 모든 것을 누리게 하리라
13 유다 족속아, 이스라엘 족속아,
너희가 이방인 가운데에서 저
주가 되었었으나 이제는 내가

너희를 구원하여 너희가 복이
되게 하리니 두려워하지 말지
니라 손을 견고히 할지니라
14 만군의 여호와가 이같이 말하
노라 너희 조상들이 나를 격노
하게 하였을 때에 내가 그들
에게 재앙을 내리기로 뜻하고
뉘우치지 아니하였으나
15 이제 내가 다시 예루살렘과 유
다 족속에게 은혜를 베풀기로
뜻하였나니 너희는 두려워하지
말지니라
16 너희가 행할 일은 이러하니라
너희는 이웃과 더불어 진리를
말하며 너희 성문에서 진실하
고 화평한 재판을 베풀고
17 마음에 서로 해하기를 도모하
지 말며 거짓 맹세를 좋아하
지 말라 이 모든 일은 내가 미
워하는 것이니라 여호와의 말이
니라

금식에 관하여 말씀하시다

18 만군의 여호와의 말씀이 내게
임하여 이르시되
19 만군의 여호와가 이같이 말하
노라 넷째 달의 금식과 다섯째
달의 금식과 일곱째 달의 금식
과 열째 달의 금식이 변하여
유다 족속에게 기쁨과 즐거움
과 희락의 절기들이 되리니 오
직 너희는 진리와 화평을 사랑
할지니라
20 만군의 여호와가 이와 같이 말
하노라 다시 여러 백성과 많은
성읍의 주민이 올 것이라
21 이 성읍 주민이 저 성읍에 가
서 이르기를 우리가 속히 가서
만군의 여호와를 찾고 여호와
께 은혜를 구하자 하면 나도
가겠노라 하겠으며
22 많은 백성과 강대한 나라들이
예루살렘으로 와서 만군의 여
호와를 찾고 여호와께 은혜를
구하리라
23 만군의 여호와가 이와 같이 말
하노라 그날에는 말이 다른 이
방 백성 열 명이 유다 사람
하나의 옷자락을 잡을 것이라
곧 잡고 말하기를 하나님이 너
희와 함께하심을 들었나니 우
리가 너희와 함께 가려 하노라
하리라 하시니라

이스라엘 이웃 나라들에 대한 하나님의 말씀

9 여호와의 말씀이 하드락 땅
에 내리며 다메섹에 머물리

니 사람들과 이스라엘 모든 지
파의 눈이 여호와를 우러러봄이
니라
2 그 접경한 하맛에도 임하겠고
두로와 시돈에도 임하리니 그들
이 매우 지혜로움이니라
3 두로는 자기를 위하여 요새를
건축하며 은을 티끌같이, 금을
거리의 진흙같이 쌓았도다
4 주께서 그를 정복하시며 그의
권세를 바다에 쳐 넣으시리니
그가 불에 삼켜질지라
5 아스글론이 보고 무서워하며 가
사도 심히 아파할 것이며 에그
론은 그 소망이 수치가 되므로
역시 그러하리라 가사에는 임
금이 끊어질 것이며 아스글론
에는 주민이 없을 것이며
6 아스돗에는 잡족이 거주하리라
내가 블레셋 사람의 교만을 끊
고
7 그의 입에서 그의 피를, 그의 잇
사이에서 그 가증한 것을 제거
하리니 그들도 남아서 우리 하
나님께로 돌아와서 유다의 한
지도자같이 되겠고 에그론은
여부스 사람같이 되리라
8 내가 내 집을 둘러 진을 쳐서
적군을 막아 거기 왕래하지 못
하게 할 것이라 포학한 자가
다시는 그 지경으로 지나가지
못하리니 이는 내가 눈으로 친
히 봄이니라

구원을 베풀 왕

9 시온의 딸아 크게 기뻐할지어
다 예루살렘의 딸아 즐거이 부
를지어다 보라 네 왕이 네게
임하시나니 그는 공의로우시며
구원을 베푸시며 겸손하여서
나귀를 타시나니 나귀의 작은
것 곧 나귀 새끼니라
10 내가 에브라임의 병거와 예루
살렘의 말을 끊겠고 전쟁하는
활도 끊으리니 그가 이방 사람
에게 화평을 전할 것이요 그의
통치는 바다에서 바다까지 이
르고 유브라데 강에서 땅끝까
지 이르리라
11 또 너로 말할진대 네 언약의
피로 말미암아 내가 네 갇힌
자들을 물 없는 구덩이에서 놓
았나니
12 갇혀 있으나 소망을 품은 자들
아 너희는 요새로 돌아올지니라
내가 오늘도 이르노라 내가 네
게 갑절이나 갚을 것이라

13 내가 유다를 당긴 활로 삼고
에브라임을 끼운 화살로 삼았
으니 시온아 내가 네 자식들을
일으켜 헬라 자식들을 치게 하
며 너를 용사의 칼과 같게 하
리라
14 여호와께서 그들 위에 나타나
서 그들의 화살을 번개같이 쏘
아내실 것이며 주 여호와께서
나팔을 불게 하시며 남방 회오
리바람을 타고 가실 것이라
15 만군의 여호와께서 그들을 호
위하시리니 그들이 원수를 삼키
며 물맷돌을 밟을 것이며 그들
이 피를 마시고 즐거이 부르기
를 술 취한 것같이 할 것인즉
피가 가득한 동이와도 같고 피
묻은 제단 모퉁이와도 같을 것
이라
16 이날에 그들의 하나님 여호와
께서 그들을 자기 백성의 양
떼같이 구원하시리니 그들이
왕관의 보석같이 여호와의 땅
에 빛나리로다
17 그의 형통함과 그의 아름다움
이 어찌 그리 큰지 곡식은 청년
을, 새 포도주는 처녀를 강건하
게 하리라

여호와께서 구원을 약속하시다

10 봄비가 올 때에 여호와 곧
구름을 일게 하시는 여호와
께 비를 구하라 무리에게 소
낙비를 내려서 밭의 채소를 각
사람에게 주시리라
2 드라빔들은 허탄한 것을 말하
며 복술자는 진실하지 않은 것
을 보고 거짓 꿈을 말한즉 그
위로가 헛되므로 백성들이 양같
이 유리하며 목자가 없으므로
곤고를 당하나니
3 내가 목자들에게 노를 발하며
내가 숫염소들을 벌하리라 만
군의 여호와가 그 무리 곧 유
다 족속을 돌보아 그들을 전쟁
의 준마와 같게 하리니
4 모퉁잇돌이 그에게서, 말뚝이
그에게서, 싸우는 활이 그에게
서, 권세 잡은 자가 다 일제히
그에게서 나와서
5 싸울 때에 용사같이 거리의 진
흙 중에 원수를 밟을 것이라
여호와가 그들과 함께한즉 그
들이 싸워 말 탄 자들을 부끄
럽게 하리라
6 내가 유다 족속을 견고하게 하
며 요셉 족속을 구원할지라 내

가 그들을 긍휼히 여김으로 그
들이 돌아오게 하리니 그들은
내가 내버린 일이 없었음같이
되리라 나는 그들의 하나님 여
호와라 내가 그들에게 들으리
라
7 에브라임이 용사 같아서 포도주
를 마심같이 마음이 즐거울 것
이요 그들의 자손은 보고 기뻐
하며 여호와로 말미암아 마음
에 즐거워하리라
8 내가 그들을 향하여 휘파람을
불어 그들을 모을 것은 내가
그들을 구속하였음이라 그들이
전에 번성하던 것같이 번성하
리라
9 내가 그들을 여러 백성들 가운
데 흩으려니와 그들이 먼 곳에
서 나를 기억하고 그들이 살아
서 그들의 자녀들과 함께 돌아
올지라
10 내가 그들을 애굽 땅에서 돌아
오게 하며 그들을 앗수르에서부
터 모으며 길르앗 땅과 레바논
으로 그들을 이끌어 가리니 그
들이 거할 곳이 부족하리라
11 내가 그들이 고난의 바다를 지
나갈 때에 바다 물결을 치리
니 나일의 깊은 곳이 다 마르
겠고 앗수르의 교만이 낮아지
겠고 애굽의 규가 없어지리라
12 내가 그들로 나 여호와를 의지
하여 견고하게 하리니 그들이
내 이름으로 행하리라 나 여호
와의 말이니라

요단의 자랑이 쓰러지다

11 레바논아 네 문을 열고 불이
네 백향목을 사르게 하라
2 너 잣나무여 곡할지어다 백향
목이 넘어졌고 아름다운 나무들
이 쓰러졌음이로다 바산의 상수
리나무들아 곡할지어다 무성한
숲이 엎드러졌도다
3 목자들의 곡하는 소리가 남이
여 그들의 영화로운 것이 쓰러
졌음이로다 어린 사자의 부르짖
는 소리가 남이여 이는 요단의
자랑이 쓰러졌음이로다

두 목자

4 여호와 나의 하나님이 이르시되
너는 잡혀 죽을 양 떼를 먹이
라
5 사들인 자들은 그들을 잡아도
죄가 없다 하고 판 자들은 말
하기를 내가 부요하게 되었은
즉 여호와께 찬송하리라 하고

그들의 목자들은 그들을 불쌍
히 여기지 아니하는도다
6 여호와가 말하노라 내가 다시
는 이 땅 주민을 불쌍히 여기
지 아니하고 그 사람들을 각각
그 이웃의 손과 임금의 손에 넘
기리니 그들이 이 땅을 칠지라
도 내가 그들의 손에서 건져내
지 아니하리라 하시기로
7 내가 잡혀 죽을 양 떼를 먹이
니 참으로 가련한 양들이라 내
가 막대기 둘을 취하여 하나는
은총이라 하며 하나는 연합이
라 하고 양 떼를 먹일새
8 한 달 동안에 내가 그 세 목자
를 제거하였으니 이는 내 마음
에 그들을 싫어하였고 그들의
마음에도 나를 미워하였음이라
9 내가 이르되 내가 너희를 먹이
지 아니하리라 죽는 자는 죽는
대로, 망하는 자는 망하는 대
로, 나머지는 서로 살을 먹는
대로 두리라 하고
10 이에 은총이라 하는 막대기를
취하여 꺾었으니 이는 모든 백
성들과 세운 언약을 폐하려
하였음이라
11 당일에 곧 폐하매 내 말을 지
키던 가련한 양들은 이것이 여
호와의 말씀이었던 줄 안지라
12 내가 그들에게 이르되 너희가
좋게 여기거든 내 품삯을 내게
주고 그렇지 아니하거든 그만두
라 그들이 곧 은 삼십 개를 달
아서 내 품삯을 삼은지라
13 여호와께서 내게 이르시되 그들
이 나를 헤아린 바 그 삯을 토
기장이에게 던지라 하시기로 내
가 곧 그 은 삼십 개를 여호와
의 전에서 토기장이에게 던지고
14 내가 또 연합이라 하는 둘째
막대기를 꺾었으니 이는 유다
와 이스라엘 형제의 의리를 끊
으려 함이었느니라
15 여호와께서 내게 이르시되 너
는 또 어리석은 목자의 기구들
을 빼앗을지니라
16 보라 내가 한 목자를 이 땅에
일으키리니 그가 없어진 자를
마음에 두지 아니하며 흩어진
자를 찾지 아니하며 상한 자를
고치지 아니하며 강건한 자를
먹이지 아니하고 오히려 살진
자의 고기를 먹으며 또 그 굽
을 찢으리라
17 화 있을진저 양 떼를 버린 못

된 목자여 칼이 그의 팔과 오른
쪽 눈에 내리리니 그의 팔이 아
주 마르고 그의 오른쪽 눈이 아
주 멀어 버릴 것이라 하시니라

예루살렘의 구원

12 이스라엘에 관한 여호와의
경고의 말씀이라 여호와 곧
하늘을 펴시며 땅의 터를 세우
시며 사람 안에 심령을 지으신
이가 이르시되
2 보라 내가 예루살렘으로 그 사
면 모든 민족에게 취하게 하
는 잔이 되게 할 것이라 예루
살렘이 에워싸일 때에 유다에
까지 이르리라
3 그날에는 내가 예루살렘을 모
든 민족에게 무거운 돌이 되게
하리니 그것을 드는 모든 자는
크게 상할 것이라 천하만국이
그것을 치려고 모이리라
4 여호와가 말하노라 그날에 내
가 모든 말을 쳐서 놀라게 하
며 그 탄 자를 쳐서 미치게 하
되 유다 족속은 내가 돌보고 모
든 민족의 말을 쳐서 눈이 멀
게 하리니
5 유다의 우두머리들이 마음속에
이르기를 예루살렘 주민이 그들
의 하나님 만군의 여호와로 말
미암아 힘을 얻었다 할지라
6 그날에 내가 유다 지도자들을
나무 가운데에 화로 같게 하며
곡식단 사이에 횃불 같게 하리
니 그들이 그 좌우에 에워싼
모든 민족들을 불사를 것이요
예루살렘 사람들은 다시 그 본
곳 예루살렘에 살게 되리라
7 여호와가 먼저 유다 장막을 구
원하리니 이는 다윗의 집의 영
광과 예루살렘 주민의 영광이
유다보다 더하지 못하게 하려
함이니라
8 그날에 여호와가 예루살렘 주
민을 보호하리니 그중에 약한
자가 그날에는 다윗 같겠고
다윗의 족속은 하나님 같고 무
리 앞에 있는 여호와의 사자
같을 것이라
9 예루살렘을 치러 오는 이방 나
라들을 그날에 내가 멸하기를
힘쓰리라
10 내가 다윗의 집과 예루살렘
주민에게 은총과 간구하는 심
령을 부어 주리니 그들이 그
찌른 바 그를 바라보고 그를
위하여 애통하기를 독자를 위

하여 애통하듯 하며 그를 위하여 통곡하기를 장자를 위하여 통곡하듯 하리로다

11 그날에 예루살렘에 큰 애통이 있으리니 므깃도 골짜기 하다드림몬에 있던 애통과 같을 것이라

12 온 땅 각 족속이 따로 애통하되 다윗의 족속이 따로 하고 그들의 아내들이 따로 하며 나단의 족속이 따로 하고 그들의 아내들이 따로 하며

13 레위의 족속이 따로 하고 그들의 아내들이 따로 하며 시므이의 족속이 따로 하고 그들의 아내들이 따로 하며

14 모든 남은 족속도 각기 따로 하고 그들의 아내들이 따로 하리라

13 그날에 죄와 더러움을 씻는 샘이 다윗의 족속과 예루살렘 주민을 위하여 열리리라

2 만군의 여호와가 말하노라 그날에 내가 우상의 이름을 이 땅에서 끊어서 기억도 되지 못하게 할 것이며 거짓 선지자와 더러운 귀신을 이 땅에서 떠나게 할 것이라

3 사람이 아직도 예언할 것 같으면 그 낳은 부모가 그에게 이르기를 네가 여호와의 이름을 빙자하여 거짓말을 하니 살지 못하리라 하고 낳은 부모가 그가 예언할 때에 칼로 그를 찌르리라

4 그날에 선지자들이 예언할 때에 그 환상을 각기 부끄러워할 것이며 사람을 속이려고 털옷도 입지 아니할 것이며

5 말하기를 나는 선지자가 아니요 나는 농부라 내가 어려서부터 사람의 종이 되었노라 할 것이요

6 어떤 사람이 그에게 묻기를 네 두 팔 사이에 있는 상처는 어찌 됨이냐 하면 대답하기를 이는 나의 친구의 집에서 받은 상처라 하리라

목자를 치라는 명령

7 만군의 여호와가 말하노라 칼아 깨어서 내 목자, 내 짝 된 자를 치라 목자를 치면 양이 흩어지려니와 작은 자들 위에는 내가 내 손을 드리우리라

8 여호와가 말하노라 이 온 땅에서 삼분의 이는 멸망하고 삼분

의 일은 거기 남으리니
9 내가 그 삼분의 일을 불 가운
데에 던져 은같이 연단하며
금같이 시험할 것이라 그들이
내 이름을 부르리니 내가 들을
것이며 나는 말하기를 이는 내
백성이라 할 것이요 그들은 말
하기를 여호와는 내 하나님이시
라 하리라

예루살렘과 이방 나라들

14 여호와의 날이 이르리라 그날
에 네 재물이 약탈되어 네 가
운데에서 나누이리라
2 내가 이방 나라들을 모아 예루
살렘과 싸우게 하리니 성읍이
함락되며 가옥이 약탈되며 부
녀가 욕을 당하며 성읍 백성이
절반이나 사로잡혀 가려니와 남
은 백성은 성읍에서 끊어지지
아니하리라
3 그때에 여호와께서 나가사 그
이방 나라들을 치시되 이왕의
전쟁 날에 싸운 것같이 하시리
라
4 그날에 그의 발이 예루살렘 앞
곧 동쪽 감람산에 서실 것이요
감람산은 그 한가운데가 동서
로 갈라져 매우 큰 골짜기가
되어서 산 절반은 북으로, 절반
은 남으로 옮기고
5 그 산골짜기는 아셀까지 이를
지라 너희가 그 산골짜기로 도
망하되 유다 왕 웃시야 때에
지진을 피하여 도망하던 것같
이 하리라 나의 하나님 여호와
께서 임하실 것이요 모든 거룩
한 자들이 주와 함께하리라
6 그날에는 빛이 없겠고 광명한
것들이 떠날 것이라
7 여호와께서 아시는 한 날이 있
으리니 낮도 아니요 밤도 아니
라 어두워 갈 때에 빛이 있으
리로다
8 그날에 생수가 예루살렘에서
솟아나서 절반은 동해로, 절반
은 서해로 흐를 것이라 여름에
도 겨울에도 그러하리라
9 여호와께서 천하의 왕이 되시
리니 그날에는 여호와께서 홀
로 한 분이실 것이요 그의 이름
이 홀로 하나이실 것이라
10 온 땅이 아라바같이 되되 게
바에서 예루살렘 남쪽 림몬까
지 이를 것이며 예루살렘이 높
이 들려 그 본처에 있으리니 베
냐민 문에서부터 첫 문 자리와

성 모퉁이 문까지 또 하나넬
망대에서부터 왕의 포도주 짜
는 곳까지라
11 사람이 그 가운데에 살며 다시
는 저주가 있지 아니하리니 예
루살렘이 평안히 서리로다
12 예루살렘을 친 모든 백성에게
여호와께서 내리실 재앙은 이
러하니 곧 섰을 때에 그들의
살이 썩으며 그들의 눈동자가
눈구멍 속에서 썩으며 그들의
혀가 입속에서 썩을 것이요
13 그날에 여호와께서 그들을 크
게 요란하게 하시리니 피차 손
으로 붙잡으며 피차 손을 들어
칠 것이며
14 유다도 예루살렘에서 싸우리니
이때에 사방에 있는 이방 나라
들의 보화 곧 금은과 의복이 심
히 많이 모여질 것이요
15 또 말과 노새와 낙타와 나귀
와 그 진에 있는 모든 가축에
게 미칠 재앙도 그 재앙과 같
으리라
16 예루살렘을 치러 왔던 이방
나라들 중에 남은 자가 해마
다 올라와서 그 왕 만군의 여
호와께 경배하며 초막절을 지
킬 것이라
17 땅에 있는 족속들 중에 그 왕
만군의 여호와께 경배하러 예
루살렘에 올라오지 아니하는
자들에게는 비를 내리지 아니하
실 것인즉
18 만일 애굽 족속이 올라오지 아
니할 때에는 비 내림이 있지
아니하리니 여호와께서 초막절
을 지키러 올라오지 아니하는
이방 나라들의 사람을 치시는
재앙을 그에게 내리실 것이라
19 애굽 사람이나 이방 나라 사
람이나 초막절을 지키러 올라
오지 아니하는 자가 받을 벌이
그러하니라
20 그날에는 말방울에까지 여호와
께 성결이라 기록될 것이라 여
호와의 전에 있는 모든 솥이
제단 앞 주발과 다름이 없을
것이니
21 예루살렘과 유다의 모든 솥이
만군의 여호와의 성물이 될 것
인즉 제사드리는 자가 와서 이
솥을 가져다가 그것으로 고기
를 삶으리라 그날에는 만군의
여호와의 전에 가나안 사람이
다시 있지 아니하리라

말라기

주요 사건 연대

B.C.

바벨론에 의한 남쪽 유다의 멸망과 바벨론 유수 (왕하 25:1–26; 대하 36:11–21) B.C. 586	
	바사 왕 고레스의 포로 석방에 대한 포고령 (대하 36:22–23; 스 1:1–4) B.C. 538
스룹바벨에 의한 성전 재건 (스 5:1–17; 학 2:1–23) B.C. 520–516	
	에스라에 의한 제2차 포로 귀환과 개혁 운동 (스 7:1–10; 9:1–10:44) B.C. 458
느헤미야에 의한 제3차 포로 귀환 (느 2:1–10) B.C. 445	
	느헤미야에 의한 예루살렘 성벽 재건 (느 3:1–6:19) B.C. 444
팔레스타인의 분봉왕 헤롯 즉위 (마 2:1–19;눅 1:5) B.C. 37	
	아우구스투스 (아구스도)의 로마 황제 등극 B.C. 27
세례 요한의 출생 (눅 1:57–80) B.C. 5	
	예수 그리스도의 탄생 (마 2:11) B.C. 4

제목

히브리 성경은 저자의 이름을 따라 본서의 제목을 '말아키'(나의 사자)라 하였다. 한글 성경도 이에 맞춰 '말라기'라 명명했다.

저자와 저작 연대

저자는 말라기이며 말라기의 저작 연대를 정확히 규명하기란 어려운 문제이나, 스룹바벨 성전과 제사장들의 부패상이 언급된 것으로 보아, 말라기 선지자가 성전 재건(B.C. 516년경) 이후에 활동하였으리라는 점은 추정할 수 있다.

기록 장소와 대상

기록 장소는 예루살렘이며, 모든 이스라엘 백성을 대상으로 기록되었지만 특별히 바벨론 포로 생활에서 귀환한 남은 자들을 위하여 기록되었다.

핵심어 및 내용

말라기의 핵심어는 "십일조"와 "준비"이다. 백성들이 십일조를 하지 않을 때 사실 당연히 하나님께 드려야 할 것을 그들이 도둑질하는 격이다. 백성들은 하나님에게 돈뿐만 아니라 시간과 재능도 빚지고 있다. 또한 말라기의 중요한 사역의 한 부분은 우리의 주님이신 예수 그리스도, 곧 메시아의 길을 준비하기 위해서 보내진 세례 요한을 예비하는 일이다.

내용 분해

1. 하나님의 사랑에 대한 질문과 답변 (1:1–5)
2. 제사장들의 불경한 행동들 (1:6–2:9)
3. 신실한 것을 요구하심 (2:10–16)
4. 공의의 하나님이 심판하러 임하심 (2:17–3:5)
5. 회개할 것을 요구하심 (3:6–12)
6. 하나님을 대적하여 말한 악인들을 심판하심 (3:13–4:3)
7. 모세의 율법을 기억하라는 권고 (4:4)
8. 선지자 엘리야를 보내리라는 약속 (4:5–6)

1 여호와께서 말라기를 통하여
이스라엘에게 말씀하신 경고
라

여호와께서 이스라엘을 사랑하시다

2 여호와께서 이르시되 내가 너
희를 사랑하였노라 하나 너희
는 이르기를 주께서 어떻게 우
리를 사랑하셨나이까 하는도다
나 여호와가 말하노라 에서는
야곱의 형이 아니냐 그러나 내
가 야곱을 사랑하였고
3 에서는 미워하였으며 그의 산
들을 황폐하게 하였고 그의 산
업을 광야의 이리들에게 넘겼
느니라
4 에돔은 말하기를 우리가 무너
뜨림을 당하였으나 황폐된 곳
을 다시 쌓으리라 하거니와 나
만군의 여호와는 이르노라 그들
은 쌓을지라도 나는 헐리라 사
람들이 그들을 일컬어 악한 지
역이라 할 것이요 여호와의 영
원한 진노를 받은 백성이라 할
것이며
5 너희는 눈으로 보고 이르기를 여
호와께서는 이스라엘 지역 밖
에서도 크시다 하리라

제사장과 백성들의 죄

6 내 이름을 멸시하는 제사장들
아 나 만군의 여호와가 너희에
게 이르기를 아들은 그 아버지
를, 종은 그 주인을 공경하나니
내가 아버지일진대 나를 공경
함이 어디 있느냐 내가 주인일
진대 나를 두려워함이 어디 있
느냐 하나 너희는 이르기를 우
리가 어떻게 주의 이름을 멸시
하였나이까 하는도다
7 너희가 더러운 떡을 나의 제단
에 드리고도 말하기를 우리가
어떻게 주를 더럽게 하였나이
까 하는도다 이는 너희가 여호
와의 식탁은 경멸히 여길 것이
라 말하기 때문이라
8 만군의 여호와가 이르노라 너희
가 눈먼 희생제물을 바치는 것
이 어찌 악하지 아니하며 저는
것, 병든 것을 드리는 것이 어
찌 악하지 아니하냐 이제 그것
을 너희 총독에게 드려 보라 그
가 너를 기뻐하겠으며 너를 받
아주겠느냐
9 만군의 여호와가 이르노라 너희
는 나 하나님께 은혜를 구하

면서 우리를 불쌍히 여기소서
하여 보라 너희가 이같이 행하
였으니 내가 너희 중 하나인들
받겠느냐
10 만군의 여호와가 이르노라 너희
가 내 제단 위에 헛되이 불사
르지 못하게 하기 위하여 너희
중에 성전 문을 닫을 자가 있
었으면 좋겠도다 내가 너희를
기뻐하지 아니하며 너희가 손
으로 드리는 것을 받지도 아니
하리라
11 만군의 여호와가 이르노라 해
뜨는 곳에서부터 해 지는 곳까
지의 이방 민족 중에서 내 이
름이 크게 될 것이라 각처에서
내 이름을 위하여 분향하며 깨
끗한 제물을 드리리니 이는 내
이름이 이방 민족 중에서 크게
될 것임이니라
12 그러나 너희는 말하기를 여호
와의 식탁은 더러워졌고 그 위
에 있는 과일 곧 먹을 것은 경
멸히 여길 것이라 하여 내 이
름을 더럽히는도다
13 만군의 여호와가 이르노라 너희
가 또 말하기를 이 일이 얼마
나 번거로운고 하며 코웃음 치
고 훔친 물건과 저는 것, 병든
것을 가져왔느니라 너희가 이
같이 봉헌물을 가져오니 내가
그것을 너희 손에서 받겠느냐
이는 여호와의 말이니라
14 짐승 떼 가운데에 수컷이 있거
늘 그 서원하는 일에 흠 있는
것으로 속여 내게 드리는 자는
저주를 받으리니 나는 큰 임금
이요 내 이름은 이방 민족 중에
서 두려워하는 것이 됨이니라
만군의 여호와의 말이니라

제사장들에 대한 명령

2 너희 제사장들아 이제 너희
에게 이같이 명령하노라
2 만군의 여호와가 이르노라 너희
가 만일 듣지 아니하며 마음에
두지 아니하여 내 이름을 영화
롭게 하지 아니하면 내가 너희
에게 저주를 내려 너희의 복을
저주하리라 내가 이미 저주하
였나니 이는 너희가 그것을 마
음에 두지 아니하였음이니라
3 보라 내가 너희의 자손을 꾸짖
을 것이요 똥 곧 너희 절기의
희생의 똥을 너희 얼굴에 바를
것이라 너희가 그것과 함께 제
하여 버림을 당하리라

4 만군의 여호와가 이르노라 내
가 이 명령을 너희에게 내린
것은 레위와 세운 나의 언약
이 항상 있게 하려 함인 줄을
너희가 알리라
5 레위와 세운 나의 언약은 생
명과 평강의 언약이라 내가 이
것을 그에게 준 것은 그로 경
외하게 하려 함이라 그가 나를
경외하고 내 이름을 두려워하
였으며
6 그의 입에는 진리의 법이 있었
고 그의 입술에는 불의함이 없
었으며 그가 화평함과 정직함
으로 나와 동행하며 많은 사람
을 돌이켜 죄악에서 떠나게 하
였느니라
7 제사장의 입술은 지식을 지켜
야 하겠고 사람들은 그의 입에
서 율법을 구하게 되어야 할
것이니 제사장은 만군의 여호
와의 사자가 됨이거늘
8 너희는 옳은 길에서 떠나 많은
사람을 율법에 거스르게 하는도
다 나 만군의 여호와가 이르노
니 너희가 레위의 언약을 깨뜨
렸느니라
9 너희가 내 길을 지키지 아니하
고 율법을 행할 때에 사람에
게 치우치게 하였으므로 나도
너희로 하여금 모든 백성 앞에
서 멸시와 천대를 당하게 하
였느니라 하시니라

거짓을 행하는 유다

10 우리는 한 아버지를 가지지 아
니하였느냐 한 하나님께서 지
으신 바가 아니냐 어찌하여 우
리 각 사람이 자기 형제에게
거짓을 행하여 우리 조상들의
언약을 욕되게 하느냐
11 유다는 거짓을 행하였고 이스
라엘과 예루살렘 중에서는 가
증한 일을 행하였으며 유다는
여호와께서 사랑하시는 그 성
결을 욕되게 하여 이방 신의
딸과 결혼하였으니
12 이 일을 행하는 사람에게 속
한 자는 깨는 자나 응답하는
자는 물론이요 만군의 여호와
께 제사를 드리는 자도 여호와
께서 야곱의 장막 가운데에서
끊어 버리시리라
13 너희가 이런 일도 행하나니 곧
눈물과 울음과 탄식으로 여호와
의 제단을 가리게 하는도다 그
러므로 여호와께서 다시는 너희

의 봉헌물을 돌아보지도 아니하
시며 그것을 너희 손에서 기꺼
이 받지도 아니하시거늘
14 너희는 이르기를 어찌 됨이니이
까 하는도다 이는 너와 네가 어
려서 맞이한 아내 사이에 여호
와께서 증인이 되시기 때문이
라 그는 네 짝이요 너와 서약
한 아내로되 네가 그에게 거짓
을 행하였도다
15 그에게는 영이 충만하였으나
오직 하나를 만들지 아니하셨
느냐 어찌하여 하나만 만드셨
느냐 이는 경건한 자손을 얻고
자 하심이라 그러므로 네 심령
을 삼가 지켜 어려서 맞이한
아내에게 거짓을 행하지 말지
니라
16 이스라엘의 하나님 여호와가
이르노니 나는 이혼하는 것과
옷으로 학대를 가리는 자를 미
워하노라 만군의 여호와의 말이
니라 그러므로 너희 심령을 삼
가 지켜 거짓을 행하지 말지니
라

주께서 임하시는 날

17 너희가 말로 여호와를 괴롭게
하고도 이르기를 우리가 어떻게
여호와를 괴롭혀 드렸나이까 하
는도다 이는 너희가 말하기를
모든 악을 행하는 자는 여호와
의 눈에 좋게 보이며 그에게
기쁨이 된다 하며 또 말하기를
정의의 하나님이 어디 계시냐
함이니라

3 만군의 여호와가 이르노라 보
라 내가 내 사자를 보내리니
그가 내 앞에서 길을 준비할
것이요 또 너희가 구하는 바
주가 갑자기 그의 성전에 임하
시리니 곧 너희가 사모하는 바
언약의 사자가 임하실 것이라
2 그가 임하시는 날을 누가 능
히 당하며 그가 나타나는 때
에 누가 능히 서리요 그는 금
을 연단하는 자의 불과 표백하
는 자의 잿물과 같을 것이라
3 그가 은을 연단하여 깨끗하게
하는 자같이 앉아서 레위 자손
을 깨끗하게 하되 금, 은같이
그들을 연단하리니 그들이 공의
로운 제물을 나 여호와께 바칠
것이라
4 그때에 유다와 예루살렘의 봉
헌물이 옛날과 고대와 같이
나 여호와께 기쁨이 되려니와

5 내가 심판하러 너희에게 임할
것이라 점치는 자에게와 간음
하는 자에게와 거짓 맹세하는
자에게와 품군의 삯에 대하여
억울하게 하며 과부와 고아를
압제하며 나그네를 억울하게
하며 나를 경외하지 아니하는
자들에게 속히 증언하리라 만
군의 여호와가 말하였느니라
6 나 여호와는 변하지 아니하나
니 그러므로 야곱의 자손들아
너희가 소멸되지 아니하느니라

십일조

7 만군의 여호와가 이르노라 너희
조상들의 날로부터 너희가 나의
규례를 떠나 지키지 아니하였
도다 그런즉 내게로 돌아오라
그리하면 나도 너희에게로 돌
아가리라 하였더니 너희가 이
르기를 우리가 어떻게 하여야
돌아가리이까 하는도다
8 사람이 어찌 하나님의 것을 도
둑질하겠느냐 그러나 너희는
나의 것을 도둑질하고도 말하
기를 우리가 어떻게 주의 것을
도둑질하였나이까 하는도다 이
는 곧 십일조와 봉헌물이라
9 너희 곧 온 나라가 나의 것을
도둑질하였으므로 너희가 저주
를 받았느니라
10 만군의 여호와가 이르노라 너희
의 온전한 십일조를 창고에 들
여 나의 집에 양식이 있게 하
고 그것으로 나를 시험하여 내
가 하늘 문을 열고 너희에게
복을 쌓을 곳이 없도록 붓지 아
니하나 보라
11 만군의 여호와가 이르노라 내
가 너희를 위하여 메뚜기를 금
하여 너희 토지 소산을 먹어
없애지 못하게 하며 너희 밭의
포도나무 열매가 기한 전에 떨
어지지 않게 하리니
12 너희 땅이 아름다워지므로 모든
이방인들이 너희를 복되다 하리
라 만군의 여호와의 말이니라

여호와를 경외하는 자들

13 여호와가 이르노라 너희가 완악
한 말로 나를 대적하고도 이르
기를 우리가 무슨 말로 주를 대
적하였나이까 하는도다
14 이는 너희가 말하기를 하나님
을 섬기는 것이 헛되니 만군의
여호와 앞에서 그 명령을 지키
며 슬프게 행하는 것이 무엇이
유익하리요

15 지금 우리는 교만한 자가 복되
다 하며 악을 행하는 자가 번
성하며 하나님을 시험하는 자
가 화를 면한다 하노라 함이라
16 그때에 여호와를 경외하는 자
들이 피차에 말하매 여호와께
서 그것을 분명히 들으시고 여
호와를 경외하는 자와 그 이름
을 존중히 여기는 자를 위하여
여호와 앞에 있는 기념책에 기
록하셨느니라
17 만군의 여호와가 이르노라 나
는 내가 정한 날에 그들을 나
의 특별한 소유로 삼을 것이요
또 사람이 자기를 섬기는 아들
을 아낌같이 내가 그들을 아끼
리니
18 그때에 너희가 돌아와서 의인
과 악인을 분별하고 하나님을
섬기는 자와 섬기지 아니하는
자를 분별하리라

여호와께서 정하신 날

4 만군의 여호와가 이르노라 보
라 용광로 불 같은 날이 이
르리니 교만한 자와 악을 행하
는 자는 다 지푸라기 같을 것
이라 그 이르는 날에 그들을
살라 그 뿌리와 가지를 남기지
아니할 것이로되
2 내 이름을 경외하는 너희에게
는 공의로운 해가 떠올라서 치
료하는 광선을 비추리니 너희
가 나가서 외양간에서 나온 송
아지같이 뛰리라
3 또 너희가 악인을 밟을 것이니
그들이 내가 정한 날에 너희
발바닥 밑에 재와 같으리라
만군의 여호와의 말이니라
4 너희는 내가 호렙에서 온 이스
라엘을 위하여 내 종 모세에
게 명령한 법 곧 율례와 법도
를 기억하라
5 보라 여호와의 크고 두려운 날
이 이르기 전에 내가 선지자
엘리야를 너희에게 보내리니
6 그가 아버지의 마음을 자녀에게
로 돌이키게 하고 자녀들의 마
음을 그들의 아버지에게로 돌이
키게 하리라 돌이키지 아니하
면 두렵건대 내가 와서 저주로
그 땅을 칠까 하노라 하시니라

말글씨 매일
쓰기성경®
Daily Writing Bible 구약 3

2018년 11월 13일 1판 1쇄 인쇄
2026년 2월 10일 1판 11쇄 발행

발행인 정 형 철
발행처 (주)아 가 페 출 판 사
등록번호 제21-754호(1995. 4. 12)
주 소 서울시 관악구 남부순환로 2082-33 (남현동)
전 화 (02)584-4669
아가페 출판사

The Ten Commandments

십 계 명

하나님이 이 모든 말씀으로 말씀하여 이르시되,
나는 너를 애굽 땅, 종 되었던 집에서 인도하여 낸 네 하나님 여호와니라.

제일은, 너는 나 외에는 다른 신(神)들을 네게 두지 말라.

제이는, 너를 위하여 새긴 우상을 만들지 말고,
또 위로 하늘에 있는 것이나, 아래로 땅에 있는 것이나,
땅 아래 물 속에 있는 것의 어떤 형상도 만들지 말며,
그것들에게 절하지 말며, 그것들을 섬기지 말라.

나 네 하나님 여호와는 질투하는 하나님인즉 나를 미워하는 자의 죄를 갚되,
아버지로부터 아들에게로 삼사 대까지 이르게 하거니와,
나를 사랑하고 내 계명을 지키는 자에게는 천 대까지 은혜를 베푸느니라.

제삼은, 너는 네 하나님 여호와의 이름을 망령되게 부르지 말라.

여호와는 그의 이름을 망령(妄靈)되게 부르는 자를 죄 없다 하지 아니하리라.

제사는, 안식일(安息日)을 기억하여 거룩하게 지키라.

엿새 동안은 힘써 네 모든 일을 행할 것이나, 일곱째 날은 네 하나님
여호와의 안식일인즉, 너나 네 아들이나 네 딸이나, 네 남종이나 네 여종이나,
네 가축이나, 네 문 안에 머무는 객이라도 아무 일도 하지 말라.
이는 엿새 동안에 나 여호와가 하늘과 땅과 바다와 그 가운데 모든 것을
만들고 일곱째 날에 쉬었음이라. 그러므로 나 여호와가 안식일(安息日)을
복되게 하여, 그날을 거룩하게 하였느니라.